U0487136

THE RISING
OF GREAT PROVINCE:
THE GENERING STRATEGY ON CENTRAL PLAINS ECONOMIC REGION

大省崛起

中 原 经 济 区 论 略

喻新安 著

社会科学文献出版社
SOCIAL SCIENCES ACADEMIC PRESS (CHINA)

构建中原经济区 更好地谋划河南发展[*]

（代序）

卢展工

一 研究的目的

改革开放以来特别是近几年来，河南省先后提出了中原崛起、"三化"方针、中原城市群、两大跨越等一系列重大发展思路，省委、省政府也曾经多次向中央反映，争取河南有个重大发展战略上升到国家战略层面。比如，粮食生产核心区建设，已经形成了相关的文件；上报了中原城市群"三化"协调发展示范区规划，城市由原来的9个扩大为全省18个，这个规划国家虽然还没有正式进入编制程序，但也有一定进展。现在国家已经把20多个区域发展战略确定为国家战略，其中有些是大的战略，有些层次则相对低一些，只是一个省或省内局部地区的发展战略。随着"十二五"规划建议和规划的研究编制，河南到底应该走一条什么样的路子，到底应该有什么样的战略定位，到底应该有什么样的发展战略能够得到国家的认可、上升到国家战略层面，这是广大干部群众比较关心的问题。为此，今年以来，由省发改委牵头，相关部门、专家学者进行了大量的研究，也取得了一些成果。大的思路有三个：一是建设中原经济区，今年以来进行了一些探索，有关部门还组织了研讨会；二是建设中原城市群"三化"协调发展示范区，这是我们一直在做的，但在范围和内涵上发生了一

---

[*] 摘自全国政协副主席、时任中共河南省委书记卢展工于2010年7月2日在河南省委常委（扩大）会议上的讲话，原载河南省委办公厅《河南工作》。承蒙卢展工同志厚爱，同意用该讲话为本书代序，在此深表感谢！

些变化；三是建设新型城镇化示范区。以上三个思路的核心，就是持续走出一条不以牺牲农业和粮食为代价的"三化"协调科学发展的路子，这条路子是河南这些年一直在探索、一直在坚持走的。前不久，温家宝总理来河南检查指导工作期间，我和庚茂同志向温总理汇报了今后河南发展的思路，包括建设中原经济区和中原城市群的初步设想。温总理认为，河南持续探索走出一条不以牺牲农业和粮食为代价的"三化"协调科学发展的路子，这个事情很有意义，可以在全国起到示范作用。

这次我们以务虚会的形式研究河南的发展战略，目的是为了更好地谋划好河南的发展，谋划好"十二五"及今后一个时期河南发展大的方向。就是研究如何在过去工作的基础上，总结历届省委、省政府所确立的持续发展的思路，在新的形势下进一步明晰和提升，确定河南今后发展大的思路和战略定位、战略构想，这样有利于全省上下统一思想、努力实践，指导推动全省经济社会发展。如果是简单地为了把我省提出的发展战略上升到国家战略层面，那继续申报中原城市群"三化"协调发展示范区就可以了。中央"十二五"规划建议和国家"十二五"规划里面将会明确支持建设若干个城市群，很可能包括我省的中原城市群。我省是一个农业大省，建设中原城市群不可能成为今后相当长时间内指导全省的发展思路。如果要提新型城镇化示范区建设这个战略，现在看来也有些难度。一般认为，不论城镇化还是住房和城乡建设部门的工作，很容易就城镇化而论城镇化，而不是我们所理解的新型城镇化。我们所理解的新型城镇化，不仅包括建设城市群，还包括镇村建设，就是真正使农村和城市一体化发展。所以，我和多数同志的看法一样，倾向于建设中原经济区这个设想方案。

建设中原经济区是一项艰苦繁重的任务，关键是要统一思想。从福建的实践看，海峡西岸经济区的研究、提出和确立经历了一个较长的艰难过程。2002年开始研究，2004年初在省人代会上政府工作报告中首次提出。2005年，"海峡西岸"写入党的十六届五中全会通过的《建议》，直到2009年5月，国务院才正式出台了支持海峡西岸经济区建设的意见。从福建省委、省政府正式提出建设海峡西岸经济区到国务院下发意见，前后经历了5年多的时间。同时，对比而言，海峡西岸经济区有个优势河南是比不了的，那就是对台工作，国家统一是中华民族的核心利益所在，这个优势极为关键。我们河南也有很多优势，但都到不了涉及中华民族核心利益的高度，所以谋划建设中原经济区难度确实很大。如果没有坚实的思想基础，没有广泛的共识，没有统一的意志，没有上上下下的凝聚力，没有锲而不舍的精神，是很难取得成功的。因此，我们要建设中原经济区，就需要班子内部、广大干部和全省上下齐心协力，不管别人怎么讲、怎么看，内部始终要思想统一、意见一致，并坚持不懈地做下去，这样才有成功的希望。

二 为什么要提出中原经济区

刚才专家们都讲过了，中原经济区历来就有，是客观存在的，是其他任何区域都取代不了、包含不了的。我们讲经济区，就是区域内经济发展自成体系、联系紧密，有一个中心城市或城市群发挥带动作用，并在全国经济布局中具有一定优势、担负一定职能。例如，在长三角经济区，浙江、江苏靠上海的带动力和影响力；在珠三角经济区，原来是依托香港，现在是既靠香港也靠深圳和广州。区域经济理论研究表明，中心城市、城市群的辐射能力、影响能力是有限的，辐射范围最大到350公里左右。以河南为主体、涵盖周边的中原地区经济发展水平虽然不如沿海地区，但自成体系，不可能依靠任何其他区域的辐射和带动，河南是这个区域的经济中心。从目前的发展态势看，河南省与相邻省交界的市县，发展水平大多高于周边地区的市县，并呈现出向外辐射扩张的趋势；中原城市群是这一区域的重要支撑，辐射和带动周边地区。不管你承认也好不承认也好，这个经济区是客观存在的。建设经济区是现代市场经济发展的必然趋势，越来越受到中央的高度重视。党的十七大提出，要遵循市场经济规律，突破行政区划界限，形成若干带动力强、联系紧密的经济圈和经济带。我们提出建设中原经济区，是在立足河南实际的基础上，对中央决策的积极呼应，对发展规律和趋势的主动把握。从这个意义上讲，建设中原经济区，是发展的必然。建设中原经济区，从重大发展战略层面上讲，有这么几个方面的意义。

第一，能够进一步完善全国区域经济布局。现在沿海的区域经济布局已经基本完成，国家批复的中西部地区一些省份的发展战略还谈不上是经济区，真正的经济区是区域经济的概念，而不是开发区的概念。长三角经济区、珠三角经济区、海峡西岸经济区、环渤海经济区，加上北部湾经济区，沿海的经济区布局已经基本完成。中部和西部现在还没有真正意义上的经济区，以后一些地方有可能提经济区，但现在还不到时候。目前中西部有条件提出和建设经济区的，只有河南。因为河南正处于中原经济区的中心地带、核心地带，在这里突破，将成为中西部经济区布局的开端，对完善全国的区域经济布局非常重要。

第二，能够在中部地区崛起中发挥引领带动作用。河南是中部地区举足轻重的板块，在经济总量、人口数量和农业基础等方面占有十分重要的地位，是促进中部地区崛起的关键，在很大程度上影响中部地区崛起的进程。中部地区要崛起，以河南为主体的中原首先要崛起。加快建设中原经济区，实现中原崛起、河南振兴，能够构筑中部地区具有较强聚集效应和辐射带动作用的核心增长极，推动和支撑中部地区崛起，加快缩小中部地区与东部沿海地区的差距，形成区域协调发展的新格局，这也是河南为全局发展应做的贡献。

第三，能够在实现国家总体战略上发挥作用。国家区域发展总体战略的目的是促进东中西互动、优势互补、相互促进、共同发展。中原地区处于承东启西的关键位置，在这一区域建设中原经济区，不仅可以带动中部地区的发展，而且可以承接东部、拓展西部，在全国区域经济发展中起着极其重要、不可替代的作用。

第四，能够促进国家对外开放和扩大内需方针的实施。对外开放是基本国策，扩大内需是我国经济发展的基本立足点和长期战略方针。河南开放度低，是全国第一人口大省，正处于工业化、城镇化加速推进时期，不仅在扩大对外开放上潜力很大，而且具有扩大内需的广阔市场和前景。建设中原经济区，按照区域经济的要求大力发展开放型经济，可以促进我国对外开放由东部向中西部拓展、形成全面开放新格局；可以加快推进工业化、城镇化和农业现代化，让河南近亿人口特别是6000多万农村人口富裕起来，对于国家扩大内需具有非常重要的拉动作用。

第五，能够充分发挥河南的优势。河南有许多优势，这些优势使河南在中部地区崛起中越来越为各方面所关注、所认识。一是后发优势。对河南来讲，发展相对滞后、具有发展潜力，这也是一种优势。目前河南经济社会发展的人均指标较低，这是客观事实。但是发展的基本条件已经大为改善了，比如基础设施比较完善，工业体系基本形成，教育、科技具有一定基础等，我们能够把潜在优势作为后发优势。二是资源优势。河南的资源对全国是有影响的，粮食产量稳居全国第一位，连续 6 年创历史新高，占全国 1/10 以上，小麦产量占全国的 1/4 以上，其中 2/3 转化为商品粮，对全国具有决定性意义；煤炭产量现在是全国第三位，铝的产量也在全国靠前。这些资源优势将会发挥很大作用。三是区位优势。河南是全国的腹地、心脏，具有枢纽的功能，这个优势哪个省也取代不了。从调查情况看，河南的物流对中西部地区的作用显而易见。随着高铁、航空等现代交通的发展，河南的区位优势还会进一步发挥出来。其他如文化优势、农业优势、人口优势，都是大家公认的，也是我们现在最有力、最有影响的牌。优势就是地位，优势决定地位。建设中原经济区，可以让我们以区域经济的理念更好地把握河南的优势、整合河南的优势、发挥河南的优势；可以使我们有一个重大战略上升到国家战略层面，自身优势引起国家的充分重视并充分展现出来，使河南的地位和作用在全国发展大局中凸显出来。

第六，能够走出一条不以牺牲农业和粮食为代价的"三化"协调科学发展的路子。这条路子到底怎么走？靠中原城市群可以探索，但很难把全省方方面面的力量凝聚起来。对河南这个农业大省的发展来讲，中央首先考虑的是粮食、农业问题，若搞中原城市群中央就很难有大的投入和政策支持。新型城镇化也是如此。只有建设中原经济区才可以很好地体现不以牺牲农业和粮食为代价的"三化"协调科学发展的路子，别的发展战略都难以容纳这条路子，而且这也恰恰是中央极为关注的和最需要在全国示范的发展路子。可以说，这是河南的发展战略上升为国家战略的一个最大优势。

三　建设中原经济区有什么好处

第一，有利于以区域经济的理念来审视河南的发展定位。由于河南所处的特殊位置，中原经济区的地位和功能比海峡西岸经济区、北部湾经济区甚至比渤海湾经济区还重要。研究中原经济区，有利于我们在全局当中找准河南所处的位置、应扮演的角色，在全国区域经济布局中更好地发挥作用、做出贡献。

第二，有利于提升在全局中的位置、争取国家更大支持。这些年，我们一直在坚持走一条不以牺牲农业和粮食为代价的"三化"协调科学发展的路子，并取得了明显成效，但是这条路子走得很艰难，如果没有河南的全面发展，没有中央的政策支持，或者中央只对农业进行政策支持而不是给予多方面政策支持，这条路子很难持久地走下去。像我们一直提粮食提价问题，但粮食价格一动百动，牵一发而动全身，中央考虑整个社会的稳定，不可能短期内大幅度提高粮价。如果我们提出建设中原经济区，并以实际成效争取上升为国家战略，就有可能赢得中央对河南发展的大力支持。

第三，有利于凝聚全省人民的智慧和力量。建设中原经济区体现了科学发展观的要求，为中原崛起提供有效载体，有利于总体战略构想进一步系统和完善，把中原城市群、新型城镇化、粮食生产核心区建设、产业集聚、民营经济发展、交通枢纽规划布局、文化强省建设等大的思路和战略明确下来，从而把河南方方面面的力量凝聚起来，把城市和农村、中心城市和中小城市的积极性都调动起来。如果没有这么一个大的战略规划和布局，仅提中原城市群、新型城镇化，就很难在全省达成共识，就不可能把全省人民的思想都凝聚起来、积极性都调动起来。

第四，有利于更好地谋划河南的发展规划。行政区发展和经济区发展的理念有根本的区别。按照经济区的理念来谋划指导发展，很多方面都会发生重大变化。研究建设中原经济区，可以使河南目前正在谋划的"十二五"时期乃至更长时期的发展思路和举措，如产业布局、交通规划、生态建设等，都能够顺应区域经济发展的规律和趋势，体现区域经济发展的要求，更加具有科学性、指导性、前瞻性；可以使各地各部门从建设中原经济区这个大局出发，在中原经济区的框架内找准定位、准确站位，谋划各自的发展思路，形成一个相互衔接、相互配合、相互支持的系统整体。

目录

战略谋划篇

为什么争取国家战略首选中原经济区 …… 003
中原经济区顶层设计的背景、历程与经验 …… 007
让思想的光芒照耀中原大地
　——中原经济区顶层设计的回顾与展望 …… 016
中原崛起战略思路的新拓展
　——建设中原经济区的背景、构想与实践 …… 021
中原经济区建设的意义和路径 …… 031
构建中原经济区的多重视角 …… 039
构建中原经济区正当其时 …… 041
建设中原经济区不是赶时髦 …… 045
建设中原经济区若干问题研究 …… 047
建设中原经济区任重而道远 …… 062
略论建设中原经济区的全局意义 …… 069
加快中原崛起重大意义研究 …… 083
谋划中原经济区发展战略的几点建议 …… 112
将建设中原经济区上升为国家战略的思考与建议 …… 115
建设中原经济区要坚持以解放思想为"总开关" …… 120
"中原腹地效应"也是倍增效应
　——访中国区域经济学会副理事长、河南省社会科学院副院长
　　喻新安教授 …… 125

中原经济区"先行先试"要重视克服"后发劣势" …………… 130
重新认识中原崛起的战略布局 ………………………………… 132
中原崛起目标的提出与深化 …………………………………… 138
加快中原崛起的关键点与着力点 ……………………………… 144
中原经济区率先先行先试的主要领域 ………………………… 154
中原经济区争取国家政策支持几个问题的考虑 ……………… 163
研读《中原经济区建设纲要（试行）》有感 ………………… 169

理论创新篇

探索区域科学发展的时代命题
　　——河南省坚持走新型"三化"协调之路的认识与思考 …… 175
实现"三化"协调发展的战略抉择
　　——河南省以新型城镇化引领"三化"协调发展的探索与思考 …… 186
统筹城乡协调发展的重大创举
　　——河南省建设新型农村社区的实践与思考 ………… 196
积极探索"三化"协调发展之路
　　——关于河南省以新型城镇化引领"三化"协调发展的调查 …… 207
实现区域科学发展的历史任务
　　——"三化"协调发展的"河南模式" ………………… 212
统筹城乡发展与新型农村社区建设 …………………………… 223
在实践中探索区域科学发展之路
　　——河南以新型城镇化引领"三化"协调发展的认识与思考 …… 228
关于新型城镇化引领的若干重大问题 ………………………… 242
选准"三化"协调发展的突破口 ……………………………… 263
如何处理"三化协调"与"四化同步"关系的几点思考 …… 267
高起点谋划和推进"三化"协调发展 ………………………… 271
建设中原新型城镇化示范区的意义研究 ……………………… 276
加快河南城镇化进程的若干思考 ……………………………… 299
新型城镇化的真谛及价值取向 ………………………………… 306
新型城镇化引领符合河南省情 ………………………………… 311
城乡互动：强农兴农的必由之路 ……………………………… 315
有序推进农业转移人口市民化 ………………………………… 319

提升河南产业结构的着力点 …… 322
中原经济区框架下加快产业集聚区建设的若干建议 …… 325
"三个体系、一个载体"：培育中原崛起新优势的新平台 …… 328
培育和发展河南的战略性新兴产业 …… 337
在城乡统筹中夯实农业农村发展基础 …… 344
构建资源要素向农村配置的长效机制 …… 348
转变农业发展方式要有新思路 …… 353

务实重干篇

推动河南"三势"的三个深层次转变 …… 359
论"务实河南" …… 363
"务实河南"的内涵及意义 …… 373
论持续为重 …… 375
转方式，首先转什么 …… 384
让"主线"真正贯穿贯通起来
　　——访河南省社会科学院院长喻新安 …… 388
破解科学发展难题的创新举措
　　——河南用领导方式转变加快发展方式转变的调查与思考 …… 394
深刻把握科学发展观的实践价值
　　——从中部崛起看科学发展观对实践的重要指导作用 …… 401
中原崛起与中国特色社会主义道路 …… 405
科学发展观在中原的生动实践
　　——河南务实发展的调查与思考 …… 415
中原巨变：中国特色社会主义的生动诠释 …… 422
践行科学发展观的重要思想成果
　　——从"四个重在"到"四个明白" …… 450
把握好"持续求进"的总基调
　　——贯彻省委经济工作会议精神专访省社科院院长喻新安 …… 458
如何推进互惠多赢的区域经济合作
　　——专家学者"嵩山论道" …… 463
贯彻落实省委八届十一次全会精神的几点建议 …… 473
建设中原经济区要立足实干 …… 477

从"四个重在"到"四个持续" 480
让"持续"成为常态 483
加快经济发展方式转变关键是"加快" 485
更新观念是中原经济区最大挑战 494
当代红旗渠精神是"及时雨" 496
解决思想认识问题要立足求实求效
　　——学习"新九论"引发的思考 498
"论势"揭示规律"舆情"反映民意
　　——写在"中原经济区"系列图书出版之际 501
给力中原经济区建设的重大举措 504

探讨思考篇

关于河南"十二五"规划总体思路和中长期发展的若干思考 509
转型发展：河南"十二五"经济社会发展的主旋律 515
新时期河南跨越发展的几个问题 526
关于《中原经济区规划》的意义、特点和落实问题 532
强化中原经济区的规划导向作用 536
持续求进稳增长　凝心聚力促发展 546
持续求进促发展　扎实开局谱新篇 555
化危为机图振兴 564
我国内陆地区增长极的培育与形成
　　——实施扩大内需战略背景下的区域布局与政策选择 566
促进中部崛起五年的回顾与展望 588
中原城市群联动发展的几个重大问题 592
推动河南经济结构战略性调整的几点建议 602
在承接产业转移中优化产业结构 607
做好承接产业转移这篇文章正当其时 611
中原经济区多元化融资的难点与路径 615
靠融资破解中原经济区"钱从哪里来"难题 627
增强消费对经济增长的拉动作用 633

发展低碳经济是河南实现绿色发展的根本途径 ……………… 638
中原经济区与民营经济发展 …………………………………… 641
民营企业发展壮大的实践要领 ………………………………… 645
尊重劳动保护劳动才能实现科学发展 ………………………… 648
商家何以青睐中原 ……………………………………………… 653
借鉴"两湖"经验推进河南省经济社会持续较快发展的建议 ………… 655

案例剖析篇

中原经济区和黄河金三角试验区的相互关系及发展路径 ……… 665
关于推动中原经济区西北四市战略合作的建议 ………………… 672
晋城市融入中原经济区的必要性与可行性分析 ………………… 678
要深层挖掘"平舆模式"的普适意义 …………………………… 684
要进一步推广"平舆经验" ……………………………………… 688
争先进位要坚定信心抢抓机遇 ………………………………… 694
宜阳县后发赶超的调查与思考
　　——宜阳现象和宜阳经验解析 …………………………… 699
关于以黄河生态旅游风景区为主轴打造
黄河文化生态旅游带的建议 …………………………………… 707
建业省域化战略调查报告
　　——一个非公企业在中原崛起进程中的实践与启示 ……… 713
"百年建业"不是梦
　　——建业调研印记 ………………………………………… 733
建业既"简单"又"不简单" ……………………………………… 737
怎样看待西辛庄建设全国第一个"村级市" …………………… 739
宋砦"人"的巨变及其推力 ……………………………………… 742

智库建设篇

建设新型智库　助推中原崛起 ………………………………… 747

为中原经济区建设提供更有力的理论支持 …………………… 751
打造河南社会科学研究的高端平台
　——写在河南省社会科学研究基地开工奠基之际 …………… 760
实践"四个先行"　助推中原崛起 …………………………… 767
立足中原研究中原是我们的责任
　——在第二届（2011）河南经济年度人物颁奖典礼上的
　　获奖感言 …………………………………………………… 772
在中原崛起河南振兴的伟大实践中显身手做贡献 …………… 774
在融入大局中服务大局 ………………………………………… 791
建设新智库要积极探索勇闯新路 ……………………………… 796
建设高水平新智库要致力于解决深层次问题 ………………… 801
新形势下加强智库建设要责任当头狠抓落实 ………………… 808
保持清醒忧患　着力破除"四难" …………………………… 813
科研转型急不得、慢不得、等不得 …………………………… 821

　后　记 …………………………………………………… 827

战略谋划篇

大省崛起
中原经济区论略

为什么争取国家战略首选中原经济区[*]

我谈几点认识,供领导参考。

第一点,我们要搞清楚当前的国家区域政策和走向。21世纪以来,国家通过设立综合配套改革试验区(综改区)、设立经济区等措施,推动区域战略国家化,指导地方发挥优势,差异化发展。设立综改区是为了改变片面追求经济增长的发展观,从经济、社会、城乡关系、土地开发和环境保护等多个领域推进改革,形成配套的管理体制和运行机制,为全国性的体制改革提供经验。综改区也被称为"新特区"。2005年6月,国家批准上海浦东新区为第一个综改区;2006年5月,设立天津滨海新区;2007年6月,批准成渝统筹城乡综改区;2007年12月,批准武汉城市圈和长株潭城市群为全国"两型社会"(资源节约型和环境友好型)综改区;2010年4月,批准沈阳新型工业化综改区;山西资源型经济综改区最近可能获批。另外就是设立经济区,探索如何打破行政区划的阻隔,用区域经济的理念和办法组织经济活动,实现要素流动通畅,减少商务成本。2008年2月,国务院批准实施《广西北部湾经济区发展规划》。2009年5月,国务院通过《关于支持福建省加快建设海峡西岸经济区的若干意见》(国发〔2009〕24号)。2009年6月,国家发改委下发《关中—天水经济区发展规划》;2009年11月,国务院批复《黄河三角洲高效生态经济区发展规划》;2009

---

[*] 根据河南省委、省政府的要求,从2010年3月开始,一个由56人组成的课题组开始集中研究河南上升为国家战略的选项问题。到6月底,课题组完成三个报告,提出可供选择的三个方案。2010年7月2日下午,河南省委召开常委(扩大)务虚会,听取课题组汇报。课题组主要成员列席会议。在听取省发改委负责人关于三个方案的汇报后,开始讨论,河南省委卢展工书记要求课题组专家先讲。于是,我第一个发了言,其他专家也一一谈了认识。卢展工书记在最后的讲话中肯定和表扬了与会专家:"看来对区域经济的认识,领导不如专家。"这是本人发言的主要观点。

年12月，国务院批复《鄱阳湖生态经济区规划》。据统计，2009年以来，国务院批复的经济区、综改区规划达十多个。我们认为，各地积极参与申报国家级经济区和综改区，反映了区域科学发展的新趋势，也是区域竞争的新形态，我们应当高度重视，密切关注。

第二点，河南省区域战略上升为国家战略的形势十分严峻。我国经济从南到北，大体有四条经济带，分别是沿海经济带、沿江（长江）经济带、沿线（陇海铁路和兰新铁路）经济带和沿边经济带。随着北部湾经济区、海西经济区的设立，以及江苏沿海地区发展规划、辽宁沿海经济带发展规划获国务院批复，加上原有的长三角、珠三角和环渤海经济圈连成一线，沿海经济布局已基本完成。随着成渝统筹城乡综改区、两湖"两型社会"综改区建立，与浦东新区连成一线，长江流域经济带也基本形成。中原地区位于京广、陇海兰新两大经济带主轴的交会区域，也处于沿海经济带沟通西北内陆地区的关键位置。应看到，分布于沿海地区的京津冀、长三角、珠三角经济区已经在改革开放的过程中占得先机，而武汉城市圈、成渝经济区则沿长江向我国西南欠发达地区延伸。在陇海兰新经济带的中段，也应当形成一个具有强力支撑作用的经济区域，以完善自沿海向西北延伸的经济带，加强发达地区与欠发达地区的经济联系。还要看到，在河南的东、南、西、北省份，都有了具有地方特色的国家战略，唯独河南还在探索中。我们应当有时不我待的紧迫感。

第三点，我认为，在提交今天常委会议研究、供遴选的三个方案中，中原经济区方案是最佳方案。为什么这么说呢？因为河南的优势很多，我们课题组研究中提出用五个字表述，就是"大"（体量大）、"粮"（粮食大省）、"中"（中国之中）、"文"（文化资源丰富）、"群"（中原城市群）。同时，河南的问题或"瓶颈"也很多，卢书记提出河南要破解"钱从哪里来，人往哪里去，民生怎么办，粮食怎么保"四难，我们在研究中把河南的省情概括为"三低"，就是人均水平低、产业层次低、城镇化水平低。很显然的，无论是"四难"，还是"三低"，都是全局性的问题。我们研究河南的国家战略问题，一个基本的立足点，就是要通过这个国家战略，最大限度地发挥河南的优势，解决河南存在的问题，促进河南更好更快地发展。由于河南的优势很"综合"，问题也很"综合"，所以，我们要搭建一个"综合"的平台来承载。比较这三个方案可知，中原城市群"三化"协调示范区方案尽管工作基础最好，被中央高层认可、获批的可能性最大，但是，这个方案最大的问题是涉及的区域偏小，河南中原城市群以外的另8个城市被排除在外了，而这8个城市，发展水平偏低，"三农"问题更为突出，是河南最需要加强的区域，另外，还要考虑一个因素，就是这8个城市的土地面积和人口分别占全省土地面积和总人口的大约65%和60%，人大代表也比中原城市群8个市多不少，省里开人代会，人大代表们会怎么评价，能不能通过？恐怕都是必须考虑的。中原新型城镇化示范区，是个不错的选项，新型城镇化是个比较综合的平台，不少内容可以放进去，但是，新型城镇化毕竟还是"单"了一些，有些东西放进去显得勉强、牵强，譬如，如何发挥河南的区位优势和在全国的综合交通枢纽作用，如何发挥河南的粮食优势，放在"中原新型城镇化示范区"里来表述，感觉不是很顺。还有，河南的文化优势，中原文化的作用也不好充分体现。

比较而言，我认为最佳选项是中原经济区。[①] 根据这几个月的研究，

---

① 在2010年7月2日的河南省委常委（扩大）会议上，卢展工书记最后发表了题为《构建中原经济区 更好地谋划河南发展》的讲话，内容包括三个方面：一是研究的目的。他说："随着'十二五'规划的编制，河南到底应该走一条什么样的路子，到底应该有什么样的战略定位，应该有什么样的发展战略能得到国家的认可、上升到国家战略层面，这是广大干部群众关心的问题。""这次以务虚会形式研究河南发展战略，目的是为了更好地谋划好河南的发展，谋划好'十二五'及今后一个时期大的发展方向。""如果简单地为了把我省提出的发展战略上升到国家战略层面，那并不难，继续申报中原城市群'三化'协调发展示范区就可以了。""我省是一个农业大省，建设中原城市群不可能成为今后相当长时间指导全省的发展思路。""如果提新型城镇化示范区这个战略现在看来也有些难度。一般认为，城镇化还是住建部门的工作，很容易就城镇化而论城镇化。""所以，我和多数同志的看法一样，倾向于建设中原经济区这个设想方案。""谋划建设中原经济区难度确实很大。如果没有坚实的思想基础，没有广泛的共识，没有统一的意志，没有上上下下的凝聚力，是很难取得成功的。因此，我们要建设中原经济区，就需要班子内部、广大干部和全省上下齐心协力，不管别人怎么讲、怎么看，内部始终要思想统一、意见一致，并坚持不懈地做下去。"二是为什么要提出中原经济区。他指出，建设中原经济区，从重大发展战略层面上讲，有以下几个方面的意义：第一，能够进一步完善全国区域经济布局；第二，能够在中部地区崛起中发挥引领带动作用；第三，能够在实现国家总体战略上发挥作用；第四，能够促进国家对外开放和扩大内需方针的实施；第五，能够充分发挥河南的优势；第六，能够走出一条不以牺牲农业和粮食为代价的"三化"协调科学发展的路子。三是建设中原经济区有什么好处。他指出，其一有利于以区域经济的理念来审视河南的发展定位；其二有利于提升在全局中的位置、争取国家更大支持；其三有利于凝聚全省人民的智慧和力量；其四有利于更好地谋划河南省的发展规划。

卢展工显然是成竹在胸。尽管此次常务会议并没有做出正式决定，但共识已经形成。自此，省内外关于中原经济区的座谈会、研讨会陆续展开。"7·2"会议在中原经济区的谋划中具有里程碑意义。

我们感到很有收获，中原经济区是客观存在的，具有相对独立、特征明显、内在联系紧密、综合承载能力强等特征。特别是它能凝聚起河南一亿民众的意志，与中原崛起河南振兴的目标相一致，是一个很大的综合平台。如果这个方案能得到国务院批准，对这个区域的发展将产生全局性的深远的影响。当然，这个方案得到批准的难度也最大，因为，中原经济区是一个全新的概念，要让社会和高层接受需要一个过程，另外，它涉及的人口多、范围大，在国家已经批复的经济区里没有先例，要争取列入国家"十二五"规划，我们需要做的工作非常之多。尽管有风险，我们还是很有信心，从专家的角度，我们都力推、力荐这个方案，觉得不干这件事不甘心。

中原经济区顶层设计的背景、历程与经验

党的十七届五中全会通过的《中共中央关于制定国民经济和社会发展第十二个五年规划的建议》要求,"更加重视改革顶层设计和总体规划"。区域经济发展也需要顶层设计。谋划建设中原经济区,就是区域经济发展顶层设计的成功范例。本文结合河南谋划建设中原经济区的背景,对中原经济区顶层设计的历程进行回顾、盘点和梳理,在此基础上,分析总结中原经济区顶层设计的经验与启示。

一 河南谋划建设中原经济区的背景

1. 从全国发展的大局看

"十一五"以来,我国实施区域发展总体战略呈现良好势头,制约各区域发展的突出问题得到缓解;区域协调互动机制正在逐步形成,对促进区域间优势互补发挥了积极作用。但是,在落实区域发展总体战略的过程中,也出现了一些实际问题,如东部、中部、西部和东北部的区域差异仍然较大,区域政策的空间尺度偏大,针对性还不够强。于是,近年来,以明晰区域定位、细化区域政策、规范地区发展走向为特征的新一轮区域布局悄然展开。随着北部湾经济区、海西经济区的设立,以及江苏沿海地区发展规划、辽宁沿海经济带发展规划获国务院批复,与原有的长三角、珠三角和环渤海经济圈连成一线,东部沿海经济布局已基本完成。在中西部地区,经济布局正在调整和完善中。中原地区位于京广、陇海兰新两大经济带主轴的交会区域,也处于沿海经济带沟通西北内陆地区的关键位置。建设中原经济区,其意义不仅在于促进当地的经济发展,更在于发挥贯通全国经济格局的"腹地效应",强化内陆经济战略支撑。应看到,分布于

沿海地区的京津冀、长三角、珠三角经济区已经在改革开放的过程中占得先机。武汉经济区、成渝经济区则沿长江向我国西南欠发达地区延伸。在陇海兰新经济带的中段，也应当形成一个具有强力支撑作用的中原经济区，以完善自沿海向西北延伸的经济带，加强发达地区与欠发达地区的经济联系。另外，从加强区域合作的角度看，我国不同地区之间在技术、资本及资源禀赋方面存在的差异性，要求区域之间加强相互协作。中原地区与周边地区的产业链特征具有强烈的互补性，中原经济区的建立，既能为西部的原材料工业提供市场，也能为东部地区的加工业提供供应链。正是产业链的这种联系，使得中原经济区将会成为促进周边地区发展的倍增器。

2. 从中部地区崛起的要求看

建设中原经济区，有利于在中部地区形成新的经济增长板块。国务院《促进中部地区崛起规划》要求：依托综合运输主通道，以资源环境承载能力强、经济社会发展基础好、发展潜力大的地区为开发重点，加快形成"两横两纵"经济带，培育六大集聚人口和产业的城市群。党的十七届五中全会要求，各地区严格按照主体功能定位推进发展，对人口密集、开发强度偏高、资源环境负荷过重的部分城市化地区要优化开发，对资源环境承载能力较强、集聚人口和经济条件较好的城市化地区要重点开发。以河南为主体的中原经济区，位于沿京广、陇海、京九"两纵一横"经济带的交会地带，是中部人口最密集、经济总量最大、交通区位优势最突出、最具发展潜力的区域。建设中原经济区，对于《促进中部地区崛起规划》的实施，加快中部地区崛起的进程，将产生积极的、重要的影响。另外，从中部各省的区位和战略取向可以看出，中部地区崛起的过程将是"向外借力"和"内聚生力"相结合的过程。从"向外借力"看，湖南"向南"，一直在向泛珠三角靠拢；江西早已明确要成为上海的"后花园"；安徽正在主动融入长三角经济带；山西正在积极接受京津冀经济圈的辐射带动。从"内聚生力"看，湖北地处长江中游，正在通过打造武汉城市圈，形成长江经济带的中段强点。以河南为主体的中原地区，地处全国中心地带，距离长三角、珠三角、环渤海、海峡西岸等经济区相对较远，难以接受这些经济区的辐射带动，也难以融入周边经济区域，具有一定的独立性。从发展态势看，河南作为中原经济区的主体，与相邻省份临近河南省的地区发展水平相近，使命相同，区域合作基础较好，共同发展的意愿和内生动力较强。随着经济社会的快速发展，特别是现代综合交通网络的逐步形成，区域内经济联系、人员交往等日益紧密，中原经济区已经成为地域毗邻、主体突出、经济互补、联系紧密、客观存在的经济区域。因此，建设中原经济区，可以在中部地区构筑具有强大集聚作用和辐射作用的核心增长极，促进中部地区经济社会又好又快发展。

二　建设中原经济区顶层设计的历程

提出建设中原经济区，属于区域发展的顶层设计，算起来，建设中原经济区从酝酿、论证，到被广泛认可，形成决策，差不多有一年时间。回头看，中原经济区顶层设计的过程，是认识不断深化的过程、思想不断解放的过程、取得广泛共识的过程、赢得多方支持的过程。中原经济区的顶层设计大体经历了四个阶段。

第一阶段，思想发动阶段（从2009年12月到2010年3月）。在这一阶段，卢展工书记进行了大量调研，他敏锐地洞察并及时纠正了一些干部认识问题和看待问题的局限性，如有的干部不能全面准确理解行政区和经济区的概念，往往行政区划意识浓厚而区域经济意识淡薄。他在与干部交换意见时提出，要突破行政思维的束缚，用区域经济的发展理念，站在全局和战略的高度审视自己。他认为，对距离省会比较远的市县来说，从行政区的角度来看可能比较偏远，但从经济区的角度来看就成了区域经济开放和发展的前锋、前沿，是全省与沿海地带衔接、对中西部辐射引领的重要地区。2009年12月24～25日，河南省委召开经济工作会议，卢展工在会议上提出，要坚持"重在持续、重在提升、重在统筹、重在为民"的实践要领，强调"要在中原崛起总体战略的基础上，研究形成一个比较完整、比较系统的和中央促进中部地区崛起规划相呼应、相衔接的总体纲要、总体规划，把这些年河南省在发展中形成的、经过实践证明是正确的发展思路整合起来，持续地做下去"。2011年2月21日，卢展工在省委常委、副省长孔玉芳，省委常委、秘书长曹维新的陪同下，到河南省社会科学院调研座谈，在听取了部分专家学者的发言后，卢展工发表重要讲话，提出要重点研究一些问题，包括中原崛起总体思路的系统化问题，区域经济发展新格局下的河南定位问题,河南的比较优势研究,中原崛起战略布局问题,河南转变经济发展方式问题,中原文化对河南经济社会发展的影响力、带动力、支撑力问题,将河南的一些弱势转化为优势问题,等等。在3月初的一次省委常委会上,卢展工提出要深入思考和研究"什么是中原""什么是中原崛起""为什么要中原崛起""怎样实现中原崛起""河南能否走在中部崛起前列"等基本问题。这一阶段有一条清晰的线条,就是河南省委主要领导用全局的眼光、系统的思维和区域经济的理念,提出问题,开启思路,引导、启发各级干部审视自我,谋划未来。

第二阶段,系统研究阶段(2010年3~6月)。主要是依靠智囊机构、职能部门、专家学者深入研究,拿出可供选择的方案。根据省委要求,从3月下旬开始,省政府组织了由河南省社会科学院、河南大学、河南省科学院、河南省委研究室、河南财经学院、河南日报报业集团、郑州大学、河南省政府发展研究中心,以及省发改委、省统计局、省财政厅、省农办、省金融办、省农业厅、省工信厅、省住建厅、省商务厅、省人保厅、省能源局等职能部门的研究人员共50余人组成的课题组开始了为期3个多月的集中研究。在此期间,省领导与课题组专家多次直接交换意见,进行指导。2010年4月7日,卢展工在全省主要领导干部深入贯彻落实科学发展观加快经济发展方式转变专题研讨班上的讲话中指出:当前,要结合"十二五"规划的编制,认真总结梳理河南省这些年来的发展思路,形成与国务院《促进中部地区崛起规划》相衔接的比较系统的中原崛起实施纲要。在研究制定实施纲要时要注意几个问题。一要把握优势,认真研究、充分发挥河南在区位、文化、人口、粮食等方面的优势;二要准确定位,明确河南在全国发展大局中特别是在中部地区崛起中的影响、带动和示范作用;三要弄清概念,科学界定中原、中原崛起、中原城市群的内涵,引导各级各地在中原崛起中找准位置、做出贡献;四要持续思路,坚持重基础、重集思广益、重科学决策,始终围绕中原崛起、河南振兴、"三化"协调发展、推进"两大跨越"等重大战略方针来研究,以思路的持续确保加快经济发展方式转变的持续。按照省委的要求,课题组进行了艰苦的研究工作。研究过程大体分为几个步骤:①中原经济区研究。分为五个研究小组,在一个半月时间里,各小组分头研究,经过组内和联组多次讨论、修改,形成五个分报告:《中原与构建中原经济区研究》《新形势下中原崛起的内涵和标志研究》《加快中原崛起重大意义研究》《新形势下如何实现中原崛起问题研究》《河南省走在中部崛起前列研究》，在此基础上形成总报告——《中原崛起若干重大问题研究报告》。期间，委托河南省社会科学院、郑州大学、河南大学的相关专家围绕"中原"的概念、范围及其历史演变进行集中研究，并分别提交了研究报告，进行了集中汇报和讨论。②中原新型城镇化研究。分为10个研究小组，研究内容分别为：《关于传统城镇化有关问题研究》《国外城镇化发展研究》《关于新型城镇化的内涵研究》《中原新型城镇化目标研究》《河南城镇综合承载能力研究》《建设中原新型城镇化示范区的意义研究》《河南走新型城镇化道路的路径选择》《中原新型城镇化示范区建设需要解决重大问题研究（一）》《建设中原新型城镇化示范区需要解决重大问题研究（二）》《建设中原新型城镇化示范区重大问题研究（三）》，大体用了一个月时间，分别形成了10个研究报告。③起草《加快中原发展建设纲要（初稿）》。这些资料翔实、有理有据的研究报告，为中原崛起战略思路的选择奠定了坚实基础。

第三阶段，达成共识阶段（2010年7月至11月中旬）。7月2日，省委召开专题研究河南发展的战略思路问题的常委扩大会议，省委常委、副省长、省直有关厅局负责人、有关专家学者参加会议。省发改委代表课题组做了专题汇报，提交了三份汇报材料：《关于建立河南"三化"协调示范区初步设想的汇报》《关于河南省建设中原经济区初步设想的汇报》《关于中原新型城镇化示范区初步设想的汇报》。专家学者、有关领导先后发言，多数同志赞成将建设中原经济区作为河南的战略选择。在听取大家发言的基础上，卢展工书记发表了重要讲话，他在比较了可供选择的几种方案后，深刻阐述了构建中原经济区的初步考虑、基本目的和重要意义。"7·2"会议事实上为河南战略思路的选择确定了基调。会议明确要求进一步深化研究，适时启动《中原经济区建设纲要》的编制工作。7月16日，河南省委召开经济形势分析会，卢展工书记进一步强调：牢牢把握国家加大促进中部地区崛起力度这一宝贵机遇，坚持把完成"十一五"规划与制定"十二五"规划结合起来，从全国发展大局出发，找准河南的定位，发挥河南的优势，做出河南的贡献。从7月上中旬开始，各类谈论中原经济区建设的活动频繁举办。省委宣传部、统战部、政研室分别召开了多次座谈会、研讨会、论坛。省政协把为建设中原经济区建言献策列为常委会议题。建设中原经济区的战略构想得到了经济学界、各民主党派和全省上下的广泛赞同，成为几个月里河南各地街谈巷议的话题和亿万人民的基本共识。建设中原经济区的构想，也得到了中央领导的高度关注，引起了海内外的强烈反响。从8月至10月，河南省及国家有关学术机构在北京举办了五次学术研讨会和汇报座谈会。全国人大、全国政协领导人韩启德、陈昌智、罗富和、厉无畏、蒋正华，著名经济学家刘国光、吴敬琏、厉以宁、王梦奎、李京文、郑新立、张卓元、韩康、卢中原等参加了上述活动。参加会议的领导和经济学家不约而同地力挺中原经济区，异口同声地呼吁把中原经济区上升为国家战略。经过几个月的努力，课题组完成了《中原经济区建设纲要（草稿）》（以下简称《纲要》），10月30日、11月12日，河南省委先后两次召开常委（扩大）会议，对《纲要》进行讨论研究，又广泛征求了各省辖市党委、省委各部委、省直机关各单位党组（党委）、各人民团体党组的意见。卢展工书记、郭庚茂省长还分别召开了民主党派、无党派人士、工商联负责同志座谈会，以及省级老干部座谈会、专家学者座谈会、基层干部群众座谈会，充分听取了对《纲要》的意见和建议。显然，这一阶段，是发扬民主、凝聚共识、深化认识的阶段。

第四阶段，决策实施阶段（从河南省委八届十一次全会开始）。2010年11月15~17日，河南省委召开八届十一次全会，审议并原则同意《中原经济区建设纲要（试行）》。至此，建设中原经济区进入具体实施阶段。全会提出，中原经济区是中原崛起、河南振兴的载体和平台，是探索一条不以牺牲农业和粮食、生态和环境为代价的"三化"协调科学发展路子的载体和平台，是明晰定位、整合优势、凝聚合力的载体和平台，是河南扩大对外开放、加强交流合作、实现互利共赢的载体和平台。中原经济区是客观的存在，建设中原经济区是历史的必然，有利于国家区域经济布局的进一步完善，有利于国家统筹协调梯次推进发展重大战略的实施，有利于国家在中部地区形成新的经济增长板块，有利于河南在全国发展大局中明晰发展定位、发挥自身优势，坚持走一条不以牺牲农业和粮食、生态和环境为代价的"三化"协调科学发展的路子，有利于遵循经济发展规律特别是区域经济发展规律更好地深入贯彻落实科学发展观、加快经济发展方式转变。全会综合考虑发展基础和发展潜力，提出了建设中原经济区的总体目标。全会强调，实现建设中原经济区的目标任务，必须贯彻"四个重在"的实践要领,有效运作、求实求效,突出科学发展、"三化"协调、载体建设、改革开放、改善民生、服务大局等六项原则。要优化中原经济区战略布局,以郑州和与之毗邻城市为核心区、以全省各省辖市为主体区、以联动发展的周边地区为合作区,融入全局、发挥优势、准确定位、互动联动,构筑区域经济融合发展、主体功能互促互补、国土空间高效利用、人与自然和谐相处的区域发展格局。要强化战略支撑,着力构建十大支撑体系。努力把中原经济区建设成为全国"三化"协调发展示范区、全国重要的经济增长板块、全国综合交通枢纽和物流中心、华夏历史文明重要传承区。

三 建设中原经济区顶层设计的经验与启示

1. 要思想领先,抢抓机遇

中原经济区顶层设计的过程,是思维不断创新、认识不断提高的过程。为了解决理念和认识问题,河南省委、省政府不惜人力物力,组成庞大的课题组,对"什么是中原""什么是中原崛起"等问题进行系统分析和研究,不仅使全省上下对一些基本问题廓清了认识,而且为河南经济社会发展的战略选择奠定了坚实的思想基础。而正是由于河南上下对中原经济区建设的认识高度一致,思想高度统一,才进一步得到了省外、境外的强烈反响,取得了超出预期的良好效果。中原经济区建设要取得实效,一定要继续坚持思想领先,抢抓机遇。要立足于解决干部群众的深层次思想认识问题,把解放思想作为建设中原经济区"永不竣工"的工程。各级党委和政府要从习惯于行政干预、行政命令,到树立经济区理念,尽量发挥市场的作用,推动中原经济区又好又快发展。

2. 要遵循规律,科学谋划

从 2010 年 3 月开始,河南决策层和有关方面围绕"什么是中原""什么是中原崛起""为什么要中原崛起""怎样实现中原崛起""河南能否走在中部崛起前列"等问题进行了深入系统的思考和研究,目的就是探寻、认识中原区域发展的内在联系和发展规律。课题组依据中原地区历代政区的变迁和文化影响,按照定量计算和定性分析相结合的方法,运用断裂点模型,确定了中原经济区的空间范围。正是基于这些规律性的认识,才有了谋划中原经济区的系统思路，才有了对设立中原经济区重大意义、战略定位、战略布局等的准确把握。由此，可以认识到，我们推动经济社会发展，绝不能靠拍脑袋、想当然做决策，绝不能违背宗旨、脱离实际地处理问题，必须尊重客观规律，进行科学谋划和决断。在今后建设中原经济区的过程中，各地、各部门都要自觉遵循市场经济规律特别是区域经济规律，敢于突破行政区划概念的束缚，认真研究在中原经济区中的地位和作用，努力做出各自的积极贡献。

3. 要立足实际，勇于创新

建设中原经济区，能够把河南这些年已被实践证明有效的东西在新的形势下加以持续、延伸、拓展和深化，进而形成一个总集成，搭建一个总平台，把中原崛起、河南振兴的宏伟事业继续推向前进。如何建设中原经济区，同样要正视变化中的实际，对河南的区域布局、发展思路及时进行调整。如现在已经把中原城市群的城市由原来的9个扩大为18个；将河南空间布局的"四分法"调整为中原经济区的"三区"，即核心区、主体区和合作区，同时，在功能上形成城市化战略格局、农业战略格局和生态安全格局。在建设中原经济区的过程中，河南各地各部门要立足实际，找准贯彻落实中央和省委决策部署的切入点、结合点。要按照区域经济发展的要求，依据各地优势，推动中原经济区内产业、城镇等合理布局，推动人才、资金、技术等生产要素优化配置，使各地的发展良性互动、相互促进，要创造性地开展工作，真正发挥好地方一级党委政府的作用。

4. 要站位大局，找准定位

在中原经济区的研究过程中，如何认识建设中原经济区的意义，是一个非常核心的问题。课题组在研究中提出了大量佐证，形成了"加快河南发展，促进中部崛起，强化东、中、西互动，服务全国大局"的总思路，得到广泛认可和赞誉。特别是卢展工书记2010年10月7日在"中原经济区汇报座谈会"上的总结发言，将建设中原经济区的意义概括为"六个有利于"，突出强调"有利于国家区域经济布局的进一步完善"，"有利于国家统筹协调梯次推进发展重大战略的实施"，更是站位大局做出的重要论断。中原经济区的定位则从凸显河南的区位优势、文化优势、粮食优势，持续走出一条不以牺牲农业和粮食、生态和环境为代价的"三化"协调发展的路子考虑，确定了中原经济区的四个战略定位：全国"三化"协调发展示范区,全国重要的经济增长板块,全国综合交通枢纽和物流中心,华夏历史文明重要传承区。建设中原经济区,各地、各部门都要更好地站位大局,把本地区、本部门的发展放在中原经济区建设的全局中来审视,从而做到准确定位、主动呼应、主动对接、主动融入。要注意发掘优势,发现优势,创造优势,既使自身优势得到充分发挥,又与其他地区的优势相互补充,有机整合,产生聚合效应,在服务全局中实现自身的更好发展。

5. 要顺应大势,破解难题

作为一个发展中的大省,河南正处于负重爬坡阶段,面临破解"四道难题"的严峻挑战。为了顺应区域发展大势,破解自身发展难题,河南省委、省政府根据新的形势,提出了"两高一低"和"双超"的目标,"两高一低",就是发展速度保持高于全国平均水平、力争高于中部地区平均水平,人口自然增长率继续低于全国平均水平。"双超"则是,到2015年主要人均经济指标超过中部地区平均水平,到2020年主要人均经济指标赶上并力争超过全国平均水平。这样的战略目标,表明河南省委、省政府解决改革发展中的重大问题、关键问题、突出问题的勇气,以及敢于应对难题、敢于破解难题,善于应对难题、善于破解难题的胆识,必将极大地激发河南亿万干部群众干事创业的积极性、主动性和创造性。在建设中原经济区的漫长历程中,我们要始终注意以新的思路破解发展中的难题。要更加注重"人均"指标,注意生产总值指标与其他主要经济指标的呼应,注意统筹协调,注意保障和改善民生,努力实现速度与结构质量效益相统一、经济发展与人口资源环境相协调,实现全面发展、协调发展、持续发展。

(原载《中州学刊》2011年第2期)

让思想的光芒照耀中原大地[*]

——中原经济区顶层设计的回顾与展望

党的十七届五中全会通过的《中共中央关于制定国民经济和社会发展第十二个五年规划的建议》提出："更加重视改革顶层设计和总体规划。"区域经济发展也需要顶层设计。建设中原经济区，就是区域经济发展顶层设计的范本、范例。初步分析，中原经济区顶层设计分四个阶段：思想发动阶段（2009年12月至2010年3月）、系统研究阶段（2010年3~6月）、达成共识阶段（2010年7~10月）、决策实施阶段（2010年11月省委八届十一次全会以后）。

谋划建设中原经济区，是大智慧、大手笔、大文章，有必要从理论上进行回顾、盘点、梳理和总结。回头看，我们感受最深的，是先进理念、科学思想在中原经济区谋划中发挥的巨大引领作用。今后，中原经济区建设要取得实效，同样要坚持思想领先，观念先行。要通过持久的思想教育，让科学思想的光芒照耀中原大地，让先进理念始终引领人们的行动。

一 建设中原经济区的酝酿与破题，是先进思想理念引领的结果

2009年11月底，卢展工到河南履职主政，从12月开始进行了大量

---

[*] 2010年11月29日在"全省各界学习贯彻省委八届十一次全会精神座谈会"上的发言。河南省委八届十一次全会通过了《中原经济区建设纲要（试行）》，标志着中原经济区谋划完成了省内的所有"议程"，进入决策实施阶段。2010年12月6日，河南省政协主席王全书对刊登此文的《科研专报》做出批示：这篇对中原经济区顶层设计的回顾与展望的文章，颇有思想深度；力主推进中原经济区建设应始终以解放思想、更新观念为"总开关"的建议，颇有见地。一定要以各级领导干部思想观念的转变带动全社会思想观念的转变，以全社会思想观念的转变，推动中原经济区建设开好局、起好步。

调研,从报道和"传闻"看,卢展工敏锐地洞察并及时纠正了一些干部认识问题、看待问题的局限性,如有的干部不能全面准确理解行政区和经济区的概念,往往行政区划意识浓厚而区域经济意识淡薄。他在与干部交换意见时提出:要突破行政思维的束缚,用区域经济的发展理念,站在全局和战略的高度审视自己。他认为,对距离省会比较远的市县来说,从行政区的角度来看可能比较偏远,但从经济区的角度来看就成了区域经济开放和发展的前锋、前沿,是全省与沿海地带衔接、对中西部辐射引领的重要地区。

2009年12月24~25日,河南省委召开经济工作会议,卢展工在会议上提出,要坚持"重在持续、重在提升、重在统筹、重在为民"的实践要领,强调"要在中原崛起总体战略的基础上,研究形成一个比较完整、比较系统的和中央促进中部地区崛起规划相呼应、相衔接的总体纲要、总体规划,把这些年河南省在发展中形成的、经过实践证明是正确的发展思路整合起来,持续地做下去"。

2010年2月21日,春节后上班第二天,卢展工到省社会科学院调研座谈,提出要重点研究一些问题,包括区域经济发展新格局下的河南定位,河南的比较优势,中原崛起战略布局,中原文化的影响力、带动力和支撑力,等等。

在3月份的一次省委常委会上,卢展工提出要深入思考和研究"什么是中原""什么是中原崛起""为什么要中原崛起""怎样实现中原崛起"等基本问题。

这一阶段有一条清晰的线条,就是省委主要领导用全局的眼光、系统的思维和区域经济的理念,提出问题,开启思路,引导、启发各级干部审视自我,谋划未来。

我认为,卢展工书记一年来给河南干部带来的最大的影响,就是先进的理念和大局意识。最近,省委宣传部牵头出版《中原经济区论势》和《中原经济区舆情》两本书。我写了一篇书评《"论势"揭示规律"舆情"反映民意》。在书评里,我由感而发,写了两句话:"中原经济区构想得到普遍认同折射出一个真理:反映历史规律的东西,历史就会拥抱它;顺应人民意愿的东西,人民就会赞美它。"我想表达的意思是,先进的理念是有群众基础的,建设中原经济区,是历史的选择、人民的选择。

二 中原经济区顶层设计的过程，是思维不断创新、认识不断提高的过程

中原经济区顶层设计的过程，是思维不断创新、认识不断提高的过程。《中原经济区建设纲要》（以下简称《纲要》）从起草到全会通过，历经数月。多次调整、反复修改的过程，实际上是不断地矫正站位的局限性、克服视野的狭隘性、突破认识的片面性的过程，从而更加注重站位全国看中原，联系大局看中原，着眼未来看中原。

我们在北京举办五次高规格的研讨会、座谈会，请国内最知名、最权威、最有影响的专家学者点评、会诊、把脉，就是向他们借力、借智，用他们的宽阔视野、先进理念和真知灼见丰富我们的认识。

打开《纲要》可以看到，建设中原经济区几个最重要、最关键，也最难把握的方面，如"战略意义""战略定位""发展目标""战略布局"等，几经修改后非常抢眼，非常到位，非常凝练。关于战略意义，用"六个有利于"来概括；关于战略定位，确定为全国"三化"协调发展示范区等四个方面；关于战略布局，明确了核心区、主体区、合作区的划分。其站位的高远、概括的准确、表述的贴切，显示了先进理念的深刻影响和引领作用，体现了科学思想的无穷魅力和巨大力量。

回顾《纲要》的形成过程，大的修改有五六次，很不容易。如果故步自封，没有开阔的眼界，没有远大的抱负，没有全局的胸怀，没有思维的不断创新，绝不可能达到今天的认识。

这件事告诉我们，真理往往是简单的，但认识真理的过程是艰辛的。这件事还启发我们：先进理念是无价宝，是生产力。对于领导干部来说，如果没有先进的理念，事实上也就失去了领导资格，而掌握了先进的理念，也就掌握了领导工作的主动权。

三 推进中原经济区建设取得实效，要始终以解放思想、更新观念为"总开关"

20世纪90年代初，为实现"一高一低"目标，省委、省政府把解放

思想、更新观念作为"总开关",纠正和破除"一'左'一旧"思想的影响,推动了河南经济社会又好又快发展。建设中原经济区,仍然要以解放思想、更新观念为"总开关",现在要纠正和破除的,是一系列与建设中原经济区不适应的思想观念。

我们认为,建设中原经济区最大的困难,不是缺资金、项目等硬件,而是来自传统思想观念、传统思维方式方面的影响。建设中原经济得到了共识,但建设中原经济区是怎么一回事未必都明白。不少人把希望寄托在国家的优惠政策,以及在资金、项目等方面的倾斜上,即"要政策""要待遇""要倾斜"。所以,干部队伍中对建设中原经济区的思想准备是很不够的。从这个意义上说,解放思想是建设中原经济区"永不竣工"的工程,始终是"总开关"。解放思想的进程,将影响、制约、决定中原经济区建设的进程。

对党委和政府来说,要从习惯于行政干预、行政命令,在行政区划范围内折腾事,发号施令,到树立经济区理念,尊重经济规律、尊重市场主体,尽量发挥市场的作用,推进区域一体化发展。在产业支撑方面,要突破经济发展的"路径依赖",就是突破传统经济结构对我们的观念束缚,走出"干我们熟悉的""干我们会干的""干我们能干的"产业选择困境。在区域合作方面,要从争座次,争老大,争龙头,画地为牢,行政分割,甚至以邻为壑,到转变职能,主动融入,真诚合作,互动联动,一体运作。

对各级领导者来说,要看到,建设中原经济,前无古人,会遇到很多难以预料的困难,对改进我们的领导工作提出了新的课题和全新的要求。各级领导的发展理念要正确。要以人为本、为民惠民,绝不能再搞什么政绩工程、面子工程。思维方式要适应。要提倡发散思维、逆向思维、动态思维,提高思维的综合性、开放性、创造性。领导模式要改变。由我说你做,我发指令你执行,到切实为企业服务;由重点抓项目,到重点抓环境;政府由权力中心转为服务中心。

对全社会来说,社会的价值导向、社会氛围要相应调整。要从官本位价值导向,转变为"创业、创造、创新"为荣的社会价值导向,形成合作、和谐、奉献为上的社会氛围。领导干部的精神状态要好,从等优惠、等政策、等倾斜,到立足于干,立足于做,并且从我做起,从现在做起,从可以做的事情做起。

总之，建设中原经济区要坚持思想先行。要以领导干部的思想观念转变，带动全社会思想观念的转变；以全社会思想观念的转变，推动中原经济区建设起好步，开好局，尽快取得实实在在的成效。

（原载《科研专报》2010年第3期）

中原崛起战略思路的新拓展*

——建设中原经济区的背景、构想与实践

河南的发展一直受到党中央的特别关注。资料显示，党的十六大以来的8年间，胡锦涛总书记到河南视察5次，温家宝总理到河南视察7次。胡总书记要求河南"实现跨越式发展，谱写中原崛起新篇章，走在中部地区前列"。温总理要求河南"实现更大规模、更高水平的发展，在促进中部地区崛起中发挥更大作用"。研究表明，在全国31个省、市、区中，由党的总书记提出"实现跨越式发展"的，只有西藏、新疆和河南。

为了实现跨越式发展，从2010年7月开始，"建设中原经济区"这一新的战略构想被提出，一个新的区域概念进入国人视野。各民主党派、各大主流媒体、国家著名学术机构，纷纷参与讨论、研究和报道。世人再次把关注的目光投向河南，投向这块孕育中华文明，居于全国政治中心、经济中心、文化中心长达三千年的地方。

一 谋划中原经济区的背景与过程

1. 谋划中原经济区的背景

所谓经济区，是指在劳动地域分工基础上形成的不同层次和各具特色的地域经济单元。中原经济区，是指以河南省为主体，延及周边，涵盖晋东南、冀南、鲁西南、皖西北、鄂北、苏北等周边地区，相对独立于其他

---

* 这是全国性报纸第一次全面系统介绍中原经济区。在此之前，有关方面已在北京多次召开关于中原经济区的研讨会、座谈会，中央媒体也对中原经济区有过不少报道，但这些报道仅限于新闻层面，难免缺乏深度。本文则从理论层面向世人展示了一个多层次、多视觉的中原经济区，弥补了新闻宣传的先天不足。

经济区的区域经济综合体。构建中原经济区，有深刻的时代背景和重大的现实意义。

从全国发展的大局看，建设中原经济区有利于国家区域布局的完善和强化内陆战略支撑。目前国家实行区域发展总体战略，促进东、中、西部和东北四大板块协调发展，但四大板块内部区域差异仍然不小，区域政策空间尺度偏大，于是近年来以明晰区域定位、细化区域政策、规范地区发展走向为特征的新一轮区域布局已悄然展开。随着北部湾经济区、海西经济区的设立，以及江苏沿海地区发展规划、辽宁沿海经济带发展规划获国务院批复，与原有的长三角、珠三角和环渤海经济圈连成一线，东部沿海经济布局已基本完成。在中西部地区，经济布局正在调整和完善中。在沟通东部和西部的国土开发战略中，沿江经济带和陇海兰新经济带是两条带动我国经济发展的重要的东西经济走廊。武汉城市圈在沿江经济带中起到了关键的支撑作用。而在沿海向西北地区延伸的陇海兰新经济带中段，应当形成一个具有强力顶托作用的支撑点。中原地区位于京广、陇海兰新两大经济带主轴的交会区域，也处于沿海经济带沟通西北内陆地区的关键位置。建设中原经济区，可以为西部的原材料工业提供市场，为东部的加工业提供供应链，有利于各种要素及资源的聚集与协作，进而充分发挥贯通全国经济格局的"腹地效应"，强化内陆经济战略支撑，形成全国经济增长的倍增器。

从中部崛起的要求看，建设中原经济区有利于构筑中部具有强大集聚和辐射作用的增长极。中部各省的区位和战略选择，决定了中部崛起的过程将是"向外借力"和"内聚生力"相结合的过程。从"向外借力"看，湖南"向南"，一直在向泛珠三角靠拢；江西早已明确要成为上海的"后花园"；安徽在主动融入长三角经济带；山西在积极接受京津冀经济圈的辐射带动。从"内聚生力"看，距离珠三角、长三角、环渤海较远的湖北、河南别无选择。湖北地处长江中游，通过打造武汉城市圈，形成了长江经济带的中段强点。中原地区由于远离全国经济中心，所以区域内产业门类比较齐全，自我配套、自我修复能力比较强。建设中原经济区，不仅与中部崛起的规划不重复、不冲突，而且更加有利于中部崛起目标的实现。如国家《促进中部地区崛起规划》提出要加快形成"两横两纵"经济带，中原经济区位于沿京广、陇海、京九"两纵一横"经济带的交会地带,是中部人口最密集、经济总量最大、交通区位优势最突出、最具发展潜力的区域。加快中原经济区建设,可以在中部地区构筑具有强大集聚作用和辐射作用的核心增长极,促进中部地区经济社会又好又快发展。

从中原崛起的实践看,建设中原经济区是多年来河南省委、省政府中原崛起思路的延伸、提升和拓展。20世纪90年代以来,河南历届省委、省政府围绕中原崛起、河南振兴这一主题进行了不懈的探索和实践。①指导思想上,从"团结奋进、振兴河南"到"奋力实现中原崛起",再到实现"两大跨越"、坚持"四个重在",核心是突出发展主题,加快崛起步伐。②发展目标上,从"一高一低"到"两个较高"再到"两高""双超",随着形势的变化不断丰富和提高。③发展战略上,从"三大战略"(科教兴豫、开放带动、可持续发展战略)到"四大战略"(增加"城镇化战略"),再到"五大战略"(增加"中心城市带动战略")。④实现途径上,从"围绕农业上工业、办好工业促农业"到"加快工业化、城镇化、推进农业现代化",再到建设国家粮食生产核心区,建设"一个载体、三个体系",推进文化强省建设。建设中原经济区,就是把已被实践证明有效的东西在新的形势下加以持续、延伸、拓展和深化,进而形成一个总集成,搭建一个总平台,寻找一个总抓手,把中原崛起、河南振兴的宏伟事业继续推向前进。

2. 中原经济区顶层设计的过程

建设中原经济区顶层设计的过程,是思想不断解放的过程、认识不断深化的过程、取得广泛共识的过程、赢得多方支持的过程。大体经历了四个阶段。

第一阶段,思想发动。2009年12月至2010年3月。在这一阶段,河南省委书记卢展工进行了大量调研,他敏锐地洞察并及时纠正了一些干部认识问题的局限性,提出要突破行政思维的束缚,用区域经济的发展理念,站在全局和战略的高度审视自己。2009年12月下旬,卢展工在省委经济工作会议上提出"四个重在"的实践要领,要求"把这些年河南在发展中形成的、经过实践证明是正确的发展思路整合起来,持续地做下去"。2010年2月21日,卢展工到河南省社会科学院调研,提出要重点研究河南的定位、河南的比较优势、中原崛起战略布局等问题。在3月初一次省委常委会上,卢展工提出要深入思考和研究"什么是中原""什么是中原崛起""为什么要中原崛起""怎样实现中原崛起"等基本问题。这一阶段的特征是发现问题、提出问题，初步酝酿，开启思路。

第二阶段，深入研究。2010年3~6月。一个由50余名专家学者和职能部门人员组成的课题组开始集中研究。4月7日，卢展工在全省主要领导干部深入贯彻落实科学发展观、加快经济发展方式转变专题研讨班的讲话中指出，要结合"十二五"规划编制，认真总结梳理河南省这些年来的发展思路，形成与国务院促进中部地区崛起规划相衔接的比较系统的中原崛起实施纲要。研究时要注意几个问题。一要把握优势，二要准确定位，三要弄清概念，四要持续思路。按照省委要求，课题组进行了艰苦的研究工作，形成了《中原崛起若干重大问题研究总报告》及5个分报告和《中原新型城镇化研究》10个研究报告，起草了《加快中原发展建设纲要》。这些资料翔实、有理有据的研究报告，为中原崛起战略思路的选择奠定了坚实基础。

第三阶段，达成共识。2010年7~11月中旬。7月2日，河南省委召开常委扩大会议，听取省课题组研究成果汇报。卢展工发表重要讲话，他在比较了可供选择的几种方案后，深刻地阐述了构建中原经济区的初步考虑、基本目的和重要意义。之后几个月，各类谈论中原经济区建设的活动频繁举办，构建中原经济区成为河南上下街谈巷议的百姓话题。8~10月，河南省及国家有关学术机构在北京举办了五次高规格的研讨会和汇报座谈会。多位全国人大、全国政协领导人，著名经济学家刘国光、吴敬琏、厉以宁、王梦奎等参加了会议。与会领导和专家不约而同地力挺中原经济区，异口同声地呼吁把中原经济区上升为国家战略。与此同时，《中原经济区建设纲要（草稿）》经过多次修改，提交河南省委常委会议进行了两次研究，又广泛征求了各方的意见。显然，这一阶段是发扬民主、凝聚共识、深化认识的阶段。

第四阶段，决策实施。2010年11月以后。2010年11月15~17日，河南省委召开八届十一次全会，审议并原则同意《中原经济区建设纲要（试行）》。11月26日，河南省第十一届人民代表大会常务委员会第十八次会议通过了《关于促进中原经济区建设的决定》。至此，建设中原经济区进入具体实施阶段。卢展工在河南省委八届十一次全会的讲话中指出："建设中原经济区，有很长很艰难的路要走。今后关键就是做，要从自己做起,从现在做起,从能够做的事做起,推动中原经济区建设取得实实在在的效果。"无疑,这是对河南各级党委政府和广大干部群众的提醒、忠告和号召。

二 建设中原经济区的基本构想

1. 指导思想

建设中原经济区最鲜明的特点,就是突出"一个主题",贯穿"一条主线",探索"一条途径",强化"五个着力"。突出一个主题,就是以科学发展为主题;贯穿一条主线,就是以加快转变经济发展方式为主线。这既是十七届五中全会对"十二五"时期经济社会发展提出的明确要求,也是建设中原经济区必须始终坚持的根本指导思想。"一条途径",就是以持续探索走出一条不以牺牲农业和粮食、生态和环境为代价的"三化"协调科学发展路子为基本途径。这是中原经济区的鲜明特点,也是建设中原经济区、加快中原崛起和河南振兴的必由之路。以"三化"协调科学发展为基本途径建设中原经济区,就是要巩固提升农业基础地位,加快发展现代农业,保障国家粮食安全,在工业化、城镇化深入发展中同步推进农业现代化,加快现代化建设进程,实现中原崛起和河南振兴。强化"五个着力",就是着力推动经济结构战略性调整,着力加快转变农业发展方式,着力推动文化发展繁荣,着力建设资源节约型、环境友好型社会,着力保障和改善民生。

2. 战略定位

共有四个:一是全国"三化"协调发展示范区。主要是统筹安排城镇建设、产业集聚、农田保护、生态涵养等空间布局,协调推进粮食生产核心区、现代城镇体系和现代产业体系建设,率先走出一条不以牺牲农业和粮食、生态和环境为代价的"三化"协调科学发展路子。二是全国重要的经济增长板块。主要是促进人口、产业和生产要素加速集聚,有序承接国内外产业转移,加快建设先进制造业和现代服务业基地,提升自主创新能力,提高对外开放水平,成为支撑中部崛起的核心增长板块,成为支撑全国发展的重要区域。三是全国综合交通枢纽和物流中心。主要是充分发挥中原经济区贯通东西、连接南北的区位优势,以建设运输通道和交通枢纽为重点，加快构建以铁路网、高速公路网和航空枢纽港为骨架的综合交通体系，建设服务中西部、面向全国、连接国际的综合交通枢纽和现代物流服务中心。四是华夏历史文明传承核心区。主要是大力推动文化繁荣，发展壮大文化产业，打造一批地域特色明显、展现中原风貌、具有国际影响的文化品牌，建设全球华人寻根拜祖圣地，提高中原文化影响力，增强中华民族凝聚力，成为传承弘扬中华优秀传统文化的核心区域，在促进祖国统一和中华民族伟大复兴中发挥更大作用。

3. 发展目标

综合考虑未来发展趋势、有利条件和约束因素，建设中原经济区的总体目标可以概括为"五新"，就是增创粮食生产新优势、构筑"三化"协调新格局、实现改革开放新突破、取得转型发展新跨越、开创和谐社会建设新局面。具体实施分两步走：第一步，5年彰显优势，力争到2015年，主要人均经济指标超过中部地区平均水平，与全国平均水平差距进一步缩小，成为支撑中部崛起的核心区域。第二步，10年实现崛起，到2020年，主要人均经济指标赶上并力争超过全国平均水平，初步成为中西部地区经济发展的主要引擎。在此基础上继续努力，基本建成科学发展、统筹协调、开放创新、和谐繁荣的中原经济区，成为全国经济发展的重要增长板块。

4. 空间布局

以郑州和与之毗邻城市为"核心区"，以河南全省18个省辖市为"主体区"，以联动发展的周边地区为"合作区"。总体发展态势是："强化核心，拓展外延"，就是要提升郑州全国区域性中心城市地位，推进郑州与毗邻城市对接联动，通过高效便捷的交通网络，不断拓展辐射范围，促进核心区、主体区、合作区优势互补、协调互动、融合发展。"提升两轴，对接周边"，就是既要依托陆桥通道、京广通道，提升沿陇海发展轴和沿京广发展轴的整体水平，又要依托出省通道，密切其他城市与周边的联系，实现优势互补、相互促进、联动发展，增强中原经济区的核心枢纽和战略腹地效应。"贯通东西，服务全局"，就是要依托"五纵五横"大能力铁路货运通道、"米"字形高速铁路、"三纵三横"国家高速公路网和现代航空网络，形成东融西拓、服务全面开放的战略平台。同时，形成以中原城市群为重点的城市化战略格局，以粮食生产核心区为重点的农业战略格局,以桐柏大别山地生态区、伏牛山地生态区、南太行生态区、平原生态涵养区、黄河滩区生态涵养带和南水北调中线生态走廊为重点的"四区两带"区域生态安全格局。

5. 主要支撑

从经济社会发展全局出发,河南建设中原经济区要构建"十大战略支撑体系",即构建竞争力强的现代产业支撑体系、统筹城乡的新型城镇化支撑体系、引领发展的区域自主创新支撑体系、现代化综合交通支撑体系、高素质的人力资源开发支撑体系、充满活力的体制机制支撑体系、内外互动的开放型经济支撑体系、独具特色的文化支撑体系、可持续发展的资源环境支撑体系、以人为本的和谐社会支撑体系。

三 在实践中推进中原经济区建设

推进中原经济区建设,要总结中原经济区顶层设计的宝贵经验,坚持尊重科学、尊重规律、尊重实践、尊重群众,确保中原经济区建设起好步、开好局,不断取得实实在在的成效。

1. 坚持思想领先

中原经济区建设千头万绪,最重要的是坚持以解放思想为"总开关"。因为建设中原经济区最大的困难,不是缺资金、项目等硬件,而是来自传统思想观念、传统思维方式方面的影响和干扰。从这个意义上说,解放思想的进程将影响、制约、决定中原经济区建设的进程。各级党委、政府要从习惯于行政干预、行政命令,转变为树立经济区理念,更加尊重经济规律、尊重市场主体,尽量发挥市场的作用。建设中原经济区对领导工作提出了全新的要求,各级领导的发展理念要以人为本、为民惠民,绝不能再搞什么政绩工程、面子工程;思维方式要适应,要提倡发散思维、逆向思维、动态思维,提高思维的综合性、开放性、创造性。社会的价值导向、社会氛围要相应调整。要从官本位价值导向转变为以"创业、创造、创新"为荣的社会价值导向,形成合作、和谐、奉献为上的社会氛围。

2. 制订行动计划

河南省委八届十一次全会提出了"十二五"实现经济社会发展"两高"的目标,就是经济发展速度要保持高于全国平均水平、力争高于中部地区平均水平。同时,《中原经济区建设纲要(试行)》提出了"双超"目标,即到2015年人均经济指标超过中部地区平均水平,到2020年主要人均经济指标赶上并力争超过全国平均水平。实现"两高"不易,达到"双超"更难。以"双超"来说,衡量地区发展总体水平一般使用三大人均指标,即人均地区生产总值、城镇居民人均可支配收入、农村居民人均纯收入。2009年,河南三大人均指标分别是20477元、14372元、4807元,分列全国第19位、第16位、第17位。总体测算,今后三大人均指标要赶上并超过全国平均水平,大体要进入全国排序的前十位左右。河南要在10年内实现三大人均指标"进十"的目标,难度极大。为此,要进行目标细分,进行地区、行业、年度测算,做横向的、动态的、前瞻性的分析,考虑各种困难和复杂因素,制定出具有可操作性的"路线图"。建议制订《河南省实现"两高""两超"行动计划》,做到量化指标,心中有数,分解任务,加压驱动。

3. 找准发展定位

《中原经济区建设纲要(试行)》是中央精神与河南实际相结合的产物。河南各地市应站位大局,立足实际,开动脑筋,集思广益,找到自己在中原经济区中的发展定位。譬如,中原经济区最重要的定位是"全国'三化'协调发展示范区",那么,是否各个市县都来效仿、套用这一定位呢?回答是否定的。中原经济区的四个定位是就总体而言的,河南各市县的发展水平、区位条件、资源禀赋差别很大,绝不可照搬全省的定位,而要从实际出发。如济源市靠工业强市,城乡一体化迅猛推进,该市应把"河南城乡一体化先行区"作为首要定位。又如,河南的黄淮四市,人口众多、工业落后、城镇化滞后、传统农区比重大,实现"三化"协调发展也不能比照省里的"城镇化带动",还是应当坚持"工业化带动"。总之,找准地方的发展定位,关键是掌握《中原经济区建设纲要(试行)》的基本精神,不生搬硬套,不照抄照搬,坚持从实际出发,勇于创新,敢于突破,以思维创新带动工作思路的创新。

4. 强化产业支撑

产业结构不合理是中原经济区发展最大的瓶颈。2008年,河南工业增加值前5位的行业分别是建材、食品、煤炭、有色金属和钢铁,与2003年相比,以能源原材料为主的发展特征基本没有大的改变。高技术产业增加值只占工业总产值的3.8%，研究与试验发展经费支出占生产总值的比重只有0.8%，低于全国1.62%的平均水平。所以，建设中原经济区，要通过承接发达地区的产业转移，重点解决产业结构不合理的问题，重点弥补现有产业结构中的"短板"。要突破传统产业体系的"路径依赖"，突破"干我们熟悉的""干我们会干的""干我们能干的"的产业发展习惯。要借助金融危机的影响，进行产业结构调整，瓦解传统产业体系，加快形成产业链完整、高附加值环节比重明显提高的现代产业体系。要发挥好重工业的优势，在有色金属、装备制造、钢铁、化工等优势产业领域加大研发投入，突破一批关键技术，培育一批新产业与新产品，延伸产业链条，提高加工度与附加值，大力推动传统优势产业向现代制造业转变。

5. 激发内在活力

实现"两高"和"两超"，关键是寻找、培育新的增长点，激发内在发展活力。从河南发展的历史经验和现实情况看，要坚持借力发展，通过借力，激发内在活力。一要向开放借力。加大对外开放力度，创新招商机制，提高引资水平，在利用外资和承接产业转移方面实现新突破。二要向民间借力。大力发展民营经济，倡导"诚、和、创、韧、责"的发展理念，进一步放宽民间资本投资领域，推动民营企业增强创新能力和市场竞争力。三要向科技借力。强化科技创新，做大做强战略支撑产业和战略新兴产业，奠定"两高"的产业基础。四要向环境借力。优化发展环境，加快服务体系建设，构建与国际惯例相衔接的制度环境，提高招商引资的服务效率和水平。五要向"能人"借力。事靠人干，用人为要，各级领导岗位都要起用有能力、敢担当、肯干事、有作为的干部。

6. 实现一体化发展

中原经济区的战略布局分为核心区、主体区、合作区。推动三类区域一体化发展，总的思路应是高端引领、底层突破、全面展开、多点爆发。有几个要点需要强调。第一，强化洛阳的"副中心"地位。洛阳产业优势明显，应当好"副中心"，形成郑州、洛阳"双塔"并立之势，在河南西部"称王"，而不宜简单化地提"郑洛一体"。第二，把东融西拓、强化两翼作为区域合作的重点。中原经济区的东、西两翼经济发展水平总体偏弱，三门峡、商丘外联、外延的空间和潜力巨大；从承接东部产业转移、推动区域梯次发展、实现东、中、西互动的大局看，两市也承担着重要使命，应当在沿边开放合作中走在前面。第三，以河南行政区域内的合作，带动与周边地区的合作。譬如，河南西部的洛阳、三门峡、济源三市，经济内在联系密切，可以构建"洛三济"经济圈，推进豫西地区协同发展，打造中原经济区的西部板块。

（原载《中国社会科学报》2010年12月28日）

中原经济区建设的意义和路径[*]

所谓经济区,是指以中心城市为核心,具有发达的内部经济联系,并在全国分工格局中担负专门职能的地域生产综合体。无论从历史演进角度看,还是从现实经济联系的实际看,以河南为主体、涵盖周边的中原地区,都是一个山水相连、血缘相亲、文脉相承、经济相连、使命相近、客观存在的经济区域。

一 构建中原经济区的重要意义

1. 对加快实现中原崛起的现实意义

实现中原崛起反映了中原地区经济社会发展的内在规律。狭义的中原即河南,广义的中原则包括以河南为中心的相关区域。就狭义的中原即河南来说,实现中原崛起的思路和内容有一个不断完善和丰富的过程。总体上看,历届省委、省政府围绕振兴河南、加快中原崛起提出的指导思想、发展目标、实现途径和战略举措,都对河南经济社会发展发挥了重要的推动作用。特别是"一高一低""两个较高""两大跨越"等战略目标,以及开放带动、可持续发展、"三化"路径、中心城市带动、建设中原城市群、壮大县域经济等重大战略和举措,都对加快中原崛起具有长期的指导作用。但河南欠发达的基本省情没有根本改变。"四难"即人往哪里去、钱从哪里来、民生怎么办、粮食怎么保的问题仍相当突出。克服"三低",亟须谋划大战略;破解"四难",呼唤构筑新平台。就广义的中原来说,

---

[*] 本文是应《郑州日报》邀请撰写的专稿,发表于 2010 年 8 月,是较早见诸报端的系统论述中原经济区的长篇文章。

发展相对滞后和欠发达的特征更加明显，是一个面临特殊困难，有可能被边缘化的区域。构建中原经济区，有利于充分释放河南的发展能量，在统一的框架下整合更大区域范围内的发展潜力。另外，河南周边省份与河南相邻的地区，多处于各主体经济地域的边缘地带，其经济社会发展面临各种不同的问题。构建中原经济区，可以整合这些地区的力量，实现共同发展。

2. 对加快中部地区崛起步伐的特殊意义

一是有利于中部崛起总体目标的实现。国家《促进中部地区崛起规划》提出了到2015年中部地区发展的总体目标，包括城镇化率达到48%，人均GDP达到36000元，城镇居民人均可支配收入达到24000元，农村居民人均纯收入达到8200元等。中原经济区拥有人口1.7亿，占中部地区的47%，但人均经济指标、产业层次和城镇化水平明显偏低。构建中原经济区，有利于深化、细化规划的各项要求，促进中部地区发展总体目标的实现。二是有利于"三个基地、一个枢纽"建设。相对于中部其他区域，中原经济区在建设"三个基地、一个枢纽"中，有利条件最多，基础条件最好。建设中原经济区，有利于继续发挥该区域的综合优势，巩固和提升中原经济区在中部地区发展格局中的战略地位。三是有利于实现重点地区更好更快发展。《促进中部地区崛起规划》提出要加快形成"两横两纵"经济带。中原经济区位于沿京广、陇海、京九"两纵一横"经济带的交会地带，是中部最具发展潜力的区域。建设中原经济区，有利于在中部地区构筑具有强大集聚作用和辐射作用的核心增长极。四是有利于中部生态建设和经济社会协调发展。中原经济区地处淮河、汉江、海河、黄河等重要河流中上游，是南水北调中线的源头，环境保护和生态建设压力大。建设中原经济区，有利于改善生态环境，促进该区域各项社会事业的发展。

3. 对我国统筹解决"三农"问题的示范意义

一是有利于改变农业基础设施和发展方式落后的状况。中原经济区是粮食主产区，但农业基础依然薄弱，大中型水库病险率高，水利骨干工程完好率低；农业耕作方式比较粗放，规模化、标准化水平不高；农产品精深加工发展任务艰巨，龙头企业竞争力和带动能力不强。建设中原经济区，用工业理念发展农业，用现代科技改造农业，有利于为全国转变农业发展方式提供示范。二是有利于改变农村落后和农民收入增长缓慢的状况。中原地区农村在水、电、路、气等基础设施和教育、卫生、文化等公共服务设施方面，历史欠账较多，城乡居民收入差距呈扩大趋势。建设中原经济区，支持中原地区加强农业基础设施建设，改善农村社会事业，多渠道增加农民收入，有利于为中西部地区解决"三农"问题的突出矛盾提供示范。三是有利于探索以工补农的新路子。近年来，河南省委、省政府在全面推进粮食生产核心区建设的同时，围绕促进产业集聚发展，引导产业向城镇集中布局，实现产城融合、工业化与城镇化良性协调，形成了推进"三化"协调发展的基本思路。建设中原经济区，有利于构筑新型城乡关系，消除城乡二元结构，最终实现基本公共服务均等化，对在全国范围内统筹城乡发展具有示范意义。

4. 对保障国家粮食安全的战略意义

据《国家粮食安全中长期规划纲要》预测，至2020年，全国只有再新增1000亿斤的粮食生产能力，才能确保届时14亿多人口的吃饭问题。因此，我国粮食供求将长期处于偏紧状态。中原经济区耕地面积约1.9亿亩，2008年粮食总产量9000多万吨，占全国粮食总产量的1/6强，其中夏粮占全国总产量的1/2。但由于粮食比较效益低，该区域"粮食大县、财政穷县"的状况比较普遍，确保国家粮食安全面临严峻挑战。河南作为中原经济区的核心区域，从保障国家粮食安全的高度，编制了《国家粮食战略工程河南核心区建设规划》，规划到2020年，通过实施兴利除害水利工程，加快中低产田改造，推进高标准农田建设，完善科技推广体系，加快农业科技创新，发展循环农业，加强农村劳动力培训，创新体制机制等措施，进一步提高粮食综合生产能力，使河南省的粮食生产能力由目前的1000亿斤提高到1300亿斤。建设中原经济区，有利于稳定提高中原地区粮食综合生产能力，探索建立促进粮食生产稳定增长的长效机制，保障国家粮食安全。

5. 对完善全国区域布局的重大意义

一是有利于强化内陆经济战略支撑。在沟通东部和西部的国土开发战略中，沿江经济带和陇海兰新经济带是两条带动我国经济发展的重要的东西经济走廊。武汉城市圈在沿江经济带中起到了关键支撑作用。而在沿海向西北地区延伸的陇海兰新经济带中段，应当形成一个具有强力顶托作用的支撑点。构建中原经济区，正是为了形成这样的强磁场和支撑点。二是有利于促进区域间的经济合作。中原经济区地处东、西部地区的交会处，一方面初级加工业如铝锭和铝材表现突出；另一方面能源、重化工工业相对发达，这种产业链特征与周边地区的产业链特征具有强烈的互补性。构建中原经济区，可以为西部的原材料工业提供市场，为东部的加工业提供供应链，有利于各种要素及资源的聚集与协作，进而充分发挥贯通全国经济格局的"腹地效应"，形成全国经济增长的倍增器。三是有利于推进中西部工业化进程。我国东、中、西部地区间经济发展水平、技术水平和生产要素禀赋的不同，导致了地区间在产业结构层次上的阶梯状差异。这种产业梯度使得产业在地区间的转移也是依梯度层次进行的。经济发展状况和资源禀赋的特点，使中原地区在当前的产业转移过程中起着承上启下的作用，有着独特的优势。构建中原经济区，对有效承接东部产业转移、推进中西部工业化进程有重要意义。

二 构建中原经济区的可能性与紧迫性

构建中原经济区，不仅十分必要，而且完全可能，尤为紧迫。因为中原经济区是一个客观存在、相对独立、欠发达特征明显、亟待实现历史复兴的经济区域，所以，我们提出构建中原经济区，是大势所趋，使命所在。

1. 这是一个客观存在的经济区域

跨省构建中原经济区具有共同基础。首先，地缘人文条件接近。中原经济区虽然地跨河南和周边数省，但具备整合发展的基础条件，特别是相近相似的地理条件和地缘人文因素，是构成中原经济区的内在纽带。在当今市场经济条件下，跨地区、跨省域的区域协作关系更加紧密。如安阳与邯郸、焦作与晋城、三门峡与运城、商丘和周口与皖北苏北诸市、濮阳与菏泽和聊城、南阳与襄阳等，虽分属不同省份，但地缘相邻、交通相连、经济和人员交往交流频繁。其次，发展任务大体相当。目前中原经济区内各地经济社会发展水平大体接近，所担负的发展任务也大体相当，都面临着解决"三农"问题、统筹城乡发展的迫切问题，都处于工业化起步或加快推进工业化、城镇化的阶段，都处于亟待转变经济发展方式、推进产业结构升级的关键时期。这些相同相似的阶段特征更易实现中原经济区不同地区之间的深度融合。最后，区域协作广泛持久。改革开放以来，中原经济区相邻的各省、各市甚至县乡之间早已出现了多形式、多层次的区域经济合作。1982年，晋、冀、鲁、豫四省13市共同组成了"中原经济协作区"。1986年，豫、皖、苏、鲁20市组成了"黄淮经济协作区"；晋、陕、豫三省四市建立了"黄河金三角经济协作区"。此外，一些相邻地区的经济联系也由来已久。这些跨省的、延续至今的区域经济协作体的出现，为中原经济区构建奠定了广泛的经济社会基础。

2. 这是一个相对独立的经济区域

该区域优势明显，功能特殊，但远离珠三角、长三角、环渤海等经济高地。如该区域的河南省会郑州，距离环渤海最大的城市北京800多公里，距离长三角最大的城市上海1000公里，距离珠三角最大的城市广州1600多公里，因而该区域受我国沿海三大增长极的辐射、带动和影响较小。与此形成对比的是，同为中部的江西，把成为上海的"后花园"作为发展目标，安徽打造皖江承接产业转移示范带，仰仗的是毗邻长三角的地缘优势；湖南提出"湖南向南"，主动融入泛珠三角，也与经济发展受到珠三角影响较大有密切关系；山西则深受首都经济圈的影响。由此不难理解，中原地区的产业门类比较齐全，自我配套能力、自我修复能力比较强，实在是"不得已"的选择，是由相对独立的经济单元这样的客观规律所决定的。经济区域的相对独立性，是形成经济区的重要条件。

3. 这是一个欠发达特征明显的区域

改革开放以来，中原地区经济社会发展取得了长足进步，但与东部沿海地区相比，人均经济水平、民生水平和工业化、城镇化水平明显偏低，呈现明显的欠发达特征。2008年，中原经济区人均GDP只有17000元左右，比全国平均水平低5000多元，只是全国平均水平的3/4；人均财政收入800余元，仅约为全国平均水平4600元的1/5；第一产业占比15%左右，比全国平均水平高出4个百分点，第三产业占比30%左右，比全国平均水平约低10个百分点；城镇居民可支配收入12000余元，比全国平均水平低近3000元；农民人均纯收入4300多元，比全国平均水平低近400元；城镇化率30%左右，不到全国平均水平的2/3。消除欠发达的现象，亟须谋划大战略。而建立中原经济区，有利于加快该区域经济发展，增加居民收入，启动农村市场，积极探索内需尤其是消费需求拉动经济增长的有效路子，为实现"弯道超车"创造条件。

4. 这是一个亟待实现历史复兴的区域

中原地区位居"中国之中"，是中华文明和中华民族最重要的发源地。从中国第一个世袭王朝夏朝建都于河南偃师，至清王朝覆灭的四千余年历史中，中原处于全国政治、经济、文化的中心地域长达三千年，先后有20多个朝代建都或迁都于此。北宋时期，都城开封是当时最繁华的国际大都市，商业贸易额占全国一半，人口逾百万，而同时期的英国伦敦人口还不到5万。然而，随着近代列强对中国的侵略和掠夺，中原地区同祖国一样因积贫积弱而衰落。新中国成立以来，中原地区经过艰苦奋斗和探索追求，经济社会发展取得了巨大成就，已经站在了实现崛起的新的历史起点上。中原是中国的一个缩影和面临问题的写照。中原始终与祖国同命运、共兴衰。中原兴，中华兴；没有中原的振兴，就没有中华民族的伟大振兴。一个新兴的中原经济区的迅速崛起，将为国家现代化建设和中华民族的伟大复兴做出重要贡献。

三 中原经济区的战略定位和发展目标

构建中原经济区，要立足中原的区位、粮食、文化、城市群和人力资源等优势，凸显中原经济区的战略定位，明确河南省建设中原经济区的总体目标和实施步骤。中原经济区的战略定位有如下几个方面。

1. 全国"三化"协调发展示范区

着眼于解决工业化、城镇化与农业生产特别是粮食安全之间的矛盾，通过加快工业化、城镇化，吸引农村人口向城镇持续稳定转移，提高土地集约节约利用水平，确保耕地面积占补平衡，为农业的规模化、现代化创造条件，从根本上破解"三农"难题，走出一条农业大省、粮食大省、人口大省加快工业化、城镇化的科学发展之路。

2. 全国新型城镇化发展先行区

更加注重以人为本、城乡统筹、社会和谐，加强城镇规划建设管理，深化城镇体制机制改革，按照产城互动、功能复合、环境优美、运行高效的要求，加快推动城镇化由粗放增长向集约高效发展转变，由城乡分割向城乡融合转变，在扩大规模的基础上加快提质增效，走出一条内陆人口大省城镇化又快又好发展的新路子，为全国新型城镇化探索新途径，积累新经验。

3. 全国产业转移与集约发展先导区

充分发挥中原经济区人力资源丰富、潜在市场广阔的优势，集聚产业，实现要素、产业、市场的良性互动。加快承接境内外产业转移，促进产业结构转型升级，建设全国重要的能源原材料基地、粮食生产与农产品精深加工基地、人力资源基地，重要的综合交通运输枢纽，实现要素、产业、市场的良性互动和集聚集约发展，形成国家扩大内需战略的重要支撑。

4. 全国文化改革创新发展试验区

发挥历史文化资源集聚优势，继承弘扬优秀传统文化，建设国际文化交流平台，大力发展文化产业，打造一批地域特色明显、展现中原风貌、具有国际影响的文化品牌。深化文化体制改革，推动文化创新，形成凝聚人心、促进崛起、引领现代化的新文化。提高中原文化影响力，增强中华民族凝聚力，成为振兴弘扬中华优秀传统文化的核心区域。

5. 全国先进制造业和现代服务业基地

大力推动经济发展方式转变，坚持"高端、高质、高效"战略取向，做强做优先进制造业，培育壮大战略性新兴产业，大力发展现代服务业，促进工业化和信息化、制造业和服务业融合发展，形成一批具有核心竞争力、规模和水平居全国前列的优势产业与优势企业，培育一批在全国乃至国际具有影响力的优势品牌。成为全国重要的先进制造业和现代服务业基地。

河南省建设中原经济区的总体目标，可以概括为"五新一极"，即增创粮食生产新优势，形成"三化"协调新格局，实现新型城镇化发展新突破，构筑产业转移与集约发展新平台，推动文化改革创新取得新进展，成为全国经济发展新的重要增长极。实施大体分两步：第一步，五年取得突破。力争到2015年，河南省主要人均经济指标超过中部地区平均水平，城镇化发展达到中部平均水平，经济转型和社会转型迈出重要步伐，成为支撑中部崛起的核心区域。第二步，十年实现崛起。力争到2020年，河南省主要人均经济指标超过全国平均水平，提前1~2年实现全面建设小康社会的奋斗目标，城镇化发展达到全国平均水平，经济发展和社会发展全面实现转型，经济社会发展走在中西部地区前列，成为全国经济发展的重要增长极和强磁场。

四　简短结语

构建中原经济区，是加快中原发展、支撑中部崛起、强化东西联动、服务全国大局的战略谋划。深入研究和宣传中原经济区的内涵、意义、功能、目标等，促使其得到社会广泛认可和高层审核批复，尽快使中原经济区上升到国家战略层面，不仅关系该区域的繁荣发展和百姓福祉，而且关乎中华民族的历史复兴和国家的长治久安，是一件将铭刻史册、泽被后人的善举。

建设中原经济区，是科学发展观在中原大地的伟大实践。建设中原经济区，要以"四个重在"为实践要领，在"作"上用心思，下功夫。衡量中原经济区建设的成效，有几个客观尺度和标准：一是看是否持续了不以牺牲粮食、农业和生态为代价的工业化和城镇化道路；二是看是否在消除城乡二元结构、解决"三农"问题方面取得突破性进展；三是看是否在破解区域"四难"问题方面出了实招，得了实效；四是看是否形成了区域内生机制，区域发展活力和影响力是否得到提高；五是看中原城市群特别是"大郑州"的引领作用是否进一步得到发挥和提升；六是看区域合作特别是跨省区域合作是否有效开展，互利双赢的体制机制是否真正形成。

（原载《郑州日报》2010 年 8 月 13 日）

构建中原经济区的多重视角*

一 从大的时代背景认识构建中原经济区的必要性

一是实现中原崛起的背景。"实现中原崛起"的概念提出已近20年，其思路不断完善，内容不断丰富。在新的形势下，要谱写中原崛起新篇章，必须以大视角启迪大智慧，以大思路谋划大战略。二是促进中部崛起的背景。促进中部崛起，要求加快重点地区发展，形成"两横两纵"经济带。中原位于这一区域的交会地带，是中部人口最密集、优势最突出、最具发展潜力的区域。建设中原经济区，可以在中部构筑具有强大集聚作用的增长极，促进中部崛起总体目标的实现。三是完善全国经济布局的背景。近年来，国家密集出台了一系列旨在促进区域转型、完善区域布局的指导性文件和规划。中原地处全国格局中的战略腹地，构建中原经济区，有利于强化内陆战略支撑，完善全国经济布局。

二 从区域经济角度认识构建中原经济区的可能性

从区域经济角度看中原，可以得出三点结论。其一，这是一个客观存在的经济区域。该区域联系密切、使命相近，为了协同发展，自20世纪80年代中期就先后成立了中原协作区、淮海经济协作区和黄河三角经济协作区。其"客观性"不言而喻。其二，这是一个相对独立的经济区域。该区域优势明显，功能特殊，但远离珠三角、长三角、环渤海等经济高地，

---

* 2010年7月20日，河南省委宣传部、河南日报报业集团、省发改委、省广电局、省社会科学院、省社科联联合召开全省理论界中原经济区发展战略座谈会，这是笔者参加会议的发言摘要。

受其辐射和影响较小。因此，这个区域的产业门类比较齐全，自我配套能力较强，是一个相对独立的经济单元。其三，这是一个承载重大使命的经济区域。中原位于京广、陇海兰新两大经济带主轴的交会处，构建中原经济区，发挥其战略腹地效应，可以为促进东中西互动、服务全国大局做出积极的贡献。

三　从全国区域发展大局认识构建中原经济区的紧迫性

从全国区域竞争和区域发展大局看，也可以得出三个结论。其一，这是一个发展相对滞后，欠发达特征明显的区域。与全国相比，该区域具有"三低"的特征，即人均水平低，产业层次低，城镇化水平低。克服"三低"，亟须谋划大战略。其二，这是一个面临特殊困难，有可能被边缘化的区域。该区域发展存在突出的"四难"，即人往哪里去、钱从哪里来、民生怎么办、粮食怎么保。破解"四难"，呼唤构筑新平台。其三，这是一个位居中国之中，必须实现历史复兴的区域。该区域是中华民族主要发祥地。中原是中国的缩影，实现中原历史复兴需要寻求一个总抓手。总之，构建中原经济区，是大势所趋，使命所在，十分必要，十分紧迫。

（原载《河南日报》2010 年 7 月 21 日）

构建中原经济区正当其时

所谓经济区，是指在劳动地域分工基础上形成的不同层次和各具特色的地域经济单元，是以中心城市为核心，以农业为基础，以工业为主导，以交通运输和商品流通为脉络，具有发达的内部经济联系，并在全国经济联系中担负某种专门化职能的地域生产综合体。无论从历史演进角度，还是从现实经济联系的实际，以河南为主体涵盖周边的中原地区，都是一个山水相连、血缘相亲、文脉相承、经济相连、使命相近、客观存在的经济区域。构建中原经济区，有深刻的时代背景和重大的现实意义，可以说，正当其时，十分必要。

一 谱写中原崛起新篇章要求构建中原经济区

实现中原崛起反映了中原地区经济社会发展的内在规律。狭义的中原即河南，广义的中原则包括以河南为中心的相关区域。

就狭义的中原即河南来说，实现中原崛起的思路和内容有一个不断完善和丰富的过程。总体上看，历届省委、省政府围绕振兴河南、加快中原崛起提出的指导思想、发展目标、实现途径和战略举措，都是符合当时河南发展实际和发展需要的，都对河南经济社会发展发挥了重要的推动作用。特别是将"三化"作为中原崛起基本途径的指导思想，"一高一低""两个较高""两大跨越"等战略目标，以及开放带动、中心城市带动、人才强省、可持续发展、建设中原城市群、壮大县域经济等重大战略和举措，都对振兴河南、加快中原崛起具有长期的指导作用。但河南是欠发达的基本省情没有根本改变。"三低"即人均水平低、产业层次低、城镇化水平低的特征十分明显，"四难"即人往哪里去、钱从哪里来、民生怎么办、粮食怎么保的问题相当突出。克服"三低",亟须谋划大战略;破解"四难",呼唤构筑新平台。构建中原经济区,正是适应了河南经济社会发展的战略需求。

就广义的中原(即包括以河南为中心的相关区域)来说,发展相对滞后和欠发达的特征更加明显,是一个面临特殊困难、有可能被边缘化的区域。构建中原经济区,有利于充分释放河南省的发展能量,在统一的框架下整合更大区域范围内的发展潜力。另外,与河南省周边省份相邻的地区,多处于各主体经济地域的边缘地带,其经济社会发展面临各种不同的问题。构建中原经济区,可以整合这些地区的力量,实现共同发展。

二 促进中部地区崛起要求构建中原经济区

1. 有利于中部崛起总体目标的实现

国家《促进中部地区崛起规划》提出:到2015年,中部地区整体经济实力进一步增强,经济总量占全国的比重进一步提高,粮食综合生产能力达到16800万吨,城镇化率达到48%,人均GDP达到36000元,城镇居民人均可支配收入达到24000元,农村居民人均纯收入达到8200元。中原经济区拥有人口1.7亿,占中部地区的47%;2008年,该区域粮食总产量9000多万吨,占全国粮食总产量的17%,占中部的55%。但人均经济水平、民生水平和工业化、城镇化水平明显偏低。如不加快中原经济区建设,实现中原崛起,将影响中部崛起规划总目标的实现。加快中原经济区建设,有利于深化、细化《促进中部地区崛起规划》提出的各项要求,促进规划总体发展目标的实现。

2. 有利于"三个基地、一个枢纽"建设

相对中部其他区域,中原经济区在建设"三个基地、一个枢纽"的目标中,有利条件最多,基础条件最好。中原经济区的主要省份河南省是全国第一粮食大省,粮食总产量占全国的1/10,连续4年超千亿斤;一批重大产业项目建成投产,2009年全省电力装机达到4680万千瓦,钢铁产量5211万吨,原铝产量317.7万吨,水泥产量1.17亿吨,均居中部第一位;中原电气谷、洛阳动力谷、郑州百万辆汽车等重大产业基地建设取得明显成效,超硬材料、电子信息材料形成比较优势,全国重要的装备制造和高

技术产业基地初步建立。中原经济区是全国的陆路交通中心，多条贯穿全国的公路和铁路大动脉在该区域纵横交叉形成交通枢纽，郑州是全国屈指可数的综合交通中心枢纽之一。2009年年底，河南公路通车总里程达24.2万公里，高速公路达4860公里，均居全国第一位。建设中原经济区，有利于继续发挥该区域的综合优势，巩固和提升中原经济区在中部地区发展格局中的战略地位。

3. 有利于实现重点地区更好更快发展

《促进中部地区崛起规划》提出加快形成"两横两纵"经济带，培育六大集聚人口和产业的城市群。中原经济区位于沿京广、京九、陇海"两纵一横"经济带的交会地带，是中部人口最密集、经济总量最大、交通区位优势最突出、最具发展潜力的区域。中原城市群是中部六大城市群之一，近年来保持持续快速发展的良好态势，经济实力不断提高，城市功能不断完善，成为中部地区内具有较强支撑力的域性增长极。2009年其人口、经济总量、综合实力、社会消费品零售总额、固定资产投资总额和金融机构存款余额均居中部其他城市群之首，生产总值分别是长株潭城市群、武汉城市圈、皖江城市带、环鄱阳湖城市群和太原城市群的1.2倍、1.51倍、1.81倍、2.67倍和3.21倍。建设中原经济区，促进中原城市群加快发展，可以在中部地区构筑具有强大集聚作用和辐射作用的核心增长极。

三 服务全国发展大局要求构建中原经济区

1. 构建中原经济区有利于保障国家粮食安全

我国粮食供求将长期处于偏紧状态。据《国家粮食安全中长期规划纲要（2008~2020年）》预测，在未来12年内，全国只有再新增1000亿斤的粮食生产能力，才能确保届时14亿多人口的吃饭问题。中原地区在国家粮食安全中举足轻重，该区域耕地面积约1.9亿亩，占全国耕地资源的1/10以上。2008年，该区域粮食总产量9000多万吨，占全国粮食总产量的1/6强，其中夏粮产量占全国的1/2。构建中原经济区，有利于继续探索不以牺牲粮食和农业为代价的"三化"协调之路，处理好加快工业化、城镇化与推进农业现代化、稳定提高粮食综合生产能力之间的关系，进一步加强中原地区粮食生产基地建设，逐步建立起粮食稳定增长的长效机制，可以为保障国家粮食安全做出新的更大贡献。

2. 构建中原经济区有利于完善全国经济布局

近年来，国家密集出台了一系列旨在促进区域转型、完善区域布局的指导性文件和规划。中原地处全国经济格局中的战略腹地，构建中原经济区，有利于强化内陆经济战略支撑，完善全国区域经济布局。从全国布局看，与沿海三大经济区相呼应，内陆应当有四大经济区，分别是中原经济区、武汉经济区、成渝经济区、关中－天水经济区，它们共同支撑中西部经济发展。在沟通东部和西部的国土开发战略中，沿江经济带和陇海－兰新经济带是两条带动我国经济发展的重要的东西经济走廊。中原地区位于京广、陇海－兰新两大经济带主轴的交会区域，也处于沿海经济带沟通西北内陆地区的关键位置。构建中原经济区，能够形成我国区域发展新的重要增长极，同时为加强发达地区和欠发达地区的经济联系提供了良好的条件。

3. 构建中原经济区有利于构筑全国生态屏障

中原经济区处于我国第二阶梯和第三阶梯的过渡地带，区域内自然环境复杂多样，生态环境敏感，生态系统类型和生物多样性都十分丰富。在全国七大水系中，中原经济区横跨了海河、淮河、黄河、长江四大流域，而且还是淮河、海河的源头以及南水北调中线工程的水源地。该区域的水环境质量如何，对全国水环境质量的整体状况有举足轻重的影响。中原经济区分布着南水北调中线工程国家级生态功能保护区和河南省淮河源国家级生态功能保护区两个国家级生态功能保护区，已建立湿地类型自然保护区17处，该区域的生态保护状态，对京津地区的饮水安全、淮河下游的水资源利用，对维护全国生态平衡和生态安全都有着重要作用。从现实情况看，该区域生产方式粗放，加强生态建设任务艰巨。以河南来说，单位GDP能耗和单位工业增加值能耗分别比全国平均水平高10.6%、40.7%，工业能源消费占全省能源消费总量的81.6%，高于全国平均水平10个百分点，化学需氧量排放居全国第五位，二氧化硫排放居全国第二位，亩均化肥施用量比全国平均水平高90%。建设中原经济区，有利于构筑全国生态屏障，为全国生态文明建设做出积极的贡献。

（原载《党的生活》2010年第9期）

建设中原经济区不是赶时髦*

河南正在谋划建设中原经济区，范围超出了本省的范围。现在大家可能会提出这样的问题，河南建设中原经济区是不是凑热闹啊？是不是赶时髦啊？是不是要抢风头啊？你一亿人口的规模还嫌少吗？还要联系三五个省份，到底要干什么？我想就这个问题谈一点我的看法。

首先，什么是中部？我们在座的有不少中部省市的领导同志，中部地区现在就是6个省份，实际上国家统计局统一的口径是9个省份，包括黑龙江、吉林、内蒙古也是中部省份。从统计口径上是9个份，这是国家实施西部大开发以前的格局。但是，无论中部地区是9个省份还是6个省份，有一点应当明白，"中部"的概念仅仅是经济发展水平的一个概括，并不是区域经济的概念。大家可以看一下，现在中部6个省份，湖南是"向南"的，要积极融入泛珠三角；江西要努力成为上海的"后花园"，就是要直接服务上海，早就提出来了；安徽也是积极融入长三角地区的；湖北是属于长江中游的产业经济带；山西靠近环渤海，更接近京津冀经济圈。所以，中部6个省份，仅仅是发展水平比较接近而已，它并不具有紧密的内在联系，无论从历史上还是现实，都是这个状况。

河南省省会城市郑州，离北京、上海将近1000公里，离广州2000公里，因为远离上海、广州、北京这些大的核心城市，隔山跨河，远离经济中心，想靠也靠不上，因此形成了一个巨大的独立区域。这个区域内工业结构比较齐全，河南工业就涵盖38个大类，自我配套、自我修复能力比较

---

* 2010年11月12日，国家工信部和河南省政府举办"中原经济区与产业转移论坛"。论坛安排6位专家发言，前5位都是来自北京的专家，笔者最后一个发言，即席只讲了一个问题，就是河南为什么要提出建设中原经济区？并回答一些人的疑虑和质疑。《河南日报》摘要发表时冠名《建设中原经济区不是赶时髦》，也是比较贴切的。

强。因为它产业不齐全活不下去，这是历史形成的。河南周边的一些地区，比如山东、安徽、陕西等省内和河南毗邻的一些地市，除了个别地市以外，多数比河南发展水平还要差一些。中原经济区大体有 1.7 亿人口，如果据此计算，无论人均 GDP，还是人均收入水平，比河南现在的发展水平还要低。为什么？这是历史形成的，基本是农区，凸显这个区域相对独立，客观存在，这个区域相互联系是很密切的。就中部的特点和中原的特点而言，决定了它是一个独立的区域。

现在的中部地区按 6 个省份来讲，分属 3 个经济板块，一个是长江流域经济带，再一个是中原地区，还有环渤海的相关部分，也就是山西。它们之间不能互相取代，也不能互相替代。河南提出中原经济区的概念，在一定程度上很好地弥补了大的宏观政策的空间空白。因此，建设中原经济区不是赶时髦，不是凑热闹，更不是抢风头。

"十二五"时期是中原经济区起步和见实效的时期。这个可以从十七届五中全会《中共中央关于制定国民经济和社会发展第十二个五年规划的建议》里面得到启示。五中全会提出要实施扩大内需战略，实施工业化、城镇化、农业现代化"三化"同步推进的战略，实施主体功能区的战略，就河南这样一个人口大省，在工业化快速推进的时期，对消费空间、发展空间的提升都是非常有利的。所以，建设中原经济区对河南来讲是一个机遇，对全国的客商来讲是一个商机。希望广大客商抓住这个商机，到河南抢抓机遇，创业发展。

（原载《河南日报》2010 年 11 月 16 日）

建设中原经济区若干问题研究

以河南为主体，涵盖周边的中原地区，是一个山水相连、血缘相亲、文脉相承、经济相连、使命相近、客观存在的经济区域。建设中原经济区，既有必要也有可能，对于贯彻落实国家战略部署，促进区域协调发展，进而支撑全国经济社会又好又快发展，具有十分重大的意义。建设中原经济区，要按照《促进中部地区崛起规划》（以下简称《规划》）形成"两横两纵"经济带的总体要求，向东融合、向西拓展，凝聚发展合力，强化大局意识，在支撑中部崛起、强化东西联动、服务全国大局中做出新贡献。

一 建设中原经济区的必要性

依据中原地区历代政区的变迁和文化影响，可将中原的四至界定为：西临华山，北至太行山－漳河一线，南界沔水－淮河一线，东达泰山－泗水一线。

（一）中原经济区的基本特征

中原经济区的空间范围涉及7个省，涵盖29个地级市，即河南省全部，河北省的邯郸，山西省的长治、晋城、运城，江苏省的徐州，山东省的菏泽，湖北省的襄阳，安徽省的淮北、阜阳、宿州、亳州。中原经济区总面积29.2万平方公里，区域人口1.7亿人左右。改革开放以来，中原经济区经济社会发展取得了长足进步，已经具备较好的产业基础。从其自身发展和在全国的地位看，这一区域具有以下特征。

区位优势明显，战略地位重要。中原经济区位于我国东、中、西部三大地带的交界，也处于长三角、环渤海地区向内陆推进的要冲，交通优势突出，我国主要的铁路干线、公路干线和第二条亚欧大陆桥都通贯其中，具有承东启西、连南通北的枢纽作用。国家促进中部崛起规划布局的"两横两纵"经济带中，就有"一纵两横"即陇海经济带、京广经济带和京九经济带位于这一区域。

自然人文资源丰富，开发潜力大。中原经济区地处我国暖温带及其向亚热带过渡地带，黄河、淮河、海河、汉水四大流域在此区域流淌，气候宜人，自然景观荟萃。该区域有多种矿产资源储量居全国前列，是我国重要的能源原材料基地。中原地区是中华民族的主要发祥地之一，我国公认的八大古都有其四，历史源远流长，文化积淀丰厚。

劳动力资源充裕，人口压力大。中原经济区劳动力资源十分丰富。该区域用全国约1/32的国土面积承载了全国约1/8的人口，全部劳动力人口超过1.1亿人。丰富的人力资源不仅能为本地区经济发展提供支撑，而且也为全国输出充足的劳动力。同时，这一地区也存在农村人口基数大、劳动力素质偏低、就业压力大等问题。

农业生产举足轻重，"三农"问题突出。中原经济区是我国有着悠久历史传统的农业大区，也是当今中国最重要的粮食生产核心区。全区耕地面积约1.9亿亩，占全国耕地资源的1/10以上，是全国土地耕种强度最大、农副产品供给能力最强的地区，无论粮食生产还是肉蛋奶产量在全国都具有举足轻重的地位。该区域粮食产量占全国的1/6，其中夏粮产量占全国夏粮总产量的近1/2。但与此相对应的是这一区域的"三农"问题比全国其他地方都显得更加突出，城乡二元结构的矛盾比全国其他任何地方要大得多。

平均发展水平低，工业化、城镇化任务艰巨。中原经济区产业门类比较齐全，工业基础特别是能源原材料工业、食品工业、装备制造业基础比较雄厚。但与全国平均水平相比，人均经济水平、民生水平和工业化、城镇化水平明显偏低。2009年，中原经济区人均GDP只有全国平均水平的3/4；人均财政收入不足全国平均水平的1/4；第三产业占GDP的比重比全国平均水平约低10个百分点；城镇居民可支配收入只有全国平均水平的4/5；农民人均纯收入是比全国平均水平低近500元；城镇化率为30%左右，不到全国平均水平的2/3。

综合分析，目前中原经济区内各地经济社会发展水平大体接近，所担负的区域职能和发展任务也大体相近，都是我国重要的农业生产地区和人口密集区，在保障国家粮食安全方面都担负主要责任，都面临着解决"三农"问题、统筹城乡发展的迫切问题，都处于加快推进工业化、城镇化的阶段，都处于亟待转变经济发展方式、推进产业结构升级的关键时期。同时，这一区域生态环境容量较大，集聚和承载产业、人口的能力较强，具有加快经济社会发展的良好条件。

（二）建设中原经济区的必要性

实现中原崛起要求构建中原经济区。狭义的中原即河南，广义的中原则包括以河南为中心的相关区域。实现中原崛起，关乎全国约1/8人口的福祉。而从国家战略的高度看，河南省优越的区位、丰富的资源、雄厚的实力以及中原文化的包容等，早已使其影响渗透到周边省份的相邻地区。构建中原经济区，有利于充分释放河南省的发展能量，在统一的框架下整合更大区域范围内的发展潜力，真正形成我国中部地区的战略支撑和增长板块。另外，河南省周边省份相邻的地区，多处于各主体经济地域的边缘地带，其经济社会发展面临各种不同的问题。构建中原经济区，可以整合这些地区的力量，实现共同发展。纳入中原经济区范围的周边省份的相邻地区，自古以来与河南省都有较为密切的经济、文化、交通联系。如果中原经济区战略能够上升到国家层面，相信对这些地区的凝聚力会大大增强。改革开放以后，黄河以北的晋、冀、鲁、豫交界地区（即新中国成立初期的"平原省"）始终保持着一定的经济技术协作关系，这也是构建中原经济区的有利条件。

中部崛起要求构建中原经济区。中部地区崛起是国家经济重心多极化发展的必然趋势，是实现国家经济良性循环和可持续发展的重要一环。《规划》确定了中部地区作为全国重要粮食生产基地、能源原材料基地、现代装备制造及高技术产业基地和综合交通运输枢纽的战略定位。与其他中部省份相比，河南省全面具备建设"三个基地、一个枢纽"的条件，是中部地区完成国家战略任务的重点省份。《规划》还提出，河南省要以客运专线和城际快速轨道交通等重要交通干线为纽带，整合区域资源，加强分工合作，推进区域内城市空间和功能对接，率先在统筹城乡、统筹区域协调发展的体制机制创新方面实现新突破，提升区域整体竞争力和辐射带动力，把中原城市群建设成为沿陇海经济带的核心区域和重要的城镇密集区、先进制造业基地、农产品生产加工基地及综合交通运输枢纽。构建以河南省为主体、以中原城市群为牵引的中原经济区，是落实《规划》的有效途径。从实际情况看，我国中部地区南北方向狭长，六省的发展整合要求打造支撑平台。但是，目前中部各省的发展定位不甚明晰，中部崛起还不同程度地存在观念缺失、战略缺失等问题。构建中原经济区，倾力打造中部地区的战略支撑平台，是推动中部六省整合发展的重要环节。

我国东、中、西部地区互动要求构建中原经济区。全国要形成东、中、西部互动协调、优势互补、相互促进、共同发展的局面，必须建立沟通的桥梁与纽带。特殊的区位优势使中原经济区完全可以发挥这一重要作用。为了加快构建沿陇海经济带、长江经济带、沿京广经济带和沿京九经济带，加强与长三角、珠三角、京津冀等东部发达地区的对接，并密切联系成渝、关中－天水等西部重点开发地区，中部地区必须形成能够促进东、中、西、南、北协调发展的桥梁和纽带。中原地区拥有以铁路、公路为主的庞大的交通运输力量，形成了全国少有的交通区位优势。只有在中原经济区的组织框架内，各种交通运输方式才能结为更加强大的综合交通运输体系；才能增强沿陇海经济带实力，发挥亚欧大陆桥的优势，扩大东、中、西部互动、交流与协作，保证对内对外开放；才能发挥郑州区域中心城市的作用，培育形成郑汴洛工业走廊，壮大能源原材料、现代制造业、汽车等支柱产业，实现老工业基地振兴；才能提升沿京广经济带的水平，培育并壮大沿京九经济带，进一步巩固加强与京津冀、珠三角以及其他地区的经济联系，发挥中心城市的引领和支撑作用，形成连南通北的通道。

（三）建设中原经济区的可能性

科学发展的实践打下了坚实基础。地处我国中部的河南省，是我国第一人口大省、第一农业大省。河南省近20年围绕中原崛起提出的发展构想与所积累的科学实践，为中原经济区的持续发展与提升水平打下了坚实基础。河南省20世纪90年代初开始探索中原崛起，先后确立了"团结奋进、振兴河南"的指导思想；制定了"一高一低"的发展目标；确定了

"三化"基本途径；实施中心城市带动战略，大力发展县域经济；加快"两大跨越"，推进"两大建设"；加快构建"一个载体、三个体系"。中央实施中部崛起战略以来，河南把加快工业化、城镇化，推进农业现代化作为实现中原崛起的基本途径，在坚持以工业化为核心、促进产业素质和竞争力明显提升的同时，大力发展现代农业，实现了由传统农业大省向经济大省和新兴工业大省的历史性跨越。河南的发展成就和积累的经验，为中原经济区的构建打下了坚实的基础。

中原城市群能够发挥带动牵引作用。中原城市群在经济密度、可达性、辐射带动等方面都优于中部其他城市群，是中部地区乃至全国的战略支点。表现在：一是经济密度高。2008年，中原城市群经济密度为1799.3万元/平方公里，在全国七大城市群中仅次于山东半岛城市群的2743.5万元/平方公里；人口密度为679.9万人，在七个城市群中位居第一位，是最低的沈阳经济区人口密度的2倍。二是可达性强。中原城市群郑州到其余8个城市的交通总里程为896公里，是中原城市群内所有城市可达性最强的城市，此外其他8个城市可达性总里程多在1000~1500公里之间。随着城际铁路、城际公路等快速交通的发展，有望率先形成半小时经济圈，进而有利于产业整合、资源整合和经济协作区的较快形成。三是带动作用大。中原城市群由于享有区位、资源、交通、文化等优势，在河南省乃至中原经济区经济社会发展中处于核心和领先地位。2009年中原城市群生产总值占全省总量的57%，地方财政一般预算收入占全省的64%，城镇固定资产投资占全省的78%。充分发挥中原城市群的支撑作用，对推进中原经济区的发展，实现中部地区崛起，促进东中西区域协调发展意义重大。

具备承东启西、连南通北的广阔平台。中原经济区全面具备建设"三个基地、一个枢纽"的条件，符合中央关于中部地区崛起的战略构想，具有沟通东中西部的产业平台，能够充分发挥承东启西、连南通北的作用。中原经济区的主体河南省生产了全国10%以上的粮食，解决了近亿人口的吃饭问题，每年还调出300多亿斤的原粮及加工制成品，为国家粮食安全做出了重要贡献。原煤、原油、天然气生产量均居全国前十位，电力装机规模居全国第五位，发达的能源输送管道和专线提升了能源保障能力。钼、钨、镓、铝土矿、天然碱等矿产资源储量位居全国前三位，金、银、硅石、水泥灰岩、玻璃用砂等矿产储量也位居全国前列，氧化铝、电解铝、铅、钼、镁等产品产量均居全国首位,甲醇、纯碱、烧碱等化工产品产量分别位居全国第一位、第三位、第四位,粗钢、水泥、玻璃以及耐火材料等产业在全国有较强的竞争优势。装备制造业发展基础较好,生产能力位居全国第七位,其中输变电装备、大型矿山设备、农业机械、大型空分设备、轴承等领域主导产品技术水平全国先进,高新技术产业在超硬材料、电子信息材料方面形成了比较优势。交通基础设施建设一直位居全国前列,交通运输综合能力不断增强,全国重要的综合交通枢纽地位已基本确立。"三个基地、一个枢纽"的良好基础使中原经济区能够获得国家中部地区崛起战略的支持,也为全国东中西及南北的沟通打造了桥梁和纽带,并争得了主动权。

二 建设中原经济区的重要意义

充分发挥中原的比较优势,加快实现中原崛起,对于贯彻落实国家战略部署,促进区域协调发展,进而支撑全国经济社会又好又快发展,具有重大意义。

(一) 对加快中部地区崛起步伐的特殊意义

有利于中部崛起总体目标的实现。中原经济区拥有人口1.7亿人,占中部地区的47%;2008年,该区域粮食总产量9000多万吨,占全国粮食总产量的17%,占中部的55%。但人均经济水平、民生水平和工业化、城镇化水平明显偏低。如不加快中原经济区建设,实现中原崛起,将影响到中部崛起规划总目标的实现。加快中原经济区建设,有利于深化、细化《规划》提出的各项要求,促进规划总体发展目标的实现。

有利于"三个基地、一个枢纽"建设。相对中部其他区域,中原经济区在建设"三个基地、一个枢纽"的目标中,有利条件最多,基础条件最好。中原经济区的主要省份河南省是全国第一粮食大省,粮食总产量占全国的1/10,连续4年超千亿斤;一批重大产业项目建成投产,2009年全省电力装机达到4680万千瓦、钢铁产量5211万吨、原铝产量317.7万吨、水泥产量1.17亿吨,均居中部第一位;中原电气谷、洛阳动力谷、郑州百万辆汽车等重大产业基地建设取得明显成效,超硬材料、电子信息材料形成了比较优势，全国重要的装备制造和高技术产业基地初步建立。中原经济区是全国的陆路交通中心，多条贯穿全国的公路和铁路大动脉在该区域纵横交叉形成交通枢纽，郑州是全国屈指可数的综合交通中心枢纽之一。2009年年底，河南公路通车总里程达24.2万公里，高速公路达4860公里，均居全国第一位。建设中原经济区，有利于继续发挥该区域的综合优势，巩固和提升中原经济区在中部地区发展格局中的战略地位。

有利于实现重点地区更好更快发展。《规划》提出加快形成"两横两纵"经济带，培育六大集聚人口和产业的城市群。中原经济区位于沿京广、陇海、京九"两纵一横"经济带的交会地带，是中部地区人口最密集、经济总量最大、交通区位优势最突出、最具发展潜力的区域。中原城市群是中部六大城市群之一，近年来保持持续快速发展的良好态势，经济实力不断提高，城市功能不断完善，成为中部地区内具有较强支撑力的域性增长极，2009年其人口、经济总量、综合实力、社会消费品零售总额、固定资产投资总额和金融机构存款余额均居中部地区其他城市群之首，生产总值分别是长株潭城市群、武汉城市圈、皖江城市带、环鄱阳湖城市群和太原城市群的1.2倍、1.51倍、1.81倍、2.67倍和3.21倍。建设中原经济区，促进中原城市群加快发展，可以在中部地区构筑具有强大集聚作用和辐射作用的核心增长极。

（二）对我国统筹解决"三农"问题的示范意义

在我国"三农"问题中，农业的问题突出表现为农业发展方式落后，农村的问题突出表现为社会事业发展滞后，农民的问题突出表现为农民增收缓慢。这些问题，在中原地区更为突出和典型。

建设中原经济区，有利于改变农业基础设施和发展方式落后的状况。河南农业基础依然薄弱，如大中型水库病险率高，水利骨干工程完好率不足50%；小型农田水利设施建设滞后，有效灌溉面积为7434万亩，占耕地面积的比重只有63%，还有近40%的耕地"望天收"。农业耕作方式仍比较粗放，规模化、标准化水平不高，市场竞争力不强；农产品精深加工发展任务艰巨，龙头企业数量少、规模小，产业链条短，知名品牌少，竞争力和带动能力不强；各类农村合作经济组织发展不平衡，组织化程度不高，农业社会化服务体系不健全。建设中原经济区，坚持用工业理念发展农业，用工业成果装备农业，用现代科技改造农业，用现代科学知识武装农民，有利于为全国转变农业发展方式提供示范。

建设中原经济区，有利于探索以工补农的新路子。近年来，河南省委、省政府在全面推进粮食生产核心区建设的同时，围绕促进产业集聚发展，引导产业向城镇集中布局，实现产城融合、工业化与城镇化良性协调，明确提出以产业集聚区为载体构建现代产业体系、现代城镇体系和自主创新体系的战略任务，形成了进一步深入推进"三化"协调发展的基本思路。建设中原经济区，有利于构筑新型城乡关系，消除城乡二元结构，最终实现基本公共服务均等化，对在全国范围内探索统筹城乡发展新路子具有重要的示范意义。

（三）对区域合作和强化区域经济功能的典型意义

构建中原经济区，推进中原地区多领域、多层次的合作，是适应中原地区经济发展规律的客观要求，对全国推进市场化进程，强化区域经济功能，具有一定的典型意义。

构建中原经济区，有利于淡化行政区域色彩，强化经济区域功能。中原地区作为我国的内陆腹地，强势的行政区划观念已经对市场经济的开放性与统一性的原则形成严重冲击，成为制约中原区域经济共同繁荣的重要因素。构建中原经济区，有利于跨越行政壁垒，促进区域融合，建立统一开放的大市场，实现资源共享和优化配置，建立互利共赢的经济体系。

构建中原经济区，有利于东、中、西部地区的协调发展。地处"中国之中"的中原经济区，在全国经济格局中占有承东启西、连接南北的重要战略地位。中原区域内既有东部地区省区，又有中部和西部省区。纳入中原经济区范围的周边省份的相邻地区，多处于各主体经济地域的边缘地带，其经济社会发展面临程度不同的困境。构建中原经济区，可以整合这些地区的力量，加快构建和完善区域市场体系，转变地方政府职能，改进区域资源配置方式，建立地区经济增长和社会发展的协调机制，实现和谐发展、共同繁荣。

构建中原经济区，对传统农区科学发展具有示范效应。河南作为一个农业比重大、农村人口多的传统农业大省，从"围绕'农'字上工业，上了工业促农业"，到工业化、城镇化、农业现代化协调推进，走出了一条在不以牺牲和削弱农业为代价的前提下加快推进工业化、城镇化、农业现代化的路子，初步形成了符合新型工业化基本要求、颇具时代特色和创新意义的发展模式。构建中原经济区，河南将发挥主体作用，承担起一个经济大省的责任和义务，与周边地区形成和谐发展的邻里关系，缩小地区差距，共同顶托中原崛起。这对中西部其他传统农区实现科学发展具有重要的示范效应。

（四）对保障国家粮食安全的战略意义

据《国家粮食安全中长期规划纲要》预测，2010年全国粮食需求总量达10500亿斤，比2007年增加近250亿斤；2020年粮食需求总量为11450亿斤，比2007年增加1200亿斤，年均增加近100亿斤。在未来10年内，全国只有再新增1000亿斤的粮食生产能力，才能确保届时14亿多人口的吃饭问题。因此，我国粮食供求将长期处于偏紧状态。中原经济区耕地面积约1.9亿亩，是全国土地耕种强度最大、农副产品供给能力最强的地区。2008年，该区域粮食总产量9000多万吨，占全国粮食总产量的17%，即1/6强，其中夏粮产量占全国夏粮总产量的近1/2。作为中原经济区的主体，河南不仅用全国6%的耕地生产了全国10%以上的粮食，每年还调出300亿斤原粮及加工制成品，为国家粮食安全做出了重要贡献。建设中原经济区，有利于稳定提高中原粮食综合生产能力，探索建立促进粮食生产稳定增长的长效机制，保障国家粮食安全。

（五）对发挥中原"腹地效应"，完善全国区域布局的重大意义

构建中原经济区，有利于形成与沿海三大经济区遥相呼应的内陆四大经济区，强化内陆经济战略支撑。这四大经济区分别是中原经济区、武汉经济区、成渝经济区、关中－天水经济区。这些经济区共同支撑中国经济发展，缺少其中任何一个，都将不利于完善全国区域经济布局。而居于中部的中原经济区更能发挥"腹地效应"，形成全国经济增长的倍增器。

构建中原经济区，有利于各种要素及资源的聚集，促进区域间的经济合作。我国不同地区之间不仅存在着经济发展的差距，而且存在着巨大的资源禀赋差异。人力资源、技术、资本及自然资源方面的差异要求各个区域之间相互协作，只有这样才能充分发挥各种要素的比较优势，经济发展

才能具有良好的效益。构建中原经济区,可以使中部地区成为一个各种要素及资源充分发挥协作作用的载体,从而促进东、中、西部地区各个经济体之间的相互协作。

三 中原经济区的战略定位、发展目标、战略布局和重大举措

建设中原经济区的指导思想是:高举中国特色社会主义伟大旗帜,以邓小平理论和"三个代表"重要思想为指导,深入贯彻科学发展观,推动转型发展、跨越发展、开放发展、绿色发展、和谐发展,着力转变经济发展方式,提高经济增长的质量和效益;着力创新体制机制,激发发展的活力和动力;着力扩大开放,推动区域合作分工与联动发展;着力建设生态文明,提升可持续发展能力;着力改善民生,促进社会和谐与进步,努力把中原经济区建设成为中国内陆地区经济社会发展的核心增长极和重要的开放型经济区,在支撑中部崛起,强化东、中、西联动,服务全国区域协调发展以及对外开放的全局中发挥更大作用。

(一)中原经济区的战略定位

要立足于发挥中原经济区独特的区位优势和人力资源优势,以科学发展观统领经济社会发展全局,加大改革创新力度,进一步凸显中原经济区的战略定位。

全国"三化"协调发展试验区。着眼于解决工业化、城镇化与农业生产特别是粮食安全之间的矛盾,通过加快工业化、城镇化,吸引农村人口向城镇持续稳定转移,提高土地集约节约利用水平,确保耕地面积占补平衡,为农业的规模化、现代化创造条件,从根本上破解"三农"难题,走出一条农业大省、粮食大省、人口大省加快向工业化、城镇化发展的科学发展之路。

全国新型城镇化先行区。更加注重以人为本、城乡统筹、社会和谐,加强城镇规划建设管理,深化城镇体制机制改革,按照产城互动、功能复合、环境优美、运行高效的要求,加快推动城镇化由粗放增长向集约高效发展转变,由城乡分割向城乡融合转变,在扩大规模的基础上加快提质增效,在加快发展速度的同时提高发展质量,走出一条内陆人口大省城镇化

又快又好发展的新路子，为全国新型城镇化探索新途径、积累新经验。

全国产业转移与集约发展先导区。充分发挥中原经济区"三个基地、一个枢纽"和人力资源丰富、潜在市场广阔的优势，集聚产业，实现要素、产业、市场的良性互动，形成国家扩大内需战略的重要支撑。加快承接境内外产业转移，促进产业结构转型升级，建设全国重要的先进制造业基地、能源原材料基地、粮食生产与农产品精深加工基地、人力资源基地，重要的综合交通运输枢纽，实现要素、产业、市场的良性互动和集聚集约发展，形成国家扩大内需战略的重要支撑。

全国传统文化开发创新试验区。充分发挥中原地区的历史文化资源集聚优势，建设国际文化交流平台，打造一批地域特色明显、展现中原风貌、具有国内外影响的文化品牌，不断提高中原文化的影响力，传承和弘扬中华优秀传统文化，增强中华民族的凝聚力。发挥历史文化资源丰厚的优势，继承弘扬优秀传统文化，积极吸收世界先进文化，深化文化体制改革，推动文化创新，形成凝聚人心、促进崛起、引领现代化的新文化，成为全国重要的文化开发创新试验区。

(二) 中原经济区的发展目标

新形势下中原经济区的发展目标包括以下几个方面。

经济发展水平超过全国平均水平，主要民生指标达到全国平均水平。这两个方面的目标要求，把加快中原崛起的第一要务即加快经济发展，与加快中原崛起的出发点和落脚点即改善民生有机结合起来，主要体现加快发展、率先崛起的意思。与原有的提法相比，增加了"主要民生指标达到全国平均水平"，并将经济发展水平的目标提升为"超过全国平均水平"，有利于更好地体现加快发展、科学发展、以人为本的理念。这一提法继承了原有的基础，而且在内涵上进一步丰富、在目标上进一步提升，有利于更好地体现加快发展、科学发展、以人为本的理念。在转变发展方式的基础上实现这两个方面的目标，不仅是中原经济区的发展水平上了一个大台阶，对国家的发展也是一个重大贡献。

发展方式转变取得重大突破，基本实现工业化。具体体现在以下四个方面。一是基本建成现代城镇体系。在加快新型城镇化进程，统筹城乡发展的基础上，到2020年，中原经济区非农劳动力要占到60%以上（河南省达到65%以上），城市人口占50%以上（河南省达到55%左右），中原城市群的集群优势和引领作用更为突出。二是基本建成现代产业体系。在降低农业比重的基础上，实现经济增长由主要依靠工业拉动向依靠二、三产业协调拉动转变，力争服务业比重提高到40%以上。三是基本建成自主创新体系。四是基本建成"两型"社会。单位生产总值能耗和主要污染物排放量低于全国平均水平。实现这一目标，对于中原这样一个传统农业核心区来说，将是一个历史性的转变，对于广大中西部地区乃至全国来说都具有典型意义。

中原文化影响力明显增强。中原文化历史悠久、积淀深厚，在中华文化中具有根源性的特征。加快中原文化繁荣振兴，不仅是中原崛起的重要内容，也是加快中原崛起的必由之路。新的历史时期，在继承和创新基础上加大中原文化影响力的释放程度，将在很大程度上体现着中原经济区的软实力和综合竞争力。

综合竞争力走在中西部地区前列包括以下内容：主要经济指标特别是质量和效益指标走在中西部地区前列，转型升级走在中西部地区前列，统筹城乡协调发展走在中西部地区前列，市场环境和政府服务走在中西部地区前列，对外开放走在中西部地区前列，创新发展走在中西部地区前列。

（三）中原经济区的战略布局

建设中原经济区，要按照《规划》形成"两横两纵"经济带的总体要求，向东融合、向西拓展，凝聚发展合力，强化大局意识，在支撑中部崛起、强化东西联动、服务全国大局中做出新贡献。

持续集聚，强化一极。把包括郑州市区及所辖县（市）、开封市区及开封县、郑汴新区在内的郑汴都市区作为中原经济区的核心增长极，继续提升洛阳副中心地位，以中原城市群"一极两圈三层"空间结构为依托，加强与周边地区的合作，促进"企业集中布局，产业集聚发展，资源集约利用，功能集合构建，人口向城镇转移"，持续集聚生产要素，提高发展效益。在都市中心区重点发展现代物流、金融、现代商贸、商务服务、会展等现代服务业，建设高等教育园区和职业教育园区；在周边区域培育发展汽车、现代装备制造、食品等优势产业集群和基地。近期，以郑汴新区发展建设为突破口，进一步完善功能，加速产业和人口集聚，形成组团式、网络化的复合型城镇密集区，密切内在联系，放大整体优势，增强发展活力，争取到2020年形成人口规模达1500万人左右的都市区。

优化发展，提升"两带"。发挥交通区位优势，以产业集群为基本产业布局方式，提升沿陇海经济带、沿京广经济带发展实力。发挥陇海铁路欧亚大陆桥的优势，建设高新技术、装备制造业、汽车、电力、铝工业、煤化工、石油等产业基地，推动郑汴洛工业走廊向东西延伸，形成贯穿东西，呼应长三角，辐射西部地区的城市连绵带和产业密集区。依托京广铁路沿线人力资源优势和产业基础，以装备制造、钢铁、电子电器、生物医药、轻纺、食品产业为主，建设一批产业集聚区、特色产业集群和产业基地，形成贯穿南北、呼应环渤海、珠三角以及武汉都市圈的产业密集区。

东融西拓，延展两翼。以京广产业带为中轴，以网络化的交通线路为依托，向西以焦作、济源、三门峡、平顶山、南阳等为西翼，发挥矿产资源等优势，重点发展重化工业，延长产业链条，推动产业升级，形成一批产业集聚区和特色产业集群，进一步加强与成渝、关中－天水等西部重点开发地区的互动合作。向东以濮阳、商丘、周口、信阳等为东翼，发挥农产品和人力资源丰富的优势，在建设好国家粮食生产核心区的同时，积极与环渤海、长三角、海西等经济区对接，主动承接产业转移，集聚生产要素，优化资源配置，加速提高区域经济发展水平。

协同周边，互动发展。加强和邻省在经济、文化、科技、教育等领域的合作，拓展中原经济区的发展空间。发挥安阳、三门峡、濮阳、商丘、南阳等市与周边地区的经济合作优势，在强化京广、陇海两大通道的基础上，规划建设郑州至济南、重庆、合肥、太原等四大综合通道，深化经济、社会、文化等交流合作，探索推动跨省的区域协调发展，逐步形成中原经济区区域联动发展新格局。主要包括：豫晋陕黄河金三角地区（包括三门峡、运城等），焦晋长地区（包括焦作、晋城、长治等），安邯地区（包括安阳、邯郸等），濮菏地区（包括濮阳、菏泽等），商周阜地区（包括商丘、周口、阜阳等），南襄盆地（包括南阳、襄阳等）。

（四）建设中原经济区的重大举措

为实现中原经济区建设的目标任务，必须紧紧抓住重大历史机遇，紧紧抓住发展第一要务，凝心聚力、乘势而上，采取如下重大举措。

促进产业集聚。坚持以产业集聚区、城市新区、专业园区为载体，优化生产力空间布局，推动产业向城镇集中。提高集聚区规划编制的质量和水平，实现与土地利用总体规划、城市总体规划"三规合一"；建立集聚区投融资、企业担保、土地整理等公共服务平台；建立产业集聚、积累、服务、激励四大机制；理顺集聚区管理体制，把产业集聚区发展成特色产业集群和特色产业基地，培育特色产业城市。

壮大中心城市。把中心城市作为区域经济发展的核心增长极，加强城市新区建设和旧城改造，完善城市功能，扩大城市规模；完善城市基础设施，提高公共服务保障水平；大力发展城区经济，增强产业支撑，提高城市吸纳就业能力；提高城市规划建设管理水平；加强城际间交通等重大基础设施建设。

发展县域经济。围绕促进统筹城乡发展，形成城乡经济社会一体化发展新格局，扩大县域发展自主权，增强县域经济发展活力；把做大做强县城作为发展县域经济的重中之重，以产业集聚区为载体，培育和发展特色主导产业；以专业园区为载体，做大做强特色重点镇；统筹城乡基础设施和公共服务设施建设。

提升民营经济。把发展民营经济作为加快中原崛起、实现富民强省的战略重点，支持鼓励民营经济做大做强；创新体制机制，拓展民营经济发展空间；完善民营经济发展服务体系，提高服务质量和水平；推进民营经济科技、体制和管理创新。

加强自主创新。围绕构建区域自主创新体系，培育创新主体，完善研发支撑条件；加强创新平台建设；加强关键共性技术开发；推动区域创新合作。

推进人才强省。积极营造人才辈出、人尽其才、才尽其用的社会环境。坚持教育优先发展，深化教育体制改革，加大投入，提高质量。着力培养科技领军、创新和急需紧缺人才；实施职业技术教育攻坚计划，加强对农村劳动力职业技能培训，培养高素质实用型、技能型人才；优化资源配置，推进义务教育均衡发展。

建设文化强省。坚持先进文化前进方向，大幅度提高中原文化的凝聚力、创造力和影响力，发挥中原历史文化资源丰富的独特优势，加强基层文化设施建设，加快建立覆盖全社会的公共文化服务体系；打造具有核心竞争力的文化产品和文化品牌，壮大文化产业规模；构建现代文化产品和服务营销网络，扩大中华文化的传播范围和影响程度。

深化体制改革。坚持社会主义市场经济的改革方向，深化经济体制、文化体制、社会体制等方面改革，努力在重要领域和关键环节实现新突破，构建充满活力、富有效率、更加开放、有利于科学发展的体制机制。继续推进国有企业、集体企业改革，加快推进垄断行业改革，积极推进财税、金融、投资、分配、社会事业等领域改革，深化农村综合改革。

促进稳定和谐。坚持以人为本，切实提高公共服务能力，千方百计扩大就业，建立健全社会保障体系，创新社会管理体制，妥善化解社会矛盾，建立健全安全生产长效机制，保障人民生命、财产安全。加强平安中原建设，确保社会稳定和谐。

转变政府职能。围绕建设服务型政府，推进政府职能和工作作风转变，提高行政效能和公务员素质，强化依法行政，完善公共政策体系，提高政府执行力和公信力。

（原载《中州学刊》2010 年第 5 期）

建设中原经济区任重而道远[*]

作为全程参与中原经济区研究的河南地方学者，我对中原经济区建设能够上升为国家战略深感骄傲和自豪，同时，也倍感责任重大，使命光荣。我着重谈四个问题，求教于来自全国各地的领导和专家学者。

一 中原经济区的探索将会载入史册

中原经济区既是一个区域经济的概念，又是一个总体战略的概念，还是一个承载使命的概念。中原经济区有两个特点：一个是客观存在，从20世纪80年代开始，这个区域就有了跨省域的经济协作；二是自我独立，这个区域远离我国沿海三大经济中心，受到的辐射和影响比较小，因此，这个区域的产业结构比较齐全，自我配套能力、自我修复能力比较强。

中原经济区与其他经济区的区别和核心竞争力是什么？这涉及对中原经济区优势的认识和把握。中原经济区的优势表现在六个方面。一是区位优势。中原经济区位于我国腹地，承东启西、连南贯北，决定了其在全国大局中的枢纽地位。二是人口优势。河南拥有一亿人口，占全国的1/13，人力资源丰富，市场潜力巨大。三是文化优势。中原文化是中华文化之根，培育以根文化为代表的中原文化品牌，对于增强海内外同胞的向心力、提高中华民族的凝聚力、推动两岸关系和平发展具有不可替代的作

---

[*] 2011年4月6日，河南省委宣传部在郑州国际会展中心轩辕堂举行主题为"从中原到中原崛起"的中原经济区论坛，第十届全国人大常委会副委员长、中华炎黄文化研究会会长许嘉璐及有关专家学者出席论坛并发表演讲。这是河南省首次举办高规格的中原经济区论坛。河南省领导卢展工、郭庚茂等出席论坛。笔者作为河南唯一特邀嘉宾参加了高端对话。

用。四是粮食优势。河南粮食总产量占全国的1/10,其中小麦产量占全国的1/4,在保障国家粮食安全方面肩负着重大责任。五是基础优势。河南的基础设施良好,经济总量稳居全国第五位。六是后发优势。河南正处于工业化、城镇化加快推进阶段。今后一个时期,既是河南经济社会又好又快发展的时期,也应该是河南为全国发展大局做出更大贡献的时期。

中原经济区的优势,决定了其定位。中原经济区的战略定位包括四个方面:一是全国"三化"协调发展示范区,二是全国重要的经济增长板块,三是全国综合交通枢纽和物流中心,四是华夏文明重要传承区。这四个方面集中地反映了河南的特色和优势。

半年前,甚至几个月前,我们还在为中原经济区这件事情能不能拿下来担心。关于中原经济区的内涵、建设的意义和必要性、发展目标和定位等,从自己弄明白,到让别人听明白,再到得到高层认可,谈何容易?历史留给我们进行研究、宣传、推介、游说的时间太短暂了。我们参与研究的同志都感到很大的压力。现在,尘埃落定,这件事做成了。我们在高兴之余陡然感到压力更大了。过去,我们是"立题",现在要"作文"。立题难,作文更难。过去,我们是要牌子,现在,"牌子"给我们了,但给"牌子"不是让我们欣赏的,而是让我们干事的。所以,如何推进中原经济区建设,已经现实地摆在了我们面前。推进中原经济区建设,要突出"主题"和"主线",就是坚持科学发展的主题和转变经济发展方式的主线;突出持续和提升,就是持续中原崛起的好态势、好趋势、好气势,持续河南这些年围绕中原崛起形成的好思路、好经验、好举措,同时,根据新的形势和需要,不断加以拓展、完善、丰富和提升;突出特色和优势,就是要充分挖掘区位、粮食、文化、人力资源开发等方面的潜力,在服务全国大局中发挥更大作用;突出富民和强省,就是要坚持富民为基,强省为要,加快中原全面小康进程,提高区域竞争力;突出落实和实干,就是要强化一种理念,即中原经济区是干出来的,不是喊出来的,要从我做起,从现在做起,从可以做的事情做起,推动中原经济区尽快取得突破。

众所周知,河南是全国第一人口大省,总人口已经超过1亿。全世界超过1亿人口的国家只有11个,并且多属于发展中国家。中原经济区在如此人口规模的范围内进行新发展模式试验,有极大的示范作用。我们的探索将会载入史册。中原经济区"三化"协调的发展路子,具有全国意义,甚至具有世界意义。

二 坚持"三化"协调的路子是核心任务

建设中原经济区,坚持科学发展主题的核心任务是探索不以牺牲农业和粮食、生态和环境为代价的"三化"协调发展路子。"三化"如何协调,的确有不少难题等待破解。就我们目前的认识水平来说,有以下几个方面是应当努力做好的。

1. 要努力达到"四个协同"

一是农业增产与农民增收相协同。在国家千亿斤粮食增收计划中,河南省将承担155亿斤,占近1/7,可谓责任重大。但现实的情况是,粮食主产区农业增产并不一定能带来农民致富,河南的种粮大县多数是财政穷县,这与粮食生产的比较效益低有关,也与各方面对农业的支持扶持不够有关。只有农业增产与农民增收有效地衔接起来,才能充分调动农户种粮积极性,使粮食生产建立在坚实的基础之上。二是工业化与城镇化相协同。工业化与城镇化应当是一致的、同步的、不可分离的,但由于我国多年来推进工业化靠政府力量和行政手段,不少工业项目是"嵌入式"安排的,与经济发展环境和条件并不吻合,由此导致工业化的"过度",以及与城镇化的脱节。实现工业化与城镇化相协同,关键是尊重经济发展规律,发挥市场调节的功能,减少政府对微观经济活动的直接干预。三是推动工业化城镇化与保护耕地"红线"相协同。工业化、城镇化都需要占用土地甚至耕地,而我国的耕地保有量十分有限,耕地"红线"不能突破。怎样使工业化城镇化与保护耕地"红线"相协同,是一个十分困难的问题。解决问题的出路在于,一方面,改变过去粗放式工业化城镇化模式,实现内涵式发展,发展节地型工业、紧凑型城市,最大限度地减少工业化城镇化对土地特别是耕地的占用;另一方面,通过各种措施增加耕地供给,盘活土地资源。四是城市繁荣与农村进步相协同。城乡二元结构的存在,是导致城乡差距不断扩大的制度性原因,也是坚持"三化"协调科学发展必须正视的问题。从制度安排着手改善城市与农村的关系,是城市繁荣与农村进步相协同的不二选择。

2. 要实现"三个互动"

一是三次产业之间要互动。一、二、三产业并不是截然分开的，而是有内在联系的。"三化"协调，首先是产业要协调。河南省早在20世纪90年代就提出，农业"长入"工业，即大力发展食品工业，实现工业农业两篇文章联手做，食品工业已经成为河南工业的第一支柱产业，有限地带动了农业的发展。第三产业的发展，也要以一、二产业的发展为基础。二是产城互动。没有产业的集聚，就没有现代城市的发展。从全国和河南省工业化的进程看，一个重要教训是工业发展与城市发展的脱节，譬如20世纪80年代后一度出现的工业"村村点火，四处冒烟"现象，就没有对城镇化产生什么推动作用。建立产业集聚区，是实现产城互动的有益探索，值得认真总结和推广。三是城乡互动。过去，在计划经济时代，主要是通过计划手段使农村支援城市，导致了农村的衰落。在市场经济条件下，由于资本的趋利性偏好，农村仍然可能成为被遗忘的角落。所以，要通过转移支付、税收优惠等措施，弥补市场调节的缺陷，加大对农村的支持力度。

3. 要建立"三个长效机制"

一是粮食持续增产的长效机制。譬如，建立粮食生产核心区，建立基本农田保护基金，设立粮食生产专项基金，加大对农田水利建设的投资，建立对粮食生产的科技扶持，对农业机械、良种培育、农药化肥生产的税收优惠，建立粮食调入地对调出地的补偿机制，等等。二是工业城镇反哺农业农村的长效机制。这涉及一系列的制度安排，需要进行系统的研究。三是"三化"联手联动，深度融合的长效机制。

三 要倾力打造内陆开放高地

打造内陆开放高地，是中原经济区的主要支撑点。开放水平低，是河南经济发展的短板。河南在开放方面的数据一直居全国后列，原因是多方面的，我认为，处于内陆腹地的区位特点是重要原因。但任何事情都是变化的。目前，河南打造内陆开放高地的条件已经具备。

1. 交通条件得到极大改善

内地与沿海在开放方面的最大差距，是由于地缘因素引起的投资运输成本的高低。所以，改革开放几十年来，外资都把沿海作为投资的首选，特别是以出口为目的的制造业"两头在外",更是如此。随着综合交通体系的完善,特别是高速铁路和高速公路网的建设,缩短了内地与沿海的时空距离,物流更为通畅、便捷,使商家的商务成本大为降低。总之,内地在开放的区位条件方面与沿海的差距在缩小。

2. 国家战略导向发生变化

我国过去几十年实施出口导向战略,制造业企业在沿海设厂布点是明智的。但是在国际金融危机后,国际经济格局发生了重大变化,西方诸国实行经济再平衡战略,我国在出口减少的情况下实施内需拉动战略。这样,我国内地在消费空间等方面的作用显现出来。由于国家政策导向明显,内地投资的资本回报率提高,对投资的吸引力明显增强。河南作为中西部经济总量最大的省份,市场空间巨大;作为连南贯北的省份,区位优势明显,在提高开放水平方面迎来了新的机遇。

3. 经济发展环境和条件发现明显变化

我国以三大增长极为代表的沿海地区引领了我国对外开放的先河,目前沿海地区的投资密度、经济密度、开发强度都已很强,一些地方经济增长与资源环境的矛盾日益突出,经济增长的空间、环境容量日显窄迫。这种情况,客观上要求加快产业向内地梯次转移的步伐。研究表明,随着持续的资本形成,我国东部地区资本要素出现了边际生产力递减的现象,总资产贡献率呈下降趋势。国家统计局公布的2003年以来全国分地区工业企业总资产贡献率数据显示,北京从8.79%下降到6.22%,上海从12.01%下降到8.8%,浙江从12.44%下降到10.3%。与此形成对照的是,中部和东北地区上升幅度较大,其中河南从9.99%上升到22.32%,湖北从7.4%上升到12.64%,黑龙江从19.81%上升到29.18%。河南总资产贡献率增长最快,说明河南的区位条件、工业发展基础及生产要素成本等能为产业转移提供良好条件。经济发展环境和条件的变化,为内地打造开放高地注入了活力。

4. 产业梯次转移出现拐点

国家主体功能区规划已经公布,沿海三大增长极地区被划分为优化开发地区,而内地如中原经济区被明确为重点开发地区,这是我国产业梯次转移的重要拐点,既表明我国吸纳投资最大的地区在发展方式方面将出现实质性变化,也表明我国产业由沿海向内地转移将呈现加速趋势。

5. 内陆地区开放有了良好基础

这些年，内地省份在扩大开放方面不遗余力，推出了一系列重大举措，包括基础设施建设、发展环境优化、服务水平提高等。应该说，内地在开放方面的软、硬件条件有了很大改善，已经产生了叠加效应，不少世界 500 强企业到中国内地寻求发展空间。河南省多年来实施开放带动的主战略，开展大招商活动，成功引进富士康等标志性企业，内陆地区开放高地初现端倪。崛起的中原，魅力无穷，商机无限；开放的中原，是投资的热土，创业的乐园。"得中原者得天下"的古训，必将在商家大举进军中继续得到演绎和验证。

四 要警惕和克服"后发劣势"问题

我们已经对中原经济区在全国大局中的"后发优势"有了清晰的表述，即河南正处于工业化、城镇化加快推进阶段，产业结构和消费结构加速升级，内需市场空间广阔，发展活力和后劲不断增强，发展潜力逐步显现，正在转化为发展优势。今后一个时期，既是河南经济社会又好又快发展的时期，也应该是河南为全国发展大局做出更大贡献的时期。这就是河南建设中原经济区的"后发优势"。但是，中原经济区建设也存在"后发劣势"问题。

"后发劣势"是相对于"后发优势"而言的。根据后发优势理论，后发国家可以通过引进先进国家的技术、设备和资金，学习和借鉴先进国家的经验教训，避免或少走弯路，采取优化的赶超战略，从而有可能缩短初级工业化时间，实现技术上的"蛙跳"，较快进入较高的工业化阶段。从一定意义上来讲，中国是后发优势理论通过具体实践并取得较大成功的典范国家之一。但是，不少经济学家指出，在发展中国家存在着后发优势的同时，并存着所谓的"后发劣势"。按照沃森和杨小凯的说法，如果后发国家不在制度改革上有所作为，那么落后国家虽然可以在短期内取得非常好的发展，但是会给长期的发展留下许多隐患，甚至长期发展可能失败。

我们借用"后发劣势"这个词来说明中原经济区建设可能遇到的特殊困难。中原经济区建设"后发劣势"包括以下三个方面。一是"先行先试"选择性缩小了。区域方面改革发展需要"先行先试"的领域和范围毕竟有限，对地方来说，要获得"先行先试"权，早比晚好。因为在一定程度上，"先行先试"权具有排他性，在某一个方面，需要安排"先行先试"的地方不可能无限延伸。二是"门槛提高"。一般来说，最早获得改革开放优先权的地方，中央给予的条件和政策比较宽松，地方探索的灵活性较强，变动余地较大。而对后来者，则可能提高门槛，较少有通融的余地。三是审查更严。"先行先试"初始阶段，各方面都没有经验，摸着石头过河，于是，有了"先发展后规范""先生孩子后起名"的现象。现在，中央已经陆续批准了多个经济区，有了参照和经验（包括教训），对新申报的经济区，审查会更严格，要获得真金白银和含金量高的政策难度加大了。四是"灰色"地带减少。过去，在地方发展上存在着一些"灰色"地带，事实上存在"干了就干了，不干就算了"等潜规则。随着经济转型和有关秩序的完善，地方希望"讨巧"的空间和余地大为减少。

认识到"后发劣势"的意义在于，确定中原经济区争取中央支持的重点领域，最大限度地彰显自己的特色和优势。要围绕破解"四大难题"、推进"三化"协调发展，方能争取到国家给予更多的政策、牌子、项目和资金支持，在更多领域赋予先行先试权。同时，要加强与中央有关部委的衔接。争取国家有关部委的理解和支持，尽快推动国家部委出台一批支持中原经济区建设的政策文件。

略论建设中原经济区的全局意义

党的十七届五中全会要求,各地区严格按照主体功能定位推进发展,对人口密集、开发强度偏高、资源环境负荷过重的部分城市化地区要优化开发,对资源环境承载能力较强、集聚人口和经济条件较好的城市化地区要重点开发。河南在谋划"十二五"发展的过程中提出了建设中原经济区的战略构想。所谓中原经济区,是以河南为主体,延及周边若干区域,具有鲜明特点、独特优势,经济相连、使命相近,相对独立的区域经济综合体。在这个综合体中,河南处于主体地位、发挥主体作用。这不仅具有区域经济的概念,而且是对中原崛起战略的持续、延伸、拓展、深化,是充分发挥中原的比较优势,加快实现中原崛起,进而促进区域协调发展,支撑全国经济社会发展大局。因而,在我国经济社会发展中,具有十分重大的全局意义。

一 有利于国家区域经济布局的进一步完善

我国的区域发展战略经历了一个与时俱进、不断完善、不断丰富的过程,区域经济布局逐步趋于合理。

1. 我国区域经济发展历程

从我国区域发展战略的演进看,大体经历了三个阶段。

第一阶段,从新中国成立初期到改革开放前,是我国工业布局由沿海向内地推进的阶段。为了改变旧中国遗留下来的工业基础薄弱、沿海与内地布局畸轻畸重的格局,同时,鉴于新中国成立初期的国际政治环境和出于战备的考虑,当时工业布局的指导思想是,利用沿海的基础和适当利用外援,促使工业布局向内地推进,形成全国工业布局相对均衡、各大经济协作区自成体系、相互促进的格局。在这一阶段，国家投资的地区布局由沿海转向内地，有力地推进了内地的工业化进程，使旧中国遗留下来的工业布局极不平衡的格局得到初步改观。

第二阶段，从改革开放初到20世纪90年代中后期，是沿海地区率先发展阶段。当时区域发展战略要优先解决的问题是如何通过扩大开放，加快发展。国家通过设立经济特区、开放沿海城市等一系列对外开放措施，形成了沿海地区率先发展，进而带动内地发展的格局。这一区域发展战略，加快了我国改革开放进程，使我国的经济实力迅速上升，缩小了与发达国家之间的差距。但是，由于发展基础和条件的差异及其他原因，使东部地区与中西部地区发展速度的差距逐步扩大。

第三个阶段，从20世纪90年代中后期到现在，是我国区域协调发展总体战略初步形成的阶段。1994年，国家颁布实施了"八七"扶贫攻坚计划；1999年，国家又做出了实施西部大开发的重大战略决策；2003年，国家又决定实施振兴东北地区等老工业基地的战略。根据党的十六届五中全会精神，"十一五"规划纲要对促进区域协调发展作了全面阐述，明确了促进区域协调发展的内涵；明确了实施推进西部大开发、振兴东北地区等老工业基地、促进中部地区崛起、鼓励东部地区率先发展的区域发展总体战略，从而使制约各区域发展的突出问题得到缓解，区域协调互动机制逐步形成。但是，在落实区域发展总体战略的过程中，也出现了一些实际问题，如东部、中部、西部和东北内部的区域差异仍然较大，区域政策的空间尺度偏大，针对性还不够强。于是，近年来，以明晰区域定位、细化区域政策、规范地区发展走向为特征的新一轮区域布局悄然展开。

2. 我国区域经济发展的作用

中原地区是我国内陆战略腹地，建设中原经济区，其意义不仅在于促进当地的经济发展，更在于发挥贯通全国经济格局的"腹地效应"，形成全国经济增长的倍增器。因此，从完善全国区域经济布局的角度看，建设中原经济区，有以下几个方面的作用。

（1）强化内陆经济战略支撑。从全国的生产力布局来看，沿海、沿江、沿京广、沿陇海－兰新经济带构成了我国区域经济带的主体。中原地区既位于京广、陇海－兰新两大经济带主轴的交会区域，也处于沿海经济带沟通西北内陆地区的关键位置。中原地区承东启西、连南通北的战略地位，为加强发达地区和欠发达地区的经济联系提供了良好的条件。应当看到，分布于沿海地区的京津冀、长三角、珠三角经济区已经在改革开放的过程中占得先机；而武汉经济区、成渝经济区则沿长江向我国西南欠发达地区延伸。在陇海－兰新经济带的中段，也应当形成一个具有强力支撑作用的中原经济区，以完善自沿海向西北延伸的经济带。可以预期的是，随着中原经济区的构建，内陆地区将形成与沿海三大经济区遥相呼应的四大经济区（圈），即中原经济区、武汉经济圈、成渝经济区、关中－天水经济区。这些经济区（圈）共同支撑中国内陆地区经济发展，缺少其中任何一个都将不利于全国区域经济布局的完善。

（2）推动和加快中部崛起进程。从全国区域格局看，沿海地区已经形成了环渤海、长三角、珠三角及海峡西岸的经济隆起带。从中部地区看，《促进中部崛起规划》提出了加快形成沿长江、陇海、京广和京九"两纵两横"经济带。其中，沿长江地带正在形成连接长三角的安徽皖江城市带、湖北和湖南"两型社会"综合配套改革实验区、成渝经济区等重点区域的经济隆起带。在沿陇海铁路地带，河南位于陇海－兰新经济带的核心区域，商丘、开封、郑州、洛阳、三门峡等市具有较强的发展优势，对陇海－兰新经济带的整体发展和提升起着关键支撑作用；在沿京广铁路地带，河南省北连京津冀经济区、南接湖北和湖南"两型社会"综合配套改革实验区；在沿京九铁路地带，河南北连京津冀，南接安徽皖江城市带、江西鄱阳湖生态经济区。总体上看，河南处于陇海、京广和京九三大经济带的中间位置、关键节点上，战略地位突出。因此，建设中原经济区，将有利于形成我国北部地区承东启西、连南贯北的区域协调发展格局。

大力促进区域间的经济合作。改革开放以来，经过30多年的发展，全国各地的发展呈现一种相互竞争与相互协作并存的格局。构建中原经济区，加快中原崛起进程，有利于全国各地尤其是中西部地区各个经济体之间的相互协作。我国不同地区之间不仅存在着经济发展的差距，而且存在着巨大的资源禀赋差异。人力资源、技术、资本及自然资源方面的差异，要求各个区域之间进行相互协作，只有这样才能充分发挥各种要素的比较优势。构建中原经济区，加快中原崛起进程，可以使中部地区成为一个各种要素及资源充分发挥协作作用的载体。中原地区的产业链特征与周边地区的产业链特征，具有强烈的互补性。中原经济区的建立，将为西部的原材料工业提供市场，也为东部地区的加工业提供供应链。正是产业链的这种联系，使得中原经济区演化成一个促进周边地区发展的倍增器。

二 有利于国家在中部地区形成新的经济增长板块

按照区域协调发展的要求，在市场经济条件下，应该对落后地区实施由优惠财税政策和其他有关经济政策组成的区域政策，以建立区域间大体一致的经济发展条件，求得区域间发展机会的相对均衡。在我国东、中、西的区域板块中，中部地区对实现区域协调发展负有特殊的责任。从区域空间发展的角度来看，我国东部已进入网络发展阶段，中部则处于轴线聚集阶段，而西部尚处于驻点开发阶段。处于网络发展阶段的东部地区，工业化和城镇化水平比较高，空间市场体系比较发达，一体化程度较高，产品和要素交流比较频繁，区域整体经济效益较高。处于轴线聚集阶段的中部地区，工业化和城镇化处于加速阶段，区内交通主干线虽不完整，但雏形已现且具有一定的规模，支干线则开始向四周延伸；生产要素已开始明显地向交通主干线两侧聚集，城镇体系和空间市场体系开始形成；区内各城镇间的分工协作关系初步建立，区域经济一体化的效益开始发挥作用。处于驻点开发阶段的西部地区，工业化和城镇化尚处于起步阶段，交通干线尚未形成，区内各地发展还相对孤立，还谈不上整体经济效益的发挥；人口也较分散，城镇建设尚未形成体系；经济增长极在区域上呈稀疏的、联系很少的点状分布。比较而言，中部地区经济发展水平从总体上居中，基础条件较好，未来经济增长的潜力和各种产业发展的可能性巨大，接受外界辐射的能力和与外界交往的能力也较强。这些均为中部崛起准备了充分和必要的条件。

1. 中部崛起的过程，即中部形成新的增长板块的过程

这一过程的出现，对全国区域协调发展具有重要的意义。一是有利于全国区域经济一体化的形成。中部是我国东西南北交往的通道，这个通道畅通与否、管理体制是否符合市场经济的要求，直接关系我国区域经济一体化的进程。从技术层次看，全国区域经济一体化的形成需要满足硬件和软件两个方面的条件。硬件条件是指完善便利的成网络状的交通、通信基础设施，软件则是指区域间无人为障碍的自由贸易和交往的体制环境条件。显然，目前我国这两方面的建设都还有待改进和加强。我国中部地区处于区域经济一体化硬件建设的交会点上，因此随着中部新的增长板块的出现和超常规的大规模交通及通信基础设施的建设，必将在我国区域经济一体化形成中起到关键性作用。二是有利于东部的升级和西部的开发。东部的升级、中部的崛起和西部的开发是相辅相成的。中部崛起对东部升级的意义在于：为东部一般加工工业的转移提供适宜的接受地，保障东部产业结构升级顺利进行；为东部新兴产业的产品提供一定的市场需求。中部崛起对西部开发的意义在于：提供大量的商品粮、饲料粮及其他农副产品，为西部"退耕还林还草"、生态环境保护与建设及农牧业的结构调整，解决后顾之忧创造良好的条件；发挥中部装备制造业的优势，为西部开发提供迫切需要的基础设施建设装备和各种产业装备；为西部特色经济发展提供便利的市场、交通条件和相应的金融服务，为东、西部的经济交流提供完善的通道。这一切都有赖于在中部形成新的增长板块，发挥其在中部崛起中的龙头和引领作用。

2. 中部地区形成新的经济增长板块，应当为区域科学发展做出积极贡献

一是创造条件迎接东部的强力辐射。产业的空间扩散和转移，决定于转出地区的经济辐射强度和接受地区的吸收能力，两者缺一不可。从接受地区来看，接受地区本身的发展水平越高，它所能吸收产业的广度就越大，所能接受和消化的技术水平就越高。显然，我国中部相对西部而言，具有较强地接受发达地区产业转移的能力。二是积极开拓西部市场空间。西部开发对中部带来的最大机遇，就是西部的市场需求空间，特别是中部可以提供西部开发所需的机械设备、农副产品及其他轻工业消费品。因此，积极开拓西部市场是中部对外开放的一个重要选择。三是依托自身优势，培养特色支柱产业。我国中部地区的支柱产业是农业及农副产品加工业、食品工业、装备制造业和以商贸、金融为主的服务业。中部地区应该制定有利于这些支柱产业快速发展的政策和措施，尽快提高其市场竞争能力。四是依托中心城市，建立各类经济活动中心。我国中部地区是天然的东西南北的交通、信息、产品、物资、金融等经济生产要素和生产成果的汇集与扩散中心。中部地区应该依托中心城市，加速上述各类经济活动中心的硬件建设，尽快地发挥它们带动中部崛起的重要作用。

3. 建设中原经济区，有利于在中部形成新的经济增长板块

国务院《促进中部地区崛起规划》要求：依托综合运输主通道，以资源环境承载能力强、经济社会发展基础好、发展潜力大的地区为开发重点，加快形成"两横两纵"经济带，培育六大集聚人口和产业的城市群。其中，和中原地区相关的有：一是增强沿陇海经济带实力。发挥亚欧大陆桥的优势，加强与沿海和西北地区交流合作，进一步扩大东西双向互动、对内对外开放，发挥郑州区域中心城市作用，培育形成郑汴洛工业走廊，壮大能源原材料、现代制造业、汽车等支柱产业，实现老工业基地振兴。二是提升沿京广经济带水平。提高京广通道综合运输能力，依托沿线的人力资源优势和产业基础，大力发展原材料工业、装备制造业、高技术产业和劳动密集型产业，形成我国重要的制造业基地。三是培育壮大沿京九经济带。加强与京津冀、长三角、珠三角和海峡西岸地区的联系，加快东向交通通道建设，在重要的节点城市推进承接产业转移园区建设。四是培育城市群增长极。以客运专线和城际快速轨道交通等重要交通干线为纽带，重点以郑东新区、汴西新区、洛阳新区建设为载体，整合区域资源，加强分工合作，推进区域内城市空间和功能对接。五是加强省际区域经济合作。鼓励晋陕豫黄河金三角地区突破行政界限，开展区域协调发展试验。

三 有利于河南在全国经济发展大局中发挥自身优势和明晰发展定位

河南作为中原经济区的核心区域，其优势可以概括为五个字，即大、根、粮、位、群。

1. 河南在全国经济发展大局中的自身优势

（1）大省优势。所谓大省的"大"包括：一是人口总量大。河南是全国第一人口大省，截至2009年年底，人口为9967万人，占全国人口的7.5%，占中部6省的26.6%。作为生产力第一要素的人力资源，在促进中原崛起、河南振兴中起着基础性、战略性和决定性作用。二是经济规模大。河南是全国重要的经济大省，2009年全省生产总值接近2亿元，居全国第5位、中西部第1位，分别占全国和中部地区国民生产总值的5.8%和27.6%。财政收入、固定资产投资、社会消费品零售总额均居中部第1

位。三是全国新兴工业大省。2009年，全部工业总产值达9858.4亿元，位居全国第5位。四是全国第一粮食大省。2010年，河南粮食总产连续5年超千亿斤，连续11年居全国第1位，每年调出300亿斤原粮及加工制成品。五是文化资源大省。河南被史学界誉为"中国历史自然博物馆"。河南地下文物、馆藏文物、历史文化名城、重点文物保护单位数量均居全国第1位；在20世纪全国100项考古大发现中河南就占17项，全国八大古都河南有其四，洛阳龙门石窟、安阳殷墟、嵩山古建筑群先后被认定为世界文化遗产。六是发展潜力大省。河南经济正处于市场经济的转型时期和快速发展阶段，有着巨大的发展潜力。河南正处于工业化、城镇化加速发展阶段，城乡之间发展的不平衡性为经济发展提供了广阔空间。

（2）民族血脉之根。中华民族血脉之根因黄河冲积形成的中原沃土而发端，因中原的引领而前进，因中原的勃兴而昌盛，因中原的先进而远播，因中原的坚韧而绵延。中原文明的发展轨迹是华夏文明的完美体现和浓缩。河南是中华民族的主要发祥地，伏羲、炎帝、黄帝、颛顼、帝喾等十二大人文始祖都出自河南或主要活动于河南。在以人口多少而排序的前100个中华大姓中，有78个姓氏直接起源于河南，有98个姓氏的郡望地在河南，这些姓氏涉及当代华人的90%。因此，河南被全球华人公认为追思先祖懿德的祖根之地、传承中华文明的心灵故乡，成为海内外中华儿女魂牵梦绕的寻根谒祖圣地。河南是中华文明的主要源头。古往今来，在河南孕育和产生的众多思想学说，交相辉映、积淀升华，铸就了中国传统文化的灵魂，深刻影响着中华民族精神的形成。河南是华夏儿女的精神家园。历史的辉煌凝结着华夏儿女的伟大创造，是提升自信心的重要来源。厚重的根文化具有广泛的凝聚力，让人认同；具有强烈的震撼力，让人亲近；具有强大的穿透力，让人共鸣。

（3）粮食优势。河南是全国第一粮食大省，在确保国家粮食安全中发挥着至关重要的作用。所谓的粮食优势，一是总产量大。1999～2010年，粮食生产均位居全国第1位，成为名副其实的"中国粮仓"。二是增产潜力大。按照国家规划，并伴随国家粮食战略工程河南核心区建设的稳步推进，到2020年，河南粮食生产能力将达到1300亿斤，即要新增260亿斤，占全国新增加1000亿斤的1/4多，稳定达到1300亿斤，占全国粮食生产能力11000亿斤的1/9以上，调出原粮和粮食加工制成品550亿斤以上。

三是转化能力强。作为全国第一粮食大省，河南粮食加工能力位居全国首位，粮食加工能力、肉类总产量均居全国第1位，成为全国畜牧养殖大省和食品工业大省。全省各类粮食加工企业达2624家，所生产的面粉、挂面、速冻食品、方便面、味精等市场占有率均为全国第1位。河南已成为全国最大的肉类生产加工基地、速冻食品加工基地、方便面生产基地、饼干生产基地、调味品生产加工基地。

（4）区位优势。一是综合交通运输枢纽。河南位于我国内陆腹地，具有承东启西、连南通北的区位优势，是中国多方向、跨区域运输的交通要冲和多种交通运输网络交会的枢纽地区，承担着全国跨区域客货运输的重要任务。至2009年年底，河南铁路通车总里程达4000多公里，居全国第1位；河南高速公路通车总里程达4860公里，居全国第1位；高等级公路密度在中西部也处于明显优势。中原地区的交通线路路网密度远高于全国平均水平，运输周转量在全国的比重也远高于其经济总量在全国的比重，如2009年实现客运量达14.5亿人次，旅客周转量达1645.2亿人公里。二是全国货物集散中心。作为综合交通枢纽，郑州在公路、铁路和航空到全国各地平均运输成本方面与武汉、西安、重庆相比具有明显的优势。独特的区位优势和发达的立体交通体系，大大降低了河南对外交流的成本，使河南成为全国重要的物质和产品集散交换中心。以郑州商品交易所、郑州粮食批发市场、华中棉花交易市场为代表的期货和现货市场功能不断增强，一批大型专业批发市场不断壮大，大市场、大流通格局正在形成，郑州已成为全国重要的货物集散地。三是东、中、西互动战略平台。一方面河南将承接更大规模、更高层次的东部地区产业和资本的梯度转移，延伸和放大东部的辐射效应，支持西部大开发的推进，同时通过引进资金、技术、人才，进一步调整河南的资源配置和经济结构；另一方面，河南可以为西部地区原材料、产品以及资源、劳动力等向东部乃至海外输出发挥通道作用。

（5）城市群优势。中原城市群在经济密度、可达性、辐射带动等方面都优于中部其他城市群，是中部地区乃至全国的战略支点。中原城市群的优势表现在：一是经济密度高。2008年，中原城市群经济密度为1799.3万元/平方公里，在全国七大城市群中仅次于山东半岛城市群的2743.5万元/平方公里；人口密度在七个城市群中位居第1位，是人口密度最低的沈阳经济区的两倍。二是可达性强。中原城市群郑州到其余8个城市的交通总里程为896公里，是中原城市群内所有城市可达性最强的城市；此外，其他8个城市可达性总里程多在1000~1500公里之间。随着城际铁路、城际公路等快速交通的发展，有望率先形成半小时经济圈，进而有利于产业整合、资源整合和经济协作区的较快形成。三是带动作用大。中原城市群在河南乃至中原经济区经济社会发展中处于核心和领先地位。2009年，中原城市群生产总值占全省总量的57%，地方财政一般预算收入占全省的64%，城镇固定资产投资占全省的78%。建设与发展中原城市群，将其各自原有的种种优势在实现更大范围内优化整合成整体优势，以乘数的方式增强其集聚与辐射功能。因此，充分发挥中原城市群的支撑作用，对推进中原经济区的发展，促进东、中、西区域协调发展意义重大。

2. 河南在全国经济发展大局中的战略定位

（1）努力成为全国"三化"协调发展示范区。统筹安排城镇建设、产业集聚、农田保护、村落分布、生态涵养等空间布局，协调推进中原城市群与粮食生产核心区、现代城镇体系和现代产业体系建设，率先走出一条农业、粮食、人口大省协调推进的新型工业化、新型城镇化和农业现代化发展道路，为中西部地区转变经济发展方式、推动科学发展探索路子、积累经验。

（2）努力打造全国经济发展的重要增长极。力争在结构优化、效益提高的基础上，经济总量占全国的比重进一步提高，区位、市场、人力资源等优势得到充分发挥，到2015年，主要人均经济指标超过中部地区平均水平，与全国平均水平差距进一步缩小，成为支撑中部崛起的重要区域；到2020年，主要人均经济指标赶上并力争超过全国平均水平，成为中西部地区经济发展的主要引擎。

（3）成为全国综合交通枢纽和物流中心。以建设运输通道和交通枢纽为重点，加快构建以铁路网、高速公路网和航空枢纽港为骨架的综合交通体系，充分发挥中原经济区在全国综合运输大通道中的作用，凸显郑州交通、物流、商务中心地位，形成服务中西部、面向全国、连接国际的现代物流服务中心。

（4）成为华夏历史文明传承核心区。大力推动文化发展繁荣，深化文化体制改革，大力发展文化产业，打造一批地域特色明显、展现中原风貌、具有国际影响的文化品牌，突出根文化、思想文化、姓氏文化等中原文化的传承弘扬，建设全球华人寻根拜祖圣地，提高中原文化影响力，增强中华民族凝聚力，成为振兴弘扬中华优秀传统文化的核心区域。

四 有利于探索不以牺牲农业和粮食、生态和环境为代价的"三化"协调之路

1. 为统筹解决"三农"问题积累经验

在我国"三农"问题中，农业的问题突出表现为基础设施薄弱、传统农业比重大、现代农业发展滞后，农村的问题突出表现为社会事业发展滞后问题，农民的问题突出表现为增收问题。这些问题，在中原地区都具有典型性。从农业问题看，河南农业从业人员人均耕地面积仅为3.8亩，全省还有6000多万亩中低产田，占耕地面积的55%以上；旱涝保收田和有效灌溉面积仅占耕地面积的54.3%和68.3%，农业生产的基础还比较脆弱。从农村问题看，河南有158个县（市、区）1892个乡（镇）4.75万个行政村，与城市相比，农村在水、电、路、气等基础设施和教育、卫生、文化等公共服务设施方面，还存在相当大的差距。2008年，河南农村初中的生均预算内教育事业费全国倒数第3位，农村小学的生均预算内教育事业费全国倒数第1位。从农民问题看，2009年河南农民人均纯收入4807元，比全国平均水平低346元；2000~2009年，河南城乡居民收入的绝对差距由2780元扩大到9525元，城乡居民收入之比由2.4:1扩大到3:1。建设中原经济区，支持中原地区加强农业基础设施建设，改善农村社会事业，多渠道增加农民收入，有利于为中西部地区解决"三农"问题的突出矛盾提供示范，积累经验。

2. 继续探索传统农区推进农业现代化的路径

当前，农业生产和农村发展面临的发展环境复杂多变，推进农业现代化的难度越来越大，转变农业发展方式的要求越来越高。近年来，河南从实际出发，扎实推进传统农业向现代农业转变，取得了初步成效。一是大力进行科技攻关和推广。针对制约全省粮食持续增产的关键、重大、共性技术难题，组织全省农业科技力量，开展农作物高产栽培技术研究，集成

示范了一批先进实用技术,全省科技成果转化率达到 40% 以上。二是大力发展农业产业化经营。目前,全省各类农业产业化组织中规模以上龙头企业 6000 多家,省级以上龙头企业 366 家,全省农产品加工已发展到 24 个行业、23 个门类。三是着力推进标准化生产。通过完善农业标准体系,积极引导龙头企业和种养大户实施标准化生产;建立、健全农产品质量可追溯制度,严格产地环境、投入品使用、生产过程等产品质量全程监控。四是大力发展循环农业。在平原地区、山区及丘陵地带、城市郊区和城镇推广不同模式的循环经济,大力发展无公害农产品,提高农产品质量安全水平。同时,河南同全国一样,农业生产的耕作方式比较粗放,规模化、标准化水平不高,市场竞争力不强;龙头企业数量少、规模小,产业链条短,知名品牌少;各类农村合作经济组织发展不平衡,农业社会化服务体系不健全。建设中原经济区,支持中原地区坚持用工业理念发展农业、用工业成果装备农业、用现代科技改造农业、用现代社会化服务体系服务农业、用现代科学知识武装农民,有利于为全国传统农区推进农业现代化提供典型和示范。

3. 继续探索以工补农、以城带乡的新路子

近年来,河南省委、省政府面对加快农业、农村发展和加快工业化、城镇化的双重任务,把加快工业化、城镇化,推进农业现代化作为全面建设小康社会的基本途径,坚持工农业两篇文章一起做,城市、农村两幅画卷一起绘,粮食产量连续 5 年超过千亿斤,连续 7 年创新高;工业经济总量由全国第七位上升到第 5 位,成为全国重要的食品工业基地、能源工业基地、有色工业基地;城镇化率年均提高 1.7 个百分点左右,工业反哺农业、城市支持农村的能力显著增强,形成了"三化"相互支撑、共同顶托中原崛起的良好局面。2008 年以来,河南省委、省政府在全面推进粮食生产核心区建设的同时,围绕促进产业集聚发展,引导产业向城镇集中布局,实现产城融合、工业化与城镇化良性协调,明确提出以产业集聚区为载体构建现代产业体系、现代城镇体系和自主创新体系的战略任务,形成了进一步深入推进"三化"协调发展的基本思路。建设中原经济区,探索走出一条以不牺牲农业为代价的新型工业化、城镇化道路,进一步增强以工促农、以城带乡能力,有利于在加快工业化和城镇化进程中巩固、提升农业基础地位,既为保障国家粮食安全做出更大贡献,也为全国粮食主产省份加快现代化进程探索新路子；有利于构筑新型城乡关系，消除城乡二元结构，最终实现基本公共服务均等化，对在全国范围内探索统筹城乡发展新路子具有示范意义。

4. 为国家生态和环境安全做出积极贡献

一是有利于构筑全国生态屏障。中原经济区涵盖暖温带和亚热带，区域生态系统类型和生物种类十分丰富，仅河南境内的高等植物就占全国总数的1/8，脊椎动物种类占全国总数的1/4，昆虫种类占全国总数的2/3。建设中原经济区，有利于统筹和加强区域生态保护与环境治理，为维护全国生态稳定和平衡提供重要支撑。二是有利于推进全国污染减排。目前，河南工业能源消费占全省能源消费总量的81.6%，高于全国平均水平10个百分点，化学需氧量排放居全国第5位，二氧化硫排放居全国第2位。这些问题如不及时解决，不仅将制约河南经济社会的发展，也将影响中部地区的发展。三是有利于改善全国环境质量。全国七大水系中，中原经济区地跨海河、淮河、黄河、长江四大流域，是淮河、海河的源头和南水北调中线工程的水源地。河南处于中国南北气候过渡带。伏牛山、大别山-桐柏山、太行山三大山脉和黄河湿地对于涵养生态、调节气候、保护生物多样性具有非常重要的作用。加快中原经济区建设，加强生态保护与环境治理，提高生态涵养水平，将对维护全国生态稳定和平衡提供重要支撑，为广大下游地区生态环境改善提供重要保障，为京津地区的供水安全提供重要保障。

五　有利于遵循经济发展规律，加快经济发展方式转变

1. 淡化行政区域色彩，强化经济区域功能

中原地区作为我国的内陆腹地，强势的行政区划观念已经对市场经济的开放性与统一性形成严重冲击，成为制约区域经济共同繁荣的重要因素。例如，市场分割加剧，各级地方政府为了追求和保护自身利益，往往以行政区为依托，构筑各种壁垒，对本（外）埠项目、资金、人才、企业的流出流入，设置有形的或无形的关卡，阻碍经济要素资源的自由流动；再如，产业同构严重，各行政区重复建设，区域之间在比较优势基础上的分工和协作难以落实，区域内各城市主导产业的选择惊人相似，经济要素

配置效率低下，资源浪费严重，有可能演化为新一轮产业恶性竞争；还有，城际软硬件设施衔接乏力，经济区内各城市在制度与政策安排、基础设施建设等方面理应通力合作，从制度和空间上促进内部一体化，与外部竞争时用一个声音说话。由于行政区划观念作祟，城市管理者缺乏整体观念和协作精神，在经营城市中局于一隅，往往不顾自身实际情况或区域整体利益。行政区经济因"重合、重复、重构、重叠"而产生种种弊端，形成了行政区划内"计划性太强"，跨行政区的经济区"市场性太弱"的怪圈。强化经济区域功能，实现区域一体化发展，是新形势下区域发展的内在要求和必然选择。构建中原经济区，有利于跨越行政壁垒，促进区域融合，拓宽对内连接通道，有利于建立统一开放的大市场，实现资源共享和优化配置，建立互利共赢的经济体系，有利于实现行政区经济向经济区经济的转变。

2. 梯次拓展增长空间，加快内陆重点区域开发

在出口导向转为内需导向的新的历史时期，国家在支持东部率先发展的同时，将把开发支持的重点转向具有巨大市场空间和潜力的内陆地区，将在中西部一些资源环境承载能力较强的区域培育若干支撑中国经济持续较快发展的新的增长极。河南是全国第一人口大省，经济总量居中西部地区之首，在中部地区乃至全国都占有重要地位。党中央、国务院高度重视河南的发展，胡锦涛总书记明确要求河南"全面贯彻科学发展观，抓住机遇，开拓进取，在全面建设小康社会、促进中部崛起的进程中努力实现河南经济社会又快又好的发展，在促进中部地区崛起中努力走在前列"[1]；温家宝总理要求河南"认清省情，发挥优势，实现更大规模、更高水平的发展"[2]。就区位来说，河南的战略地位突出。以河南为主体构建中原经济区，顺应了区域经济发展趋势，体现了准确把握、自觉遵循经济发展规律的要求，不仅会有力地促进该区域的繁荣发展，而且还通过强化中原腹地效应，对国家梯次拓展增长空间、加快内陆重点区域开发的总体战略产生积极的影响。

---

[1] 平萍：《总书记胡锦涛在河南考察》，《河南日报》2005年8月24日。
[2] 王磊、田宜龙：《温家宝：河南要求发挥更大作用促进中部崛起》，《河南日报》2006年7月25日。

3. 河南发挥自身优势，加快经济发展方式转变

按照建设中原经济区的总体构想，河南要积极发挥自身优势，加快经济发展方式转变，为中原崛起创造更加有利的条件。一是积极扩大消费和增加出口。近两年，由于外部经济环境的变化，河南经济增速明显放缓，总量指标和人均指标增速在中部位次都有所下降，经济发展面临"瓶颈"制约。2008年，GDP增长12.1%，比2007年下降2.5个百分点；2009年，GDP增长10.7%，比2008年又下降1.4个百分点。因此，河南应加快推进经济增长由单一依靠投资拉动向投资、消费和出口协调拉动转变，以投资、消费和出口这"三驾马车"共同拉动河南经济持续较快发展。二是加快产业结构转型升级。一方面在三大产业之间，加快发展现代服务业，不断提高第三产业的比重，加强现代服务业对第一、第二产业的促进作用；另一方面着力改善三大产业内部结构，特别是要以"高端、高质"为目标，重点推进工业结构的优化升级，变"高投入、低产出，高消耗、高排放"为"低投入、高产出，低消耗、低排放"，促使万元地区生产总值能耗下降率、万元地区增加值用水量和工业固体废物综合利用率等资源环境指标明显下降。三是加快城镇化进程。近年来，河南城镇化率保持快速发展态势，2009年河南城镇化率达到了37.7%，但仍低于全国平均水平8.9个百分点。加快河南城镇化进程，要着力实施"五个结合"，即产业集聚与人口集聚相结合，做大中心城市与发展中小城市相结合，新区建设与老城区建设相结合，城市建设与城市管理相结合，城镇化与新农村建设相结合，促进工业化、城镇化与农业现代化协调发展。

（原载《黄河科技大学学报》2011年第1期）

加快中原崛起重大意义研究*

构建中原经济区，加快中原崛起进程，是新形势下深入贯彻落实《促进中部地区崛起规划》、促进区域协调发展的客观需要，也是站在新的历史起点上加快河南这一中原核心区域发展的战略选择。

本报告侧重分析中原经济区核心区域（河南省）的优势条件以及构建中原经济区，加快中原崛起进程的重大意义。

一 中原经济区核心区域（河南省）的比较优势

作为中原经济区的核心区域，河南的区域比较优势，可以概括为五个字：大、根、粮、位、群。

（一）大省优势

河南是中国的缩影，是人口大省、农业大省、经济大省和文化资源大省。正如胡锦涛总书记所说："河南地处中原，地缘优势突出，历史文化灿烂，自然资源丰富，经济总量居中西部地区之首。做好河南的工作，十分重要。"[①]

1. 人口总量大

河南是全国第一人口大省，至2009年为9967万人，占全国的7.5%，

---

* 从2010年3月下旬开始，河南省委、省政府成立了由省委常委、常务副省长李克为组长的中原崛起发展战略课题组，课题组研究工作分为三个步骤：第一步，研究设立中原经济区问题；第二步，研究设立中原新型城镇化示范区问题；第三步，修改完善已有的中原城市群"三化"协调示范区方案。中原经济区研究分为5个小组，笔者负责第三小组，重点研究设立中原经济区的重要性和必要性。这是笔者主持的第三小组研究成果。

① 平萍、万川明：《体察民情谈改革发展——胡锦涛河南考察纪行》，《河南日报》2008年9月12日。

占中部6省的26.6%。处于劳动年龄阶段的人口超过7000万人,占全省人口总量的72%左右,位居全国第1位。作为生产力第一要素的人力资源,在促进中原崛起、河南振兴中起着基础性、战略性和决定性作用。

2. 经济规模大

河南是全国重要的经济大省,至2009年全省生产总值接近2亿元,居全国第5位,中西部第1位,分别占全国和中部地区的5.8%和27.6%。财政收入、固定资产投资、社会消费品零售总额均居中部第1位。是全国新兴工业大省,2009年全部工业总产值达9858.4亿元,位居全国第5位、中部第1位。全国粮食第一大省,至2009年河南粮食总产量已连续4年超千亿斤,连续10年居全国第1位,每年调出300亿斤原粮及加工制成品;河南油料产量居全国第1位,肉类产量居全国第2位,棉花产量居全国第3位,为保障全国的粮食安全做出了重要贡献。

3. 文化资源丰度大

河南被史学家誉为"中国历史自然博物馆"。河南地下文物、馆藏文物、历史文化名城、重点文物保护单位数量均居全国第1位;中国20世纪100项考古大发现中河南省有17项,全国八大古都河南有其四,洛阳龙门石窟和安阳殷墟是世界文化遗产。以裴李岗文化、仰韶文化、河南龙山文化为代表的考古学文化,以夏商周文化、汉魏文化、唐宋文化为代表的中原历史文化,以老子、庄子、张衡、许慎、张仲景、吴道子、杜甫、韩愈、岳飞、朱载堉为代表的名人文化,以新县鄂豫皖苏区首府、确山竹沟中共中央中原局所在地为代表的红色文化,博大精深。以白马寺、少林寺、相国寺和龙门石窟为代表的人文景观,以嵩山、南太行、伏牛山、大别山、桐柏山为代表的山水景观,以汴绣、钧瓷、汝瓷、官瓷、唐三彩、南阳玉雕、朱仙镇木版年画、汤阴剪纸、浚县泥塑、淮阳泥泥狗为代表的民间工艺,以宝丰民间演艺、濮阳和周口杂技、豫西社火、豫南民间歌舞等为代表的民俗文化,异彩纷呈。作为全国戏曲大省,豫剧享誉海内外,曲剧、越调等地方剧种,魅力独特。

4. 发展潜力大

河南经济正处于市场经济的转型时期和快速发展阶段,有着巨大的发展潜力和增长空间。一是人力资源开发潜力大。作为中国人口第一大省,劳动力资源丰富,开发潜力大。二是市场潜力大。河南有近亿人口的消费和不断提高的消费需求，为经济增长提供了巨大的内需市场；另外，河南正处于工业化、城镇化加速阶段，城乡之间发展的不平衡性为经济发展提供了广阔空间。三是民营经济发展潜力大。与沿海发达地区相比，河南省民营经济规模总量偏小，总体实力不强，只要营造良好环境，破除发展障碍，民营经济就能快速发展。四是外贸增长潜力大。多年来，河南的出口额在全国所占的比重始终不到1%，出口依存度不及全国水平的1/10，不仅与沿海省市差距十分明显，即使与中西部的部分省份也存在差距，因此将出口培育成为拉动经济增长的可持续动力，潜力巨大。

（二）民族血脉之根

中华民族血脉之根因黄河冲积形成的中原沃土而发端，因中原的引领而前进，因中原的勃兴而昌盛，因中原的先进而远播，因中原的坚韧而绵延。中原文明的发展轨迹是华夏文明的完美体现和浓缩。

1. 河南是中华民族的主要发祥地

河南是华夏民族早期主要居住的地方，也是今天绝大部分中国人的祖居之地。中华民族有伏羲、神农、黄帝、颛顼、帝喾等十二人文始祖，他们大都出自河南或主要活动于河南。由中华人文始祖衍生出了数以千计的姓氏，以中原沃土为家，流布全国乃至世界的各个角落。据考证，在以人口多少而排序的前100个中华大姓中，有78个姓氏直接起源于河南，有98个姓氏的郡望地在河南，这些姓氏涉及当代华人的90%。可以说，中华民族的血脉之根在河南，中华姓氏由此发源，众多民族在中原融合，中原后裔遍布世界各地。河南被全球华人公认为追思先祖懿德的祖根之地、传承中华文明的心灵故乡，成为海内外中华儿女魂牵梦绕的寻根谒祖圣地。

2. 河南是中华文明的主要源头

博大精深、源远流长的中原文化，是中华文明长河的源头和主流，是中华民族优秀传统文化的传承与根脉之所在。中国最早的文字——甲骨文，正是在这里诞生；新石器时代的裴李岗文化、仰韶文化等考古学文化，都发生在河南。夏、商、周三代，被视为中华文明的根源，同样发端于河南。作为东方文明轴心时代标志的儒、道、墨、法等诸子思想，也是在研究总结三代文明的基础上而生成于河南。中国的四大发明——指南针、印刷术、造纸术、火药，正是从这里向世界传播；连接东西、享誉世界的丝绸之路，正是从这里起步。就连来自远方的宗教——佛教，也首先在这里安家落户。古往今来，在河南孕育和产生的众多思想学说，交相辉映，积淀升华，铸就了中国传统文化的灵魂，深刻影响着中华民族精神的形成。

3. 河南是华夏儿女的精神家园

厚重的根源文化对我们来说，是一笔巨大的财富，是华夏儿女的精神家园。首先，它是激励华夏儿女的精神源泉。一方面历史的辉煌凝结着华夏儿女的伟大创造，是提升自信心的重要来源；另一方面历史的沧桑铸就了华夏儿女的奋斗精神，是增强进取心的强大动力。其次，它是凝聚华夏儿女情感的精神支撑。厚重的根文化具有广泛的凝聚力，让人认同；具有强烈的震撼力，让人亲近；具有强大的穿透力，让人共鸣。最后，它是推进社会和谐的精神动力。中原根源文化蕴含着以和为贵、和而不同、和以处众、内和外顺等丰富的和谐思想，是构建和谐社会的精神源泉。

（三）粮食优势

河南是全国第一粮食大省，在确保国家粮食安全中发挥着至关重要的作用。

1. 总产量大

2009年河南粮食总产量达1078亿斤，占全国粮食产量的1/10。特别是从全国13个粮食主产区30年粮食产量的变化看，河南粮食在全国所占的地位更加重要（见表1）。

表1 全国13个粮食主产区粮食生产地位的变化情况

单位：万吨，%

省 份	粮食总产量					
	1978年			2009年		
	总产量	全国位次	占全国比重	总产量	全国位次	占全国比重
四 川	3000.0	1	9.84	3215.0	5	6.06
江 苏	2290.0	2	7.51	3230.0	4	6.08
山 东	2250.0	3	7.38	4316.3	3	8.13

续表

省　份	粮食总产量					
	1978 年			2009 年		
	总产量	全国位次	占全国比重	总产量	全国位次	占全国比重
河　南	1900.0	4	6.23	5390.0	1	10.15
湖　南	1900.0	5	6.23	3000.0	7	5.65
湖　北	1725.5	6	5.66	2310.0	10	4.35
河　北	1615.0	7	5.30	2910.0	8	5.48
黑龙江	1500.0	8	4.92	4350.0	2	8.19
安　徽	1482.0	9	4.86	3070.0	6	5.78
辽　宁	1175.0	10	3.86	1591.0	13	3.00
吉　林	1056.0	11	3.46	2460.0	9	4.63
江　西	1050.0	12	3.45	2000.0	11	3.77
内蒙古	180.0	13	0.59	1980.0	12	3.73

2. 增产潜力大

目前，全省还有6000多万亩的中低产田，玉米、水稻等秋季高产粮食作物种植面积和单产还有望进一步扩大和提高，随着国家粮食战略工程河南核心区建设的稳步推进，粮食增产潜能将进一步释放。按照国家规划，2020年河南粮食生产能力要新增260亿斤，占全国新增加1000亿斤的1/4多，稳定达到1300亿斤，占全国粮食生产能力11000亿斤的1/9以上，调出原粮和粮食加工制成品550亿斤以上。

3. 转化能力强

作为全国第一粮食大省，河南粮食加工能力位居全国第1位，粮食加工能力、肉类总产量均居全国第1位，成为全国畜牧养殖大省和食品工业大省。全省各类粮食加工企业达2624家，所生产的面粉、挂面、速冻食品、方便面、味精等市场占有率均为全国第1位。河南已成为全国最大的肉类生产加工基地、全国最大的速冻食品加工基地、全国最大的方便面生产基地、全国最大的饼干生产基地、全国最大的调味品生产加工基地。食品工业销售收入从1994年的全国第7位到2005年超越江苏升至第3位，2006年一举超越广东排名第2位。

（四）区位优势

河南位于我国内陆腹地，具有承东启西、连南通北的区位优势，在全国现代综合运输体系和物流体系中具有重要地位，是全国重要的物质和产品集散交换中心、东中西互动的战略平台。

1. 综合交通运输枢纽

河南位于我国内陆腹地，具有承东启西、连南通北的区位优势，是中国多方向跨区域运输的交通要冲和多种交通运输网络交会的枢纽地区，承担着全国跨区域客货运输的重要任务，在全国现代综合运输体系和物流体系中具有重要地位。至2009年年底，河南铁路通车总里程达到4000多公里，居全国第1位；河南高速公路通车总里程达到4860公里，居全国第1位。高等级公路密度在中西部处于明显优势（见图1）。中原地区的交通线路路网密度远高于全国平均水平，运输周转量在全国的比重也远高于其经济总量在全国的比重，2009年实现客运量14.5亿人次，旅客周转量1645.2亿人公里。

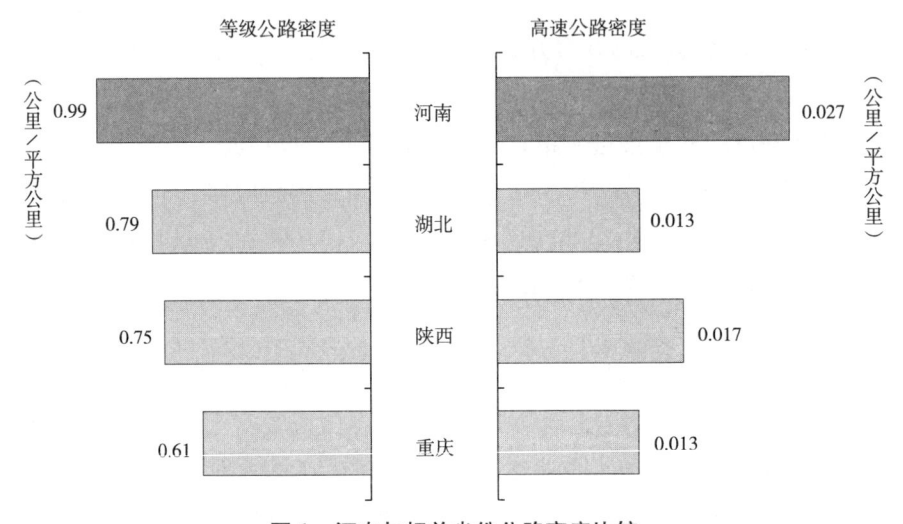

（公里/平方公里）	等级公路密度		高速公路密度	（公里/平方公里）
	0.99	河南	0.027	
	0.79	湖北	0.013	
	0.75	陕西	0.017	
	0.61	重庆	0.013	

图1　河南与相关省份公路密度比较

2. 全国货物集散中心

作为综合交通枢纽，郑州通过公路、铁路和航空线路到全国各地平均运输成本与武汉、西安、重庆相比具有明显的优势（见图2）。独特的区位优势和发达的立体交通体系大大降低了河南对外交流的成本，使河南成为全国重要的物质和产品集散交换中心。2009年郑州社会消费品零售总额达1434.8亿元，在中西部省会城市中位于前列，以郑州商品交易所、郑州粮食批发市场、华中棉花交易市场为代表的期货和现货市场功能不断增强，一批大型专业批发市场不断壮大，大市场、大流通格局正在形成。郑州已成为全国重要的货物集散地。

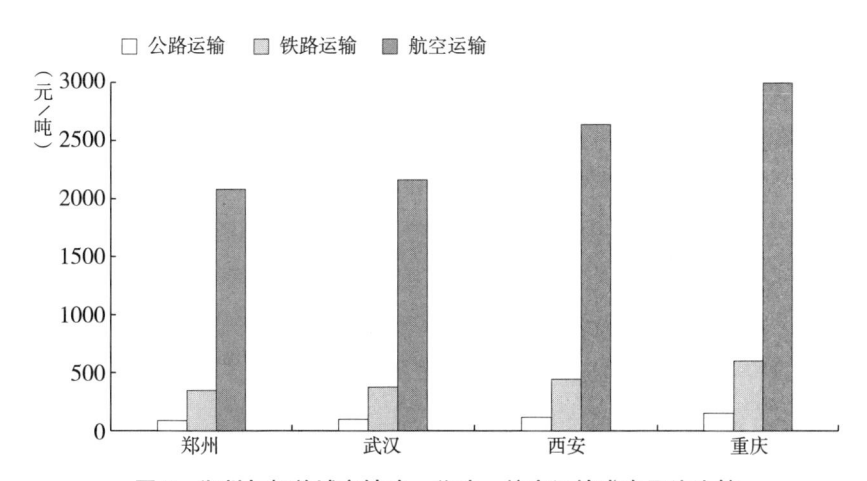

图 2　郑州与相关城市铁路、公路、航空运输成本平均比较

注：平均运输成本指郑州、武汉、西安和重庆到全国各主要城市按该目标城市所代表区域生产总值加权的运输成本。

3. 东、中、西互动战略平台

地处中部地区的中心地位，区位、交通、经济发展水平等决定了河南在东、中、西互动中的战略平台作用。一方面河南将承接更大规模、更高层次的东部地区产业和资本的梯度转移，延伸和放大东部的辐射效应，支持西部大开发的推进，同时通过引进资金、技术、人才，进一步调整河南的资源配置和经济结构；另一方面河南可以为西部地区原材料、产品以及资源、劳动力等向东部乃至海外输出发挥通道作用。同时，通过积极参与西部大开发，可以为河南经济发展赢得更大的市场空间和发展余地。

（五）城市群优势

中原城市群在经济密度、可达性、辐射带动等方面都优于中部其他城市群，是中部地区乃至全国的战略支点。

1. 经济密度高

2008年，中原城市群经济密度为1799.3万元/平方公里，在全国七大城市群中仅次于山东半岛城市群的2743.5万元/平方公里（见图3）；人口密度为679.9万人，在七个城市群中位居第一，是最低的沈阳经济区人口密度的2倍多（见图4）。

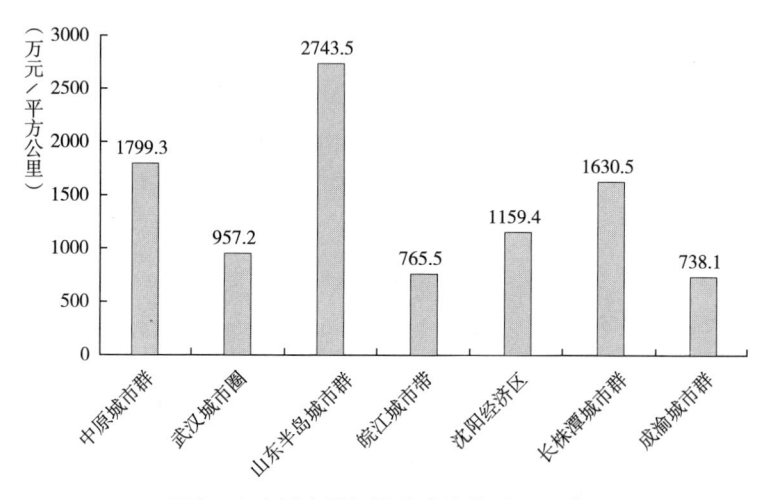

图3 七大城市群经济密度比较（2008年）

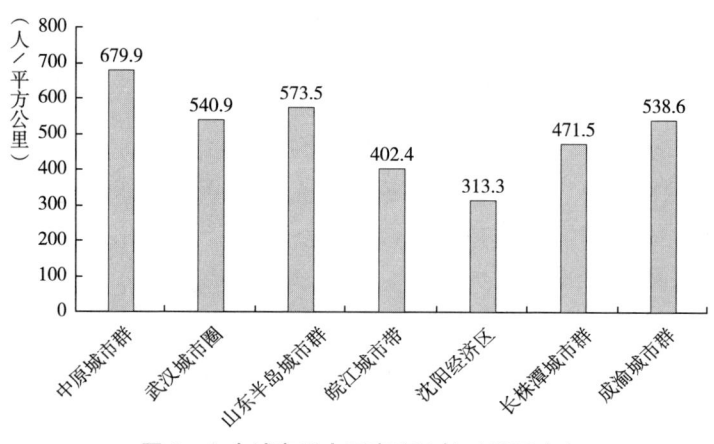

图4 七大城市群人口密度比较（2008年）

2. 可达性强

中原城市群郑州到其余8个城市的交通总里程为896公里，是中原城市群内所有城市可达性最强的城市，此外，其他8个城市可达性总里程多在1000~1500公里之间。随着城际铁路、城际公路等快速交通的发展，有望率先形成半小时经济圈，进而有利于产业整合、资源整合和经济协作区的较快形成。相比较而言，作为山东半岛城市群的中心城市济南到其他7个城市的交通总里程为1994公里，青岛到其他7个城市的交通距离超过2000公里。武汉城市群中，虽然武汉与其他8个城市的交通往来比较方便，但这8个城市之间的互相往来线路却不是很方便。成渝城市群中重庆与成都之间交通联系较为发达，但是重庆与城市群中其他城市的交通联系较弱。

3. 带动作用大

中原城市群由于享有区位、资源、交通、文化等优势，在河南省乃至中原经济区经济社会发展中处于核心和领先地位。2009年中原城市群生产总值占全省总量的57%，地方财政一般预算收入占全省的64%，城镇固定资产投资占全省的78%。建设与发展中原城市群，将其各自原有的种种优势在实现更大范围内优化整合成整体优势，以乘数的方式增强其集聚与辐射功能作用。充分发挥中原城市群的支撑作用，对推进中原经济区的发展，实现中部地区崛起，促进东、中、西部区域协调发展意义重大。

二 构建中原经济区，加快中原崛起的重大意义

充分发挥中原的比较优势，加快实现中原崛起，对于贯彻落实国家战略部署，促进区域协调发展，进而支撑全国经济社会又好又快发展，具有十分重大的意义。

（一）对落实中部地区崛起规划，加快中部地区崛起步伐的特殊意义

促进中部地区崛起，是党中央、国务院站在全局和战略高度做出的重大决策，是新时期我国区域发展总体战略的重要组成部分。发挥中原的优势，建设中原经济区，对落实中部地区崛起规划，加快中部地区崛起步伐有着特殊的意义。

1. 有利于中部崛起总体发展目标的实现

《促进中部地区崛起规划》提出：到 2015 年，中部地区整体经济实力进一步增强，经济总量占全国的比重进一步提高，粮食综合生产能力达到 16800 万吨，城镇化率达到 48％，人均 GDP 达到 36000 元，城镇居民人均可支配收入达到 24000 元，农村居民人均纯收入达到 8200 元。以河南为主体的中原经济区拥有人口 1.65 亿，占中部地区的 47％；2008 年，该区域粮食总产量 9000 多万吨，占全国粮食总产量的 17％，占中部地区的 55％。但人均经济水平、民生水平和工业化、城镇化水平明显偏低，呈现出明显的"塌陷"现象。2008 年，中原经济区人均 GDP 只有 17000 元左右，城镇居民可支配收入 12000 余元，农民人均纯收入是 4300 多元，城镇化率为 30％左右，都低于中部平均水平。如不加快中原经济区建设，实现中原崛起，将影响到中部地区崛起规划总目标的实现。加快中原经济区建设，有利于深化、细化《促进中部地区崛起规划》提出的各项要求，加快发展速度，提升发展质量，促进中部地区崛起规划总体发展目标的实现。

2. 有利于"三个基地、一个枢纽"建设

《中共中央、国务院关于促进中部地区崛起的若干意见》将中部地区定位为全国重要粮食生产基地、能源原材料基地、现代装备制造及高技术产业基地和综合交通运输枢纽（简称"三个基地、一个枢纽"），这既是国家从宏观层面对中部地区提出的总体要求，也是中部地区实现崛起的有效途径。相对中部其他区域，以河南为主体的中原经济区在建设"三个基地、一个枢纽"的目标中，有利条件最多，基础条件最好。中原经济区的主要省份河南省是全国第一粮食大省，粮食总产量占全国的 1/10，连续 4 年超千亿斤，稳居全国第 1 位，连续 6 年创新高，连续 10 年居首位；一批重大产业项目建成投产，2009 年，全省电力装机达 4680 万千瓦、钢铁产量为 5211 万吨、原铝产量为 317.7 万吨、水泥产量为 1.17 亿吨，均居中部第 1 位；中原电气谷、洛阳动力谷、郑州百万辆汽车城等重大产业基地建设取得明显成效，高新技术产业在超硬材料、电子信息材料方面形成了比较优势，全国重要的装备制造和高技术产业基地初步建立。中原经济区是全国的陆路交通中心，多条贯穿全国的公路和铁路大动脉在该区域纵横交叉形成交通枢纽，郑州是全国屈指可数的综合交通中心枢纽之一。至 2009 年年底，河南公路通车总里程达 24.2 万公里，高速公路达 4860 公里，均居全国第1位，郑西客运专线建成通车，石武等一批客运专线开工建设或即将开工建设，郑州新郑机场旅客吞吐量超过千万人次；重点领域、关键环节改革取得重要进展。加快中原经济区建设，有利于继续发挥该区域的综合优势，进一步强化"三个基地、一个枢纽"建设，巩固和提升中原经济区在中部地区发展格局中的战略地位。

3. 有利于实现重点地区更好更快发展

加快重点地区发展，率先形成带动区域经济发展的核心增长极，不仅是发达国家的重要经验，也日益成为发展中国家和地区实现跨越式发展的必然选择。《促进中部地区崛起规划》提出依托综合运输主通道，以资源环境承载能力强、经济社会发展基础好、发展潜力大的地区为开发重点，加快形成"两横两纵"经济带，培育六大集聚人口和产业的城市群。以河南为主体的中原经济区，位于沿京广、陇海、京九"两纵一横"经济带的交会地带，是中部人口最密集、经济总量最大、交通区位优势最突出、最具发展潜力的区域。中原城市群是中部六大城市群之一，近年来保持持续快速发展的良好态势，经济实力不断提高，城市功能不断完善，成为中部地区内具有较强支撑力的区域性增长极，2009年其人口、经济总量、综合实力、社会消费品零售总额、固定资产投资总额和金融机构存款余额均居中部其他城市群之首，生产总值分别是长株潭城市群、武汉城市圈、皖江城市带、环鄱阳湖城市群、太原城市群的1.2倍、1.51倍、1.81倍、2.67倍和3.21倍。加快中原经济区建设，促进中原城市群加快发展，可以在中部地区构筑具有强大集聚作用和辐射作用的核心增长极，促进中部经济社会的总体发展。

4. 有利于中部生态建设和经济社会协调发展

以河南为主体的中原经济区，地处淮河、汉江、海河、黄河等重要河流中上游，是南水北调中线的源头，是我国传统的农业大区，"三农"问题突出，环境保护和生态建设压力大。从2005年起，已连续5年每年办一批顺民意、解民忧、谋民利、得民心的实事，推动了科学发展、民生改善、社会和谐，成效巨大、影响深远。2007年年底在全国率先实现县县建成污水垃圾处理厂（场）。目前，全省小学适龄儿童、初中适龄少年入学率达99.9%，处于全国领先地位；普通高校在校生规模达109.5万人，高等教育毛入学率达19.5%；病床床位达23.8万张，居全国第2位；新型农村合作医疗基本覆盖全省农村；广播综合人口覆盖率和电视综合人口覆盖率均达到96.9%，企业职工基本养老保险实现省级统筹，城市低保实现动态应保尽保，农村低保制度在全省建立；解决了近千万农民的饮水安全问题，530多万农村人口实现脱贫。但河南由于起点低、底子薄，在教育、卫生、医疗、文化、体育等很多方面与中部地区和全国平均水平相比仍有较大差距。2008年，河南省农村初中的生均预算内教育事业费为2414元，居全国倒数第3位，农村小学的生均预算内教育事业费为1605元，居全国倒数第1位；每500万人拥有普通高等学校数量5个，居全国倒数第1位；人均文化事业费为8.25元，居全国倒数第2位；每千人医疗机构床位数仅有2.55张，居全国倒数第8位；人均社会保障和就业支出为350元，居全国倒数第7位。社会保障覆盖面窄，城镇基本养老、医疗、失业参保人数仅占城镇人口的27%、23.1%和20.2%；贫困人口还有近600万人，占全国贫困人口的1/10；全省单位生产总值、单位工业增加值能耗分别比全国平均水平高10.6%、40.7%，工业能源消费占全省能源消费总量的81.6%，高于全国平均水平10个百分点，化学需氧量排放居全国第5位，二氧化硫排放居全国第2位，亩均化肥施用量比全国平均水平高90%。这些问题如不及时解决，不仅将制约河南经济社会的发展，也将影响中部地区的发展。发挥河南优势，加快中原经济区建设，有利于推动教育、卫生、文化、体育等各项社会事业的发展，扩大社会就业，完善社会保障体系，提高占中部近1/2人口的福利水平，有利于推动经济增长方式转变，改善生态环境，建设社会主义和谐社会。

（二）对形成我国内外需兼顾增长模式的现实意义

长期以来，我国内需不足，国内最终消费需求和投资需求占GDP的比重持续下降，由2000年的97.6%下降到目前的92.1%；其中，国内最终消费需求占GDP的比重由2000年的62.3%下降到目前的48.6%。随着出口持续大于进口，外贸顺差不断攀升，内外需失衡逐渐成为制约我国经济发展的一个突出问题。2001年，我国净出口需求占GDP比重仅有2.1%，此后这一比重大幅上升，2008年已达7.9%；外贸顺差由2001年的226亿美元上升至2008年的2954亿美元。由于出口持续大于进口，国际贸易争端日益增多，外汇储备不断扩大，造成国内流动性过剩，影响了我国经济的稳定。

河南是人口大省、经济大省，人口数量占全国人口总量的7.1%，经济总量占全国的6.1%，河南省消费总量与投资总量很大，河南省消费需求、投资需求能否扩大对我国扩大内需具有重要的作用。经过新中国成立尤其是改革开放30年来的高速发展，河南经济已经具有了较为雄厚的基础，市场需求总量已经达到很大规模。2008年，河南省最终消费支出总量达7759亿元，居中部6省第1位，全国第5位；全社会固定资产投资额达10490.6亿元，位居中部地区第1位，全国第4位。由此来看，河南省在拉动全国内需方面做出了较大贡献。

但是，由于经济发展水平较低，河南省人均消费支出额和人均投资额不仅大大低于全国平均水平，而且在中部地区也处在较后位置。2008年，河南省人均最终消费支出只有全国的73%、湖北的80%、湖南的85%和山西的94%；居民人均消费支出只有全国的72%、湖北的79%、湖南的82%、安徽的92%和山西的95%；城镇居民人均消费支出只有全国的78%、湖北的90%、湖南的92%和安徽的99%；农民人均消费支出只有全国的86%、湖北的83%、湖南的82%、安徽的93%和山西的98%。从投资来看，河南在人均投资指标方面也比较靠后，大大低于全国平均水平。2008年，河南省全社会人均固定资产投资额为11125.9元，低于全国平均水平14.5个百分点，在全国各省市中位居第17位；其中，城镇人均固定资产投资只有9249.3元，低于全国平均水平17.4个百分点，在全国各省市中排在第21位。

2007年，最终消费需求拉动河南省经济增长3.98个百分点，对河南省经济增长的贡献率只有27.26%；投资需求拉动河南省经济增长10.65个百分点，对河南省经济增长的贡献率高达72.97%；净出口需求拉动河南省经济增长-0.03个百分点，对河南省经济增长的贡献率-0.24%。由于消费水平和出口水平都很低，河南省经济增长主要依靠投资需求拉动。但是，主要由投资拉动的经济增长稳定性很差。2008年和2009年，河南省全社会固定资产投资增长率降幅较大，所以经济增长速度由2007年的14.6%很快地分别落到了12.1%和10.7%，在中部6省也由2007年正数第1位的位次落到了倒数第2位。

与河南省不同，我国经济增长主要由投资和出口拉动。2003年以来，最终消费需求对我国经济增长的贡献率在35%~45%，投资需求对我国经济增长的贡献率在38%~64%，净出口需求对我国经济增长的贡献率在1%~24%。主要由投资和出口拉动的经济增长稳定性更差。2008~2009年，受世界金融危机的影响，我国对外出口急剧下降，虽然国家加大了投资，固定投资速度没有下降，但是，我国经济增长速度还是由2007年的13.3%下降到2008年的8.9%和2009年的8.0%。

作为发展中大国，我国经济发展方式亟须转变，由主要依靠投资和出口拉动向消费、投资和出口协调拉动转变。河南是发展水平较低的人口大省和经济大省，人均消费、投资水平不高，而潜在的投资需求尤其是潜在的消费需求很大。加快河南发展和中原崛起，河南省内需特别是消费需求增速将高于全国增速，河南省内需特别是消费需求水平将会得到大幅度提高。河南位于祖国腹地，河南内需的迅速扩大必将拉动全国内需持续快速增长，并且有力地促进我国经济增长主要由投资、出口拉动向三大需求协调拉动转变。

（三）对我国统筹解决"三农"问题的示范意义

农业、农村、农民问题关系党和国家事业发展全局。没有农业现代化就没有国家现代化，没有农村繁荣稳定就没有全国繁荣稳定，没有农民全面小康就没有全国人民全面小康。国家统计局公布的我国全面建设小康社会监测结果表明，2008年，我国全面建设小康社会总体进程已经达到74.6%，而农村全面建设小康社会实现程度仅为48.2%。

中原经济区是我国传统的农业大区，实际拥有人口1.7亿人左右，其中农业人口达1.2亿多人，约占全国农业人口的15.4%以上。由于长期以农业这个弱势产业为主，这一区域的"三农"问题比全国其他地方都显得更加突出，城乡二元结构的矛盾比全国其他任何地方也要大得多。其中，河南作为中原经济区的核心部分，是全国第一农业大省、第一粮食大省、第一农村劳动力输出大省、第一粮食转化加工大省，人多地少、农业比重大、农村人口多，"三农"问题在全国具有代表性。建设中原经济区，加快中原崛起有利于为我国统筹解决"三农"积累经验，探索新路。

1. 有利于为统筹解决"三农"问题积累经验

在我国"三农"问题中，农业的问题突出表现为农业基础设施薄弱，传统农业比重大，现代农业发展滞后；农村的问题突出表现为农村社会事业发展滞后问题；农民的问题突出表现为农民增收问题。这些问题，中原地区都具有典型性。从农业问题看，以河南为例，2009年，农业增加值居全国第2位，所占比重达14.3%；粮食产量达1078亿斤，占全国1/10多，居全国第1位；油料产量居全国第1位，肉类产量居全国第3位，棉花产量居全国第4位，奶类产量居全国第4位。初步形成了一批以优质专用小麦、玉米和水稻为主的粮食生产基地；以黄河滩区绿色奶业、中原肉牛肉羊、京广铁路沿线生猪产业带以及豫北肉鸡、豫南水禽等为主的畜产品生产基地；以洛阳牡丹、开封菊花、许昌花木、信阳茶叶、焦作怀药、南阳柞蚕等为主的特色农业基地。但农业从业人员人均耕地面积仅为3.8亩，全省还有6000多万亩中低产田，占耕地面积的55%以上；旱涝保收田和有效灌溉面积仅占耕地面积的54.3%和68.3%，农业生产的基础还比较脆弱。从农村问题看，河南有158个县（市、区）1892个乡镇4.75万个行政村。但与城市相比，农村在水、电、路、气等基础设施和教育、卫生、文化等公共服务设施方面，还存在着相当大的差距。2008年，河南农村初中生生均预算内教育事业费全国倒数第3位，农村小学生生均预算内教育事业费全国倒数第1位。全省农村自来水受益村仅占行政村总数的47%。从农民问题看，以河南为例，2009年农民人均纯收入4807元，比全国平均水平低346元；2000～2009年，河南城乡居民收入的绝对差距由2780元扩大到9525元，城乡居民收入之比由2.4∶1扩大到3∶1。为解决"三农"中的突出矛盾，河南已经进行了一些探索。编制了国家粮食战略工程河南核心区建设规划，编制了花卉苗木、林业、现代水产、现代畜牧业、特色经济作物、林业、现代水产、水利设施、农业结构调整和农产品流通等现代农业发展规划；以解决农民实际问题为主，连续几年为人民群众办十大实事；开展了农村新型社区建设试点；等等。建设中原经济区，支持中原地区加强农业基础设施建设，改善农村社会事业，多渠道增加农民收入，有利于为中西部地区解决"三农"问题的突出矛盾提供示范。

2. 有利于探索转变农业发展方式、推进农业现代化的新路子

当前农业生产和农村发展面临的发展环境复杂多变，促进农业生产上新台阶的制约越来越多，保持农民收入较快增长的难度越来越大，转变农业发展方式的要求越来越高。近年来，河南从实际出发，加快用先进适用技术改造传统农业，用先进适用工业产品装备农业，用现代科学方法管理农业，用发展工业的理念发展农业，在因地制宜推进农产品优质化、多样化的同时，大力推进农产品的精深加工和综合利用，逐步推进规模化经营和工厂化管理，扎扎实实地推进传统农业向现代农业转变，在转变农业发展方式方面进行了一些有益的探索，取得了初步成效。一是大力进行科技攻关和推广。针对制约全省粮食持续增产的关键、重大、共性技术难题，组织全省农业科技力量，开展农作物高产栽培技术研究，集成示范了一批先进实用技术。全省科技成果转化率达到40%以上。二是大力发展农业产业化经营。目前，全省各类农业产业化组织达11674个，其中规模以上龙头企业6000多家，省级以上龙头企业366家。全省农产品加工已发展到24个行业23个门类。目前河南成为全国最大的"厨房"，规模以上食品工业产值居全国第2位，粮食加工能力居全国第1位，食品工业成为全省工业第一大支柱产业。三是着力推进标准化生产。通过完善农业标准体系，积极引导龙头企业和种养大户实施标准化生产；建立健全农产品质量可追溯制度，严格产地环境、投入品使用、生产过程等产品质量全程监控。四是大力发展循环农业。在平原地区、山区及丘陵地带、城市郊区和城镇推广不同模式的循环经济，大力发展无公害农产品，提高农产品质量安全水平。同时，河南同全国一样，转变农业发展方式的任务仍很艰巨，农业生产的耕作方式比较粗放，规模化、标准化水平不高，市场竞争力不强。农产品精深加工发展任务艰巨，龙头企业数量少、规模小、产业链条短，知名品牌少，竞争力和带动能力不强；各类农村合作经济组织发展不平衡，组织化程度不高，农业社会化服务体系不健全。建设中原经济区，加快中原崛起，总结推广河南转变农业发展方式的经验，支持中原地区坚持用工业理念发展农业，用工业成果装备农业，用现代科技改造农业，用现代社会化服务体系服务农业，用现代科学知识武装农民，有利于为全国转变农业发展方式提供典型和示范。

3. 有利于探索"三化"协调发展，以工补农以城带乡新路子

统筹解决"三农"问题，还必须跳出"三农"解决"三农"，坚持统筹城乡发展，加大以工补农、以城带乡的力度，"化"传统农业为现代农业、"化"农业社会为工业社会、"化"农民为市民。近年来，河南省委、省政府面对加快农业、农村发展和加快工业化、城镇化的双重任务，把加快工业化、城镇化，推进农业现代化作为全面建设小康社会的基本途径，坚持工业、农业两篇文章一起做，城市、农村两幅画卷一起绘，粮食产量连续4年超过千亿斤，连续6年创新高；工业经济总量由全国第7位上升到第5位，成为全国重要的食品工业基地、能源工业基地、有色工业基地；城镇化率年均提高1.7个百分点左右，工业反哺农业、城市支持农村的能力显著增强，形成了"三化"相互支撑、共同顶托中原崛起的良好局面。2008年以来，河南省委、省政府在全面推进粮食生产核心区建设的同时，围绕促进产业集聚发展，引导产业向城镇集中布局，实现产城融合、工业化与城镇化良性协调，明确提出以产业集聚区为载体构建现代产业体系、现代城镇体系和自主创新体系的战略任务，形成了进一步深入推进"三化"协调发展的基本思路。加快中原崛起，探索走出一条以不牺牲农业为代价的新型工业化、城镇化道路，进一步增强以工促农、以城带乡的能力，有利于在加快工业化和城镇化进程中巩固提升农业基础地位，既为保障国家粮食安全做出更大贡献，也为全国粮食主产省份加快现代化进程探索路子；有利于构筑新型城乡关系，消除城乡二元结构，最终实现基本公共服务均等化，促进社会全面进步，不仅对中原的农民群众生活水平持续提高具有重大现实意义，也对在全国范围内探索统筹城乡发展新路子具有重要的示范意义。

（四）对推进区域合作，强化区域经济功能的典型意义

构建中原经济区，探索省际边缘区协调发展的机制和对策，推进中原地区多领域多层次的合作，是适应中原地区经济发展规律的客观要求，也是中原地区经济实现跨越发展的必然选择。对全国推进市场化进程，推进区域合作，强化区域经济功能，具有一定的典型意义。

1. 构建中原经济区，有利于淡化行政区域色彩，强化经济区域功能

中原地区作为我国的内陆腹地，强势的行政区划观念已经对市场经济的开放性与统一性的原则形成严重冲击，成为制约中原区域经济共同繁荣的重要因素。一是市场分割加剧。各级地方政府为了追求和保护自身利益，往往以行政区为依托，构筑贸易壁垒，实行市场封锁，阻碍经济要素资源的自由流动。比如，对外埠商品流入的阻碍，对本埠项目、资金、人才、企业的流出设置有形的或无形的关卡，等等。二是产业同构严重。各行政区重复建设，产业结构趋同，区域之间在比较优势基础上的分工和协

作难以寻觅，经济要素资源配置效率低下，浪费严重。更令人忧虑的是，区域内城市产业结构的调整路径又呈现惊人的相似，这势必会使产业同构的局面继续维持下去，不可避免地形成新的产业恶性竞争。三是城际软、硬件设施衔接乏力。经济区内各城市在制度与政策安排、基础设施建设等方面理应通力合作，从制度和空间上促进内部一体化，与外部竞争时用一个声音说话。但是，在行政区划观念的牵引下，城市管理者缺乏整体观念和协作精神，在经营城市中局限于一隅，未能充分认识到只有依托区域整体优势，才能有效壮大自己，往往不顾自身实际情况或区域整体利益，陶醉于"躲进小楼成一统"。行政区经济"重合、重复、重构、重叠"而产生种种弊端，形成了行政区划内"计划性太强"而跨行政区的经济区"市场性太弱"的怪圈。构建中原经济区，有利于跨越行政壁垒，促进区域融合，拓宽对内连接通道，有利于建立统一开放的大市场，有利于实现资源共享和优化配置，建立互利共赢的经济体系，有利于实现行政区经济向经济区经济的转变，奋力实现中原崛起。

2. 构建中原经济区，有利于东、中、西部地区的协调发展

20世纪90年代初，邓小平提出"两个大局"的地区发展战略。这两个大局是：东部沿海地区要加快对外开放，先发展起来，中西部要顾全这个大局；当发展到一定时期，即到20世纪末全国达到小康水平时，就要拿出更多力量帮助中西部发展，东部沿海地区也要服从这个大局。现在，中央正在实施"促进中部崛起"战略，就是贯彻"两个大局"思想的体现。但仅有中央的积极性还不够，还必须有中部的主动性。构建中原经济区，是贯彻中央提出的"树立和落实科学发展观，统筹区域协调发展"，推动东、中、西部地区互连互动、协调发展的重要体现。

地处中国之中的中原经济区，在全国经济格局中占有承东启西、连接南北的重要战略地位。中原区域内既有东部地区的省区，又有中部和西部地区的省区。纳入中原经济区范围的周边省份的相邻地区，多处于各主体经济地域的边缘地带，其经济社会发展面临程度不同的困境。构建中原经济区，可以整合这些地区的力量，加快构建和完善区域市场体系，转变地方政府职能，改进区域资源配置方式，建立地区经济增长和社会发展的协调机制，实现和谐发展、共同繁荣。

3. 构建中原经济区，可为传统农业区科学发展提供有益实践，具有较强示范效应

中原经济区国土面积约 28 万平方公里，区域人口 1.7 亿。占全国约 1/32 的国土面积，承载了全国约 1/8 的人口，是我国人口最为稠密的地区之一。其中，仅农业人口达 1.11 亿，占全国农业人口的 15.4%。中原经济区是我国传统的农业大区，也是当今中国的粮食核心生产区。由于长期以来农业比重较大，这一区域的"三农"问题比全国其他地方都显得突出，城乡二元结构矛盾大。解决好这一区域农业、农村、农民问题，统筹城乡协调发展，事关全国全面建设小康社会的大局，事关全国现代化进程。河南作为一个农业比重大、农村人口多的传统农业大省，在面对粮食生产连创辉煌和工业化、城镇化的步履却异常沉重的同时，从"围绕'农'字上工业，上了工业促农业"到工业化、城镇化、农业现代化协调推进，走出了一条在不以牺牲和削弱农业为代价的前提下加快推进工业化、城镇化、农业现代化的路子，初步形成了符合新型工业化基本要求、颇具时代特色和创新意义的发展模式。这对传统农业区又好又快地推进经济发展有着重要的借鉴价值。构建中原经济区，河南将发挥主体作用，以一个经济大省的责任和义务，与周边地区形成和谐发展的邻里关系，缩小地区差距，共同顶托中原崛起。这是深入贯彻科学发展观、统筹区域发展、促进全面小康社会建设的具体体现，也是率先落实国家促进中部地区崛起规划的实践行动。这是走一条特色鲜明的传统农区合作发展道路，为全省乃至全国传统农业区的发展提供有益的实践经验。

（五）对提高中原粮食综合生产能力，保障国家粮食安全的战略意义

建设中原经济区，加快中原崛起，有利于稳定提高中原粮食综合生产能力，探索建立促进粮食生产稳定增长的长效机制，保障国家粮食安全，具有战略意义。

我国粮食供求将长期处于偏紧状态。20 世纪 90 年代以来，我国粮食生产格局发生很大变化，沿海发达地区的粮食产量不断减少，已经从过去"南粮北调"转变为"北粮南运"，全国 13 个粮食主产省份，现在能够调出粮食的仅有 6 个，许多过去的粮食调出省份，已经成为产销平衡省份，甚至有些已转为粮食净调入省份,保持全国粮食总量平衡和结构平衡的难度越来越大。同时,国际粮价自2006年下半年开始持续上涨不断突破历史高位,已进入高粮价时期。就国内来看,在连续6年取得粮食好收成的基础上,继续实现高增产的难度越来越大。随着工业化、城镇化的加速发展,人口增加、人民生活水平提高和加工用途不断拓展,粮食消费需求呈刚性增长;耕地减少、水资源短缺、气候变化等因素对粮食生产的约束日益突出,粮食供求将长期处于偏紧状态。据《国家粮食安全中长期规划纲要》,2010年全国粮食需求总量达到10500亿斤,比2007年增加近250亿斤;2020年粮食需求总量11450亿斤,比2007年增加1200亿斤,年均增加100亿斤;在未来12年内,全国只有再新增1000亿斤的粮食生产能力,才能确保届时14亿多人口的吃饭问题。

中原地区在国家粮食安全中举足轻重,但粮食稳定增长仍有很多制约因素。中原经济区是我国有着悠久传统的农业大区,也是当今中国最重要的粮食生产核心区。全区耕地面积约1.9亿亩,占全国耕地资源的1/10以上,是全国土地耕种强度最高、农副产品供给能力最高的地区。2008年,该区域粮食总产量9000多万吨,占全国粮食总产量17%,即1/6强,其中夏粮产量占全国夏粮总产量的近1/2。作为中原经济区的主体河南,粮食产量不断跨上新台阶,2009年达1078亿斤,占全国粮食产量的1/10多,不仅用全国6%的耕地生产了全国10%以上的粮食,每年还调出300亿斤原粮及加工制成品,为国家粮食安全做出了重要贡献(见表2、表3)。但是,中原地区粮食生产仍面临一些突出的矛盾和问题。主要表现在:农业基础依然薄弱。以河南为例,大中型水库病险率高,水利骨干工程完好率不足50%;小型农田水利设施建设滞后,有效灌溉面积为7434万亩,占耕地面积的比重只有63%,还有近40%的耕地"望天收"。抗御自然灾害的能力较低,随着气候变暖,重大气象灾害具有"提早、增多、加重"的发生趋势,气象灾害造成粮食产量减产率由正常年景的10%左右将升至20%~30%,从而使粮食增产的限制性因素增大,对防御自然灾害的能力与水平都提出了更高要求。粮食比较效益低。农民从事农业生产获得的收入远低于从事其他行业的收入。由于农业属于财政补贴性弱质产业,农业对地方财政的直接贡献小,粮食主产区"粮食大县、财政穷县"的现状难以得到改变,地方政府发展农业生产的积极性不高。资金、人才等生产要素外流加剧。由于城乡差距和地区差距大,河南省农村出现了资金、人才等生产要素净流出现象,资金外流问题尤为严重。确保国家粮食安全,必须解决好这些问题。

建设中原经济区是保障国家粮食安全的客观需要。河南从保障国家粮食安全的高度,编制了国家粮食战略工程河南核心区建设规划,规划到2020年,通过实施兴利除害水利工程,加快中低产田改造,推进高标准农田建设,完善科技推广体系,加快农业科技创新,发展循环农业,加强农村劳动力培训,创新体制机制等措施,进一步提高粮食综合生产能力,使河南省的粮食生产能力由目前的1000亿斤提高到1300亿斤。加快中原崛起,以河南粮食核心区建设为重点,加强中原地区粮食生产基地建设,有利于稳定提高粮食生产能力,逐步建立起粮食稳定增长的长效机制,为保障国家粮食安全做出新的更大的贡献。

表2 1996~2008年河南粮食生产和消费变化情况

年 份	粮食种植面积（亿亩）	平均亩产（斤）	粮食总产量（亿斤）	粮食消费量（亿斤）	产消盈余（亿斤）
1996	1.32	571.0	768	679	89
1997	1.34	584.8	779	669	110
1998	1.33	587.4	802	670	132
1999	1.35	627.8	851	697	154
2000	1.35	605.6	820	700	120
2001	1.32	622.6	824	708	116
2002	1.35	625.4	842	710	132
2003	1.34	347.8	714	715	-1
2004	1.35	633.2	852	725	127
2005	1.37	667.4	916	729	187
2006	1.40	721.0	1002	737	265
2007	1.42	738.6	1049	742	307
2008	1.44	745.2	1073	751	322

资料来源:粮食产量数据来自历年《中国统计年鉴》《河南农村统计年鉴》。粮食消费量1996~2001年数据来自《河南省粮食供求变化趋势及总量平衡问题研究》,中华粮网,http://www.cngrain.com,2002年11月26日;2002~2007年数据来自年度粮食供需平衡测算表。

表3 河南跨省粮食（原粮）调出量现状及预测

单位：万吨

跨省粮食物流通道	2006~2008年均调出量	2010年预测调出量	2015年预测调出量
河南－华南	440	500	750
河南－华东	190	200	320
河南－华北	190	200	320
河南－西南	80	100	160
合　　计	900	1000	1550

（六）对发挥中原"腹地效应"、完善全国区域经济布局的重大意义

"腹地效应"是指在区域经济协调发展的过程中，处于区际经济联系中心部位的经济区域是整个区域经济体系的倍增器。这一区域的加速发展，促进了各个经济区域之间的优势互补，从而对整个区域经济体系具有重大意义。中原地处中国经济发展格局中的腹地。构建中原经济区、加快中原崛起，其意义不仅在于促进当地的经济发展，更在于发挥出贯通全国经济格局的"腹地效应"，形成全国经济增长的倍增器。

1. 有利于强化内陆经济战略支撑，完善全国区域经济布局

构建中原经济区、加快中原崛起进程有利于形成与沿海三大经济区遥相呼应的内陆四大经济区。这四大经济区分别是中原经济区、武汉经济区、成渝经济区、关中－天水经济区。这些经济区共同支撑中国经济发展，缺少其中任何一个，都将不利于完善全国区域经济布局。而居于中部的中原经济区及武汉经济区更是能发挥"腹地效应"。

从全国的生产力布局来看，沿海、沿江、江京广、沿陇海－兰新经济带构成了我国区域经济带的主体。中原地区位于京广、陇海－兰新两大经济带主轴的交会区域，也处于沿海经济带沟通西北内陆地区的关键位置。中原地区承东启西、连南通北的战略地位，为加强发达地区和欠发达地区的经济联系提供了良好的条件。

分布于沿海地区京津冀、长三角、珠三角经济区已经在改革开放的过程中占得先机。而武汉经济区、成渝经济区则沿长江向我国西南久发达地

区延伸，是我国追求相对平衡区域发展战略的重要体现。在沿海发达地区向欠发达的西北地区延伸的陇海－兰新经济带的中段，也应当形成一个具有强力支撑作用的中原经济区。以完善自沿海向西北延伸的经济带，把西南和西北都涵盖于整个西部大开发的战略当中。

在沟通东部和西部的国土开发战略中，沿江经济带和陇海－兰新经济带是两条带动我国经济发展的重要的东西经济走廊。武汉城市圈在沿江经济带中起到了关键支撑作用，而在陇海－兰新经济带中，河南省的中原城市群，特别是郑州市和洛阳市具有明显的经济发展优势，将会是这一经济带中的关键节点。我国的东西经济走廊上武汉城市圈沟通西南，中原城市群贯通西北，两者发挥着各自不可替代的关键支撑点的作用。

2. 有利于促进区域间经济合作，发挥比较优势

改革开放以来，经过30多年的发展，全国各地区的发展呈现出一种相互竞争更是相互协作的格局。在这一过程中，中西部地区的成渝经济区、关中－天水经济区、武汉都市圈等正在迅速崛起，形成了竞相加快发展的格局。构建中原经济区、加快中原崛起进程有利于全国各地区，尤其是有利于中西部地区各个经济体之间的相互协作。

我国不同地区之间不仅存在着经济发展的差距，而且存在着巨大的资源禀赋差异。人力资源、技术、资本及自然资源方面的差异要求各个区域之间进行相互协作，只有这样才能充分发挥各种要素各自的比较优势，经济发展才能具有良好的效益。构建中原经济区、加快中原崛起进程可以使中部地区成为一个各种要素及资源充分发挥协作作用的载体。

中原地区的产业链特征与周边地区的产业链特征具有强烈的互补性。这些互补性表现为东部及南部地区以加工业为主导，但却缺少初级加工品和能源；西部地区的能源、原材料工业发达，但在加工业上却存在不足。中原经济区地处两大地区的交会处，一方面初级加工业表现突出，如铝锭和铝材；另一方面能源、重化工工业相对发达。这种产业链特征刚好成为联系东西部产业链的中间环节。中原经济区的崛起，为西部的原材料工业提供了市场，也为东部地区的加工业提供了供应链。正是产业链的这种联系，使得中原经济区的崛起会发挥出巨大的"腹地效应"，演化成一个促进周边地区发展的倍增器。

3. 有利于东、中、西互动，推进中西部工业化进程

中原地区不仅在经济地理层面上具有承东启西的作用，而且在产业发展的层面上也具有承东启西的作用。东、中、西部地区间经济发展水平、技术水平和生产要素禀赋的不同，形成了地区间在产业结构层次上的阶梯状差异。这种产业梯度导致产业在地区间的转移也是依据梯度层次进行的。中原地区交通区位重要、基础设施完善、劳动力资源丰富。当前正处于承接产业转移、加速经济发展的关键时期。经济发展状况和资源禀赋的特点使中原地区在产业转移过程中起到了承上启下的作用。构建中原经济区、加快中原崛起进程，是东部地区和西部地区之间梯次开发的关键，是东、西部地区经济联系的枢纽。

东部发达地区随着持续的资本形成，资本要素出现了边际生产力递减的现象，最终表现为总资产的贡献率下降。自2003年以后，东部较发达地区的总资产贡献率出现了持续滑落的态势。国家统计局公布的全国分地区工业企业总资产贡献率数据显示，北京从8.79%下降到6.22%，上海从12.01%下降到8.8%，浙江从12.44%下降到10.3%。与此形成鲜明对照的是：河南从9.99%上升到22.32%，湖北从7.4%上升到12.64%，黑龙江从19.81%上升到29.18%。上升幅度最大的是具有一定工业基础的中部和东北地区。而中原经济区的主体河南则是全国各区域中总资产贡献率增长最快的省份。这充分说明了河南省的人力资源等各种要素条件为产业转移提供了极为良好的条件。为了更明确地说明问题，我们把中原经济区的主体——河南省与全国各地区进行了指标对比分析。

图5分析了河南省与全国各地区总资产贡献率自2006年至2008年间的对比关系。其中，河南和全国的数据由国家统计局直接给出，而各地区数据则取地区所属省份的中位数替代。从数据上可以看出，河南省的总资产贡献率远高于全国水平和各主要地区的水平，显示出河南在承接产业转移方面的独特的优势。西部欠发达地区的总资产贡献率最低，说明了产业发展和转移要依赖于一定的产业基础。而河南则凭借其优越的区位条件、工业发展基础及生产要素成本成为中部地区承接产业转移的首要选择。

在承接产业转移方面，河南发挥的作用与河南的吸引力尚不匹配。通过对比河南及全国各地区工业企业固定资产净值年平均余额的增幅可以大致说明这些年来河南承接产业转移的基本态势。

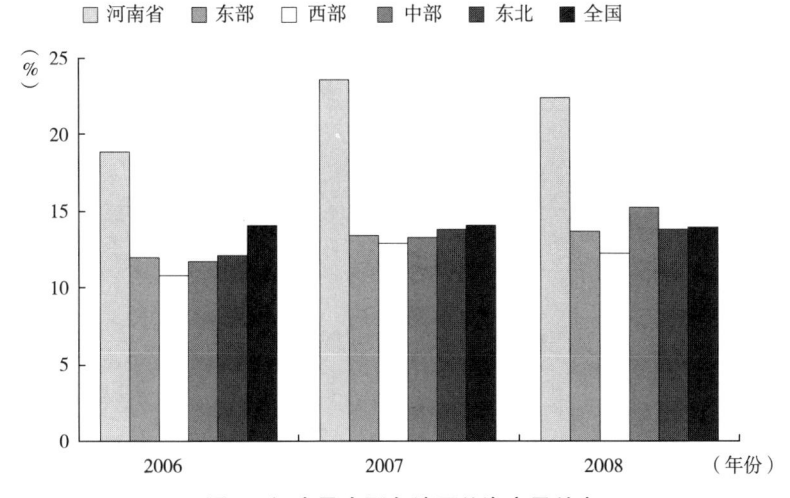

图5 河南及全国各地区总资产贡献率

图6的数据以2000年为基准年，计算了2006~2008年河南及我国各地区工业企业固定资产净值年平均余额的增幅。数据显示，2006~2008年，中部地区的工业企业固定资产净值年平均余额增幅在全国各地区中脱颖而出。但河南省的增幅略低于中部地区。显示出河南尽管已经开始承担承接产业转移的重任，但其发挥的作用与河南省优越的条件及总资产贡献率的水平不符。这要求在构建中原经济区、加快中原崛起进程，进一步促进中央关于承接产业转移和产业升级政策的顺利实施。

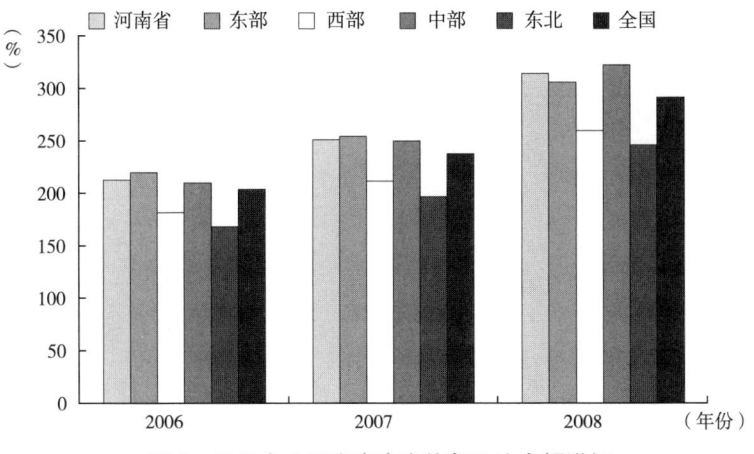

图6 工业企业固定资产净值年平均余额增幅

(七) 对全面建设小康社会，实现中华民族伟大复兴的历史意义

从目前我国区域经济社会发展现状来看，全面建设小康社会的重点在中西部，难点在农村，焦点在解决人均问题。中原经济区位于内陆腹地，是一个传统农业区，人口总量大，经济欠发达，多项主要指标落后于全国平均水平。因此，加快中原崛起，对于我国全面建设小康社会，实现中华民族伟大复兴，具有深远的历史意义。

1. 河南全面小康建设进程关乎全国小康发展大局

河南是中国的一个缩影和面临问题的写照。新中国成立以来特别是改革开放以后，河南经济社会发展取得了巨大成就，但仍未摆脱欠发达地区的特征，经济社会发展低于全国平均水平。当前的河南在全国的地位，与中国在国际上的地位大体相当：中国是世界人口最多的国家，占世界人口的20%左右；河南是中国人口最多的省份，占全国人口的7.1%。中国是世界上最大的农业国，农业比重达11.3%，农村人口占总人口的54.3%；河南是中国最大的农业省，农业比重达14.4%，农村人口占总人口的64.0%；中国的经济总量在世界上名列第3位，但人均仅为3234美元，处于全球中下游水平；河南的经济总量位居全国第5位，而人均仅为2789美元，只占全国的第18位；等等，可以说河南是"缩小版的中国"。

在全面建设小康进程中，河南面临的主要问题和挑战也与全国基本一样：产业层次低。消耗大、附加值低的产业比重高，技术知识密集型附加值高的产业比重低；产业集中度偏低，资源利用率低于国际先进水平10个百分点以上；自主创新能力不强，技术水平落后国际水平5~10年。区域发展不平衡问题突出。据研究资料，1991年以来，全国经济发展差距呈现上升趋势，目前我国经济发展地区差距处于新中国成立以来最严重的时期。同样，河南地区经济发展差异系数呈扩大趋势。2000~2008年，全省人均生产总值较高的郑州市与最低的周口市之间的差距由3.53倍扩大到4.1倍。资源供给和环境保护压力大。我国主要资源总量居于世界前列，但人均指标大部分处于世界后列。同样，河南能源、耕地和水资源等总量很大，但人均仅为全国平均水平的1/3、4/5和1/5。同时，经济增长方式粗放、产业结构不合理、技术装备水平低和管理水平落后等，导致高投入低产出、资源利用率低、浪费严重，又进一步加剧了资源环境对经济社会

发展的"瓶颈"约束。在全面建设小康社会进程中，我国必须有效破解这些难题。而河南作为我国的一个缩影，最有条件、最适宜作为全面建设小康社会的试验区，为全国小康社会建设提供重要借鉴。

河南能否如期完成全面建设小康社会的任务，将直接影响全国小康社会进程。河南经济发展水平较低，人口负担巨大，小康建设总体进程明显低于全国平均水平。在评价全面建设小康的主要指标中，2008年河南经济发展类指标只有53.2%，低于全国14.6个百分点，尚不及2002年全国平均水平；城镇化率只有36.0%，落后全国9.7个百分点。同时，研发投入、三产比重、城乡居民收入、基本社会保险覆盖率、文化教育事业和生活质量等各项指标的实现程度都比较靠后。

加快中原崛起，使1亿人口的河南实现全面小康，是我国全面建设小康社会不可或缺的重要组成部分。如果1亿人口的大省延缓全面建设小康社会进程，将拖住全国的后腿，严重影响全国实现全面建设小康社会的总体进程。

2. 中原经济区建设有利于加快传统农业区全面小康步伐

中原经济区是我国传统的农业大区。拥有人口1.7亿左右，其中农村人口1.2亿，占全国农村人口的15.4%；全区耕地面积约1.9亿亩，占全国耕地面积的1/10以上，是全国土地耕种强度最高的地区。2008年，经济区粮食总产量9000多万吨，占全国粮食总产量的17%，其中夏粮产量将近全国夏粮产量的1/2。此外，肉蛋奶产量在全国也具有举足轻重的地位。但是，中原经济区经济发展水平明显落后。2008年中原经济区人均GDP为16827元，比全国平均水平低5813元，不足全国平均水平的3/4；人均财政收入1267元，仅为全国平均水平的1/2多一点；城市化率36%，低于全国平均水平近10个百分点；农业比重大，第一产业占14.6%，高于全国平均水平3.3个百分点（见表4）。

表4 中原经济区2008年主要发展指标

单位：亿元，元，%

指标单位	中原经济区	中西部	全国
生产总值	27925	121444.6	300670
第一产业增加值	4073	18292.2	34000
第二产业增加值	15316	60211.2	146183

续表

指标单位	中原经济区	中西部	全国
第三产业增加值	8535	42941.2	120487
三次产业结构	14.6∶55.7∶30.6	15.0∶49.6∶35.4	11.3∶48.6∶40.1
人均生产总值	16827	16870	22640
人均财政收入	1267	1328	2157
城镇化率	36	39.60	45.68

特别是在中原经济区的黄淮地区，包括河南的商丘、开封、周口、信阳、驻马店，安徽的淮北、宿州、阜阳、亳州，山东的菏泽等地，由于长期以农业这个弱势产业为主，导致这些地区城乡二元结构矛盾大，"三农"问题比全国其他地方都显得突出，推进工业化、城镇化和农业现代化任务十分艰巨。构建中原经济区，在黄淮地区的传统农业区建立发展现代农业综合配套改革试验区，给予重点倾斜和政策扶持，支持构建高效生态农业体系，建设全国重要的农产品出口加工基地、绿色食品生产基地和农产品物流贸易中心，逐步提高该地区的自我发展能力，对传统农业区推进农业现代化、加快小康社会进程，将发挥重要的示范作用。

3. 中原全面振兴是中华民族伟大复兴的缩影和标志

在人类历史的绝大多数时期内，中国曾是世界上最强大、文明最发达的国家之一。且不论汉唐盛世的辉煌，即使到了资本主义制度在世界范围内确立的19世纪30年代，中国工业生产仍还占世界份额的29.8%，而整个欧洲也只占34.2%。可以说，从春秋战国时代到"康乾盛世"，在长达两千多年的时间里，中华民族经济发达、科技领先、文化繁荣，走在了同时期人类文明发展的前列。然而，随着西方资本主义文明的兴起与扩张，古老的中华文明逐步走向衰落。鸦片战争后，中国的国门被打开，主权遭践踏，领土被分割，跌到了文明发展的谷底。从此，中华民族走上了漫长而艰辛的探索复兴之路。

孙中山先生领导的辛亥革命，打开了中华民族伟大复兴的大门。中国共产党领导建立了新中国，开启了中华民族伟大复兴的新纪元。特别是改革开放以来，我国取得了举世瞩目的发展成就，综合国力显著增强，国际地位和国际影响大幅上升，已经成为在世界上举足轻重的大国。中华民族伟大复兴事业正站在一个新的历史起点上。

中原地区是中华文明和中华民族最重要的发源地。从中国第一个世袭王朝夏朝建都于河南偃师，至清王朝覆灭的4000余年历史中，中原处于全国政治、经济、文化的中心地域长达3000年，先后有20多个朝代建都或迁都于此。中国八大古都，河南就有4个。中国四大发明，全部来自河南。北宋时期，都城开封是当时最繁华的国际大都市，是世界中心，商业贸易额占全国一半，人口逾百万，而同时期的英国伦敦人口还不到5万。然而，随着近代列强对中国的侵略和掠夺，中原地区同祖国一样积贫积弱而衰落了。

新中国成立以来，河南人民在全面振兴河南，加快中原崛起的征程上，经过艰苦奋斗和探索追求，经济社会发展取得了巨大成就，综合实力显著增强。2008年，全省实现生产总值18407.78亿元，按可比价格计算比1949年增长了123.9倍，年均递增8.5%。在全国的排位由1978年的第9位上升到第5位，居中西部地区首位。工业化大幅提升。1950~2008年，第二产业增加值年均增长12.6%，高于GDP增速4.1个百分点；工业化水平由1952年的21%左右提高到2008年的51.8%。生活水平显著提高。2008年，全省城镇居民人均可支配收入比1949年增长18倍，平均每年递增5.1%；农民人均纯收入比1949年增长29.2倍，年均递增5.9%；人口平均预期寿命由30岁左右提高到72.8岁。目前，河南已成为全国重要的经济大省、新兴工业大省、第一粮食生产大省和全国有影响的文化大省，站在了实现加快崛起、全面建设小康社会的新起点。

中原是中华民族的集中体现和真实写照，始终与祖国同命运、共兴衰。中原兴，中华兴；没有中原的振兴，就没有中华民族的伟大振兴。一个新兴的中原经济区的迅速崛起，将为国家现代化建设和中华民族的伟大复兴做出重大的贡献。

谋划中原经济区发展战略的几点建议

中原经济区的宣传和研究已经拉开阵势，各方面积极性都很高，社会反响也很热烈。

但是，在媒体宣传方面，已经出现发声不准甚至乱发声的迹象。一是乱找依据。某报载文称（大意）：2100 年前，《史记》就提出中国有四个经济区，"山东经济区"与现在的"中原经济区"范围一样；太史公云："中原是个经济区。"作者试图从古代典籍中找到依据，说明中原经济区古已有之，用意是好的。但这样的"引经据典"，不仅没有说服力，而且有望文生义、牵强附会之嫌。司马迁笔下的所谓"经济区"仅仅是个地理概念而已，与当下的功能型经济区（以中心城市为核心，具有发达的经济联系，在全国区域格局中担负专门职能）没有任何可比性。以此作为建设中原经济区的佐证或拿来说事，不仅没有意义，而且可能成为笑谈，甚至帮倒忙。之所以出现这种情况，说到底，是因为媒体在宣传的时候，对"什么是经济区""什么是中原经济区"这样的基本问题，还没有搞清楚。二是不当解释。自 6 月 8 日北京某专家在"中原经济区发展高层论坛"上提出"河南要填补经济洼地"以来，关于"中原塌陷""中原洼地"的说法，在媒体的渲染中不断被强化和固化。河南是"经济洼地""政策洼地"，似乎已成共识。我认为，怎么看河南的现状，应当十分慎重。2003 年，我们刚开始研究中原崛起，曾用过"塌陷""洼地"之类的说法。当时的情况是，西部大开发战略实施后成效明显，当年国家又启动了东北等老工业基地振兴战略，中部和中原的走向令人担忧。7 年过去了，情况有了很大变化。一方面局面变了，近几年西部和中部的经济增长率均超过了东部；另一方面态势变了，中部与沿海在机制政策等方面的差距在缩小，在区位资源成本等方面的优势在扩大。就河南来说，发展的态势、趋势、气势都非常好，已成为全国总资产贡献率最高的省份。虽然人均指标仍然偏低，但也不乏居于全国中等以上甚至居于前列的事项。基于此，再说中原"塌陷""洼地"，与事实不符，与"河南已经成为重要的经济大省、新型工业大省和有影响的文化大省"的总体判断相左，对中原经济区上升为国家战略可能产生负面影响。三是随意发挥。有的媒体云："全国上升为国家战略的区域规划已经达到 21 个"，"在中部六省中，未获得国家战略规划垂青的只剩下河南"。其实，区域规划被中央批准与区域规划上升为国家战略，是两码事。某报称："河南省社科院副院长喻新安认为：中原正遭遇'塌陷'，要填补这个'洼地'。"本人不赞成"塌陷说""洼地说"，没有说过类似的话！有的人，对中原经济区没有研究，不了解情况，但也到处发表见解，其观点难免失之偏颇、不着边际。如此下去，中原经济区的造势将会乱象丛生，最终把事情搞糟。谋划中原经济区发展战略，科学的研究，正确的宣传，事关重大，不容有失。省外一些专家对河南情况未必真了解，发表什么意见都无可厚非。但本地学者和媒体则应持十分严肃、科学、负责的态度。

为此，建议如下。

（1）确立明确的指导思想，即河南建设中原经济区，不是因为河南已经"塌陷"，成了"洼地"，希望得到怜悯、同情和救援，不是这么回事！建设中原经济区，是为了加快中原发展，支撑中部崛起，促进东西联动，服务全国大局。是河南立足全国大局的谋划，是主动为全国大局做贡献。因此，在宣传上，不宜过分渲染河南的落后，而是要突出河南的优势，突出河南在全国区域布局中的作用。

（2）把宣传建立在科学认识的基础之上。建设中原经济区是一个复杂的系统工程，涉及的问题又非常专业，因此，宣传中原经济区，先要对"什么是中原""什么是中原崛起""为什么要实现中原崛起""怎样实现中原崛起"以及构建中原经济区的基本问题，有一个大概的了解。这样才能站位高，做到行动快、发声准、力度大、步子稳，频度高、效果好。建议：把省发改委牵头完成的几个研究报告经技术处理后，作为内部资料印发各单位参考；或搞一个基于现有研究成果的"宣传提纲"，在一些重要的基本问题上统一认识。

（3）对接中央各部委要有大体一致的口径。建设中原经济区，要主动对接中央各部委，争取得到大力支持。根据以往经验，一些部门领导对河南的总体情况并不了解，有的至今认为河南除了粮食没有别的，甚至还是"穷、土、乱"的老印象。所以，向中央各部委反映中原经济区战略构想的过程，也是让外部更多了解真实河南的过程。为此，我们传递的信息一定要准确、清晰、有说服力，对"讲什么""不讲什么""重点讲什么"等，应有明确的要点和大体一致的口径。同时，要整合力量，防止多头对外，抵消力量。

（4）继续深化研究。建议依托研究机构，聚焦重要问题，尽快取得新的研究成果。研究重点包括：①从经济结构和经济数据方面，论证中原经济区是个客观的、独立的经济区域。②对多年来河南与周边省份相关地区跨省经济协作的情况及成效进行分析和评估。③研究中原经济区的基本定位、战略布局和远景规划以及与河南省全面建设小康社会规划和中原城市群规划的衔接。④研究如何持续和提升不以牺牲农业、粮食和生态为代价的工业化和城镇化道路。⑤研究采取哪些综合措施破解"四难"，提升该区域的影响力和竞争力。⑥研究中原城市群如何更好地发挥引领作用，支撑该区域跨越发展。⑦研究如何在解决"三农"问题方面取得突破，取得消除城乡二元结构的经验。⑧研究如何提高中原战略腹地效应，形成全国新的重要经济增长极，为完善全国经济布局做出重要贡献。⑨研究如何推进区域合作特别是跨省区域合作，使中原经济区成为产业结构衔接配套、生产要素自由流动、资源禀赋充分发挥的经济共同体。⑩研究通过中原经济区建设，切实保障和改善民生，让人民群众得到实实在在的利益。

（原载《领导参阅》2010 年第 56 期）

将建设中原经济区上升为国家战略的思考与建议[*]

学习了党的十七届五中全会精神，联系实际进行思考，有一个突出的感受，就是建设中原经济区的构想，与国家"十二五"发展大局和战略部署紧密相连，完全吻合，高度一致。建设中原经济区并将其上升为国家战略，是时代的要求，历史的必然，大局的需要，应当引起各方面更多关注和支持。

一 将建设中原经济区上升为国家战略的理由

党的十七届五中全会通过的《中共中央关于制定国民经济和社会发展第十二个五年规划的建议》（以下简称《建议》）在经济建设方面提出了几大战略：一是实施扩大内需战略，二是同步推进工业化、城镇化、农业现代化的战略，三是实施区域发展总体战略和主体功能区战略。实施这几个战略，都需要选择部分特定区域进行探索、实验和示范。中原经济区是我国重要的内陆战略腹地和人口密集区、粮食主产区，在国家实施扩大内需战略、同步推进"三化"战略、区域发展总体战略和主体功能区战略中，具有特殊的地位，将发挥重要的作用，应当尽快将其上升为国家战略。

1. 中原经济区是国家实施扩大内需战略的重点区域和最佳实验区

《建议》提出，坚持扩大内需特别是消费需求的战略，建立扩大消

---

[*] 2010年11月19日，在全国政协副主席李金华率领的全国政协经济委员会来豫调研中原经济区座谈会上的发言。此次座谈会，河南省政府主要领导汇报后，安排三位河南专家发言，笔者是其中之一。

需求的长效机制，进一步释放城乡居民消费潜力，逐步使我国国内市场总体规模位居世界前列，要着力破解制约扩大内需的体制机制障碍。积极稳妥地推进城镇化，着力拓展内需增长新空间。

由此可以判断，我国历史进入了新的阶段（实施扩大内需战略的新阶段），进入了新的拐点（从出口拉动到内需拉动）。从目前研究看，扩大内需的战略将至少实施10年，将伴随全面建设小康社会全过程。

当年，为了实施扩大开放战略，中央选择建设4个特区、开放13个沿海城市等重大举措，给予"先行先试"的许多优惠政策，取得了很好的经验，带动了全国的开放。实施扩大内需战略，并不比扩大开放简单，要克服许多体制机制障碍，可能遇到的困难和问题更多，更需要选择一些地方早走一步，"先行先试"，取得经验。这些地方，应当是内需增长新空间大的区域，对全国影响和带动作用大的区域。一些地方也应当站出来，为国家新的发展战略的实施做出贡献。建议中央建立扩大内需战略实验区、示范区。中原经济区人口密集，消费潜力巨大；城镇化水平低，发展潜力巨大，是国家实施扩大内需战略的重点区域和最佳示范区。

2. 中原经济区是国家同步推进"三化"的重点区域和最佳实验区

《建议》指出，在工业化、城镇化深入发展中同步推进农业现代化。加快传统农业向现代农业的转变进程。必须把保障国家粮食安全作为首要目标。实施全国新增千亿斤粮食生产能力规划。

"在工业化、城镇化深入发展中同步推进农业现代化"，是一个挑战性的新的发展命题。实现"三化"同步推进的关键，是改变农业现代化严重滞后的状况。而农业现代化，包括生产过程机械化、生产技术科学化、增长方式集约化、经营方式市场化、生产组织社会化、劳动者智能化等。实现这"六化"，有一系列深层次问题需要破解。为此，同样应当选择一些地区进行探索、实验、示范。这些区域应当是农业板块大、比重大的区域，农业发展比较先进的区域，"三化"协调工作基础好的区域。河南省是全国第一粮食大省、农业大省，在"三化"协调方面积累了丰富的经验，在保障国家粮食安全方面承担重要责任，如在全国新增千亿斤粮食生产能力规划里，河南省粮食增产任务155亿斤，占全国的1/7。可以说，中原经济区是国家同步推进"三化"的重点区域和最佳实验区、示范区。

3. 中原经济区是国家实施主体功能区战略的重点区域和最佳实验区

《建议》要求：引导各地区严格按照主体功能定位推进发展。对人口密集、开发强度偏高、资源环境负荷过重的部分城市化地区要优化开发。对资源环境承载能力较强、集聚人口和经济条件较好的城市化地区要重点开发。

在主体功能区的"优化开发、重点开发、限制开发、禁止开发"四类区域里，河南多数地区属于"优化开发、重点开发"区域，所以，实施主体功能区战略，是河南发展的重大历史机遇。另外，《建议》在城市发展的指导思想方面，改变了过去"以特大城市和大城市为龙头"的提法，要求"以大城市为依托，以中小城市为重点，逐步形成辐射作用大的城市群，促进大中小城市和小城镇协调发展"。中原地区城市体系合理，中小城市发育完善，在国家推进新一轮城镇化过程中，将会赢得更多发展机遇和空间。

特别要指出的是，实施主体功能区的思路，在国家"十一五"建议和规划里，就已经有了比较清晰的表述，但5年来，这一思路和要求并没有按照预期顺利进行，这同中央与地方的利益博弈有关。我们应当有忧患意识。要顺利推进主体功能区战略，不能再局限于一般号召、一般部署，而是应当选择特定的区域进行探索和实验，尝试建立适应主体功能区要求的法律法规、政策和规划体系，完善绩效考核办法和利益补偿机制。中原地区的发展阶段和发展空间表明，它是国家实施主体功能区战略的重点区域和最佳实验区。

二 对建设中原经济区的表述表达要准确和科学

1. 中原经济区是客观存在的、相对独立的经济区域，但不能说"古已有之"

作为地理概念，"中原"古已有之。但作为区域经济的概念，建设中原经济区是时代的命题。河南某报载文称（大意）：2100年前，《史记》太史公云："中原是个经济区。"司马迁笔下的所谓"经济区"仅仅是个地理概念而已，与当下的功能型经济区（以中心城市为核心，具有发达的经济联系，在全国区域格局中担负专门职能）没有任何可比性。不要把地理概念与区域经济概念混淆了。

2. 构建中原经济区十分紧迫，但不能用"中原塌陷""中原洼地"描述现状

有的同志为了说明构建中原经济区的必要，大讲现在"中原塌陷""中原洼地"等，希望得到同情和救助。这不符合实际。七八年前，我们在研究中原崛起时用过"塌陷""洼地"之类的用语。时过境迁，情况有了很大变化。一方面格局变了，中西部的地位显著提升，河南已经成为重要的经济大省、新型工业大省和有影响的文化大省；另一方面局面变了，中部与沿海地区在机制政策等方面的差距在缩小，在区位资源成本等方面的优势在扩大。河南正呈现出非常好的发展态势、趋势和气势。在新的情况下，仍然"套用"七八年前的用语和概念，显然不合适。

3. 中原经济区有望成为全国重要的经济增长板块，但不宜说"成为中国第五增长极"

河南省有媒体载文宣称，中原经济区将"成为中国第五增长极"。这也是不靠谱的事情。众所周知，中国沿海有三大增长极，近年来，一些地方和学者谈论到"第四增长极"问题，基本上属于自言自语，莫衷一是，如东北地区、海峡西岸经济区、成渝经济区、北部湾经济区、"西三角"地区等，都被议论为可能的"第四增长极"。增长极是在发展中形成的，不是自封的，也不是互封的，我们不要去凑那个热闹。即使公认的三大增长极，也没有严格的排序，不存在严格意义上的"座次"，仅仅具有象征意义。所以，在刚刚提出中原经济区构想时，在"第四增长极"花落谁家还不知晓时，就提出什么"成为中国第五增长极"太没有意义，也太草率了。可能的格局是，经过长期的努力，我国内陆地区形成以中原经济区为中心的中部地区北部增长极、以长江中游经济带为中心的中部地区南部增长极、以关中－天水经济区为中心的西北增长极、以成渝经济区为中心的西南增长极等四大增长极，从而与沿海的几大增长极相呼应，使我国的区域布局得以完善。

三 建议国家出台文件，制定纲要，支持和统领中原经济区建设

在国家实施扩大内需战略、同步推进"三化"战略、实施主体功能区

战略的新的历史条件下，以河南为主体的中原经济区，区域优势更加明显。"中国之中"的区位、第一粮食大省的地位、1.5 亿的人口规模，文化的底蕴与丰度，这些都是其他区域不可比拟的。在未来全面建设小康社会的 10 年里，中原地区将承担更大责任，发挥更大作用。如果说，在我国改革发展的不同时期，总会有一些区域承担特殊使命，发挥特殊作用，成为国家振兴的新看点，那么，我们可以得出的结论和预期是：80 年代看深圳，90 年代看浦东，21 世纪（头十年）看内地，第二个十年看中原。国家支持建设中原经济区，是为国家培育新的增长极和带动极，对实现发展战略的转变，服务全国发展大局，将产生重大而深远的影响。

为此，建议将中原经济区建设上升为国家战略，写入国家"十二五"规划，由国务院出台《关于支持河南省建设中原经济区的若干意见》，并制定《中原经济区建设纲要》，指导、协调河南和相关省份共同努力，使中原经济区建设尽快取得实效。

（原载《科研专报》2010 年第 2 期）

建设中原经济区要坚持以解放思想为"总开关"

建设中原经济区是前无古人的伟大事业，面临许多新情况、新问题，要求我们要有新思想、新思路、新策略、新举措。总之，必须首先解放思想，以解放思想、更新观念为"总开关"。

一 解放思想是建设中原经济区"永不竣工"的工程

观念是行动的灵魂，思想是行动的先导，解放思想是改革发展的重要前提。改革开放以来，河南省的经济社会发展取得了辉煌成就。这些成就的取得是同河南省30多年来坚持不懈地解放思想、更新观念和不断深化改革开放分不开的。20世纪90年代初，为实现"一高一低"目标，省委、省政府把解放思想、更新观念作为"总开关"，纠正和破除"一'左'一旧"思想的影响，推动了河南经济社会又好又快发展，产生了巨大而持久的影响。

目前，河南已步入了实施"十二五"规划、建设中原经济区的新时期。建设中原经济区是一项全新的事业，有很长很艰难的路要走，需要我们大胆探索、大胆实践、大胆创新。时下，一些干部群众对中原经济区建设的认识还不够深入，有的还存在糊涂认识，如不少人并没有从战略高度认识到中原经济区建设对河南转变经济发展方式、实现科学发展的重要性，不少人把希望寄托在国家的优惠政策，以及在资金、项目等方面的倾斜，即"要政策""要待遇""要倾斜"。这说明一些干部群众对建设中原经济区的思想准备是很不够的。很显然，建设中原经济区最大的困难，不是缺资金、项目等硬件，而是来自传统思想观念、传统思维方式方面的影响。从这个意义上说，解放思想是建设中原经济区"永不竣工"的工程，始终是"总开关"。解放思想的进程,将影响、制约、决定中原经济区建设的进程。

实践无止境,创新无止境,解放思想无止境。把中原经济区建设成全国"三化"协调发展示范区、全国重要的经济增长板块、全国综合交通枢纽和物流中心、华夏历史文明传承核心区,必须进一步解放思想。只有不断解放思想,才能科学认识经济社会发展的新特点、新趋势,才能应对新形势,抓住新机遇;只有不断解放思想,才能以全新的思路,分析工业化、城镇化、农业现代化过程中出现的新课题、新矛盾,探索走出一条"三化"协调发展的新路子;只有不断解放思想,才能科学把握人民群众的新要求、新期待,真正实现好、发展好、维护好人民群众的根本利益,努力开创中原崛起、河南振兴新局面。

二 建设中原经济区要树立和强化五种意识

解放思想包括许多方面。根据目前河南经济社会发展的阶段性特征,根据中原经济区建设的战略构想和目标任务,针对目前干部群众中存在的一些不利于中原经济区建设的思想问题,在解放思想过程中必须着重树立和强化以下五种意识。

1. 要树立和强化科学发展意识

科学发展是时代的主题,当然也是建设中原经济区的主题。目前,树立和强化科学发展意识要在两方面努力。一是要提高对发展重要性的认识。河南是一个发展中的大省,起点低、底子薄、基础弱、人口多,发展任务繁重。解决河南所有问题的关键在发展。河南不发展不行,发展慢了也不行。二是要提高对转变与发展关系的认识。转变经济发展方式是实现可持续发展的必由之路。长期以来,河南形成了"偏传统、偏重化、偏上游、偏低端"的产业特征。只有加快转变经济发展方式、调整经济结构,从根本上实现河南产业结构的转型和升级,才能真正推进河南的可持续发展。因此,我们要在发展中求转变,在转变中谋发展,实现发展速度和效益的有机统一,在发展的过程中实现经济增长与结构优化、效率提升、民生改善、环境友好等方面的统一,推动社会全面可持续协调发展。

2. 要树立和强化开拓创新意识

搞好经济区建设，有赖于我们在重点项目建设、产业发展、区域合作、城乡统筹、新农村建设、土地开发利用、行政管理和经济社会管理等各方面进行大胆探索、大胆实践、大胆创新。因此，我们必须树立和强化开拓创新意识。要继续破除由于受历史文化传统和地域的影响，一些人思想观念里严重存在的小富即满、小进即安、因循守旧、故步自封、安土重迁的小农意识，严重存在的不愿冒险、不愿冒尖的中庸意识，大力弘扬敢想、敢闯、敢试、敢为人先、敢于大胆开拓创新的思想意识。要以改革创新的精神全面推进各个领域的体制改革，率先在重点领域和关键环节取得突破。要在产业支撑方面，突破传统经济结构对我们的观念束缚，突破经济发展的"路径依赖"，走出"干我们熟悉的""干我们会干的""干我们能干的"的产业选择困境。要继续强化企业的自主创新意识，不断提高企业的自主创新能力。总而言之，要在全社会形成热衷创新、鼓励创新、支持创新的良好思想氛围。

3. 要树立和强化站位全局意识

建设中原经济区，是从全国发展大局出发，自觉着眼全局、站位全局、融入全局提出来的发展战略，这一战略明晰了河南在全国发展大局中特别是区域经济发展中的重要地位和作用。各级地方党委、政府要突破行政区划观念的束缚，改变单纯从行政区划角度看问题的传统思维定式，树立并强化经济区理念，把思想观念真正转变到站位全局上来。各地各部门应自觉增强全局意识，紧贴河南实际、本地本部门的实际，主动把开展各项工作任务放到中原经济区建设这个全局中去谋划，深入研究在这个全局中处于什么样的发展地位、能够发挥什么样的作用、做出什么样的贡献。对于一个地方、一个部门来说，只有立足全局，找准定位，主动呼应，主动对接，主动融入，才能更好地发挥自身优势，实现自身发展，为中原经济区建设做出应有的贡献。

4. 要树立和强化合作共赢意识

中原经济区涵盖了河南18个省辖市及周边省份的一些城市，不再是简单的行政区划概念，而是地域毗邻、经济互补、联系紧密、客观存在的经济区域。区域内的各个成员在经济发展中各有千秋、各有优劣，交流和了解尤为重要。各级地方政府要树立和强化合作共赢意识，发挥比较优势，创新协作机制，拓宽协作领域，要从争座次，争老大，画地为牢，行政分割，甚至以邻为壑，转变到转变职能，主动融入，真诚合作，互动联动，一体运作。要突破经济发展的"路径依赖"，用世界眼光去看待发展，着力于大联合、大引进、大招商。各个成员之间要不断发掘双方或多方的结合点和互补点，达成共识，开展合作。要加强政府部门间的联系，推进企业间的合作交流，拓宽合作领域，拓宽各个城市在更多领域的合作，促进生产要素在区域内的自由流动，最终实现区域内的互惠互利，达到共赢的目的。

5. 要树立和强化项目带动意识

项目是推动中原经济区建设的重要抓手，也是加强经济合作的重要载体。在中原经济区建设的实践中，要牢固树立项目带动意识，要把实施项目带动贯穿于中原经济区建设的全过程。要优先谋划实施事关经济社会发展全局、技术含量高、经济效益好、带动能力强的重大项目，优先谋划促进区域协调、增强经济综合竞争力的重大项目。加强与国际特别是发达国家的经济往来和技术交流，鼓励外商投资基础设施、基础产业、主导产业和高新技术产业，争取较多的重特大项目；拓宽投融资渠道，增加财政投入，出台优惠政策，促进民间投资、金融部门加大信贷投入，做好在建重点项目及预备重点项目的立项、筹建、到资、建设等。要实施项目带动战略，以项目带动要素集聚、带动服务提升、带动作风改进、带动形成合力、带动工作落实。

三　采取实际措施确保解放思想收到实效

要使解放思想收到实效，不仅需要大力倡导好的思想理念，需要人们自觉地做解放思想的先行者、实践者，而且需要采取一些具体措施，促进人们解放思想。

1. 以宣传教育为基础，营造解放思想的良好氛围

宣传思想工作对引导社会思潮发展、引导干部群众思想观念进步更新有重要作用。宣传文化系统要充分利用电视、电台、报纸、互联网等各种传媒，努力提高舆论引导能力，在全社会大力倡导新思想、新观念，营造一种有利于思想解放的社会氛围，培植新的思想观念滋生的沃土。通过营造积极健康的思想舆论氛围，着力围绕中原经济区建设，在更好地服务大局上解放思想，在学习创新上解放思想，在不畏困难、崇尚实干上解放思想，使干部群众真正确立勇于进取、开拓创新、开放搞活、敢闯敢试的价值取向，树立干大事、求大发展的勇气和信心，充分发挥广大干部群众的聪明才智和创造精神。

2. 以项目活动为载体，推进解放思想的不断深入

解放思想也需要项目带动。要通过策划实施思想讨论、专家宣讲、知识竞赛、文艺演出等多种活动项目，大力宣传新思想、新观念，推动全省上下进一步解放思想，真正把中原经济区建设的精神落到实处。

3. 以制度措施为保障，形成解放思想的长效机制

解放思想，既是当前一项紧迫的重要工作，又是今后一项长期的重要任务。要确保人们思想上不断解放，把思想解放向更广范围、更多领域、更深层次推进，还要通过制定和采取一系列硬制度、硬措施，如深入实际的调研制度、高效务实的会议制度等，来树立知行统一的思想作风、注重实效的工作作风、好学勤思的学习作风、严肃活泼的会议作风，确保形成一套解放思想的长效机制。

（原载《河南日报》2010年12月1日）

"中原腹地效应"也是倍增效应[*]

——访中国区域经济学会副理事长、河南省社会科学院副院长喻新安教授

最近一个时期,关于建设中原经济区的报道很多,外界也有一些猜测。喻新安教授是领衔研究中原经济区的专家之一,记者日前就有关问题采访了喻新安教授。

中原兴,中部兴;中部兴,中华兴

记者: 喻教授,首先请您解释一下,中原经济区是个什么样的概念?

喻新安: 谢谢大家对中原经济区建设的关注、关心和支持。所谓中原经济区,我的理解,第一,它首先是一个区域经济的概念。就是说,中原经济区,是以河南为主体,延及周边若干区域,具有鲜明特点、独特优势,经济相连、使命相近,相对独立的区域经济综合体。第二,中原经济区又是一个总体战略的概念。河南这些年在实现中原崛起中,先后提出过"一高一低""三化协调""两大跨越"等战略目标以及构建中原城市群、东引西进等战略举措。建设中原经济区,是把实践证明有效的东西在新的形势下加以持续、延伸、拓展和深化,是形成一个总集成,搭建一个总平台,寻找一个总抓手。第三,中原经济区还是一个承载使命的概念。中原是中国的一个缩影和面临问题的写照。中原兴,中部兴;中部兴,中华兴。建设中原经济区的基本思路可以概括为:加快自身发展,推动中部崛起,促进东、中、西互动,服务全国大局。

---

[*] 本文为笔者接受《中国改革报》记者谷亚光专访。

记者： 河南省委最近召开第八届十一次全会，不仅通过了河南"十二五"规划《建议》，还通过了《中原经济区建设纲要（试行）》。中原经济区从提出到做出决策，制定出纲要，时间并不长，许多人感到惊讶。您能否介绍一下这方面的有关情况。

喻新安： 算起来，建设中原经济区，从酝酿、论证，到被广泛认可，形成决策，差不多有一年时间。就我的接触，不少全国知名专家为之赞叹，称其为区域发展谋划的"河南速度"，是区域发展战略顶层设计的典范。

中原经济区顶层设计的过程，是认识不断深化的过程、思想不断解放的过程、取得广泛共识的过程、赢得多方支持的过程。大体经历了四个阶段：思想发动阶段、深入研究阶段、达成共识阶段、决策实施阶段。

为了构建中原经济区，近一个时期以来，亿万中原儿女开会研究、街谈巷议，达成基本共识。全国人大、全国政协领导人韩启德、陈昌智、罗富和、厉无畏、蒋正华，著名经济学家刘国光、吴敬琏、厉以宁、王梦奎、李京文、郑新立、张卓元、韩康、卢中原等参加了研讨、论证。多位国家领导人、各民主党派和全国工商联、几代中国经济学家不约而同地力挺中原经济区，异口同声地呼吁把中原经济区上升为国家战略。

近日，即2010年11月15～17日，河南省委召开第八届十一次全会，审议并原则同意《中原经济区建设纲要（试行）》。建设中原经济区进入具体实施阶段。

记者：《中原经济区建设纲要（试行）》提到，要凸显中原经济区的"腹地效应"。听说"腹地效应"概念是由您在研究中最早提出来的。您解释一下"中原腹地效应"的内涵是什么？

喻新安： "腹地效应"是指最大化地发挥腹地的资源优势，承接中心经济地带的经济资源，做大腹地经济。"中原腹地效应"，既是一个地理概念，更是一个功能概念。在地理上，中原是中国之中，古人称"得中原者得天下"，可见，中原是集聚，是引领，是人心，是胆气。在现代中国经济坐标中，中原地区位于京广、陇海－兰新两大经济带主轴的交会区域，处于承东启西、连南通北的战略地位，所以中原是沿海到广袤内地的要冲、要道、要塞，是实现产业梯次推进的中介、通道、载体。从功能看，中原地区交通发达，基础设施完善，劳动力资源丰富，发展潜力巨大。中原地区与周边地区的产业链具有强烈的互补性,既可为西部的原材料工业提供市场,也可为东部加工业提供供应链。因此,建设中原经济区,可以在中部构筑具有强大集聚作用和辐射作用的核心增长极,中原经济区有可能演化成促进周边地区发展的倍增器。在这里,"中原腹地效应"也是倍增效应。

建设中原经济区有利于中部崛起目标的实现

记者: 中原经济区的战略定位是怎么考虑的?

喻新安: 中原经济区的战略定位,是中原经济区研究中最重要、最核心的问题之一。经过反复比较、推敲,从发挥比较优势、服务全国大局考量,中原经济区的战略定位最后定为四条。一是全国"三化"协调发展示范区。就是持续探索走出一条不以牺牲农业和粮食、生态和环境为代价的"三化"协调科学发展的路子。在实际工作中,要发挥新型城镇化的引领带动作用,统筹安排城镇建设、产业集聚、农田保护、生态涵养等空间布局。二是全国重要的经济增长板块。为此,要培育新的动力源,打造内陆开放高地、人力资源高地、全国最具活力的内需市场。要加快促进人口、产业和生产要素集聚,有序承接国内外产业转移,着力建设先进制造业和现代服务业基地,增强中原城市群辐射带动作用,提升自主创新能力,提高对外开放水平。三是全国综合交通枢纽和物流。"中原通,全国通"。要以建设连通东西、纵贯南北的运输通道和交通枢纽为重点,加快构建以铁路网、高速公路网和航空枢纽港为骨架的综合交通体系,充分发挥中原经济区在全国综合运输大通道中的作用,凸显郑州交通、物流、商务中心地位,形成服务中西部、面向全国、连接国际的现代物流服务中心。四是华夏历史文明传承核心区。要充分挖掘中原文化资源优势,突出根文化、姓氏文化、汉字文化等中原文化的传承弘扬,建设全球华人寻根拜祖圣地,提高中原文化影响力,增强中华民族凝聚力。

记者: 会不会有人提出疑问:国家已经出台中部崛起规划纲要,还有必要再搞中原经济区吗?它与中部崛起是什么关系?

喻新安: 这是我们必须回答,也不难回答的问题。11月12日,工信部与河南省政府共同主办了"中原经济区与产业转移高层论坛"。我的主题发言就是谈这个问题,就是回答河南建设中原经济区"是不是凑热闹""是不是赶时髦""是不是抢风头"这些疑问的。我认为,首先要明白,目前国家实行区域发展总体战略,促进四大板块协调发展,但东、中、西和东北内部的区域差异仍然较大,区域政策的空间尺度偏大,于是近年来以明晰区域定位、细化区域政策、规范地区发展走向为特征的新一轮区域布局已经悄然展开。再看中部。中部现在是6个省,国家统计统一口径还是9个省,包括黑龙江、吉林、内蒙古。无论是9个还是6个,中部的概念仅仅是经济发展水平的一个概括,并不是具有内在紧密联系的区域经济概念。按中部6个省来说,湖南是向南的,要融入泛珠三角;江西要成为上海的"后花园";安徽主动融入长三角;湖北属于长江经济带;山西受京津冀经济圈吸引更大。所以中部6个省仅仅是发展水平比较接近,并不具有紧密的内在联系,无论从历史上还是现实中,都是这个状况。河南的情况比较特殊,它远离上海、广州、北京这些大的核心城市,隔山跨河,想靠都靠不上。由此就形成了一个巨大的、比较独立的区域,这个区域内工业门类比较齐全,河南工业就涵盖了39个大类中的38个,自我配套、自我修复能力比较强。这是历史形成的。河南周边的一些地区,除个别地市以外,多数比河南还要差一些,受到河南的影响和辐射很大。由此形成了一个相对独立的区域,就是中原经济区。所以,提出建设中原经济区,不仅与中部崛起规划纲要不重复,不冲突,而且很好地弥补了国家大的宏观政策空间尺度大的不足,更加有利于中部崛起目标的实现。

为国家培育新的增长极和带动极

记者: 中原经济区是跨省域的,建设中原经济区,邻省一些地方愿意加入吗?与周边省份的关系怎么处理?

喻新安: 中原经济区是以河南为主体,延及周边若干地区的区域经济综合体。关于中原经济区的战略布局,《中原经济区建设纲要(试行)》提出了三类地区,一是以郑州和与之毗邻城市为"核心区",二是全省各省辖市为"主体区",三是联动发展的周边地区为"合作区"。既然是"合作",就要自愿、互利。我们现在表述中原经济区的范围采取淡化的办法,"延及周边",具体哪些地方,比较模糊,因为需要论证、沟通、协商,不能一厢情愿，不能拉郎配。我要强调的是，中原经济区既然是区域经济的概念，就不用担心河南以外的地方不加入。区域的内在联系是客观存在的，不以人的意志为转移的。如果加入有利于发展，怎么会不加入呢？据我所知，福建提出建设海西经济区时，周边的省份是积极响应的，有的省里还正式发文件，要求相关地区加入海西经济区。当然，处理好与周边省份的关系，需要国家层面协调，更重要的是靠实践。

记者：建设中原经济区，通过哪些举措来保障？困难是什么？

喻新安：河南提出了十大支撑体系，包括构建竞争力强的现代产业支撑体系、统筹城乡的新型城镇化支撑体系、引领发展的区域自主创新支撑体系、现代化综合交通支撑体系、高素质的人力资源开发支撑体系、充满活力的体制机制支撑体系、内外互动的开放型经济支撑体系、独具特色的文化支撑体系、可持续发展的资源环境支撑体系和以人为本的和谐社会支撑体系。

最大的困难是如何按照区域经济的规律，尽量发挥市场的作用，推进经济一体化发展。就河南自身来说，要突破经济发展的"路径依赖"，就是要突破传统经济结构对我们的观念束缚，走出"干我们熟悉的""干我们会干的""干我们能干的"的产业选择困境。

记者：建设中原经济区，希望国家给予哪些支持？

喻新安：我相信建设中原经济区会得到国家大力支持。为什么呢？因为在未来全面建设小康社会的10年里，中原地区将承担更大责任，发挥更大作用。国家支持建设中原经济区，是为国家培育新的增长极和带动极，对实现国家发展战略的转变，服务全国发展大局，将产生重大而深远的影响。为此，建议将中原经济区建设上升为国家战略，写入国家"十二五"规划，由国务院出台《关于支持河南省建设中原经济区的指导意见》，并制定《中原经济区建设纲要（试行）》，给予"先行先试"等政策，指导、协调河南和相关省份共同努力，使中原经济区建设尽快取得实效。

（原载《中国改革报》2010年11月30日）

中原经济区"先行先试"要
重视克服"后发劣势"

我们已经对中原经济区在全国大局中的"后发优势"有了清晰的表述，即河南正处于工业化、城镇化加快推进阶段，产业结构和消费结构加速升级，内需市场空间广阔，发展活力和后劲不断增强，发展潜力逐步显现，正在转化为发展优势。今后一个时期，既是河南经济社会又好又快发展的时期，也应该是河南为全国发展大局做出更大贡献的时期。这就是河南建设中原经济区的"后发优势"。

但是，中原经济区建设也存在"后发劣势"问题。"后发劣势"是相对于"后发优势"而言的。根据后发优势理论，后发国家可以通过引进先进国家的技术、设备和资金，学习和借鉴先进国家的经验教训，避免或少走弯路，采取优化的赶超战略，从而有可能缩短初级工业化时间，实现技术上的"蛙跳"，较快进入较高的工业化阶段。从一定意义上讲，中国是后发优势理论通过具体实践并取得较大成功的典范国家之一。但是，不少经济学家指出，在发展中国家存在着后发优势的同时，也存在着所谓的"后发劣势"。按照美国经济学家沃森和华裔经济学家杨小凯的说法，如果后发国家不在制度改革上有所作为，那么落后国家虽然可以在短期内取得非常好的发展，但会给长期的发展留下许多隐患，甚至导致失败。

我们借用"后发劣势"这个概念，说明中原经济区建设可能遇到的特殊困难，即"后发劣势"问题。从某种意义上说，中原经济区是地方发展战略上升到国家战略层面的"末班车"，在此以前已先后出台20多个类似的"国家战略"。后发有后发的好处，也有后发的问题。中原经济区建设"后发劣势"包括以下几点。

一是"先行先试"选择性缩小。区域方面改革发展需要"先行先试"

的领域和范围毕竟有限，对地方来说，要获得"先行先试"权，早比晚好。因为一定程度上，"先行先试"权具有排他性，在某一个方面安排"先行先试"的地区不可能无限扩大。现在，城乡一体化、"两型社会"建设、新型工业化、资源型经济转型、高效农业，甚至生态环境方面的"先行先试"，都已经"花落他家"，中原经济区建设只能在其他符合自身实际又具有全局性意义的领域争取"先行先试"权，其范围是十分有限的。

二是争取优惠政策的难度加大。一般来说，最早获得改革开放优先权的地方，中央给予的条件和政策比较宽松，地方探索的灵活性较大，变动余地较大，因为中央有关部门对改革先行地区优惠政策的尺度放多大还没有参照，一般容易满足地方的要求。现在，中央陆续批准了多个经济区，有了参照、经验和教训，对新申报的经济区，可能会提高政策门槛，提高审查标准，减少通融余地，总之，后发地区要获得含金量高的政策难度加大了。

三是实践中的"灰色"地带减少。在"先行先试"初始阶段，各方面都没有经验，需要摸着石头过河，在地方发展上存在着一些"灰色"地带，于是，出现了所谓"先发展后规范""先生孩子后起名"现象，有了所谓"干了就干了，不干就算了"，以及"守规者吃亏，违规者沾光"等潜规则。随着经济转型和有关秩序的完善，"灰色"地带在减少，后发地区希望"讨巧"的空间和余地也大为减少。

认识到"后发劣势"的意义在于，确定中原经济区争取中央支持的重点领域，最大限度地彰显自己的特色和优势。另外，在"先行先试"的优惠政策方面，不能再一厢情愿地期盼"人有我有，人无我有"。要站位全国思考这个问题，不搞"总集成"，要打特色牌。要围绕破解全国性难题，在推进"三化"协调发展、推进新型城镇化、加强综合交通枢纽建设几个方面，突出中原经济区的特色，争取国家给予更多的政策、牌子、项目和资金支持。其他方面，如人力资源开发、文化保护与传承、资源环境保护等，都按照内在逻辑，纳入以"三化"协调发展为核心的主体框架内。

（原载《科研专报》2011年第1期）

重新认识中原崛起的战略布局[*]

中原崛起的原有布局存在一定的不足与局限性。中原崛起的空间新布局，可以概括为"一极、两环、三区、四带"。"一极"即郑汴洛核心增长极，"两环"即环郑州和环洛阳城市组团，"三区"即产业集聚区、粮食主产区、生态保护区，"四带"即沿陇海铁路经济带、沿京广铁路经济带、沿宁西铁路经济带、沿大广高速经济带。

一 重新认识中原崛起战略布局的必要性

1. 原有布局存在一定的不足与局限性

2003年7月，河南省委第七届五次全会通过的《河南省全面建设小康社会规划纲要》，综合考虑河南省所处的发展阶段、发展趋势、发展条件和面临的矛盾与问题，提出了全面建设小康社会的总体目标，将中原崛起战略布局明确为中原城市群、豫北地区、豫西豫西南地区和黄淮地区四个经济区。这一战略布局的目的，在于形成以大城市为中心、区域内经济紧密联系合作的经济区，实现资源的优化配置，提高地区的综合竞争力。该战略布局实施以来，各地加快发展的积极性、主动性和创造性有所增强，呈现出经济持续快速增长、社会全面繁荣进步、人民生活明显改善的良好局面。但是，随着时间的推移，这一战略布局也暴露出一定的不足和局限性。从"四大板块"的布局内涵看，还没有突破以行政区为唯一调控单元

---

[*] 2010年2月21日，河南省省委书记、省人大党委会主任卢展工同志在河南省社会科学院召开座谈会，围绕中原崛起、河南振兴认真听取专家学者的意见并发表了重要讲话。根据卢展工讲话精神和要求，河南省社会科学院组织科研力量开展了专题研究。这是笔者主持的中原崛起总体思路的系统化研究成果之一。

的传统布局，致使区域经济发展战略难以实现从行政区经济向经济区经济的转变；洛阳作为全国重要工业城市和中原城市群副中心的地位没有得到体现；区内、区际经济联系存在明显不合理性，如三门峡和南阳之间没有相关性，把这两个城市划为一个板块比较牵强。从战略实施效果看，"北高南低，西重东轻"，从西北向东南梯度倾斜的态势没有改观；地区经济发展过多依赖于资源导向，区域的资源优势尚未转化成经济优势；边缘地区、农业地区经济发展滞后，缺乏自我发展能力，并且这种特征有加速扩大的趋势。总之，这就迫切要求我们必须对区域发展布局做相应的调整。

2. 中原崛起战略布局要适应中部崛起战略的要求

2006年，党中央、国务院发布《关于促进中部地区崛起的若干意见》（中发〔2006〕10号），明确了中部地区作为全国重要粮食生产基地、能源原材料基地、现代装备制造及高技术产业基地和综合交通运输枢纽（简称"三个基地、一个枢纽"）的战略定位。2010年年初，国务院又通过并发布了《促进中部地区崛起规划》，提出了中部地区"两横两纵"的空间发展布局。河南作为中部大省，应当根据党中央、国务院的部署，重新审视过去的战略布局，进行必要的修正与调整。如《促进中部地区崛起规划》提出的"两横两纵"经济带（沿长江经济带、沿陇海经济带、沿京广经济带和沿京九经济带），除沿长江经济带外，都与河南有极大的关系。同时，《促进中部地区崛起规划》对培育城市群增长极提出了新要求，在列入规划的6个城市群中，中原城市群具有重要地位，如何提升该区域的整体竞争力和辐射带动力，是一个亟待研究的问题。从全国发展大局看河南，河南作为全国第一人口大省和经济大省，应当在中部崛起中走在前列，为中部崛起战略的实施和全国全面小康目标的实现做出更大的贡献。基于此，河南应当认真研究自身在中部崛起中充当什么角色，担当什么责任，发挥什么功能，并从省内区域空间结构和生产力布局上强化河南在中部地区的战略地位，对现有战略布局进行必要的调整。

3. 河南经济社会又好又快发展的新要求

当前，河南经济社会已进入一个新的发展阶段，处在全面建设小康社会、加快中原崛起的关键时期。为了确保河南经济社会又好又快发展，应当根据情况的变化和发展目标的要求，认真审视全省已有的战略布局。河南的战略布局作为全省的顶层设计，一定要符合省情，符合群众的期待，符合国家国土开发格局和产业布局的要求。要认真权衡河南在国家经济建设、社会发展和维护国家粮食安全等方面的地位。要注重分区域开发建设、进行合理的生产力布局，通过发挥不同区域的比较优势，达到区域社会经济协调发展与整体开发的目标。要通过布局手段，扶持重点地区或特定区域经济社会的重点建设，在区域非均衡增长中实现经济整体增长。要按照覆盖全域、功能完善、重点突出、协调发展的原则，通过合理布局，科学利用调控手段，充分发挥市场配置和整合资源的作用，使全省空间结构合理、城市和产业分工明确、经济社会发展与资源环境相协调，从而更加有效地参与国际竞争和区域合作。

二 中原崛起空间新布局的内涵

中原崛起的空间新布局，可以概括为"一极、两环、三区、四带"。实施"一极、两环、三区、四带"的中原崛起新布局，既是对原有战略布局的继续，又是原有战略的升华。"一极、两环、三区、四带"的新布局，体现科学发展，突出全面提升，注重发挥优势，坚持工农业协调发展和城市群带动的基本经验。

一极：郑汴洛核心增长极 郑汴洛核心增长极的空间范围包括：开封市区，其中含汴西新区；郑州市域，其中含郑州市辖6个区、郑州新区，以及郑州所辖的中牟、荥阳、巩义、登封、新郑、新密6个县（市）；洛阳市区、洛阳新区，以及洛阳所辖的偃师、孟津、新安、伊川、宜阳6个县（市）。2008年，郑汴洛核心增长极地区生产总值4706亿元，总人口1253万人，占全省比重分别为25.6%和12.6%，人均生产总值高于全省平均水平1倍以上。郑汴洛核心增长极，将是全省经济社会发展的辐射极、带动极，即通过郑、汴、洛3个市的优势互补，带动河南经济实力、区域创新能力和核心竞争力的提高。

两环：环郑州和环洛阳城市组团 环郑州城市组团以郑州为中心，包括郑州、开封、新乡、许昌、焦作5个省辖市。环洛阳城市组团以洛阳为中心，包括洛阳、济源、三门峡、平顶山4个省辖市。2008年，郑州城市组团实现地区生产总值为6736亿元，总人口为2511万人，占全省比重分别为 36.6% 和 25.3%；洛阳城市组团实现地区生产总值为 3930 亿元，总人口为 1447 万人，占全省比重分别为 21.3% 和 14.6%。构建环郑州和环洛阳两个城市组团，将充分发挥郑州在科技服务、经济和政治管理、文化扩散和高加工度工业生产等方面的优势，发挥洛阳作为老工业基地的工业基础好、特大型和大型企业多、企业研发机构和高校数量多的优势。通过两个城市组团，将带动河南城市非均衡发展达到成熟并进入相对均衡发展阶段，形成"双核牵引"的新格局。

三区：产业集聚区、粮食主产区、生态保护区 加快推进"三区"建设，能较好地体现在中原崛起中重在持续、重在提升等新理念，实现全面、协调、可持续发展。一是产业集聚区。产业集聚区是建立现代产业体系、现代城镇体系和自主创新体系的重要载体。全省首批确定的 175 个产业集聚区，在各区域分布相对较为均匀，数量大体与各城市所下辖的县（市）数量相对应，基本保证了每个县（市）有 1 个产业集聚区，有利于调动地方的积极性。其中，以国家级开发区为依托的 4 个，以河南省级开发区为依托的 22 个，其余均为市级或县级开发区，占总数的 85% 以上。产业集聚区的建设和发展，充分依托各城市和县（市）现有的工业园区，符合地方实际情况，易于获得发展后劲，适宜作为城市的优先开发区域。二是粮食主产区。在河南省层面上，根据全省气候、土壤、水资源、地形地貌和地理空间的连贯性，在黄淮海平原、豫北、豫西山前平原和南阳盆地三大区域，选择基础条件较好、现状水平较高、增产潜力较大、集中连片的 95 个县（市、区）作为河南粮食主产区的主体范围。这 95 个县控制全省耕地面积的 83.5%、基本农田面积的 85%，其中的 89 个县是国家已认定的粮食生产大县。加快推进粮食主产区建设，是统筹河南工业化、城镇化与优化粮食生产布局协调发展的客观需要。三是生态保护区。依据河南生态省建设的要求，生态保护区的类别范围，包括自然保护区 35 个，其中国家级自然保护区 11 个，国家和省级生态示范区 48 个，地域范围包括湿地 111 万公顷、自然保护区 75 万公顷、国家和省级生态示范区 892 万公顷。生态保护区的层次可予以扩展：将历史文化遗址、历史文化保护区、风景名胜区纳入保护区域；除保护区域的自然属性外，进一步考虑区域的经济与社会文化属性，明确区域主体功能定位和差别化政策。

四带：沿陇海铁路经济带、沿京广铁路经济带、沿宁西铁路经济带、沿大广高速经济带。河南主干交通沿线的城镇、产业、人口布局较为集中，给产业发展轴带的形成提供了有利条件。综合考虑发展基础和未来发展潜力，今后河南可以按照四条城镇和产业密集带进行布局，即沿陇海铁路经济带、沿京广铁路经济带、沿宁西铁路经济带、沿大广高速经济带。一是沿陇海铁路经济带。以郑州、洛阳两个城市作为产业、技术、资金、人才等要素高势能的辐射源，以商丘、开封、三门峡、平顶山以及巩义、偃师、灵宝等为支撑点，呼应山东、江苏以及环渤海都市圈发展，辐射大西北。二是沿京广铁路经济带。以安阳、新乡、郑州、许昌、漯河、驻马店、信阳为支撑点，围绕沿京广铁路、京港澳高速南北长约500公里，宽约30公里范围内的节点城市和交通通道展开布局，呼应京津冀和珠三角两大城市群，发挥连南通北的通道作用。三是沿宁西铁路经济带。以信阳和南阳为节点城市，强化与长江中下游、关中地区的合作，尽快形成河南重要的城镇和产业发展轴。四是沿大广高速经济带。以濮阳、新乡、开封、周口、信阳为支撑点，形成与沿京广经济带相呼应，与山东半岛城市群、徐州都市圈密切合作的南北向经济带。在四条经济带加快发展的基础上，根据区域历史文化渊源、产业同构性和互补性、要素流动方向，先行形成若干经济协作区，通过协作区的整合发展，推动全省城镇、产业、生态空间布局优化。

三　中原崛起空间新布局的意义

"一极、两环、三区、四带"的中原崛起新布局，既是对原有布局的继承，又是在新形势下对原有布局的发展和突破，其功能和意义主要体现在以下几方面。

一是既突出了中原城市群的龙头作用，保障其继续发挥在中原崛起中的引领、带动和示范效应，又强化了郑州和洛阳的区域聚集和辐射效应，通过"两环"架构进一步凸显中原城市群的发展重心和着力点，增强郑汴洛区域的核心增长极功能，并提升其"东引""西进"的能力。

二是体现了河南的区域比较优势和产业发展现实，将粮食、文化资源、区位等优势与产业发展基础有机融合，提出"三区"发展布局，有利于提升优势、聚集发展，统筹工业化、城镇化与农业现代化，促进三次产业协调发展，既切实承担起保障国家粮食安全的重任，又依托比较优势加快区域协调发展。

三是强化了区域间的经济联系，以"四带"布局打破传统的行政区划限制，突出"经济区域"的概念，以促进优势互补。按照区域经济发展的内在要求，共同对区域经济、产业、生态的发展进行定位和规划，建立起推进各经济带发展的调控机制和市场机制，进而实现区域合作与协调发展。

四是与国务院《促进中部地区崛起规划》相对接，融入中部"两横两纵"总体布局，围绕"我国重要的粮食生产基地、能源原材料基地、现代装备制造及高技术产业基地和综合交通枢纽"的中部总体定位，体现了中原崛起在中部崛起中的地位和作用。

五是正确处理了经济建设和生态保护的关系，贯穿主体功能区理念，以"三区"作为加快中原崛起的载体和平台，积极推进生态省建设，大力发展低碳经济、循环经济，推动集约发展、科学发展、可持续发展，实现经济发展与环境保护同步、经济增长与生态效益双赢。

六是彰显了增强区域发展协调性的要求。将过去被忽略的边缘地区涵盖其中，如将三门峡纳入洛阳城市组团中，使其更好地融入郑洛工业走廊，并将南阳和黄淮4市有机融入"四带"，且与"三区"布局相融合，经过培育，将进一步激发其发展活力，有利于进一步促进城乡和区域协调发展。

（原载《领导参阅》2010年第6期）

中原崛起目标的提出与深化*

"崛起"不是生存，也不是一般的发展，而是指一个国家或地区成长为具有世界影响的大国或对全局有重要影响力的强势地区。所谓中原崛起，简言之，就是经过长期努力，使河南成为与其历史传承、地理位置、人口数量相适应的中国经济强省、文化强省，区域综合竞争力显著提高，实现经济、社会、政治、文化、生态的全面、协调、可持续发展。

一 "中原崛起"的提出与演进

从目前可以查到的文献看，最早提出"中原崛起"概念的是李长春同志，时间是1992年1月。时任河南省省长的李长春同志以《加快改革开放，实现中原崛起》（收入1997年中共中央党校出版社出版的《团结奋进振兴河南》一书）为题撰文提出："从全国一盘棋的战略出发，为促进东、中、西部经济的协调发展，必须加快中原的振兴和崛起"，并指出，"在党的十四大精神指引下，中原一定能够再度崛起"。2003年3月，《人民日报》发表对时任河南省委书记李克强的题为《埋头苦干实现中原崛起》的访谈。李克强指出："目前我国经济正由东向西梯度推进，世界性产业转移也由我国沿海向内地延伸，河南这样一个中部省份要紧紧抓住这个机遇，充分发挥区位优势和比较优势，加快工业化和城镇化，推进农业现代化，努力实现在中原崛起。"2003年7月，河南省委第七届五次全会召开，

---

* 2010年2月21日，河南省省委书记、省人大常委会主任卢展工同志在河南省社会科学院召开座谈会，围绕中原崛起、河南振兴认真听取专家学者的意见并发表了重要讲话。根据卢展工的讲话精神和要求，河南省社会科学院组织科研力量开展了专题研究。这是笔者主持的中原崛起总体思路的系统化研究成果之一。

全会通过的《河南省全面建设小康社会规划纲要》，对实现中原崛起的基本途径、发展布局、战略举措、政治建设和文化建设进行了系统阐述，并第一次以省委全会决议的形式，向全省人民发出"实现中原崛起"的号召。此后，河南省委、省政府对中原崛起的内涵和目标做了进一步梳理和凝练。2005年8月，胡锦涛总书记在视察河南时充分肯定了实现中原崛起的奋斗目标和工作思路，指出中原崛起符合中央的精神、符合河南的实际、符合全省干部群众的愿望，要求聚精会神抓好落实，努力推动河南经济社会实现更大发展，在促进中部地区崛起中走在前列。2006年10月，省第八次党代会对新形势、新阶段下加快中原崛起进行再动员、再部署，提出全面贯彻落实科学发展观加快中原崛起的历史任务。2008年7月，省委第八届八次全会进一步阐释和丰富了中原崛起的内涵和总目标。

二 中原崛起的内涵与标准

在所有表述河南发展和前景的"话语体系"中，"实现中原崛起"无疑是最为明晰、凝练和透彻的表达，最富有时代精神，最具有感召力、凝聚力和号召力，其内涵和标准呈现随着实践的深化而不断拓展的动态特征。

第一，中原崛起的内涵是实现中原崛起，是关系河南历史定位和长远发展目标的战略构想和谋划，关乎河南改革开放发展的大局，关乎中国第一人口大省的历史走向，关乎全省广大人民群众的切身利益和福祉。这里从4个维度对中原崛起加以审视，可以发现它包含了4个要素。一是从河南自身所处的社会发展阶段审视，中原崛起意味着河南完成从农业社会到工业社会的转变，基本实现工业化；意味着建设经济强省的宏愿得以实现，多灾多难的中原大地重现历史的辉煌；意味着"全面小康"在中华文明的发祥地成为现实，中原儿女交出无愧于先人的合格答卷。这对一个传统农业大省来说，无疑是一场深刻的"社会革命"。二是从河南与同处于经济相对落后地位的中西部省份比较来审视，中原崛起意味着河南的发展要走在中西部地区前列。当前，国际金融危机加速了世界经济格局的重构，推动了产业梯度转移和区域经济发展格局的调整，在包括中部崛起在内的多个区域经济发展总体战略部署基本完成的背景下，未来区域竞争将更趋激烈，中原崛起"不进则退""慢进亦退"。三是从河南面临的新形势、新任务、新要求来审视，中原崛起意味着河南的发展要有更强的稳定性、协调性和可持续性，通过经济发展方式的转变、发展模式的创新等途径，不仅要实现量的扩张与质的提升、大而强与富而美的统一，还要实现文化"软实力"与经济"硬实力"的统一；不仅要推进物质文明加快发展，还要推进政治文明、精神文明和生态文明共同发展；不仅要以发展生产力、实现共同富裕为目的，还要以提高人民素质、实现人的全面发展为最终目标。四是从作为经济区概念的角度审视，中原崛起意味着河南经济发展辐射力和带动力的增强，构筑起对全国区域经济协调发展具有全局意义的"中原平台"。从更为广义的外延出发，中原不仅包括河南省，还包括与河南地缘相亲、人缘相通的周边地区，如山西省的长治市、晋城市，河北省的邯郸市、邢台市，山东省的聊城市、菏泽市、临清市等。目前，这些地区已分别与河南省的新乡、安阳、焦作、濮阳、鹤壁、济源组成跨省的区域性经济合作组织——中原地区经济技术协调会，并已展开不同层次的合作，有着进一步聚焦中原崛起的基础和条件。因此，从这一意义上说，中原崛起不仅仅是河南的崛起，更是中原经济板块的整体崛起。而作为其主体，河南有着更多的责任，也应有更大的作为。

第二，中原崛起是河南几届省委、省政府决策思路的继续和拓展在经济发展的战略指向上，由提出"加快发展，缩小差距""把人口大省建设成经济强省"，到明确"实现人均国内生产总值到2020年比2000年翻两番以上，达到3000美元，使全省的发展走在中西部地区前列"；在战略目标确定上，从提出"一高一低"，到强调"两个较高"；在发展战略上，经历了由实施"三大战略"（科教兴豫、开放带动、可持续发展），到"四大战略"（加上"城镇化战略"），再到"五大战略"（加上"中心城市带动战略"）；在发展途径上，从提出"围绕农业上工业、办好工业促农业"，到明确"以工业化为主导，以城镇化为支撑，以推进农业现代化为基础"；在发展布局上，从提出发展大城市、中小城市、小城镇"三头并举"，到明确"建设大郑州"，培育"中原城市群经济隆起带"，"形成若干个带动力强的省内区域性中心城市和新的经济增长极"。这一切，反映了认识不断深化的过程、思路不断聚焦的过程。

第三，中原崛起标准的不断深化。2003年7月，省委第七届五次全会通过的《河南省关于全面建设小康社会的规划纲要》，界定了中原崛起的标准，包括三层意思，即到 2020 年人均国内生产总值达到 3000 美元、基本实现工业化、走在中西部地区前列。这显然是在经济层面并从与全国比较、与中西部其他比较以及河南自身的社会嬗变三个维度，对中原崛起深刻而精辟的诠释。2003 年 12 月，在省委第七届六次全会的讲话中，时任省委书记李克强进一步阐述中原崛起的标准——"中原崛起的目标，核心是经济内容，也包括了人文指标和社会稳定的内容。实现中原崛起，加快经济发展是第一要务，同时，必须推进经济政治文化协调发展，必须改革发展稳定全面推进"。2006 年 10 月省第八次党代会提出，实现中原崛起，就是要按照科学发展观的要求，经过坚持不懈的努力，基本实现工业化，人均生产总值等主要发展指标赶上或超过全国平均水平，建成惠及全省人民更高水平的小康社会，建成农业先进、工业发达、文化繁荣、环境优美、社会和谐、人民富裕的新河南。2003 年省委第七届五次全会提出，中原崛起的核心标志是"到 2020 年人均国内生产总值赶上全国平均水平"；2006 年省第八次党代会修改为"到 2020 年人均生产总值等主要发展指标赶上或超过全国平均水平"；2008 年省委第八届八次全会进一步修改为"到 2020 年人均生产总值等主要发展指标超过全国平均水平"。由"赶上"到"赶上或超过"再到"超过"，是依据中原崛起的态势做出的必要调整。

三 中原崛起的实践探索与历史方位

"实现中原崛起"，凝聚了河南决策层励精图治、在中原大地书写壮丽诗篇的坚定决心，道出了亿万中原儿女的共同心声，它不是一般的经济目标，而是立足省情，深思熟虑做出的政治决断。从目标的确立到思路的形成以及现实的实践过程，中原崛起经历了艰辛的历程。

（一）中原崛起的实践探索

初步探索阶段（20 世纪 90 年代初至 2002 年年底）。这一时期，省委、省政府明确了"团结奋进，振兴河南"的方针；确立了"一高一低"（经济增长高于全国水平，人口自然增长率低于全国水平）的目标；做出了"围绕农业上工业，上了工业促农业"的决策；提出了"中原城市群"理念；推动了县域经济"十八罗汉"闹中原；实施了高速公路、机场等重大基础设施建设。

破题启动阶段（2003年年初至2004年年底）。这一时期，省委、省政府制定了《河南省关于全面建设小康社会的规划纲要》；提出中原崛起的目标（实现人均国内生产总值2020年比2000年翻两番以上，达到3000美元）；明确"工业化、城镇化、农业现代化"的"三化"路径；确定了中原城市群等四个板块的区域布局；提出并实施了开放带动主战略；推动以郑东新区为核心的"大郑州"建设等。

大力推进阶段（2005年年初至2009年年底）。省第八次党代会明确提出"两大跨越"（由经济大省向经济强省跨越、由文化大省向文化强省跨越）、"两个建设"（和谐中原建设、党的建设）的任务。省委第八届五次全体（扩大）会议，号召贯彻中央"坚持科学发展、着力改善民生、构建和谐社会"三项要求，奋力开创中原崛起新局面，主要包括推进工业强省建设、文化强省建设、和谐中原建设、新农村建设、平安河南建设、河南形象建设、党的建设。

全面提升阶段（2010年以来）。虽然经过不懈努力，河南的发展已经站在新的历史起点上，但人口多、底子薄、基础弱、人均水平低、发展不平衡的基本省情仍然没有根本改变。在此认识基础上，河南省委、省政府提出，以"四个重在"作为河南科学发展的总体要求与实践要领，重点解决钱从哪里来、人往哪里去、粮食怎么保、民生怎么办等的问题。

（二）中原崛起的成效与瓶颈

近年来，河南上下围绕崛起谋发展、围绕跨越做文章，在中原崛起的征程上迈出了坚实的步伐，整体进入工业化中期阶段，成为全国重要的经济大省、新兴工业大省和有影响的文化大省。全省粮食总产量实现连续6年增产、连续4年超千亿斤、连续10年居全国第1位；全省工业总量于2005年升至全国第5位，跻身全国第一方阵，并实现了由文化资源大省向全国有影响的文化大省的转变。尤其是在应对国际金融危机挑战中，保增长、保民生、保稳定取得明显成效，经济走势呈现惊心动魄的"V"形反转，经济回升向好趋势不断巩固，在逆境中迈出了中原崛起新步伐。

但同时必须清醒地看到，全省经济社会发展还存在不少困难和问题。一是受危机影响和自身长期积累的深层次矛盾制约，经济增长的质量效益仍不理想，部分行业和企业生产经营仍较困难，外贸出口预期目标没有完成。二是人均财政收支水平处于全国后列，社会事业历史欠账较多，公共服务、民生改善与广大群众期盼仍有较大差距，一些涉及群众切身利益的问题还没有得到很好解决。三是经济社会发展进入转型期，各种利益诉求增多，安全生产、社会治安、矛盾化解、社会管理等工作面临新压力，和谐社会建设面临新挑战，统筹经济社会协调发展难度加大。此外，世界经济全面复苏的基础并不稳固，可能是一个缓慢而复杂的过程，一些国家债务危机还在暴露，金融领域风波未平，各国刺激经济政策进退的抉择十分艰难，全球大宗商品价格上涨较快，世界经济不确定、不稳定因素仍然很多。因此，对于中原崛起而言，国际因素和国内因素相互影响，短期矛盾和长期矛盾相互交织，"两难"问题增多，加快中原崛起面临的形势依然复杂。

（三）中原崛起的历史方位

当前，河南正处于工业化、城镇化双加速的发展阶段，既形成了经济增长的强劲内在需求、巨大发展空间，客观上又持续加大了资源消耗和环境承载的压力；正处于转变发展方式的关键阶段，既有利于优化经济结构、提升产业整体层次，又形成了尽快改变粗放型发展方式的倒逼压力；处于统筹城乡经济社会发展一体化的重要阶段，既具备以工促农、以城带乡的有利条件，又面临破解"三农"难题、破除城乡二元结构的巨大压力；正处于"黄金发展期"与"矛盾凸显期"相交织的特殊阶段，既有加快发展、走向富裕的共同期待，又有价值观念、行为方式、利益诉求的相互碰撞；正处于应对金融危机、保持经济平稳较快发展的特定阶段，既存在经济格局深刻调整、市场格局重新洗牌的机遇，又面临国际国内经济不确定性、扩大开放难度加大的挑战。我们应准确把握这一特征，坚持"重在持续、重在提升、重在统筹、重在为民"，努力保持好态势、好趋势、好气势，用深化改革的办法来解决发展中的问题，用扩大开放的途径来破解发展中的制约，用加快发展的步伐来实现发展的目标。

（原载《领导参阅》2010 年第 19 期）

加快中原崛起的关键点与着力点*

"中原崛起"战略的提出与实施,理清了一个内陆人口大省的发展思路,促进了河南经济社会的快速发展。在这一宏伟蓝图的指引下,河南逐渐缩小了与沿海地区的差距,稳步走在中西部地区前列,完成了由传统农业大省向新兴工业大省的历史转变,在新中国成立60年之际,河南以一种崭新的姿态站在了新的历史起点上。但是,新的发展阶段也给"中原崛起"带来了新的挑战,全球经济深度调整,中国经济面临转型,区域发展呈现新格局,新形势下怎样实现"中原崛起",考验着亿万河南儿女的智慧,基于战略层面的考量,我们认为应该从以下几个方面着手。

一 把握要领

"四个重在"既体现了科学发展观的根本要求,又深深植根于中原大地,符合河南发展实际,科学系统地回答了河南发展中带有根本性的问题,进一步明确了今后一个时期河南经济社会发展的战略思路,是实现中原崛起的总体要求和重要指针,更是指导各行各业、各个领域工作的实践要领和行动准则。这就要求我们在工作中全面系统贯彻"四个重在",把"四个重在"落实到工作的始终。

在指导思想上,要坚持以发展的理念认识现实,以提升的要求看待不足,以统筹的方法凝聚力量,以为民的情怀破解难题,在指导思想上切实

---

* 2010年2月21日,河南省省委书记、省人大常委会主任卢展工同志在河南省社会科学院召开座谈会,围绕中原崛起、河南振兴认真听取专家学者的意见并发表了重要讲话。根据卢展工讲话精神和要求,河南省社会科学院组织科研力量开展了专题研究。这是笔者主持的中原崛起总体思路的系统化研究成果之一。

以持续为先、提升为重、统筹为方、民生为本。坚持科学发展不动摇，转型提升不懈怠，统筹兼顾不片面，一心为民不含糊。

在决策部署上，要紧紧围绕"四个重在"谋篇布局，凡是事关科学发展、转型提升、统筹协调和事关民生的事情，各级党委、政府都要将其尽快列入工作计划，要迅速决策部署。要坚持发展的观点，深刻认识决策的现实针对性、纵横关联性和未来可持续性。要善于总结经验教训，借鉴别人优长，注重民主决策，集体决策，听政于民，切实提高决策质量、决策效果和决策水平，不断增强决策的科学性。在具体运作上。要注重决策、规划的严肃性，在运作过程中要坚持一张蓝图绘到底，可以根据实际完善提高，但不能我行我素、朝令夕改，提高运作的科学性和连续性。要把具体行动、经济规律、依法办事和群众意愿有机结合起来，优化配置人力、物力、财力，注重形成最佳合力，提高运作过程的合理性。要树立为民意识，说话一言九鼎，凡事说了就要做，做了就要做好。同时，凡事运作要有抓手，不能嘴上说说、纸上画画，要通过项目带动、品牌带动、创新带动、服务带动，使运作能够切实到位，不断提高运作的实效性。

在绩效考评上，要以"四个重在"为标准和尺度，要把数量扩张、速度提高、效益增加、质量提升结合起来；把产业做大、结构优化、方式转变结合起来；把总量扩大、区域协调、城乡统筹结合起来；把经济快速发展、社会全面进步、政治文明建设、文化实力提升、生态环境改善结合起来。优化评价方法，完善评价机制，形象工程不与干部政绩挂钩，GDP大小不决定官帽大小，财政增长不关系官位升迁。

二　明确定位

近两年区域发展规划密集出台，国内区域发展布局出现重大调整，沿海地区借助新一轮战略部署谋划新定位，中西部地区几大增长极发展思路逐步清晰，区域竞争呈现新格局。在这种形势下，河南必须从实际出发，放眼全国甚至全球，在国家区域发展规划布局中寻求突破，科学确定自身的发展定位，对促进中原崛起具有重大意义。

一是全国综合交通枢纽和现代物流中心。以国家实施促进中部地区崛起规划为契机，进一步完善高速公路网络，加快高速铁路、中原城市群城际铁路建设，抓住国家把郑州新郑国际机场列入国家八大枢纽机场的机遇，实施航空交通优先发展战略，完善全省现代交通综合运输体系，进一步确立河南作为全国综合交通枢纽的地位。以郑州为中心，构建以郑汴新区为核心的集现代仓储、多式联运、包装加工、产品配送、园区交易、商贸批发为一体的高效快捷的物流服务体系，拓展以现代物流业为重点的交通服务领域，使河南成为全国现代化水平最高、功能最完备、综合性较强的大型现代物流中心。

二是"三农"统筹发展示范区。河南是人口大省，也是传统农业大省，城乡二元结构严重，"三农"问题突出；同时，河南连续多年粮食产量居全国之首，担负着保障国家粮食安全的重任。统筹解决"三农"问题意义重大。因此，通过构建统筹解决"三农"问题示范区，加快农业结构调整，大力发展现代农业产业，实现农业规模化、集约化、产业化发展；加快推进新农村建设，完善农村基础设施和公共服务设施，完善农村生产生活条件，提高农民创业能力，大力发展农村经济，增加农民收入；构建"以城带乡，以工促农"长效机制，促进"三化"协调发展，加快城镇化进程，形成城乡一体化发展新格局。

三是能源原材料基地。以能源和原材料的精深加工为核心，提高能源和原材料的加工深度，延伸产业链条，提高产业附加值，加快推进煤电、钢铁、有色、石化、建材等优势产业的结构调整和布局优化，强化核电、风能、光伏产业等新能源建设，控制总量、淘汰落后，加快重组、提升水平，建设新型能源和精品原材料基地。

四是现代装备制造业及高新技术产业基地。以核心技术、关键技术研发为着力点，增强自主创新能力，增加研发投入，提高企业的科技创新水平和核心竞争力，提升装备制造业整体实力和水平。加快发展高新技术产业，以高新技术和先进适用技术改造传统制造业，不断提高高新技术产业的比重。

五是中华文化保护开发核心区。依托河南丰富的历史文化资源，立足保护，加大对文化资源的抢救和保护力度，增强文化资源的永续利用潜能；加快文化资源的开发利用，发展壮大文化产业，积极参与市场竞争，有效地将历史文化资源与经济发展结合起来，形成文化资源保护和开发互动发展的良性机制。

三 发挥优势

加快中原崛起，要立足于自身实际，对省情进行深刻的分析，摸清家底，注重发挥优势，从而把决策和运作建立在坚实的基础之上。

一是发挥区位交通优势。发挥河南连南贯北、承东启西的区位优势与交通优势，加快承接产业转移，融入区域产业分工体系，形成全方位、多层次、宽领域的交流平台，促进物资、信息、人才、资金等在中原地区的快速聚散，在促进全国区域协调发展中发挥更大作用。

二是发挥资源优势。依托丰富的矿产资源优势，加强传统矿产资源的开发和综合利用，发展精深加工，拉长产业链条，提升产业集中度和关联度，提高科技含量和附加值，推进产业升级；发挥人口众多优势，加大职业教育和高等教育投入，完善人才培养和吸纳机制，将河南由人口大省转变为人力资源大省和人才资源大省。

三是发挥文化优势。依托丰富的文化资源，提高资源的集约化程度，加快把文化资源优势转化为经济发展优势；深化文化体制改革，优化文化产业结构，培育优势文化产业，打造出一批区域特色明显的文化产业，推动文化产业规模化、集群化发展；大力发展文化事业，挖掘传承弘扬优秀的传统历史文化，促进文化与相关产业的融合，不断提高文化的软实力，及其对整个国民经济发展的影响力、支撑力和带动力。

四是发挥大省优势。河南经济总量大，多年来GDP一直位居全国第5位，中西部之首，在发展中有充分的回旋余地和宽阔的施展空间，为中原崛起奠定了雄厚的物质基础。依托人口多、消费市场大特别是农村消费市场大的优势，调整产品结构，提高产品质量，构建城乡一体化的流通体系，制定引导和扩大消费的政策措施，培育新的消费热点，扩大城市和农村居民消费需求，不断增强促进经济增长的动力。

五是发挥粮食优势。河南粮食产量连续10年位居全国第1位，连续4年超千亿斤，不仅成为名副其实的国人粮仓，也为河南食品工业发展提供了充足的原料保障。依托粮食优势，扎实推进国家粮食战略工程河南核心区建设，巩固农产品保障供给能力，同时积极向上游和下游等高附加值环节延伸产业链条，打造农业产业链，培育和扶持一批龙头企业，做大做强河南食品工业，进一步将粮食优势转化为竞争优势。

四 科学布局

进入21世纪以后，从国内看，我国经济社会发展站在了新的历史起点上，工业化和城镇化加速推进，区域协调发展趋势明显；从国际看，经济全球化不断深化，不同国家之间的竞争合作日益增强，国家之间的相互关系呈现区域化特征。随着国家新一轮发展战略布局和的中原崛起战略的持续推进，河南原有空间、城乡、区域等方面布局的制约也在逐步显现，要实现中原崛起，迫切需要从科学发展观的高度进行重新谋划。

一是从国家战略层面提升河南经济发展布局。顺应经济社会发展的新趋势，各省、自治区、直辖市都在根据自身实际和未来发展走势不断推出新的区域发展战略，并力图把区域发展战略提升到国家战略层面，以在当前乃至今后更长一段时期赢得先机。从目前看，我国已有10多个省、自治区、直辖市的区域发展规划得到国务院或其职能部门的批准并颁布实施，如地跨福建、浙江、江西、广东4省的海峡西岸经济区，天津滨海新区、江西的鄱阳湖生态区、安徽皖江承接产业转移示范区、武汉城市圈和长株潭城市群"两型社会"建设示范区等。河南要立足自身，面向全国，考虑构建"统筹解决'三农'问题示范区"，通过一揽子方案解决"三农"问题，一方面实现保障国家粮食安全的目标；另一方面推进工业化、城镇化和农业现代化协调发展，破解制约河南经济社会的深层次矛盾和问题，如产业结构层次低、城镇化滞后、有效需求不足等，促进经济社会又好又快发展。

二是从中部层面谋划河南发展布局。2009年12月出台的《促进中部地区崛起规划》，明确提出了要"构建'两横两纵'经济带"即沿长江经济带、沿陇海经济带、沿京广经济带和沿京九经济带的战略构想，以加强与长三角、珠三角和京津冀等东部发达地区的对接，密切联系成渝、关中－天水等西部重点开发地区，形成支撑中部崛起、促进东、中、西协调发展的重要区域。除沿长江经济带外，其他三条经济带纵横交叉穿越河南全境，凸显了河南在中部崛起中的重要地位。因此，河南应抓住机遇，顺应国家战略，围绕"两横两纵"经济带，整合全省资源，优化全省空间布局。

三是从全省层面优化河南发展布局。继续发挥中原城市群的重要支撑作用，推进中原城市群一体化进程，推动区域内空间结构与产业分工合理化，培育一批核心增长极与特色产业带，不断提高中原城市群在全国区域竞争格局中的地位。加快形成中原城市群"一极两圈三层"发展格局，形成以城带乡、以工促农的城乡发展新局面，促进城乡均衡发展。

五 创新机制

河南地处中原，改革开放相对滞后，计划经济体制的惯性影响至今难以彻底消除，机制不活严重制约了经济发展内在动力的释放和激发，成为阻碍中原崛起的重要因素，因此，我们必须进一步深化改革，扩大对外开放，广泛借鉴国内外先进经验，积极推进机制创新。

一是创新经济社会发展综合评价机制。完善评价指标、创新评价方式、健全监督机制，形成科学规范的评价体系和机制，客观反映各地科学发展的真实情况，引导各级领导班子和领导干部增强实践科学发展观的自觉性、主动性、积极性和创造性。

二是创新经济增长动力机制。在继续保持投资拉动的同时，进一步扩大对外开放，大力发展外向型经济，积极开拓国际市场，努力增加出口；同时，加快城镇化进程，增加城乡居民收入，拓展国内市场，增加居民消费需求。

三是创新财政分配调节机制。紧紧围绕"中原崛起"这一主题，把全面落实积极财政政策与实现中原崛起的要求结合起来，积极发挥财政的资源配置、收入分配、经济稳定和经济发展四大职能，为实现中原崛起提供坚强保障。

四是创新科技进步与自主创新机制。切实消除制约科技进步与创新的体制、机制障碍，建立完善符合省情的技术创新体系、知识创新体系和科技中介服务体系，显著增强自主创新能力。

五是创新城乡区域协调发展机制。要按照因地制宜、整体推进、重点突破、注重实效的原则，加快体制机制创新步伐，破除城乡分割的体制性障碍，把推进城乡一体化与建设新农村结合起来，逐步形成城乡经济社会一体化发展新格局。

六是推进改善民生和维护社会稳定机制创新。健全利益协调、诉求表达、矛盾调处、权益保障机制，着力改善民生，解决涉及群众切身利益的突出问题；增强化解矛盾、促进和谐的能力，着力提高社会管理和公共服务水平，维护社会持续稳定，推进和谐中原建设。

六　破解难题

河南的经济发展取得了显著成就，但要实现中原崛起的历史新突破，必须破解制约河南经济社会发展中的深层次矛盾和问题。

一是破解产业层次低的难题。要加快形成高新技术产业为先导，以装备制造业等战略支撑产业为支柱的现代产业体系。调整产业结构，以提高产品加工深度、延伸产业链条、提升产业整体竞争力为着力点；加强企业技术创新和管理创新，降低成本，提高质量；优化工业布局，鼓励工业集聚发展、园区化发展、基地化发展；大力发展服务业特别是现代服务业，推动全省产业结构优化升级。

二是破解"三农"问题重的难题。以工业的理念发展农业，不断提高农业的科技含量，推动农业现代化进程，确保农业稳定增产；以工业化促进农村经济的根本转型，围绕农业上工业，拉长农业产业链条，走新型工业化道路；统筹城乡发展，以城镇化促进城乡经济的融合互动发展，促进农村富余劳动力转移，构建农民增收长效机制，不断提高农村生活水平。

三是破解区域城乡不协调的难题。形成大型中心城市、中小城市、小城镇协调发展的城镇体系和以统筹产业发展、基础设施建设、公共服务和社会管理为重点的城乡一体化新格局。健全市场机制，打破行政区划的局限，引导生产要素跨区域合理流动；建立互助机制，实施"以强带弱"的对口支援；健全扶持机制，加大对农业主产区和生态功能区等欠发达地区的支持力度；促进先进生产要素向农村流动、基础设施向农村延伸、公共服务向农村覆盖、现代文明向农村传播。

四是破解发展方式转变难的难题。由投资拉动型增长向居民消费和出口拉动型增长转变，使河南经济发展走向良性循环的轨道；由主要依靠第二产业带动向依靠第一、第二、第三产业协同带动转变，促进现代制造业与服务业的融合和互动发展；由主要依靠增加物质资源消耗向主要依靠科技进步、劳动者素质提高、管理创新转变，不断提高国民经济的运行质量。

五是破解开放度低的难题。树立大经贸观念，实施大经贸战略，把对外贸易与发展外向型经济结合起来；实施科技兴贸战略，优化出口商品结构，提高出口产品的技术含量和附加值；扩大招商引资领域，吸引外商的直接投资；扶持重点企业，增强重点企业外贸出口的规模竞争力。

七　多管齐下

破解河南发展难题，实现中原崛起，需要多管齐下，下大力气抓好以下几项工作。

一要转变政府职能。要围绕"两转两提"，进一步深化政府机构改革，改进规章制度，严格责任管理，简化办事程序，完善管理服务，提高行政效能，着力打造有限型、高效型、责任型、服务型、廉洁型、廉价型、法制型、阳光型政府；要深化党政干部管理体制改革，建立健全促进科学发展的干部考核评价机制，坚持正确的用人导向，调动广大干部干事创业的积极性。

二要深化体制改革。改革是发展的动力，体制机制是发展的保障，要破除制约河南经济社会发展的深层次矛盾和问题，加快中部崛起，就必须进一步深化改革，构建充满活力、富有效率、更加开放、有利于科学发展的体制机制。要进一步深化国有企业改革、农村综合改革、文化体制改革、垄断行业改革，以及大力发展非公有制经济，极大地释放生产力、发展生产力。着力深化财税体制改革、投融资体制改革、科教体制改革、价格体制改革，增强经济发展的内生动力和活力。以实现城乡基本公共服务均等化为重点，推进包括收入分配、就业、医疗、社会保障等各项社会管理体制改革，让人民群众共享改革发展的成果。

三要扩大对外开放，在创新招商引资模式，提高招商引资质量和水平的同时，积极探索扩大出口新途径。把扩大内需与对外贸易结合起来，把对外贸易放在更加突出的地位。把增加外贸出口规模与提高出口质量结合起来，把优化结构和提高质量放在更加突出的地位。把一般贸易与加工贸易、商品贸易与技术服务贸易结合起来，大力发展加工贸易和劳务合作。把发展多元化主体与扶持重点企业结合起来，增强重点企业外贸出口的规模竞争力。把巩固挖潜与外延拓展市场结合起来，实施市场多元化战略。

四要优化发展环境。环境的好坏直接影响生产力要素的聚集和流向，关系市场经济的发育和成长。环境就是凝聚力，环境就是生产力，环境就是竞争力，实现中原崛起需要进一步优化发展环境。要营造良好的政策环境，坚决杜绝任何违反政策规定的行为；营造良好的行政服务环境，明确行政执法责任，提高行政效率；营造良好的法制环境，维护企业正常生产经营秩序；营造良好的市场环境，维护市场公平公正秩序；营造良好的信用环境，推进诚信社会建设。

八　注重运作

目前，国家新一轮区域经济调整的大幕已经拉开，河南经济社会发展面临难得的机遇和挑战，实现中原崛起的目标对运作提出了更高要求，我们不仅要重视运作，更要在发展中研究运作，有效运作，不断提高运作水平。

一要遵循规律。只有尊重规律、认识规律、把握规律，按规律运作，才能取得实效。在运作中，我们要遵循自然规律、经济规律和社会规律，按照客观规律办事，推动社会、经济、政治、文化建设协调发展。

二要精心谋划。发展的宏伟蓝图要谋划，实现蓝图的运作也需要谋划。谋划运作首先要做到"实"。一切从实际出发，善于把上级的决策部署与本地本部门的实际结合起来，研究提出有计划、有步骤、有重点的实施方案和符合实际、针对性强的实施举措，并认真落实到每一个层面、每一个人、每一件事，在干中完善思路，在干中推动落实。要把握好"度"。"度"是事物质和量的统一，是事物发展变化的临界点。对"度"的正确把握，体现政策水平、领导水平和工作水平，具体体现运作水平。只有把握好"度"，才能在运作中做到运筹帷幄、全面周到，达到事半功倍的效果。

三要把握契机。运作是一个过程，在这个过程中，由于事物发展的自身规律作用，必然出现有利于运作取得成效的时机。能否抓住时机，体现运作水平的高低。我们运作每一件事都要善于发现契机，找准解决问题的切入点；善于抓住契机，集中力量解决关键问题；善于把握火候，不失时机分层次、分阶段破解难题；善于顺势而为、乘势而上，适应事物发展的内在规律，充分利用有利条件，把我们的事情办好。

四要创新方法。运作需要有科学的方法。运作的成效如何，在很大程度上取决于方法得当与否。要解放思想，与时俱进，转变观念，不拘泥于条条框框的限制，不停留在老经验老办法上，不断在思想方法、领导方法、工作方法上有所创新。要紧跟时代潮流，努力学习新知识，学会运用新技术新手段解决发展中出现的新问题。

（原载《领导参阅》2010年第21期）

中原经济区率先先行先试的主要领域[*]

先行先试意味着先思先谋，抢抓先机，比别人先走一步，取得先发优势。先行先试包括了几个层次：跟进型先行先试、比照型先行先试、率先型先行先试。中原经济区要实现跨越式发展，必须抓住中央赋予的先行先试机遇，并在率先先行先试方面取得突破和实效。根据其他经济区的经验，中原经济区率先先行先试，可以选择的主要领域有"三化"协调发展、新型城镇化、人力资源开发、中原文化开发和弘扬等方面。中原经济区的发展需要在这些领域取得突破。

一 在"三化"协调发展方面率先先行先试

中原经济区在"三化"协调上率先先行先试，具有重要的意义和良好的基础。

（一）"三化"协调发展率先先行先试的意义和基础

1. 对全国特别是中西部地区具有重要的示范意义

中原经济区在争取"三化"协调发展先行先试政策时，必须要考虑国家对中原经济区的定位，并符合科学发展的时代要求。《全国主体功能区规划》将中原经济区定位为全国重要的高新技术产业、先进制造业和现代服务业基地，能源原材料基地、综合交通枢纽和物流中心，区域性的科技创新中心，中部地区人口和经济密集区。规划还将河南列入农产品主产区

---

[*] 2011年上半年，根据省委主要领导的批示，河南省社会科学院组织科研力量围绕中原经济区"如何做"开展了专题研究，形成一系列研究报告上报省委、省政府。《中原经济区率先先行先试的主要领域》是笔者主持一个报告的部分内容。

和重点生态功能区加以支持。因此，建设中原经济区绝不能以牺牲农业和粮食、生态和环境为代价。中原经济区"三化"协调发展的核心，就是在加快工业化、城镇化进程中保障国家粮食安全，推进农业现代化，在新的基础上构筑"三化"协调发展新格局。具体来讲，就是在新型城镇化引领下，以集聚发展为特征，推动产业、人口、生产要素集中度明显提高，形成以产带城、以城促产的良性互动局面；在新型工业化引领下，以协调发展为特征，推动新型工业化带动和提升农业现代化的能力进一步增强，形成工业反哺农业、城市支持农村的长效机制。

2. 对中原经济区实现科学发展具有重要的现实意义

"三化"协调发展的内涵覆盖面广，不仅把工业化、城镇化、农业现代化的内容包括在内，也把生态保护、循环经济、统筹城乡发展等囊括其中；同时这一立足中原资源禀赋和发展优势的定位，具有鲜明的地方特点。中原经济区与全国相比，工业化水平低，城镇化水平更低，农业现代化进展缓慢，而人口压力与保护耕地的压力比较沉重。目前，中原经济区的工业化、城镇化和农业现代化既呈现明显的互动特征，也存在不少问题，互动协调发展机制尚未形成。尤其是三者的协调发展与同步推进在耕地保护、资源利用和生态环境等方面存在诸多制约。中原经济区探索"三化"协调科学发展的路子，有助于解决区域科学发展中的许多矛盾和问题。

3. 河南具有"三化"协调发展的实践基础

20世纪90年代初，河南省委、省政府就做出"围绕'农'字上工业，上了工业促农业"的决策，开始了工农业协调发展的探索。2003年的《河南省全面建设小康社会规划纲要》，明确提出把"加快工业化进程，走新型工业化道路；加快城镇化进程，充分发挥城市的集聚辐射带动作用"作为实现中原崛起的基本路径。河南不断地在发展中摸索，在摸索中完善，加快新型工业化建设，构建现代产业体系；加快新型城镇化建设，构建现代城镇体系；推进农业现代化，加快社会主义新农村建设。据测算，"十一五"期间河南工业对全省经济增长的贡献率达61.3%，城镇化率2009年为37.7%。通过实践，河南不但积累了"三化"协调发展的经验，也更加明确了走不以牺牲农业和粮食、生态和环境为代价的"三化"协调科学发展的路子。

（二）中原经济区"三化"协调发展先行先试的几个方面

1. 在统筹城乡发展上先行先试

率先探索城乡统筹发展新机制，在推进新型城镇化过程中推进农业现代化，保护好农民利益。一是建立完善统筹城乡的土地利用制度。稳步开展城乡建设用地增减挂钩试点，逐步建立城乡统一的建设用地市场；在土地利用总体规划控制指标内，允许省级政府批准各市土地年度利用计划，探索建立土地利用总体规划实施动态监测与评价机制；探索建立重点建设项目省域内跨区域补偿耕地机制；探索建立财政投入与社会投入相结合的土地开发整理多元投入机制。二是建立耕地保护补偿机制和激励机制。构建以保护农民权益和推进农村发展为核心的土地动态调控管理机制。合理控制土地开发强度，健全节约集约用地新机制。探索建立多种补偿安置渠道，解决好被征地农民就业、住房和社会保障问题。三是探索建立城乡一体的基本公共服务体系。积极推进医疗、教育、养老等基本社保的城乡一体化。四是有效解决农民工变市民问题。对农民工进城住房问题进行统筹考虑，在资金和政策方面给予支持。

2. 在走新型工业化、信息化道路上先行先试

立足于高起点，立足于提高工业企业的产品质量、效益和在国内外市场的竞争力，走新型工业化和信息化道路，把中原经济区建成全国重要的高新技术产业、先进制造业和现代服务业基地。一是在中原经济区设立承接产业转移示范区。进一步加大对河南承接产业转移的支持力度，将赋予安徽皖江城市带承接产业转移示范区的相关财税、投资、金融、土地、对外开放等政策，允许中原经济区比照执行，进一步引导产业有序转移和科学承接。二是设立涉农工业产业投资基金。通过设立涉农工业产业投资基金，推动中原经济区涉农工业的发展，支持中原经济区在涉农工业产业方面，积极创建国家新型工业化产业示范基地。

3. 在更好发挥农业优势方面先行先试

一是建立粮食生产利益平衡和激励机制。尽快建立和完善合理的国家粮食安全责任分担机制，做到粮食调入地与调出地共同分担国家粮食安全的责任。二是加快推进现代农业的发展。探索建立具有明确指向的、更为完整的、有粮食生产核心区独享的粮食生产补偿制度，加大对农业基础设施建设的投入；鼓励社会资金特别是一些企业加大对农业生产经营方面的投资，推进农业集约经营和农业生产方式的改变。

4. 在统筹经济发展与生态环境保护方面先行先试

抓住国家支持重点生态功能区生态建设的机遇，率先构建全方位、多层次的生态多样性保护体系，逐步建立完善区域生态补偿机制，加大中原经济区内海河流域、黄河流域、淮河流域、长江流域生态建设投入力度，为国家生态安全提供保障。

二 在走新型城镇化道路上先行先试

新型城镇化是与传统城镇化相对而言的，根本上是要适应科学发展的要求，坚持以人为本，形成产业支撑，创新城市形态，突出城乡统筹，集约节约用地，实现人口、经济、社会、资源、环境等协调可持续发展。

（一）已具备新型城镇化先行先试的条件

走新型城镇化道路，一是必须坚持产城互动，大力发展第二、三产业，有效接纳从农业生产中分离出来的农村剩余劳力人，使他们能够转得出、留得下，就业有保障、生活有提高。二是要创新城市发展形态，突出发展城市群，合理布局、复合设计、连接高效、合力发展，既要注重克服"大城市病"，也要有效提高区域竞争力。三是要突出城乡统筹发展，坚持以工促农、以城带乡，统筹城乡人口、经济、社会、资源、环境等协调发展。

近年来，河南省借鉴国内外城镇化的经验教训，结合自身实际，在走新型城镇化道路上进行了一些有益的探索，特别是在实施中心城市带动战略，建设中原城市群，坚持以城带乡、统筹城乡发展，建设复合型城市、节约利用土地资源等方面已经积累了一些经验。在多年探索与实践的基础上，2006年6月，河南省编制并开始实施《中原城市群总体规划纲要（2006~2020）》。2009年，国务院制定的《促进中部崛起规划》明确提出，把中原城市群列入重点支持发展的城市群。中原城市群经过多年发展，已经具备规模，已经成为带动中原地区加快发展的龙头，对周边的辐射带动能力日益增强。

（二）中原经济区走新型城镇化道路先行先试的几个方面

1. 将郑汴新区上升为国家级新区，探索建设复合型新城区

珠三角在发展过程中以深圳特区为龙头，长三角在发展过程中以浦东新区为龙头，京津冀在发展过程中以滨海新区为龙头，形成了新的增长极，有力地带动了全区经济发展。中原经济区是一个大经济区，人口、面积、发展潜力都不亚于珠三角、长三角、京津冀经济区。郑汴新区位于郑州和开封之间，面积约2077平方公里，是实现郑汴一体化的空间连接带，规划已经完成，道路设施基本具备，起步区建设已初具规模。建议将郑汴新区上升为国家级新区，支持将其建设成为现代产业集聚区、现代复合型新区、城乡统筹改革发展核心试验区、对外开放示范区、环境优美宜居区和区域服务中心。

2. 创新城市形态，加快推进中原城市群一体化进程

城市群是一种创新的城市发展形态，符合中原地区城市化发展的实际。建议国家在推进中原城市群加快发展和一体化进程上给予倾斜和支持，建立一体化协调机制，加强中心城市之间高速铁路、高速公路和城际轨道的建设，促进区域内城市空间和功能对接，率先在统筹城乡、统筹区域协调发展的体制机制上实现突破，把中原城市群建设成为沿陇海经济带的核心区域和重要的城镇密集区、先进制造业基地、农产品生产加工基地及综合交通运输枢纽。

3. 在构建新型城镇体系方面先行先试，促进统筹城乡、以城带乡

中原经济区不仅人口多、密度大，而且等待转移的农村人口数量也大，只有统筹城乡、以城带乡，节约高效用地，才能有效推进城镇化。要按照"向心布局、集群发展、两规（城镇体系规划和村镇规划）衔接"的要求，构建国家区域性中心城市、省域中心城市、中小城市、中心镇、新型农村社区五级城乡体系，有效衔接城乡建设，促进城乡统筹发展。要根据区域发展实际和特点进行产业集聚区建设，促进产业集聚发展、人口集中居住，走集中集约发展道路，高效节约用地。建议对进入产业集聚区的企业，在项目审批、用地供给、税收减免、电价优惠等方面给予支持，鼓励企业向产业集聚区和城镇集中。

4. 率先建立有效的制度和机制，鼓励农民转市民

鼓励农民转市民，需要创新制度和机制，实行"两衔接""两置换"，即探索建立城乡对接的养老保险和医疗保险等社会保障制度，在农民转为市民时将其在农村的养老保险、医疗保险等折算为城镇养老和医疗保险；对上交农村承包地的，置换为城镇养老保险，为其计算一定时限（如5年或8年）的城镇养老保险交费；对上交宅基地的农村居民，置换为城镇住房，奖励其一定的城镇住房面积（如每人30平方米）。同时，要尽快实行农民工跨省转移养老保险和医疗保险制度。鼓励农村居民转化为永久性城镇居民，提高城镇化的质量。

三 在人力资源开发上先行先试

人力资源是指在一定范围内能够推动国民经济和社会发展、具有智力劳动能力和体力劳动能力的人口总和。人力资源开发就是把人的智慧、知识、经验、技能、创造性、积极性当作一种资源加以发掘、培养、发展和利用的一系列活动，是一个复杂的系统工程。

（一）人力资源发先行先试的意义

充分开发和利用人力资源是加快区域经济发展的战略性任务。农业现代化最终要靠有文化、懂技术、会经营的新型农民；加快工业化进程亟须大批经过专门训练、技能娴熟、能够适应现代化大生产和专业化分工需要的产业工人；而农村劳动力要想真正离开土地向第二、三产业转移，实现在城市定居，必须具备相应的技能素质。中原经济区是我国人口最为稠密的地区，农村人口资源十分丰富，开发利用好这一宝贵资源，能够变人口负担为人力资源优势，提高区域竞争力，吸收外来投资，加快区域经济发展，缩小地区发展差距和贫富悬殊；能够有效延长中国的人口红利期，有效缓解招工难、"用工荒"问题；能够带动和影响广大中西部地区的人力资源的开发利用，为其提供有益的借鉴。

（二）中原经济区在人力资源开发上先行先试的几个方面

1. 率先推行义务教育均衡制度，加快义务教育发展

实行义务教育均衡制度，需要进行教育资源共享等区域性改革实验，探索实行城乡教育一体化，特别应该在县域内实行以县为单元、城乡统一的义务教育制度，按照相对集中、提高水平的要求统一调整和优化中小学布局。同时，需要加大对落后地区和农村教育投入，加大教育经费保障力度，加强教师队伍建设。目前，河南省在推行义务教育均衡制度上，已计划实施中小学标准化学校建设工程和第二期农村中小学现代远程教育工程，建议中央财政给予支持。同时，为建立政府多渠道筹措财政性教育经费的长效机制，借鉴全国大多数省份的做法，建议财政部允许河南省开征地方教育费附加，按照实际缴纳"三税"（增值税、营业税、消费税）税额的2%征收，主要用于义务教育。

2. 创新职业教育模式，构建终身教育体系

构建具有鲜明特色、灵活开放、满足人民群众多样化需求的中高级教育相衔接、普通教育和职业教育相沟通、职前职后相融合的终身教育新体系，大力发展职业教育，是大面积提高生产、经营、管理一线劳动者素质的基础性工程，事关经济社会发展，事关民生的改善和提高。面向农村大力发展职业教育，建议国家支持在每个百万人口的大县重点办好1所在校生规模达到3000人以上的职教中心或中等职业学校，探索实行职业教育与义务教育相衔接的教育制度；建议国家重点支持河南建设30个服务于全省或当地支柱产业的校企合作型龙头职业教育集团，推动职业教育集团化发展，壮大办学规模，提高办学水平；建议增加"阳光工程""雨露计划"投入，实行农村免费职业教育，加大对农民工的培训力度。

3. 改革高等院校管理体制，扩大人才培养规模

河南省人口多、生源多、高校少、名校更少，改革高等院校管理体制，加快高等院校发展，扩大人才培养规模，是建设中原经济区的紧迫需要。建议将郑州大学列入"985工程"、河南大学列入"211工程"，提高河南省大学教育的水平和质量；建议国家支持北京大学、清华大学等国内名校在河南创设分校，或者组织若干国内著名大学在河南创办联合大学，带动河南高等教育发展；建议按照"南科大模式"引入国际名校来河南创办学校，创新高端人才培养模式；加快河南本省高等院校发展，加强学科建设，增设硕士、博士学位点。

4. 创新高端人才培养平台，扩大高端人才培养规模

建设中原经济区需要大量的高端人才，扩大高端人才培养规模是一项紧迫的任务。要支持中国科学院、中国社科院、中国农科院等机构到河南设立分支机构或研究所，一方面带动高端人才流入，为建设中原经济区提供智力支撑；另一方面带动高端人才的培养，扩大高端人才队伍。要支持河南省科学院、河南省社科院、河南省农科院等增设硕士、博士学位点或创办研究生院，扩大高端人才培养规模。要支持河南煤化集团等大型现代化骨干企业设立博士后流动站，容纳大量的高端人才为中原经济区建设服务。

四 在开发和弘扬中原文化上先行先试

（一）开发和弘扬中原文化先行先试的意义

中原文化代表了中国古文明以及由此而延伸的整个中国历史文化。开发和弘扬中原文化具有十分重大的意义。

1. 能够有效增强民族凝聚力

华夏民族发端于黄河中下游的中原地区，中原是华夏儿女永远的精神家园。中原文化代表了华夏文明，是华夏儿女的精神向往，是凝聚华夏儿女的精神力量。弘扬中原文化，传播中华文明，将会进一步增强民族的吸引力和凝聚力，增强海内外中华儿女的团结，促进振兴中华大业的早日实现。

2. 能够有效提高综合竞争力

文化是重要的软实力，在综合国力竞争中的地位和作用越来越突出。挖掘和整理文化资源，宣传和弘扬中原文化，促进文化大发展大繁荣，不仅会大幅提高河南及整个中原经济区的影响力和竞争力，也将有力提高全中国在世界上的影响力和竞争力。

3. 能够有效提升经济发展动力

当今社会，文化与经济日益交融，相互促进、共同发展和繁荣的趋势越来越显著。中原文化内涵丰富、积淀深重，是一个取之不竭、用之不尽的资源宝藏，挖掘、整理、保护、利用中原文化，大力发展文化产业，就能有效促进经济发展，增加就业，改善民生，满足人民群众日益增长的文化需要。

(二) 中原经济区开发和弘扬中原文化先行先试的几个方面

1. 加强对中原文化的保护

河南历史文化资源极其丰富，地下文物、馆藏文物、历史文化名城、重点文物保护单位数量均居全国第一位，许多历史文化遗址亟待勘察、开发和保护，一些非物质文化遗产亟待整理。建议设立中原文化保护开发基金，专项用于挖掘和整理中原文化资源，加强文物开发与保护，收集整理非物质文化资源和非物质文化遗产。

2. 进一步传承和弘扬中原文化

依托中原经济区作为全球华人寻根拜祖圣地的优势，扩大中原文化交流，增强中原文化影响力。实施中原经济区文化品牌打造工程，充分挖掘根文化、姓氏文化、都城文化、商业文化、汉字文化、功夫文化等中原文化资源，进行有效整合和开发，培育和打造以"根文化"为重点的中原文化品牌。争取将中原文化纳入实施中的"中华文化走出去工程"，把少林功夫和陈氏太极拳列入世界各地建立的孔子学院教学内容，推动少林、太极、根亲、姓氏等中原文化的传播，建设全球根文化圣地。加强历史文化遗迹的勘探、发掘、抢救、保护和开发利用，支持中原经济区分区域建设一批主题文化旅游基地，提高中原文化国际知名度。

3. 探索公共文化体系建设新机制

以机制创新为动力，加快博物馆、文化馆、图书馆、乡（镇、街道）综合文化站、城镇影剧院、农村文化室等公益性文化设施建设，推进广播电视村村通、文化信息资源共享、农村电影放映、农家书屋等惠民工程，推广文化信息资源共享。实施基础文化设施覆盖工程，在资金、项目上给予重点倾斜，鼓励社会力量积极参与公益性文化建设，加快构建完善的市、县（市、区）、乡（镇、街道）、行政村（社区）四级公共文化设施网络，在中西部地区率先建成覆盖城乡的公共文化服务体系，打造全国公共文化建设示范区。支持开展建立公共文化服务体系财政保障机制试点，对基层公共文化机构日常运行经费及博物馆免费开放并给予补助。

中原经济区争取国家政策支持几个问题的考虑*

我就中原经济区如何争取国家政策支持,谈三个问题,供领导参考。

一 争取政策,不宜搞"总集成",而要打"特色牌"

几个月来,我们"中原经济区政策研究小组"一直是按照"既全方位比照,又全方位创新"的思路工作的,试图搞一个融比照与创新为一体,即"人有我有,人无我有"的"总集成"式的研究文本。

现在,我们有必要重新思考这个问题。向中央要政策,确实有一个"怎么要"的问题,也就是"要"的艺术。并不是我们要多少,就能给多少,或者开口越大,狮子大开口,给得就越多。恐怕不是这样。我认为,我们应当认识中原经济区争取国家政策支持的政策环境已经发生了变化。概括起来,有三个方面。

国家对区域发展采取"普惠性"政策。类似中原经济区这样的"牌子"已经遍地开花,我们有,人家也有。国家"十二五"规划同时要求:"重点推进太原城市群、皖江城市带、鄱阳湖生态经济区、中原经济区、武汉城市圈、环长株潭城市群等区域发展。"中部6个省份,无一遗漏。

国家政策支持的重点,已经发生变化,由区域性倾斜向产业性倾斜方面转变。这是国家发展的大局需要,也是区域发展的阶段性特征。类似当年西部大开发、东北振兴那样的区域性特殊的财税政策支持很难再有了。我们提出比照这个、比照那个,有点一厢情愿。

---

* 2011年5月3日在省委、省政府召开的中原经济区争取国家政策支持座谈会上的发言。

新的区域争取国家政策支持存在"后发劣势"。正所谓此一时非彼一时，现在"先行先试"的含金量与过去也不可同日时而语。中原经济区是地方发展战略上升到国家战略层面的"末班车"，存在"末班车效应"。中原经济区建设"后发劣势"包括以下几个方面。一是"先行先试"选择性缩小。"先行先试"权具有排他性。现在，城乡一体化、两型社会建设、新型工业化、资源型经济转型、生态经济方面的"先行先试"，都已经"花落他家"，中原经济区建设只能在其他符合自身实际又具有全局性意义的领域争取"先行先试"权，其范围是十分有限的。二是争取优惠政策的难度加大。最早获得改革开放优先权的地方，中央给予的条件和政策比较宽松，地方探索的灵活性较大，地方的要求一般容易满足。现在，中央陆续批准了多个经济区，有了参照、经验和教训，对新申报的经济区，可能会提高政策门槛，提高审查标准，减少通融的余地。三是实践中的"灰色"地带减少。在"先行先试"初始阶段，摸着石头过河，在地方发展上存在着一些"灰色"地带，出现了所谓"先发展后规范""先生孩子后起名"的现象，有了所谓"干了就干了，不干就算了"，以及"守规者吃亏，违规者沾光"等潜规则。随着经济转型和有关秩序的完善，"灰色"地带在减少，后发地区希望"讨巧"的空间和余地也大为减少。

　　3月14日在北京召开的"中原经济区建设财税政策研讨会"上，省财政厅介绍情况时提出9个方面需要财税政策支持。国家发改委财税司司长张东生在发言中提出，"总的感觉是点多、面广、内容比较散、特点不够鲜明"，并针对提出的政策建议，分十个方面进行分析，认为多数不可行。其他与会的国家税务总局、财政部和科研单位的专家，多数认为应当突出河南的特色和优势，如粮食、交通、人力资源、新型城镇化等，不要面面俱到。国家发改委宏观院副院长王一鸣在发言中说：我们非常理解河南希望国家加大投入的愿望，但我个人的理解，国家加大财税支持力度，一定是有全国意义的东西。河南有哪些是具有全国性意义、有外溢性效益支持的东西？我觉得有四个方面：第一是粮食和农业，第二是交通枢纽，第三是人力资源开发，第四是产业转移。要围绕这些来制定政策。现在列的东西太多了，而且制定这些关键性事情的时候最好不要比照。高培勇研究员指出，现在谋划中原经济区发展，有两件事情要看得非常清楚,第一个变化是这种区域性特殊的财税政策支持往往是很难再有实施的可能了,已经转到了以产业为重要线索的政策优惠上来。第二个变化是现在类似于中原经济区这样的概念,在全国是遍地开花的,列入"十二五"规划的有太原城市群、皖江城市带、武汉城市圈等。建议一定要深挖河南自己所具有的特殊优势,而且这种特殊优势一定对全国的发展具有作用,寻求中央给予特殊的支持。

以上情况说明,要站位于全国思考问题,不搞"总集成",要打特色牌。要围绕破解全国性难题,在推进"三化"协调发展、推进新型城镇化、加强综合交通枢纽建设几个方面,突出中原经济区的特色,争取国家给予更多的政策、牌子、项目和资金支持。其他方面,如人力资源开发、文化保护与传承、资源环境保护等,可以按照内在逻辑,纳入以"三化"协调发展为核心的主体框架内。

二 要坚持以"三化"协调为纲,统领其他方面的内容

我们在争取中央政策支持的主题选择方面,要突出"三化"协调一个主题,不要搞成多个主题。可以考虑突破《中原经济区建设纲要(试行)》的框架,在四个定位里更加突出"三化"协调发展示范区。仔细想一想,如果把"三化"协调的内涵搞清楚、说明白,可以起到提纲挈领、纲举目张的作用和效果,可以把我们想要的东西巧妙地贯通起来,放进去。所以,我们对"三化"协调发展的内涵和外延,要深化认识。

(一) 实现"三化"协调,就是要要努力达到"五个协同"

一是农业增产与农民增收相协同。在国家千亿斤粮食增收计划中,河南省将承担155亿斤,占近1/7,可谓责任重大。但现实的情况是,粮食主产区农业增产并不一定能带来农民致富,河南的种粮大县多数是财政穷县,这与粮食生产的比较效益低有关,也与各方面对农业的支持扶持不够有关。只有农业增产与农民增收有效地衔接起来,才能充分调动农户种粮积极性,使粮食生产建立在坚实的基础之上。二是工业化与城镇化相协同。工业化与城镇化应当是一致的、同步的、不可分离的,但由于我国多年来推进工业化靠政府力量和行政手段,不少工业项目是

"嵌入式"安排的，与经济发展环境和条件并不吻合，由此导致工业化的"过度"，以及与城镇化的脱节。实现工业化与城镇化相协同，关键是尊重经济发展规律，发挥市场调节的功能，减少政府对微观经济活动的直接干预。三是推动工业化城镇化与保护耕地"红线"相协同。工业化、城镇化都需要占用土地甚至耕地，而我国的耕地保有量十分有限，耕地"红线"不能突破。怎样使工业化城镇化与保护耕地"红线"相协同，是一个十分困难的问题。解决问题的出路在于，一方面改变过去粗放式工业化城镇化模式，实现内涵式发展，发展节地形工业、紧凑型城市，最大限度地减少工业化城镇化对土地特别是耕地的占用；另一方面，通过各种措施增加耕地供给，盘活土地资源。四是同步推进"三化"与资源环境保护相协同。同步推进"三化"，要有资源与环境的支撑。五是城市繁荣与农村进步相协同。城乡二元结构的存在，是导致城乡差距不断扩大的制度性原因，也是坚持"三化"协调科学发展必须正视的问题。从制度安排着手改善城市与农村的关系，是城市繁荣与农村进步相协同的不二选择。

（二）实现"三化"协调，要实现"三个互动"

一是产业互动。三次产业之间要互动。一、二、三产业并不是截然分开的，而是有内在联系的。"三化"协调，首先是产业要协调。河南省早在20世纪90年代就提出，农业"长入"工业，即大力发展食品工业，实现工业农业两篇文章联手做，食品工业已经成为河南工业的第一支柱产业，有限地带动了农业的发展。第三产业的发展，也要以第一、二产业的发展为基础。二是产城互动。没有产业的集聚，就没有现代城市的发展。从全国全省工业化的进程看，一个重要教训是工业发展与城市发展的脱节，譬如20世纪80年代后一度出现的工业"村村点火，四处冒烟"现象，就没有对城镇化产生什么推动作用。建立产业集聚区，是实现产城互动的有益探索，值得认真总结和推广。三是城乡互动。过去，在计划经济时代，主要是通过计划手段使农村支援城市，导致了农村的衰落。在市场经济条件下，由于资本的趋利性偏好，农村仍然可能成为被遗忘的角落。所以，要通过转移支付、税收优惠等措施，弥补市场调节的缺陷，加大对农村的支持力度。

（三）要建立"三个长效机制"

一是粮食持续增产的长效机制。譬如，建立粮食生产核心区，建立基本农田保护基金，设立粮食生产专项基金，加大对农田水利建设的投资，建立对粮食生产的科技扶持，对农业机械、良种培育、农药化肥生产的税收优惠，建立粮食调入地对调出地的补偿机制，等等。二是工业城镇反哺农业农村的长效机制。这涉及一系列的制度安排，需要进行系统的研究。三是"三化"联手联动、深度融合的长效机制。

三 代拟稿要写出高度，写出亮点，写出新意

学习了几十个类似的文件，感觉好的文件是需要理论创新的，要站在应有的高度思考问题，从大的方面确立总体框架。目前的代拟稿，基础很好，最大的不足是平淡，给人感觉零碎。之所以平淡，零碎，是因为没有贯穿全文的主线，缺乏魂魄。所有方面，是平列的，没有立体感。所以，我认为，一定要先把概念搞清楚，框架搭起来，不急于去修饰文字。我认为，第一部分，"总体要求"要有很强的思想性、理论性，起到统领作用。

我建议用"一、五、八"为主线，搭建这个框架。

"一"，就是一个主题。坚持探索不以牺牲农业和粮食、生态和环境为代价的"三化"协调科学发展之路为主题。

"五"，就是实施五大战略。第一，实施以粮为基、统筹"三农"战略；第二，实施"三化"同步、"三区"（核心区、主体区、合作区）联动战略；第三，实施"调结构、保格局、保民生"（一调两保，保格局就是城市化战略格局、农业战略格局、生态安全战略格局）战略；第四，实施"一个载体、三个体系"总体开发战略；第五，实施"提升核心、强化主轴、整体推进"（核心：郑汴新区；主轴：沿陇海发展轴和沿京广发展轴）区域发展战略。不再一般性地讲开放带动、科教兴豫、可持续发展，人才强省、城镇化带动。

"八"，就是提供八大保障。即枢纽建设保障，人才开发保障，资源环境保障，开放带动保障，体制机制保障，社会管理保障，政府效能保

障，思想文化保障。

另外，基本原则和主要任务，也不一定用现在的写法，像是社论的语气，缺乏针对性、地方性、可操作性。譬如，基本原则，可以换成处理好几个关系：处理好农业增产与农民增收的关系，处理好工业化与城镇化之间的关系，处理好推进工业化、城镇化与保护耕地"红线"的关系，处理好保持城市繁荣与促进农村进步的关系，处理好"三化"同步与资源环境保护的关系。

研读《中原经济区建设纲要（试行）》有感[*]

《中原经济区建设纲要（试行）》（以下简称《纲要》）已经河南省委八届十一次全会原则通过。研读《纲要》，有几个问题，有必要特别加以说明和回答。

其一，中原经济区是一个什么样的概念。第一点，它是一个区域经济的概念。就是说，中原经济区，是以河南为主体，延及周边若干区域，具有鲜明特点、独特优势，经济相连、使命相近，相对独立的区域经济综合体。第二点，它又是一个总体战略的概念。河南这些年在实现中原崛起中，先后提出过"一高一低""三化协调""两大跨越"等战略目标以及构建中原城市群、东引西进等战略举措。建设中原经济区，是把实践证明有效的东西在新的形势下加以持续、延伸、拓展和深化，形成一个总集成，搭建一个总平台，寻找一个总抓手。第三点，它还是一个承载使命的概念。中原是中国的缩影和面临问题的写照。中原兴，中部兴；中部兴，中华兴。建设中原经济区的意义就在于，加快自身发展，推动中部崛起，促进东、中、西互动，服务全国大局。

其二，怎样理解建设中原经济区，凸显中原战略"腹地效应"。"腹地效应"是指最大化地发挥腹地的资源优势，承接中心经济地带的经济资源，做大腹地经济。"中原腹地效应"，既是一个地理概念，更是一个功能概念。在地理上，中原是"中国之中"，古人称"得中原者得天下"，可见，中原是根基，是正道，是人心，是底气。在现代中国经济坐标中，中原位于京广、陇海－兰新两大经济带主轴的交会区域，处于

---

* 为《中原经济区研究》（河南人民出版社，2010，喻新安主编，王梦奎为之序）一书写的引言的一部分。

承东启西、连南通北的战略地位，所以，中原是沿海到广袤内地的要冲、要道、要塞，是实现产业梯次推进的中介、通道、载体。从功能看，中原地区交通发达，基础设施完善，劳动力资源丰富，发展潜力巨大。中原与周边地区的产业链具有强烈的互补性，可为西部原材料工业提供市场，也可为东部加工业提供供应链。因此，建设中原经济区，可以在中部构筑具有强大集聚作用和辐射作用的核心增长极，中原经济区有可能演化为促进周边地区发展的倍增器。在这里，中原"腹地效应"也是倍增效应。

其三，怎样解释有了《中部崛起规划纲要》，为什么又搞《中原经济区建设纲要》？这是必须回答也不难回答的问题。首先要明白，目前国家实行区域发展总体战略，促进四大板块协调发展，但东、中、西和东北内部的区域差异仍然较大，区域政策的空间尺度偏大，于是近年来以明晰区域定位、细化区域政策、规范地区发展走向为特征的新一轮区域布局已经悄然展开。再看中部。中部现在是6个省份，国家统计局的统一口径还是9个省份，包括黑龙江、吉林、内蒙古。无论9个省份还是6个省份，中部的概念仅仅是经济发展水平的一个概括，并不是具有内在紧密联系的区域经济概念。按中部9个省份来说，湖南是"向南"的，要融入泛珠三角；江西要成为上海的"后花园"；安徽主动融入长三角；湖北属于长江经济带；山西临近京津冀经济圈。所以中部6个省份仅仅是发展水平比较接近，并不具有紧密的内在联系，无论从历史上还是现实，都是这个状况。河南的情况比较特殊，它远离上海、广州、北京这些大的核心城市，隔山跨河，想靠都靠不上。由此就形成了一个巨大的、比较独立的区域，这个区域内工业门类比较齐全，河南工业就涵盖了工业39个大类中的38个，自我配套能力、自我修复能力比较强。这是历史形成的。河南周边的一些地区，除个别地市以外，多数比河南还要差一些，受到河南的影响和辐射很大。由此形成了一个相对独立的区域，就是中原经济区。所以，提出建设中原经济区，不仅与《中部崛起规划纲要》不重复、不冲突，而且很好地弥补了国家大的宏观政策空间尺度大的不足，更加有利于中部崛起目标的实现。

其四，中原经济区是跨省域的，与周边省份的关系怎么处理？中原经济区是以河南为主体，延及周边若干地区的区域经济综合体。关于中原经济区的战略布局，《纲要》提出了三类地区，一是以郑州和与之毗邻城市为"核心区"，二是全省各省辖市为"主体区"，三是联动发展的周边地区为"合作区"。既然是"合作"，就要自愿、互利。现在，对中原经济区的范围采取淡化的办法，"延及周边"，具体哪些地方，比较模糊，因为需要论证、沟通、协商，不能一厢情愿，不能拉郎配。但要强调的是，中原经济区既然是区域经济的概念，就不必担心河南周边的地方不加入。区域的内在联系是客观存在的，不以人的意志为转移。如果加入有利于发展，加入就会成为共识和自觉行动。须知，福建当年提出建设海西经济区，周边的地区都是积极响应的，有的省里还正式发文件，要求相关地区加入海西经济区。

其五，建设中原经济区，会不会得到国家大力支持？我们相信，建设中原经济区一定会得到国家大力支持。因为在未来全面建设小康社会的10年里，国家实施扩大内需战略和"三化"同步推进战略，中原地区将承担更大责任，发挥更大作用。还要看到，在我国改革发展的不同时期，总会有一些区域承担特殊使命，发挥特殊作用，成为国家振兴的新看点，因而得到国家特殊的支持。回顾过去的30多年，展望未来的发展走向，可以得出的结论和预期是：80年代看深圳，90年代看浦东，21世纪看内地，第二个10年看中原。国家支持建设中原经济区，是为国家培育新的增长极和带动极，对区域协调发展，对发展战略的转变，都将产生重大而深远的影响。因此，我们坚信，中原经济区建设一定能上升为国家战略，一定能得到"先行先试"等政策支持，也一定能在国家发展全局发挥更大的作用。

其六，建设中原经济区怎样起好步，开好局？中原经济区建设千头万绪，最重要的，是坚持以解放思想为"总开关"。因为建设中原经济区最大的困难，不是缺资金、项目等硬件，而是来自传统思想观念、传统思维方式方面的阻挠。从这个意义上说，解放思想的进程，将影响、制约、决定中原经济区建设的进程。各级党委和政府要从习惯于行政干预，行政命令，到树立经济区理念，尊重经济规律、尊重市场主体，尽量发挥市场的作用。要突破经济发展的"路径依赖"，走出"干我们熟悉的""干我们会干的""干我们能干的"的产业选择困境。建设中原经济，对改进领导工作提出了新的课题和全新的要求。各级领导的发展理念要正确。要以人为本、为民惠民,绝不能再搞什么政绩工程、面子工程。思维方式要适应。要提倡发散思维、逆向思维、动态思维,提高思维的综合性、开放性、创造性。社会的价值导向、社会氛围要相应调整。要从官本位价值导向转变为以"创业、创造、创新"为荣的社会价值导向,形成合作、和谐、奉献为上的社会氛围。

理论创新篇

大省崛起
中原经济区论略

探索区域科学发展的时代命题[*]

——河南省坚持走新型"三化"协调之路的认识与思考

卢展工书记在省委九届三次全会的讲话中提出了"学明白、想明白、说明白、做明白"的工作要求;最近,卢书记在与省社会科学界茶叙中明确要求"理论应先行,理论应引领,理论应破难,理论应聚力"。根据卢书记讲话精神,省社会科学院组织专家学者对新型"三化"协调发展、新型城镇化引领、新型农村社区建设进行分析和论述,形成三篇理论文章。《河南日报》从今天起予以连载,希望对广大干部群众准确理解省九次党代会精神、持续探索"两不三新"三化协调科学发展路子有所帮助。

一 探索新型"三化"协调之路,意义重大、使命光荣

工业化、城镇化和农业现代化协调发展,是我国走向现代化的必由之

---

[*] 2012年3月26日,河南省委宣传部召开长篇通讯《东风吹来满眼春——邓小平同志在深圳纪实》发表20周年座谈会,陈锡添(时任《深圳特区报》副主编,现任《香港商报》总编辑)介绍了该文的写作背景和发表过程。河南省委书记卢展工接见了陈锡添一行。在会见中卢展工多次提到,要把"三化"协调问题搞清楚,在"协调""统筹""一体化"方面立论,要求省社会科学院加强研究。省委常委、宣传部部长赵素萍同志当即指示我们抓紧落实。省社会科学院于3月28日召集30多名科研骨干成立课题组,开展中原经济区科学发展路子系列研究。4月2日,确定了三篇文章(即《推动区域科学发展的时代命题》《引领"三化"协调发展的战略抉择》《实现城乡统筹协调发展的重大创举》)的提纲。4月22日,受卢展工书记委托,省委常委、宣传部部长赵素萍,河南省人大党组书记、副主任曹维新与省社会科学院专家座谈,提出了修改意见。之后的两个多月里,课题组16易其稿,进行了堪称艰苦卓绝的修改工作。6月26日,三篇文章在《领导参阅》刊出。7月27日,卢展工书记等省领导与社科界专家茶叙,课题组根据领导意见又对文稿进行了修改。《河南日报》8月中旬陆续发表,引起很大社会反响。本文以河南省社会科学院课题组名义发表。课题组组长:喻新安;副组长:刘道兴、谷建全。

路。河南作为中国的缩影,解决好"三化"协调问题,在全国具有典型性和代表性。在 20 世纪 90 年代以来实践探索的基础上,持续探索不以牺牲农业和粮食、生态和环境为代价的新型城镇化新型工业化新型农业现代化"三化"协调科学发展的路子,是中原经济区建设的核心任务,是新形势下实现区域科学发展的时代命题。

中原崛起,"三化"为途。作为人口大省、农业大省、新兴工业大省,河南省探索新型"三化"协调之路,突出体现在"新"字上。所谓"新",新就新在不以牺牲农业和粮食、生态和环境为代价,新就新在充分发挥新型城镇化的引领作用、新型工业化的主导作用、新型农业现代化的基础作用,新就新在是在新型"三化"基础上实现协调发展。

(一)探索新型"三化"协调之路,是立足于对世情、国情、省情的深刻认识

放眼世界,由国际金融危机引发的世界经济格局大调整正在向纵深展开,不少国家和经济体正试图通过调整发展战略,赢得新增长周期,重塑竞争优势。就众多发展中国家和地区尤其是人口大国和地区而言,如何借鉴国际经验,实现增长机制和发展模式的深度转型,更是面临严峻的考验。一方面在粮食危机的"马尔萨斯幽灵"随时可能不期而至的背景下,必须将粮食安全置于国家安全的高度,着力保障粮食基本自给;另一方面,要着力规避当人均 GDP 达到 3000~5000 美元发展阶段后,可能出现的经济增长波动甚至陷入停滞,顺利跨越"中等收入陷阱"。这两方面都有深刻的教训。前者,仅近年来就有西亚、北非等地区的国家因粮食问题而频发国内政治动荡和社会骚乱;后者,一些拉美国家由于过度集聚化地实现大城市急剧扩张,导致城乡发展的失调和严重的社会危机,在进入中等收入国家行列后,过去经济快速发展积累的矛盾集中爆发,经济发展长期徘徊,迟迟难以进入高收入国家行列。这些国家和地区的教训引人深思。怎样在工业化、城镇化进程中防止农业被削弱,努力保持经济发展的稳定性和持续性,是一个不容忽视的问题。

我国已进入中等收入偏上国家行列和工业化城镇化加速推进阶段,应当充分吸取国际经验和教训,积极探索适合我国国情的"三化"协调发展的路径和模式。由于当前国际金融危机深层次影响仍在发酵,国际贸易增

速回落，世界经济复苏的不稳定性、不确定性上升，我国经济下行压力加大，甚至有"硬着陆"的风险。要进一步提振经济，实现更有质量的可持续增长，必须将扩大内需作为转方式、调结构、保增长的首要任务。而城镇化是扩大内需和推动未来经济发展的最大潜力所在。据统计，目前我国城镇居民消费水平是农村居民的3.6倍，城镇化率每提高1个百分点，可以吸纳1000多万农村人口进城，进而带动1000多亿元的消费需求和数额更大的投资需求。同时，提升工业发展水平，促进服务业加快发展并提升其比重，可以为扩大内需、增加就业提供强有力的产业支撑；保障粮食安全、保护生态环境、发展现代农业，可以为扩大内需奠定坚实的物质基础。因此，推进"三化"协调是我国现代化的必由路径，可以助推我国在"十二五"乃至更长时期保持经济适度较快增长，实现全面建设小康社会的宏伟目标。

河南的特殊省情决定了其特殊的使命。从自然条件看，河南的土壤、气候、日照等更适合粮食和农业生产，目前粮食总量约占全国的1/10，夏粮产量占全国的1/4强，所以，河南的粮食生产关乎全国粮食安全，只能加强，不能放松；从发展阶段看，河南人均GDP已突破4000美元，进入工业化、城镇化加快推进和蓄势崛起的新阶段，但主要人均指标低、城镇化水平低、"三农"问题突出，必须大力推进工业化、城镇化，努力实现赶超发展目标；从地理位置看，河南地跨长江、淮河、黄河、海河四大流域，大别山、太行山、伏牛山三山环绕，又是南水北调中线工程的水源地，因此，河南的生态和环境保护关系全局，不容有失。基于以上情况，确保在工业化、城镇化进程中不牺牲农业和粮食、生态和环境也就成为河南决策层的不二选择。而"两个不牺牲"又形成倒逼机制，迫使河南持续探索"两不三新""三化"协调科学发展之路，并以此统筹破解资源要素等瓶颈制约，实现真正意义上的均衡发展、协调发展、可持续发展和城乡一体发展，寻找到新形势下中原崛起河南振兴的持久动力和新的发展模式。

（二）探索新型"三化"协调之路，是自觉站位全国服务大局的历史担当

粮食安全在我国国家战略中的地位无须赘言。作为全国粮食主产区，河南用占全国6%的耕地生产了占全国10%的粮食，为保障国家粮食安全

做出了积极贡献。改革开放以来,在工业化浪潮中,全国13个粮食主产区中粮食净调出省份仅剩6个,但同期河南粮食总产量一直稳步增加,2011年突破1100亿斤,每年净调出原粮及加工制品400亿斤。随着新一轮区域竞争的展开,中西部工业化城镇化进程将会加速,"粮食怎么保"成为不容回避的问题。加之国际市场高粮价局面短期内难以改变,通过国际市场平衡国内供给不仅空间有限,而且受"大国效应"影响,价格风险和政治风险都将越来越大。如果说在改革开放初期,部分地区以削弱粮食生产上工业尚有一定的历史原因,那么在新的形势下,中西部地区已不可能也不允许再复制传统的工业化城镇化道路。基于此,河南把建设粮食生产核心区作为"三化"协调发展的重要抓手,致力于到2020年粮食综合生产能力提高至1300亿斤,继续为保障国家粮食安全做出更大贡献,这是河南应有的历史担当。

改革开放以来尤其是进入21世纪以来,许多地方为推动"三化"协调发展进行了有益的尝试,取得了积极的成果,但两种不协调现象仍不同程度存在:一些地方经济发展了,粮食生产却下来了,生态环境被破坏了;一些地方粮食生产、生态环境保住了,但经济发展却长期滞后。实践证明,要做到既避免为推进工业化、城镇化牺牲农业和粮食、生态和环境,也避免因保农业粮食、保生态环境而拖累经济发展,就必须创新"三化"协调的内涵和模式。河南结合自身实际,提出"两不三新"三化协调科学发展的思路,坚持以新型城镇化引领"三化"协调发展,发挥新型农村社区在新型城镇化引领方面的战略基点作用,推动产业互动、产城互动、城乡互动,努力实现农业增产与农民增收协同、推动工业化、城镇化与保护耕地"红线"协同、协调推进"三化"与资源环境保护协同,构建起新型工农关系、城乡关系,保护好绿水青山,加快形成城乡经济社会发展一体化新格局。河南的探索,有可能为全国同类地区创造经验、提供示范。

由于历史的原因,曾经长期处于全国政治、经济、文化中心地位的中原地区,到新中国成立时已沦为全国最落后的地区之一。1949年,河南人均生产总值不到全国平均水平的60%,工业总产值仅为全国总量的1.6%。改革开放之初的1978年,河南经济总量仅列全国第9位。经过半个多世纪的奋斗特别是改革开放以来的不懈努力,河南发生了巨大变化,已成为经济大省、新兴工业大省和有重要影响的文化大省。但人口多、底子薄、基础弱、发展不平衡、人均水平低的基本省情还没有得到根本改变。2011年，河南农民人均纯收入相当于全国平均水平的94.7%，城镇居民人均可支配收入相当于全国平均水平的95.2%，人均GDP相当于全国平均水平的82.9%，城镇化率比全国平均水平低10.7个百分点。要看到，由于人口多、体量大、基础差，河南加快自身发展，与全国同步建成全面小康社会，就是对国家的特殊贡献。只要我们坚持"四个重在"实践要领和"四个明白"工作要求，持续探索新型"三化"协调之路，不断破解前进中的困难和阻力，在不久的将来，中原经济区一定能实现"五年彰显优势，十年实现崛起"的目标，成为在全国具有重要影响的经济区域。

（三）探索新型"三化"协调之路，是实现中原崛起河南振兴的基本途径

实现中原崛起河南振兴，是一亿中原人民的殷切期盼。基本实现工业化是中原崛起的基本标志。当前，河南正处于工业化中期阶段，加快推进工业化进程，以新型工业化为主导仍然是富民强省、实现中原崛起河南振兴的必然选择。但要实现负重爬坡、持续发展，必须实现从劳动、资源密集型向资本、技术和知识密集型转变，推动产业结构调整优化、传统工业转型升级、信息技术融合发展、产业集聚持续提高，这一切，都有赖于城镇发展环境的优化、综合功能的完善以及信息、物流、金融等现代服务业的发展，总之，有赖于发挥新型城镇化的引领作用。

努力使河南主要人均指标达到或超过全国水平，是中原崛起河南振兴的重要标志。目前河南经济总量居全国第5位、中西部首位，但人均GDP、城市居民人均收入、农村居民人均纯收入等主要指标低于全国水平。实现赶超目标的途径只有加快发展，而发展的关键，在于探索新型"三化"协调之路。要根据形势发展的需要，赋予"三化"协调"两不三新"的新内涵，以敢为人先的胆略和勇气，破解经济社会发展的深层次矛盾，实现更大规模更高层次的发展，不断提高经济发展的质量和效益，增强河南的综合实力、竞争力和抵御风险能力，实现从经济大省向经济强省的跨越。

实现中原崛起河南振兴的最大障碍是"三农"问题。"三农"问题的

核心是农民问题。如果到2020年,占河南人口一半左右的农村人口收入水平、居住条件、生活环境等没有显著改善,就谈不上全省全面小康目标的实现。解决"三农"问题特别是农民问题的出路,仍然是坚持"两不三新"三化协调科学发展。

我们高兴地看到,不少地市在"三化"协调的探索中,将新型农村社区建设纳入新型城镇体系,有效地推动了土地集约利用、农业规模经营、农民多元就业、生活环境改善,加快了农村生产方式和农民生活方式转变,开辟了加快中原崛起河南振兴、实现全面建设小康社会目标的新天地。

二 探索新型"三化"协调之路正当其时任重道远

(一)新型"三化"协调的主要标志和基本要求

新型"三化"协调,比一般意义上的"三化"协调有着更为丰富的内涵。在要素组合上,强调在城乡统筹、城乡一体的视野中优化资源要素的空间重组,突出节约集约、提高科技含量。在驱动机制上,以新型城镇化为引领、以新型工业化为主导、以新型农业现代化为基础,并将现代城镇体系延伸至新型农村社区。在目标导向上,突出资源节约、环境友好,致力于走生产发达、生活富裕、生态良好的文明发展道路。

新型"三化"协调的主要标志,突出体现为产业关系协调、产城关系协调、城乡关系协调。产业关系协调,就是要防止产业发展失衡、失序,甚至畸形发展,形成三次产业互补、互动、协调、可持续发展的局面。产城关系协调,就是城镇建设与产业发展相互适应、互为依托,形成以产带城、以城促产的良性互动格局。城乡关系协调,就是打破城乡二元结构,形成以城带乡、城乡平等、开放互通、互补互促、共同进步的城乡一体化发展局面。

为此,必须坚持以科学发展为主题,以保障民生为根本,以统筹协调为重点,深化产业互动、产城互动、城乡互动,坚持稳粮强农、统筹兼顾、节约集约,坚持改革开放、大胆探索、勇于创新,强化新型城镇化引领、新型工业化主导、新型农业现代化的基础作用。要大力推进"五个协同",即农业增产与农民增收协同,工业化与城镇化协同,工业发展、城镇建设与保护耕地协同,"三化"协调与资源环境保护协同,城市繁荣与农村进步协同。

(二)探索新型"三化"协调之路基础良好条件成熟

20世纪90年代初,河南就提出"围绕'农'字上工业,上了工业促农业",开始了工农业协调发展的探索。进入21世纪,河南明确提出"加快工业化、城镇化,推进农业现代化"。20多年来,河南持续把加快工业化、城镇化、推进农业现代化作为实现中原崛起的基本途径,坚持工农业互动协调发展,探索"以农兴工、以工促农"的有效方式,实现了由传统农业大省向经济大省和新兴工业大省的历史性跨越。实践表明,立足丰富的农业资源进行深加工,推动相关产业集聚融合,使农业"长入"工业,大力培育涉农工业,是实现工农业良性互动的重要路径;推进以市场为导向的改革,依托区域优势培育优势产业,走新型工业化道路,是壮大工业规模和提升工业竞争力的核心所在;不断强化产业支撑,加快城镇基础设施建设,提高城市管理水平,推进城乡一体化,是城镇化健康发展的必要保障;坚持严格保护耕地,集约节约利用土地,实现耕地占补动态平衡,是解决土地瓶颈制约的有效措施。这些探索和经验,为新形势下持续探索新型"三化"协调之路奠定了坚实的实践基础。

当前,河南持续探索新型"三化"协调之路,就是在历届省委、省政府实践的基础上,根据形势发展和变化的调整、拓展和提升。随着中原经济区建设上升为国家战略,中原崛起河南振兴进入蓄势勃发的新阶段,不仅极大地提升了河南在全国的地位,扩大了河南在全国的影响,而且提高了全省人民的精神,使持续探索"两不三新"三化协调科学发展路子成为全省上下的共识,更好地担负起为全国同类地区发展提供示范的历史使命。

同时,中央和省委的决策为探索新型"三化"协调之路指明了方向。近年来,中央出台了一系列强农惠农、推进"三化"协调发展的方针政策,尤其是国务院《关于支持河南省加快建设中原经济区的指导意见》(以下简称《指导意见》)明确指出,中原经济区建设的核心任务是探索一条不以牺牲农业和粮食、生态和环境为代价的"三化"协调发展的路子。省第九次党代会在对过去实践经验深刻总结和升华的基础上，准确把握省情，自觉遵循规律，创造性地提出了探索"两不三新"三化协调科学发展路子的任务，并进行详细部署。根据中央和省委的要求，探索新型"三化"协调之路，重点是加大先行先试力度、深化重点领域和关键环节改革，充分发挥新型城镇化的引领作用、新型工业化的主导作用、新型农业现代化的基础作用，增强新型农村社区的战略基点作用，加快形成城乡经济社会发展一体化新格局。

（三）探索新型"三化"协调之路任重道远前景光明

要看到，随着改革开放的深入和区域发展格局的演变，长期以来，传统农区定位的分工角色相对"固化"，导致自身以工补农、以城带乡乏力，"钱从哪里来、人往哪里去、民生怎么办、粮食怎么保"这一"老四难"尚未根本破解，"土地哪里来、减排哪里去、要素怎么保、物价怎么办"的"新四难"接踵而至，探索新型"三化"协调之路面临协调难度大、压力大等困难和挑战。协调难度大，是因为新型"三化"之间，虽然有着内在的有机联系，但真正实现相互协调的确存在诸多矛盾，如工业化、城镇化与稳粮保粮的矛盾、推进"三化"进程与土地制约的矛盾、"三化"协调与资源环境约束的矛盾等，作为后发地区，还面临着先发地区不曾遇到的诸如资源约束和路径依赖的"后发劣势"。协调压力大的原因在于，河南经济结构性矛盾依然突出，工业多处于产业链前端和价值链低端，服务业发展滞后，农业基础薄弱，科技创新能力不强，经济发展的质量和效益亟待提高，等等

在困难和压力面前，要看到光明的前景，树立必胜的信心。国务院《指导意见》赋予中原经济区先行先试的巨大空间，而先行先试的关键，在于"行"和"试"，在于敢于创新、率先突破，在于先思先谋、抢抓先机。我们绝不能守着政策要政策、机遇面前不作为。凡是不违反国家大政方针的，只要有利于中原经济区建设，都可以大胆地试，先干不争论、先试不议论、先做不评论。要借力"人地双挂钩"、资源税、排污权和碳排放交易、考核评价机制等国家赋予的探索权、试点权，在先行先试中不断破解制约"三化"协调的难题和瓶颈，进一步激发方方面面的活力和动力，推动中原经济区建设不断取得新进展。

三 探索新型"三化"协调之路要遵循规律稳步前行

(一) 坚持把持续提升统筹务实作为总体要求

要把持续作为党性人品和从政品格,始终保持锲而不舍的韧劲,不动摇、不懈怠、不刮风、不呼隆、不折腾。推进新型"三化"协调发展,既要持续,更要提升。要勇于创新,提升发展理念,转变发展方式,不断提升"三化"协调发展的层次和质量。统筹是实现新型"三化"协调的基本要求。坚持统筹,就要做到"三化"协调、互促共赢,统筹推进经济社会发展与资源节约、环境保护和生态建设,努力实现可持续发展。务实是实现新型"三化"协调的重要条件。一切要从实际出发,因地制宜,发挥潜力,找准定位,扬长避短。"三具两基一抓手",是推进务实发展的有效方法,要结合实际,坚决贯彻。

(二) 坚持把解决"三农"问题作为重中之重

要加强粮食生产核心区建设,在提升粮食生产能力上实现新突破。建立粮食稳产增产长效机制,实行最严格的耕地保护,大力实施高标准粮田"百千万"工程。加强以水利为重点的农业基础设施建设,保障粮食和农业旱涝保收。推进农业结构战略性调整,向农业的深度和广度进军,在提高农业效益上达到新水平。加快发展现代畜牧业、特色高效农业和现代水产养殖业。推进农业产业化,发展壮大龙头企业,推进农产品精深加工,拉长产业链、提高附加值。提高农业经营组织化程度,在拓宽农民增收渠道上取得新突破。积极发展农民专业合作组织,形成多元化的农业社会化服务新格局。创新农民增收机制,加快农村富余劳动力转移,千方百计增加农民收入。

(三) 坚持把转变城镇化模式作为主攻方向

更加注重依产促城、以产兴城,推动城镇建设与产业发展格局向产城互动转变;更加注重生产要素在城乡之间合理流动和优化配置,低成本推进城镇化;更加注重资源节约和环境保护,建设紧凑型城市、复合型城市，推动中心城市组团发展。推动基础设施和公共服务向农村延伸、农村人口向城镇有序转移，构建布局合理、富有中原特色的国家区域性中心城市、地区中心城市、县域中心城市、中心镇、新型农村社区等五级城镇体系。促进中心城区与周边县城、功能区组团式发展，培育整体竞争优势，完善城市功能，建设宜居宜业城市。用现代城市的理念和标准规划建设城镇，提高承接中心城市辐射能力和带动农村发展能力。

（四）坚持把推进产业优化升级作为战略重点

坚持做大总量和优化结构并重，推动工业化与信息化融合、制造业与服务业融合、新兴科技与新兴产业融合，构建结构合理、特色鲜明、节能环保、竞争力强的现代产业体系。以做大做强为方向争创工业新优势，推动生产规模由小到大、产业链条由短到长、产业层次由低到高、企业关联由散到聚。大力发展高成长性产业，改造提升传统优势产业，加快发展战略性新兴产业。拓宽领域、提升层次、优化环境，全面加快服务业发展，改造提升传统服务业，发展壮大新兴服务业，加快发展现代物流业、金融业等生产性服务业，积极发展信息服务、科技服务、服务外包和会展等新型业态，大力拓展生活性服务业领域。

（五）坚持把实现内涵式发展作为基本任务

以加快经济发展方式转变为主线，把经济结构战略性调整作为主攻方向，把人力资源开发、科技进步和自主创新作为重要支撑，把建设资源节约型、环境友好型社会作为重要着力点，促进经济发展由物质资源消耗型向创新驱动型转变、由粗放型向集约型转变。完善城市功能，优化人居环境，形成城市特色，建设复合型、紧凑型、生态型城市和宜居城市。切实保护生态环境，加强资源节约集约利用。合理开发自然资源，全面推进节能减排，加大污染治理力度。严格执行节约集约用地标准，提高投资强度和土地利用效率。加快科技创新步伐，全面提升自主创新能力。加大人力资源开发力度，统筹推进各类人才队伍建设，推动河南省由人口大省向人才大省转变。

（六）坚持把保障和改善民生作为根本目的

实施更加积极的就业政策，多渠道开发就业岗位，完善就业服务体系，以培训促进就业，以援助扶持就业，以维权保护就业。坚持促进产业发展和扩大就业相结合，以创业带动就业。加大教育投入，完善基本公共教育服务体系，优化配置义务教育资源，合理配置公共教育资源。完善公共卫生服务体系，不断提高人民健康水平。按照保基本、强基层、建机制的要求，深化医药卫生体制改革，建立覆盖城乡的基本医疗卫生制度。健全城乡居民社会保障体系，稳步提高保障水平。加快实现城乡居民社会养老保险制度全覆盖，逐步提高城镇职工、城镇居民基本医疗保险和新型农村合作医疗保障水平。加大扶贫开发力度，加强保障性安居工程建设。

河南省在"三化"协调发展方面已经迈出坚实步伐，随着"两不三新""一个引领"等全新内涵的丰富、充实和完善，新型"三化"协调发展之路必将越走越宽广，一个富庶安康、和谐包容、充满生机、魅力无限的新河南必将呈现在世人的面前！

（原载《河南日报》2012年8月13日）

实现"三化"协调发展的战略抉择[*]

——河南省以新型城镇化引领"三化"协调发展的探索与思考

坚持以新型城镇化引领"三化",是河南省贯彻落实科学发展观的生动实践,也是破解"三农"难题、消除城乡二元结构、促进"三化"协调科学发展的战略抉择。坚持新型城镇化引领,就是以新型城镇化为突破口和着力点,通过城镇规模扩大和功能完善,带动产业集聚和人口集聚,推动新型城镇化、新型工业化和新型农业现代化协调发展。

一 新型城镇化引领"三化"协调发展的重大意义

所谓新型城镇化,主要是指以城乡统筹、城乡一体为核心,以产城融合、集约节约、生态宜居、和谐发展为主要特征,大中小城市、小城

---

[*] 2012年3月26日,河南省委宣传部召开长篇通讯《东风吹来满眼春——邓小平同志在深圳纪实》发表20周年座谈会,陈锡添(时任《深圳特区报》副主编,现任《香港商报》总编辑)介绍了该文的写作背景和发表过程。河南省委书记卢展工接见了陈锡添一行。在会见中卢展工多次提到,要把"三化"协调问题搞清楚,在"协调""统筹""一体化"方面立论,要求省社会科学院加强研究。省委常委、宣传部长赵素萍同志当即指示我们抓紧落实。省社会科学院于3月28日召集30多名科研骨干成立课题组,开展中原经济区科学发展路子系列研究。4月2日,确定了三篇文章(《推动区域科学发展的时代命题》《引领"三化"协调发展的战略抉择》《实现城乡统筹协调发展的重大创举》)的提纲。4月22日,受卢展工书记委托,省委常委、宣传部长赵素萍,河南省人大党组书记、副主任曹维新与我院专家座谈,提出了修改意见。之后的2个多月里,课题组16易其稿,进行了堪称艰苦卓绝的修改工作。6月26日,三篇文章在《领导参阅》刊出。7月27日,卢展工书记等省领导与社会科学界专家茶叙,课题组根据领导意见又对文稿进行了修改。《河南日报》8月中旬陆续发表,引起很大社会反响。本文以河南省社会科学院课题组名义发表。课题组长:喻新安;副组长:刘道兴、谷建全。

镇、新型农村社区互促共进、协调发展的过程。走新型城镇化引领"三化"协调科学发展的路子,既体现了省委、省政府对"三化"协调科学发展的深度认知与准确把握,也反映了中原崛起河南振兴的阶段性特点和规律。

(一) 坚持新型城镇化引领是重大的理论与实践创新

以新型城镇化引领"三化"协调发展,不是一时的主观臆想,而是河南在实践探索中发展思路的持续提升和不断创新。"八五"之初,河南提出了"工业、农业两篇文章一起做"和"两道难题(工业化缓慢、农民增收困难)一起解"。2003年《河南省全面建设小康社会规划纲要》进一步明确:"要坚持以工业化为主导,以城镇化为支撑,以推进农业现代化为基础,统筹城乡经济社会协调发展。"省第八次党代会提出"坚持以工促农、以城带乡"的指导思想。随着河南发展思路的不断提升和完善,发展成效日益明显,工业连续多年保持两位数增长,并于2007年跻身全国前5位;粮食总产量去年达到1108.5亿斤,连续8年增产、连续6年超千亿斤。然而,城镇化率低始终是河南发展的短板,2011年河南城镇化率仅为40.58%,低于全国平均水平10.7个百分点。进入转型发展的新阶段,如何破解新老"四难"问题,成为河南经济社会持续发展的关键,而城镇化支撑乏力又成为破解新老"四难"的主要瓶颈。为此,省第九次党代会明确提出,要走好"两不三新"三化协调科学发展的路子,必须充分发挥新型城镇化的引领作用、新型工业化的主导作用、新型农业现代化的基础作用。从工业化初期以强农兴工为主要任务,选择工业化主导为先,到现在提出城镇化引领"三化"协调发展,这既体现了弥补短板、增强动力、拓展空间、激活潜力的客观要求,也是准确把握阶段性特征,不断深化对规律的认识,不断提升区域发展理念的科学抉择。

河南省坚持新型城镇化引领的路子,是城镇化发展模式的重大创新,是"谋河南的事,解发展的题"的有益探索。由国家区域性中心城市、省域中心城市、中小城市、中心镇、新型农村社区构成的五级城镇体系,不是简单地由过去的四级构成拓展为五级,而是创造性地将新型农村社区纳入城镇体系,以延及整个农村的多维转移路径替代农民进城的单一转移路径,实现了农民就地城镇化,打破了城乡二元分割和要素单向流动的被动局面，推动了城乡统筹、城乡一体，体现了科学发展、和谐发展、可持续发展的要求。特别是在新型城镇化引领中着力增强新型农村社区的战略基点作用，极大地丰富了新时期推进城镇化的内涵，拓展了城镇化对经济社会发展的引领和带动作用。新型农村社区作为统筹城乡发展的结合点，有利于形成新型"三化"协调发展的有效载体，推动土地集约利用、农业规模经营、农民多元就业，实现思路上统筹、发展上一体、作用上互动、要素上集约。新型农村社区作为推进城乡一体化的切入点，有利于推动城镇生产要素和产业链条向农村延伸，基础设施和公共服务向农村覆盖，现代文明和科学技术向农村传播，实现一体化、均等化发展。新型农村社区作为促进农村发展的增长点，有利于提高农业现代化水平和综合效益，切实改善农村生产生活条件，激活农村消费力，进而消除城乡差距，增强经济社会发展的内生动力。由此可见，新型城镇化引领在"三化"协调发展中起着战略性、全局性和关键性的作用。

（二）坚持新型城镇化引领是实现"三化"协调发展的内在要求

强化新型工业化主导作用需要新型城镇化引领。2011年，河南三次产业比例为12.9∶58.2∶28.9，二产比全国平均水平高出17个百分点。从产业结构演进状况来看，河南正处于工业化中期阶段，加快推进工业化进程，以新型工业化为主导仍然是富民强省重中之重的任务。但同时也要看到，在工业化的初期阶段，河南工业虽然实现了由小到大的快速发展，但主要是建立在劳动力和资源成本优势的基础上，能源原材料等上游产业比重大，高加工度、高科技含量、高附加值的产业发展不足。进入工业化中期阶段后，要实现负重爬坡、持续发展，就必须实现从劳动密集型、资源密集型向资本密集型、技术密集型和知识密集型转型升级。实现这一目标，必须借助城镇发展环境优化、综合功能完善的优势，吸引和壮大一批能够带动产业升级的龙头项目和骨干企业；必须发挥城镇集中集聚集约效应，吸引和集聚大批科技要素，为产业转型升级提供必要的创新支撑与人才支撑；必须依托城镇发展信息、物流、金融等现代服务业，加快新型工业化进程。而现实的情况却是，河南的城镇化明显滞后于工业化，城镇化滞后就难以为传统工业向现代工业演进积累规模效应和集聚效应，难以为新型工业化发展提供创新、人才、信息等高端要素集聚平台。显然，没有新型城镇化的引领作用，新型工业化的主导作用就无从谈起，两者互促共进、并行不悖。

强化新型农业现代化基础作用需要新型城镇化引领。从河南农村发展现实看，一家一户粗放经营的小农生产方式是农业现代化的主要障碍，也是在高基点上稳粮保粮必须解决的根本问题。加快推进新型城镇化，通过城镇化有效转移农村剩余劳动力，实现由分散家庭经营向适度规模经营转变；通过城镇化推动现代科学技术向农村传播推广，以现代科学知识提高农民素质，建立绿色、优质、高产、高效农业生产体系；通过城镇化推动农业生产管理方式转变，提升专业化和标准化水平，增强粮食综合生产能力，提高农业综合效益。然而，河南目前的城镇化水平难以为农业现代化提供必要支持，已成为现代农业发展的制约因素。只有坚持新型城镇化引领，才能促进资金、技术、人才、信息等生产要素在城乡之间自由流动，进而加速新型农业现代化进程并强化其基础性作用。

实现新型"三化"协调发展需要新型城镇化引领。新型"三化"协调发展的重要标志是产城协调、产业协调和城乡协调。推动产城、产业和城乡协调发展，需要以新型城镇化引领城市功能完善、生产要素集聚和农村劳动力加快转移，使现代城镇体系成为培育现代产业体系的土壤和高地，推动以城促产、以产兴城，实现产城协调发展；以新型城镇化引领企业集中、产业集群和人口集聚，进而拉动生产性、生活性服务业加快发展，为工业化和农业现代化注入新的内在动力；以新型城镇化引领，加快城乡分割向城乡统筹、城乡一体转变，推动大中小城市、小城镇和新型农村社区互动融合，实现城乡协调发展。

总之，持续探索"两不三新"三化协调科学发展路子，必须充分发挥新型城镇化的引领作用，以"引领"推动难题破解，以"引领"带动转型升级，以"引领"促进协调发展。

（三）坚持新型城镇化引领是保持河南经济社会持续发展的现实选择

新型城镇化引领可为经济发展提供持久动力。从当前经济发展的趋势看，扩大内需是转变发展方式的首要任务和基本支撑，而城镇化是激活内需潜力的原动力和主引擎。我国城镇居民消费水平是农村居民的3.6倍，一个农民转化为市民，消费需求将会增加1万多元。城镇化率每年提高1个百分点，可以带动1000多亿元的消费需求，而相应增加的投资需求则更多。河南是人口大省，有6000万农村人口，市场空间广，内需潜力大，然而河南城镇化水平低在很大程度上抑制了扩大内需的潜能。因此，只有坚持新型城镇化引领，进而推动消费观念和生活方式的深刻变化，促进消费群体扩大、消费水平提高，才能为经济发展提供最强大、最持久的内生动力。

新型城镇化引领为转变发展方式提供现实可能。从产业发展普遍规律看，服务业作为最大的就业容纳器和科技创新重要的驱动力量，是产业结构升级、发展方式转变的重要影响因素，同时服务业发展水平与城镇化率成正相关。2011年，河南第三产业在生产总值中的比重为28.8%，低于全国平均水平14.3个百分点，究其原因，主要是城镇化水平低，对服务业发展带动弱。此外，对外开放水平低也是河南发展的短板。而新型城镇化引领有利于全面提升城市新区、产业集聚区的功能，为大开放、大招商提供平台和载体。这也正是富士康等一批重大项目能够落地河南，进而使河南对外经济外贸出现井喷效应、外贸出口对经济增长拉动作用显著增强的根本原因。

新型城镇化引领是破解发展难题的必然要求。以新型城镇化引领破解"三农"难题。五级城镇体系为农村人口有效、有序转移提供了更大的容量和多元选择；新型农村社区让农村居民不出家门就能过上城里人生活，有利于实现城乡统筹、消除城乡差距的目标；通过社区化发展促进耕地流转，实现土地规模经营，有利于提高农业生产效率和综合生产能力。以新型城镇化引领破解土地资源瓶颈制约。通过不断优化城市布局和形态，避免"城市"摊大饼式的无序蔓延，同时推动农村土地挖潜、整治、复耕，更好地促进城乡土地资源集约节约利用，缓解建设用地刚性需求与保护耕地硬性约束的矛盾。以新型城镇化引领破解资源与环境瓶颈制约。通过产业集群发展、要素集约利用、功能集合构建，提高资源投入产出效率，形成循环经济发展链条，协调推进资源节约集约利用、污染物减量和环境综合治理。

二 新型城镇化引领"三化"协调发展的历史任务

（一）引领发展方式转变，增强经济社会发展的驱动力

加快经济发展方式转变，促进人口、产业、土地、资金等要素在农业和非农产业之间、城市和农村之间优化配置，关键要靠新型城镇化引领。坚持新型城镇化引领，就要强化城镇发展动力的培育，推动城镇与产业互融联动，城镇体系布局与生产力布局相匹配。要充分考虑主体功能区划分、区域产业布局和重要交通走向，依托产业发展加快城镇化进程。要科学确立城镇体系的空间布局和等级结构，促进大中小城市、小城镇和新型农村社区协调发展。要科学预测未来区域性中心城市、省域中心城市、县城、小城镇及新型农村社区的人口容量，促进农村人口科学有序向城镇转移。城镇体系的发展要与区域城镇化发展趋势相一致，注重大中小城市的互动协调发展，防止城市同质、产业同构。总之，要通过新型城镇化的引领作用，推动经济发展方式转变，增强经济社会发展的内生动力。

（二）引领城镇化内涵式发展，提升城镇功能和综合承载能力

坚持新型城镇化引领，就要避免摊大饼式的发展模式，实现由偏重数量、规模和粗放发展向注重提升质量内涵、节约集约发展转变。要强化交通、通信、供电、供排水、污水垃圾处理等基础设施建设，强化文化教育、公共卫生、住房保障、人居环境等公共服务功能提升。要按照产城互动、产城融合的要求，以产业集聚为支撑，以空间集中为特征，以人口集中为目标，坚持产业规划与城镇规划、产业选择与城镇定位、产业集聚与人口集聚、产业功能与社会功能的有机衔接。要加快城市新区、城市组团、产业集聚区等载体建设，促进产业集聚，创造就业岗位，增强城镇综合承载力。加快城市新区规划建设，完善基础设施和公共服务体系，吸引高端要素集聚，使之成为现代产业发展高地。

（三）引领工业集聚和布局优化，促进工业转型升级

要按照工业布局与城镇布局相协调的要求，引导产业合理布局、集聚

发展。当前，要特别强化城市新区、城市组团、产业集聚区、特色专业园区、商务中心区和特色商业街区等载体建设，由此引导工业集聚和布局优化，促进工业集聚集群发展。要加强产业集聚区建设，突出抓好主导产业培育，重点引进龙头型、基地型企业，带动同类企业、关联企业和配套企业高效集聚，加快形成一批特色产业集群。采取积极有效措施，大力发展循环经济，降低资源消耗，最大限度提高资源利用效率，推动产业集聚区转型升级。推动现代服务业发展。工业和现代服务业的融合是新型工业化的本质特征。要加强城镇基础设施建设，为新型工业化提供良好的服务环境，由此推动工业化与信息化融合、制造业与服务业融合、新兴科技与新兴产业融合，促进工业结构转型升级，加快新型工业化进程。

（四）引领农业现代化水平提升，促进农村经济平稳较快发展

要把加快转变农业发展方式作为主线，把保障国家粮食安全作为首要目标，把促进农民持续较快增收作为中心目标，提高农业综合生产能力、抗风险能力和市场竞争能力，推进农业生产经营专业化、标准化、规模化、集约化。要着力实现六大转变：农业增长要由主要依靠土地和劳动力投入向主要依靠科技和资本投入转变，农民增收由家庭经营收入为主向务工经商收入为主转变，农业产业体系由偏重发展第一产业向三次产业协调发展转变，农业生产由主要依赖自然生产向发展可控的设施生产转变，农业经营由分散的家庭经营向专业的适度规模经营转变，农业功能由以农产品生产为主向生产、生活、生态功能并重转变。同时，要通过新型农村社区建设，使农村向城镇靠近，城镇向农村延伸，改善农村生产生活条件，缩小城乡差距。

（五）引领城乡统筹城乡一体，推进城乡公共服务均等化

要推进城乡统筹、城乡一体，促进城乡就业、教育、医疗卫生、社会保障等基本公共服务均等化，使广大居民共享发展成果和城市文明。要改变在城乡规划、生产力布局、基础建设、资源配置、公共服务、劳动就业、社会保障等方面重城市、轻乡村的传统格局，通过完善城镇规划、调整产业布局，强化基础设施建设，优化公共服务，健全社会保障等，促进城乡资源优化配置，促进城乡均衡发展。要以城乡一体规划为先导，实施城乡一体化建设、一体化管理。要建立健全以城带乡推进机制，促进城乡

基本公共服务均等化、实现农业集约发展、城乡一体发展，同时推动城镇生产要素向农村流动，农民有序向城镇转移，产业链条向农村延伸，带动农民就地转移就业，加快农村发展、农业增效和农民增收的步伐。

（六）引领体制机制创新，增强"三化"协调发展的动力

探索建立农村人口向城镇有序转移机制，创新进城落户农民的子女就学、社会保障、住房、技能培训、就业创业等制度安排，推动农村人口有序转移。探索建立土地节约集约利用机制，合理调整土地利用布局，有序推进城乡建设用地增减挂钩，开展城乡之间、地区之间人地挂钩政策试点，促进土地资源优化配置和集约节约利用。探索建立城乡利益平衡机制，完善城乡平等的要素交换关系，建立区域统一、城乡统筹的土地市场体系，加快土地征收制度改革，确保农民在土地增值中的收益权。探索建立资源节约和环境保护的体制机制，着重在统筹配置资源、协调治理环境、建立生态补偿、完善资源价格、探索产权交易、合作发展区域和健全财政转移支付等方面，解决经济和社会发展过程中存在的资源环境突出问题。

三 新型城镇化引领"三化"协调发展的战略举措

（一）构建符合河南实际的新型城镇体系

按照核心带动、轴带发展、节点提升、对接周边的原则，加快构建以中原城市群为主体形态、符合河南实际、具有中原特色的五级城镇体系。增强郑州龙头作用和中心作用，全面推进郑州都市区建设。增强省域中心城市辐射带动作用，推动中心城市组团式发展，统筹推进老城区改造和城市复合型新区建设，增强中心城市以大带小、以城带乡的主导作用。提高县城规划建设水平，形成产业集聚区、县城新城区和旧城区"三位一体"的发展格局，增强县城承载承接中心城市辐射和带动农村发展的能力。增强小城镇重要节点作用，坚持分类指导、合理布局、适度发展原则，因地制宜发展特色产业，提升服务农业农村发展的能力。增强新型农村社区战略基点作用，按照城市社区建设理念，推动土地集约利用、农业规模经营、农民多元就业、生活环境改善、公共服务健全。

（二）积极稳妥地推进新型农村社区建设

结合当地资源禀赋、区位特点和产业基础，科学规划新型农村社区布局和规模。积极推进城市新区、城中村、产业集聚区、近郊区内的村庄按照城市规划迁村并城、建设社区；分类探索重大交通沿线、重大工程沿线以及地质灾害威胁区、自然保护区内等各类村庄实施整村搬迁等多种发展方式。发挥政府引导作用，坚持农民主体地位，把握规划布局、住房建设、设施配套三个关键环节，整合、拓宽建设资金筹措渠道，积极探索农民自建、集体统建、招商建设、社会援建等多种途径。结合新型农村社区建设，加快推进农村集体土地所有权、集体建设用地使用权、宅基地使用权确权登记发证工作，保护居民的农村集体财产分红收益、土地流转以及集体土地转让收益，使农民真正成为新型城镇化的最大受益者。

（三）提升城镇功能和综合承载能力

加强现代综合交通体系建设，全面推进铁路网、公路网和综合交通枢纽建设，提高中心城市通达能力。强化城镇基础设施建设，重点推动教育、医疗、文化等公共服务设施建设，完善县城基础设施建设，提升大中城市信息基础设施水平，增强城镇综合承载能力。注重环境保护和生态建设，以创建生态园林城市、森林城市、生态乡镇为载体，加快建设绿色环保、生态宜居型城镇。提升文化品位，坚持把传承创新华夏历史文明作为推进新型城镇化的重要内容，加强历史文化名城、名镇、名村和乡土建筑的保护，完善城镇文化服务功能，丰富文化内涵，彰显中原城镇特色和魅力。提升住房保障能力，建立健全面向不同收入阶层的住房供给体系。

（四）形成产城互动的新型城镇化发展格局

推进城镇建设与产业升级互动发展，推进载体平台建设与增强城镇实力互动发展，加快城市新区规划建设，培育一批千亿元级产业基地，形成中心城市现代产业发展高地。提升城市组团发展水平，大力发展与中心城区主导产业分工协作的关联配套产业，形成中心城市空间拓展的重要功能区。深入推进产业集聚区建设，加快形成一批特色产业集群，成为承接产业转移的主平台、县域经济发展的增长极。结合新城建设和老城改造，努力打造高端服务业集聚区、城区经济增长中心、区域发展服务中心和展示城市形象的窗口。推进新型农村社区建设与现代农业互动发展，把新型农村社区建设与农村土地流转结合起来，打造一批"全链条、全循环、高质量、高效益"的现代农业产业集群，促进农民转移就业，推动农业增效农民增收。

（五）创新城乡要素合理流动和集约节约利用机制

创新农村人口有序转移机制，按照宽严有度、积极稳妥的原则，适度放宽郑州市、全面放开其他省辖市、县城（县级市）和小城镇入户条件，逐步推行城乡一体的户籍管理制度。创新建设用地保障机制，建立集体建设用地基准地价制度，探索建立全省统一的交易平台，严格执行土地利用总体规划和土地整治规划，在城乡建设用地增减挂钩的基础上，开展人地挂钩试点。创新建设资金多元筹措机制，支持中心城市壮大城市建设投融资平台，推进中小城市整合现有投融资平台。通过以奖代补、先建后补、贷款贴息、财政补贴等方式，引导社会资本参与新型城镇化建设。创新城际开放协作机制，推进交通一体、产业链接、服务共享、生态共建，加快形成以特大城市和大城市为主体，带动中小城市、中心镇和新型农村社区发展的网络化格局。

（六）健全协调有序和谐发展的社会管理体制

打破城乡二元规划管理格局，统筹安排城镇建设、新型农村社区布局、产业发展、基础设施建设、公共服务和社会管理，建立与五级城镇体系相协调的城乡规划体系。适应新型城镇化发展需要，稳妥、有序地调整行政区划，理顺城镇行政管理关系。推进城市管理从单一的城管执法向城市综合管理转型。强化区、街（镇）政府的管理职责，推进城市管理重心下移。建立健全新型农村社区社会管理体制，逐步实现从村民自治向居民自治的转变。打破参保身份界限，提高统筹层次，研究制定城乡、区域之间养老、医疗等社会保险转移衔接方法，建立覆盖城乡的基本社会保障制度。

"三化"协调，重在"引领"。新型城镇化引领，是承诺，是胆识，是探索，更是创新。让我们凝心聚力，持续作为，科学运作，立足实干，迎接新型城镇化引领"三化"协调科学发展无限美好的明天！

（原载《河南日报》2012年8月17日）

统筹城乡协调发展的重大创举[*]

——河南省建设新型农村社区的实践与思考

建设新型农村社区，是河南为适应农村生产力发展的内在要求，充分发挥新型城镇化引领作用，从根本上破除城乡二元结构，推动城乡一体化发展的实践创新，是统筹城乡协调发展的重大创举。建设新型农村社区，是基层干部群众的创造，是继家庭联产承包责任制之后农村发展的"第二次革命"，是下活"两不三新"三化协调科学发展路子这盘棋的关键一着。

一 建设新型农村社区是具有时代特征的重大社会变革

统筹城乡发展是贯彻科学发展观的重要内容，其实质是把农村经济与社会发展纳入整个国民经济与社会发展全局中通盘筹划，推动城乡一体化发展。在实践中统筹城乡发展的办法和举措不少，但效果不甚理想。近年

---

[*] 2012年3月26日，河南省委宣传部召开长篇通讯《东风吹来满眼春——邓小平同志在深圳纪实》发表20周年座谈会，陈锡添（时任《深圳特区报》副主编，现任《香港商报》总编辑）介绍了该文的写作背景和发表过程。河南省委书记卢展工接见了陈锡添一行。在会见中卢展工多次提到，要把"三化"协调问题搞清楚，在"协调""统筹""一体化"方面立论，要求省社科院加强研究。省委常委、宣传部长赵素萍同志当即指示我们抓紧落实。我院于3月28日召集30多名科研骨干成立课题组，开展中原经济区科学发展路子系列研究。4月2日，确定了三篇文章（《推动区域科学发展的时代命题》《引领"三化"协调发展的战略抉择》《实现城乡统筹协调发展的重大创举》）的提纲。4月22日，受卢展工书记委托，省委常委、宣传部长赵素萍，河南省人大党组书记、副主任曹维新与我院专家座谈，提出了修改意见。之后的两个多月里，课题组16易其稿，进行了堪称艰苦卓绝的修改工作。6月26日，三篇文章在《领导参阅》刊出。7月27日，卢展工书记等省领导与社会科学界专家茶叙，课题组根据领导意见又对文稿进行了修改。河南日报8月中旬陆续发表，引起很大社会反响。本文以河南省社会科学院课题组名义发表。课题组长：喻新安；副组长：刘道兴、谷建全。

来，河南一些地方先行先试，勇于探索，把建设新型农村社区作为统筹城乡协调发展的突破口，在尊重农民意愿、保障群众利益的前提下，推动农村人口就近就地城镇化，显著改善了农村居民的生产和生活条件，初步探索出一条在农村人口比重大、"三农"问题突出的地区加快推进城镇化、实现城乡协调发展的新路子。

建设新型农村社区，适应了河南经济社会发展进入新阶段的客观实际，是继土地改革和家庭联产承包责任制之后，河南农村社会发生的又一次具有时代特征的重大社会变革。

（一）进一步解放农业农村生产力的革命性变革

经过 30 多年的改革开放，河南农业机械化、组织化、规模化水平获得了大幅度提高，农业生产方式进入了以机械化为主的新时代，全省耕、种、收综合机械化水平现已达到 71.8%。全省农业产业化和农村专业合作组织发展迅速，2011 年全省各类农业产业化组织达 13000 多个，龙头企业 6000 多家。随着农业产业化、现代化水平的不断提高，大批农村剩余劳动力或外出务工，或从事其他多种经营。农村专业化分工越来越细，规模养殖户大批涌现，农民也不再是一家一户自养几头猪、几只鸡。所有这些都表明，河南农业农村生产力已经进入了一个新的发展阶段，内在地要求突破现有生产关系的束缚，进一步解放生产力、激发农业农村发展的活力。建设新型农村社区，就是适应农村生产力发展变化而对农村关系做出的重大调整。在新型农村社区建设中，伴随着与之相配套或与之相邻的产业集聚区、农民创业园等产业的发展，大批以往的"庄稼把式"放下锄头，或走进工厂、车间，成为现代产业工人，或就近进入城镇服务业，在坚持家庭承包土地制度的前提下，把自己的责任田以多种形式流转出去，向种粮大户和农民专业合作组织集中，促进了农业生产结构调整和农业生产率提高，推动农业从一家一户粗放经营的小农模式向规模化、集约化的现代农业模式嬗变。

（二）农村人口大省加快城镇化进程的必然选择

河南农村人口多，城镇化水平低。到 2011 年年底，拥有 1 亿人口的河南，城镇化率仅为 40.58%，低于全国平均水平 10.7 个百分点。怎样探索一条新的路径，有效加快城镇化进程，把农村社会激活，这是河南推进现代化面临的重大课题。传统城镇体系只包括大城市、中等城市、县城和镇四个层级，而把地域辽阔、人口众多的农村排除在外，在一定程度上固化了城乡二元结构。把新型农村社区纳入城镇体系，这对于农村人口密集地区加快城镇化是一种模式创新。新型农村社区位居城镇体系的末端，第一次把城市规划、城市文明及社会公共服务全面推进到农村，把城镇的基础设施和各种配套服务延伸到农村，可以让农村人口直接感受现代生产、生活方式。放到全国来看，我国是拥有13亿多人口的大国，不可能让绝大多数人口都集中到大中城市。要真正走出一条符合中国实际、绿色环保、低碳节能、可持续发展的城镇化道路，帮助引导农村人口就地就近过上城市化生活，不失为是一种有益探索。所以从一定意义上说，河南农村干部群众先行先试建设新型农村社区，是探索中国特色新型城镇化道路的底层突破。

（三）推进城乡公共服务均等化的迫切要求

城乡一体化是一个国家或地区社会进步的集中表现，是城乡经济社会发展、空间布局、居民生活相互促进、逐步融合的过程。对河南这样的人口大省来说，城乡一体化的具体体现，就是让农村人口能和城里人一样享受均等化的社会公共服务，能够用上自来水、天然气，走上水泥路，用上有线电视、互联网，拥有较高质量的学校、医院、超市，享用水冲厕所、垃圾及污水处理等。如果农村仍以原始自然村落为基础，这一切都无从谈起。以教育为例，现在一个行政村的适龄儿童数量，已经难以支撑一所小学，假如合并为5000～8000人口的社区，就可以形成一所较高质量的小学；再以卫生室为例，一个1000人口左右的行政村，只能配备一名医生，很难为村民提供全天候的全科服务，假如合并形成社区，就可能建立拥有几位专科医生的小型社区医院。由此看来，实现公共服务均等化，客观上要求把城镇与乡村、城镇居民与农村居民作为一个整体，统筹谋划、综合考虑。在农村人口不可能大规模进入城市的情况下，要较快实现城乡一体融合发展，客观上要求有一个能够承载城乡一体发展的有效载体，新型农村社区就是这样一个载体。

（四）走以人为本科学发展道路的重大战略

对于人口大省河南来说，人力资源是第一资源。历史发展到今天，河南仍有6000万人口生活在农村，人力资源优势远未发挥出来，这是制约河南发展最根本的问题，也是河南发展的最大希望和潜力所在。把新型农村社区建设作为切入点，推动城镇基础设施、公共服务等向农村延伸，加快推进农村城镇化、农业产业化、农民职业化，加快推进农村人口思想观念特别是人地观念转变，引导农村人口从依赖土地生存向依赖知识、技能、文化、经商、创业等现代生存方式转变，引导更多农村人口选择现代生活方式，有利于把千百万农村人口从土地上解放出来，有序地进入第二、三产业，投身到工业化、城镇化的大潮中，释放出发展生产、创造财富的巨大潜能。这对河南省走好新型"三化"协调科学发展路子、加快中原崛起河南振兴具有深远意义。这是下活"两不三新"三化协调科学发展这盘棋的关键一着。从一定意义上说，加快新型城镇化、建设新型农村社区的过程，是把千百万农村人口尽快从传统农村生产生活方式束缚下解放出来的过程，是引导农民群众转变思想观念、追求共同富裕、创造美好生活、实现人的全面发展的过程。

（五）发挥新型城镇化引领作用的战略基点

探索新型"三化"协调科学发展路子，发挥好新型城镇化的引领作用，新型农村社区建设至关重要。从公共财政支持农村发展的角度看，统筹城乡发展，需要有一个能使农村与城镇相对接的结合点。河南有4.7万多个行政村、18万个自然村，如果长期采用向自然村落"撒胡椒面"的办法，即使每年投入上百亿元，也不大可能取得显著成效。假如适度集中财力，稳步推进新型农村社区建设，坚持10年、20年，农村社会面貌必将发生历史性改变。从土地资源有效利用角度看，统筹城乡发展，需要找到实现城乡土地资源优化配置的结合点。现在农村"空心化"现象严重，土地利用效率低下，单村整治效果不明显。通过建设新型农村社区，既能改善农民的居住条件，提升农民的生活品质，还能提高土地的集约利用效率，把农村建设用地或复垦转化为耕地，或转化为工业和城镇用地，确保农业和粮食生产不受损害。随着新型农村社区生活的形成，先前那种以血缘宗亲为纽带、乡土生活为根基的村落社会将逐渐消解,有利于形成民主平等、法制健全、进步向上的社区生活环境。从以往的村民自治开始向未来社区自治转型,有利于推进社会管理创新,构建不同于传统行政村的全新的社会管理体系。

(六)扩内需保增长的战略性经济增长点

要保证河南省充分利用好加快发展的战略机遇期,迫切要求找准和培育新的战略性经济增长点。大量事实表明,河南省最大的内需潜力在新型城镇化,最大的内需市场在农村。坚持新型城镇化引领,推进新型农村社区建设,既能够促进农村扩大投资、增加消费,又能够促进农村公共服务水平提升,必将成为经济社会发展一个新的重要增长点。如果通过调整公共财政支出结构,坚持每年筹措一定的财政性资金,专项用于新型农村社区的基础设施和公共服务设施建设,就可以培育一个能够持续20年以上,拉动国民经济数十万亿元增长规模的巨大投资和消费领域。

二 河南省推进新型农村社区建设的实践探索和基本经验

新型农村社区在河南一些地方出现,反映了广大农民群众提高生活水平、提升生活质量的内在要求,是新形势下统筹城乡协调发展的新探索,是广大农民谋求美好生活的新创造。

(一)新型农村社区承载着广大农民希望过上美好生活的梦想

"楼上楼下、电灯电话",曾经形象地表达了20世纪五六十年代农民群众期盼过上好日子的梦想。20世纪50年代,在史来贺的带领下,新乡县刘庄村就开始了建设社会主义新刘庄的探索。当21世纪的曙光刚刚普照牧野大地时,刘庄已经开始规划建设全框架式的花园式别墅区。卫辉市唐庄镇的群众也大多在十年前就住上了花园式别墅。一个基本的事实是,经过30多年的改革发展,农民期望像城里人一样,方便地、体面地、有尊严地生活。而在农村人口不可能大量融入城市的情况下,农民群众开始了就地城镇化的探索。多年来,农民有了钱就攀比盖房子,虽然房子越盖越好、越盖越大,但由于缺乏统一组织,没有整体规划和设计,造成房屋建设混乱，道路狭窄，生活环境脏乱差，群众称为"有新房，无新村"。基于此，新乡等地的基层干部和农民开始了建设新型农村社区的探索，并得到了当地党委、政府的支持，寻求在户籍管理、产权改革、社区服务等方面取得突破。预计到2015年，新乡全市1/3的农村人口将住进城市化的新型农村社区。

在此前后，郑州、平顶山、焦作、许昌、安阳、鹤壁等地各类新型农村社区也雨后春笋般涌现出来。在郑州的新密市，社区的建设不仅注重完善公共设施，让农村居民享受到现代化生活的便利，而且注重保留历史文化名村，通过村容村貌、路容路貌的综合治理，着力保护、维持和塑造独特的田园风光和乡土特色。洛阳、平顶山、许昌等地还在盘活土地、产权制度改革等方面进行了探索，舞钢市、汝阳县一些入住新型农村社区的农民领到了"集体土地"性质的房屋所有权证和集体土地使用证，部分农民以房产证做抵押拿到了贷款，农民手中的房产变成了"活资本"。通过抵押贷款，农民致富更有盼头，创业的前景也更加广阔。

新型农村社区在河南省已出现多种建设模式，即城镇开发改造模式、郊区联村集聚模式、多村整合联建模式、园区带动模式、强村兼并模式、村企共建模式。这些模式各具特色、各有优势，适合于各地不同的具体情况。应当特别指出的是，新型农村社区是根本不同于传统自然村落的一种新的社会形态，体现了新的社会发展理念。新型农村社区不是一般意义上的新农村，而是具有一定规模和良好生产生活环境，并对周边区域具有一定经济辐射作用的新型社会生活共同体，其特点是统一规划设计新址，统一基础设施建设，统一提供教育、医疗等社会公共服务，实现农村基础设施城镇化、生活服务社区化、生活方式市民化。

河南省委、省政府敏锐地发现了新型农村社区这一农村干部群众创造的意义所在，认识到这是一种新的城镇化发展模式，对破解"三农"难题、统筹城乡发展、助推"三化"协调意义重大，因而给予强有力的支持和引导。省第九次党代会进一步把新型农村社区纳入新型城镇体系，作为战略基点加快推进新型城镇化进程。

各地干部群众在推进新型农村社区建设的实践中积累了鲜活的、富有创造性的做法和经验。

（二）坚持"不从农民手中挖土地，不在农民身上打主意"

这是新乡等地鲜明提出的新型农村社区建设理念。一切以农民的利益为出发点，坚持群众自愿原则，积极引导，不强迫命令，不强制拆迁，不让群众吃亏。着力协调破解建设中的规划、土地和资金等难题，财政和金融部门尽最大的可能为新型农村社区建设筹措资金。特别是在承包地和宅基地问题上一定要切实保障农民权益，把整合节约出来的土地的升值主要用到农民身上。这是新型农村社区能够在一些地方健康发展的根本动力所在。

坚持高起点规划，努力兴建"百年社区"。新型农村社区本着"一代人建房、几代人居住"的原则，规划设计一步到位、力争一流，结构上注重合理，外观上注重艺术，配套设施上注重完善，理念超前，布局科学，设计新颖，基础设施建设完善，又经济又节省土地，与农民过去旧的住宅形成鲜明的对比。一些群众说，"以前是一辈子盖三次房，现在是盖一次房住三代人"。舞钢市张庄中心社区，请著名设计院设计，白墙黛瓦，错落有致，与青山绿水融为一体，已成为火爆的乡村休闲旅游点。平顶山市在全市农村普及一种理念，"不在没有规划的地方建房子，不建没有经过规划设计的房子"。新密市则要求社区建筑风格要讲究大气、洋气、雅气，经得起时间考验。这些全新的建设理念，在农村发展史上无疑是一场革命，是转变发展方式在农村的集中体现。

（三）坚持"三个尽量靠近"，增强发展的可持续性

"三个尽量靠近"，就是新型农村社区建设要尽量靠近城市，尽量靠近中心城镇，尽量靠近产业集聚区。为了最大限度节约集约利用土地，最大限度配套共享基础设施和公共服务资源，形成城区、镇区、社区三个层次的科学合理的新型城镇体系，各地在新型农村社区建设中，坚持科学规划，实施合村并城、合村并镇、合村并点，尽量将城郊村、镇区周边村、远离产业集聚区的村合并靠拢到城、镇和产业集聚区附近，以便将来与城、镇和产业集聚区自然连为一体。"三个尽量靠近"，包含了基层干部群众对经济、社会发展规律的认识和把握，体现了发展着眼长远、面向未来、方便群众、服务群众，不断满足群众多方面需求的务实精神。另外，

有的地市在一些传统农区围绕特色农副产品加工业，在一些深山贫困地区围绕特色旅游产业，规划形成了漂亮的新型农村社区，这些经验更具有代表性，更具有推广和示范作用。

（四）坚持用城市思维和办法谋划解决农村问题

与传统的"无规划、无设计、无基础设施"、自然分散、建设无序的自然村落相比，新型农村社区拥有比较完善的基础设施和公共服务。社区内不仅道路、供电、供水、通信、网络、有线电视、垃圾污水处理等各类基础设施基本齐全，而且教育、医疗卫生、文化体育、商业网点、金融邮电和市政公用等各种公共服务设施也应有尽有，可以保证农民现代生产和生活的需要。新型农村社区住房设计样式丰富，不同家庭可以根据需要和财力状况选择不同的住房标准。新型农村社区不仅追求农民生活条件的改善，而且致力于构建祥和的环境、优美的生态，致力于社区公共服务的完善，促使农村服务业快速发展，城市文明加速向农村延伸，可以初步实现教育、卫生、文化、体育、科技、法律、计生、就业、社保、社会治安、社会福利等政府服务全覆盖，很多事情群众不出社区就能办好。

三 以科学务实的态度和方法推进新型农村社区建设

新型农村社区建设，事关城乡统筹发展大局，事关千百万农民群众的福祉。要注重运作、科学运作，严格把握"政策引领、规划先行、突出主体、保障权益、规范有序、拓展创新、互动联动、一体运作"的原则要求，使新型农村社区建设的效应更好地显现出来。

（一）政策引领，规划先行

要通过制定和完善财政、信贷、规费减免等配套政策，引导农村人口向社区集聚，引导各类有实力的企业和社会资本积极参与新型农村社区建设，促进产业向集聚区集中、耕地向规模经营集中。加快土地、户籍、公共服务等管理体制改革，尽快消除各类生产要素在城乡之间自由流动的障碍。在农村土地流转、房产确权交易等方面出台新的政策，确保农民能够充分享受到土地流转带来的收益，扩大和保障农民的财产性收入。新型农村社区建设涉及住房、交通、土地、人口、产业以及社会公共服务等多方面要素，要坚持规划先行理念。制定规划要立足实际，立足人与自然和谐，坚持基础设施、产业发展、社会事业规划同步安排、同步推进。要依据当地经济、社会和人口等客观实际，坚持传统与现代理念相结合、外观与环境相协调，突出地域特色，做到形式多样、格调新颖。高度重视社区规划建设的文化艺术品位，努力提高社区建设质量。注重规划的科学性和可行性，坚决避免重蹈"整治—乱建—再整治—再乱建"的恶性循环。要坚持因地制宜，量力而行，不盲目攀比，不强求一致，不搞不切实际的"政绩工程"。

（二）突出主体，保障权益

新型农村社区建设要突出农民这个主体，规划布局、建设方式、监督管理要让老百姓全程参与，让老百姓自己选择，让老百姓的权益切实得到保障，让老百姓满意。要依托电视、报纸、网络等新闻媒体，通过全方位、多角度的宣传，使广大农民群众更多地了解建设新型农村社区的意义和政策。要充分发挥我们党的政治优势，耐心细致做好农民群众的思想工作，既要引导党员干部特别是乡、村两级干部算清算好"三化"协调发展战略、土地集约节约利用这本涉及群众长远利益的"大账"，提高他们的认识，增强他们参与运作的自觉性，又要帮助群众算清算好财产保值增值、收入增加受益以及生活水平提高这本涉及群众切身和具体利益的"小账"，让群众充分了解新型建设农村社区的好处，提高他们参与和支持社区建设的积极性。要把保障农民群众的利益置于新型农村社区建设的首位，贯穿于社区建设的全过程。无论是政府支持、企业参与还是群众自建，都要设身处地为农民着想。要切实保障农民的利益，把农村土地整理开发的增值收益更多地留给农民。土地承包经营权、宅基地使用权、集体收益分配权是法律赋予农民的财产权利，任何人都不得侵犯。

（三）规范有序，拓展创新

规范有序是推进新型农村社区建设的基本要求和重要前提。无论是新型农村社区的规划设计、项目招投标、建筑安装施工，还是宅基地置换、土地流转、居民城镇户口办理、房屋所有权证核发等项工作，都要严格依法依规进行。特别是建设用地审批、建筑工程施工等，都要严格履行法定程序，切实做到先审后批、先批后建。严格质量监管、严格资金使用公开、严格房屋分配，真正把实事办好、把好事办实。积极主动地解决社区建设中出现的各种问题，为社区建设的有序推进、避免出现大的波折提供保障。要不断拓展新型农村社区建设的思路，创新新型农村社区建设的理念，在规划上拓展创新，在试点示范上拓展创新，在推进的机制、模式、举措上拓展创新，进一步提升新型农村社区建设水平。要不断推进体制机制创新，探索建立人地挂钩试点交易平台，通过市场配置资源，显化农村土地价值，促进土地要素在城乡之间、地区之间优化配置，以较少的指标换取尽量多的收益，实现农村土地资产效益的最大化。创新新型农村社区社会管理体制，加强社区基层组织和基层民主建设，健全社区和完善社区保障体系。要充分尊重农民群众的首创精神。前不久，濮阳县西辛庄挂牌成立"村级市"，体现了农民群众在推进新型农村社区和新型城镇化实践中的探索和尝试，出发点是实现"城里有啥俺有啥"的梦想。对于农民群众的这种探索和尝试，应当充分理解、乐见其成。

(四) 互动联动，一体运作

新型农村社区建设是一个系统工程，涉及面广、配合方面多、影响因素复杂，党委、政府和相关部门要加强互动联动一体运作，服务协调、配套推进，充分调动上上下下的积极性，形成方方面面的合力，使得新型农村社区真正成为城镇化体系的一个有机组成部分，真正破除城乡二元结构，消除城乡差距。强化各类规划的协调与衔接，加强规划管理，避免规划间"彼此打架""朝令夕改"的现象发生。要注重项目的互动联动、载体的互动联动、产业的互动联动、机制的互动联动，使人才、资金等各种要素充分流动起来，更好地发挥作用、显现效益和效率。要有效地推动产业集聚，促进人口集聚，促进要素集聚。要强化科学运作，认真研究中央和省委提出的明确要求和政策措施，研究《国务院关于支持河南省加快建设中原经济区的指导意见》中各项政策的内涵，找准贯彻落实政策措施的切入点、结合点和着力点，真正把政策用足用好，通过有效运作赢得更多方面、更多层次的支持。要立足自身实际，创造性开展工作。坚持"四个重在"实践要领，坚持"项目带动、品牌带动、创新带动、服务带动"的工作要求,坚持"三具两基一抓手"的工作方法,强化科学运作、一体化运作,通过新型农村社区建设,推进城乡统筹发展,促进城乡一体化发展,使广大农民更多地享受到改革发展的成果。

马克思曾经指出:"城乡关系一改变,整个社会也跟着改变。"[①] 新型农村社区建设是一场深刻的社会变革。新型农村社区的出现,在改变河南城乡二元社会结构的同时,也将日益改变整个中原大地的面貌。亿万中原儿女实现中原崛起河南振兴的梦想,必将随着新型农村社区建设的推进以及"两不三新"三化协调科学发展路子的拓展,而与我们渐行渐近!

(原载《河南日报》2012 年 8 月 20)

[①]《马克思恩格斯选集》(第一卷),人民出版社,1995,第 157 页。

积极探索"三化"协调发展之路[*]

——关于河南省以新型城镇化引领"三化"协调发展的调查

推动工业化、城镇化、农业现代化（以下简称"三化"）协调发展，是我国现代化建设的重要方略。进入21世纪，各地推动"三化"协调发展面临新的问题和挑战。如何认识和解决传统发展模式下"三化"之间的冲突和矛盾，是关系科学发展的关键问题，也是推动理论创新和实践创新的重要方面。在20世纪90年代以来实践探索的基础上，河南省近年来持续探索不以牺牲农业和粮食、生态和环境为代价的新型城镇化、新型工业化、新型农业现代化"三化"协调发展新路子，并以新型城镇化引领"三化"协调发展，取得了新突破，获得了新启示。

一 推动"三化"协调发展需要探索新路径

改革开放尤其21新世纪以来，党中央在系统总结历史经验、深刻认识新形势下工农、城乡关系的基础上，作出了推动"三化"协调发展的一系列重大决策，一些地方也进行了有益探索。但两种不协调现象仍未得到有效克服：一是一些地方经济发展了，但粮食产量下来了，生态环境破坏了；二是一些地方粮食生产、生态环境保住了，但经济发展上不去。要想

---

[*] 2012年7月27日，卢展工书记等省领导与社会科学界专家茶叙，卢展工发表了重要讲话，提出在"两不三新"三化协调科学发展路子的探索中"理论应先行、理论应引领、理论应破难、理论应聚力"。根据省委领导指示精神，在河南省委宣传部的大力支持下，河南省社会科学院组织撰写了一批文章在中央党报党刊和国家级报刊发表。本文是其中的一篇。文章发表后，社会反响良好，河南省委多位领导同志给予肯定和赞赏。本文执笔：喻新安、谷建全、王玲杰、陈明星。

既避免在工业化、城镇化加快发展中忽视农业和生态环境，又避免为了保粮食、保生态而拖累经济发展，就必须创新"三化"协调发展的内涵和模式，因地制宜地探索和创新"三化"协调发展的路径。

在20世纪90年代以来实践探索的基础上，河南省持续探索不以牺牲农业和粮食、生态和环境为代价的新型城镇化、新型工业化、新型农业现代化"三化"协调发展的路子，并突出新型城镇化的引领作用。所谓新型城镇化，就是以城乡统筹、城乡一体为核心，以产城融合、集约节约、生态宜居、和谐发展为主要特征，大中小城市、小城镇、新型农村社区互促共进、协调发展的过程。以新型城镇化引领"三化"协调发展，就是把加快推进新型城镇化作为带动全局的战略突破口，把城乡统筹、城乡一体作为实现引领的根本着眼点，通过城镇规模扩大和功能完善，带动产业集聚和人口集聚，实现土地集约利用、农业规模经营、农民多元就业，促进产城互动、产业互动、城乡互动，从而加快生产方式和生活方式转变，引领经济结构和社会结构调整，实现新型城镇化、新型工业化和新型农业现代化协调发展。

二 把发挥新型城镇化引领作用作为战略突破口

当前，我国仍处在大有可为的重要战略机遇期，也处在加快转变经济发展方式的关键时期，特别是由于国际金融危机深层次影响仍在发酵，世界经济复苏的不稳定性、不确定性上升，我国对外贸易增速回落，经济下行压力加大。要进一步提振经济，实现更有质量的可持续增长，必须将扩大内需作为转方式、调结构的首要任务，而城镇化是扩大内需和推动经济发展的最大动力源泉。同时应看到，工业化、城镇化加速推进必然伴随土地占用增加，推进"三化"进程与确保耕地红线成为两难问题。而且在传统工业化和传统城镇化模式下，高速度产生高消耗，低水平造成高排放，经济社会快速发展与资源环境保护之间存在突出矛盾。因此，以新型城镇化引领"三化"协调发展，是立足实际、遵循规律，破解经济社会快速发展与资源环境瓶颈制约之间矛盾的有效举措，是实现"三化"协调发展的内在要求。

以新型城镇化引领"三化"协调发展是顺应经济社会发展规律的必然

要求。知识经济、信息经济、网络经济的蓬勃发展，对经济增长方式和经济形态产生了显著影响，出现了经济服务化、工业服务化的趋势，高附加值环节逐步向研发、服务两端集中，现代工业发展更加依赖信息、研发、配套服务和环境等，工业化越来越多地需要服务业尤其是现代服务业的带动。这与传统的以物质资本积累为主要动力的发展模式截然不同，对聚集人口、信息等要素资源的城镇化要求更高。这是必须以新型城镇化引领"三化"协调发展的深层原因。当前，河南正处于工业化中期阶段，加快推进工业化进程，仍然是富民强省重中之重的任务。但也应看到，进入工业化中期阶段后，要继续推进工业化，实现可持续发展，就必须实现产业结构从劳动密集型、资源密集型向资本密集型、技术密集型和知识密集型转型升级。这就需要借助城镇化所带来的环境优化、城镇综合功能不断完善的优势，吸引和壮大一批能够带动产业升级的龙头项目和骨干企业；发挥城镇集中集聚集约效应，吸引和集聚科技要素，为产业转型升级提供必要的创新支撑与人才支撑；依托城镇发展信息、物流、金融等现代服务业，加快新型工业化进程。

以新型城镇化引领"三化"协调发展是提升"三化"协调度的必然要求。"三化"协调发展的重要标志是产城协调、产业协调和城乡协调。推动产城、产业和城乡协调发展，需要以新型城镇化引领城市功能完善、生产要素集聚和农村劳动力加快转移，使现代城镇体系成为培育现代产业体系的土壤和高地，推动以城促产、以产兴城，实现产城协调发展；以新型城镇化引领企业集中、产业集群和人口集聚，进而拉动生产、生活性服务业加快发展，为工业化和农业现代化注入新的动力，实现产业协调发展；以新型城镇化引领城乡统筹发展，推动大中小城市、小城镇和新型农村社区互动融合，实现城乡协调发展。从一定意义上说，推进新型城镇化的过程实质上就是加快产业集聚、优化产业结构的过程。

以新型城镇化引领"三化"协调发展是立足经济社会发展阶段谋发展的必然要求。只有在城镇化处于加速推进阶段，新型城镇化才具备发挥引领作用的条件和可能。从河南省来看，城镇化水平低已经成为诸多矛盾的焦点。2011年河南城镇化率仅为40.58%，低于全国平均水平10.7个百分点。以新型城镇化引领"三化"协调发展，创造性地将新型农村社区纳入城镇体系，构建由国家区域性中心城市、省域中心城市、中小城市、中心镇、新型农村社区组成的现代五级城镇体系，以覆盖整个农村的农民多维转移路径替代单一的进城转移路径，可以实现农民就地城镇化，打破过去城乡二元分割和要素单向流动的局面，为新型工业化和农业现代化提供创新、人才、信息等高端要素集聚平台，推动城乡统筹，体现科学发展、和谐发展、可持续发展的要求。

三 以新型城镇化引领"三化"协调发展的启示

河南省以新型城镇化引领"三化"协调发展的实践探索，概括起来主要有三个特征：一是在要素组合上，强调在城乡统筹、城乡一体的视野中优化资源要素的空间重组，突出节约集约，提高科技含量。二是在驱动机制上，以新型城镇化为引领、以新型工业化为主导、以新型农业现代化为基础，并将现代城镇体系延伸至新型农村社区。三是在目标导向上，突出资源节约、环境友好，致力走生产发展、生活富裕、生态良好的文明发展道路。河南省以新型城镇化引领"三化"协调发展的探索和创新，具有重要的启示意义。

立足本地实际，坚持解放思想。推进"三化"协调发展不可能一蹴而就，需要遵循发展规律，保持清醒头脑和忧患意识，以解放思想为总开关，在准确把握社会主义初级阶段基本国情和社会主要矛盾的基础上，探索新路，稳中求进，务实发展。面对质疑不能裹足不前，而应开放包容、冷静反思；出现偏差不能回避遮掩，而应坚定信心、积极应对；有了成效不能骄傲自满，而应总结经验、再接再厉。只有这样，推进"三化"协调发展才能不断取得新突破、新进展。

立足统筹发展，坚持协调推进。工业化、城镇化、农业现代化作为经济社会发展的三条路线，既有各自的演进路径和运行规律，又相互影响、相辅相成。实现"三化"协调发展，根本在于协调，关键在于统筹。不仅需要推进工业化、城镇化、农业现代化各自的发展提升，更需要推动产城之间、产业之间、城乡之间统筹发展，使"三化"之间形成相互适应、相互支撑、互促共进的良性互动、协调发展关系。

立足区域实际，坚持因地制宜。应认清本地经济社会发展的阶段性特征，结合本地实际选好推进"三化"协调发展的突破口和着力点。应立足各区域不同的产业基础、人口禀赋、城乡格局、生态环境、文化底蕴以及综合实力等条件,在推动"三化"协调的发展思路、发展模式、发展动力、体制机制等方面积极创新,坚持因地制宜、分类指导,从而走出符合区域实际、具有区域特色的"三化"协调发展之路。

立足发展方式转变,坚持转型发展。推进"三化"协调发展,必须坚持主题主线不动摇,加快推动经济发展方式转变。应加快推动从一家一户、粗放经营的传统农业向规模化、专业化、标准化、集约化的现代农业转变;从高消耗、高排放、高污染的传统工业化向科技含量高、经济效益好、资源消耗低、环境污染少、人力资源优势得到充分发挥的新型工业化转变;从二元分割、粗放扩张的传统城镇化向城乡一体、产城融合、生态宜居、和谐发展的新型城镇化转变。

立足以人为本,坚持务实求效。新时期新阶段,实现从传统"三化"向新型"三化"转变,推动新型"三化"协调发展,必然面临改革攻坚、发展转型的挑战和考验,任何急功近利、脱离群众的冒进和偏差都可能引发社会矛盾,造成发展受阻。在实践中,必须坚持以人为本,既要坚持敢闯敢试、开拓创新,又要顺应人心所向、大势所趋,办实事、求实效,把人民群众共享改革发展成果作为谋划发展的根本出发点,走科学发展、和谐发展的新型"三化"协调发展之路。

(原载《人民日报》2012年9月24日)

实现区域科学发展的历史任务[*]

——"三化"协调发展的"河南模式"

工业化、城镇化和农业现代化"三化"协调发展，是我国走向现代化的必由之路，也是实现我国区域科学发展的历史性任务。河南作为中国的缩影，解决好"三化"协调问题，在全国具有典型性和代表性。在20世纪90年代以来实践探索的基础上，河南近年来持续探索不以牺牲农业和粮食、生态和环境为代价的新型城镇化、新型工业化、新型农业现代化"三化"协调科学发展的路子，初步形成了"三化"协调发展的"河南模式"，引起了各方面的关注。认识和了解"三化"协调发展"河南模式"的形成过程、基本内涵和主要标志，能深化我们对实现区域科学发展这一重要目标的理解，并从中得到有益的启示，为全国同类地区发展积累经验、提供示范。

一 "三化"协调发展"河南模式"的形成

河南在持续探索"三化"协调发展的实践中，根据形势的发展和变化，不断丰富、创新和提升"三化"协调发展的内涵和模式，形成了新型"三化"协调发展的完整概括，并突出强化新型城镇化的引领作用、新型工业化的主导作用、新型农业现代化的基础作用，由此开创了"三化"协

---

[*] 2012年7月27日，卢展工书记等省领导与社会科学界专家茶叙，卢展工发表了重要讲话，提出在"两不三新"三化协调科学发展路子的探索中"理论应先行、理论应引领、理论应破难、理论应聚力"。根据省委领导指示精神，在河南省委宣传部的大力支持下，河南省社会科学院组织撰写了一批文章在中央党报党刊和国家级报刊发表。本文课题组长：喻新安；成员：陈明星、李怀玉、杨兰桥、刘晓萍。

调发展的"河南模式"。

(一)"三化"协调发展的探索与实践

早在20世纪90年代初,河南就提出"围绕'农'字上工业,上了工业促农业",开始了工农业协调发展的探索。进入21世纪,河南明确提出"加快工业化、城镇化,推进农业现代化",之后又强调要走"在不牺牲不削弱农业的前提下大力推进'三化'的路子"。20多年来,河南持续把加快工业化和城镇化、推进农业现代化作为加快中原崛起河南振兴的基本途径,坚持工农业互动协调发展,探索"以农兴工、以工促农、城乡互动、协调发展"的有效方式,实现了由传统农业大省向经济大省和新兴工业大省的历史性跨越,同时又做到了耕地面积不减少、粮食产量不降低、农业地位不削弱,初步走出了一条"三化"协调发展的传统农区现代化路子。

实践表明,调动农民积极性,积极扶持粮食大县,加大农业支持力度,是推动粮食增产、农业发展和农民增收的动力源泉;立足丰富农业资源进行深加工,推动相关产业集聚融合,使农业"长入"工业,大力培育涉农工业,是实现工农业良性互动发展的重要路径;推进以市场为导向的改革,依托区域优势培育优势产业,转变经济发展方式,走新型工业化道路,是壮大工业规模和提升工业竞争力的核心所在;坚持严格保护耕地,集约节约利用土地,通过土地整理等实现耕地占用补偿的动态平衡,是解决"三化"协调发展土地制约瓶颈的有效措施;建立高效科技研发体系,不断完善科技推广体系,大力推动自主创新,努力提高企业竞争力,是加快农业发展和工业化的关键支撑;实施中心城市带动战略,不断强化产业支撑,加快城镇基础设施建设,提高城市管理水平,推进城乡一体化,是城镇化健康发展的必要保障。这些卓有成效的探索和经验,都为持续探索"三化"协调发展奠定了坚实的实践基础。

(二)新型"三化"协调发展提出的背景

进入21世纪,我国迎来大有作为的重要战略机遇期,但同时面临着前所未有的挑战,尤其是由国际金融危机引发的世界经济格局大调整正向纵深展开,不少国家和经济体正试图通过调整发展战略,赢得新增长周期,重塑国家竞争优势。就众多发展中国家和地区尤其是人口大国和地区而言,如何借鉴国际经验,实现增长机制和发展模式的深度转型,更是面临严峻的考验。一方面在粮食危机的"马尔萨斯幽灵"随时可能不期而至的背景下,必须将粮食安全置于国家安全的高度,着力保障粮食基本自给;另一方面要着力规避当人均GDP达到3000~5000美元发展阶段后,可能出现的经济增长波动甚至陷入停滞,以顺利跨越"中等收入陷阱"。这两方面都有深刻而引人深思的教训。怎样在工业化、城镇化进程中防止农业被削弱,努力保持经济发展的稳定性和持续性,是一个不容忽视的问题。

改革开放以来,我国许多地方为推进"三化"协调发展进行了有益的尝试,取得了积极的成果,但两种不协调现象仍不同程度存在:一些地方经济发展了,粮食生产却下降了,生态环境被破坏了;一些地方粮食生产、生态环境保住了,但经济发展却长期滞后。如果说在改革开放初期,部分地区因历史原因以削弱粮食生产为代价发展工业尚有某种历史原因,那么在全国区域发展布局基本形成的新形势下,确保在工业化、城镇化进程中不牺牲农业和粮食、生态和环境是河南发展的不二选择。

(三)新型"三化"协调发展的提出

确保"两不牺牲",倒逼着河南必须创新"三化"协调的内涵和模式。倒逼是一种压力,更是破解发展难题的动力源。"两不牺牲"既是国家区域经济协调发展的需要,更是立足河南省情、加快发展方式转变的必然选择。"两不牺牲"是"三化"协调的前提和基础,正是有了"两不牺牲"倒逼的压力和动力,才有了对新型"三化"协调发展的探索。

2010年以来,围绕河南区域战略上升至国家层面,省委、省政府在系统梳理历届领导班子关于加快河南发展战略思路的基础上,充分认识新的历史条件下河南在全国的比较优势和战略地位,广开言路,集思广益,高瞻远瞩,提出了建设中原经济区的战略构想,并正式上升为国家战略。在建设中原经济区的过程中,全省各级政府也清醒地认识到,随着工业化、城镇化的深入推进,保农业保粮食、保护生态环境的任务越发艰巨,"钱从哪里来、人往哪里去、民生怎么办、粮食怎么保"这一"老四难"尚未根本破解,"土地哪里来、减排哪里去、要素怎么保、物价怎么办"的"新四难"接踵而至。作为中原经济区建设的核心任务,如何走出不以牺牲农业和粮食、生态和环境为代价的"三化"协调的路子,决定了河南必须开辟新的道路。

2011年10月，河南省第九次党代会明确提出，要持续探索不以牺牲农业和粮食、生态和环境为代价的新型城镇化、新型工业化、新型农业现代化"三化"协调科学发展的路子，从而形成了"两不三新""三化"协调的完整概括。这是在历届省委、省政府探索实践基础上的再探索，是根据形势发展和变化的调整、持续和提升，并由此形成了"三化"协调发展的"河南模式"。

二 "三化"协调发展"河南模式"的内涵

所谓"三化"协调发展的"河南模式"，概括起来说有三个突出特征：在要素组合上，强调在城乡统筹、城乡一体的视野中优化资源要素的空间重组，突出节约集约、提高科技含量；在驱动机制上，以新型城镇化为引领、以新型工业化为主导、以新型农业现代化为基础，并将现代城镇体系延伸至新型农村社区；在目标导向上，突出资源节约、环境友好，致力于走生产发达、生活富裕、生态良好的文明发展道路。

其主要标志突出体现为"四个协调"：产业关系协调，要防止产业发展失衡、失序，甚至畸形发展，形成三次产业互补、互动、协调、可持续发展的局面；产城关系协调，即城镇建设与产业发展相互适应、互为依托，形成以产带城、以城促产的良性互动格局；城乡关系协调，即打破城乡二元结构，形成以城带乡、城乡平等、开放互通、互补互促、共同进步的城乡一体化发展局面；人与自然关系协调，即要切实做到集约型、内涵式发展，尽可能地降低资源损耗、减少污染，在确保生态安全这一大前提下推进工业化、城镇化和农业现代化，建设资源节约、环境友好型社会。

深入理解和准确把握"三化"协调发展的"河南模式"，需要着重处理好三个关系。

（一）新型"三化"与新型"三化"协调的关系

新型"三化"是河南在持续探索"三化"协调发展实践中做出的系统概括。河南探索的新型城镇化，是以城乡统筹、城乡一体、产城互动、节约集约、生态宜居、和谐发展为基本特征的城镇化，是大中小城市、小城镇、新型农村社区协调发展、互促共进的城镇化。其中，新型农村社区在新型城镇化引领中发挥着战略基点作用，是统筹城乡发展的结合点、推进城乡一体化的切入点、促进农村发展的增长点。河南探索的新型工业化，是以科技含量高、信息化涵盖广、经济效益好、资源消耗低、环境污染少、人力资源优势得到充分发挥为主要内涵的工业化。河南探索的新型农业现代化，是以粮食优质高产为前提，以绿色生态安全，集约化、标准化、组织化、产业化程度高为主要标志，基础设施、机械装备、服务体系、科学技术和农民素质支撑有力的农业现代化。

新型"三化"是有着内在的良性互动、互为支撑的有机统一体，有着比传统的一般意义上的"三化"协调更为丰富而深刻的意蕴和要求，新型"三化"协调就是要在新型"三化"的基础上，兼顾第一、二、三产业的协同发展，兼顾产业结构的转换和社会结构的演进，兼顾当前与长远、总量与结构、全局与局部之间的关系，使三者之间发展的均衡性、协调性和可持续性得到充分体现。新型"三化"协调发展的核心是要真正使工业化、城镇化、农业现代化相互促进、相互协调，用工业化推动城镇化，用城镇化带动农业现代化，用农业现代化有效解决工业化和城镇化进程中带来的一系列问题，让新型"三化"成为良性互动、互为支撑、同步推进的有机统一体。

（二）新型城镇化引领与新型工业化主导的关系

以新型城镇化引领"三化"协调发展，并不是否定新型工业化的主导作用，而是要相互依存、协调推进。工业化是城镇化的经济支撑，城镇化是工业化的空间依托。工业的集中性和大规模生产，必然引起资本、人口、劳动等要素不断向城镇集聚，从而推动城镇化的发展。尤其伴随着知识经济、信息经济、网络经济的到来，这些全新的理念和新技术的出现改变了过去的经济增长方式和经济形态，出现了经济服务化、工业服务化的趋势，高附加值环节逐步向研发、服务两端集中，现代工业发展更加依赖信息、研发、配套服务和环境等，对教育、金融等生产性服务业的依赖大大增强，工业化动力越来越多的来自服务业尤其是现代服务业的带动。这与传统的以物质资本积累为主要动力的发展模式截然不同，对聚集人口、信息等要素资源的城镇化要求更高，这是必须要以新型城镇化引领"三化"协调的深层原因。推进新型城镇化有利于发挥集聚效应,加快新型工业化进程,从一定意义上说,推进城镇化的过程实质上就是推进产业结构转型的过程,也是加快产业聚集、优化产业结构的过程。

当前,河南正处于工业化中期阶段,加快推进工业化进程,以新型工业化为主导仍然是富民强省重中之重的任务。但同时也要看到,在工业化的初期阶段,河南工业虽然实现了由小到大的快速发展,但主要是建立在劳动力和资源成本优势的基础上,能源原材料等上游产业比重大,高加工度、高科技含量、高附加值的产业发展不足。进入工业化中期阶段后,要实现负重爬坡、持续发展,就必须实现从劳动密集型、资源密集型向资本密集型、技术密集型和知识密集型转型升级。实现这一目标,必须借助城镇发展环境优化、综合功能完善的优势,吸引和壮大一批能够带动产业升级的龙头项目和骨干企业;必须发挥城镇集中集聚集约效应,吸引和集聚大批科技要素,为产业转型升级提供必要的创新支撑与人才支撑;必须依托城镇发展信息、物流、金融等现代服务业,加快新型工业化进程。

(三)新型城镇化五个层级间的关系

新型城镇化包含国家区域性中心城市、省域中心城市、中小城市、中心镇、新型农村社区组成的现代五级城镇体系,不是简单地由过去的四级构成拓展为五级,而是创造性地将新型农村社区纳入城镇体系,以延及整个农村的多维转移路径替代农民进城的单一转移路径,实现了农民就地城镇化,打破了过去城乡二元分割和要素单向流动的被动局面,推动了城乡统筹、城乡一体,体现了科学发展、和谐发展、可持续发展的要求,是立足经济社会发展阶段的现实选择。

以新型城镇化引领"三化"协调发展,既不是片面强调中心城市或小城镇,也不是片面强调推进新型农村社区建设,而是要坚持中心城市组团式发展、县域城镇内涵式发展、新型农村社区集聚式发展,构建以中心城区为核心、周边县城和功能区为组团的空间格局,形成合理的城镇体系、人口分布、产业布局、就业结构,实现居住环境、公共服务、就业结构、消费方式等全方位的城镇化,走出一条符合中原区情的大中小城市、区域性中心城市和小城镇协调发展的新型城镇化道路。

三 "三化"协调发展"河南模式"的意义

作为中国的缩影,河南对区域发展模式的有益创新,不仅是对区域发展道路深刻反思的必然选择,也是立足省情自觉站位全国服务大局的历史担当,更是实现科学发展探索区域现代化模式的有益尝试,能直接为全国同类地区创造经验、提供示范。

(一) "三化"协调发展的"河南模式"是对区域发展道路深刻反思的必然选择

改革开放以来,东部沿海一些地区得风气之先,借地处沿海的区位优势,工业取得了飞速发展,但与此同时,农业并未有大的突破,甚至在相当程度上可以说是以削弱农业的基础地位为代价的。当前,随着产业梯度转移的加速和多个区域经济发展总体战略部署的相继破题并基本完成,在新一轮区域经济发展格局中,将掀起中西部地区新一波工业化大潮。如果说在改革开放初期,沿海部分省份以放弃和牺牲农业而发展工业,尚有其历史的原因和一定的合理性,那么在工业化不断深化、国家产业布局相对稳定之后,作为中西部传统农业大省,已不可能也不允许再复制沿海地区所走过的工业化、城镇化模式。否则,事关国家战略安全的粮食安全就无从保障。尤其是在进入工业化中后期阶段后,加快推进农业现代化的条件更加成熟,但是忽视农业的倾向也往往最容易在此时出现。因此,河南必须立足"三农"问题突出、人多地少、城镇化水平低等现实,既不走"先污染后治理"的弯路,也不走牺牲农业和粮食发展工业化和城镇化的老路,在不以牺牲农业和粮食、生态和环境为代价的前提下,在工业化、城镇化加快推进、深入发展的同时,着力推进新型"三化"协调发展。

(二) "三化"协调发展的"河南模式"是立足省情自觉站位全国服务大局的历史担当

河南的特殊省情决定了特殊的使命。从自然条件看,河南的土壤、气候、日照等更适合粮食和农业生产,粮食总量约占全国的1/10,夏粮产量占全国的1/4强,所以,河南的粮食生产关乎全国粮食安全,只能加强、不能放松；从发展阶段看，河南人均GDP已突破4000美元，进入工业化、城镇化加快推进和蓄势崛起的新阶段，但人口多、底子薄、基础弱、发展不平衡、人均水平低的基本省情还没有根本改变，城镇化水平低的问题依然突出，必须大力推进工业化、城镇化，努力实现赶超发展、跨越式发展；从地理位置看，河南地跨长江、淮河、黄河、海河四大流域，大别山、太行山、伏牛山三山环绕，又是南水北调中线工程的水源地，因此，河南的生态和环境保护关系全局，不容有失。基于以上情况，确保在工业化、城镇化进程中不牺牲农业和粮食、生态和环境也就成为河南决策层的不二选择。另外，河南由于人口多、体量大、基础差，"三农"问题突出、人多地少的矛盾突出，城镇化水平偏低，河南加快自身发展，与全国同步建成全面小康社会，就是对国家的特殊贡献。而加快发展的关键，在于探索新型"三化"协调之路。要根据形势发展的需要，赋予"三化"协调"两不三新"的新内涵，以敢为人先的胆略和勇气，破解经济社会发展的深层次矛盾，实现更大规模更高层次的发展，不断提高经济发展的质量和效益，增强河南的综合实力、竞争力和抵御风险能力，实现从经济大省向经济强省的跨越。

（三）"三化"协调发展的"河南模式"是实现科学发展探索区域现代化模式的有益尝试

我国已进入中等收入偏上的国家行列和工业化、城镇化加速推进阶段，应当充分汲取其他发展中国家和地区的教训，积极探索适合我国国情的"三化"协调发展的路径和模式。由于当前国际金融危机深层次影响仍在发酵，国际贸易增速回落，世界经济复苏的不稳定性、不确定性上升，我国经济下行压力加大，甚至有"硬着陆"的风险。要进一步提振经济，实现更有质量的可持续增长，必须将扩大内需作为转方式、调结构的首要任务。而城镇化是扩大内需和实现未来经济发展的最大潜力所在。据统计，目前我国城镇居民消费水平是农村居民的3.6倍左右，城镇化率每年提高1个百分点，可以吸纳1000多万农村人口进城，进而带动1000多亿元的消费需求和数额更大的投资需求。同时，提升工业发展水平，促进服务业加快发展并提升其比重，可以为扩大内需、增加就业提供强有力的产业支撑；保障粮食安全、保护生态环境、发展现代农业，可以为扩大内需奠定坚实的物质基础。因此，推进"三化"协调是我国现代化的必由路径，也是转方式、调结构、扩内需的战略举措，可以助推我国在"十二五"乃至更长时期保持经济适度较快增长，实现全面建设小康社会的宏伟目标。而实践证明，要做到既避免为推进工业化、城镇化牺牲农业和粮食、生态和环境，也避免因保农业粮食、保生态环境而拖累经济发展，就必须创新"三化"协调的内涵和模式。河南结合自身实际和特色，提出"两不三新""三化"协调科学发展的思路，坚持以新型城镇化引领"三化"协调发展，发挥新型农村社区在新型城镇化引领方面的战略基点作用，推动产业互动、产城互动、城乡互动，努力实现农业增产与农民增收协同、推动工业化、城镇化与保护耕地"红线"协同、同步推进"三化"与资源环境保护协同，构建起新型工农关系、城乡关系，保护好绿水青山，加快形成城乡经济社会发展一体化新格局。河南的探索，有可能为全国同类地区创造经验、提供示范，这也是建设中原经济区成为"国之大事、省之大计"的根本。

四 "三化"协调发展"河南模式"的启示

河南在探索"三化"协调发展实践中形成的"河南模式"，不仅能直接为全国同类地区创造经验、提供示范，而且对其他所有区域实现科学发展，有着重要的借鉴价值和启发意义。

（一）在着眼全局站位全局融入全局中寻求区域发展定位

"不谋全局者，不足谋一域。"作为全国农业大省和粮食生产大省，河南在谋划和建设中原经济区的过程中，注重巩固提升在保障国家粮食安全中的重要地位，持续探索"两不三新""三化"协调，并将其作为中原经济区建设的核心任务，致力于建设全国"三化"协调发展示范区，这是从全国发展大局出发，自觉着眼全局、站位全局、融入全局的主动担当，也进一步明晰和彰显了河南在全国发展大局中特别是区域经济发展中的重要地位和作用。河南"两不三新""三化"协调的探索实践表明，一个区域只有在将自己放到全国经济社会发展全局中去审视，深入研究在全局中处于什么样的发展地位、能够发挥什么样的作用、做出什么样的贡献，才能自觉遵循市场经济规律特别是区域经济规律，敢于突破行政区划概念的束缚，找准定位，主动呼应，更好地发挥自身优势，更好地谋划发展、推动工作。因此，在确定区域发展定位时，必须自觉增强全局意识，主动融入、发挥优势，合理布局、互动联动、统筹协调、一体运作。

（二）在充分考量全国发展格局中谋划区域发展战略

河南"两不三新""三化"协调作为一种全新发展战略，是在全国区域发展新格局基本形成的背景下提出的。国际金融危机加速了世界经济格局的重构，推动了产业梯度转移和区域经济发展格局的调整，伴随着一系列重大区域规划和区域性政策文件的出台，新一轮区域经济发展总体战略部署基本完成。如果说在改革开放初期，部分地区以削弱和牺牲粮食生产上工业尚有某种历史原因，那么在新的历史条件下，中西部传统农业大省已不可能也不允许再复制传统的工业化、城镇化道路。由于在国际市场高粮价局面短期难以改变的背景下，通过国际市场平衡国内供给，不仅空间有限，而且受"大国效应"影响，价格风险和政治风险都将越来越大。因此，区域发展战略的选择，必须放在开放的经济大环境中予以考虑，要与国家整体的区域分工战略相一致，积极融入全国乃至全球的产业链。

（三）因地制宜务实创新区域发展模式

河南探索以新型城镇化为引领的"两不三新""三化"协调发展，并将新型农村社区纳入五级城镇体系，重视发挥其战略基点作用。这是基于河南作为人口大省、城镇化水平较低但城镇发展相对均衡等实际做出的战略选择，在一定程度上代表了"三化"协调发展道路的新探索，也为我国同类地区的崛起提供了良好的参照模式。当然，我国幅员辽阔，各区域在资源禀赋、区位优势、产业结构、经济发展程度等方面不尽相同，在推进"三化"协调发展的具体模式选择上不存在放之四海而皆准的发展模式，但作为发展模式上的区域创新，其内核是值得借鉴的，即要因地制宜务实创新区域发展模式。注重持续，把在发展中形成的、经过实践证明是正确的发展思路整合起来，持续地做下去，不动摇、不懈怠；注重提升，勇于创新，提升发展理念，转变发展方式；注重务实，一切从实际出发，立足现有基础，因地制宜，发挥潜力，找准定位，扬长避短，选好突破口；注重统筹,坚持以发展为核心,以民生为根本,以协调为关键,统筹推进经济社会发展与资源节约、环境保护和生态建设,努力实现可持续发展。

(四)在先行先试中积极破除体制机制障碍

"三化"协调发展"河南模式"形成的过程,也是河南持续发展战略、先行先试的过程。目前河南虽然已初步走出"三化"协调的路子,但从经济社会发展的人均指标等来看,现在的"三化"协调还是一种较低水平、较低层次的"协调"。要走出在较高发展水平上的新型"三化"协调路子,并持续保持协调的态势,仍然需要加大先行先试力度,在先行先试中积极破除体制机制障碍。先行先试的关键,在于"行"和"试",在于敢于创新、率先突破,在于先思先谋、抢抓先机。先行先试要求我们绝不能守着政策要政策、机遇面前不作为。凡是不违反国家大政方针的,只要有利于中原经济区建设,都可以大胆地试,先干不争论、先试不议论、先做不评论。要借力人地双挂钩、资源税、排污权和碳排放交易、考核评价机制等国家赋予的探索权、试点权,在先行先试中不断破解制约"三化"协调的难题和瓶颈,走出新型"三化"协调发展之路。

(原载《学习时报》2012年10月1日)

统筹城乡发展与新型农村社区建设[*]

统筹城乡发展是贯彻科学发展观的重要内容，其实质是把农村经济与社会发展纳入整个国民经济与社会发展全局中通盘筹划，推动城乡一体化发展。近年来，河南一些地方先行先试，把建设新型农村社区作为统筹城乡协调发展的突破口，推动农村人口就近就地城镇化，显著改善了农村居民的生产和生活条件，初步探索出一条在农村人口比重大、"三农"问题突出地区加快城镇化、实现城乡协调发展的新路子。

一 建设新型农村社区是具有时代特征的重大社会变革

新型农村社区，既有别于传统的行政村，又不同于城市社区，它一般是由若干行政村合并在一起，统一规划、统一建设而形成的人口聚居区。新型农村社区建设的实质，是加快缩小城乡差距，在农村营造一种新的社会生活形态，让农民享受跟城里人一样的公共服务，过上像城里人那样的生活。新型农村社区的出现，具有历史的必然性和现实的可能性。

1. 进一步解放农业农村生产力的革命性变革

经过30多年的改革开放，河南农业机械化、组织化、规模化水平获得了大幅度提高，全省耕、种、收综合机械化水平现已达到71.8%，农业生产方式进入了以机械化为主的新时代。全省农业产业化和农村专业合作组

---

[*] 2012年7月27日，河南省委书记卢展工等省领导与社会科学界专家茶叙，卢展工发表了重要讲话，提出在"两不三新""三化"协调科学发展路子的探索中"理论应先行、理论应引领、理论应破难、理论应聚力"。根据省委领导指示精神，在河南省委宣传部的大力支持下，河南省社会科学院组织撰写了一批文章在中央党报党刊和国家级报刊发表。本文是其中一篇。本文的发表，对澄清一些人对新型农村社区建设的模糊认识发挥了积极作用。本文执笔：喻新安、刘道兴、闫德民、任晓莉、李怀玉。

织发展迅速，2011年全省各类农业产业化组织达13000多个，龙头企业6000多家。随着农业产业化、现代化水平不断提高，大批农村富余劳动力或外出务工，或从事其他多种经营。农村专业化分工越来越细，规模养殖户大批涌现。所有这些都表明，河南农业农村生产力已经进入了一个新的发展阶段，内在地要求突破现有生产关系的束缚，进一步解放生产力、激发农业农村发展的活力。建设新型农村社区，就是适应农村生产力发展变化而对农村生产关系做出的重大调整。

2. 农村人口大省加快城镇化进程的必然选择

河南农村人口多，城镇化水平低，2011年河南城镇化率仅为40.58%，低于全国平均水平。如何加快城镇化进程、有效激活农村社会发展要素，使6000多万农民群众到2020年与全省和全国人民一道进入更高水平的全面小康，这是河南推进现代化面临的重大课题。传统城镇体系只包括大、中城市和县、镇四个层级，而把人口众多的农村排除在外，在一定程度上固化了城乡二元结构。河南省九次党代会提出新型城镇化引领"三化"的新思路，并把新型农村社区纳入城镇体系，实现了对传统城镇模式的重大创新。新型农村社区位居城镇体系的末端，第一次把城镇规划、城市文明及社会公共服务延伸到农村，让农民直接感受现代生产生活方式。

3. 走以人为本科学发展道路的重大战略

人力资源是第一资源。迄今为止，河南仍有6000万人口生活在农村，人力资源优势远未发挥出来。建设新型农村社区，推动城镇基础设施和公共服务向农村延伸，加快推进农村城镇化、农业产业化、农民职业化，把千百万农村人口从土地上解放出来，有序地进入第二、三产业，可以释放出发展生产、创造财富的巨大潜能。从一定意义上说，建设新型农村社区的过程，是把千百万农村人口从传统农村生产生活方式束缚下解放出来的过程，是引导农民群众实现共同富裕、创造美好生活、实现全面发展的过程。另外，统筹城乡发展的重要目的是让农民也能和城里人一样享受均等化的公共服务，而实现公共服务均等化，客观上要求改变以原始自然村落为基本单元的做法，把城镇与乡村、城镇居民与农村居民作为一个整体，统筹谋划、综合考虑。

4. 发挥新型城镇化引领作用的战略基点

从公共财政支持农村发展的角度看，统筹城乡发展要有一个能使农村与城镇相对接的结合点。河南有 4.7 万个行政村、18 万个自然村，采用向自然村落"撒胡椒面"的办法，即使每年投入更多的钱，也很难取得明显成效。现在农村空心化现象严重，土地利用效率低下，单村整治效果不明显。通过建设新型农村社区，既能改善农民的居住条件，提升农民生活品质，还能提高土地的集约节约利用，促进工业化、城镇化和农业现代化的协调发展。随着新型农村社区生活方式的形成，先前那种以血缘宗亲为纽带的村落社会将逐渐消解，建设新型农村社区有利于形成民主平等、法制健全、进步向上的社区生活环境，推进社会管理创新，构建不同于传统行政村的新的社会管理体系。

二 推进新型农村社区建设的实践探索和经验

建设新型农村社区，突破了过去单纯以城带乡、以工促农的单向支农强农模式，探索出第三条城镇化道路，即农村的就地城镇化，使农民不必进城，而是通过进厂、进社区来享受城市文明。这是一次意义重大的社会变革，是继家庭联产承包责任制之后农村发展的"第二次革命"。河南省委、省政府敏锐地发现了农村干部群众这一创造的意义所在，及时加以总结、提炼和指导，各市县在新型农村社区建设的实践中积累了十分宝贵的经验。

1. 坚持"不从农民手中挖土地，不在农民身上打主意"

近年来有些地方在"城乡一体化""推进农村土地管理制度改革"的口号下，在农民的土地上打主意，从农村挖取城镇建设用地，让农民以自己的财产权益去换取基本公共服务。这种做法损害了农民群众的利益，是不可取的。河南在新型农村社区建设实践中，恪守"不从农民手中挖土地，不在农民身上打主意"的理念。坚持群众自愿原则，积极引导，不强迫命令，不强制拆迁，不让群众吃亏，着力破解建设中的规划、土地和资金等难题。特别是在承包地和宅基地问题上，注重保障农民权益，把整合节约出来土地的增值主要用到农民身上，因此，新型农村社区建设能够得到广大农民群众的广泛拥护和支持。

2. 坚持高起点规划设计，兴建"百年农村社区"

河南建设新型农村社区本着"一代人建房、几代人居住"的原则，规划设计一步到位，结构上注重合理，外观上注重艺术，配套设施上注重完善，理念超前，布局科学，设计新颖，基础设施建设完善，既经济又节省土地，与农民过去旧宅形成鲜明的对比。这些全新的建设理念，在农村发展史上无疑是一场革命，是转变发展方式在农村的集中体现。

3. 坚持"三个尽量靠近"，增强发展的可持续性

"三个尽量靠近"，就是新型农村社区建设要尽量靠近城市，尽量靠近中心城镇，尽量靠近产业集聚区。为了最大限度地节约集约利用土地，最大限度地配套共享基础设施和公共服务资源，河南在新型农村社区建设中，坚持科学规划，尽量将城郊村、镇（区）周边村、远离产业集聚区的村合并靠拢到城、镇和产业集聚区附近。"三个尽量靠近"，包含了基层干部群众对经济社会发展规律的认识和把握，体现了发展着眼长远、面向未来、方便群众、服务群众，不断满足群众多方面需求的务实精神。

4. 坚持用城市思维和办法谋划和解决农村问题

与传统的无规划、无设计、无基础设施、自然分散、建设无序的自然村落相比，新型农村社区内不仅道路、供电供水、通信网络、有线电视、垃圾污水处理等各类基础设施基本齐全，而且教育、医疗卫生、文化体育、商业网点、金融邮电等各种公共服务设施应有尽有，可以保证农民现代生产和生活的需要。新型农村社区不仅追求农民生活条件的改善，而且致力于社区公共服务的完善，促使城市文明加速向农村延伸。建设新型农村社区，是用城市思维和办法谋划和解决农村问题的有益探索。

三 建设新型农村社区的几点启示

坚持以人为本，尊重农民群众意愿，保护农民群众权益。河南的探索告诉我们，在新型农村社区建设中坚持以人为本，最重要的就是真正把农民群众作为建设主体，充分尊重农民群众的意愿，不搞强迫命令，不做任何越俎代庖的事情。在建设新型农村社区实践中，党和政府的一切工作都要致力于保障农民群众的利益，尤其要依法保障他们的土地承包经营权、宅基地使用权和集体收益分配权。

1. 解放思想，勇于创新，积极探索统筹城乡发展新路

河南在建设新型农村社区中秉持一个理念，就是对一部分条件具备、群众自愿的传统农村进行脱胎换骨的改造，从根本上破解城乡二元结构，着力推进农村城镇化、农业产业化、农民职业化，把千百万农民从小块土地和传统的生产生活方式束缚下解放出来。河南的实践启示我们，探索统筹城乡发展的路子，关键是要解放思想，在实践中创造适合本地情况的统筹模式，赋予统筹城乡发展以新的内涵。

2. 大胆探索，善于创造，不断拓展中国特色社会主义道路

如何统筹城乡发展、加快城乡一体化，是建设中国特色社会主义道路的重大课题。建设新型农村社区，实质上是探索中国特色社会主义道路的具体实践。我国幅员辽阔，加快转变经济发展方式，知易行难。难在哪里？既有传统思维习惯和发展套路难以改变的因素，更有促增长、保稳定、出政绩等的现实压力。河南省提出，转方式首先要转领导方式，可谓抓住了根本。

（原载《光明日报》2012年10月2日）

在实践中探索区域科学发展之路[*]

——河南以新型城镇化引领"三化"协调发展的认识与思考

工业化、城镇化和农业现代化是人类文明进步的重要标志。河南持续探索不以牺牲农业和粮食、生态和环境为代价的新型城镇化、新型工业化、新型农业现代化的"三化"协调科学发展路子,是时代的要求,关系加快中原崛起、河南振兴全局。"谋河南的事,解发展的题"。河南新型城镇化引领"三化"协调发展的实践与探索,是全面深入贯彻落实科学发展观的生动实践,是构建新型工农、城乡关系的重要尝试,将为全国同类地区发展积累经验提供示范。

一 新型城镇化引领"三化"协调发展的科学内涵

中原经济区建设的核心任务是要积极探索不以牺牲农业和粮食、生态和环境为代价的"三化"协调发展的路子,这种"三化"协调发展是新型"三化"的协调发展,是新型城镇化引领"三化"的协调发展,是以"两不"为前提的"三化"协调发展,具有丰富而深刻的内涵。

1. 工业化、城镇化和农业现代化的一般规律

工业化、城镇化和农业现代化是人类文明进步的重要标志。自工业革命以来,世界各国陆续从传统农业社会向工业社会转变,工业文明随之逐步取代农耕文明,成为人类发展的主流文明。工业化水平成为衡量各国综合竞争力和现代化程度的重要标志。在工业化推进过程中,生产力得到充

---

[*] 课题组组长:喻新安、刘道兴、谷建全。

分释放，大量的农业劳动力进入非农部门，成为产业工人，产业的集聚又带动人口的集中和服务业的发展，加速了农村人口向城镇转移，由此推动了城镇化进程。城镇化不仅进一步优化了社会资源的配置，更为重要的是实现了人们行为理念和生活方式的根本性变革。伴随着工业化、城镇化进程，农村人口大量转移，农业土地的集约化、规模化、专业化和农业的科技含量及服务水平大幅度提高，农民的收入水平和整体素质明显提高，由此推动农业现代化。农业是国民经济的基础，农业现代化是工业化、城镇化稳步推进的支撑和保障。工业化、城镇化、农业现代化作为经济社会发展的三条主线，既拥有各自的演进路径和运行规律，又相互依托、相互影响、相互制约，共同构成对立统一的现代化发展主动力。

2. 新型"三化"协调发展的内涵及特征

新型"三化"协调发展是符合河南实际、具有中原特色之路，是对河南传统工业化、城镇化、农业现代化道路经验教训的总结，是基于河南经济社会发展阶段、保粮稳粮使命、现有资源约束条件、现有就业压力，在经济全球化下求发展、谋崛起的必然选择，是科学发展的生动实践，对全国具有示范意义。

新型城镇化，是以城乡统筹、城乡一体、产城互动、节约集约、生态宜居、和谐发展为基本特征的城镇化，是大中小城市、小城镇、新型农村社区协调发展、互促共进的城镇化。新型工业化，是坚持以信息化带动工业化，以工业化促进信息化，科技含量高、经济效益好、资源消耗低、环境污染少、人力资源优势得到充分发挥的工业化。新型农业现代化，是以粮食优质高产为前提，以绿色生态安全，集约化、标准化、组织化、产业化程度高为主要标志，基础设施、机械装备、服务体系、科学技术和农民素质支撑有力的农业现代化。新型工业化、新型城镇化和新型农业现代化相互影响、相辅相成，以新型城镇化引领"三化"协调发展，是转变经济发展方式、实现科学发展的必由之路。

与传统的"三化"协调发展相比，河南探索的新型"三化"协调发展有着内在的良性互动、互为支撑的有机统一，因而具有更为丰富而深刻的内涵：在驱动机制上，以新型城镇化为引领、以新型工业化为主导、以新型农业现代化为基础，并将现代城镇体系延伸至新型农村社区；在要素组合上，更突出了城乡统筹、城乡一体的视野中节约集约、提高科技含量；

在目标导向上,更强调资源节约、环境友好,致力走上生产发达、生活富裕、生态良好的文明发展道路。其主要标志主要体现在产业关系协调、产城关系协调、城乡关系协调。产业关系协调,就是要形成以工补农、三次产业协调发展、良性互动的局面;产城关系协调,就是城镇规模的扩大、新城建设与产业发展相互适应、互为依托,建成生态高效的现代城镇体系和现代产业体系,形成以产带城、以城促产的良性互动局面;城乡关系协调,就是打破二元结构,形成以城带乡、城乡平等、开放互通、互补互促、共同进步的城乡社会经济一体化发展新格局。为此,必须坚持以引领为核心,以统筹为根本,以协调为关键,以新型城镇化引领特别是新型农村社区建设为切入点,深化产业互动、产城互动、城乡互动,坚持稳粮强农、统筹协调、节约集约、以人为本,坚持改革开放,大胆探索,勇于创新,强化新型城镇化引领、新型工业化主导、新型农业现代化基础作用,推进"五个协同",即农业增产与农民增收协同,工业化与城镇化协同,工业发展、城镇建设与保护耕地协同,"三化"同步与资源环境保护协同,城市繁荣与农村进步协同。

3. 新型城镇化引领"三化"协调发展的内在逻辑

以新型城镇化引领厘清了城镇化、工业化和农业现代化之间的关系,是对河南持续探索发展路子的创新与提升,有着严密的内在逻辑。

(1)新型城镇化引领为"三化"协调发展提供了新的动力来源。首先,新型城镇化引领为产业升级提供了新动力,新型城镇化提高了经济集聚度,加快了城市向服务性经济的转型,促进高端生产要素集聚,提高现代工业的服务增值能力,降低工业发展的资源消耗与要素投入。其次,新型城镇化引领为城市内涵发展提供了新动力,将推动公共服务业(教育、医疗、社保、就业)、消费性服务业(商贸、餐饮、旅游)和生产性服务业(金融、保险、物流)的发展,提高城市发展质量,促进一般性产业由中心城市向周边小城镇和外围组团转移,带动小城镇与新型农村社区提高发展水平。最后,新型城镇化引领为农业现代化提供了新动力。河南特色的新型城镇化以新型农村社区建设促进农村生产要素和人口聚集,可以显著提高农业生产规模,实现就地转移与就业,为农村留下人才,为提高农业现代化水平提供新动力。

(2)新型城镇化引领为"三化"协调发展创造了新的条件组合。首先,新型城镇化为"三化"协调发展注入了新的理念,新型城镇化更加关注资源节约与环境保护,更加强调经济质量,更加侧重提高发展内涵,更加重视区域与城乡协调,将为"三化"协调发展的路径探索提供强力支撑。其次,新型城镇化为"三化"协调发展提供了新的要素支撑,在五级城镇体系中,土地、人才、产业、资源的相对集聚为"三化"协调发展提供了新的要素条件,尤其是在最为重要的人才方面,大城市和中心城市内涵提升为高端人才集聚提供了基础,新型农村社区建设将会引导农民工回乡创业,把农民转变为产业工人,为农村发展提供人才支撑。最后,新型城镇化为"三化"协调发展创造了新的政策组合,新型城镇化涉及土地制度、户籍制度、现代服务业发展等诸多领域,这些方面的改革发展需要更好的制度环境,对产业政策与宏观政策提出了更高的要求,政策介入方式与政府服务方式均需要发生根本性变化,将有力推动政府管理转型与服务型政府建设,为"三化"协调发展带来政策创新。

(3)新型城镇化引领为"三化"协调发展带来了新的空间格局。首先,以产城融合为特征的新型城镇化为"三化"协调发展带来了新的城乡一体化发展格局,以"四集一转"(即项目集中布局、产业集群发展、资源集约利用、功能集合构建,带动农民向产业集聚区融合转移)为主要内容的产业集聚区建设吸引了大批的人口集聚,产城融合发展态势进一步强化,城镇与农村的产业布局将更加协调。其次,把新型农村社区纳入新型城镇化体系改变了农业发展的格局,显著提高了农业规模化、产业化水平,推进了农田集中规模化生产。最后,以要素集中集约利用为目的的新型城镇化为"三化"协调发展带来了新的产业空间格局,土地、资源、人口的集聚将促进产业空间布局的优化,高端产业向中心地区集聚、一般产业向外围组团扩散的趋势更加明显,新型城镇化引领将促进产业空间布局优化和区域协调发展,支撑"三化"协调发展新格局。

二 新型城镇化引领"三化"协调发展的重大意义

持续探索不以牺牲农业和粮食、生态和环境为代价的新型城镇化、新型工业化、新型农业现代化"三化"协调科学发展的路子,必须充分发挥新型城镇化的引领作用,推动难题破解,带动转型升级,促进协调发展。

1. 探索"三化"协调发展路子的持续提升

坚持新型城镇化引领，是河南在发展实践中持续探索的结果。20世纪90年代初，河南作为传统农业大省、工业小省、财政穷省，如何在不牺牲农业的同时，推进工业化和城镇化，成为摆在全省人民面前的重要课题，"八五"之初，河南提出了"工业、农业两篇文章一起做"和"两道难题（工业化缓慢、农民增收困难）一起解"的发展思路，2003年《河南省全面建设小康社会规划纲要》进一步明确："要坚持以工业化为主导，以城镇化为支撑，以推进农业现代化为基础，统筹城乡经济社会协调发展。" 2006年，河南省第八次党代会明确了要坚持以工促农、以城带乡的指导思想。2011年，河南省第九次党代会提出，要走好"两不三新"这条路子，必须充分发挥新型城镇化的引领作用、新型工业化的主导作用、新型农业现代化的基础作用。由此看来，在河南发展的不同历史阶段，河南面临着不同的矛盾和问题，在工业化初期阶段，主要任务是强农兴工，进入新的历史时期，河南最突出的矛盾是城镇化滞后，因此，河南提出以新型城镇化引领"三化"协调发展，既是基于弥补短板、增强动力、拓展空间、激活潜力的现实要求，也是厘清关系、抓住关键、破解难题、促进协调的科学选择。

2. 城镇化发展模式的重大创新

作为一个城镇化水平低、农业比重大的内陆人口大省，河南城镇化对象是4.7万个行政村、18万个自然村和6000万农村人口，要在基础弱、底子薄的情况下加速城镇化，让超过60%的农村人口与城镇居民一起融入现代生产生活方式，共享改革发展成果，就必须摒弃传统的城镇化发展模式、创新发展思路，探索走出一条符合河南发展实际，顺应城镇化发展规律、具有区域特色的新型城镇化道路。

当前，河南坚持新型城镇化引领，关键在"新"上，所谓"新"，第一表现在内涵上，就是以城乡统筹、城乡一体为核心，以产城互动、节约集约、生态宜居、和谐发展为主要特征，大中小城市、小城镇、新型农村社区协调发展、互促共进；第二表现在发展模式上，由国家区域性中心城市、省域中心城市、中小城市、中心镇、新型农村社区组成的五级城镇体系，创造性地将新型农村社区纳入城镇体系；第三表现在人口转移路径上，新型城镇化突出了新型农村社区建设的地位与作用，实现了农民由单一进城转移模式到农民多维转移模式的转换；第四表现在功能定位上，强调以郑州为龙头重心，省域中心城市为辐射带动，中小城市为承载承接，中心镇为重要节点，新型农村社区为战略基点的系统协同式分工格局；第五表现在城市形态上，是以内涵式紧凑型生态化可持续发展为方向的新型城市形态。

3. 拉长城镇化短板的必然要求

按照国际通行标准，河南人均GDP突破4000美元，已进入工业化城镇化加速推进时期，然而，目前河南城镇化率仅为40.57%，与城镇化率55%左右的国际标准相比，落后近15个百分点，与全国平均水平相比，也落后近11个百分点。城镇化水平低已成为制约河南经济社会发展的主要障碍。

（1）制约了产业的转型升级。一个地区产业结构状况与城镇化率存在明显的正相关关系。2010年，河南第一产业、第二产业在生产总值中的比重分别比全国平均水平高4个、17.2个百分点，而第三产业比重仅为28.6%，低于全国平均水平14.4个百分点，其原因就是城镇化水平低，对服务业发展带动弱。可见，城镇化水平低，不仅制约了第三产业的发展，而且也制约了三次产业的协调发展。制约了发展方式的转变。当前，扩大内需是转变发展方式的首要任务和基本支撑，而城镇化是激活内需潜力的原动力和主引擎。分析表明，每增加1个城镇人口，可带动3倍于农民的消费支出；同时，城镇化的推进，可以为基础设施、公共服务建设投资带来巨大的空间。而河南城镇化水平低在很大程度上抑制了扩大内需的潜能。因此，只有坚持新型城镇化引领，拉长城镇化短板，才有利于持续释放需求潜能、增强内生动力，推动发展方式转变。

（2）制约了农业现代化进程。从河南农村发展现实看，一家一户的小农生产方式是农业现代化进程中的主要障碍。要消除这一障碍，就必须加快推进新型城镇化，通过城镇化有效转移农村剩余劳动力，实现土地规模经营和农业机械化、专业化和标准化。然而，目前河南城镇化水平低，已成为现代农业发展的重要制约因素。只有坚持新型城镇化引领，才能在较短的时间内破除城乡二元结构，促进资金、技术、人才、信息等生产要素在城乡之间自由流动，推动基础设施建设、公共服务体系向农村延伸，才能加速农业现代化进程。显然，城镇化水平低已成为河南经济社会发展的突出"短板"和各种矛盾的聚焦点,以新型城镇化引领"三化"协调发展,正是河南选准突破点和着力点、破解城镇化滞后这一突出矛盾的现实选择。

3. 破解经济社会发展难题的根本途径

破解经济社会发展中新老"四难"问题("钱从哪里来、人往哪里去、粮食怎么保、民生怎么办"是谓"老四难";"土地哪里来、减排哪里去、要素怎么保、物价怎么办"是谓"新四难")是当前中原经济区建设的根本任务。只有坚持新型城镇化引领,才能不断完善城镇功能,优化发展环境,促进企业集中、要素集聚,形成集群优势和交易成本优势,进而吸引更多的投资和项目进得来、留得住、发展快、带动强,解决"钱从哪里来"的问题;才能有效破解现有城市承接吸纳能力不能满足农村人口向城市转移需要的矛盾。新型五级城镇体系建设为人口转移提供了多元选择和更大的容量,让广大农民可以不必离土离乡就能安居乐业,解决"人往哪里去"的问题;才能以社区化发展促进耕地流转,推动农业规模化、组织化、标准化、现代化,在耕地不减少的同时提高农业生产效率和综合生产能力,解决"粮食怎么保"的问题;才能通过要素集约利用、功能集合构建、服务整体提升,不断完善城乡基础设施和公共服务设施,破除城乡二元结构,尤其是新型农村社区建设,让农村居民不出家门就能过上城市生活,解决"民生怎么办"的问题;才能不断优化城市布局和形态,同时推动农村土地挖潜、整治、复耕,更好地促进城乡土地资源集约节约利用,缓解建设用地刚性需求与保护耕地硬性约束的矛盾,解决"土地哪里来"的问题;才能促进企业集中布局、产业集群发展,进而形成循环经济发展链条,深入推进清洁生产,通过污染物减量和污染综合治理并举,解决"减排哪里去"的问题;才能促进资源合理流动、优化配置,提高资源投入产出效率,推进节约集约利用,解决"要素怎么保"的问题;才能一方面通过加快农业发展方式转变,提高农业生产能力和生产效率来实现保供给;另一方面通过城乡统筹、融合发展促进产需之间有效衔接,减少中间环节,有效降低流通成本,平抑市场物价,解决"物价怎么办"的问题。

4. 把握"三化"协调发展推进关系的现实选择

河南作为新兴工业大省,工业增加值连年位居全国第五位、中西部第一位。2011年,河南三次产业比例为12.9:58.2:28.9,二产比全国平均水平高 17.2 个百分点。从产业结构演进状况来看，河南正处于工业化中期阶段，加快推进工业化进程，以新型工业化为主导仍然是富民强省、实现中原崛起河南振兴的必然选择。但同时要看到，在工业化的初期阶段，河南工业虽然实现了由小到大的快速发展，但主要是建立在劳动力和资源成本优势的基础上，能源原材料等上游产业比重大，高加工度、高科技含量、高附加值的产业发展不足。要想在迈进工业化中期阶段后实现负重爬坡、持续发展，就必须实现从劳动密集型、资源密集型向资本密集型、技术密集型和知识密集型转型升级。而要实现这一目标，就必须借助城镇发展环境优化、综合功能完善，吸引和壮大一批能够带动产业升级的龙头项目和骨干企业，必须发挥城镇集中、集聚、集约效应，吸引和集聚大批科技要素，为产业转型升级提供必要的创新支撑与人才支撑；必须依托城镇发展信息、物流、金融等现代服务业，加快新型工业化进程。显然，脱离了新型城镇化的引领作用，新型工业化的主导作用也就无从谈起，应该说，两者是互促共进、并行不悖的关系。然而现实的情况是，河南的城镇化明显滞后于工业化，2010 年，河南第二、三产业劳动力就业比重达 55.1%，虽然这一比重要低于全国平均水平 8.2 个百分点，但依然比同期城镇化水平高了 16.3 个百分点，城镇化滞后就难以为传统工业化向新型工业化演进积累规模效应和集聚效应，难以为新型工业化发展提供创新、人才、信息等高端要素集聚平台，也更难以为农业规模经营及农业机械化、专业化、标准化和信息化等农业现代化发展提供有效支撑。因此，在新的形势下，走新型城镇化引领之路，既是河南对"三化"协调发展演进关系的准确把握，也是遵循经济发展客观规律的必然选择。

三 新型城镇化引领"三化"协调发展的现实基础

探索"三化"协调发展之路，河南已有了初步成果，积累了一定经验，中原大地业已形成广泛共识。在中原经济区上升为国家战略的背景下，河南必须在把握大势、顺应趋势、发挥优势中牢牢抓住机遇，在应对挑战、突破风险、破解难题中不断创造机遇，在解放思想、先行先试、务实发展中探索新路。

1. 探索新型城镇化引领"三化"协调发展之路实践基础坚实

早在20世纪90年代初,河南就提出"围绕'农'字上工业,上了工业促农业",开始了工农业协调发展的探索。进入21世纪,河南明确提出"加快工业化、城镇化,推进农业现代化",之后又强调要走"在不牺牲不削弱农业的前提下大力推进'三化'的路子"。20多年来,河南坚持把加快工业化和城镇化、推进农业现代化作为加快中原崛起河南振兴的基本途径,坚持工农业互动协调发展,探索"以农兴工、以工促农、城乡互动、协调发展"的有效方式,实现了在由传统农业大省向经济大省和新兴工业大省的历史性跨越的同时,耕地面积不减少、粮食产量不降低、农业地位不削弱,初步走出了一条不以牺牲农业为代价的"三化"协调发展的现代化路子,并积累了有益的经验。当前,持续探索以"两不三新"为主要内容的新型"三化"协调发展的路子,就是在河南历届省委、省政府探索实践基础上的再探索,是根据形势发展和变化的调整、持续和提升。伴随着中原经济区建设正式上升为国家战略,中原崛起河南振兴进入蓄势勃发的新阶段,不仅极大地提升了河南在全国的地位,扩大了河南在全国的影响,而且提高了全省人民的精神,使持续探索新型城镇化引领"三化"协调发展之路凝聚成为全省上下的共识,并使得河南有基础、有条件、有能力"谋河南的事,解发展的题",在探索新型城镇化引领"三化"协调发展中,担负起为全国同类地区发展积累经验提供示范的历史使命。

2. 探索新型城镇化引领"三化"协调发展之路政策环境优越

近年来,中央出台了一系列强农惠农、同步推进"三化"发展的方针政策,尤其是国务院《关于支持河南省加快建设中原经济区的指导意见》(简称《指导意见》)明确指出,探索出一条不以牺牲农业和粮食、生态和环境为代价的"三化"协调发展的路子,是中原经济区建设的核心任务,要将中原经济区建设成为全国"三化"协调发展示范区,探索建立工农城乡利益协调机制、土地节约集约利用机制和农村人口有序转移机制,加快形成城乡经济社会发展一体化新格局,为全国同类地区发展起到典型示范作用。2010年以来,围绕河南区域战略上升至国家层面,河南省委、省政府在系统疏理历届领导班子关于加快河南发展战略思路的基础上,充分认识新的历史条件下河南在全国的比较优势和战略地位,集思广益,高瞻远瞩，提出了建设中原经济区的战略构想，并正式上升为国家战略。河南省第九次党代会在对过去多年实践积累经验的深刻总结和升华的基础上，准确把握省情，自觉遵循规律，积极顺应大势，创造性地指出，走好新型"三化"协调发展的路子，必须充分发挥新型城镇化的引领作用、新型工业化的主导作用、新型农业现代化的基础作用，必须增强新型农村社区战略基点作用，将新型农村社区建设作为统筹城乡发展的结合点、推进城乡一体化的切入点、促进农村发展的增长点。中央和省委的科学决策，使新型"三化"协调发展从整体上破题已看到了曙光。

3. 探索新型城镇化引领"三化"协调发展之路正当其时机遇难得

当前，河南经济平稳较快增长，是河南持续探索新型城镇化引领"三化"协调发展路子的好时期。在现代经济增长过程中，人口和产值的高速增长总是伴随着多种产业比重在总产出和所使用的生产性资源方面的明显变动。改革开放以来，特别是近年来，河南深入贯彻落实科学发展观，坚持"四个重在"实践要领，加快经济发展方式转变，协调推进工业化、城镇化和农业现代化，经济社会发展呈现出好的趋势、好的态势、好的气势，当前，正是持续探索新型城镇化引领"三化"协调发展路子的大好时期。2011年，全省地区生产总值达27232.04亿元，比上年增长11.6%。全省三次产业结构为12.9∶58.3∶28.8。从三次产业结构来看，河南已经进入了工业化的中期阶段。河南城镇化处于30%~60%区间，在未来10年乃至更长时期内，河南将处于城镇化的加速推进阶段。河南"三化"协调发展模式开始步入成型期，一方面产业集聚化发展推动人口向城镇加快聚集，形成了城镇化的"引力"；另一方面农业生产规模化促使农村富余劳动力向城镇和非农产业加快转移，形成了城镇化的"推力"，孕育出相互融合、互为动因的内生性发展动力。此外，城镇化作为承载投资需求和消费需求的结合体，必将成为国家实施内需拉动战略的关键环节，一些长期制约城镇化发展的户籍、住房、就业、社会保障等政策会有较大的突破性改革。随着经济、社会的快速发展，城乡两类社区持续冲破城乡二元结构的壁垒而不断趋于融合。新生代农民工的价值观与生存理念转换，也为新型城镇化建设创造了条件。河南持续探索新型城镇化引领"三化"协调发展路子机遇难得，正当其时。

4. 新型"三化"协调发展之路面临的困难和挑战

目前,河南虽然已初步走出"三化"协调发展的路子,但从经济社会发展的人均指标来看,还是一种在较低水平上的"协调",要走出新型城镇化引领"三化"协调发展路子,使"三化"都达到较高水平,并持续保持协调的态势,其困难还是很大的。尤其是随着改革开放的深入和区域发展格局的演变,长期以来的传统农区定位的分工角色相对"固化",导致自身以工补农、以城带乡乏力,"钱从哪里来、人往哪里去、粮食怎么保、民生怎么办"这一"老四难"尚未根本破解,"土地哪里来、减排哪里去、要素怎么保、物价怎么办"的"新四难"接踵而至,探索新型"三化"协调发展之路面临要求新、难度高、压力大的困难和挑战。

(1)协调要求新,河南持续探索的新型城镇化引领"三化"协调发展,是"两不三新"的"三化"协调发展,是以新型城镇化为引领的"三化"协调发展,也是以新型农村社区建设为统筹城乡发展结合点、推进城乡一体化切入点、促进农村发展增长点、社会管理创新点的"三化"协调发展,内涵丰富,全新要求。

(2)协调难度大,新型"三化"之间虽然存在内在联系的有机统一,但推进新型"三化"协调发展仍存在诸多矛盾和难题,如工业化城镇化与稳粮保粮的矛盾、推进"三化"进程与土地制约的矛盾、"三化"协调发展与资源环境约束的矛盾等。

(3)协调压力大,经济结构性矛盾依然突出,城乡发展不协调,工业多处于产业链前端和价值链低端,服务业发展滞后,农业基础薄弱,科技创新能力不强,经济发展的质量和效益亟待提高,土地、资源、环境等约束加剧,人民群众对加快实现富民强省、全面建设小康社会的愿望更加强烈。

5. 在先行先试中探索新型城镇化"三化"协调发展之路

作为后发地区,走新型"三化"协调发展之路拥有不可替代的"后发优势",可以充分借鉴国内外已有的实践及经验教训。但同时必须看到,后发地区也可能面临先发地区所不曾遇到的诸如资源约束和路径依赖的"后发劣势"。因此,河南必须抢抓机遇,充分利用国务院《指导意见》赋予中原经济区建设的先行先试的政策创新机会和制度创新空间,把握全局、明晰目标、着眼长远、发挥优势、系统规划、谋定后动,借力人地双挂钩、资源税、排污权和碳排放交易、考核评价机制等国家在重点领域和关键环节的探索、试点等，在先行先试中破解制约"三化"协调发展的带有普遍意义的发展难题，为同类区域、相同领域的科学发展探索新路。事实上，就中原经济区所探索的命题和所承载的使命而言，在某种意义上其本身就是试验区，先行先试是其题中应有之意。而先行先试的关键，在"行"和"试"，在敢于创新、率先突破，在先思先谋、抢抓先机。凡是不违反国家和河南省委、省政府大政方针的，只要有利于中原经济区建设，都可以大胆地试，先干不争论、先试不议论、先做不评论，允许探索中有失误，不允许工作中无作为，从而激发方方面面的活力和动力，积极探索新型"三化"协调发展之路。

四 新型城镇化引领"三化"协调发展的战略举措

持续探索以新型城镇化为引领的"三化"协调科学发展路子，需要立足省情，遵循发展规律，坚持务实求效，从体系建设、发展动力、功能完善、内涵提升、要素保障、协调机制等方面着手，创新城镇化发展举措，提升新型城镇化引领"三化"协调发展的能力。

1. 构建符合河南实际具有中原特色的新型城镇体系

按照核心带动、轴带发展、节点提升、对接周边的原则，推进郑州国家区域性中心城市、省域中心城市、中小城市、中心镇、新型农村社区联动发展，加快构建以中原城市群为主体形态、符合河南实际、具有中原特色的五级城镇体系。增强郑州龙头作用，全面推进郑州都市区建设，提升郑州全国区域性中心城市地位。增强省域中心城市辐射带动作用，推动中心城市组团式发展，统筹推进老城区改造和城市复合型新区建设，增强中心城市以大带小、以城带乡的主导作用。按照现代城市的理念和标准，提高县城规划建设水平，形成产业集聚区、县城新城区和旧城区"三位一体"发展格局，增强县城承载承接中心城市辐射和带动农村发展的能力。增强小城镇重要节点作用，坚持分类指导、合理布局、适度发展原则，因地制宜地发展特色产业，积极探索交通导向开发模式，实施扩权强镇试点，提升服务农业农村发展的能力。增强新型农村社区战略基点作用，坚持分类指导、科学规划、群众自愿、就业为本、量力而行、尽力而为的原则，推动土地集约利用、农业规模经营、农民多元就业等，使其成为统筹城乡发展的结合点、推进城乡一体化的切入点、促进农村发展的增长点。

2. 积极稳妥推进新型农村社区建设

结合当地资源禀赋、区位特点和产业基础，科学规划新型农村社区布局和规模。积极推进城市新区、城中村、产业集聚区、近郊区内的村庄，按照城市规划迁村并城、建设社区；分类探索重大交通沿线、重大工程沿线以及地质灾害威胁区、自然保护区内等各类村庄实施整村搬迁等多种形式。发挥政府引导作用，坚持农民主体地位，把握规划布局、住房建设、设施配套三个关键环节，整合、拓宽建设资金筹措渠道，积极探索农民自建、集体统建、招商建设、社会援建等多种途径。在严格保护耕地和保障粮食生产的前提下，支持利用新型农村社区建设腾出的土地，大力发展现代农业，因地制宜地发展第二、三产业，促进农民就地就近就业。结合新型农村社区建设，加快推进农村集体土地所有权、集体建设用地使用权、宅基地使用权确权登记发证工作，保护居民的农村集体财产分红收益、土地流转以及集体土地转让收益，使农民成为新型城镇化的最大受益者。

3. 提升城镇功能和综合承载能力

加强现代综合交通体系建设，全面推进铁路网、公路网和综合交通枢纽建设，提高中心城市通达能力。强化城镇基础设施建设，重点推动教育、医疗、文化等公共服务设施建设，完善县城基础设施建设，提升大中城市信息基础设施水平，增强城镇综合承载能力。注重环境保护和生态建设，以创建生态园林城市、森林城市、生态乡镇为载体，加快建设绿色环保、生态宜居型城镇。提升文化品位，坚持把传承创新华夏历史文明作为推进新型城镇化的重要内容，加强历史文化名城、名镇、名村和乡土建筑的保护，完善城镇文化服务功能，丰富文化内涵，彰显中原城镇特色和魅力。提升住房保障能力，建立健全面向不同收入阶层的住房供给体系。

4. 形成产城互动的新型城镇化发展格局

推进城镇建设与产业升级互动发展，推进载体平台建设与增强城镇实力互动发展，加快城市新区规划建设，培育一批千亿元级产业基地，形成中心城市现代产业发展高地。提升城市组团发展水平，大力发展与中心城区主导产业分工协作的关联配套产业，形成中心城市空间拓展的重要功能区。深入推进产业集聚区建设，加快形成一批特色产业集群，成为承接产业转移的主平台、县域经济发展的增长极。结合新城建设和老城改造，打造高端服务业集聚区、城区经济增长中心、区域发展服务中心。推进新型农村社区建设与现代农业互动发展，把新型农村社区建设与农村土地流转结合起来，打造一批"全链条、全循环、高质量、高效益"的现代农业产业集群，促进农民转移就业，推动农业增效农民增收。

5. 创新城乡要素合理流动和集约节约利用机制

创新农村人口有序转移机制，按照宽严有度、积极稳妥的原则，适度放宽郑州市、全面放开其他省辖市、县城（县级市）和小城镇入户条件，逐步推行城乡一体的户籍管理制度。创新建设用地保障机制，建立集体建设用地基准地价制度，探索建立全省统一的交易平台，严格执行土地利用总体规划和土地整治规划，在城乡建设用地增减挂钩的基础上，开展人地挂钩试点。创新建设资金多元筹措机制，支持中心城市壮大城市建设投融资平台，推进中小城市整合现有投融资平台。通过以奖代补、先建后补、贷款贴息、财政补贴等方式，引导社会资本参与新型城镇化建设。创新城际开放协作机制，推进交通一体、产业链接、服务共享、生态共建，加快形成以特大城市和大城市为主体，带动中小城市、中心镇和新型农村社区发展的网络化格局。

6. 健全协调有序的社会管理体制

打破城乡二元规划管理格局，统筹安排城镇建设、新型农村社区布局、产业发展、基础设施建设、公共服务和社会管理，建立与五级城镇体系相协调的城乡规划体系。适应新型城镇化发展需要，稳妥、有序地调整行政区划，理顺城镇行政管理关系。推进城市管理从单一城管执法向城市综合管理转型。强化区、街（镇）政府的管理职责，推进城市管理重心下移。建立健全新型农村社区社会管理体制，逐步实现村民自治向居民自治转变。打破参保身份界限，提高统筹层次，制定城乡、区域之间养老、医疗等社会保险转移衔接方法，建立覆盖城乡的基本社会保障制度。

（原载《中州学刊》2012年第3期）

关于新型城镇化引领的若干重大问题*

坚持以新型城镇化引领"三化",是河南省贯彻落实科学发展观的生动实践,也是破解"三农"难题、消除城乡二元结构、促进"三化"协调科学发展的战略抉择。坚持新型城镇化引领,就是以新型城镇化为突破口和着力点,通过城镇规模扩大和功能完善,带动产业集聚和人口集聚,推动新型城镇化、新型工业化和新型农业现代化协调发展。

一 新型城镇化引领的科学内涵

新型城镇化引领蕴含着丰富而深刻的科学内涵,是河南贯彻落实科学发展观具体实践新的发展阶段,是河南在"三农"问题上创造性地落实科学发展观的有力举措,是河南经济发展战略、发展方式和发展重点的重大转变。准确理解和充分把握新型城镇化引领的科学内涵和特征,对于探索"两不三新""三化协调"科学发展的路子,对于实现"三化"协调科学发展,都具有重要的现实意义和实践价值。

(一)新型城镇化引领的科学内涵

新型城镇化是以城乡统筹、城乡一体为核心内涵,以产城互动、节约集约、生态宜居、和谐发展为基本特征,大中小城市、小城镇、新型农村

---

* 2012年7月27日,河南省领导与社会科学界专家茶叙,河南省委书记卢展工明确要求2010年成立的课题组继续深化对一些重大问题的研究。根据卢书记的指示精神,2012年9月20日,省发改委制定了《关于开展新型城镇化引领"三化"协调科学发展重大问题研究工作方案》,明确"省委、省政府成立课题组,按照四个重大研究问题分别设立研究组"。"4个研究组下设12个专题小组,分别由喻新安、王永苏、张占仓、郭爱民任4个研究组组长。本文是喻新安主持的第六专题小组的研究报告。

社区协调发展、互促共进的城镇化。新型城镇化引领就是以新型城镇化为切入点，通过破解城镇化发展难题，带动产业集聚和人口集聚，推动新型工业化和新型农业现代化发展，进而实现"三化"协调发展。其核心在于不以牺牲农业和粮食、生态和环境为代价，着眼农民，涵盖农村，实现城乡基础设施一体化和公共服务均等化，促进经济社会发展，实现共同富裕。科学领会和把握新型城镇化引领的科学内涵，必须回答新型城镇化引领"新"在哪里和什么是"引领"的问题。

1. "新"在哪里

河南坚持新型城镇化引领，关键在"新"上，所谓"新"，一是表现在内涵上，就是以城乡统筹、城乡一体为核心，以产城互动、节约集约、生态宜居、和谐发展为主要特征，大中小城市、小城镇、新型农村社区协调发展、互促共进。二是表现在发展模式上，由国家区域性中心城市、省域中心城市、中小城市、中心镇、新型农村社区组成的五级城镇体系，创造性地将新型农村社区纳入城镇体系。三是表现在人口转移路径上，新型城镇化突出了新型农村社区建设的地位与作用，实现了农民由单一进城转移模式到农民多维转移模式的转换。四是表现在功能定位上，强调以郑州为龙头重心，省域中心城市为辐射带动，中小城市为承载承接，中心镇为重要节点，新型农村社区为战略基点的系统协同式分工格局。五是表现在城市形态上，是以内涵式紧凑型生态化可持续发展为方向的新型城市形态。

2. 什么是"引领"

"引领"的含义可以从三个层面来理解。

一是优先发展。城镇化是"三化"协调发展的关键，"三化"协调所面临的问题都集中在城镇化上，工业化推进所需要的土地和相应的基础设施及现代公共服务体系需要城镇化来提供，农业现代化的应有之意是土地规模经营，实现规模经营的前提是要有更多的农民从土地上解放出来。因此，要进一步推进工业化和农业现代化，实现"三化"协调发展，就必须优先发展新型城镇化。

二是走在前面。一般而言，工业化是现代化的起点和原动力，城镇化是工业化的结果，这也是很多人质疑新型城镇化引领"三化"协调的重要原因。实际上，工业化和城镇化在现代化过程中的重要性及先后次序是分阶段的，在现代化初期，工业化自然居于主导地位，但进入现代化中期以后，城镇化就会扮演越来越重要的角色。就河南目前的情况来说，城镇化需要走在前面，不仅是工业化已到了中期阶段，更重要的是工业发展的技术条件和制度条件都与工业化起步阶段相比发生了很大变化。没有先行的城镇化，工业化很难向前推进。就技术条件来说，现在的工业项目需要较高水平的基础设施和公共服务体系来支撑，所以需要依托功能更完善的城市来发展。

三是把滞后的补上来。城镇化滞后于工业化是我们国家现代化进程中一直存在的问题，河南省也不例外。城镇化给河南经济社会持续、快速、健康发展带来一系列的内在矛盾，并日益成为制约当前经济发展的突出问题。2011年，河南省工业化率为51.8%，而同期城镇化率为40.6%，低于工业化率11.2个百分点。城镇化滞后抑制了消费需求的增长和升级，抑制了产业结构的调整、升级，抑制了经济发展效率的提升；不利于新型工业化的发展，不利于农村劳动力的转移和新型农业现代化的发展。城镇化水平低已成为河南经济社会发展的突出"短板"和各种矛盾的聚焦点，以新型城镇化为引领，有助于推动这些滞后的问题尽快解决。

（二）新型城镇化引领的基本特征

与传统的"三化"协调发展相比，河南探索的新型"三化"协调发展具有更为丰富而深刻的意蕴。其特征可以概括为24个字：城乡统筹、城乡一体、产城互动、节约集约、生态宜居、和谐发展。

1. 城乡统筹

从本质上讲，新型城镇化就是城与乡两个系统在经济、社会、人口、空间、生态等诸多基本要素方面相互交叉而且协调发展的过程。过去的城镇化仅仅限于城镇范围，它的触角伸不到农村去，它不包括农村。以农民进城为标志的城镇化模式强调农民离乡不离土，基于小城镇和乡镇工业的城镇化模式强调农民离土不离乡，我们现在提出的新型城镇化可以说既不离土也不离乡，是把广大的农村彻底地涵盖进去了，把新型农村社区纳入了现代的城镇体系。它突出了城乡统筹、城乡一体化的发展理念，突出了对新型工业化、新型农业现代化的服务，突出了农民整体素质的提升，突出了农村生产、生活方式的转变。

2. 城乡一体

新型城镇化强调把工业与农业、城市与乡村、城镇居民与农村居民作为一个整体，统筹谋划、综合研究，通过体制改革和政策调整，促进城乡在规划建设、产业发展、市场信息、政策措施、生态环境保护、社会事业发展的一体化，改变长期形成的城乡二元经济结构，实现城乡在政策上的平等、产业发展上的互补、国民待遇上的一致，让农民享受到与城镇居民同样的文明和实惠，使整个城乡经济社会全面、协调、可持续发展。

3. 产城互动

城市发展的动因是产业集聚，产业和城市是不可分割的。新型城镇化强调以产兴城、以城促产、产城融合，就是以产业集聚区为依托培育壮大优势产业和特色产业集群，把中小城镇和新型农村社区一道作为有效载体，有力地促进产业发展，推动城镇和农村社区向数字化、信息化、智能化、知识化方向发展，从而实现更多的农民转移就业，享受现代化发展的成果。

4. 节约集约

新型城镇化建设就是要避免摊大饼式的发展模式，避免虽然有规模但是很不经济的问题出现。我们突出的是内涵式、紧凑型的城市发展模式，强调的是集约型城镇化的发展方式。在新型城镇化引领下，城市建设更加注重经济、生态、宜居等功能的复合，城市发展由空间扩张转向内涵提升，由注重速度转为提升质量，从而实现资源利用集约化，城镇功能完善化，发展机制良性化，公共服务配套化。

5. 生态宜居

新型城镇化强调把惠民作为出发点和落脚点，打造一个人民安家乐业的城与乡。对于进城的农民来说要坚持以人为本的原则，切实解决好农民的就业、土地流转、社会保障等实际问题，使得进城农民真正进得来、留得住、住得下。对于不进城的农民来说，要优化人居环境，推进社区建设，建立能够满足居民物质和精神生活需求，适宜人类工作、生活和居住的新型社区。

6. 和谐发展

和谐发展是科学发展观以人为本理念的集中体现，其主旨是关注民生，促进社会公平正义，让全体人民共享改革发展成果。在新型城镇化进程中，要以加快和谐社会建设为目标，积极主动正视矛盾、化解矛盾，最大限度地增加和谐因素，按照"民主法治、公平正义、诚信友爱、充满活力、安定有序、人与自然和谐相处"的总要求，解决人民群众最关心、最直接、最现实的问题，着力发展社会事业、促进社会公平正义、建设和谐文化、完善社会管理、增强社会创造活力、走共同富裕道路，推动经济、社会、文化等协调发展。

（三）新型城镇化引领的内在逻辑

以新型城镇化引领厘清了城镇化、工业化和农业现代化之间的关系，是对河南持续探索发展路子的创新与提升，有着严密的内在逻辑。

1. 新型城镇化引领为"三化"协调发展提供了新的动力来源

首先，新型城镇化引领为产业升级提供了新动力，新型城镇化提高了经济集聚度，加快了城市向服务性经济的转型，促进高端生产要素集聚，提高现代工业的服务增值能力，降低工业发展的资源消耗与要素投入。其次，新型城镇化引领为城市内涵发展提供了新动力，将推动公共服务业（教育、医疗、社保、就业）、消费性服务业（商贸、餐饮、旅游）和生产性服务业（金融、保险、物流）的发展，提高城市发展质量，促进一般性产业由中心城市向周边小城镇和外围组团转移，带动小城镇与新型农村社区提高发展水平。最后，新型城镇化引领为农业现代化提供了新动力。河南特色的新型城镇化以新型农村社区建设促进农村生产要素和人口聚集，可以显著提高农业生产规模，实现就地转移与就业，为农村留下人才，为提高农业现代化水平提供新动力。

2. 新型城镇化引领为"三化"协调发展创造了新的条件组合

首先，新型城镇化为"三化"协调发展注入了新的理念，新型城镇化更加关注资源节约与环境保护，更加强调经济质量，更加侧重提高发展内涵，更加重视区域与城乡协调，将为"三化"协调发展的路径探索提供强力支撑。其次，新型城镇化为"三化"协调发展提供了新的要素支撑，在五级城镇体系中，土地、人才、产业、资源的相对集聚为"三化"协调发展提供了新的要素条件，尤其是在最为重要的人才方面，大城市和中心城市内涵提升为高端人才集聚提供了基础，新型农村社区建设将会引导农民工回乡创业，把农民转变为产业工人，为农村发展提供人才支撑。最后，新型城镇化为"三化"协调发展创造了新的政策组合。新型城镇化涉及土地制度、户籍制度、现代服务业发展等诸多领域,这些方面的改革发展需要更好的制度环境,对产业政策与宏观政策提出了更高要求,政策介入方式与政府服务方式均需要发生根本性变化,将有力推动政府管理转型与服务型政府建设,为"三化"协调发展带来政策创新。

3. 新型城镇化引领为"三化"协调发展带来了新的空间格局

首先,以产城融合为特征的新型城镇化为"三化"协调发展带来了新的城乡一体化发展格局,以"四集一转"(即项目集中布局,产业集群发展,资源集约利用,功能集合构建,带动农民向产业集聚区融合转移)为主要内容的产业集聚区建设吸引了大批的人口集聚,产城融合发展态势进一步强化,城镇与农村的产业布局将更加协调。其次,把新型农村社区纳入新型城镇化体系改变了农业发展的格局,显著提高了农业规模化、产业化水平,推进了农田集中规模化生产。最后,以要素集中集约利用为目的的新型城镇化为"三化"协调发展带来了新的产业空间格局,土地、资源、人口的集聚将促进产业空间布局的优化,高端产业向中心地区集聚、一般产业向外围组团扩散的趋势更加明显,新型城镇化引领将促进产业空间布局优化和区域协调发展,支撑"三化"协调发展新格局。

二 新型城镇化引领的现实意义

持续探索不以牺牲农业和粮食、生态和环境为代价的新型城镇化、新型工业化、新型农业现代化"三化"协调科学发展的路子,必须充分发挥新型城镇化的引领作用,以引领推动难题破解,以引领带动转型升级,以引领促进协调发展。走新型城镇化引领"三化"协调科学发展的路子,既体现了省委、省政府对"三化"协调科学发展的深度认知与准确把握,也反映了中原崛起、河南振兴的阶段性特点和规律。

(一)坚持新型城镇化引领是河南发展思路的持续提升

1. 以新型城镇化引领"三化"协调发展,不是一时的主观臆想,而是河南在实践探索中发展思路的持续提升和不断创新

"八五"之初,河南提出了"工业、农业两篇文章一起做"和"两道难题（工业化缓慢、农民增收困难）一起解"。2003年《河南省全面建设小康社会规划纲要》进一步明确，"要坚持以工业化为主导，以城镇化为支撑，以推进农业现代化为基础，统筹城乡经济社会协调发展"。省第八次党代会提出"坚持以工促农、以城带乡"的指导思想。随着河南发展思路的不断提升和完善，发展成效日益明显，工业连续多年保持两位数增长，并于2007年跻身全国前五，粮食产量从2004年起连续三年跨过800亿斤、900亿斤和1000亿斤台阶。然而，城镇化率低始终是河南发展的短板，2011年河南城镇化率仅为40.58%，低于全国平均水平10.7个百分点。进入转型发展的新阶段，如何破解新老"四难"问题，成为河南经济社会持续发展的关键，而城镇化支撑乏力又成为破解新老"四难"的主要瓶颈。为此，省第九次党代会明确提出，要走好"两不三新"三化协调科学发展的路子，必须充分发挥新型城镇化的引领作用、新型工业化的主导作用、新型农业现代化的基础作用。从工业化初期以强农兴工为主要任务，选择工业化主导为先，到现在省委提出城镇化引领"三化"协调发展，这既体现了弥补短板、增强动力、拓展空间、激活潜力的客观要求，也是准确把握阶段性特征，不断深化对规律的认识，不断提升区域发展理念的科学抉择。

2. 河南坚持新型城镇化引领的路子，是城镇化发展模式的重大创新，是"谋河南的事，解发展的题"的有益探索

由国家区域性中心城市、省域中心城市、中小城市、中心镇、新型农村社区构成的现代五级城镇体系，不是简单地由过去的四级构成拓展为五级，而是创造性地将新型农村社区纳入城镇体系，以延伸整个农村的多维转移路径替代农民进城的单一转移路径，实现了农民就地城镇化，打破了过去城乡二元分割和要素单向流动的被动局面，推动了城乡统筹、城乡一体，体现了科学发展、和谐发展、可持续发展的要求。特别是在新型城镇化引领中着力增强新型农村社区的战略基点作用，极大地丰富了新时期推进城镇化的内涵，拓展了城镇化对经济社会发展的引领和带动作用。新型农村社区作为统筹城乡发展的结合点、推进城乡一体化的切入点和促进农村发展的增长点，有利于推动土地集约利用、农业规模经营、农民多元就业；有利于推动城镇生产要素和产业链条向农村延伸，基础设施和公共服务向农村覆盖，现代文明和科学技术向农村传播；有利于提高农业现代化水平和综合效益,切实改善农村生产、生活条件。以新型农村社区建设推动城乡一体化、均等化发展,形成新型"三化"协调发展的有效载体,增强经济社会发展的内生动力。由此可见,新型城镇化引领在"三化"协调发展中起着战略性、全局性和关键性的作用。

(二)坚持新型城镇化引领是实现"三化"协调发展的内在要求

1. 强化新型工业化主导作用需要新型城镇化引领

2011年,河南三次产业比例为12.9:58.2:28.9,二产比全国平均水平高出17个百分点。从产业结构演进状况来看,河南正处于工业化中期阶段。加快推进工业化进程,以新型工业化为主导仍然是富民强省重中之重的任务。但同时要看到,在工业化的初期阶段,河南工业虽然实现了由小到大的快速发展,但主要是建立在劳动力和资源成本优势的基础上,能源原材料等上游产业比重大,高加工度、高科技含量、高附加值的产业发展不足。进入工业化中期阶段后,要实现负重爬坡、持续发展,就必须实现从劳动密集型、资源密集型向资本密集型、技术密集型和知识密集型转型升级。实现这一目标,必须借助城镇发展环境优化、综合功能完善的优势,吸引和壮大一批能够带动产业升级的龙头项目和骨干企业;必须发挥城镇集中集聚集约效应,吸引和集聚大批科技要素,为产业转型升级提供必要的创新支撑与人才支撑;必须依托城镇发展信息、物流、金融等现代服务业,加快新型工业化进程。而现实的情况是,河南的城镇化明显滞后于工业化,城镇化滞后就难以为传统工业向现代工业演进积累规模效应和集聚效应,难以为新型工业化发展提供创新、人才、信息等高端要素集聚平台。显然,没有新型城镇化的引领作用,新型工业化的主导作用就无从谈起,两者互促共进、并行不悖。

2. 强化新型农业现代化基础作用需要新型城镇化引领

从河南农村发展现实看,一家一户粗放经营的小农生产方式是农业现代化的主要障碍,也是在高基点上稳粮保粮必须解决的根本问题。加快推进新型城镇化,通过城镇化有效转移农村剩余劳动力,实现由分散家庭经营向适度规模经营转变;通过城镇化推动现代科学技术向农村传播推广,以现代科学知识提高农民素质,建立绿色、优质、高产、高效农业生产体系；通过城镇化推动农业生产管理方式转变，提升专业化和标准化水平，增强粮食综合生产能力，提高农业综合效益。然而，河南目前的城镇化水平难以为农业现代化提供必要支持，已成为现代农业发展的制约因素。只有坚持新型城镇化引领，才能促进资金、技术、人才、信息等生产要素在城乡之间自由流动，进而加速新型农业现代化进程并强化其基础性作用。

3. 实现新型"三化"协调发展需要新型城镇化引领

新型"三化"协调发展的重要标志是产城协调、产业协调和城乡协调。推动产城、产业和城乡协调发展，需要以新型城镇化引领城市功能完善、生产要素集聚和农村劳动力加快转移，使现代城镇体系成为培育现代产业体系的土壤和高地，推动以城促产、以产兴城，实现产城协调发展；以新型城镇化引领企业集中、产业集群和人口集聚，进而拉动生产性、生活性服务业加快发展，为工业化和农业现代化注入新的内在动力；以新型城镇化引领，加快城乡分割向城乡统筹、城乡一体转变，推动大中小城市、小城镇和新型农村社区互动融合，实现城乡协调发展。

总之，持续探索"两不三新"三化协调科学发展路子，必须充分发挥新型城镇化的引领作用，推动难题破解，带动转型升级，促进协调发展。

（三）坚持新型城镇化引领是"两不牺牲"倒逼机制下的现实选择

"两不牺牲"是河南的历史担当。目前，河南是全国13个粮食主产省区和6个粮食净调出省区之一，粮食总产量连续6年超1000亿斤，占全国的1/10，特别是作为"国人口粮"的小麦占全国的1/4，在保障国家粮食安全方面承担着重要的责任。胡锦涛总书记指出："能不能保障国家的粮食安全，河南的同志肩上是有责任的。"温家宝总理连续9年9次到河南，每次视察的重点都是粮食生产。同时，"两不牺牲"也是河南自身发展的需要。河南有近1亿人口，是全国第一人口大省，"粮食怎么保"始终是绕不开、躲不过的政治问题、经济问题、社会问题和民生问题。

然而，"两不牺牲"也会带来新的问题。粮食不减产耕地就不能减少，耕地不减少，城市化、工业化怎么搞？事实上，随着中原经济区建设的全面展开和招商引资、承接产业转移力度的持续加大，结构调整、城乡建设、社会发展等各方面都需要大量建设用地，未来建设用地需求必将继续刚性增加，土地供求矛盾越发突出。目前，国家下达河南的年度土地利用计划指标仅20万亩左右，不足河南实际用地需求的1/3，供需矛盾非常突出、前所未有，土地保障的压力越来越大。这就要求必须彻底扭转以往那种重点依靠增量指标来满足用地需求的认识和做法，把主要精力放在对内挖潜上来。如何在不减少耕地的情况下，满足工业和城镇化建设用地需求，成为摆在全省人民面前的一道难题。

在此背景下，新型农村社区建设应运而生。新型农村社区以农民集中居住为特征，大大降低了农民住房的土地占用。当前，河南农村人均建设用地是248平方米，如果能把农村建设用地从248减少到200平方米，那么从理论上说，可以节约出400万亩地来，如果压缩到150平方米，节约的空间就更多。根据新乡、舞钢等地区的经验，建设新型农村社区，可以节约50%左右的土地。根据这一比率，全省通过新型农村社区建设，可以腾出的土地至少是700万亩，这些土地通过"增减挂钩"转换为城市建设用地，可以保证河南"十二五"甚至"十三五"的建设用地。这样，通过新型农村社区建设，把农村建设用地压缩到一个较为合理的水平，地就出来了，不用再新占土地。既能保证土地不减少，保住粮食生产必要的耕地，又为工业化、城镇化留出了长足的发展空间。

三 新型城镇化引领的主要任务

"两不三新"，新型城镇化是引领。坚持新型城镇化引领，就是要引领经济发展动力转换，引领经济发展方式转变，引领城乡统筹城乡一体发展，引领城镇化内涵发展，引领工业转型升级，引领农业现代化水平提升，引领体制机制创新。

（一）引领经济发展动力转换

改革开放以来，河南经济发展一直是以低劳动力成本、低土地成本、低环境成本克服资本边际收益递减的状况，以要素红利驱动经济高速增长。然而，随着工业化的加速推进和经济规模的迅速扩张，多种生产要素的供需形势已经发生变化，随着劳动力价格重估、环境成本上升、资源供给紧张、资本回报率下降、产能过剩、政策调控弱化等一系列累积风险日益加大，传统自然资源对经济增长的贡献作用在不断弱化，原先支撑工业增长的低成本比较优势的减弱成为不可逆转的过程，依靠工业化驱动经济发展的模式难以为继，河南必须寻求新的增长源泉。从世界各国经济发展的变化规律来看，经济发展的动力中心将由工业转变为服务业，过去以制造业为龙头的经济结构将转变为以服务业为龙头的经济结构。新型城镇化与现代服务业紧密相连，推动新型城镇化发展不仅能够推动以教育、医疗、社保等为主要内容的公共服务发展，也能够推动以商贸、餐饮、旅游等为主要内容的消费性服务业和以金融、保险、物流、信息等为主要内容的生产性服务业的发展，提高服务业在产业结构中的比重，实现产业集群、要素集聚、人口集中和服务集成。因此，今后一个时期，加快推进新型城镇化便是一个最好的选择。

与新型工业化相比，新型城镇化在很大程度上可以创造需求，城镇发展从基础设施建设、消费品市场扩张和公共服务体系建设等方面都能大量消耗工业化产品。城镇化不仅仅表现为城镇空间的扩展，更重要的还表现为人口布局的集聚和人口规模的扩大。大规模人口城镇化，会产生巨大的收入增长和消费转换效应。例如，当大量农村人口转换为市民后，从置房、购买家电到吃穿住行，都直接或间接地带动巨大的投资和消费需求，消费倾向和消费结构会向有利于增加工业品消费需求方向转化。根据全国1978~2010年的统计，按照1978年不变价格计算的人均GDP增加124.5元，按2010年价格是670元。同时，第三产业就业比率对城镇化率的弹性为1.13，意味着随着城镇化率的提高，第三产业就业比率以递增的速度增加，具体而言，就是全国城镇化率每提高1个百分点，第三产业就业人数就会增加663.84万人。总之，在当前国内外发展环境正在发生转折性变化的大趋势下，经济增长的新动力就是加快推进城镇化，河南结合地区特色，就是要充分发挥新型城镇化的引领作用，不断增强经济发展的内生动力。

（二）引领经济发展方式转变

在国际金融危机的冲击下，河南长期积累形成的结构性矛盾凸显，发展方式偏传统，产业结构偏重化，产业链偏上游，价值链偏低端，经济发展的质量和效益整体偏低，直接造成了"来得晚、影响深、走得迟"的发展现象。危机下凸显的"河南之难",充分暴露了依靠传统的发展方式不可能完成现代化的"后半程",不加快转变发展方式,资源难以为继,环境难以承载,社会难以承受,发展难以持续。然而,要加快经济发展方式由粗放型向集约型转变、由要素驱动向创新驱动转变,必须将推动新型城镇化作为首要任务。

1. 引领经济增长由粗放型向集约型转变

坚持新型城镇化引领,促进了以城镇为主体的生产要素再分配。由于城镇相比农村往往具有资本技术、交通运输、居住条件、人力资源、通信设备等方面的比较优势,这种再分配过程使得大量的劳动力和生产活动不断向城镇聚集,推动产业发展要素不断聚集。新型城镇化促进全要素生产率正向牵引,推动城市递进升级。城镇比农村要素生产率高,大城市通常比中小城镇要素生产率高,而一切生产要素都是向全要素生产率更高处递进式流动,那么,必然会产生大城市向城市圈升级,中小城镇向大城市升级,农村向城镇转移,由此推动经济结构调整和优化升级,促进经济增长由粗放型向集约型转变。

2. 引领经济增长由要素驱动型向创新驱动型转变

国际金融危机是河南经济发展的一个转折点,如果把之前主要依赖要素投入和能源原材料产品供给的经济发展方式称作河南经济发展上半场的话,那么转变发展方式的压力恰恰是经济发展上半场传统比较优势发挥到极致的表现,更是开启河南经济发展自主创新驱动下半场的最好契机。目前,河南经济发展已经进入动力切换期,环境变化和约束条件变化将倒逼企业加大研发和创新投入,努力开发新产品,经济增长的动力由主要依靠要素驱动向更多依靠创新驱动转换。推动新型城镇化进程,可以促进企业研发中心和各类科研机构向心集聚,吸引国内外大型企业区域性研发中心入驻,提升其对周边地区产业发展的技术支撑力。

(三) 引领城乡统筹发展

坚持新型城镇化引领,就是要改变过去在城乡规划、生产力布局、基础建设、资源配置、公共服务、劳动就业、社会保障等方面存在的重城市、轻乡村的传统格局,以新型城镇化为平台,通过完善城镇规划、调整产业布局,强化基础设施建设,优化公共服务,健全社会保障等,促进城乡资源优化配置和城乡结构调整，促进基础设施向农村延伸、公共服务向农村覆盖、现代文明向农村辐射，建立健全以城带乡、以工促农的长效机制，加快城乡一体化进程，逐步实现城乡基本公共服务均等化。

着力提升以城带乡水平。加快构建国家区域性中心城市、省域中心城市、中小城市、中心镇和新型农村社区协调发展、互促共进的五级城乡体系，形成以城带乡、城乡统筹的城镇化新格局。将城市带动农村和农村融入城市有机结合起来，创新融入载体，优化融入环境，扩大城市和农村功能的融合、空间的融合、文化的融合、产业的融合和生态的融合。加快城乡经济融合发展，统筹城乡生产力布局，引导社会化服务行业向农村延伸，鼓励城市第二、三产业下乡和农民进城"双向流动"，做大做强县域经济，推进城乡经济一体化发展。推进城乡基本公共服务均等化，统筹配置城乡公共服务资源，统筹配置城乡社会发展资源，统筹推进城乡文化建设，统筹城乡劳动就业，构建城乡一体的社会保障体系，推进城乡基本公共服务均等化。

（四）引领城镇化内涵式发展

自20世纪90年代以来，中国城镇化的内涵发生了重大调整，由单纯的外延扩张，向外延扩张与内涵发展相结合的双向增长模式转变。推动城镇化内涵式发展，应加快城镇化由人口流动转向功能提升，强调城镇作为市场中心、信息中心、服务中心及文化教育中心的内涵，关注经济能量的聚集度和对区域的辐射力。这一时期，城镇化发展更注重探索解决"三农"问题的基本出路，培育新一轮财富积累的基本动力，建设信息时代物质流、资金流、信息流、能量流及人才流的网络节点，培育科技竞争力的创新源头。立足河南发展实际，坚持新型城镇化引领，就是要转变城镇发展方式，实现由偏重数量、规模和粗放发展向注重提升质量内涵、节约集约发展转变，突出发展速度与提升质量并重，资源利用集约化与城镇功能完善并重，优化形态与培育载体并重，强化资源节约与环境保护，不断提高城镇综合承载力，促进城镇内涵式发展。

注重功能提升，全面提升城镇综合承载能力。提高基础设施承载力，加快城镇市政基础设施和社会事业基础设施建设，构建系统化、立体化的城镇基础设施网络。提高公共服务承载力，配套完善面向大众的教育、卫生、文化、体育等公共服务设施，增加城市公共产品供给，不断满足人民群众日益增长的服务需求。提高资源环境承载力，加强城镇规划设计，优化城市功能分区，加强城镇历史文化资源和森林、湿地、水体生态系统保护，提升城市文化内涵，适度扩大城市绿地面积，改善城市人文环境。强化体系完善，推动城镇体系层级间的协调互动。坚持核心带动、轴带发展、节点提升、对接周边的原则，不断优化河南城镇的等级体系、职能体系和空间体系，构建出具有河南特色的五级城镇体系，统筹促进河南大中小城市、小城镇和新型农村社区协调互动发展。加快推进和形成以中原城市群为主体形态、以中心城市和县城为重点、以新型农村社区建设为战略基点的现代城镇体系，走出一条全面开放、城乡统筹、经济高效、资源节约、环境友好、社会和谐的新型城镇化道路。促进产城互动，以城促产、以产兴城。以产业集聚为支撑，以空间集中为特征，以人口集中为目标，坚持产业规划与城镇规划、产业选择与城镇定位、产业集聚与人口集聚、产业功能与社会功能的有机衔接。加快城市新区、城市组团、产业集聚区、商务中心区和特色商业区等建设，促进产业集聚，创造就业岗位，增强城镇综合承载力。加快城市新区规划建设，完善基础设施和公共服务体系，吸引高端要素集聚，使之成为现代产业发展高地。

（五）引领工业转型升级

早在古罗马时期，色诺芬就认识到，分工与城市之间存在着内在联系。17世纪时的威廉·配第认为，城市能够降低交易费用，提高分工水平。世界发达国家的城镇化经验也表明，当一国的工业化发展到一定阶段，城镇化是调整工业结构、促进工业增长的新动力源泉。河南坚持新型城镇化引领工业转型升级的过程，实质上就是经济社会发展过程中产业结构和空间结构动态调整的适应过程，就是要做到时间上同步演进，空间上产城一体，布局上功能分区，产业上三产协同。

1. 以城市空间结构优化推动产业向制造服务环节攀升

在资源要素全球范围配置的背景下，服务业尤其是现代服务业的迅速发展，将催生一个区域型大都市区，从而形成区域性"中心—外围"城市分布格局。目前以服务业为主体的产业转移比重不断增加，处于工业化中后期的河南已经到了以生产性服务业为主体的现代服务业推进新型工业化的新阶段。以现代物流、金融、咨询、科技服务、商务服务为主导的现代服务业是一种以知识与智力为核心的产业形态，更完善的城市功能、更好的城市品位不断集聚着高端生产要素聚集，以服务要素集聚为重点的新型城镇化进程创造了服务业发展在规模上的聚集效益、在地理上的优势效益以及在环境上的外部效益，不断地为产业向制造服务增值提升提供强有力的支撑。

2. 以城市内部布局调整促进产业集聚发展

坚持复合型城市建设理念，按照工业布局与城镇布局相协调的要求，充分考虑主体功能区划分、区域产业布局和重要交通线路走向，发挥中心城市集聚高端要素的核心作用，使全省城镇网络的主体骨架与全省主要产业的空间分布基本一致。建设中心突出、职能完备、分工合理、协作紧密、特色鲜明的城市结构，突出产业集群在城市中的布局，形成城市群与产业集群良性互动的格局。强化城市新区、产业集聚区、特色专业园区、商务中心区和特色商业区等载体建设，根据载体建设需要布局城镇新区和商务中心区，通过城镇新区和商务中心区建设带动载体发展，进而促进产业集聚。

3. 以城镇组团推动产业链式发展

通过推动城镇组团发展，围绕郑汴洛三大城市周边发展一批中小城镇，形成中心城市与周边城镇、外围组团的错位发展格局。引导郑东新区为核心的郑汴洛区域集中发展高端产业及生产性服务业，引导周边县区主动接受中心城市与核心产业带的一般加工制造行业的产业转移，以城市发展的"中心—外围"格局强化产业分工，培育发展主导产业本地配套产业链，补齐产业链短缺与弱化环节，形成核心区及核心带协调互动的产业发展格局。

（六）引领农业现代化水平提升

城镇化的实质，是城乡结合的过程、是农民减少的过程、也是农民市民化的过程。新型城镇化引领农业现代化水平提升，就是以城市建设理念引领新型农村社区建设，以城市发展扩充的就业缺口引领农民向城镇转移落户，以城市对产业的集聚促进土地流转和适度规经营。

1. 推进新型农村社区建设，改善农民生活方式

把城市建设理念融入新型农村社区建设，重视社区规划建设的文化艺术品位，坚持基础设施、产业发展、社会事业规划同步安排、同步推进，不断推动城镇基础设施、公共服务等向农村延伸，努力提高社区建设质量，引导更多农村人口选择现代生活方式。引领农村人口合理转移，加快推进农民工市民化。

（1）推进农村人口就地城镇化，以当地中小城市、中心镇、新型农村社区为依托，通过发展生产和增加收入，发展社会事业，加强城镇公共服务向农村延伸，实现农民的职业、生产和生活空间的全面变换。

（2）推进农村人口异地城镇化，通过劳动力转移带动农村人口的转移，并逐步把户口迁移到输入城镇，纳入输入城镇公共管理、服务体系，享受就业、住房、养老、医疗、教育等方面与城市居民享有同等待遇。

（3）促进土地流转，引导农业规模化经营。建立科学的农村土地流转市场、探索建立离农人口土地承包经营权和宅基地的退出机制和补偿机制、制定合理的农村土地流转政策，处理好稳定农地家庭经营和农地流转制度创新的关系。以转包、出租、互换、转让、股份合作等形式推动土地流转，推动农业生产方式从传统的一家一户粗放经营的小农生产方式向规模化、集约化的现代农业生产方式转变，推动农业生产的规模化经营、组织化管理和集约化发展，促进农业生产结构调整和农业生产率提高，提高农业劳动生产率，推动农业产业化、规模化和现代化。

2. 坚持新型城镇化引领农业现代化水平提升

农业现代化水平的提升要着力实现六大转变。农业增长要由主要依靠土地和劳动力投入向主要依靠科技和资本投入转变；农民增收由家庭经营收入为主向务工经商收入为主转变；农业产业体系由偏重发展第一产业向三次产业协调发展转变；农业生产由主要依赖自然生产向发展可控的设施生产转变；农业经营由分散的家庭经营向专业的适度规模经营转变；农业功能由以农产品生产为主向生产、生活、生态功能并重转变。同时，要通过新型农村社区建设，使农村向城镇靠近，城镇向农村延伸，改善农村生产、生活条件，缩小城乡差距。

（七）引领体制机制创新

坚持新型城镇化引领三化协调科学发展，必须打破城乡二元结构，加快建立与新型城镇化引领相适应的体制机制。鼓励和支持大胆探索，允许采取更加灵活的政策措施,在城乡资源要素配置、城镇建设投融资、土地节约集约利用、农村人口有序转移、行政管理体制改革等方面先行先试,着力破解要素、资金、土地、人口、行政体制等突出矛盾和难题,增强"三化"协调发展的驱动力量。

探索建立城乡资源要素优化配置机制,构建起"以工补农、以城带乡"的长效机制,建立有利于资源要素向农村配置的激励机制,健全城乡统一的生产要素市场,逐步实现城乡基础设施共建共享、产业发展互动互促。探索建立多元化的城镇建设投融资体制机制,进一步完善公共财政体制,加大对城乡基础设施和公共服务的投入,积极争取国家政策性银行、商业性银行、国际金融组织和外国政府贷款,吸引社会资本全面参与城市基础设施领域建设,鼓励有实力企业运用BT模式参与小城镇建设和村庄整治。探索建立土地节约集约利用机制,坚持走内涵挖潜和集约节约用地的路子,推动农村集体土地使用权流转等制度创新,稳步开展城乡建设用地增减挂钩试点。探索建立农村人口有序转移机制,创新进城落户农民的子女就学、社会保障、住房、技能培训、就业创业等制度安排。加快推进农村集体土地所有权、集体建设用地使用权、宅基地使用权确权登记发证工作。完善农村人力资源市场机制,促进劳动力有序流动和合理使用。探索建立行政管理体制改革创新机制,优化政府结构和行政层级,加快推行省直管县(市)改革,提升政府执行力和公信力。探索建立资源节约和环境保护的体制机制,着重在统筹配置资源、协调治理环境、建立生态补偿、完善资源价格、探索产权交易、合作发展区域和健全财政转移支付等方面,解决经济和社会发展过程中存在的资源环境突出问题。

四 新型城镇化引领的相关问题

河南提出以新型城镇化引领"三化"协调发展,这既存在着理论和实践上的重大突破与创新,也存在着学术界的争论和实践界的困惑。从工业化主导在先,到以新型城镇化为引领,在"三化"发展战略的持续提升拓展中,"引领"与"主导"的关系、在城镇化水平低的情况下能否"引领"?"引领"与新型五级城镇体系功能定位的问题该怎样理解?对这些质疑与问题的回应，对达成共识、凝聚力量，走好以新型城镇化引领之路具有重要意义。

（一）"引领"与"主导"的关系

"引领"与"主导"并行不悖。

1. 以新型城镇化为引领是遵循规律、科学发展的必然选择

工业化是现代化的起点和原动力，城镇化是工业化的结果，这也是很多人质疑新型城镇化是否能够引领的重要原因。但是应该看到，工业化和城镇化在现代化进程中的推动作用及重要性次序是分阶段的，一般来说在现代化的初期阶段工业化肯定是第一推动力，而到了现代化更高阶段以后城镇化就会取代工业化成为第一推动力。从河南目前所处的发展阶段来看，工业化和城镇化都已经进入了中期阶段，工业发展的技术条件和制度条件都与工业化起步阶段相比发生了很大变化，如果没有先行的城镇化作为引领和支撑，新型工业化也很难向前推进。

2. 以新型工业化为主导依然是富民强省的现实需要

2011年，河南三次产业比例为12.9∶58.2∶28.9，二产比全国平均水平高出17个百分点。从产业结构演进状况来看，河南正处于工业化中期阶段，加快推进工业化进程，以新型工业化为主导仍然是富民强省重中之重的任务。

3. 强化新型工业化主导作用需要新型城镇化引领

在工业化的初期阶段，河南工业虽然实现了由小到大的快速发展，但是大而不强，传统产业占比高、能源原材料等上游产业占比高、低附加值低科技含量产业占比高，综合实力和竞争力明显不足。要实现从传统工业化向新型工业化的转型，就需要转变城镇化滞后于工业化的现实，通过新型城镇化引领为传统工业向现代工业演进积累规模效应和集聚效应，才能加快推进新型工业化进程。

显然，以新型城镇化引领"三化"协调发展，并不否定也不排斥新型工业化的主导作用，"引领"与"主导"互促共进、并行不悖。

（二）"引领"与城镇化水平低的问题

1. 城镇化水平低才对"引领"有要求

2011年，河南城镇化率仅为40.57%，与当人均GDP超过3000美元，相应的城镇化率应为55%左右的国际标准相比,还滞后近15个百分点,与同期全国平均水平相比,也滞后近11个百分点。而各界的质疑也较多集中在城镇化率低、发展滞后的情况下,还能不能引领、该不该引领?从城镇化工业化、与农业现代化协调发展关系来看,2010年,河南工业化率为51.8%,高于全国平均水平11.7个百分点;同期城镇化率为38.8%,落后全国平均水平11.15个百分点。城镇化发展明显滞后于工业化发展,难以为传统工业化向新型工业化的演进积累规模效应、集聚效应,也难以为实现农业规模经营以及农业机械化、电气化、信息化等农业现代化发展需求提供支撑。显然,目前河南经济社会发展中的诸多深层次矛盾,如消费需求不足、服务业比重不高、资源环境压力大、城乡就业和农民增收困难、地方可支配财力不足等,都与城镇化的滞后密切相关,城镇化水平低已经成为河南经济社会发展的突出"短板"和各种矛盾的聚焦点,而拉长城镇化短板正是走"三化"协调科学发展之路需要抓住的关键点和着力点。对推进新型城镇化而言,不进则退,慢进也是退。正是因为城镇化水平低,才需要以新型城镇化为引领,实现后发赶超,也只有这样才真正激活了扩内需、调结构、促转型、惠民生的动力活力,抓住了制约"三化"协调发展进程的关键所在。

2. 城镇化水平低才使"引领"有空间

在看到河南城镇化水平低、发展滞后的同时,还要看到河南城镇化演进以及发挥其引领作用所具有的前所未有的发展空间。从城镇化的阶段性发展规律来看,在初始阶段,农业经济占主导地位,城镇化进程缓慢;当城镇化率超过10%以后,城镇化水平开始逐步加快;当城镇化水平在30%~70%时,城镇化进入加速阶段;当城镇化率超过70%以后,进入成熟城镇化阶段,增长速度明显放缓,城乡之间人口迁移出现动态平衡。当前,河南人均GDP已接近4000美元,城镇化率刚超过40%,按照国际通行标准,河南已经开始进入城镇化加速推进时期。从国际经验看,城镇化率在45%~55%时,是城镇化最为快速的高峰发展时期。那么未来10年乃至更长时期内,河南都将处于城镇化的最快速发展阶段。按照"十二五"规划,2015年河南城镇化率要达到48%左右,以此测算,今后几年每年全省城镇化率要增长1.7个百分点。由此可以看出,未来一段时间河南城镇化率不仅能保持较高的增长速度,而且发展空间大、后劲足,已经进入城镇化加速发展的关键阶段,也进入了走新型城镇化引领"三化"协调科学发展的重要战略机遇期。

3. 城镇化水平低才使"引领"有潜力

以新型城镇化为引领,在加速城镇化进程的同时实现大量农村富余劳动力的加快转移,由农产品的生产者转变为消费者,由农业劳动者转变为产业工人,解决这些人口的衣、食、住、行问题,不仅能够推动以教育、医疗、社保、就业等为主要内容的公共服务发展,也能够推动以商贸、餐饮、旅游等为主要内容的消费性服务业和以金融、保险、物流等为主要内容的生产性服务业的发展。不仅能够进一步拓展第三产业发展空间,创造更多的就业岗位,缓解就业压力,而且能够推动基础设施建设、建筑、建材等相关产业的发展,对扩大内需、促进消费、拉动经济增长、优化经济结构都将起到重要的推动作用。河南是全国第一人口大省,在目前的城镇化水平下还有近6000万农村人口,市场巨大,潜力巨大,也正是由于城镇化水平低才在很大程度上抑制了扩大内需的潜能。以新型城镇化为引领,正是抓住了激活内需潜力的原动力和主引擎,以引领拉动投资、扩大消费、带动就业,不断优化需求结构、产业结构和要素投入结构,加快推动经济结构调整和发展方式转变。

(三)"引领"与五级城镇体系功能定位的问题

"引领"就是要走在前面,也就要求发挥郑州在五级城镇体系中作为国家区域性中心城市的龙头作用和重心作用。以新型城镇化为引领,就要不断强化并充分发挥郑州的核心增长极作用,全面提升郑州在产业、人口和资源等方面的集聚能力和辐射能力,提升中心城市的综合实力和带动能力,将郑州发展成为具有国际性功能和跨省域影响力的国家区域性中心城市,成为中原经济区建设发展的龙头和重心。郑州要实现新型城镇化引领的先行突破,努力在中原经济区建设中"挑大梁、走前头",就要通过加快形成合理的城镇体系、合理的人口分布、合理的产业布局和合理的就业结构,实现农村居住环境城市化、公共服务城市化、就业结构城市化和消费方式城市化,进一步强化城市要素集聚功能、生产功能、管理功能、服务功能和创新功能,推进中原经济区的核心增长极从单个城市牵引向大都市区牵引转变,核心城市的承载能力和区域影响力进一步提升,辐射带动作用更加明显。

"引领"作用的发挥和目标的实现需要形成互补、联动、协同式城镇体系分工格局。强化新型五级城镇体系的整体合力，不仅有郑州发挥龙头重心作用，还要有省域中心城市的辐射带动、县城的承载承接和小城镇作为重要节点。在传统城镇化过程中，大中小城市和城镇之间难以形成合理有效的梯次结构，城镇职能缺乏强有力的互补配套，同一区域的城镇未能形成有机整体。以新型城镇化为引领，要求推动城镇组团式、协同式发展，统筹协调城市职能和规模、资源配置、产业结构和空间布局，注重城市之间合理分工、联系协作和有机互动，把中心城市作为实现以城促产、以城带乡的主导力量，增强核心增长极的区域影响力和核心竞争力；把县城和重点小城镇作为统筹城乡发展的重要节点，不断激发县域经济发展活力，增强承接中心城市辐射和带动乡村发展的能力；积极稳妥推进新型农村社区建设，形成大中小城市、小城镇和新型农村社区协调发展、互促共进的新格局。

"引领"需要找到关键点和突破口，也就是要以新型农村社区来构筑战略基点。新型农村社区是破解"三农"难题、统筹城乡发展、推进"三化"协调的根本举措，是新型城镇化引领这一题目的题眼。河南创造性地提出将新型农村社区作为新型城镇化的重要部分，作为推进城乡一体化的切入点、统筹城乡发展的结合点、促进农村发展的增长点，发挥在新型城镇化引领中的战略基点作用，核心就是为了破解城乡二元结构，解决"三化"不协调的问题。建设新型农村社区，就是要在不减少农业用地、不削弱粮食生产的前提下，坚持分类指导、科学规划、群众自愿、就业为本、量力而行、尽力而为，以城镇化的理念改造农村，以公共服务均等化覆盖农村，以现代化的产业体系支撑农村，推动土地集约利用、农业规模经营、农民多元就业、生活环境改善、公共服务健全，推进农村劳动力向第二、三产业有序转移，让农民增收致富，过上和城里人一样的生活，实现生活方式和生产方式的改变。

选准"三化"协调发展的突破口

所谓"三化"协调发展，就是要以新型工业化促进产业布局不断优化、促进经济结构战略性调整，切实提高经济增长的质量和效益，为城镇化和农业现代化提供重要支持；以城镇化带动城市功能完善、生产要素集聚和农村劳动力加快转移，统筹城乡发展，为工业化和农业现代化注入内在动力；以农业现代化提高农业综合生产能力，巩固农业基础地位，为工业化和城镇化奠定坚实基础，真正使工业化、城镇化、农业现代化相互促进、相互协调，成为良性互动、互为支撑的有机统一体。

一 "三化"协调发展的主要标志

"三化"协调发展可通过三个主要标志来衡量。

1. 产业关系协调

具体表现为：在农业方面，完成由家庭经营向适度规模经营转变，建成比较完善的现代农业产业体系，农业基础设施不断完善，粮食综合生产能力不断增强，农业综合效益明显提高。在工业方面，传统产业质量和效益通过信息技术等先进适用技术的改造得到提升，战略支撑产业做大做强，战略新兴产业形成规模，战略基础产业进一步强化。在服务业方面，以市场化、产业化、社会化、现代化为方向，生产性服务业和生活性服务业规模不断壮大，效益不断提升，服务业在国民经济中的比重得到显著提高。新型工业化带动和提升农业现代化的能力进一步增强，形成三次产业协调发展、良性互动的局面。

2. 产城关系协调

只有产业发展和城市发展有机融合，才能使农村富余劳动力同时实现就业空间和就业部门的双重转变，从而持续推进工业化和城镇化，带动农业现代化。产城关系协调，具体表现为：城镇规模的扩大、新城建设与产业发展相互适应、互为依托，产业、人口、生产要素集中度明显提高，建成生态高效的现代城镇体系和现代产业体系，形成以产带城、以城促产的良性互动局面。

3. 城乡关系协调

具体表现为：城乡在规划建设、产业发展、市场信息、政策措施、生态环境保护、社会事业发展等方面实现一体化，城镇化和社会主义新农村建设协调推进，工业反哺农业、城市支持农村长效机制基本形成，城乡居民和城乡各类经济主体都能享受公平的国民待遇，拥有平等的权利、义务和发展机会，城乡居民和城乡各种生产要素能够自由迁徙和自由流动，最终形成地位平等、开放互通、互补互促、共同进步的城乡社会经济发展新格局。

二 "三化"协调发展的工作思路

"三化"协调发展是一项复杂的系统工程，既不能一蹴而就，也不能顾此失彼，必须遵循其发展的基本规律，结合中原经济区实际，厘清发展思路，找准工作着力点。

1. 坚持"一、五、八"原则

"一"，就是一个主题，即以坚持探索不以牺牲农业和粮食、生态和环境为代价的"三化"协调科学发展之路为主题。"五"，就是实施五大战略，即实施以粮食为基础、统筹"三农"战略；实施"三化"同步、"三区"（核心区、主体区、合作区）联动战略；实施"调结构、保格局、保民生"战略（保格局，就是城市化战略格局，农业战略格局，生态安全战略格局）；实施"一个载体、三个体系"总体开发战略；实施"提升核心、强化主轴、整体推进"区域发展战略（核心即郑汴新区；主轴即沿陇海铁路发展轴和沿京广铁路发展轴）。"八"，就是提供八大保障，包括枢纽建设保障、人才开发保障、资源环境保障、开放带动保障、体制机制保障、社会管理保障、政府效能保障、思想文化保障。

2. 达到"五个协同"

一是农业增产与农民增收相协同。只有农业增产与农民增收有效衔接，才能充分调动农户种粮积极性，使粮食生产建立在坚实的基础之上。二是工业化与城镇化相协同。实现工业化与城镇化相协同，关键是尊重经济发展规律，发挥市场调节的功能，减少政府对微观经济活动的直接干预。三是推动工业化城镇化与保护耕地"红线"相协同。一方面改变过去粗放工业化城镇化对土地特别是耕地的占用；另一方面，通过各种措施增加耕地供给，盘活土地资源。四是同步推进"三化"与资源环境保护相协同。通过建立以清洁生产和资源节约为目标的新型产业结构和发展紧凑型城市，把工业化、城镇化逐渐纳入节约资源、环境保护的轨道。五是城市繁荣与农村进步相协同。从制度安排着手改善城市与农村的关系，是城市繁荣与农村进步相协同的不二选择。

3. 实现"三个互动"

一是产业互动。就是三次产业之间要互动。第一、二、三产业并不是截然分开的，而是有着内在的联系。河南省早在20世纪90年代就提出农业"长入"工业，实现工业农业两篇文章联手做，有效地带动了农业的发展。第三产业的发展，也要以第一、二产业的发展为基础。二是产城互动。通过建立产业集聚区，实现产业与城镇的结合，是实现产城互动的有益探索，值得认真总结和推广。三是城乡互动。要通过转移支付、税收优惠等措施，弥补市场调节的缺陷，加大对农村的支持力度。

4. 建立"三个长效机制"

一是粮食持续增产的长效机制。在中原经济区建设中，可以通过建立粮食生产核心区，设立基本农田保护基金和粮食生产专项基金，加大对农田水利建设的投资，建立对粮食生产的科技扶持，对农业机械、良种培育、农药化肥生产的税收优惠，建立粮食调入地对调出地的补偿机制等，促进粮食持续增产。二是工业城镇反哺农业农村的长效机制。农业农村不仅具有可以用市场价值衡量的显性价值，更具有诸多对环境和人类社会影响巨大的隐性价值。要坚持工业反哺农业、城市支持农村，加快健全"三农"投入稳定增长机制，推动人才流、资金流等各种资源要素更多地向农村配置。三是"三化"联动、深度融合的长效机制。要用工业化推动城镇化，用城镇化带动农业现代化，用农业现代化有效解决工业化和城镇化进程中的一系列问题，通过"三化"联手联动、深度融合、互动发展来保持速度、体现特色、提高质量、增强实效，走出一条具有河南特色的工业化、城镇化与农业现代化深度融合、互动发展的新路子。

三 "三化"协调发展的突破口

河南有18个省辖市，158个县（市、区），其发展基础、资源禀赋、区位特点等有很大差异。在推进中原经济区建设的过程中，应当坚持"一个主题，多种模式"。一个主题，就是坚持"三化"协调发展的主题；"多种模式"，就是各地要从当地实际出发，选择适合本地情况的推动"三化"协调发展的突破口。

从全省来看，大体包括四类地区：

一是以城镇化带动"三化"协调发展的地区，主要是基础较好、综合实力较强的城市，如郑州、洛阳、开封、新乡、许昌等。推进城镇化，以引导农民进城为重点；引导农民进城，以创新体制机制为抓手。

二是以产业转型升级带动"三化"协调发展的地区，主要是几个资源型城市，如三门峡、焦作、鹤壁、平顶山等。在这些城市，走出资源依赖、寻求替代产业是瓶颈。经济结构不合理，产业没有竞争力，城市也不可能有活力，接纳新的就业人口的能力和空间必然有限。

三是坚持以推进工业化带动"三化"协调发展的地区，如周口、驻马店、信阳、商丘、南阳等地市。这些地方，工业落后是主要矛盾，所以，要坚持推动工业"四集"（集中、集聚、集约、集群）发展。引导企业向产业集聚区集中，提高产业和企业的集中度；重点围绕主导产业、龙头企业拉长链条，促进产业上下延伸、侧向配套，衍生或吸引更多相关企业集群发展。

四是以城乡一体化带动"三化"协调发展的地区，如济源市。这种工业化、城镇化水平比较高，政府财力雄厚，工业城镇反哺农业农村的能力较强，应当率先实现城乡一体化，为"三化"协调发展提供样板。另外，也有少数地方不具备发展工业和城镇的基本条件，在这些地方，应当推进农业过剩人口分工、分业、分化、转产、转业、转移，向优势区域进军，参与优势区域的工业化、城镇化，切不可简单化、"一刀切"。

（原载《河南日报》2011年7月22日）

如何处理"三化协调"与"四化同步"关系的几点思考[*]

一 十八大提出"四化同步",河南要不要"改口",将原来的"三化协调"改为"四化协调",与中央的表述保持一致

我认为没有必要"改口"。与中央保持一致主要是精神实质一致,绝非照猫画虎,追求字面上的完全相同。一个最有说服力的例证是,十八大闭幕后的11月17日,国务院正式批复《中原经济区规划》(以下简称《规划》),规划对河南这些年探索形成的"两不三新"三化协调科学发展路子给予了充分肯定。《规划》提出,"中原经济区必须大胆探索,创新体制机制,加快转变经济发展方式,强化新型城镇化引领作用、新型工业化主导作用、新型农业现代化基础作用,努力开创'三化'协调科学发展新局面"。这充分表明,河南省委、省政府近年来探索提出的"两不三新"发展路子已上升为中原经济区规划的指导思想,成为国家战略、国家意志。十八大提出"四化同步"在先,国务院肯定"两不三新"在后,基于此,我认为,继续提"两不三新",在政治上没有问题,没有风险。更为重要的是,"四化同步"是就全国而言的,各地应当也必然会结合各自实际,提出自己的贯彻意见和表达方式,据我们查阅,有18个省份最近提出

---

[*] 2012年12月8日,就如何结合河南实际贯彻党的十八大精神,省领导与各界专家举行了座谈会,省委书记、省人大常委会主任卢展工主持会议并讲话。会前,有关部门曾发出"预通知",希望重点围绕"三化协调"与"四化同步"的关系进行思考和准备。笔者主持省社科院专家讨论、形成《走好"两不三新四化同步"科学发展之路》一文,刊发在省《领导参阅》并报送省领导。之后写了本文,通过《呈阅件》报送省委、省政府。省委副书记邓凯、副省长张大卫分别做出批示。在12月8日的座谈会上,卢展工书记对我们主张继续提"两不三新"的观点表示赞同。

"三化"或"四化",不可能都"一刀切"地改为"四化协调"。

二 能不能提出"两不四新"

十八大提出"坚持走中国特色新型工业化、信息化、城镇化、农业现代化道路",从语境、语序看,应包括"新型信息化"的含义。但"新型信息化"是什么内涵?经过查新,目前仅有军队方面提出"新型信息化",但没有具体概念,内容大概是指由过去的步话机、有线无线通信等传统信息化手段,到现在使用互联网、卫星定位系统等新型信息化手段。目前学界还没有将信息划分为"传统信息化"与"新型信息化"的说法和解释,也没有新型信息化的概念。因此,在"新型信息化"概念不清楚的情况下,提出"四新""两不四新"不很妥当。

三 能不能提出"四化协调"

工业化、信息化、城镇化、农业现代化这"四化",可以并列,但其形态是不同的。工业化、城镇化、农业现代化都有物质形态,都是独立的"单元",而信息化则是技术形态、知识形态,是附着于、依附于、融入于、融合于、贯通于"三化"之中的,它是推进"三化"的添加剂、催化剂,但不是独立存在的物质形态。工业化、城镇化、农业现代化"三化"之间确有一个协调不协调的问题,而信息化与其他"三化"的关系,不是协调不协调的问题,而是是否融入、是否融合以及融入度如何、融合度如何的问题。所以,我不赞成提"四化协调"。

四 "协调"与"同步"的不同内涵

"协调"是现实的和要争取达到的状态,而"同步"则是一种诉求和追求的目标。无论过去的"三化同步",还是现在的"四化同步",都主要是指同步规划、同步部署、同步推动、同步检查等,不可能是"同步走""齐步走",提出"三化同步""四化同步",出发点是要防止某一方面被忽略或偏废。如十七届五中全会首次提出"三化同步",指出"在工业化、城镇化深入发展中同步推进农业现代化",很明显就是要防止一些地方在实际工作中已经存在的重视工业化、城镇化而轻视甚至忽略农业现代化的倾向,是给全党提个醒,要高度重视农业的基础地位。同样,十八大提出"四化同步",也是要突出强调"信息化"的特殊重要性。从这个意义上说,"三化协调"是途径,"四化同步"是目标。

五　能不能提"以新型信息化为支撑"

我们在"三化"协调的探索中,一直提"以新型城镇化为引领、以新型工业化为主导、以新型农业现代化为基础",内涵很清楚。而"以新型信息化为支撑",不准确、不贴切,不能成立。因为,什么是新型信息化?本身概念就不清楚,何谈支撑?另外,新型信息化与其他"三化",不是支撑不支撑的问题,而是是否融入以及是否深度融入的问题。

六　怎样把"三化协调"与"四化同步"有机衔接起来

十八大提出,要"坚持走中国特色新型工业化、信息化、城镇化、农业现代化道路,推动信息化和工业化深度融合、工业化和城镇化良性互动、城镇化和农业现代化相互协调,促进工业化、信息化、城镇化、农业现代化同步发展"。我们要结合河南实际贯彻十八大精神,有三句话可供参考,即坚持"两不牺牲"承诺,促进新型"三化"协调,实现"四化同步"目标。既体现了中央新的要求,又保持了工作连续性。基于此,河南的发展路子可以进一步概括为:持续探索一条"两不三新""四同步"科学发展的路子,简称"二、三、四"科学发展路子。这是结合河南发展实际,贯彻落实十八大精神,坚持中国特色社会主义道路的河南表达。

七　不提"四化协调同步"的其他考虑

首先,国务院关于《中原经济区规划》批复刚刚下发,我们正在宣传,如果轻易"改口",我们将置国务院文件于何地?何况,国务院《中原经济区规划》的批复下发,表明"两不三新"发展路子已上升为中原经济区规划的指导思想,成了国家战略、国家意志,作为地方,我们只有认真学习、贯彻的义务,还真没有随便改动、放弃的权利。

其次,会引起思想混乱。"两不三新"三化协调科学发展路子在河南已经深入人心,在此基础上,增加"四同步"内容,群众易于接受。否则,提"四化协调同步"等,不仅难以自圆其说,更会使干部群众不知所云、不知所措,干部群众的干事创业的精力会被不必要的争议争论干扰。

最后,实际工作中无法操作。如何推进"四化协调""四化同步"?难道要把过去的规划、方针、工作部署推倒重来?显然不现实、不必要,也不具有操作性。

(原载《呈阅件》2012 年第 13 期)

高起点谋划和推进"三化"协调发展[*]

中原经济区建设的战略目标,是探索走出一条不以牺牲农业和粮食、生态和环境为代价的"三化"协调科学发展路子。如何实现"三化"协调发展,需要深入研讨。

一 "三化"协调发展的主要标志

与会专家认为,中原经济区"三化"协调发展,就是要以新型工业化促进产业布局不断优化、促进经济结构战略性调整,为城镇化和农业现代化提供重要支持;以城镇化带动城市功能完善、生产要素集聚和农村劳动力加快转移,为工业化和农业现代化注入内在动力;以农业现代化提高农业综合生产能力,巩固农业基础地位,为工业化和城镇化奠定坚实基础,真正使工业化、城镇化、农业现代化相互促进、相互协调,成为良性互动、互为支撑的有机统一体。

"三化"协调的实质是国民经济运行关系的协调互动,其标志主要有两点:一是产业化的高级成果,或者工业化的成果;再一个就是城市发展竞争力。产业高级化的成果就是讲工业化的规模问题、技术支撑问题、效能问题,产业高级化就是讲规模化和高新技术化、高效益化。城镇竞争力其实是反映一个城市的就业、价格和区域内外的收支状况。衡量产业高级化程度、城镇竞争力程度具体有三点:第一,就要看中原粮仓的递增效应;第二,是指高新技术产业、生态环境战略性支撑产业的成长状况;第

---

[*] 2011年6月底,河南省社会科学院主办了"中原经济区'三化'协调发展研讨会",来自全省理论研究界的近70位专家学者参加了研讨。本文是对研讨会主要观点的综述。

三,是指城镇发展中的整个辐射、带动状况。

二 "三化"协调发展的深层次矛盾和难点

近年来,河南在推进"三化"协调方面取得了一定的成绩,探索出了一些经验,但是"三化"协调的深层次矛盾和难点还没有得到有效突破。这些深层次矛盾和难点集中体现在以下几个方面。

1. 稳粮保粮与富民强区的矛盾

中原经济区地处我国中部,农业生产自然条件较好,是全国重要的粮食生产基地。但相对工业而言,农业是弱质和微利产业,"谁种粮食谁吃亏"的现象仍是严峻的现实。据统计,2010年全国人均财政支出为6686元,河南省为3598元,河南的95个产粮大县为1758元,7个粮食产量在20亿斤以上的县为1558元。一方面是稳粮保粮的重大责任,一方面是富民强区的迫切需要,如何协调好两者关系,是"三化"协调亟待突破的一大难题。

2. 工业化、城镇化需求大与带动力弱的矛盾

作为传统农区,亟须工业化、城镇化发挥"以工补农、以城带乡"的功能,而目前尽管河南的城镇化有了快速发展,但与全国相比,差距依旧很大,城镇化率低于全国平均水平8个百分点,这成为制约"三化"协调科学发展的突出矛盾之一。同时,虽然河南经济总量和工业经济总量均位居全国第五,但结构不合理、核心竞争力不强的问题非常突出,制约了其对农业现代化带动作用的发挥。

3. 推进城镇化与保护农民利益的矛盾

在我国,城镇化目前还主要都是以大量征用农用土地实现的,并由此衍生出新的社会人群——失地农民。农民失去土地,意味着失去生存的基础,其生存方式、生产方式、生活方式也会发生根本性的改变。随着城镇化进程的推进,失地农民这一群体数量还会继续增加,如果处理不好,不仅可能导致这一群体贫困加剧,还可能诱发社会的不稳定。所以,如何化解这一矛盾,做到既积极推进城镇化,又维护好失地农民的利益,对于中原经济区实现小康社会的目标以及构建和谐社会具有至关重要的意义。

4. 工业化城镇化与资源环境承载力的矛盾

保护农业综合生产能力、保障国家粮食安全需要保护好耕地资源，而推进工业化和城镇化或多或少地要占用农业用地空间。在工业化、城镇化的大趋势不能逆转也不可逆转的情况下，怎么使土地资源在未来工业化、城镇化快速发展的过程中得到优化配置，耕地资源得到有效的保护，是一个不可回避的挑战。同时，随着中原经济区承接产业转移，轰轰烈烈建设的同时，难免会造成环境保障和环境容量的压力越来越大。

三 高起点推动"三化"协调发展

与会专家认为，"三化"协调真正的龙头在于工业化，而河南工业化中期阶段的任务还没有完成。因此，河南必须高起点谋划和推动"三化"协调发展。

1. 树立大系统的粮食安全观

要破除推进工业化、城镇化与维护粮食安全的矛盾这一不可调和的观念，摒弃只看到工业化、城镇化占地的狭隘的粮食安全观。要认识到，工业化和城镇化是节约用地而不是浪费用地，同时，工业化、城镇化可以增强农业现代化的装备和水利建设水平，进而提高粮食综合生产能力。因此，河南推进"三化"协调，能够在工业化、城镇化快速发展的同时，做到耕地面积不减少，粮食生产能力有所提高。

2. 科学谋划中原经济区的空间格局

中原经济区建设，郑州、洛阳的作用显而易见，要充分发挥郑州和洛阳的辐射带动作用。郑州与洛阳要结成"双核"战略联盟，实施郑州—洛阳双核带动战略，积极培育环郑州、环洛阳两大经济圈。加快推动郑、洛、汴、新、许五城的空间布局和功能对接，加强五城域内的重要节点城镇建设。以郑州为中心，打造中原经济区中心地带的五城联动大"十"字形郑州大都市圈核心区，形成"五城一心一廊一带两圈三层"的大都市经济圈基本构架和"1+4+33"个城市的超大城市群，到2020年常住人口将超过5000万人。

3. 积极推进先行先试

在统筹城乡发展上先行先试，率先探索城乡统筹发展新机制，建立完善统筹城乡的土地利用制度，建立耕地保护补偿机制和激励机制，建立城乡一体的基本公共服务体系。在走新型工业化、信息化道路上先行先试。设立承接产业转移示范区，加大对河南承接产业转移的支持力度；成立涉农工业产业投资基金，创建国家新型工业化产业示范基地。在发挥农业优势方面先行先试，建立粮食生产利益平衡和激励机制，建立和完善合理的国家粮食安全责任分担机制。在统筹经济发展与生态环境保护方面先行先试，率先构建全方位、多层次的生物多样性保护体系，逐步建立完善区域生态补偿机制。

四　破解"三化"协调难题的主要对策

与会专家认为，"三化"协调不是一种假想，是从理论上和实践上都可以走得通的。各地要从实际出发，选择适合本地情况的推动"三化"协调发展的突破口，要用工业化推动城镇化，用城镇化带动农业现代化，用农业现代化有效解决工业化和城镇化进程中的一系列问题，通过"三化"联手联动、深度融合、互动发展来保持速度、体现特色、提高质量、增强实效，走出一条具有河南特色的"三化"深度融合、互动发展的新路子。

1. 持续调动粮食稳定增产的积极性

要充分调动农民种粮的积极性、地方政府抓粮的积极性、农业科技人员创新的积极性，探索设立基本农田保护基金和粮食生产专项基金，加大对农田水利建设的投资，建立对粮食生产的科技扶持，对农业机械、良种培育、农药化肥生产的税收优惠，增加对产粮大县的奖励，减免产粮大县的基本建设地方配套资金，稳步提高粮食最低收购价格，建立粮食调入地对调出地的补偿机制等，改变"粮食大县、工业小县、财政穷县""谁种粮谁吃亏"的局面，促进粮食持续增产。

2. 加快构建现代产业体系

一要将改造提升传统产业与培育战略新兴产业结合起来，努力构建多元化的现代产业体系，降低河南作为能源、原材料等资源产业比重过大的产业结构的不利影响，并在此过程中通过把省内资源和国内国际资源对接提升自身的竞争力。二要大力发展服务业特别是现代服务业，大力发展现代金融业，做大物流业和信息产业；同时就河南的具体情况来看，中原经济区的一个重要定位就是作为华夏历史文明重要传承创新区,要大力发展文化产业和旅游产业。三要积极统筹城乡一体化发展,通过加快推进农民工转市民工程和农村土地的整治工程,形成城乡二元结构的对接,促进城乡形成相互的协调,从而推进"三化"协调发展。

3. 推进"三化"联手联动、深度融合

要发挥工业化、城镇化对发展现代农业、转移农村劳动力的带动作用,对加快农村基础设施建设、提高农村公共服务水平的辐射作用,实现工业化与农业现代化协调发展、城镇化与新农村建设双轮驱动。要坚持工业反哺农业、城市支持农村,加快健全"三农"投入稳定增长机制,推动人才流、资金流等各种资源要素更多地向农村配置。

4. 寻求同步推进"三化"与资源环境保护相协同

资源节约与环境保护是同步推进"三化"的内在要求。要改变过去粗放工业化、城镇化对土地特别是耕地的占用,同时,通过各种措施增加耕地供给,盘活土地资源。要坚决杜绝以牺牲环境、过度消耗资源为代价来换取一时的发展,通过建立以清洁生产和资源节约为目标的新型产业结构和发展紧凑型城市,把工业化、城镇化逐渐纳入节约资源、环境保护的轨道。

(原载《科研专报》2011年第2期)

建设中原新型城镇化示范区的意义研究[*]

近年来,国家高度重视城镇化发展问题。党的十六大报告明确指出,要"走中国特色的城镇化道路"。十七大报告进一步将"中国特色城镇化道路"作为"中国特色社会主义道路"的五个基本内容之一。2007年5月,温家宝总理进一步明确指出:"要走新型城镇化道路。"在省部级主要领导干部深入贯彻落实科学发展观加快经济发展方式转变研讨班上,中央明确提出推进城镇化是关系现代化建设全局的重大战略,必须把城镇化作为扩大内需的战略重点、拓展持续发展空间。中国是一个13亿人口的大国,在新的历史条件下,推进城镇化进程,必须因势利导,趋利避害,选择有条件、有代表性的区域,先行先试,探索一条符合科学发展要求、具有中国特色的新型城镇化道路。

一 建设中原新型城镇化示范区的典型性和代表性

中原地区是中国的缩影,是人口大区而且是农业人口大区,已经进入并且正处在工业化、城镇化加速发展阶段。在这一区域探索新型城镇化道路,具有一定的典型性和代表性。

(一) 中原地区推进城镇化的任务最为繁重

加快推进城镇化进程,既是全面建设小康社会的一项重大目标任务,

---

[*] 从2010年3月下旬开始,河南省委、省政府成立了由省委常委、常务副省长李克任组长的中原崛起发展战略课题组,课题研究工作分为三个步骤:第一步,研究设立中原经济区问题;第二步,研究设立中原新型城镇化示范区问题;第三步,修改完善已有的中原城市群"三化"协调示范区方案。中原新型城镇化示范区研究分为10个小组,笔者负责第六小组,重点研究设立中原新型城镇化示范区的重要意义。这是2010年5月第六小组的研究报告。

又是反过来促进和保证全面建设小康目标任务实现的重大动力和重要途径。中原地区发展相对滞后，面对的城镇化任务最为繁重。

1. 城镇化率低，需要快速提高城镇化水平

2009 年，中原地区的城镇化水平为 29.4%，与全国 46.6% 的城镇化率相差 17.2 个百分点，与东部 55% 的城镇化率相差 25.6 个百分点，与东北 57% 的城镇化率相差 27.6 个百分点。到 2020 年，中原地区要达到全国平均 50% 的城镇化率，需要提高 20.6 个百分点，平均每年要提高 1.87 年百分点（见表1）。

表1 2008 年中原部分地区人口分布情况

单位：万人，%

	总人口	农业人口	城镇人口	城镇化率
全　　国	132802	72111	60691	45.7
河 南 省	9918	6345	3573	36.0
山西晋城	223	169	54	24.2
山西长治	328	196	132	40.2
山西运城	508	329	179	35.2
河北邯郸	928	502	426	45.9
山东菏泽	926	745	181	19.5
安徽淮北	216	123	93	43.1
安徽宿州	626	544	82	13.1
安徽阜阳	988	866	122	12.3
安徽亳州	589	524	65	11.0
江苏徐州	947	500	447	47.2
湖北襄樊	584	390	194	33.3
中原经济区合计	16781	11233	5548	33.1
占全国比重	12.6	15.6	9.1	

2. 人口基数大，需要转移的农村人口多

中原经济区总人口约为 1.70 亿，目前全区农村人口多达 1.2 亿，达到 2020 年全国平均 50% 的城镇化水平，全区至少需要再转移农村人口 3500 万。若按世界通行 70% 城市化率为基本实现城市来算，中原地区基本实现城镇化，至少需要再转移农村人口 7000 万。

3. 人口密度大，土地资源瓶颈制约严重

一方面，中原地区是我国人口最为稠密的地区之一，全区国土面积约占全国的 1/32，却承载了全国 1/8 的人口，人口密度是全国平均水平的 3 倍。另一方面，中原地区承担着保障国家粮食安全的重要任务，农业生产用地，特别是粮食生产用地不能减少。

因此，在这样一个各种矛盾交织的特殊地区加快推进城镇化，必须选择走新的道路，只有突破原有的禁锢，创新发展思路，大胆探索新的发展模式，经过艰苦奋斗才能完成这一历史性的任务。实现这一任务，不仅能够促进中原经济区加快发展，进一步完善区域经济布局，协调区域发展，还能够为广大的中西部地区发展积累和提供新的发展经验，带动和促进中西部地区工业化、城镇化进程。

（二）中原地区经济社会发展矛盾最为突出

中原地区发展相对滞后，经济欠发达的面貌尚未根本改变，特别是作为一个传统的农业区，城乡二元制结构突出，城乡差距扩大，农业生产比较效益低，严重影响和制约了经济社会发展，各种矛盾表现集中。

1. 人均经济水平低

2008 年，中原经济区人均 GDP 只有 17000 元左右，比全国平均水平低 5000 多元，只是全国平均水平的 3/4；人均财政收入只有 800 余元，仅为全国平均水平 4600 元的 1/5 多；城镇居民人均可支配收入 12000 余元，比全国平均水平低近 3000 元；农民人均纯收入是 4300 多元，比全国平均水平低近 400 元。河南省 2009 年经济总量为 19367.28 亿元，排全国第 5 位，但人均 GDP 仅为 20477 元，相当于全国平均水平的 81.3%。与此相对应，居民收入也低，全省城镇居民人均可支配收入只相当于全国平均水平的 83.7%，排全国第 16 位；农民人均纯收入只相当于全国平均水平的 93.3%，排全国第 17 位。

2. 城乡差距扩大

2009 年，河南省城镇居民人均可支配收入为 14371.56 元，农村居民人均纯收入为 4806.95 元，城镇居民人均可支配收入是农村居民人均纯收入的 2.99 倍，绝对差为 9564.61 元。从 2000 年到 2009 年，河南城乡居民人均收入的绝对差距由 2780 元扩大到 9565 元，城乡居民人均收入之比从 2.4∶1 扩大到了3:1。从2000年到2009年，河南省城乡居民人均消费支出绝对差距由2515元扩大到了6178元，城乡居民人均消费支出比高达2.8:1。

3. 社会事业特别是农村社会事业建设滞后

农业生产比较效益低，广大的农区都是穷财政，"粮食大县、财政穷县"的现状普遍存在。2008年河南省粮食产量在10亿斤以上的有52个县（市、区）人均财政支出水平平均为655元，是全省平均水平的44.7%。这就必然形成了广大农业区社会事业建设与城市的距离越拉越大。2008年，河南农村初中的生均预算内教育事业费位列全国倒数第3位，农村小学的生均预算内教育事业费位列全国倒数第1位。全省农村自来水受益村仅占行政村总数的47%。

4. 保障国家粮食安全任务重

2008年，中原地区粮食总产量为1800亿斤，占全国粮食总产量的17%，即1/6强，其中夏粮产量占全国夏粮总产量的近1/2，是全国重要的粮食调出地区。但由于生产粮食用地与建设用地矛盾尖锐，加之农业生产分散、缺少规模效益，为粮食稳产高产造成了很多制约因素。要从根本上解决这些问题，就必须加快发展，特别是要坚持走新型城镇化道路，统筹城乡发展，变二元社会为一元社会，以新型城镇化破解各种约束，有力支持和促进工业化，带动经济社会快速发展，带动生产方式转变，带动农业生产方式转变，带动和谐社会建设。

（三）中原地区所处的发展阶段最适合城镇化新路径探索

以河南为主体的中原经济区是华夏文明的重要发源地，在北宋以前一直是全国政治、经济、文化中心，但由于战乱、灾荒等原因，中原几度衰落，到新中国成立时，已成为全国最贫穷的地区之一。改革开放以来，中原经济区的发展速度和成就有目共睹，但由于历史原因，与全国发展水平特别是与东部先进地区相比，仍处于"洼地"（见表2）。

对于人口众多、经济基础相对薄弱、人均水平偏低的中原经济区来说，到2020年超过全国的平均发展水平，届时中原经济区的经济总量将更加突出。2009年，中国城镇人口突破了6亿，城镇化水平达到46.6%。但城镇化水平的区域差异较大，东部和东北地区的城镇化水平已超过55%，已进入以量的增长为主将转向量的积累和质的提高并重阶段；而中部地区

表2 2008年中原经济区人均GDP与全国对比

单位：元，%

区域	人均GDP	相当于全国的比重
全国	22698	100
河南	19593	86.3
山西长治	20821	91.7
山西运城	13441	59.2
河北邯郸	22651	99.8
山东菏泽	10050	44.3
山东聊城	22556	99.4
安徽淮北	17029	75.0
安徽宿州	8982	39.6
安徽阜阳	6475	28.5
安徽亳州	7887	34.7
江苏徐州	23069	101.6
湖北襄樊	18458	81.3

和西部地区城镇化水平分别40.3%和37.2%，正处在城镇化加速发展阶段。这一阶段既是"发展黄金期"，又是"矛盾凸显期"，这一时期经济结构、社会结构、城乡结构、消费结构将发生深刻变化，如果顺应了规律，经济社会就平稳快速发展；如果违背了规律，就会产生和积聚各种矛盾，进入"矛盾凸显期"，影响经济社会的健康发展。作为全国重要粮食产区的中原地区目前城镇化率为33.1%，人均GDP在17000元左右（按目前汇率为2500美元），其中河南省城镇化率为37.7%，人均GDP接近3000美元，根据城镇化发展的一般规律，正处在工业化、城镇化加速发展阶段，从发展路径上看，面临着"两个走不通"（即发达国家走过的传统的高消耗、高消费的现代化道路走不通，发达地区走过的以牺牲农业和环境的高消耗、高污染的粗放式工业化、城镇化道路也走不通），若此，我们的资源支撑不住，环境容纳不下，社会承受不起，经济发展也不可持续。以中原地区为载体，建设新型城镇化示范区，探索走出一条不以牺牲农业、生态为代价的新型工业化、城镇化道路，既是发展阶段的客观需要，也可以统筹解决经济发展与资源环境、城镇化、工业化与农业现代化之间的矛盾，为中西部其他地区发展转型提供示范。

（四）中原地区城镇化发展的现状具备新型城镇化先行先试的条件

中原地区自古以来就是国之中、城之源，数千年来，形成了洛阳、开封等一大批历史文化名城，城市文化底蕴丰厚。改革开放以来，中原经济区不断发展进步，特别是河南省近些年来保持了快速发展的好势头，为创建新型城镇化示范区提供了很重要的条件。

1. 经济快速发展，产业支撑力增强

2009年，河南省经济规模已接近2万亿元，全省规模以上工业企业主营业务收入达28291.43亿元，全部工业增加值达9858.40亿元，基本形成了工业门类齐全、优势产业突出的发展格局。全年全社会固定资产投资达13704.65亿元，比上年增长30.6%，其中城镇投资达11455.01亿元，同比增长31.3%，工业化、城镇化继续快速推进。

2. 城市建设快速发展，城市体系基本形成

截至2009年年末，河南省共有17个省辖市、1个省直管市、20个县级市、50个城市区、904个建制镇，基本形成了以郑州为中心的"一极两圈三层"空间布局，城市建成区面积达1386.5平方公里，城镇人口达3758万人。2009年，河南省房地产开发投资1553.76亿元，房屋施工面积16074.35万平方米，房屋竣工面积3400.98万平方米，城市规模快速扩大。特别是中原城市群作为中原经济区中区位优势突出、大中城市集中、人口密集、综合实力强大的地区，在城镇化进程中发挥了积极的作用（按照经济实力、基础设施水平、居民生活水平、科教卫生水平、对外开放程度、环境友好程度等6个方面34项指标得出中原城市群与中部六省城市群综合实力评价值，见图1）。另外，处于中原经济区内部省域交界地区的安阳、邯郸、晋城、焦作、商丘、周口、淮北、三门峡、运城、濮阳、菏泽、聊城等城市，近年来也都保持着持续快速发展的良好态势，经济实力不断提高，城市功能不断完善，成为中原经济区内具有较强支撑力的次级区域性中心，与中原城市群一起构成了较为完善的现代城市体系构架。

3. 经过不断探索，已经积累了一定的经验

在20世纪八九十年代，河南省探索积累了小城镇发展的经验。进入21世纪以来，根据新的发展形势，河南省及时提出了"坚持大型中心城市、中小城市和小城镇三头并举"城镇化基本方针，之后明确了中原城市群的突出地位，积极实施中心城市带动战略。这些战略措施，不仅加快了全省的城镇化进程，并且积累了一定的经验，为建设中原新型城镇化示范区打下了坚实基础。

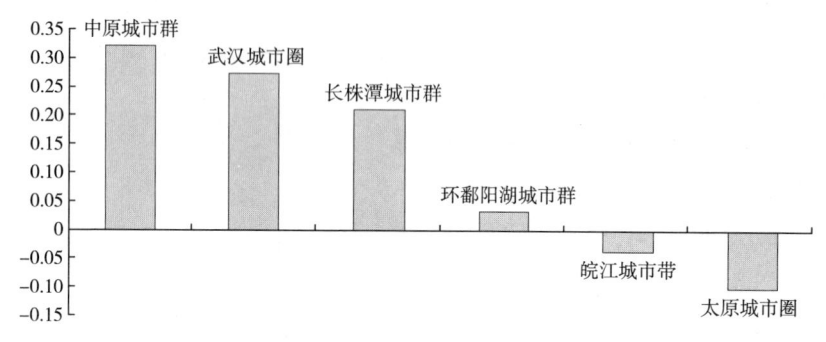

图 1　中部地区城市群的综合实力

资料来源：河南省发改委：《中原与构建中原经济区研究》。

二　中原新型城镇化示范区探索的主要内容

（一）探索资源节约型环境友好型社会建设的新途径

中原地区城镇化面临巨大的人口、资源和环境压力，有限的资源条件和环境容量要求我们尽快转变粗放的城镇化发展模式，探索资源节约型、环境友好型的新型城镇化道路。

建设中原新型城镇化示范区，就是为了探索资源节约环境友好型社会建设的新途径，内容包括：建立健全土地节约集约利用制度，形成有利于节约资源能源和保护生态环境的产业结构、增长方式、消费模式，完善促进资源节约、环境友好的体制机制，探索中原地区生态文明发展模式。

1. 探索创新资源节约的体制机制

（1）探索节能减排的激励约束机制。建立健全新建项目准入机制，提高节能环保市场准入门槛。建立落后产能退出机制，安排专项资金并积极争取中央财政通过增加"以奖代补"专项转移支付支持淘汰落后产能。建立引导以企业为主体的节能减排投入机制，综合运用价格、收费、税收、财、金融等经济杠杆，有效引导企业节约资源。

（2）完善促进资源节约的市场机制。改革资源产权制度，形成统一、开放、有序的资源初始产权配置机制和二级市场交易体系。完善资源有偿使用制度，建立反映市场供求关系、资源稀缺程度、环境损害成本的资源价格形成机制。完善差别化能源价格制度，建立绿色电价机制。建立节约用水机制，推进城市水业改革。

（3）加快循环经济发展。重点推进循环经济试点城市建设，设立循环经济发展基金，拓展建设大循环经济示范区。支持各地按照资源禀赋和产业特色建设循环经济产业园区、生态工业园区、循环农业示范区。积极推进区域内资源枯竭城市转型，建立可持续发展长效机制。大力推行清洁生产和废物"零排放"，加强余热余压和废弃物综合利用，构建循环经济产业链。

（4）探索资源综合利用新途径。全面推进节能、节水、节地、节材和资源综合利用，推行绿色产品标准体系。推广应用建筑节能省地环保新技术，建设一批示范工程。支持有利于提高资源利用效率的关键技术开发和重大项目建设，重点推进太阳能、地热能、沼气、生物质能利用以及可再生能源与建筑一体化的科研、开发和建设。建立区域性再生资源回收利用体系，加快再生资源产业发展。

2. 探索创新环境保护的体制机制

（1）健全生态建设和环境保护管理体制。编制实施中原地区生态建设规划，加强环境保护分类管理，加大地质灾害防治力度。严格控制能源消耗强度和污染排放总量，落实节能减排目标责任和"一票否决"制度。建立区域内环保协同监控管理体系，建设环境监控信息共享平台，实行城乡生态建设和环境保护一体化管理。完善环境保护的地方性法规体系。以创建环保模范城市、生态城市等为抓手，统筹推进区域内环境友好型社会建设。

（2）完善环境保护的市场机制。加快实施排污许可制度，探索建立主要污染物排放总量初始权有偿分配、排放权交易等制度，探索建立区域污染物排放权交易市场，推进污染治理市场化运营。创新排污费征收使用管理模式，完善城市污水和固体废弃物处理费征管办法。探索建立垃圾分类、收集、运输、处理体系。

（3）探索建立生态环境补偿的长效机制。按照"谁开发谁保护、谁受益谁补偿"的原则，探索建立多类型的生态补偿机制，制定出台地方性法规，建立制度化、规范化、市场化的生态环境补偿体系。开展生态环境补偿试点，建立科学的生态环境评估体系。

（4）完善水环境保护的体制机制。深化水资源管理体制改革，推进水资源的合理开发、优化配置、高效利用和有效保护，探索城乡涉水事务一体化管理体制。综合防治水土流失，有效保护饮用水源地安全和区域水域资源。加强中水利用，对工业污染源、生活污染源、农业污染源进行全面治理。

（5）探索生态环保建设新途径。设立区域生态环境保护基金，完善生态环保建设的多元化投融资机制，鼓励风险投资和民间资本进入环保产业领域。进一步开发应用新型环保技术，加速环保技术装备国产化进程。

（二）探索在确保粮食安全和农民利益基础上"三化"协调发展的新路子

作为中原地区的主体河南，是传统的农业大区，也是我国第一粮食生产大省。从全局看，国家粮食安全系于中原。但是，种粮比较效益低，农民生产积极性不高、粮食供需矛盾突出的局面仍然没有改变，中国粮食安全的形势不容乐观。建设中原新型城镇化示范区，就是在探索确保粮食安全和农民利益的基础上，如何走出一条统筹推进工业化、城镇化和农业现代化，实现三者深度融合、互动协调发展的路子。

从全球角度来看，产业结构演变进程可划分为三个阶段，即从农业大国到工业大国、工业大国到工业强国、工业强国到服务业大国。这大致对应工业化初中期、工业化中后期和后工业社会三个时期。2009年，河南省三次产业比例为14.3∶56.6∶29.1，一产比全国高3.7个百分点，三产比全国低13.5个百分点。从产业结构状况来看，河南省仍处于工业化中期阶段，推进工业化进程仍是河南省经济社会发展的一个重要方面。从一定意义上说，推进工业化，就是推动现代化进程。但同时应该看到，工业化不是工业发展的单兵独进，它需要方方面面的配合与互动。工业化既需要农业现代化为其创造条件，也需要城镇化为其提供需求。2009年河南工业化率50.9%，高于全国10个百分点，城镇化率37.7%，落后全国平均水平

8.9%。城镇化率明显低于工业化率。城镇化水平滞后的结果是工业化和农业现代化进程受阻,低水平、重复性建设严重浪费了有限的能源和资源。因此,从河南省所处的经济发展阶段和省情来说,建设中原新型城镇化示范区,就是以新型城镇化为重点,以新型工业化、农业现代化支撑并推动新型城镇化,以新型城镇化带动并服务新型工业化、农业现代化,实现新型城镇化、新型工业化和农业现代化的协调发展。

要认真总结传统工业化条件下的城镇化发展的经验教训,坚持以城镇化支撑工业化,通过推进产业优化升级,发挥城市的辐射带动作用,发展小城镇,提高城镇的综合承载能力等措施,走出一条符合中原区情的大中小城市、区域性中心城市和小城镇协调发展的新型城镇化道路。要坚持以新型工业化和信息化为动力,大力发展先进制造业、高新技术产业和现代服务业,通过城镇化引导经济要素集聚,调整优化产业结构和布局,加快推进新型工业化。以城市新区、产业集聚区、专业园区为重点,依托城市基本功能,发挥产业集聚区的载体作用,着力提升产业规模和集聚能力,促进人口集中。通过产业集聚区建设,加快先进制造业和生产性服务业发展,为城镇化提供就业支撑,增强城市发展的内生动力。通过完善城市功能,加快发展生活性服务业,提高人口承载能力,创造出更大规模、更高层次的消费需求,实现产业发展与城市发展相互依托和相互促进。

城镇化与农业现代化是互为促进的关系。一方面城镇化为农业现代化提供必要支持。据有关研究,当农村人口数量下降到总人口的25%以下时,农业土地的集约化生产、规模化生产和专业化生产才能达到一定水平,农业的科技含量和服务水平才能得到大幅度提高,农民的收入水平和整体素质才会有明显的进步。而城市非农产业的发展为农业现代化提供必要的硬件与软件支撑。另一方面农业现代化也推动城镇化建设。随着农业现代化的发展,使得所需要的劳动力数量大幅度减少,加速了农村富余劳动力向城市的转移,为城市第二、三产业的发展提供充足的、相对廉价的劳动力。而且,由于他们在农村的土地已经被纳入规模化、产业化经营范围,无须再定期返回从事农业生产,在城市的工作与生活相对稳定,对方便城市管理、减少城市社会问题具有积极的意义。因此,建设中原新型城镇化示范区,要着力推进农业现代化进程,推进农业发展方式转变,积极发展农业产业化经营,大幅提高农业综合生产能力,大幅降低农业生产经营成本，大幅完善现代农业产业体系，大幅增强农业可持续发展能力，形成"三化"深度融合的新局面，共同助推中原崛起。

（三）探索农民工进城落户融入城市的新机制

农民工是我国改革开放和工业化、城镇化进程中涌现的一支新型劳动大军。亿万农民进入城市就业，不仅缓解了农村就业压力，也为城市发展和方便城市居民生活做出了重要贡献。调查表明，中原地区农民工正在发生三大转变：由亦工亦农向全职非农转变，由城乡流动向融入城市转变，由谋求生存向追求平等转变。新一代的农民工进城务工，不仅是为了挣钱，他们更向往现代化的生活方式，对尊重、平等和社会承认有更多的企盼。尽快让农民工融入城市，使他们成为城市中的劳动者，是共建和谐、共享和谐的题中应有之意，是建设中原新型城镇化示范区必须破解的难题。

判断进城农民工是否成功地融入城市，主要应将其经济收入、住房条件、基本权益的保障状况、对在城里就业和生活的满意程度、与城市居民的关系、对自己现在实际身份的认知等作为评价指标。由于各种原因，目前农民工融入城市总体状况仍不容乐观。建设中原新型城镇化示范区，必须探索农民工进城落户融入城市的新机制，消除不利于城镇化发展的体制和政策障碍。当务之急是要探索在户籍、就业、工资、教育、医疗、社会保障等方面，消除对农民工的歧视，使农民真正融入城市和社会。

要积极探索促进符合条件的农民工在城镇落户并享有与当地城镇居民同等的权益。创造条件在全区实行按实际居住地进行登记的户籍管理制度，促进农民工融入城镇、有序转变为城镇居民。要按照中央的要求，深化户籍制度改革，加快落实放宽中小城市、小城镇特别是县城和中心镇落户条件的政策。在改革户籍制度、将农民工纳入就业地社会管理的同时，关键是使农民工平等享受输入地城镇的各项公共服务。切实落实进城务工人员落户城镇后作为城镇普通市民的合法待遇，不受户口迁入年限限制。具体包括：与普通城镇居民同样拥有购买经济适用房、租住城镇廉租房与住房公积金贷款等权利；与普通城镇居民同样拥有子女就近入学、参军等权利；与普通城镇居民同样拥有最低生活保障、养老保险、工伤保险、医疗保险等社会保障权利；与普通城镇居民同样拥有就业权利，包括参加就业培训、报考国家机关事业单位公务员等方面的平等机会。帮助在城镇落户的农民工能够在城镇稳定地工作与生活,真正融入城市。

要积极探索有利于农业的规模经营和农业现代化,有利于乡村人口进入城镇和推进人口城镇化进程,有利于实现由传统的农村社会稳步向现代城市社会过渡和发展的农村土地制度。一是按照依法自愿有偿原则,健全土地承包经营权流转市场,即在农村土地承包制不变的条件下,由农民根据自愿原则,采取转包、租赁、土地使用权入股等方式,实行承包土地使用权的流转。这有利于促进农业规模经营,有助于农业产业化经营和以农产品为经营对象的龙头企业的发展。二是农民的宅基地应可置换,使农民及其家属安心迁入城镇工作生活。三是应当考虑容许农民承包地和宅基地使用权的抵押,且应及早予以落实,使之走向规范化。四是为使农民土地抵押顺利开展,农村、农业保险工作应当加强。当然,在鼓励土地向专业农户集中、发展规模经营的同时,必须防止一些工商企业进入农村,以发展现代农业为名圈占农民土地、损害和侵犯农民利益。

要积极探索使农民工逐步融入城镇社区服务体系的新机制。社区是个人生存和生活的空间,群体归属感的培育也是社区服务的重要功能。要构建以社区为依托的农民工服务和管理平台。鼓励农民工参与社区自治,增强作为社区成员的意识,提高自我管理、自我教育和自我服务能力。发挥社区的社会融合功能,促进农民工融入城市生活,与城市居民和谐相处。完善社区公共服务和文化设施,城市公共文化设施要向农民工开放,有条件的企业要设立农民工活动场所,开展多种形式的业余文化活动,丰富农民工的精神生活。

(四)探索城乡统筹、产城互动的新办法

中原地区是传统农区,城乡二元结构严重,"三农"问题突出。以河南省为例,2009 年农民人均纯收入 4807 元,比全国平均水平低 346 元,2000~2009 年,河南城乡居民收入的绝对差距由 2780 元扩大到 9525 元,城乡居民收入之比由 2.4∶1 扩大到 3∶1,城乡居民收入不断扩大。城乡基础设施、社会服务、文化生活和其他公共品供给等方面仍然存在较大差距。城乡"二元"体制尚未打破,表现为现代化进程中农业资源(土地、资本、劳动力)转移中的不等价、不公平交换;城乡市场体制、市场主体发育不平衡，突出表现为农村市场体制、市场主体的地位及能力、农民组织化程度严重滞后，与城市相对发达的市场体系和市场主体难以对接。从根本上解决这些问题，就必须在新型城镇化上实现突破，深化体制改革，破除政策壁垒，探索有利于构建"以城带乡，以工促农"的长效机制，形成城乡一体化发展的新格局。

建设中原新型城镇化示范区，要认真总结经验，着力探索在以工促农、以城带乡的新办法上下功夫，跳出传统的"就农业论农业、就农村论农村、就农民论农民"的局限，反弹琵琶，跳出"三农"来解决"三农"，加大以工补农、以城带乡力度，"化"传统农业为现代农业、"化"农业社会为工业社会、"化"农民为市民。充分发挥工业化、城镇化、市场化对"三农"发展的促进和带动作用，推动现代文明成果改造传统农业、传统农村、传统农民，加速农业、农村、农民的现代化。要统筹城乡生产要素的配置，积极促进资本、技术投入农业和先进的经营方式、管理方法改造农业，不断提升农业产业化水平。要统筹城乡产业布局和产业发展，不断拓宽以工促农、以城带乡的通道，推动农村第一、二、三产业加快转型。要统筹城乡基础设施和公共服务建设，不断改善农村的生产生活条件和人居环境。充分发挥城镇化对人口布局和社会结构优化的带动作用，让进城就业农民尽快融入城市社会。

建立中原新型城镇化示范区，要积极探索一些符合实际的城乡统筹的新机制。第一，建立健全城乡统筹规划和管理的体制机制。按照统筹城乡的理念完善城乡规划体系，依据国土规划，优化城乡空间布局，统筹安排城乡基础设施和公服务设施。建立健全区域内规划协调机制，建立城乡统筹的规划实施和监管体制，完善城乡规划许可、公开公示和监督检查制度。第二，建立健全发展现代农业的体制机制。健全农业支持补贴制度，建立促进现代农业建设的投入保障机制，充分调动农生产积极性。加强粮食核心区建设，构建供给稳定的粮食安全保障体系。以发展循环农业、生态农业为重点，优化农业结构。加强禽畜产品和水产品等特色农产品基地建设，培育农业产业化龙头企业，壮大农业产业集群。第三，建立推进新农村建设的体制机制。深化农村综合改革。推进集体林权制度和农村集体资产产权制度改革，深化国有农场改革。实施村庄整治，开展农村生态文明建设试点，发展农村沼气，推进乡村清洁工程建设，加强农村改水改厕工作，改善农村环境卫生。培育农专业合作经济组织，引导和支持城乡各类会服务组织和机构为现代农业提供会化服务，引导和鼓励城市人才、技术、资金投入新农村建设。推进农村信息化建设。完善农村劳动力转移培训体系。第四，加快城市公用事业改革。积极推进城市公交通、供电、供水、供气、园林绿化、污水和垃圾处理等公用事业改革，创新经营机制，提高管理水平。支持城市供水等公用设施向周边农村延伸。统筹规划和建设城乡供水、排水设施，支持相邻城市建供水、污水处理、垃圾处理等基础设施。完善公产品价格形成机制、财政投入机制、监管机制、应急处理机制，保证公共利益和公共安全。第五，创新基础设施建设的体制机制。改革城乡基础设施建设投融资体制机制，构建投融资平台，提高区域基础设施建设一体化水平。开放基础设施投资领域。争取开展大交通改革试点，构建高效协调发展的综合交通体系。建立交通能耗的标准和监测体系。第六，统筹城乡公共服务体系建设。积极探索户籍制度改革的有效途径，建立布局合理的农村劳动力转移培训基地，引导农民向城镇有序转移。推进建设城乡统一的人力资源市场，形成城乡劳动者平等就业制度。建立健全公共就业服务体系；建立统筹城乡的会保障体系；基本建成资源共享的就业服务和会保障网络系统。加快建立个人缴费、集体补助（补贴）相结合，基础养老金与个人账户相结合的新型农村会养老保险制度。加快建设覆盖城乡居的医疗保障体系、公共卫生服务体系、医疗服务体系和药品供应保障体系。建设覆盖城乡的公共文化服务体系、社会救助体系。

（五）探索完善城镇体系、带动区域协调发展的新模式

当前，城镇化水平已成为衡量城市经济社会综合实力和文明程度的重要标志，也是区域经济与人口集聚的结果。区域协调发展是城镇化追求的目标，城镇化过程本身就是区域社会经济结构演化升级、资源优化配置、空间布局合理，实现共存共荣、协调发展的过程。随着经济全球化、社会信息化及区域联系的高速化、网络化，城镇化将获得巨大的推动力，延伸的"城市"与缩小的"区域"成为区域发展的主旋律，协调城镇与城镇、城镇与区域、区域与区域之间的矛盾与冲突，实现资源与设施共建共享，引导区域健康发展成为区域发展的主题。

2009年，河南省有设市城市38个（居全国第4位），县城85个，建制镇753个。其中，特大城市2个，大城市7个，中等城市14个，小城市32个，小城镇822个。全省城镇主要沿交通干线分布。京广、陇海、洛—平—漯、新—焦—济、宁西、大广6条主干交通沿线，集中了18个省辖市、11个县级市和56个县城，以及全省约80%的城镇人口和70%的地区生产总值。从产业上看，河南省的食品、铝工业、装备制造业、化工、能源等优势产业，也是主要依托高速公路、铁路等复合交通轴线分布。城镇和产业在空间上高度复合，呈现明显以点轴发展为主导的空间布局结构。从总体上看，目前河南省城镇体系，以各级中心城市为节点，依托主干交通轴线，集聚城镇和产业，形成了几条城镇产业发展复合轴带。大中城市、小城市和小城镇空间分布相对均匀，网络节点比较完善，初步形成了大型中心城市、中小城市、小城镇各具特色、竞相发展的城镇体系。

但河南省城镇化水平仍然较低。城镇化水平仅为37.7%，落后于全国8.9个百分点，而且城镇化区域差异明显。城镇体系结构仍不完善，带动区域整体发展的功能不强，大多数中心城市处于相对封闭的区域，城市间由于职能上的互补性差，经济联系不够紧密。省会郑州城市规模偏小、辐射带动作用不明显，在全国城镇体系的等级地位不高。中心城市数量偏少，承上启下的节点作用不突出。虽然小城镇数量多，但规模小，功能不全，服务带动农村发展的功能较弱，因此，建设中原新型城镇化示范区，就要探索构建结构合理、功能完善城镇体系，形成有利于产业集群优质发展、技术扩散有效顺畅、发展要素合理配置、空间框架科学布局的发展环境，大中小城市与小城镇协调共生，形成系统性强、覆盖面广的现代城镇化网络，带动区域协调发展。

依据城镇化规律和河南实际，着力探索构建"向心集聚、圈层组织、轴带辐射"的空间格局。依托现代交通体系，围绕中心城市郑州空间扩展和郑汴都市区建设，在全省范围内构建以郑汴都市区为核心，沿主要交通通道联系外围城市的"圈层+放射"的空间结构，形成"一极、两圈、三层"的城市群网络。"一极"即以郑汴都市区为全省的核心增长极。近期，以郑汴新区建设发展为突破口，进一步完善功能，加速产业和人口集聚，形成组团式、网络化的复合型城镇密集区，放大整体优势，增强发展活力。"两圈"即内圈是由南太行、伏牛东、商周等发展轴围合的"半小时时空圈"。以城际快速轨道交通和高速铁路为纽带，实现以郑州为中心、半小时通达开封、洛阳、平顶山、新乡、焦作、许昌、漯河、济源等8市，密切中原城市群紧密层9市的经济联系；外圈是由长泰、运襄、宁西、京九等发展轴围合而成的"一小时时空圈"。以高速铁路为依托，形成以郑州为中心、一小时通达中原城市群紧密层外围9市的快速交通格局，缩短豫北、豫西豫西南和黄淮地区与紧密层的时空距离。"三层"即中原城市群核心层、紧密层、辐射层。核心层指郑汴一体化区域，区域范围包括郑州、开封两市市区和"郑汴新区"。紧密层区域范围包括洛阳、新乡、焦作、许昌、平顶山、漯河、济源等7市。辐射层区域范围包括安阳、鹤壁、濮阳、三门峡、南阳、商丘、信阳、周口、驻马店等周边9个省辖市。

按照统筹安排全省经济社会发展和空间布局，坚持区域协调和可持续发展，建立大中小城市并举、等级规模有序、功能定位明确，空间布局合理的城镇体系的要求，进一步做如下探索。第一，探索实施中心城市带动战略。把郑州建设成为现代化、国际化、信息化和生态型、创新型的国家区域性中心城市。积极推进郑汴一体化，构建郑汴都市区，提升郑汴都市区作为全省核心增长极的辐射带动作用。强化以郑汴都市区为中心、面向全省及省域周边地区的放射型发展轴，加强核心城市与周边城市、周边省区的联系。第二，探索建设大中小城市和小城镇协调发展的现代城镇体系。围绕统筹城乡发展、形成城乡经济社会一体化发展新格局的目标任务，在强化郑汴都市区发展的基础上，加快发展地区性中心城市，同时，积极发展中小城市，加快县城建设，培育一批有产业支撑的中心镇，逐步形成以郑汴都市区为中心，洛阳为副中心，大城市为骨架，中小城市和小城镇为依托，布局合理、协调发展的现代城镇体系。第三，探索城镇发展转型，建设紧凑型、复合型、节约型城镇。增强城镇综合承载能力，加快人口向城镇集聚，推动城市的集中布局和紧凑发展；改善城市人居环境，建设人口、产业发展和生态环境相协调的复合型城市，以现代城镇体系引导全省现代产业体系发展布局，促进城镇化与工业化协调发展。

三 建设中原新型城镇化示范区的重要意义

建设中原新型城镇化示范区，对推动中国经济持续发展和统筹区域协调发展、支撑中部地区崛起、加快经济发展方式转变具有重大意义。

（一）对增强消费拉动力，形成我国内外需兼顾增长模式的现实意义

长期以来，我国内需不足，尤其是国内最终消费需求不足，内外需求失衡逐渐成为制约我国经济发展的一个突出问题，2008年的国际金融危机使这一问题更加凸显出来。针对内需不足问题，中央明确提出要坚持扩大内需特别是消费需求的方针，促进经济增长由主要依靠投资拉动向依靠消费、投资、出口协调拉动转变，并把加快城镇化进程作为应对国际金融危机、扩大国内需求和调整经济结构的重要抓手。中原地区有大约1.70亿人口，占全国的1/8。2008年，中原地区城镇率为33.1%，正处于城镇化、工业化加速推进阶段。建设中原新型城镇化示范区，促进农村人口不断向城镇转移，第二、三产业不断向城镇聚集，将产生巨大的"乘数效应"，为经济发展提供强大、持久的动力。一是有利于加快人口、产业向城镇集中，可以有效扩大城市消费群体，增加居民消费。初步预计，到2020年，中原地区城镇化率将达到50%左右，未来10年城镇将新增近3000万人口，占全国新增城镇人口近1/7，按城镇居民家庭平均每人全年消费性支出11200元计算，将创造巨大的消费需求。二是有利于提高农村居民的消费水平。随着农村人口向城市转移，有助于推进农业适度规模经营，增加农民收入，提高农乡居民消费水平。三是有利于拉动投资需求。据有关方面研究，每增加一个城镇人口，可以带来至少10万元的城镇固定资产投资。建设中原新型城镇化示范区，通过推动农村人口不断向城镇转移，第二、三产业不断向城镇聚集，创造新的需求，不仅是弥补当前外需减弱、保持经济平稳较快发展的有效途径，也是改变内需与外需失衡状况，进而构建内外需驱动、消费支撑发展模式的长期战略，同时也可以为"后危机时代"我国内陆地区建立经济可持续发展内生动力机制和推动产业结构转型升级探索路子。

（二）对提高以城带乡能力，统筹解决我国"三农"难题的战略意义

农业、农村、农民问题关系党和国家事业发展全局。没有农业现代化

就没有国家现代化，没有农村繁荣稳定就没有全国繁荣稳定，没有农民全面小康就没有全国人民全面小康。国家统计局公布的我国全面建设小康社会监测结果表明，2008年，我国全面建设小康社会总体进程已经达到74.6%，而农村全面建设小康社会实现程度仅达到48.2%。中原地区是我国传统的农业大区，农业比重大、农村人口多，目前全区1.7亿人口中农业人口达1.2亿人，约占全国农业人口的15.4%。由于长期以农业这个弱势产业为主，这一区域的"三农"问题比全国其他地方都显得更加突出，城乡二元结构的矛盾比全国其他任何地方也要大得多。解决好这一区域农业、农村、农民问题，统筹城乡协调发展，事关全国全面建设小康社会的大局，事关全国现代化进程。建设中原新型城镇化示范区，有利于为我国统筹解决"三农"问题积累经验，探索新路。

1. 巩固提升农业基础地位，切实保障国家粮食安全

农业是国民经济的基础，农业发展事关现代化建设全局。在全面建设小康社会过程中，如果粮食供给出了问题，工业化、城镇化发展就会失去了基础和支撑，我国现代化进程就要走弯路，甚至可能影响国家的长治久安。中原地区作为全国第一粮食生产大区，耕地面积约1.9亿亩，占全国耕地资源的1/10以上，2008年，区域粮食总产量1800多亿斤，占全国粮食总产量的17%，即1/6强，其中夏粮产量占全国夏粮总产量的近1/2，是全国农副产品供给能力最高的地区，在确保国家粮食安全方面责任重大。但是，在连续6年取得粮食好收成的基础上，继续实现高增产的难度越来越大：粮食供求矛盾日益突出。随着工业化、城镇化的加速发展，人口增加、人民生活水平提高和加工用途不断拓展，粮食消费需求呈刚性增长，同时，耕地减少、水资源短缺、气候变化等因素对粮食生产的约束日益突出，粮食供求将长期处于偏紧状态。农业基础依然薄弱，抗御自然灾害的能力较低。以河南为例，大中型水库病险率高，水利骨干工程完好率不足50%；小型农田水利设施建设滞后，有效灌溉面积为7434万亩，占耕地面积的比重只有63%，还有近40%的耕地"望天收"。粮食比较效益低，农民种粮积极性下降。由于农业属于财政补贴性弱质产业，农民从事农业生产获得的收入远低于从事其他行业的收入，农业对地方财政的直接贡献小，粮食主产区"粮食大县、财政穷县"的现状难以得到改变，地方政府发展农业生产的积极性不高。资金、人才等生产要素外流加剧。由于城乡差距和地区差距大，河南省农村出现了资金、人才等生产要素净流出现象，资金外流问题尤为严重。确保国家粮食安全，必须解决好这些问题。建设中原新型城镇化示范区，就是要通过加速推进工业化和城镇化，用现代科技、物质装备和管理技术改造农业，延伸农业产业链，促进农业集约发展，增强以工补农、以城带乡能力，提升和带动农业现代化水平，在稳定和完善农村基本经营制度的基础上，加快推进农业经营体制机制创新，在转变农业发展方式上寻求新突破，在发展现代农业上取得新成效，逐步建立起粮食稳定增长的长效机制，为保障国家粮食安全做出新的更大贡献，为全国粮食主产区加快推进现代化积累经验。

2. 探索转变农业发展方式、推进农业现代化的新路子

"三农"的源头在农业，解决"三农"难题的前提在农业。在改革开放初期，以家庭联产承包为主的责任制，极大地解放了生产力，推动了农业的发展。但是，随着改革的不断深入和开放水平的不断提高，逐渐暴露出生产规模小、经济成本高、产品价格低等问题，严重束缚了生产力的发展。加快新型城镇化发展有利于促进该区域农村剩余人口转移，协调经济发展与人口、环境、资源的矛盾，加速生产要素流转、整合土地等农业生产资源、推广先进生产管理技术开发应用、提高农业生产效率；有利于推动农业部门调整不合理产业结构，推动农业产业化、规模化、市场化、现代化进程，发展涉农经济部门，拓展农产品前后产业链发展空间，为全国转变农业发展方式提供典型和示范。

3. 增加农民收入

建设中原新型城镇化示范区，推进城镇化进程，有利于建立和完善劳动力市场，带动企业向城市集中，发展第三产业，提高资源利用率，形成规模效应，提高对农村剩余劳动力的吸纳能力；有利于发挥控制人口数量，提高人口素质，促使农民思想观念的转变。

4. 探索"三化"协调发展，以工补农以城带乡新路子

建设中原新型城镇化示范区，推进城镇化进程，有助于统筹推进城乡基础设施建设，改善农村居住、交通、生态环境等生活环境，发展农村公共事业，提高农村公共产品供给水平，推进社会主义新农村建设，探索走出一条以不牺牲农业和农村为代价的新型工业化、城镇化道路，进一步增强以工促农、以城带乡能力，有利于构筑新型城乡关系，消除城乡二元结构，促进社会全面进步，不仅对中原的农民群众生活水平持续提高具有重大现实意义，也对在全国范围内探索统筹城乡发展新路子具有重要的示范意义。

（三）对破解资源环境的约束，促进我国城镇发展转型的示范意义

加快转变发展方式，既是深入贯彻落实科学发展观的应有之意，又是促进经济社会又好又快发展的必然要求，实现中原崛起的重要途径。

1. 资源环境的约束

当前及今后一个时期，将是中原地区工业化、城镇化加快推进的时期，资源环境约束日益突出。一是人均资源量低。以河南为例，支持经济发展的能源、耕地、水资源等重要自然资源，人均仅为全国平均水平的1/3、1/6 和1/5；从全省能源供需平衡情况来看，2010 年河南省将从煤炭调出省份转变为净调入省份。二是资源利用水平低。2008 年，河南全省单位生产总值、单位工业增加值能耗分别比全国平均水平高 10.6%、40.7%，工业能源消费占全省能源消费总量的81.6%，高于全国平均水平10 个百分点，化学需氧量排放居全国第 5 位，二氧化硫排放居全国第 2 位，亩均化肥施用量比全国平均水平高90%。低效率的资源利用进一步加剧了资源环境对城镇化发展的"瓶颈"约束，外延扩张模式难以为继。三是环境保护和生态建设压力大。河南为主体的中原地区，地处淮河、汉江、海河、黄河等重要河流中上游，是南水北调的源头，环境保护和生态建设压力大。省情决定了实现中原崛起，既不能走发达国家走过的高消耗、高消费的现代化道路，也不能走传统的高消耗、高污染的粗放式发展道路，否则，资源难以为继、环境难以为继、民生难以为继、发展难以为继，河南经济社会发展呈现的好的态势、好的趋势、好的气势也难以为继。

2. 以中原地区为载体，建设新型城镇化示范区

我们必须从中原地区的实际出发，加快发展方式转变，统筹推进经济发展与人口控制、资源节约、环境保护，努力以较小的资源环境代价，实现更长时间、更高水平、更好质量的发展。

（1）加快推进产业结构调整，统筹解决发展方式粗放、经济结构不合理等突出矛盾，探索走出一条传统产业优化升级与战略性新兴产业、现代服务业加快发展相结合的资源型经济转型升级道路。改革开放以来，中原

地区的产业调整取得了积极进展,产业结构不断优化,但初级化、粗放型的结构特征尚未根本改变。产业结构调整过程中还存在着一些矛盾和问题。首先,从产业整体结构看,第一产业比重相对较高,第三产业发展滞后。以河南为例,2008年,第一产业比重为14.4%,比全国平均水平高出3.1个百分点。第三产业所占比重为28.6%,低于全国平均水平11个百分点;其次,从产业内部结构看,主要表现在第一产业不强。第一产业仍然以种植业为主,虽然粮食总产量较高,但畜牧业、花卉、林果等特色产业产值和所占农业总产值的比重较低,资源潜力没有得到充分开发;第二产业不优。表现为第二产业主要以劳动密集型和初级产品加工型为主,采掘业、原材料工业所占比重高达60%,高新技术产业发展十分薄弱,高新技术产业增加值占制造业增加值比重低于全国9个百分点。第三产业不大。虽然近年来河南第三产业发展较快,但占全省三次产业比重仍较低,在拉动消费、增加就业、提高居民收入等方面作用没有得到充分发挥。建设中原新型城镇化示范区有利于加快推进人口、产业向城镇集聚,进一步调整和优化产业布局,带动建筑、建材等相关行业和以城镇为依托第三产业得到迅速发展,全面提升产业技术水平和竞争力,促进三次产业在更高水平上协同发展,推动经济由粗放型增长转变为集约型增长。

(2)提高资源利用效率,探索走出一条集约用地、节能环保的新型城镇化模式。城镇化是最节约资源、最高效率、最利于节制人口增长的人类生存发展方式。近年来,我国城镇化水平在快速提高的过程中,由于受历史的、体制的、发展阶段等多种原因的影响,土地利用粗放、污染加剧、城镇的空间布局与资源环境承载能力不相适应等问题现在越来越突出,如果上述问题得不到及时解决,不仅影响城镇化健康发展,也将危及我国的粮食安全,影响现代化进程。建设中原新型城镇化示范区,就是要在吸取发达国家和发达地区在城镇化发展过程中出现的经验教训的基础上,调整优化城镇空间布局,建设资源集约节约利用的"紧凑型"的城镇,推动污染集中治理和资源循环利用,探索走出一条可持续发展、集约式的城镇化道路。

(四)对加快"中原腹地"崛起,完善全国区域经济布局的重大意义

中原地区地处祖国的中心,位于长三角、京津冀、珠三角和成渝城市

带之间,《促进中部崛起规划》布局的"两横两纵"经济带中的陇海经济带、京广经济带、京九经济带均穿过这一区域,是全国举足轻重的铁路枢纽、公路枢纽、航空枢纽,是进出西北6省的门户,具有承东启西、连南通北的区位优势,中原地区是密切东西联系、强化南北合作的坚实支撑点,中原崛起对促进我国经济布局均衡和协调发展具有重要的意义。但是,在近年的发展过程中,中原地区与沿海地区差距逐渐拉大,在某些指标上甚至还被西部赶超,以至于由"得中独厚"变成了中华"洼地",呈现出明显的"塌陷"现象。2008年,中原经济区人均GDP只有17000元左右,比全国平均水平低5000多元,相当于全国平均水平的3/4;人均财政收入800余元,相当于全国平均水平的1/5;第一产业占生产总值的15%左右,比全国平均水平高4个多百分点,第三产业占生产总值的30%左右,比全国平均水平低10个百分点左右;城镇居民人均可支配收入12000余元,比全国平均水平低近3000元;农民人均纯收入是4300多元,比全国平均水平低近400元;城镇化率33.1%,不到全国平均水平的2/3。"中原塌陷"不仅仅是中部地区的损失,也会影响到全国经济的发展,只有中原崛起,为东西互动、南北合作提供坚实的支撑点,全国现代化战略目标才能顺利实现。以中原地区为载体,建设新型城镇化示范区,加速人口和产业集聚,一是有利于在中国"中心腹地"构筑具有强大集聚作用和辐射作用的核心增长极,加快"两横两纵"经济带的形成,带动中部经济社会的发展,促进中原崛起规划总体发展目标的实现。二是有利于促进区域间经济合作,发挥中原地区基础设施完善、劳动力资源丰富、承东启西的区位等比较优势,承接沿海地区的产业转移,推进中原地区乃至中西部工业化进程产业结构转型升级,进一步密切与珠三角、长三角和环渤海东部沿海三大城市群以及关中天水等西部重点开发区域的经济联系,形成全国区域协调发展新格局。

(五)对"城之源"地区城镇的复兴和转型,开启我国城镇发展新篇章的历史意义

河南是中华民族的主要发祥地之一,由于得天独厚的区位、资源、交通等条件,历史上河南作为全国政治、经济、文化中心地域的时间长达3000年,先后有20多个朝代建都或迁都于此。中国最早的城市诞生于此,

中国第一个朝代夏代的都城——洛阳偃师二里头遗址距今有4000多年的历史，是迄今所发现的中国最早的城市遗址。中国8大古都中，河南有4个，宋朝的都城开封是当时世界上最大的城市，人口逾百万，而同时期的英国伦敦人口还不到5万，是世界中心，商业贸易额占全国一半。随着时代发展的变迁，河南城镇发展几经沉浮，特别受重农轻商传统农耕文化的影响，农区化发展特征明显，城镇发展相对较为缓慢，长期以来城镇化水平始终低于全国平均水平。新中国成立后，特别是改革开放以来，河南城镇化加速发展，城市框架不断拉大，中原城市群发展态势良好，城乡一体化试点积极实施，城镇化体制性障碍逐步消除。但作为全国第一人口大省和农业大省，河南省城镇化水平一直大大低于全国平均水平，具体表现为城镇化水平偏低，区域差异明显，中心城市的集聚辐射功能较弱，城镇产业支撑能力较弱，城镇基础设施供给不足（城镇规模结构不尽合理），城乡二元结构依然存在。2009年年底，全省城镇化水平37.7%，较全国平均水平低8.9个百分点，居全国倒数第5位，中部地区倒数第1位，城镇化发展滞后已经成为制约河南省经济社会发展的一大瓶颈。以中原地区为载体，建设新型城镇化示范区，有利于创新城镇发展范式，加快"城之源"地区城市的复兴，开启我国城镇发展新篇章，在中原地区构筑具有强大集聚作用和辐射作用的核心增长极，带动中原崛起，促进中部崛起。

加快河南城镇化进程的若干思考

实现中原崛起的路径选择是"三化",即工业化、城镇化、农业现代化。城镇化在推进中原崛起进程中具有重要位置,发挥着重要作用。如何加快河南的城镇化进程,是一个需要根据现实情况变化,经常思考和研究的问题。我认为,加快河南城镇化进程,当前有三个方面的问题值得深入研究和认真解决。

一 坚持河南城镇化的正确方向,需要树立"五种理念"

1. 以人为本理念

以人为本就是以人的幸福、自由、权利为本。城市的主体是市民,城市建设要把满足市民需求,提高市民生活质量作为基本方向。城市化是现代化的实现方式,人的发展和城市的发展是城市化过程中的最重要的问题。城市的功能就是满足人对幸福的追求。从农村生活方式到城市生活方式的过渡中,人口流动上的"农转非"、农民进城打工、城市的扩大、小城镇建设等城市化进程,其价值实质都是要更好地实现人的幸福价值。从这个意义上来说,城市是实现人的幸福追求的社会载体。城市要增强人的幸福感,首先要推进经济市场化,使物质财富大量涌流,促进经济增长、收入提高,这是人们获得幸福感的物质基础。同时必须给市民提供休息、休闲的设施、环境和场所。还要追求法治公平正义、城市平安和谐、社会保障有力、政务廉洁高效。要以创建生态城市、宜居城市为基本方向,努力把提高城市居民生活质量,创造舒适便捷的城市环境,方便市民安居乐业作为城市工作核心目标,把城市是否宜居、市民是否满意作为评判标准,努力建设人本型城市。

2. 文明发展理念

城市是文明的产物，代表文明的方向。文明是一种规范，这就需要遵守规则；文明是一种包容，这就需要彼此尊重；文明是一种操守，这就需要诚实守信；文明是一种"软实力"，这就需要提升素质。应当承认，当下城市化过程中出现了诸如雷同化、缺失人本化、重经济效益轻生态保护等问题，在一些地方，"城市"的意义正在发生变异，成了"交通拥挤、贫富冲突和环境污染"的缩影。因此，要提倡绿色发展，反对和拒绝野蛮发展。在城市建设中，要从过去对自然的"单向征服"转变为现在的"和谐共生"，从过去单纯满足城市市政公用需求向注重提升城市综合功能转变，从只着重于解决"住""行""用"等基本物质需求向塑造城市精神转变。

3. 统筹协调理念

城市发展要坚持统筹兼顾，在提高经济社会发展水平的同时，更加注重让群众共享改革发展成果；在提升居民整体生活水准的同时，更加注重关爱弱势群体；在完善城市功能的同时，更加注重发展社会事业和公共服务，不断提高城市建设和管理的水平。城市的发展，要处理好各个区域的分工、协作功能。要从战略的高度对城市的资源进行整合，对空间发展做出科学布局和统筹安排，要通盘考虑城市规划建设，提高市政公用基础设施建设档次。要优化和综合开发利用城市所拥有的自然资源、基础设施资源、人文资源，促进可持续发展。

4. 新型竞争与合作理念

随着现代经济的发展，竞争由最初的对抗性竞争发展到宽容性竞争，如今已进入合作性竞争阶段。过去，城市之间竞争主要是对能源等具有稀缺性的有形资源的竞争，因此城市竞争具有对抗性。进入知识经济时代后，信息、知识和技术成为生产的最重要资源，城市之间的竞争转向对人才、知识创新的竞争。而信息、知识和技术存在着资源本身的不断扩张性和开发利用的合作性。传统的资源占有与使用方式是竞争中一方的增加就同时意味着另一方的减少与被剥夺，而信息、知识资源则可以使大家同时获得新增资源，这使城市之间进行合作成为可能。总之，现代的城市竞争必然是一种合作性竞争。就中原城市群各个城市来说，应从"彼得我失"的零和思维转向相得益彰的"正和"博弈，从更长远、更高的角度审视中原城市群的发展，逐步实现城市群的资源共享、产业互补、生态共建、各具特色、协调发展。

5. 文化为魂理念

城市是文化的容器，文化是城市的魂魄。看一个城市是否具有吸引力，是否具有竞争力，很重要的一点是看它的文化资源、文化氛围、文化发展水平，在一定程度上可以说，城市以文化论输赢。综观驰誉世界的每一座名城，其辉煌无不是来自历史和文化的长期积淀。有了这种积淀，才能培养出城市的精神气质，才能提升城市的档次和品位。因此，城市政府既要保护、发掘和利用好现有的文化资源，也要不断创造、培育新的文化资源，做到文化资源开发同经济资源开发并重。要重视文化建设，提高文化品位，以文化品位来塑造城市形象，展示城市品牌，以文化氛围来凝聚人心，推动城市发展。要进行大文化战略设计，培育和引导文化生产能力、融入数字化文化潮流、发挥城市国际文化交流的平台作用。

二 加大河南城镇化的工作力度，需要明确"五个重点"

1. 把不断提高城镇化水平（城镇化率）作为重点

城市化是河南经济的短板。河南城镇化发展的起点很低。1978年的城镇化率比全国平均值低了4.29个百分点。1995年以后河南的城镇化步伐逐渐加快，城镇化率从1995年的17.19%增长到2007年的34.30%，12年间增加了17.11个百分点，平均每年增加1.4个百分点。但目前河南的城镇化水平仍然很低。2007年河南城镇化率是34.30%，比全国低10.6个百分点，仍是全国城镇化水平最低的省份之一。要统一思想，把千方百计提高城镇化水平，作为城镇化工作的核心，尽快把短板补起来。要从省情出发，大中小城市和小城镇协调发展，构筑开放、流动、有序、互补的城市体系。要高度重视城镇对农村的带动作用，确保城镇化进程中土地占用面积不超过河南省国土总面积的2%，其辐射带动的地理空间不小于自身面积的50倍。

2. 把逐步转变城镇发展模式作为重点

切实做到6个坚持，努力向6个方向转变。一是坚持走中国特色的城镇化道路，从片面追求数量扩张转向更加注重质量提高，逐步提升城镇化水平；二是坚持以人为本，从单纯考虑人的物质需求转向逐步满足人的全面需求，不断改善人民群众的生活质量；三是坚持全面发展，从片面追求经济效益转向更好地兼顾经济效益和社会效益，全面建设社会主义物质文明、政治文明、精神文明；四是坚持协调发展，从就城市论城市转向统筹城乡和区域发展，促进城乡互动、区域互动，实现共同进步；五是坚持可持续发展，从大量消耗资源、排放污染转向大力节约资源、保护环境，保持人与自然和谐相处；六是坚持改革开放，从传统的规划管理体制转向适应社会主义市场经济要求的规划管理体制，为城市健康发展提供制度保障。

3. 把不断优化城镇空间布局作为重点

城镇的空间分布及规模与经济布局特别是区域经济的形成密切相关。要统筹考虑经济布局、就业岗位、人口居住、资源环境特别是水资源，通过规划引导等措施，逐步形成布局合理的城镇化空间格局。

（1）要优化整合现有已经形成的城市群。明确城市群内各城镇的主体功能定位，加强分工协作和优势互补，保护绿色空间，消除低水平盲目竞争，增强城市群的整体竞争力。

（2）要通过统筹规划，形成若干用地少、就业多、要素集聚能力强、人口合理分布的新城市群。要加快可能形成新城市群地区的工业化进程，承接产业转移，逐步成为支撑全国经济增长的新的经济密集区和人口密集区。

（3）人口分散、资源条件较差的区域要重点发展现有城市、县城和有条件的建制镇。这类区域主要是资源环境承载能力较弱、大规模集聚经济和人口条件不够好的区域。这类区域要实行有限推进城镇化的方针，在充分考虑资源环境承载能力的前提下科学发展城镇化。

4. 把提高城市综合承载能力作为重点

城镇综合承载能力，既包括物质层面的自然环境资源承载能力，如水土资源、环境容量、地质构造等，也包括非物质层面的城市功能承载能力，如城市吸纳力、包容力、影响力、辐射力和带动力等。要改变过去从城市发展需要来考虑资源供应的思维模式，根据资源和环境的承载能力来合理确定各地城市化发展目标，将城市发展建立在与资源和生态环境相协调的基础上。坚持走新型工业化道路，运用高新技术和先进适用技术，改造提升传统产业，充分利用科技、信息、人才等聚集优势，大力发展现代制造业、新兴产业、高新技术产业、高端产品和高附加值产品，形成各具特色的产业群，不断推进产业结构的优化升级。要在更广阔的空间领域研究资源配置问题，在更大范围内实现土地、劳动力、资金等生产要素的优化配置，统筹考虑经济布局、就业岗位、人口居住、资源环境以及现有开发密度和发展潜力等因素，逐步形成布局合理的城镇化空间格局。要加强城镇基础设施建设，提高城市基础设施建设统筹管理水平，增加市政公用产品和服务供给。

5. 把城市主题文化建设作为重点

城市主题文化是一个城市独有的文化形态，是一种特色占有、特色垄断和特色整合的文化。它是集城市特色文化之大成，能够反映特定城市的城市精神，具有超越时代的内容和精神，它把城市特色文化贯穿到城市精神活动、文化活动、管理活动、行为活动、经济活动、建筑活动、形象塑造、品牌营销所有环节上，使城市形成一个有机的城市主题文化组织体系和价值链条，从而使城市形成一种城市主题文化发展态势和格局。主题文化是城市真正的灵魂，人们对城市主题文化共同观念的确定和认同，成为凝聚和激励城市发展的重要力量，为城市发展提供强大的精神动力。城市主题文化可以形成一种强烈、深刻的价值观，使城市进一步增强归属感和认同感，增强凝聚力和向心力。城市主题文化的核心思想，就是强调城市发展的整体观念，使城市发展通过系统的战略架构和可操作模式，把城市特色文化资源进行最大的整合，并形成一种以城市主题文化为形态和载体的系统工程发展模式。

三 提高河南城镇化的实际效果需要处理好"五个关系"

1. 处理好中原城市群"三个圈层"的关系

河南省委、省政府已决定，以郑汴一体化区域为核心层、"半小时交通圈"区域为紧密层、"一小时交通圈"内城市为辐射层，积极构建合理分工、功能互补、向心发展、协调推进、共同繁荣的"一极两圈三层"城乡统筹发展新格局。要处理好"三个圈层"的关系。

（1）做大做强做优核心层。统筹"郑汴新区"规划布局，在区域内率先实现规划统筹、交通一体、产业链接、社会公共资源共享、生态和环境保护合作，成为现代产业集聚区、城乡一体发展的现代复合型新城区、综合改革核心试验区、对外开放示范区、环境优美宜居区和为全省乃至中西部地区服务的区域服务中心。

（2）以建设高速铁路、航空枢纽、城际快捷通道等现代交通体系为突破口，推动核心层、紧密层、辐射层交通、产业、服务相互对接。

（3）继续支持黄淮4市及豫北、豫西、豫西南5市加快发展，形成与中原城市群核心层、紧密层良性互动的发展局面。

2. 处理好城镇化进程中的城乡关系

处理好城镇化进程中的城乡关系，就是要改变和摒弃过去那种重城市、轻农村，"城乡分治"的观念和做法，通过体制改革和政策调整削弱并逐步清除城乡之间的樊篱。处理好城乡关系的关键是城市带乡村，就是要让更多的农村劳动力、农村居民进入城市，让更多的资金、技术、人才流向农村。要统筹城乡基础设施建设，初步实现城乡基础设施建设一体化；统筹城乡经济发展，实现城乡经济发展一体化；深化农村社区建设，统筹实现县域内城乡基本公共服务均等化；统筹城乡文化建设，加快推进城乡文化一体化；统筹城乡就业和社会保障，加快实现城乡就业和基本社会保障一体化。

3. 处理好新区开发与老区建设的关系

河南省不少城市都规划和布局了新城区，这是提高城镇化水平的需要。但个别地方出现了重新区开发轻老区建设的倾向，甚至不切实际地盲目"拓展"新城区。所以，要重视处理好新区开发与老区建设的关系。在重点推进新城区建设的过程中，不能忽视了老城区的发展，因为所有新城建设的成功经验也都是依托老城来建设的，新城建设要考虑如何依靠老城区的问题。要使新老城区的市政基础设施、商贸企业、市场、公交、学校等接轨，互相弥补发展中的不足。老城区的改造要在与新城区同步开发的前提下做细做好，做到新老衔接，使老城区迸发新活力，为老百姓打造更多更适合生活的人居环境。

4. 处理好全面发展与突出特色的关系

城市要注重全面发展，更要注重突出特色。城市特色是一个城市在内容与形式上区别于其他城市的个性特征，是城市自然环境、历史传统、现代风情、精神文化、建筑风格、经济发展等诸多要素的综合表征。城市有特色才有魅力，受到众人青睐的城市，大都是个性鲜明、别具一格的城市；城市有特色才有品质，因为只有城市的各个要素都达到很高水平，才能凝聚为城市特色；城市有特色才有凝聚力，有特色的城市，大都比较好地坚持了以人为本理念，使广大市民对城市有认同感、归属感和自豪感；城市有特色才有活力，有特色的城市必然是资源得到合理配置、优势得到充分发挥的可持续发展城市。我们现在的问题，恰恰表现在城市特色不突出。所以，加快城镇化要在突出城市特色上下功夫。努力做到在城市空间布局上，在产业发展上、生态环境建设上、建筑风格上和主题文化上都要体现特色。

5. 处理好市场机制与政府推动的关系

要认识经济发展内在联系的规律，政府部门要自觉从管理行政区经济转向服务经济区经济。城市内部，要改革过去由政府统管包办的市政公用行业，打破政府垄断，引入竞争机制，拓宽投资渠道，由单一政府投资转向政府、企业和社会多元化投资。城市群之间的经济合作，不能简单地依靠行政和政府间的协调手段，而是将政府的作用集中在撤除区域行政壁垒，提供区域无差异的公共产品，同时在更多的方面充分利用市场机制的作用，让生产要素按效益极大化的原则，在城市之间自由流动，优化配置，达到企业发展、地域发展和经济一体化的多赢目标。在产业融合上做到基础产业协调发展、新兴产业共同发展、支柱产业互补发展。要避免官方政策与财政因素的干扰，避免非市场化的恶性竞争与财税资源、土地资源的大量流失。

（原载《领导参阅》2009 年第 34 期）

新型城镇化的真谛及价值取向

一 关于新型城镇化的认识

新型城镇化是相对于旧型城镇化而言的。党的十七大报告提出走中国特色城镇化道路，温家宝 2007 年 5 月进一步指出要走新型城镇化道路。2012 年 12 月召开的中央经济工作会议明确要"走集约、智能、绿色、低碳的新型城镇化道路"。但新型城镇化"新"在哪里，其真谛是什么，目前还没有统一的认识。归纳一下，人们对新型城镇化有多重解读的视角。

1. 新型城镇化是城乡统筹的城镇化

旧型城镇化实行城市偏向政策，甚至不惜牺牲农村、农民利益发展城市，导致发达的城市与凋敝的乡村并存。有学者认为，旧型城镇化是由赚取土地差价推动的，这个差价最低达 30 万亿元。新型城镇化则要求着力在城乡规划、基础设施、公共服务等方面推进城乡一体化，促进城乡要素平等交换和公共资源均衡配置，形成以工促农、以城带乡、工农互惠、城乡一体的新型工农、城乡关系。

2. 新型城镇化是有利于可持续发展的城镇化

旧型城镇化以摊大饼、高消耗、城市要素供给不可持续为特征。我国中东部地区持续数日的雾霾天气给这种城镇化敲响了警钟。有些地方一味追求城镇化的高速度和规模扩张，造成城镇的"空心化"，出现交通拥堵、环境污染、人口膨胀、资源短缺、生态恶化、城市贫困等"城市病"。为此，要转变城市发展方式，由"外延式扩张"转为"内聚式发展"，走集约、智能、绿色、低碳的新型城镇化道路。

3. 新型城镇化是生态文明贯穿全过程的城镇化

旧型城镇化工业用地偏多，居住、生活休闲、生态用地偏少。推进新型城镇化,要从优化产业结构、能源结构、消费模式等多角度将生态文明理念植入城镇化发展的思维。要加大城镇生态环境建设的力度,提高城镇生态环境的承载力,以良好的城镇生态环境支撑新型城镇化发展,以资源节约型、环境友好型城镇建设支撑新型城镇化发展。

4. 新型城镇化是促进"四化"同步发展的城镇化

城市文明是现代文明的摇篮,是现代文明的重要传导机制。但旧型城镇化导致工农业失调,城市与农村失衡。按照"四化"同步的要求,城镇化应是工业化的加速器,是农业现代化的引擎,是信息化的载体,推进新型城镇化,要求推动信息化和工业化深度融合、工业化和城镇化良性互动、城镇化和农业现代化相互协调,促进"四化"同步发展。

5. 新型城镇化是更大限度撬动内需的城镇化

旧型城镇化重物轻人,广大农民被排除在城市体系之外,极大地限制了社会消费。我国仍处于重要战略机遇期,但全球经济的持续低迷正引发我国经济进入实质转型期和个位数增长阶段。这就决定了扩内需已成为保障我国经济平稳增长的根本大计。扩内需的最大潜力在城镇化。城镇化的进一步发展会带来劳动生产率的提高,带来城镇公共服务和基础设施投资的扩大,成为我国经济发展的重要动力。

6. 新型城镇化是更多利用市场机制的城镇化

旧型城镇化的核心特征是低成本扩张、强势政府主导。新型城镇化则强调尊重市场,尊重农民的产权、自由迁徙权、自由择业权、自由交易权,强调在公平竞争下让人口和生产要素在城乡之间自由流动。政府只在城镇规划、公共服务、秩序维护等方面发挥作用,将城镇建设、产业发展等交给市场。要防止地方政府"公司化"对城镇化进程的过度干预,设定地方政府在城镇化中的行政范围。

7. 新型城镇化是注重质量和内涵的城镇化

旧型城镇化重速度轻质量,重外延轻内涵。推进新型城镇化比的不是速度而是质量。目前中国城镇化率虽然过了50%,但城镇化质量不高,不仅许多城镇千城一面,缺乏特色,有的文脉被割断,到处是没有生命的建筑堆积物。从2013年公布的各省份政府工作报告看,许多省份将"推进城镇化"作为主要任务之一,有的还量化了城镇化增长目标,如何更加注重质量和内涵发展,是新型城镇化的重大课题。

8. 新型城镇化是以人为本的城镇化

旧型城镇化的一个误区是见物不见人，兴城不兴业，城镇化似乎就是土地的硬化，就是新建筑的崛起，而人力资源则较少被制度关照。新型城镇化是以人为核心的城镇化。推进新型城镇化，要努力在改革攻坚中破解深层次矛盾，做到无论是经济增长还是社会发展，都要立足于让人完成城镇化，对于已经或未来在城镇工作的庞大社会群体，应赋予他们相应的公平权利。

以上解读和认识，各有各的侧重点，也各有各的道理。笔者认为，为了新型城镇化"名至实归"，应进一步深究新型城镇化的真谛是什么。一言以蔽之，新型城镇化的真谛是人的无差别发展。这是新型城镇化最本质、最核心、最关键的东西。

二 新型城镇化是人的无差别发展

明确新型城镇化的真谛是人的无差别发展，其意蕴包括两个方面的内容。一方面城镇的一切应当围绕人来展开，要树立牢固的人本思想，创造良好的人本环境，倡导"创新、和谐、公平、自由"，形成良好的人本气氛，使城镇具有人情味，产生良好的为人服务的功能；另一方面这里的"人"，泛指所有人，包括过去的"城里人"、新转入城里的人和还在农村生活的人，要能够促进所有人的自由而全面的发展，而不能为了一部分人的利益而损害另一部分人的福祉，不能为了城市的扩容而付出太过昂贵的社会成本。

这样提出和认识问题，也是为了从理念入手，逐步破解我国特有的"双二元结构"（城乡二元机构和城市里新出现的二元结构）难题及严重存在的伪城镇化、半城镇化、被城镇化、过度城镇化现象。为此，笔者认为，我国推进新型城镇化的价值和政策取向大抵包括以下几个方面。

1. 城镇化发展理念要着眼"人的无差别发展"

城镇化不是简单的城市人口比例增加和面积扩张，而是要在产业支撑、人居环境、社会保障、生活方式等方面实现由"乡"到"城"的转变，中心是要解决人的城镇化问题，要让人在城镇中更好地生产生活，要让少年、中青年和老年，等各类人群都能在城镇中找到生存空间。目前生活在我国城市中的大批农民工多数集中在累、脏、苦、差、险、毒等行业，在子女教育、社会保障、住房、参与社会活动等许多方面没有与城市居民享有同等权利。所以，推进新型城镇化，着眼"人的无差别发展"，要转变理念，矫正目前的二元化机制，实现城市财政支出和公共产品提供对所有居民无差别、全覆盖。

2. 城镇化发展目标要体现"人的无差别发展"

城镇化是人类生产与生活方式由农村向城镇转化的历史过程，表现为农村人口向城镇人口转化以及城镇不断发展与完善的过程。无论是从经济增长还是社会发展的角度考量，只有让人完成城镇化，城镇化才是完整的和真实的。从这个意义上说，城镇建设不仅是修路盖楼办工厂，而且要更多地吸纳外来人口，更好地满足居民生活需要，更好地满足人的全面发展需要。城镇对于已经或未来在城镇工作，履行所有义务的庞大群体，应赋予他们相应的公平权利。因此，推进新型城镇化，要着力提高城镇化质量，提高城镇内在承载力，实现产业发展和城镇建设融合，让农民工逐步融入城镇。

3. 城镇化发展模式要有利于"人的无差别发展"

要使新型城镇化惠及几亿人口，必须倡导城镇发展模式的多样化。中国地域辽阔、情况复杂，发展很不平衡，地域特色和民族特色也有不同，在遵循基本原则的前提下，城镇化实现的途径应当是多元的，不可能有统一的模式。大中小城市发展孰为重点的争论由来已久，其实大中小城市的布局与选择在东中西部地区有很大的区别，一般化的争论没有意义。总体来说，大中小城市和小城镇、城市群要科学布局，与区域经济发展和产业布局紧密衔接，与资源环境承载能力相适应，促进大中小城市、小城镇、新型农村社区协调发展，从而使城镇化的受益面最大化。

4. 城镇化发展重点要服务于"人的无差别发展"

新型城镇化的核心是着眼农民，涵盖农村，实现城乡基础设施一体化和公共服务均等化。要强化政府基本公共服务供给的责任，推进建立包括农民工在内的基本公共服务体系，探索农业人口市民化的成本分担责任和时间安排。加快促进失地农民充分融入城市，有效降低农民工城市落户的门槛。要改变为了城镇化而城镇化的思维定式，从"三分管七分建"转为"七分管三分建"，着力提升城镇的生活质量和幸福指数。

要改变关注重点：突出协调发展，突出文化品质，突出城镇特色，突出绿色低碳，突出人性化的社会管理和服务创新。

5. 城镇化推进方式要服从于"人的无差别发展"

要以资源节约和环境友好的方式推进新型城镇化，提高土地节约集约利用水平。要把深化改革特别是体制改革作为推进新型城镇化健康发展的重要方式，加大破解难题的力度。统筹推进户籍制度改革，打破城乡分割的农业、非农业二元户口管理结构，继续弱化直至最后消解城市户口的附加利益。深化土地管理制度改革，建立以承包权为核心的农地产权制度，严格界定公益性和经营性建设用地，逐步放开农村集体建设用地流转后上市交易，保护农民成为农村集体用地交易主体地位。完善住房保障制度改革，建立覆盖不同收入群体的城镇住房多元化供应体系，增加对城镇中低收入群体的住房供给。

6. 城镇化发展政策要有助于"人的无差别发展"

各级政府必须统一思想，凝聚共识，改变"先城市、后农村，先市民、后农民，先工业、后农业"的惯性思维。坚持城市发展与产业成长"两手抓"，把城镇化与调整产业结构、培育新兴产业、发展服务业、促进就业创业结合起来。强化政策导向，将以片面注重追求城市规模扩大、空间扩张为中心的做法，改变为以提升城市文化、公共服务等内涵为中心，真正使城镇成为具有较高品质的适宜人居之所。要制定完善农民工进城及其子女落地生根的就业就学、入户购房、社会保障等方面的政策，为农村人口向城镇转移和聚集、城乡资源的合理配置提供条件。

（原载《领导参阅》2013 年第 21 期）

新型城镇化引领符合河南省情

《国务院关于支持河南省加快建设中原经济区的指导意见》（以下简称《指导意见》）明确提出，中原经济区建设的核心任务，是探索不以牺牲农业和粮食、生态和环境为代价的"三化"协调发展的路子。而究竟如何实现"三化"协调发展，需要深入研讨。

一 怎样理解新型城镇化的内涵

河南是人口大省、粮食和农业生产大省，所以我们的发展思路不仅包括建设城市群，还包括镇村建设，真正实现农村和城市一体化发展，这才是符合河南实际、具有中原特色的新型城镇化。它与传统城镇化，以及一般意义上的新型城镇化均有较大区别。

传统城镇化主要表现在三个方面：一是"见物不见人"，将城镇化简单地等同于城市的规划、建设和管理，丢掉了农村人口城市化的本义；二是"兴城不兴业"，城市规模平面扩张，而功能却未能得到有效提升；三是"重形不重神"，忽视了人们的思想观念、生活方式、价值取向、行为准则等人文精神层面的转变。

而一般意义上的新型城镇化，是以现有大城市为中心，重点发展中小城市和城镇，建立城市群和城市带，人口要向中小城市和城镇集中，实现工业反哺农业、城市带动农村。但是，河南省情特殊，人口基数大、总量增长快，居住密集，即使按照大中小城市一起发展，也无法解决庞大的农村人口城市化的问题。

当前河南省城镇化率是38.8%，到2020年达到全国平均水平55%，就要转移1500万农村人口，这些人都到县城以上的城市就业，还有4500

万在农村,所以,省委、省政府提出一个新的思路,就是加上新型社区,增加一个层次,把底座做大,盘子做大,是符合河南实际的。

因此,具有中原特色的新型城镇化道路,其基本特征就是城乡统筹、城乡一体、产城互动、节约集约、和谐发展,它应该包括五个层次,即国家区域性中心城市(如郑州、洛阳)、地区中心城市(省辖市所在地)、中小城市(一般指县城和新型的小城市,乡级城市)、中心镇、新型农村社区。河南的新型城镇化必须要向基层延伸,以农村城镇化为突破口,推动城市化向农村延伸,促进一部分农民就近转移,缓解全省大量农村劳动力亟待转移与城镇承载能力不强的矛盾,促进城乡一体化发展。

二 为什么提出以新型城镇化引领"三化"协调发展

1. 知识经济、信息经济、网络经济的新要求

现代工业发展更加依赖信息、研发、配套服务和环境等,对教育、金融等生产性服务业的依赖大大增强,工业化动力越来越多地来自服务业尤其是现代服务业的带动。也就是说知识对于经济社会发展的作用越来越明显,这与传统的以物质资本积累为主要动力的发展模式截然不同,知识需要人与人的沟通与交流,具有显著的规模收益递增效应,进而对城镇的要求更高,这是必须要以新型城镇化引领"三化"协调的深层原因。

2. 区域经济社会发展新阶段的要求

2010年,河南三次产业比重为14.1:57.3:28.6,一产比全国高4个百分点,三产比全国低14.5个百分点,工业内部结构层次偏低,多处在产业链的前端和低端,高技术含量与高附加值产业比较弱,河南仍然处于工业化中期阶段。同时,城镇化水平低造成的集聚度不高已经成为"三化"协调发展的关键制约,2010年,河南工业化率51.8%,高于全国11.7个百分点,城镇化率38.8%,落后全国平均水平11.1个百分点。城镇化水平滞后造成工业化和农业现代化进程受阻,低水平、重复性建设严重浪费了有限的能源和资源。解决这个问题的一个出路就是靠增量来调整结构,而没有好的环境,没有服务业的保障,好的项目是不会来的。

3. 河南基本省情的要求

河南的省情是人口密集,以粮食为基础,"三化"协调的一个重要标志是粮食稳定增产，这就有别于国内其他地区，如果占全省人口50%左右的农村人口，不能够就地富裕，就地城镇化，享受到与城市人相同的公共服务，"三化"就不可能协调，也没有稳定的基础。河南比较好的选择就是搞好新型农村社区，只有人口集聚了，服务业才能发展起来，农民的收入来源才能从田地里转出来，土地才能实现规模化经营，农业、农村的基础设施和公共服务才能做好，住房、生活、就医、就学等得到改善，农民才能改变过去的生活状态，向新型农民转变，农业现代化水平才能得到提升。

三 推进落实应注意的若干问题

1. 处理好新型城镇化引领与新型工业化主导的关系

以新型城镇化引领"三化"协调发展，并不是否定工业化的主导作用，而是要相互依存、协调推进。工业的集中性和大规模生产，必然引起资本、人口、劳动等要素不断向城镇集聚，从而推动城镇化的发展。而推进新型城镇化有利于发挥集聚效应，加快新型工业化进程。

2. 着力破解以新型城镇化引领"三化"协调发展的四大难题

以新型城镇化引领"三化"协调发展，不是一劳永逸或一蹴而就的，而是面临着"土地哪里来、人往哪里去、身份怎么转、环境怎么保"四大突出难题。在严格保护耕地的同时，厉行城乡节约用地，通过提高土地利用效率保障新型城镇化用地需求。发挥中心城市的增长极扩散和回波效应，为广大农村劳动转移提供更多就业机会；同时，以产业集聚区为载体大力发展二、三产业，促进农民就地就近就业，实现就地城镇化。推进维护农民权益的新型城镇化，不以农民放弃土地作为身份转换的条件，探索农民工融入城市的新机制。通过推进新型城镇化，加强生态建设和环境保护、节约集约利用资源，加快构建资源节约、环境友好的生产方式和消费模式。

3. 从实际出发创新以新型城镇化引领"三化"协调发展的多种模式

以新型城镇化引领"三化"协调发展，不是要求各地"一刀切"、以某一种模式强行推进，而是要因地制宜多元推进。

4. 鼓励和支持以新型城镇化引领"三化"协调发展的先行先试

国务院《指导意见》提出了加大"三化"协调发展先行先试力度的若干举措，在此框架下，以新型城镇化引领中原经济区"三化"协调发展也要进行一系列的先行先试。凡是不违反国家和省委、省政府大政方针的都可以大胆地试，先干不争论、先试不议论、先做不评论，允许探索中有失误，不允许工作中无作为。

（原载《河南日报》2011 年 11 月 30 日）

城乡互动：强农兴农的必由之路

着力构建以工促农、以城带乡的长效机制，努力打造城乡互动的发展格局，是"十二五"时期推进城乡一体化的必由之路。

一 强农兴农的现实选择

经过多年的努力，我国已在统筹城乡发展、破解"三农"难题的道路上迈出了坚实的步伐，农村发展基础得到显著增强。但也必须看到，城乡发展不平衡仍是我国现代化进程中的突出矛盾。主要表现在：农业人口基数高、基础设施薄弱，农业稳定发展的难度加大；务农效益低、转移就业难，农民增收的难度加大；投入缺口大、农业可持续发展能力不足，农村公共事业发展的难度加大。特别是随着工业化、城镇化的推进，"产粮大县、工业小县、财政穷县"的问题日益突出。其中原因错综复杂，但根本性因素在于城乡经济发展中的二元结构。

在过去相当长的一段时间里，中国的现代化是以城市为中心、农村基本被排除在外，城乡二元经济结构成为解决我国"三农"问题的主要障碍，土地规模化、集约化经营和农地效益难以提高，进城务工农民很难融入当地社会，农村融资难问题长期得不到破解，农村生产要素持续流失，城乡差距持续扩大。实践证明，如果不从根本上消除城乡二元体制，实现城乡互动，新时期的农业农村发展就无从谈起。

当前，城乡之间、农业与非农产业之间联系日趋紧密，我国总体上已进入以工促农、以城带乡的发展阶段，进入加快改造传统农业、走中国特色农业现代化道路的关键时期，着力形成城乡经济社会发展一体化新格局，比以往任何时候都更为迫切与艰巨。因此，推进强农兴农必须准确把握这一阶段性特征，坚持以深化城乡互动促进农民增收、繁荣农村经济，促进城乡协调发展。

二　城乡互动的工作重点

近年来，作为农业大省的河南，坚持在深化城乡互动中提升和发展农业，努力探索了一条工业化、城镇化和农业现代化协调推进的科学发展之路。

1. 加大投入力度，强化现代物质装备的支撑作用

河南以保障农产品有效供给和提高农民收入为根本出发点，把调动农民积极性作为农业发展的根本动力，稳定完善强农惠农政策，着力构建农业支持保护体系，提升农业防灾减灾能力。2005年以来，河南粮食综合生产能力连续迈上900亿斤和1000亿斤台阶，主要农产品产量稳居全国前列。2009年，在遭遇新中国成立以来罕见的冬春连旱及秋季大风暴雨等自然灾害的情况下，全省粮食总产量达1078亿斤，连续10年居全国第一位。2010年，全省粮食产量达1087.4亿斤，实现了粮食总产超千亿斤的五连冠。

2. 优化资源配置，强化现代要素资源的引领作用

充分发挥现代农业科技与金融等资源要素在连接城乡上的功能，加大农业技术创新和推广力度，积极发展现代农业服务业，并利用地处中原的地理优势，加快推进农业产业化和城乡发展一体化，以"大市场、大流通"带动农业和农产品加工业发展。目前，河南全省主要农作物良种覆盖率达98%以上，科技进步对农业增长的贡献率超过40%，全省农作物新品种选育和栽培技术居全国领先地位，培育的超级小麦新品种平均亩产达735.1公斤，创我国黄淮小麦区单产最高纪录；建立了全国第一个粮食批发市场和商品期货交易所，通过10多年的发展壮大，"郑州价格"的影响力不断攀升。

3. 推进产业集聚，强化产业化经营的提升作用

不断加大对农业产业化的扶持力度，积极打造龙头企业和优势品牌，通过优化产品结构，提升附加值和资源的综合利用效率，实现由"卖原料"到"卖产品"的跨越。在区域合理分工的基础上，河南以优质农产品和畜产品核心生产区为依托，引导生产要素集中，形成了农产品生产、加工、销售一体化的综合产业集群。2009年，全省规模以上龙头企业达6000多家，421家企业销售收入超亿元，食品工业销售收入达3800多亿元，居全国同行业第二位。目前，全省已形成粮食、肉制品、乳制品、果蔬、油脂和休闲食品六大农产品加工业体系，成为全省第一大支柱产业。

4. 深化改革创新，强化农业农村发展的内生动力

推进农村金融体制改革，积极探索农业经营体制机制创新，在信阳市、新乡市分别设立省农村改革发展综合试验区和省统筹城乡发展试验区，并成立了全国第一只农业产业投资基金——河南农业开发产业投资基金，用于推进农业产业化发展。针对现阶段发展实际，河南积极推进农业规模化、产业化经营。在稳定联产承包责任制、保证离地农民合理转移和安置前提下，促进粮食生产的规模化和高效化。大力发展农业经济合作组织，专业合作社已发展到10970家。

三 城乡互动的路径选择

1. 协调推进城镇化与新农村建设

采取措施，努力形成"双轮驱动"的现代化建设格局。要促进大中小城市和小城镇协调发展，重点发展县城和中心镇，发挥其承接城市、带动乡村的桥梁纽带作用。要扎实推进新农村建设，坚持高起点规划、高标准建设、高效能管理，把现代文明引向农村；同时注重保持乡村特色、民族特点、地域特征，保护好生态环境和乡土文化。全面统筹城乡发展规划、产业布局、基础设施、公共服务、劳动就业和社会管理，建设城乡一体的节能减排格局，积极防范产业转移对农村的污染，以及由农业面源污染可能引发的食品安全和生态安全。

2. 完善资源要素向农村配置机制

推动资源要素向农村配置是统筹城乡发展的重要着力点。继续调整国民收入分配格局，健全"以工促农、以城带乡"的长效机制，将政府的公共资源更多地投向农村，推动公共资源在城乡之间均衡配置，促进城乡基本公共服务均等化。综合运用财政、投资、保险、购买服务等措施，鼓励和引导资金、技术、人才、管理等要素向农村流动和聚集，促进土地增值收益更多地用于农村建设,尽快扭转资源要素配置向城市倾斜的局面。

3. 进一步深化城乡联动改革

城乡改革联动是统筹城乡发展的关键切入点,是形成城乡经济社会发展一体化新格局的重要突破口。要打破城乡分割局面,必须统筹谋划农村改革和城市改革,通过深化改革、制度创新,彻底清除造成城乡分割的体制性障碍,促进生产要素有序流动,实现城乡经济社会全面、协调、可持续发展。推进就业、保障性住房、社保、公共服务等关键领域的城乡一体化,推动新生代农民工融入城市化进程。

(原载《求是》2011年第19期)

有序推进农业转移人口市民化[*]

城镇化是我国现代化建设的历史任务,也是扩大内需的最大潜力所在。近年来,我国城镇化水平的提高,很大程度上源于农业人口向发达地区和大城市的大规模转移。推进农村人口向城镇有序转移,不仅能促进经济社会健康持续发展,还能推进城乡一体化发展。

1. 城镇化进程中面临的问题及原因

我们要看到,在城镇化进程中也面临一些问题,一是土地城镇化速度快于人口城镇化速度,二是常住人口城镇化速度快于户籍人口城镇化速度,三是大中城市和沿海发达地区城镇化速度快于小城市(镇)和中西部地区城镇化速度。

之所以产生这样的矛盾和问题,关键在于我国在推进城镇化的进程中,忽视了城镇化发展在时间上的推进节奏,在空间上的合理均衡布局。因此,促进农村人口有序转移,有序推进农业转移人口市民化,是新型城镇化的必然要求。

2. 城镇化形成的参观条件

推进农村人口向城镇有序转移,实际上是生产力空间布局与人口空间布局相适应、新型城镇化战略布局与人口战略布局协调发展格局形成的过程,它体现了人口与城镇建设、人口与经济发展在空间、时序上的均衡与协调。客观上要求具备一定的条件。

(1)形成布局合理、功能完善的城镇体系。城镇体系是人口由农村向城市转移的空间支撑。城镇体系布局是否合理,功能是否完善,必然影响着区域生产要素的流动效率与产业空间布局的合理性,直接影响着新型城

---

[*] 执笔:喻新安、王建国、王新涛。

镇化进程中人口有序转移的水平与质量。按照规模适度、合理布局、特色鲜明和功能互补的原则，着力构建和完善包括省域中心城市、区域中心城市、中小城市、小城镇和新型农村社区在内的五级城镇体系，是实现新型城镇化进程中农村人口有序转移的重要条件。

（2）形成结构优化、质量较高的产业体系。产业支撑是人口由农村向城市转移的关键。规模小、专业化与产业化程度较低的第一产业必然会聚集大量富余劳动力；高能耗、高污染、资本密集型为主要特征的第二产业对劳动力的吸纳作用有限；以传统服务业为主、发展速度偏慢、发展相对滞后的第三产业也抑制了农村富余劳动力向非农产业的转移。因此，必须要构建起能够支撑"两型"社会建设、实现"三化"协调发展和人口有序转移的结构优化、质量较高的新型产业体系。

3. 实现新型城镇化的措施

在新型城镇化进程中实现农村人口有序转移，要按照因地制宜、分类指导、稳步推进的原则，依照新型城镇化的空间布局，有规划、有节奏、有重点地推进农村人口向大中小城市、小城镇和新型农村社区有序转移，促进人口合理分布，加快新型城镇化健康发展。

（1）按照区域城镇空间布局规划科学合理引导人口有序转移。一方面采取积极政策措施，着力推动和合理引导农村劳动力富余地区的人口向城市群、大中城市适度集中和集聚；另一方面把县城、中心镇等中小城市和小城镇作为人口转移的主要承接地，着力增加公共产品供给，强化产业支撑，不断提高小城市和小城镇的承载吸纳能力，实现农村人口的就近就地转移就业。同时，要因地制宜探索新型农村社区建设模式，稳步开展试点示范工作，实现农村人口集中居住、集聚发展。

（2）给予具备一定条件的农民工完全市民化待遇。要秉持分类指导、平稳有序的理念，有序推进农民工的市民化进程。给予落户农民工真正的市民化待遇，使其在教育、医疗、就业、住房、养老等方面享受同等待遇，并尽快融入城市。积极探索建立合理的征地补偿和利益分享机制，以及农村居民的土地退出机制，保障进城落户农民工家庭的土地财产收益，为农业转移人口市民化积累资金成本。

（3）有重点地促进农村富余劳动力向中小城市转移。积极鼓励中小城市在土地、户籍、社会组织、社会保障等方面进行制度创新和改革试点，加快落实放宽中小城市、小城镇特别是县城和中心镇落户条件的政策，促进符合条件的农村转移人口在小城市和小城镇落户。积极创造条件，促使重大项目和重要产业的产业链从大中城市向中小城市转移，并通过主导产业的培育来带动相关配套领域、服务业发展，创造更多的就业机会。加大政策和资金支持力度，着力实施中小城市城镇功能提升计划，全面加强中小城市道路交通、通信网络、给排水、电力设施等基础设施建设，着力推进教育、医疗卫生、文化等公共服务设施建设，不断提升中小城市的人口承载能力。

（4）依托区域产业集群鼓励农村居民就近就地非农化就业。充分发挥区域产业集群的重要作用，积极承接产业转移，大力发展非农产业，促进农村富余劳动力进入区域产业集群工作就业。在传统农区规划和建设一批特色乡镇工业园和工业小区，推进乡镇企业向园区集中、集聚，促进农村人口就近转移和就近就业。对进入区域产业集群和特色园区就业的转移农民进行技能培训，不断提高其就业能力。

（原载《经济日报》2013 年 3 月 29 日）

提升河南产业结构的着力点

前不久召开的省委经济工作会议，按照持续河南经济社会发展好势头的要求，把"调结构"作为2010年经济工作的重中之重，并做出了着力壮大战略支撑产业，积极培育战略先导产业，大力发展现代服务业的工作部署。贯彻省委经济工作会议精神，把"调结构"的工作和部署落到实处，应当在以下几个方面做出努力。

1. 以产品结构调整作为经济结构调整的主线

结构调整的本质就是研发、制造（生产）、经营比较普遍的优质或附加值高的产品。河南产业结构不合理，归根到底是行业的技术水平低、最终产品的科技含量低。所以，结构调整的核心是产品，有好产品就有市场，有市场就有效益。经验证明，产品是竞争力的载体，是企业与市场的连接载体。对于一个区域来说，只有抓住产品这个根本（技术、经营都是为产品服务的，独立于产品之外就失去现实意义和效益），结构调整才能事半功倍，取得实效。所以，河南经济结构调整的终极目的，是打造一批"河南制造"的名优产品。我们应认真借鉴国际和国内的有益经验，制定和完善品牌战略发展规划，引导企业建立市场驱动型组织，支持企业进行持续的技术和产品开发，进一步创新河南品牌，进一步提升河南品牌的知名度和美誉度，使河南的经济结构调整建立在依托产品和市场的基础之上。

2. 以技术改造为重点推动工业内涵式发展

技术改造是优化提升存量资产的重要途径，它不铺新摊子，避免重复建设，投资省、工期短、见效快，能有效提高企业自主创新能力和核心竞争力，有利于实现发展方式从粗放型向集约型转变，是典型的以内涵发展为主的道路。河南传统工业比重大，要继续通过大力加强企业技术改造，鼓励企业应用新技术、新工艺、新设备、新材料，使企业质量品种、节能减排、装备水平、安全生产都有一个新的提升，增强综合竞争力。要进一步发挥市场配置资源的基础作用，把政策因素和市场因素结合起来，形成推动工业实现内涵式发展的制度保障。着力加强自主创新，抢占新兴产业制高点。产业革命的实践证明，技术创新是培育和发展战略支撑产业和战略先导产业的最重要途径。河南工业要突破制约产业竞争力的关键技术，增强自主创新能力，积极培育和促进新能源、新材料、生物医药、第三代移动通信、三网融合等新兴战略性产业的产业化，加快发展低碳、绿色经济，抢占科技和产业竞争的制高点，大幅度提高企业综合素质和核心竞争力。要加快推进"两化"融合，提升传统产业水平。要运用先进适用技术改造提升传统产业，在工业企业产品研发设计、过程控制、经营管理、市场营销、技术改造等环节采用信息技术提升水平。

3. 实施战略支撑产业和先导产业发展的激励政策

战略支撑产业和先导产业发展的内在动力，在于知识创新与技术创新，外部动力很大程度上依赖于政府的激励扶持政策。从很多国家和地区的产业发展历程看，制定合理的产业政策，通过产业政策的积极引导，可以促进各种要素资源向战略支撑产业和先导产业的集中和倾斜，这是发展战略支撑产业和先导产业的一种有效手段。政府制定和实施产业激励政策的目标和重点，应当定位在引导、鼓励技术成果转化，引导、鼓励人才流动、创业，引导、鼓励资本向战略支撑产业和先导产业的流动等方面。

（1）在科技成果转化方面，要大力发展科技成果转化市场和科技中介组织，尽快将科研成果转化成商品，即实现产业化。

（2）在财税扶持政策方面，设立省战略支撑产业和先导产业发展引导资金，创立省战略支撑产业和先导产业风险投资基金，通过参股、融资担保、跟进投资和风险补助等方式，积极扶持、壮大一批省内的风险投资机构。同时引导一批境外著名风险投资基金、私募基金、金融类公司等投资机构来豫拓展风险投资业务；完善风险投资退出机制；积极落实国家高新技术产业税收扶持政策，制定战略支撑产业和先导产业税收减免政策。

（3）在人才激励措施方面，增加智力投入，注重培养一批具有创新意识、有事业心、有紧迫感的民族高新技术企业家。制定吸引国内外科技专家、企业家参与科研、生产和创业的优惠政策，形成开放、流动、人尽其才的用人机制。健全创业投资的市场准入机制，建立并完善多层次资本市场体系，逐步形成创业投资退出的多种渠道，改善融资和服务环境。

4. 培育和形成区域创新和区域发展的新要素

区域经济发展应积极通过软要素的增量带动有形要素存量，创造新的区域经济增长点。

（1）以软要素增量积极培育和扶持新的区域经济增长点，这是调整区域经济结构的首要道路和必然选择。

（2）以调整投资结构和提高投资效益为目标。在政府投资中适当提高技术创新投资比重，提高区域经济整体水平。

（3）合理使用软要素增量。在选择区域主导产业、推动产业结构高级化以及区域产业布局时，要以高效增长、高关联度、可持续发展为基准；严格控制区域产业结构中的长线产业、行业及项目的新增投资。运用软要素增量调整存量资产，向资产运营的集约化与生产的规模化靠拢。

（4）以软要素增量引导发展科技与经济联合，实现适当的市场集中，创造协同联动效应。贯彻国家产业技术政策，对符合产业发展方向的区域经济项目在技术改造资金方面积极扶持。同时，要注意软要素和有形要素的合理配置，区域软要素的培育要以能和有形要素结合发挥最大经济效益为目标。

（原载《河南日报》2010年1月7日）

中原经济区框架下加快产业集聚区建设的若干建议[*]

一 建立中原经济区产业集聚区发展协调机构

中原经济区以河南省为主体，涵盖周边省份部分相邻地区，区域之间如何协调难度很大，尤其是当前国内产业转移提速，中部地区成为重要的产业承接地，各区域均在大力招商引资，推进产业转型升级，区域竞争十分激烈。河南沿边区域产业集聚区与邻省产业集聚区地处同一区域，区位优势与资源优势比较接近，竞争难以避免，如何引导产业集聚区之间有序竞争与合作，迫切需要建立一个中原经济区产业集聚区协调管理结构，定期召开会议，就产业定位、招商引资、要素流动等问题进行磋商，增强区域间的协调与沟通，建议成立一个涵盖中原经济区内所有地级市的市级协调机构，并成立区域合作发展论坛，每年就有关中原经济区建设中的重大问题与前沿研究进行讨论，统一思路，共同发展。

二 实行差别政策，引导有序竞争

两年来，产业集聚区发展取得了好的成绩，也反映出一些问题，解决这些问题，需要进一步政策创新与制度创新，由于各个产业集聚区所处的区位、拥有的资源、发展的阶段、面临的制约等均存在很大的不同，需要同不同的政策措施来协调，以避免由于相互竞争降低入驻项目的质量，否则，河南180个产业集聚区以及周边省份的产业集聚区之间容易

---

[*] 2010年11月2日笔者在河南省产业集聚区建设座谈会上的发言提纲。

陷入新一轮的恶性竞争、重复建设中，短期内发展速度可能很快，但长期看可能会延续传统产业发展方式，不利于经济发展方式的转变。应根据不同情况，拿出一些支持产业转型升级的资金支持与政策优惠，促进产业转型，尤其是对河南省沿边产业集聚区要出台合适的政策，引导它们与周边其他省的产业集聚区协同发展，构建双赢格局，做厚中原经济区的边界。

三　创新考核方法，转变发展方式

以营业收入、建成面积、投资强度、税收等为主的考核方式在产业集聚区建设初期是可以的，但是发展到一定阶段后，必须适时转变到以质量指标为主的考核方式上来，要增加创新能力、单位工业增加值能耗以及研发投入、专利量等指标的权重。当前公布的《河南省产业集聚区发展考核指标体系指标单位权重》数量型指标所占权重明显偏高，如营业收入（20%）、建成面积（20%）、投资强度（15%）、税收（15%）四项指标合计占70%，而两项环保指标各仅占5%，科技创新指标仅一项，权重也偏小（10%），应随着集聚区建设的进度适时调整，提高质量型指标的权重，也应补充进去一些新的指标如研发投入比重、专利量、技术人员比重等，以确保产业集聚区建设沿着正确的路径展开，尤其是在中原经济区这个大框架下，由数量型考核向质量型考核转变才能促进不同行政区划下的区域协调发展，引导各级政府部门逐步淡化行政区概念，早日形成经济区概念，使产业集聚区真正成为加快中原经济区发展方式转变的平台。

四　出台产业发展指导目录，构建错位发展格局

根据中原经济区的比较优势与产业发展情况，尽快出台产业发展指导目录，限制一批传统产业、"两高一低"产业入驻产业集聚区，对于新兴产业项目、自主创新项目、产业链延伸项目、产业升级项目给予更大的支持。应根据区域资源优势、环境承载能力、主体功能规划、产业发展基础等情况，对不同产业集聚区的入驻项目进行审核与筛选，避免

入驻项目偏离区域比较优势，遏制恶性竞争，促进同类产业项目向优势区域聚集，促进产业集聚区由企业堆集向产业集群转变，提高产业发展质量，建立产业发展协调机制，推进不同产业集聚区之间尤其是跨省之间的产业对接与优势互补，构建错位发展、深度合作的新格局，进一步优化中原经济区的产业布局。

"三个体系、一个载体"：培育中原崛起新优势的新平台[*]

培育中原崛起新优势的主要平台是构建"三个体系、一个载体"。"三大体系"就是现代产业体系、现代城镇体系、自主创新体系，"一个载体"就是建设产业集聚区。这是省委第八届九次全体（扩大）会议从发展生产力的角度提出的重大战略举措。

一 培育中原崛起新优势需要构建"三个体系、一个载体"

胡锦涛总书记视察河南时要求我们要实现跨越式发展、谱写中原崛起的新篇章。要不辜负党和人民的重托，必须培育中原崛起新优势。而培育中原崛起新优势，至关重要的措施就是加快构建"三大体系、一个载体"，为塑造竞争新优势和推动科学发展创造基础条件。

1. 以"三大体系、一个载体"建设为途径破解资源环境的瓶颈约束

从国际国内形势看，人口、资源、环境问题越来越凸显，已成为影响现代化进程的突出矛盾。我们要推进跨越式发展、实现中原崛起，面临的第一个拦路虎就是人口、资源和环境约束。河南要达到全面建设小康社会、实现中原崛起的最低目标，人均发电装机容量需要1千瓦，届时全省人口即使按1亿人计算，也需要1亿千瓦的装机容量。预计2009年全省电力装机达到4572万千瓦，还差5400多万千瓦。如果再增加这么多电力装机，所需的电煤从哪里来？即便是能解决电煤问题，环境也承受不了。如

---

[*] 这是笔者主持的河南省社会科学院2009年度重点课题《培育中原崛起新优势——河南构建"三个体系、一个载体"研究》的一部分。

果不走出一条资源节约、自主创新、要素集聚的发展路子来,我们的资源支撑不住,环境容纳不下,社会承受不起,经济发展无法持续,中原崛起也就难以实现。

构筑"三大体系、一个载体",是我们必须做出的现实选择,就是要通过资源的节约、集约、循环利用,实现可持续发展,实现资源利用和环境保护的结合。这里面,构建现代产业体系可以使结构优化和集约化配置,构建现代城镇体系可以为经济社会发展所需资源提供一种高效配置方式,建设产业集聚区则可以用较少的土地占用承载更大的生产力,为环境治理和资源循环利用创造基本的前提条件,是一种集约化的发展路子。

2. 以"三大体系、一个载体"建设为支撑创造有利于企业生存发展的环境条件

要实现跨越式发展,首先要以产业发展作支撑,而产业发展依赖于不断优化企业生存发展环境;没有企业的发展,就没有生产力的发展。这就需要我们千方百计创造一个有利于企业生存发展的环境条件。这里面最基本的是具备资金、土地、场地等生产要素。全民创业需要解决三个问题,一要有创业的人,这可以用培训来解决;二要有资金,这可以通过发展担保体系来解决;三要有场地,要为企业生存和发展创造基本条件,提供场所。过去在土地管理不太严格的时候,这个问题很好解决,现在则是个很大的难题,破解这一难题最有效的办法就是建设发展产业集聚区。所以,构筑"三大体系、一个载体"是解决市场门槛、解决基本条件、降低交易成本比较现实的选择。从这个意义上讲,我们把"三大体系、一个载体"作为推进跨越式发展、实现中原崛起的重要战略举措,都是为了降低企业的交易成本,解决企业的生存发展问题,为跨越式发展创造条件。

3. 以"三大体系、一个载体"建设为抓手创造和扩大市场需求

有效需求是生产力发展的原始动力。构建"三大体系、一个载体",实现生产的集约化布局,不仅能够降低交易成本,从某种意义上讲也是创造比较优势,既解决外部竞争力问题,又可以产生内在需求。生活消费需求需要人口的聚集,生产性需求需要产业的聚集。规模的需求促进产业分工、提高效率、促进产业发展,产业发展反过来又促进人口聚集、创造生活需求,这样的经济发展就形成了一个良性循环。第三产业在城市能够快速发展,根本原因是城市有大量的人口集聚,产生了规模需求,促进了专业分工。河南现在最突出的问题之一是第三产业比重低，2008年只有30%，比全国平均水平低10多个百分点，根本原因是河南省城镇化水平过低，低于全国水平10多个百分点。目前，世界上70%的生产力都集中在沿海地区，我国沿海一个大城市的生产力相当于西部几个省份生产力的总和，主要就是因为聚集效应使其在外需上产生竞争力，也产生内在需求。今后，在我国由偏重外需加速转向主要靠扩内需保增长的形势下，我们必须加快产业集聚、人口集聚，形成强大的内在需求。

二 构建"三个体系、一个载体"的工作重点

1. 加快构建现代产业体系

优化要素资源配置，推行集约化发展模式，着力构建以产业集聚区为载体，现代农业、工业主导产业、高新技术产业、现代服务业、基础设施和基础产业相互支撑、互动发展的现代产业体系，努力在培育壮大战略支撑产业上取得实质性进展。着力提升工业主导产业。围绕推动装备制造、有色冶金、化工、食品、服装纺织等产业升级，完善洛阳动力谷、中原电气谷、郑州汽车制造、现代煤化工等产业基地发展规划，实施超高压输变电装备、高速铁路施工设备、汽车及零部件、有色金属精深加工、现代化工装置大型化、绿色食品产业链、精品钢等重大产业升级工程，抓好郑州日产第二工厂等700个重大项目建设。加快千万吨级炼油基地、大型煤制烯烃等重大项目前期工作，力争早日开工建设。培育壮大高新技术产业。围绕发展壮大电子信息、生物、新材料等产业，以扩大规模、拓展链条为重点，在硅材料与光伏、生物及新医药、数字化装备、新型功能材料及制品、光电技术、生物能源、节能环保技术等领域实施一批重大高技术产业化专项，重点抓好中硅公司年产2000吨电子级多晶硅等160个重大项目；支持郑州、洛阳、南阳国家级高技术产业基地建设，打造晶圆芯片、硅材料光伏、光电等高技术产业集群。加快发展服务业。发挥引导资金作用，重点支持现代物流、旅游、文化、金融等现代服务业发展。着力扶持150户省重点服务业企业和30个特色服务业园区。高水平编制郑州国际物流中心规划，实施好郑州国家干线公路物流港等重大项目，积极推进一批重点综合物流园区、重要冷链物流基地、粮食物流体系、出版物流配送体系建

设。抓好精品旅游景区建设,完善配套设施和旅游服务网络,努力打造具有世界影响的旅游目的地。加强郑州区域性金融中心建设,鼓励支持境内外金融企业在河南设立机构;支持通过战略重组等方式建设跨区经营省级商业银行;支持郑州商品交易所扩大交易品种,推动期货市场稳步发展。

2. 加快构建现代城镇体系

大力实施中心城市带动战略,加快城镇化进程,使其成为拉动内需、推动跨越、实现崛起的重要动力源,促进城乡区域协调发展。科学修编并完成省域城镇体系规划、设市城市和县域总体规划,逐步形成国家区域中心城市、地区性中心城市、中小城市、小城镇、居民点协调发展的城乡布局结构。同步完成全省土地利用总体规划、产业集聚区规划并与城镇规划协调衔接。统筹"郑汴新区"规划布局,推动"大郑东新区"和"汴西新区"加快发展,建设以航空运输、公路快运、铁路高速客运和集装箱转运为重点的现代化交通体系,大力推进管理体制创新,在区域内率先实现规划统筹、交通一体、产业链接、社会公共资源共享、生态和环境保护合作,逐步建设成为现代产业集聚区、城乡一体发展的现代复合型新城区、综合改革核心试验区、对外开放示范区、环境优美宜居区和为全省乃至中西部地区服务的区域服务中心。完善中原城市群规划,以"郑汴新区"为核心增长极;以郑州综合交通枢纽为中心,打造"半小时交通圈"和"一小时交通圈";以郑汴一体化区域为核心层、"半小时交通圈"区域为紧密层、"一小时交通圈"内城市为辐射层,积极构建合理分工、功能互补、向心发展、协调推进、共同繁荣的"一极两圈三层"城乡统筹发展新格局。实施中原城市群城乡统筹改革发展试验区方案,以建设高速铁路、航空枢纽、城际快捷通道等现代交通体系为突破口,推动核心层、紧密层、辐射层交通、产业、服务相互对接;因地制宜,进行城乡一体化改革探索。近期加快推进高速铁路、机场空港、城际快捷通道建设,搞好郑州至重庆铁路客运专线前期工作。2009年开工建设郑焦城际铁路,开通郑新、郑许等城际公交。继续支持黄淮4市及豫北、豫西豫西南5市突出特色、发挥优势、加快发展,形成与中原城市群核心层、紧密层良性互动的发展局面。树立"精明增长"理念,建设"紧凑型"和"复合型"城市。加强城镇基础设施建设,完善公共服务设施,增强综合承载能力。推进城市精细化管理,突出特色,提升品位,打造宜居城市。

3. 加快构建自主创新体系

以企业为主体,以应用开发研究为重点,以重大科技专项为抓手,以构建区域创新体系为基础,以创新体制机制为动力,切实增强企业自主创新能力和核心竞争力。加大全社会研发投入,力争新增省级企业研发中心120家以上,国家级企业技术中心、工程实验室5家以上。实施企业创新能力培育科技工程,新培育20家创新型企业,争创国家级创新型试点企业。集成科技资源,力争核电站用核级电机及高效晶体硅太阳能电池等重大科技专项实现突破。重点培育5家知识产权优势企业和3个知识产权优势区域。

4. 大力发展产业集聚区

把产业集聚区作为优化经济结构、转变发展方式、实现集约化发展的基础工程来抓,以产业聚集程度决定城镇发展规模,促进城镇化与工业化协调发展。按照整合资源、提升功能、强化特色、增强竞争力的要求,加快产业集聚区基础设施和结构调整项目建设,提升对城市产业、人口、环境的承载功能,推动企业向园区集中、园区向城镇集中、劳动力向城镇转移,促进经济发展与资源环境良性循环,实现产业与城市发展相互推动,逐步形成集聚促进就业、就业创造消费、消费拉动经济增长的良性发展机制。依托产业集聚区建设,完善县域公共基础设施,优化产业布局,确立并培育主导产业,促进县域产业集约集群发展,提升县域经济发展质量和水平。

三 构建"三个体系、一个载体"的成效

1. 加快推进产业集聚区建设

2009年,基本完成全省产业集聚区发展规划编制工作,出台加快产业集聚区建设实施意见。各级财政投入资本金57亿元、转入政府性优质资产85亿元,搭建产业集聚区投融资平台。完成产业集聚区投资2479亿元,新开工千万元以上项目2829个,投产项目1840个,产业集聚效应初步显现。

2. 加快构建现代产业体系

2009年,编制完成装备制造、汽车、食品、纺织、有色、化工、生

物、电子信息、畜牧、花卉等一批产业调整振兴规划。实施转型升级"双百"计划，大力推进1074个重大工业结构调整项目建设，中原电气谷、洛阳动力谷、郑州汽车制造等重大产业基地建设取得明显成效。组织编制了150户重点服务业企业发展规划，运用服务业发展引导资金支持了84个重大服务业项目建设，启动了30个服务业特色园区建设。加快文化强省建设，大力发展旅游业，文化产业增加值增速高于生产总值增速，旅游总收入1985亿元，增长24.7%。新郑国际机场旅客吞吐量达到734万人次。

3. 加快构建现代城镇体系

2009年中原城市群"一极两圈三层"布局规划和建设迈出重大步伐。全省土地利用总体规划、中原城市群城际轨道交通线网规划、郑州新郑机场核心区总体规划获国家批复，郑州国际物流中心发展规划编制完成。省域城镇体系规划、设市城市和县城总体规划修编基本完成。郑汴新区、洛阳新区及许昌、新乡、焦作新区规划启动实施。郑州城市轨道交通1号线一期、郑汴物流通道、山西中南部铁路通道以及郑州至焦作、开封、新郑机场城际铁路等工程开工建设。

4. 加快构建自主创新体系

2009年，制定实施了自主创新体系规划。全年研究与试验发展经费增长20.1%。新增3家国家级工程技术研究中心、5家国家级企业技术中心和3个国家质检中心；2人当选两院院士；5个国家重点实验室获得批准，实现河南省零的突破。大采高液压支架及电液控制系统、甲型H1N1流感疫苗等一批科技项目取得重大成果。扎实推进节能减排和生态建设。编制实施循环经济试点省方案。大力淘汰落后产能，关停小火电300万千瓦。实施工业领域重点节能项目178个，完成150万千瓦电机系统节能改造。全面开展尾矿库专项治理工作。重点流域、区域、行业环境综合整治成效明显。全省城市污水处理自动监测体系、874个建制镇生活垃圾中转设施建成投用。继续推进林业生态省建设，完成造林715万亩。预计全省单位生产总值能耗下降5%左右；化学需氧量、二氧化硫排放量分别下降3.79%和6.68%，提前一年实现"十一五"减排目标。

四 构建"三个体系一个载体"的新要求

要把发展方式转变作为深入贯彻落实科学发展观、促进跨越式发展的战略举措,通过推进"三个体系、一个载体"建设,在发展中促转变,在转变中谋发展。

1. 进一步加快产业集聚区建设

坚持产城互动、融合发展,大力实施"产业集聚区建设工程",提高产业集聚区承载力、吸引力和竞争力。科学规划加快实施。按照"企业集中布局、产业集群发展、资源集约利用、功能集合构建"的要求,科学编制并实施产业集聚区各项规划,加快建设进度,形成一批基础设施完善、产业特色突出、公共服务健全的产业集聚区。创新政策和管理机制。理顺产业集聚区管理体制,建立健全考评体系,推动竞赛升级。对产业集聚区实行核定基数、超收返还的财政激励政策,增强其自我积累、自我发展能力。县域产业集聚区符合产业政策项目的生产经营用电执行省电网直供电价。探索实行异地入区项目投资分享税收政策。年度土地计划指标重点保障产业集聚区用地需求,环境容量指标优先配置入区项目。完善公共服务体系。健全产业集聚区投融资、中小企业担保、土地开发整理等机制,提升市场化运作能力。加强水、电、路等基础设施建设,推广建设多层标准厂房。发展现代物流、技能培训、科技研发、检测检验、信息咨询等生产性服务业,建设文化教育、医疗卫生、公寓餐饮等生活性服务业,增强产业集聚区配套服务功能。

2. 进一步促进产业结构优化升级

以市场为导向,以项目为抓手,全面实施产业调整振兴规划。着力壮大战略支撑产业。以装备制造、汽车、有色冶金、钢铁、建材、化工、食品、纺织服装为重点,大力发展优势产业集群,带动全省产业布局优化、结构升级。着力提升重点企业现代制造、系统集成和服务增值能力,集中支持整机成套装备、智能电网装备、轨道交通装备、动力装备率先突破,提高汽车规模化生产水平和零部件集聚配套能力;大力发展高精有色合金、高强优质钢和高端化工产品,提高原材料产业链高端产品比重;强化原料基地、现代物流、优势品牌支撑,大力发展冷链食品、品牌服装、中高档面料等产品。引导企业加大技术改造力度，鼓励企业应用新技术、新工艺、新材料、新设备。积极培育战略性新兴产业。以电子信息、生物及新医药、新材料和新能源为重点，加大产业链前端产品研发和后端推广应用支持力度，争取在节能环保、新型电池、创新药物、非金属功能材料等产业化上实现突破。优先发展电动汽车产业，突破关键技术，推动整车、电池及关键零部件全面发展。大力发展现代服务业。实施400个服务业重点项目，加快发展服务业。实施郑州国际物流中心建设规划，推动航空综合保税区、"无水港"等一批重大物流工程建设，做优做强冷链、粮食、钢铁、汽车、医药、邮政等专业物流。加快地方金融机构发展，以县域为单位组建农村商业银行、农村合作银行，支持城市商业银行跨区经营；吸引金融保险机构在豫设立区域性总部及分支机构。进一步优化金融生态环境。完善多层次资本市场体系，积极推动企业上市、发行债券，支持郑州商品交易所推出新的期货交易品种。

3. 积极优化企业结构

深入推进企业兼并重组，大力支持中小企业发展，增强企业市场竞争能力。着力培育大企业、大集团。支持优势企业加快并购步伐，提高产业集中度和资源配置效率。在煤炭化工、铝工业、钢铁、装备制造、粮食、旅游等优势行业实施重组，组建大型企业集团。实施转型升级重点企业发展规划，支持其在技术创新、产品升级和现代管理上发挥引领作用。大力发展中小企业。落实各项扶持政策，为中小企业发展创造宽松环境。引导中小企业围绕龙头企业集聚发展。积极推进区域性中小企业产权交易试点工作。加快建设中小企业公共服务平台、信息服务网络和小企业创业基地。发展多层次中小企业信用担保体系，努力解决融资难问题。

4. 切实提升自主创新能力

坚持科教兴豫、人才强省和自主创新跨越发展战略，实施"自主创新体系建设工程"，加快构建企业为主体、市场为导向、产学研相结合的技术创新体系。培育壮大自主创新主体。新培育50家以上创新型企业和高新技术企业，争创一批国家级创新型企业。依托重点学科、科研基地、重大科研和工程项目，培养、引进技术创新骨干人才，实施"中原崛起百千万海外人才引进工程"，抓好高层次创新型人才队伍建设。加强自主创新平台建设。在先进装备制造、新材料等领域建设一批国家级企业技术中心、企业研发中心和重点实验室。加强郑州、洛阳国家创新型城市建设，开展省级创新型城市试点和创新型产业集聚区培育试点。实施重大科技专项。重点实施兆瓦级风力发电成套装备、锂离子动力电池、超高压及特高压直流开关等15项重大科技专项，力争突破一批核心技术。加强知识产权创造、应用和保护。推进科技体制机制创新。积极探索产学研结合机制，在一些重点行业推行战略技术联盟。创新政府资金支持机制，发展风险投资，拓宽科技成果转化融资渠道。

5. 加强节能减排和生态环境建设

大力发展循环经济、绿色经济和低碳经济，加快资源节约型、环境友好型社会建设。强化节能降耗。严格执行"两高"产业淘汰标准，继续淘汰落后产能。制定实施化工、纺织、造纸等行业单位产品能耗限额地方标准，推广先进节能技术和节能设备。在电力、煤炭、有色等八大重点高耗能行业实施节能攻坚。积极开展建筑节能和交通节能，开展城市公交、出租等电动汽车示范运营。继续推进公共机构节能减排工作。强化环境保护和生态建设。推进环境容量预算，创新环评管理机制，优化环境容量资源配置。切实加强饮用水水源保护，继续加强重点流域、重点区域、重点行业污染综合整治和重金属污染防治。建立健全水环境预警制度，从2009年起建立水环境生态补偿机制。加快污水垃圾处理和中水回用、污泥处置等设施建设。开展重点排污企业强制性清洁生产审核。加快节水工程建设。深化非电行业脱硫治理和重点涉水企业治理。继续推进林业生态省建设，完成造林面积400万亩，增加森林碳汇。启动生态省建设规划编制工作。大力培育循环经济产业园区和循环经济城市。加快工业固废资源化、农产品加工废弃物资源化等循环经济工程建设。编制实施节能环保产业规划，大力发展节能环保产业。加强土地、矿产资源管理。实行最严格的耕地保护制度和最严格的节约用地制度，提高土地综合利用效率。科学规划城镇建设用地，严控增量，盘活存量。大力推进土地综合整治，完善城乡建设用地增减挂钩政策，保障重点建设用地。推进重要矿产资源整合，促进矿产资源高效集约利用。

培育和发展河南的战略性新兴产业

进入2010年，如何通过调整经济结构，持续河南经济社会发展的好势头，成为河南上下关注的热点之一。调整经济结构涉及方方面面的问题，按照中央和省委经济工作会议精神，培育和发展战略性新兴产业，是推进产业结构调整的重要突破口。

战略性新兴产业是一国或地区长远经济发展的重大战略选择，它既要对当前经济社会发展起到重要支撑作用，更要引领未来经济社会可持续发展的战略方向。随着产业技术创新和经济发展，一些传统产业会被新兴产业替代，如数码相机和数字图像技术替代了传统的胶片产业；平板电视取代玻壳电视，这些产业形态的变革都深刻地影响或改变着经济发展和竞争的格局。大量事实证明，谁抓住了产业变革的先机，谁就掌握了未来发展的主动权。

一 培育和发展战略性新兴产业，已成为世界各国实现经济复苏的战略引擎

经济危机往往孕育着新的科技革命和产业变革。国际金融危机仍在蔓延中，在危机的倒逼机制作用下，全球将进入空前的创新密集和产业振兴时代。国际社会已经认识到，从根本上化解金融危机的挑战，必须调整和优化产业结构，培育新的经济增长点。而培育新的经济增长点，关键是打造具有支撑作用的战略性新兴产业。目前，发达国家已把发展战略性新兴产业作为应对危机、提振经济、提升国家竞争力的战略引擎，纷纷加大对科技创新的投入、加快对新兴技术和产业发展的布局，力争通过发展新技术、培育新产业，率先走出危机。美国将189亿美元投入能源输配和替代

能源研究、218亿美元投入节能产业、200亿美元用于电动汽车的研发和推广,还将投入7.77亿美元支持建立46个能源前沿研究中心。日本将新能源研发和利用的预算由882亿日元增加到1156亿日元。英国、法国相继出台了"数字国家"战略。德国推出"信息与通信技术2020创新研究计划",倾力增强信息通信领域的国际竞争力。俄罗斯宣布将投资2000亿卢布发展纳米技术,使其成为国家"科技战略的火车头"。韩国计划到2012年投资6万亿韩元研发绿色能源新技术。我国也已迅速作出部署。2009年9月22~23日,温家宝总理主持召开了三次新兴战略性产业发展座谈会,约请47名中科院院士和工程院院士,大学和科研院所教授、专家,企业和行业协会负责人,就新能源、节能环保、电动汽车、新材料、新医药、生物育种和信息产业等7个战略性新兴产业的发展提出意见和建议。2009年12月召开的中央经济工作会议,更加明确地提出了"发展战略性新兴产业,推进产业结构调整"的战略性任务,要求在最有影响、最有条件的领域率先实现突破。

二 培育和发展战略性新兴产业,是我国抢占未来经济发展制高点的重大举措

改革开放以来,我国在原有基础上,通过承接国际产业转移,引进消化吸收国外先进技术,形成了比较完备的产业体系。但总体上看,我国经济在国际分工中仍处于中低端位置,产业层次不高,整体素质和竞争力不强。我国要促进经济长期持续发展,必须加快推进自主创新和产业升级,努力抢占发展的制高点,以免在未来竞争中处于不利位置。我国已确定重点发展的新能源、新材料、信息产业、新医药、生物育种、节能环保、电动汽车等七大战略性新兴产业,就近期来说,可能成为继"4万亿"投资和十大产业振兴规划之后的新一轮刺激经济方案,而就长远来看,则关系到我国未来经济发展的走向和在世界经济格局中的位置。就河南来说,国际金融危机对全省经济的巨大冲击和影响,实际上是对河南经济结构、产业体系和经济质量的全面"体检"。由于河南现有的工业结构以初级加工业为主,优势产业大都集中在国民经济产业链的前端和价值链的低端,科技含量低,市场竞争力差,导致一些重要经济指标位次后移,实现中原崛

起目标面临严峻挑战。因此，痛下决心调整和优化经济结构，着眼未来发展战略性新兴产业，就成为应对国际金融危机、谋求长远发展的必然选择。也应看到，无论是在世界范围还是在国内区域之间，战略性新兴产业尚处于初始发展阶段，只要我省抓住难得的历史机遇，顺应世界经济发展和产业转型升级的潮流，采取切实有效措施，强化政策支持，就一定能在培育新的经济增长点和抢占未来发展制高点方面赢得先机。

三 培育和发展战略性新兴产业，是实现科学发展和可持续发展的有效途径

我国人口多，人均资源相对不足，环境承载能力弱，资源环境问题始终是现代化建设中一个带有全局性的问题。由于粗放型增长方式尚未从根本上得到转变，我国经济发展面临很大的资源环境压力，尤其是一些重要资源消耗总量快速增长，对国外资源的依赖程度越来越大。目前，我国石油、铁矿石消费的对外依存度都已超过50%，铜超过60%。河南的情况也是如此。一方面河南人均资源大多低于全国平均水平。以耕地为例，河南是第一人口大省，人口总数占全国的7.5%，超过了各类自然资源占全国的比重。在土地资源方面，人均土地面积为全国水平的1/5，耕地有806.73万公顷，相当于全国的6.2%，人均耕地只有0.08公顷，比全国人均耕地少25%。河南省人均水资源量410立方米，仅占全国人均水平的1/5，居全国第22位，地下水资源总量约216亿立方米，相当于全国的7.1%。另一方面河南资源需求增长过快。据测算，"十一五"期间，河南耕地和非农建设用地供需缺口达62.17万平方米，平水年水资源供需缺口约10亿~20亿立方米，原油供需约有40%的缺口。到2010年，原煤缺口将达1800万吨，是当年原煤总产量的12%。近年来，河南经济实现了经济规模、经济效益的阶段性跨越和突破，但必须清醒地看到，"增长的烦恼"已越来越强烈地困扰着河南的经济社会发展，传统粗放型经济发展模式的惯性不断加剧，资源、环境对经济增长的约束日益强化。由于战略性新兴产业具有资源能源消耗低、带动能力大、综合效益好等产业特征，所以，大力发展战略性新兴产业，切实掌控好发展的方向、力度和节奏，将成为我们应对国际复杂经济环境变化，依靠科技推动经济结构调整，实现

科学发展和可持续发展的一项战略举措和有效途径，从而使我们能以较小的资源环境代价，实现更长时间、更高水平、更好质量的发展。

当前，我们要全面贯彻党的十七大和十七届三中、四中全会精神，学习领会好中央和省委经济工作会议精神，按照"重在持续、重在提升、重在统筹、重在为民"的方针，把培育和发展河南战略性新兴产业的这件大事做实做好。

四　明确河南战略性新兴产业发展的重点领域

实践证明，在不同的经济发展时期，不同国家、地区由于产业基础和科技水平的差异，新兴产业的发展方向有所不同，新兴产业的构成也有所不同。只有正确判断经济发展形势，结合自身经济和产业发展实际，及时规划发展战略性新兴产业，不失时机地培育新的经济增长点，才能促使经济保持平稳增长、领先发展的态势。一般来说，选择战略性新兴产业的依据有三条：产品有稳定的发展前景及市场需求；有良好的经济效益和技术效益；能带动一批产业的兴起。随着生产要素的提高和环境资源约束的增加，河南必须大力促进经济结构调整和产业转型升级，积极发展具有广阔市场前景以及资源消耗低、带动系数大、就业机会多、综合效益好的战略性新兴产业。按照国家确定的战略性新兴产业的发展方向，充分利用现有的经济基础、科技基础和潜在优势，河南应该以装备制造、有色冶金、钢铁、化工、食品、纺织服装等工业主导产业为重点，以骨干企业为依托，以市场需求为导向，加快技术改造步伐，大力发展优势产业集群，引领带动全省产业布局优化、结构升级。着力提升重点企业现代制造、系统集成和服务增值能力，集中支持整机成套装备、智能电网装备、轨道交通装备、动力装备率先突破，提高汽车规模化生产水平和零部件集聚配套能力；加快发展高精有色合金及深加工、高强优质钢和高端化工产品，提高产业链中高端产品比重；切实加强原料基地、优势品牌建设，提高冷链食品、基地型深加工食品、品牌服装、中高档面料的竞争力。

五　大力推进核心关键共性技术的创新应用

新兴产业的发展必须建立在对先进技术的掌握和应用基础之上，特别是必须拥有核心关键共性技术。河南可围绕发展上述战略性新兴产业，集中力量进行攻关，争取每年有若干项有实用价值的核心技术和关键技术取得突破。应注重加快建立以企业为主体、市场为导向、"产学研"相结合的技术创新体系，在推进现有工程技术研究开发中心、企业技术中心、国家级和省级重点实验室等创新平台建设的基础上，大力推进省、部"产学研"合作，积极发展产学研联盟。特别是中原城市群地区应加快建设创新型城市，通过吸引大量新兴产业和大学、科研机构入驻，形成"产学研"三位一体的技术密集型城市群，为新兴产业的发展提供优良的空间载体。与此同时，要积极延伸发展战略性新兴产业链。要坚持布局科学合理、产业相对集聚、用地节约集约的原则，通过规划和建设新兴产业工业园区，实现新兴产业在地理、资金、人力资本等方面的空间集中。突出孵化器、中试基地、高新技术产业基地等成果转化和产业化基地建设，有效集聚创新要素资源，提供良好的孵化和创业环境，促进一批战略性新兴产业族群形成。

六　加快发展为战略性新兴产业配套的生产性服务业

生产性服务业是指为保持工业生产过程的连续性、促进工业技术进步、产业升级和提高生产效率提供保障服务的服务行业。它是与制造业直接相关的配套服务业，是从制造业内部生产服务部门独立发展起来的新兴产业，本身并不向消费者提供直接的、独立的服务效用。它依附于制造业企业而存在，贯穿于企业生产的上游、中游和下游诸环节中，以人力资本和知识资本作为主要投入品，把日益专业化的人力资本和知识资本引进制造业，是第二、三产业加速融合的关键环节。我国"十一五"规划纲要提出的要大力拓展的6种生产性服务业：现代物流业、国际贸易业、信息服务业、金融保险业、现代会展业、中介服务业。生产性服务产业的发展可加快新型制造业产业发展步伐，促进区域市场功能的升级和形态的转变，促进信息共享、技术创新与产业集聚，推进传统产业技术改造，并形成新的经济增长点。河南要大力发展战略支撑产业，必须同时重视发展为之配套和衔接的生产性服务业。这方面河南应当做的工作包括：一是政府应加快制造业企业、研究院、科技服务单位等机构的改制步伐，把这一部分生产性服务机构推向市场，构建统一的市场竞争环境，促进有实力的生产性服务企业加快发展，培育一批在行业内的全国知名品牌；二是政府应从投融资、税收、培训等角度对生产性服务企业加大扶持力度，鼓励技术创新和资本合作，为生产性服务行业蓬勃发展创造合宜的环境；三是应完善生产性服务业的服务标准与行业规范，吸引民营资本以及域外资金进入生产性服务产业，促进生产性服务业加快发展，带动工业结构优化升级。

七 加强对新兴战略型产业的引导和扶持

在世界各国和地区的产业发展中，无论是以市场经济为主导的欧美国家，还是以政府主导型经济为主的东亚国家和地区，大多会对未来需要重点发展的新兴产业给予必要的培育和扶持，包括建立相关配套政策体系，加大对技术研发、支撑体系建设等的资金投入等。河南应充实调整经济发展政策，完善考核激励机制，强化行政推动和政策引导，推动战略性新兴产业发展。应设立战略性新兴产业创新基金和专项引导资金，重点支持战略性新兴产业关键共性技术研发、重大科研成果产业化项目建设，以及高端人才与团队的培养和引进。积极引导银行、风险投资等金融机构投资战略性新兴产业，支持这类企业利用资本市场进行融资。要完善创新基金支持中小企业技术创新的服务系统，创新基金要从技术创新全链条和科技企业成长全过程出发，完善政策着眼点，支持建设有利于企业技术创新的服务系统，优化中小企业技术创新的环境。对战略性新兴产业企业，给予土地使用、税收减免或返还等优惠政策。建立完善的留人用人机制。实施"创新采购"制度，建立政府采购链条，将创新采购与现有的科技计划项目后补助、自主创新产品首购等相关政策相结合，全面支持战略性新兴产业的形成和发展。

八　坚持面向应用和产业化的科技工作方向

从河南实际出发，推进科技创新面向应用和产业化，为新兴产业发展打开了通道。要通过政策引导、表彰奖励和项目支持等措施，引导和促进高校教学、科研活动与实践相结合，服务地方经济发展。科技奖励要以企业为主体，应用类科技计划项目由企业或企业联合高校院所承担，重点实验室、工程技术研究中心等科技平台由产学研联合建设，等等。引导企业和科研单位把技术与市场结合起来，按市场需求定技术，依市场规模选项目，突破政府计划立项的条条框框，鼓励新技术成果迅速转化，使新科技企业做大做强。坚持科技资源的整合和工作集成。要加强与国家创新战略的有效衔接。按照国家产业方向和创新工作部署来实施地方科技项目，努力提升地方发展水平。强化省、市、县地方科技资源集成。围绕新兴产业重点项目，全省科技部门上下联动，主动配套，将各级科技经费集中使用，联手突破制约新兴产业发展的核心技术，加快推进规模产业化。树立大科技理念，集中各部门力量形成工作合力。坚持科技管理工作方式不断创新。明确科技管理部门在科技计划决策中的主体地位。完善咨询专家结构，特别是重大产业化项目，除技术专家外，增加管理、金融、财务等方面的专家，以提高决策咨询的科学性和项目立项的可靠性。积极倡导"效率优先"原则，工作为企业所急，程序为任务所定，规范为目标所用，一切服从于发展。

（原载《党的生活》2010 年第 2 期）

在城乡统筹中夯实农业农村发展基础[*]

2010年的中央"一号文件"强调指出,要加大统筹城乡发展力度,进一步夯实农业农村发展基础。这是党中央在新的形势下加强"三农"工作的新部署,抓住了严重制约经济社会发展的突出矛盾,指明了巩固和发展农业农村经济好形势的根本方向。我们要深刻理解其内涵和要求,坚持在城乡统筹中夯实农业农村发展基础。

自党的十六大首次提出统筹城乡经济社会发展以来,我国在农业农村问题上大力推动理论创新和实践创新,提出了一系列新思想、新理念,出台了一系列新政策、新举措,连续7年将"一号文件"的落脚点锁定于"三农"领域,尽管每年的侧重点各有不同,但对加强"三农"工作的要求是一以贯之的,在基本认识、基本方略和基本要求上也是相互衔接、一脉相承的。可以说,经过艰辛探索、不懈努力,我国已基本构建起统筹城乡发展、破解"三农"难题的政策体系,在统筹城乡发展、破解"三农"难题的道路上迈出了重大而坚实的步伐,农业农村发展基础得到了显著增强。尤其是2009年,面对国际金融危机的严重冲击,面对自然灾害的重大考验,面对国内外农产品市场异常波动的不利影响,我国农业农村经济依然保持了良好发展势头,为应对国际金融危机冲击提振了信心,为保持国民经济平稳较快发展提供了支撑。

但也必须看到,改变城乡二元结构、构建新型城乡关系,是一个长期的过程,不可能一蹴而就。当前,我国农业农村中还存在许多矛盾和问题。现有基数高、基础设施弱,保持农业稳定发展的难度加大;就业压力大、务农效益低,保持农民收入较快增长的难度加大;投入需求大、国家

---

[*] 执笔:喻新安、王建国、陈明星。

财力紧，保持农村公共事业快速发展的难度加大。同时，城乡发展不平衡仍然是我国现代化进程中的突出矛盾，城乡居民收入和消费水平等方面的差距还在扩大，城乡基础设施和社会事业等方面的差距十分明显，制约城乡协调发展的深层次矛盾依然存在。尤其是随着工业化、城镇化的推进，农业农村自身出现了很多新的问题，部分省区出现的"产粮大县、工业小县、财政穷县"的窘况仍然没有根本改观。同时，农业农村和整个外部环境联系也越来越紧密，不仅与宏观经济有着更加密切的联系，与全球经济的关系也更加紧密，加之由于气候的变化造成极端气候的灾害增多。这些因素对做好"三农"工作提出了更高的要求，必须用更宽广的视野，用统筹城乡发展的理念破解深层次矛盾和问题，坚持在城乡统筹中进一步夯实农业、农村发展基础。

在城乡统筹中夯实农业农村发展基础，是我国经济社会发展步入新阶段的需要。当前，我国总体上已进入以工促农、以城带乡的发展阶段，进入加快改造传统农业、走中国特色农业现代化道路的关键时刻，进入着力破除城乡二元结构、形成城乡经济社会发展一体化新格局的重要时期，因此比以往任何时期都更需要夯实农业农村基础。但夯实农业农村基础必须在准确把握这一阶段特征和战略布局下展开，要按照统筹城乡发展的要求，坚持从统筹工业化、城镇化和农业现代化协调发展的大格局、大趋势中来谋划和推进，以增加农民收入，繁荣农村经济，缩小工农之间、城乡之间差别，促进城乡和谐稳定。

在城乡统筹中夯实农业农村发展基础，是完善社会主义市场经济体制的需要。随着城镇化、工业化进程的加快，尽管农业产出在 GDP 中的比例日益下降，但其作用却越来越重要，尤其在国际金融危机背景下其重要性更加凸显。农业农村作为"蓄水池"，可以吸纳失业农民工返乡就业，而且我国农村人口众多，农村又可成为潜力巨大的内需市场，加大"三农"投入对于扩大国内消费，保持经济平稳较快发展具有重要意义。此外，打破农业弱质低效的怪圈，也必须在充分发挥市场机制的同时，进一步发挥政府宏观调控的作用。这些都需要在统筹城乡发展的框架下进行，都需要坚持统筹兼顾的根本方法，完善相关政策和制度。

在城乡统筹中夯实农业农村发展基础，是实现全面建设小康社会目标的需要。全面建设小康社会，重点在农村，难点也在农村。农业是安天下、稳民心的战略产业,没有农业现代化就没有国家现代化,没有农村繁荣稳定就没有全国繁荣稳定,没有农民的全面小康就没有全国人民的全面小康。而统筹城乡发展是全面建设小康社会的根本要求,只有统筹城乡发展,才能增强经济发展的协调性,促进社会和谐,推动全面建设小康社会目标的实现。

在城乡统筹中夯实农业农村发展基础,是全方位、多维度的要求,涵盖多层面的内容,既包括强化农业农村的物质基础设施,又包括强化"重中之重"的基本认识和贯彻统筹城乡的基本方略;既包括加强农业科技基本支撑,又包括健全农业社会化服务体系的基层体系和造就建设新农村的基本人才队伍;既包括稳定和完善党在农村的基本政策,又包括强化农村以党组织为核心的基层组织。因此,夯实农业农村发展基础是一项系统工程,也是一个长期过程,必须立足当前、着眼长远,充分调动各种资源,发挥各方面积极性,多做打基础、管长远的工作,坚持不懈地扎实推进。

在城乡统筹中夯实农业农村发展基础,就要把加强"三农"工作作为根本立足点,切实加大"三农"投入力度。要坚持把统筹城乡的立足点放在加强"三农"工作上,建立健全以工促农、以城带乡的长效机制,调整国民收入分配格局,继续推动公共财政向"三农"倾斜,切实把基础设施建设和社会事业发展的重点放在农村,改善民生的举措要更多惠及农民,确保财政支出优先支持农业农村发展,预算内固定资产投资优先投向农业基础设施和农村民生工程,土地出让收益优先用于农业土地开发和农村基础设施建设。加强财税政策与农村金融政策的有效衔接,引导更多信贷资金投向"三农",不断加大以工促农、以城带乡的力度,加快改变农村落后面貌。

在城乡统筹中夯实农业农村发展基础,就要把推动资源要素向农村配置作为重要着力点,切实加大要素反哺力度。资源要素配置格局直接决定着经济社会发展格局,城乡发展失衡的根源是资源要素配置失衡。统筹城乡发展,必须打破市场机制下要素资源的正常流向,通过公共财政等手段,阻止农业农村应得资源要素外流,实现资源要素的逆向流动,加快建立有利于"三农"发展的资源配置机制,积极引导资金、技术、人才、管理等要素向农村流动和聚集,促进土地增值收益更多地用于农村建设,切实防止在工业化、城镇化过程中忽视农业现代化、城乡发展严重失衡的问题，实现工业和城市对农业和农村的反哺由单向转向双向、由不对称转向对称、由反哺收入为主转向反哺要素为主，以激发农民的自主意识，催生农业和农村的内部活力，增强农业、农村、农民的自我发展能力。

在城乡统筹中夯实农业农村发展基础，就要把城镇化与新农村建设协调推进作为战略着眼点，着力形成城乡一体化新格局。城镇化与新农村建设是推进城乡一体化的两股力量，要稳妥推进城镇化和扎实推进新农村建设，形成现代化建设"双轮驱动"、互促共进的格局。为此，要提高工业化、城镇化水平，增强以工促农、以城带乡的能力，促进大中小城市和小城镇协调发展，重点发展县城和重点镇，使其成为人口、产业、市场、文化、信息适度集中的经济社会发展平台，发挥其承接城市、带动乡村的桥梁纽带作用；要扎实推进新农村建设，积极发展现代农业和农村公共事业，坚持高起点规划、高标准建设、高效能管理，有计划分步骤实施，同时注重保持乡村特色、民族特点、地域特征，保护秀美山川、田园风光和优秀乡土文化，把现代文明引向农村，既要让留在农村的人能够安居乐业，又要为城镇化的健康发展提供坚实支撑。

在城乡统筹中夯实农业农村发展基础，就要把城乡改革联动作为关键切入点，深化体制机制创新。强化城乡改革联动，将促进农民工融入城镇、有序转变为城镇居民作为其突破口，在提供公共服务、放宽城镇户籍准入、扩大城镇住房保障覆盖、实现养老保险转移接续等方面加大推进力度，让进城农民工享有与当地城镇居民同等权益。要健全城乡统一的生产要素市场，逐步实现城乡基础设施共建共享、产业发展互动互促。要积极完善各级行政管理机构及其职能设置，逐步实现城乡社会统筹管理和基本公共服务均等化。

（原载《光明日报》2010年3月23日）

构建资源要素向农村配置的长效机制[*]

2010年中央"一号文件"强调指出，要加大统筹城乡发展力度，推动资源要素向农村配置，进一步夯实农业农村发展基础。这是在新的形势下缩小城乡差距的战略部署，为促进生产要素在城乡之间自由流动、促使城乡关系和工农关系日益走向和谐指明了着力点和方向。我们要在全面深刻把握其内涵要义的基础上，加快构建资源要素向农村配置的长效机制。

一 必须推动城乡资源要素均衡配置

长期以来，由于比较收益的驱动，优质资源要素由农村加速流向城市，而非农资源要素配置到农村则十分困难，特别是在工业化、城镇化快速推进时期，更容易从农业转向工业、从农村流入城市，存在着推动城乡差距扩大的内在动因。近年来，尽管随着统筹城乡发展力度的加大，旧有的农产品价格"剪刀差"已有所缓解，国家公共资源对"三农"的投入不断增加，有力地促进了农业农村发展；但在二元结构尚未根本改变的背景下，农业的弱质性决定了农业在市场利润机制的作用下，既难以有效地吸纳外部资源要素的持续投入，又难以有效防范资源要素的外流。而农村要素资源外流的加剧，又进一步强化了农业的弱质性，使得单纯靠传统农业农村内部的资源要素和积累，难以建设和提供符合现代化要求的基础设施和公共服务。而且，长期形成的"城市中心"思想观念和价值取向根深蒂固，考核政绩过分看重GDP增长，衡量发展过分看重城市变化，招商引资过分看重第二、三产业，忽视"三农"的现象还不同程度地存在着。因

---

[*] 执笔：喻新安、陈明星。

此，如何促进资源要素流向农业农村，成为夯实农业、农村发展基础的当务之急。

推动资源要素向农村配置，就是要将其作为统筹城乡经济社会发展的重要着力点，打破市场机制下要素资源的正常流向，通过公共财政等手段，扭转资源要素配置向城市倾斜的局面，阻止农业农村应得资源要素外流，实现资源要素的逆向流动，促进城乡资源均衡配置，并以此为基础全面推进统筹城乡向纵深发展。其重点是引导资金、技术、人才、管理等要素向农村流动和聚集，促进土地增值收益更多地用于农村建设，切实防止在工业化、城镇化过程中忽视农业现代化，出现农业发展严重滞后、城乡发展严重失衡的问题。

当前，我国正处在工业化、城镇化加速推进的发展阶段，正处于加快形成城乡经济社会发展一体化新格局的重要时期，推动资源要素向农村配置，意味着工业和城市对农业和农村的反哺也进入了一个新的阶段，不仅要给农业农村提供自觉的足够的收入反哺，更重要的是要实现由单向转向双向、由不对称转向对称、由以反哺收入为主转向以反哺要素为主，以此激发农民的自主意识，催生农业和农村的内部活力，增强农业、农村、农民的自我发展能力。这是对"以农补工、以城带乡"更高的要求，为此，必须在推动公共资源在城乡之间均衡配置、促进城乡基本公共服务均等化的同时，着力构建资源要素向农村配置的长效机制。

二 全面把握资源要素向农村配置的内涵

构建资源要素向农村配置的长效机制，必须全面把握其深刻内涵，尤其要注意以下三个方面。

第一，推动资源要素向农村配置并不排斥农村资源要素向城市流动，而是要在保障资源要素在城乡之间自由流动的基础上，着力改变当前资源要素在城乡间双向流动的不对称性，推动资源要素更多地向农村配置，促进城乡之间土地要素、资金要素和劳动力要素更加均衡的分布，并在统筹城乡发展中努力实现资源要素在全社会的优化配置。尤其需要注意的是，既要统筹城乡规划建设和土地利用，盘活农村要素资源，又要守住政策底线，不能突破国家土地利用规划和年度用地计划，不能削弱农业综合生产能力，不能损害农民合法权益。

第二，推动资源要素向农村配置并不是要搞计划经济，但也不能单纯依靠市场机制。农业、农村作为"蓄水池"，既可以吸纳农民工返乡就业创业，又因农村人口众多，可以成为潜力巨大的内需市场。推动资源要素向农村配置，是在发挥市场机制基础作用的前提下，坚持统筹兼顾的根本方法，通过必要的政策创新，完善相关政策和制度，打破农业弱质低效的怪圈，改变资源要素配置到农业农村回报率低于社会平均水平的状况，促使要素报酬达到社会平均水平。

第三，推动资源要素向农村配置并不是单纯的"输血"，也必须追求效率和效益。因为，推动资源要素向农村配置的目的，不仅是要更多的资源要素流向农业农村，还在于增强农业农村的自我发展能力。因此，推动资源要素向农村配置，也必须是既要最大限度地优化配置资源要素，又要最大限度地提高资源要素的运行效率和效益，唯有如此，才能持续性地推动资源要素向农村配置。

三 科学构建资源要素向农村配置的长效机制

在全面把握资源要素向农村配置科学内涵的基础上，要从四个方面着力构建资源要素向农村配置的长效机制。

第一，要加大力度，完善公共财政投入机制。现阶段，推动资源要素向农村配置还需要发挥公共财政的主渠道作用，只有基于公共财政投入水平保持稳定的良好预期，才会形成社会资源投入农业农村发展的利益激励机制和内在市场动力机制。为此，要继续调整国民收入分配格局，推动公共资源向农村倾斜，引导生产要素向农村配置，继续加大国家对农业农村的投入力度，实现总量持续增加、比例稳步提高，确保财政支出优先支持农业农村发展，预算内固定资产投资优先投向农业基础设施和农村民生工程，土地出让收益优先用于农业土地开发和农村基础设施建设。要抓住国家财力增长和扩大内需的机遇，加强农业重大工程项目建设、农田水利建设，推进中低产田改造，提高农业物质装备水平。要推动进一步增加对农民补贴，扩大补贴范围，提高补贴标准，完善补贴办法，逐步完善目标清晰、收益直接、类型多样、操作简便的农业补贴政策框架。要加强利益协调,推动建立粮食主产区基本财力保障机制,保护和调动主产区重农抓粮积极性。要缩小城乡公共事业发展差距,逐步实现城乡基本公共服务均等化。

第二,要深化统筹,构建资源要素整合机制。在现行财政体制下,我国政府财政支农资金实行"分块管理"的模式,涉农部门多,条块分割严重,导致有限的支农资金难以形成合力,严重削弱了国家对支农资金的使用效果。要以统筹使用支农资金为手段,以提高支农资金使用效益为立足点,以主导产业、优势区域和重点项目为平台,加大整合力度,积极扩大支农资金整合范围,各部门管理分配的支农项目资金,包括农口部门预算中用于项目的支出,凡性质相同、用途相近的,都应纳入支农资金整合范围,统筹安排,集中使用。在巩固和扩大县级资金整合成果的基础上,突出和深化中央农口部门预算专项资金和省级支农资金的整合,中央农口部门预算专项资金要从预算编制入手,对性质相同、用途相近、使用分散的项目支出进行适当的归并、整合;省级财政部门应根据财政支农工作的重点,围绕支农重点项目,积极采取多种有效的措施,加大支农资金整合力度。继续推进部门整合,建立中央、省、市、县上下联动,政府主导、部门配合的协调机制,以及财政支农资金管理规范、使用高效、运行安全的长效机制。

第三,要强化引导,形成资源要素回流机制。统筹城乡发展、夯实农业农村发展基础,单靠财政投入是远远不够的,必须统筹运用政府性资金,引导和带动社会资金,推动资源要素投向农业农村。要加强财税政策与农村金融政策的有效衔接,着力创新财政支持的手段,完善支持方式,灵活运用多种政策工具,注重多样化和灵活性,综合运用财政贴息、财政补助、奖励、投资参股、担保和保险、减免税费、购买服务等政策工具和激励措施,积极鼓励和引导外国资金、银行资金、社会资金投入农业农村发展,扩大总体投入规模,把钱用到农民直接受益的项目上。要充分发挥市场配置资源的基础性作用,推进征地、户籍等制度改革,逐步形成城乡统一的要素市场,引导资金、技术、人才、信息等资源流向农村、支持农业、服务农民,推动城市教育、医疗、文化等公共服务向农村延伸。加大家电、汽车、摩托车等下乡实施力度,鼓励发展农民消费信贷,提升农民的生产能力和生活质量。着力支持经营规模大、起点高、辐射能力强的农业产业化龙头企业，积极扶持农民专业合作社，建立并完善对种粮农民收益综合补贴制度，探索建立多种形式的农业保险制度，增强农业综合生产能力和应对市场风险的能力，形成农业农村投资的利益导向机制。

  第四，要优化环境，形成农村内生发展机制。推动资源要素向农村配置，离不开农村自身吸引力的提升。为此，要深化农村改革，加强农业农村基础建设，着力优化农业农村发展环境，提升农业农村自我发展能力和吸引力。深化农村土地承包经营体制、基层管理体制等体制创新，激活农民专业合作经济组织、回乡创业者、农村经纪人等农村经济发展主体，盘活土地、资金、劳动力等资源，加强农村水、电、路、气、房建设，提高农村教育卫生文化事业发展和农村社会保障水平，健全农村金融体系、市场体系，大力发展物流配送、连锁超市、电子商务等现代流通方式，支持商贸、邮政等企业向农村延伸服务，建设日用消费品、农产品、生产资料等经营网点，支持农产品批发市场、仓储设施建设，发展农产品期货市场、农业会展经济，发展农产品大市场大流通。继续深化以乡（镇）机构改革、农村义务教育体制改革、县乡财政管理体制改革为主要内容的农村综合改革，统筹集体林权制度改革、农村金融体制改革等农村其他改革，积极探索化解乡村债务的有效途径，增强农村经济发展活力，促进农村和谐发展。坚持以民营经济为主体，以特色经济为主导，积极发展休闲农业、乡村旅游和农村服务业，大力扶持农民工返乡创业和农民就地就近创业，以中小企业为主角，大力发展第二、三产业，加快农村工业化进程，加快小城镇建设和农村城镇化步伐。

（原载《党的生活》2010 年第 6 期）

转变农业发展方式要有新思路[*]

转变农业发展方式是转变经济发展方式的重要内容,当前和今后一段时期,我们要加快推进农业发展方式转变,大幅提高农业综合生产能力,大幅降低农业生产经营成本,大幅增强农业可持续发展能力,全面提高农业现代化水平。作为农业大省的河南省,近年来,在转变农业发展方式上进行了卓有成效的探索,他们在实践中的具体做法和遇到的挑战,对其他地区进一步推动农业发展方式转变,具有借鉴意义。

一 河南转变农业发展方式的实践与成效

近年来,河南省围绕加快农业发展方式转变,千方百计稳定粮食生产,加快构建现代农业产业体系,着力统筹工农业发展,大力深化体制机制创新,取得了显著成效,尤其是在应对国际金融危机冲击和严重自然灾害中,保持了农业农村发展的良好态势,为经济平稳较快发展提供了基础支撑。

以稳定粮食生产为基础,增强农业供给能力。据统计,2009年,河南省通过实施保夏粮和秋粮丰收行动计划,建设抗旱应急灌溉工程和防洪除涝工程,新增有效灌溉面积1239万亩,新增排涝面积2400万亩,累计实施人工增雨作业面积28万平方公里,实行"百厅包百县",组织开展"万名科技人员包万村"活动,加强科学管理,落实减灾措施,粮食总产量连续4年超千亿斤。

以构建现代农业产业体系为支撑,提高农业竞争力。加快推进农业科

---

[*] 执笔:喻新安、陈明星。

技创新和农业产业化经营,大力发展农业生物育种创新、资源节约型和环境友好型科技创新及其推广应用体系。2009年,河南省食品工业销售收入达3800多亿元,形成了粮食制品、肉制品、乳制品、果蔬、油脂和休闲食品六大农产品加工体系,农产品加工业增加值已占工业增加值的1/4,成为全省第一大支柱产业。

以统筹工农业发展为重点,提升对农业的反哺能力。自20世纪90年代初开始,河南坚持把加快工业化、城镇化,推进农业现代化作为加快发展的基本途径,探索"以农兴工、以工促农"的有效方式,在坚持以工业化为核心,促进产业素质和竞争力明显提升的同时,毫不动摇地坚持农业的基础地位,抓紧抓好粮食生产,大力发展现代农业,实现了由传统农业大省向经济大省和新兴工业大省的历史性跨越,实现了工农业两大产业的双跃升,走出了不以削弱农业基础地位为代价的现代化路子,基本形成了工农业互动协调发展的新格局,提升了工业对农业的反哺能力。

以深化改革创新为保障,增强农业发展方式转变的内生动力和能力。加快推进农业经营体制机制创新,积极发展农民专业合作组织,加快建设覆盖全程、综合配套、便捷高效的农业社会化服务体系,建立了省、市、县三级中小企业担保服务机构,担保体系得到明显加强。农民专业合作社目前已发展到10970家,覆盖了农、林、牧、渔、农机等各个领域。在信阳市、新乡市分别设立了省农村改革发展综合试验区和省统筹城乡发展试验区进行探索,取得了初步成效。

二 以新思路赢得转变农业发展方式的新成效

尽管目前河南在转变农业发展方式上取得了明显成效,但必须看到,农业发展中仍然面临着一些深层次矛盾和问题,一是农业生产的耕作方式比较粗放,规模化标准化水平不高,市场竞争力不强。二是农产品精深加工发展任务艰巨,龙头企业数量少、规模小,产业链条短,知名品牌少,竞争力和带动能力不强。三是农民组织化程度低。从总体看,农民专业合作组织的覆盖面窄、层次较低,农民的组织化程度不高,应对市场和自然风险能力较弱。四是农业资源环境压力越来越大,依靠科技进步促进节约农业、集约农业发展的任务更加迫切。五是粮食比较效益低下,农业对地方财政的直接贡献小。因此，进一步大力推动农业发展方式转变的任务仍然非常紧迫。

作为一项系统工程，转变农业发展方式要寻求新突破、取得新成效，必须更加重视农业经济结构调整，更加重视提升农业科技水平，更加重视农产品市场体系建设，更加重视提高农业组织化程度，更加重视增强农业农村发展活力。

更加重视农业经济结构调整。要在确保粮食生产的前提下，按照高产、优质、高效、生态、安全的要求，积极推进农业结构调整。在种植业内部，积极发展花卉园艺业和特色高效经济作物；在大农业内部，大力发展畜牧业特别是草食类畜牧养殖，加快推动优质畜产品生产加工基地、优势产业带和规模化养殖场建设；在农村经济内部，大力发展农产品精深加工业和农产品保鲜、储藏、冷链物流等服务业。要按照保障粮食等主要农产品供给和发挥比较优势的要求，搞好产业布局规划，科学确定区域农业发展重点，形成优势突出和特色鲜明的产业带，引导加工、流通、储运设施建设向优势产区聚集。

更加重视提升农业科技水平。转变农业发展方式，就必须加快农业增长由追求数量的增加向注重质量效益的提高转变，加快农业效益由追求经济效益向经济效益、社会效益、生态效益相统一转变。因此，要加大科技创新和管理创新力度，加快推进农业科技创新和推广能力建设，力争在农业生产的关键领域和核心技术上不断实现重大突破，切实把农业科技的重点放在良种培育上，运用生物技术加大种植业、畜牧业、园艺及食用菌优良品种的培育和推广，努力推进良种产业化；加快发展农业机械化，突出解决好秸秆还田、玉米收割、水稻育插秧等技术问题；强化抗灾防灾、农业资源节约型和环境友好型以及农产品加工、储藏和保鲜等技术研发和推广；推进现代农业产业技术体系建设，抓紧建设乡（镇）或区域性农技推广等公共服务机构，积极发展多元化、社会化农技推广服务组织，整合农业行政、科研单位、大专院校等力量，加快农业科技成果转化。

更加重视农产品市场体系建设。要积极培育和完善农产品物流主体，加强农产品物流的基础设施建设，支持重点农产品批发市场建设和升级改造，落实农产品批发市场用地等扶持政策，搭建农产品物流信息平台，发展农产品大市场大流通。在粮食主产区和优势特色农产品产区，要重点建设一批设施先进、特色突出、功能完善、交易规范的农副产品批发市场，实现货畅其流。加大力度建设粮棉油糖等大宗农产品仓储设施，完善鲜活农产品冷链物流体系，支持大型涉农企业投资建设农产品物流设施。要加快发展农产品期货市场，逐步拓展交易品种，鼓励生产经营者运用期货交易机制规避市场风险。要继续大力促进产销衔接，发展农业会展经济，全面推进双百市场工程和农超对接，支持农产品营销。要加快培育农村经纪人、农产品运销专业户和农村各类流通中介组织，积极发展多元化市场流通主体。

更加重视提高农业组织化程度。提高农业生产经营组织化程度，是转变农业发展方式的有力抓手。要发展壮大农业龙头企业，支持龙头企业提高辐射带动能力，鼓励农业产业化龙头企业与农民专业合作组织建立稳定的合作联系，扶持建设标准化生产基地，建立农业产业化示范区。要大力发展农民专业合作社，支持供销社、龙头企业、农业科技人员和农村经济能人创办或领办农民专业合作社，深入推进示范社建设行动，加快建设覆盖全程、综合配套、便捷高效的农业社会化服务体系，为推进农业专业化分工、规模化生产、集约化经营提供信息、技术、金融等全方位服务。要积极培育发展专业协会，创新机制，规范管理，对服务能力强、民主管理好的合作社给予补助。

更加重视增强农业农村发展活力。要加快农村金融改革，深化农村综合改革，推进城镇化发展的制度创新，大力推动金融、人才等资源要素向农村配置，以外来资源要素激活存量资源要素，利用外力进一步拓展农业发展方式转变的空间。要鼓励、引导、协调各类金融机构加大对农业产业化、农村经济结构调整、农民专业合作社、农户生产经营的信贷支持，确保涉农贷款增速不低于全部贷款增速，支持有条件的合作社兴办农村资金互助社。要整合各类培训资金和力量，加大培育新型农民力度，鼓励更多优秀人才扎根农村干事创业。要加快发展农机科技，进一步优化农业装备结构，通过增加大型农机具补贴等办法，积极提高农业机械化水平，推进农业专业化和规模化生产经营。

（原载《经济日报》2010年5月24日）

务实重干篇 | 大省崛起 中原经济区论略

推动河南"三势"的三个深层次转变*

春节来临之际,这么多省领导与中原经济区课题组成员座谈,这本身就说明了很多问题。3年前,省委、省政府把我们这些人集结起来,开启了河南发展战略上升到国家层面的系统研究。在中原经济区谋划"大功告成"之际,省领导通过这样的方式与我们见面,具有多重意义。这是一种纪念、一种总结、一种褒奖,也是一种激励、一种持续、一种弘扬。我很幸运能参与到这个意义重大的研究之中,能成为这个团队的一员,并在融入现实中实现了理论工作者自身的价值。

这几年,全省经济社会发展保持了好的趋势、好的态势、好的气势。为什么会有这"三势",值得我们思考和研究,形成"三势"的原因很多,我认为有三个深层次的转变很重要,在推动和成就着河南的"三势"。"三个深层次的转变"就是,领导干部思维方式的转变、领导方式的转变和语言表达方式的转变。

领导干部思维方式的转变。领导的作用就是既要领又要导。如果领导的思维方式老化、蜕化、僵化,其后果是可想而知的。这几年,省委在转变领导干部思维方式方面做了大量工作。譬如,有的领导囿于行政区划意识的束缚,对本地的优势、劣势缺乏辩证思维,导致发展的盲目性,省委领导反复强调,要突破行政思维的束缚,用区域经济的理念和全局的高度审视自己,带来的是各地发展信心更足,思路更清,措施更实;譬如,消除城乡二元结构提了很久了,过去的思维习惯是单向的"以城带乡",效

---

* 2013年2月9日(除夕)上午,河南省领导卢展工、李克、刘春良、刘满仓、吴天君、张大卫、张维宁与中原经济区研究课题组主要成员进行座谈。刘伟、喻新安、刘道兴、张占仓、王永苏、耿明斋、王发曾、王作成、肖建中、郑泰森、冯德宪等参加座谈会。这是笔者发言的主要内容。

果有限，这几年强化新型城镇化引领，特别是发挥新型农村社区建设的结合点、切入点、增长点作用，城乡一体化发展取得了重大突破。总之，领导干部思维方式一旦转变，能够站在高处，站在全局思考问题，对全局工作的掌控和推动就将大为改观。

领导干部领导方式的转变。转变经济发展方式是个老话题，为什么实际工作转得慢、转得难、转得差？关键是领导干部不会转、不愿转、不敢转。有的领导干部发展目的模糊，思路太多、思路多变，喜欢拍脑袋、"大呼隆"。这几年省委提出"四个重在"实践要领、"四个明白"工作要求，提出破解"钱从哪里来，人往哪里去，民生怎么办，粮食怎么保"四难，提出"五重五不简单"用人原则和选人用人公正机制，提出"三具两基一抓手"工作方法，要求坚持重基础，重集思广益，重科学决策，以思路的持续确保加快经济发展方式转变的持续推进。事实证明，领导干部领导方式的转变，带动了全省干部群众谋求发展的意识，围绕全局的合力和攻坚克难的精神始终持续，效应不断显现。

领导干部语言表达方式的转变。言为心声，语言表达方式很重要，领导干部的语言表达方式也是领导方式的组成部分。过去干部的语言表达往往套话虚话空话多，缺乏特色，没有新意，这样就导致指导工作的一般化，没有针对性。现在，具有河南特色的干部语言表达方式形成了，譬如"两不三新""倒逼机制""三新内涵""引领理念""着力统筹""四集一转""三平"精神，以及"文化是根，文化是魂，文化是力，文化是效"的文化观，新闻工作破"四难"，还有"首先在学、关键在做""始终立足于学、立足于做、立足于转、立足于实""说到做到，说好做好，责随职走，心随责走""树立党员干部三种形象"等，河南的广大干部都明白其意，理解其理，能够很熟练地用于指导工作，从而推动了新的学习之风、科学之风、务实之风、为民之风逐渐形成。

刚才卢书记在插话中，谈到中原经济区谋划中理论思维和理论研究的重要性，谈到河南社科界群体现象、群体形象，要求我们下大力气研究中国特色的城镇化道路问题，还对省社会科学院提出很高的期望，我深感责任重大。回想起来，中原经济区从提出概念到进入国家"十二五"规划，仅仅一年时间，可以说创造了区域战略研究的奇迹，应当好好总结。作为理论界，我们要保持好的状态。省社会科学院最近经国家新闻出版总署批准，创办两个新刊物《区域经济评论》《中原文化研究》，我们的目标是要打造区域经济研究、区域文化研究的全国性平台，提升河南的软实力，在属于我们的工作领域努力谋大事、干大事、成大事。

注：在2013年2月9日的座谈会上，卢展工书记最后发表了讲话。在谈到谋划中原经济区时，他说："我很有感触的有几条：第一条，河南的工作是有基础的。一些基本的东西原来就有，不是我来后重新布置的。比如中原崛起战略是省委过去提出的，并且已经有了很多具体操作的战略举措，如中原城市群、粮食生产核心区等，但好像缺少一个东西把它整合起来，更好地表现出来。包括走新型城镇化引领'三化'的路子，是我点的题，但这个点题也是建立在河南有工作基础。最早是到新乡调研，当时刚来河南不久，看了以后，我说这里已经不是传统的新农村了，于是提出了'农村社区'概念，当时主要还是从党建和社会管理角度提的；2010年9月第二次去新乡，进一步提出了'城乡统筹'的概念。我曾经讲过多次，河南这样的条件不搞中原经济区很可惜。可是时间太短了，能不能搞成啊，我也没有把握。第二条，河南有一支很强的能够运作的队伍。从这支队伍来理解，第一是理论的重要性、专家的重要性。我们的做法是把不同部门的专家联系起来攻关。我只是提出想法，只是出了题目，只是提出了几个为什么，真正展开阐述的是我们的专家队伍，如果没有理论界锲而不舍的、长期的、系统的阐述，就不可能形成现在的共识。第二个是这次运作是上下衔接的。上次（2010年7月2日）常委务虚会上我就讲，老汉我也来日不多，在河南能干几年呢？我没想表现，只不过觉得这件事情不干很可惜。但是你看，一旦确定以后，上上下下居然都动了起来。从中央全会讨论'十二五'规划《建议》到2011年3月全国'两会'，只有半年时间，中原经济区居然就写进了国家'十二五'规划；到了2011年9月份，国务院《指导意见》就下来了；又经过这一年多集中研究，《中原经济区规划》就发布了。这些都是很难想象的！如果没有你们这帮人有效的、锲而不舍的运作，不可能成功。不管谁说什么，没有锲而不舍运作的这个劲儿，根本搞不成的。这个事情的经过我都清楚，很不简单的。我很感谢你们，这不是我的功劳，我的功劳就是出了个点子。我的这个想法、这些主意，能够在河南变成现实，得益于我们的专家队伍，得益于这支具体运作的队伍，当然也包括各民主党派、宣传系统这些河南的运作体系。第三

条,真正意义上的区域经济是中原经济区。全国称得上经济区的有5个,就是长三角、珠三角、环渤海、海西经济区、中原经济区。真正具体讲经济规律,讲规划布局,讲发展布局,讲相关政策配套,最完整的到现在为止就是中原经济区。别的都只有一般的定位、战略任务等,有的还很含糊,都没有涉及发展道路问题,没有达到'走什么路子'这个层次。真正按照区域经济规划并与'一条路子'结合起来的,只有中原经济区。我们现在比较欣慰的是,中原经济区这件事情做得很圆满。中原经济区能有今天,值得总结。在内外思想认识并不是很统一的情况下,国务院批复的文件居然把这个路子写进去了,这说明什么呢?说明这条路子是正确的,已经得到了上层相当一部分领导和部门的重视,要不怎么写得进去?这一条路子至关重要,现在成效已经显现,而且这条路子只会越走越宽广。"

论"务实河南"*

以建设中原经济区上升为国家战略为标志，中原崛起、河南振兴进入蓄势勃发的新阶段。站在新的历史起点上，全省上下人心振奋，士气高昂，一派欣欣向荣、蒸蒸日上的喜人景象。可以预见，乘着《国务院关于支持河南省加快建设中原经济区的指导意见》（以下简称《指导意见》）的东风，中原大地将成为竞相发展的"演武场""竞技场""赛马场"；同样可以预见，我们不会再被热情和激动冲昏头脑。建设中原经济区的场景，将是紧张而有序、热烈而务实的。因为，建设"务实河南"已成为河南干部群众的基本共识；因为，坚持务实发展已成为新阶段中原崛起河南振兴的显著特征。

一 "务实河南"的内涵及意义

所谓务实，就是讲究实际，实事求是，按客观规律办事；就是查实

---

* 2011年8月9日，《人民日报》头版发表了长篇通讯《河南务实发展静悄悄》，在全国尤其是河南省干部群众中引起了强烈反响。9月3日上午，省委书记卢展工听取了我的工作汇报，指出："你们的想法很好，看来社科院还是站位大局思考问题的，很敏锐，我赞成。一个是'务实河南'，要从理论上概况、总结、提升，要叫响。一个是'持续'。'四个重在'关键是'持续'，这个题目面更宽一点，要有历史感，把我们如何'持续'展示出来，如何坚持'持续'说明白。既然是社科院搞的东西，就要精致一点，让大家受启发，地方干部能拿来参考，给人以帮助。"根据卢书记指示精神，笔者立即组织专家开展了"两论"（《论"务实河南"》《论持续为重》）的研究和撰写。9月26日，河南省社科院举办了"务实河南理论研讨会"。9月29日，卢展工书记在社会科学院主持社科界专家座谈会征求对九次党代会报告的意见。当他得知社科院召开了"务实河南理论研讨会"的消息后，当即指示媒体要积极反映。《河南日报》于10月9日摘发了两个版面的专家发言。在9月29日的座谈会上，笔者建议加强对"务实河南"内涵的分析，并将其纳入党代会报告指导思想的范畴。《论"务实河南"》曾通过《领导参阅》呈报省委、省政府，参与本文撰写的有陈明星、完世伟、王玲杰、唐晓旺、刘晓萍等。

情,说实话,办实事,求实效,坚持一切从实际出发,注重解决实际问题。务实体现了马克思主义世界观和方法论的本质要求,是理论和实践、知和行的具体的历史的统一。务实也是中华民族的传统美德。东汉思想家王符把"务实"作为君子之德,在《潜夫论》中提出"大人不华,君子务实"。明代著名思想家王守仁强调要有"务实之心",在《传习录》中说:"名与实对,务实之心重一分,则务名之心轻一分。"

对当今河南来说,坚持务实发展,就是在经济社会发展中吃透实际情况,准确把握省情,遵循客观规律,顺应历史趋势,尊重民众意愿,注重求实求效,一切都要经得起实践、历史和人民的检验。建设"务实河南",是我们党解放思想、实事求是、与时俱进的思想路线在河南发展中的集中体现,是以人为本、全面协调可持续的科学发展观在河南发展中的具体实践。

"务实河南",是对河南广大干部群众坚持科学发展的价值取向、精神风貌和生动实践的总概括。它是经验总结。事实证明,坚持务实发展,河南经济社会发展就会呈现好的态势、好的气势和好的趋势,而图形式、务虚名就会走弯路、受挫折。它是民众共识。反映了一亿中原儿女靠实干改变落后面貌,实现中原崛起河南振兴的共同心声和诉求。它是生动实践。显示全省上下一切立足于做、立足于实,通过不屈不挠的奋斗,实现全面建设小康社会奋斗目标的决心和意志。它是地区形象。就是通过务实发展的成效,重塑河南形象,使其成为河南的地方标志、品牌和软实力。它是精神品格。反映了融入河南人血脉之中的"三平"精神,以及中原儿女对自己精神家园的守望和实现中原崛起的理想、奋斗、坚忍和奉献。

"务实河南",已成为一个具有丰富内涵的地方标志,在表述中原崛起河南振兴的话语体系中发挥突出作用。

"兼容并蓄、刚柔相济、革故鼎新、生生不息"的中原文化,滋养和铸就了河南人的务实秉性。河南是愚公的故乡,愚公移山的故事就是河南人务实秉性的真实写照。自古以来,勤劳务实的河南人民,战胜了各种灾害带来的苦难,创造了辉煌灿烂的中原文明。新中国成立后特别是改革开放以来,河南人民艰苦创业、改天换地,使河南的面貌发生了翻天覆地的变化,中原大地先后涌现出焦裕禄、史来贺、吴金印、任长霞、常香玉、李文祥等一大批英模人物,造就了具有鲜明时代特色的焦裕禄精神、红旗渠精神。愚公移山精神、焦裕禄精神、红旗渠精神作为中华民族精神的重要组成部分，是"务实河南"的精神之基，是建设"务实河南"的力量之源。

近年来，河南全省上下坚持"四个重在"的实践要领、"三具两基一抓手"的工作方法、"说到做到，说好做好，责随职走，心随责走"的工作作风，积极探索不以牺牲农业和粮食、生态和环境为代价的"三化"协调科学发展的路子，不动摇、不懈怠、不刮风、不呼隆、不折腾已成为河南广大干部群众的共识和行动，"务实河南"的形象越来越清晰，建设"务实河南"的思路也越来越明晰。众所周知，自20世纪90年代以来，河南省委、省政府先后提出"一高一低"目标，建设中原城市群，实施开放带动主战略，以及"围绕农业上工业、上了工业促农业"，推进"三化"助推中原崛起等，实践证明这些都是富有远见之举。2010年以来，围绕河南区域战略上升至国家层面，省委、省政府广开言路，集思广益，高瞻远瞩，在多种方案中选择了建设中原经济区这一构想。卢展工书记多次强调，要在中原崛起总体战略的基础上，形成一个比较完整、比较系统的和中央促进中部地区崛起规划相呼应、相衔接的总体规划，把这些年河南在发展中形成的、经过实践证明是正确的发展思路整合起来，持续地做下去。正如人们已经看到和认同的那样，中原经济区上升为国家战略，是用宽阔眼界和战略眼光审视河南的结果，是高水平谋划和运作的结果，是关乎中原历史走向的最大的"务实"，也是河南决策层最大的政绩。

令人高兴的是，"务实河南"已经成为一个具有丰富内涵的地方标志，在表述中原崛起河南振兴的话语体系中，占据着特殊地位，发挥着突出作用。令人欣慰的是，建设"务实河南"的指向已经明确，其根本目的，是富民强省，实现中原崛起河南振兴；其主要载体，是身体力行国之方略，加快建设中原经济区；其基本路径，是以新型城镇化为引领，实现"三化"协调科学发展；其重点难点，是破解新老"四难"。

二 建设"务实河南"重要而紧迫

今后10年，随着国家区域发展总体战略和主体功能区规划的实施，区域竞争将更加激烈。河南作为后发地区，"先行先试"的空间可能被挤压，获得含金量高的政策难度加大,"后发劣势"将逐步显现出来。

1. 建设"务实河南",是把中原经济区宏伟蓝图化为现实的迫切要求

一年多来,省委、省政府在系统疏理历届领导班子关于加快河南发展战略思路的基础上,充分认识新的历史条件下河南在全国的比较优势和战略地位,提出了建设中原经济区的战略构想,并正式上升为国家战略。《指导意见》的出台,极大地提升了河南在全国的地位,扩大了河南在全国的影响,提振了全省人民的精神,为加快中原崛起河南振兴注入了强大的动力。同时要看到,今后十年,随着国家区域发展总体战略和主体功能区规划的实施,区域竞争将更加激烈。河南作为后发地区,"先行先试"的空间可能被挤压,获得含金量高的政策难度加大,"后发劣势"将逐步显现出来。因此,尽管《指导意见》授予我们不少"牌子"和"帽子",但要使其真正产生政策带动和联动效应,把中原经济区建设的各项战略任务落到实处,关键在做,关键在干,关键在落实。建设"务实河南",既是把《指导意见》提出的各项任务落到实处的迫切要求,也是河南干部群众埋头苦干,为国家为全局做出更大贡献的庄严承诺。

2. 建设"务实河南",是破解河南发展一系列瓶颈制约的必然选择

经过改革开放以来的持续快速发展,河南初步走出了一条不以牺牲农业和粮食、生态和环境为代价的"三化"协调科学发展路子,成为全国名副其实的经济大省、新兴工业大省和有重要影响的文化大省。同时又要清醒地看到,河南的经济大而不强,粮食增产难度大、经济结构不合理、城镇化发展滞后、公共服务水平低的问题还比较突出。"钱从哪里来、人往哪里去、粮食怎么保、民生怎么办"4道难题依然十分突出,"土地哪里来、减排哪里去、要素怎么保、民生怎么办"4道新难题又日益严峻地摆在面前。建设"务实河南",就是要增强全省各级领导班子和领导干部的忧患意识、责任意识和实干精神,扎扎实实破解摆在我们面前的困难和问题。要坚持立足于学,立足于转,立足于做,立足于实。责随职走,心随责走,把思路、规划和目标落实到行动中,办任何事情想好了再说,说了就做,做就做好。

3. 建设"务实河南",是对领导机关和干部队伍作风建设现状的准确把握

总体上看,这些年河南全省各级领导班子和领导干部队伍建设是扎实的,在带领科学发展、构建和谐社会、保持平安稳定方面成绩是突出的,保证了一个1亿人口大省的政通人和、持续稳定发展和人民生活不断改善。但也要看到，当前河南省干部的思想观念、领导方式和工作作风方面还存在不少问题，走形式、讲排场、做表面文章，用会议贯彻会议精神、用文件落实文件要求，华而不实，不触及矛盾，不解决实际问题等现象还比较严重。建设"务实河南"，就是要持续不断地倡导务实精神，营造务实环境，坚持"两转两提"，推动各级领导机关和广大干部转变领导方式，转变工作作风，推动科学发展。

三 建设"务实河南"任务繁重而光荣

不仅把"蛋糕"做大，还要把"蛋糕"分好。坚持走务实发展之路，做务实发展之事，选务实肯干之人，为"务实河南"建设提供坚实的物质基础、牢靠的群众基础、良好的政治基础。

1. 建设"务实河南"，要从省情出发，突出主要任务，在务实上下功夫

保持经济平稳较快健康发展，为"务实河南"提供坚实的物质基础。坚持科学发展是硬道理，着力把"蛋糕"做大，增强人民群众过更幸福生活的经济实力。要坚持"两高一低"，紧紧扭住发展、始终致力发展、大力推动发展。加快转变发展方式，积极保护生态环境，为后人留下青山绿水，不断提升经济增长的质量和效益，努力实现速度与结构质量效益相统一、经济发展与人口资源环境相协调，实现全面发展、协调发展、持续发展。

要促进全省广大人民共建共享，使"务实河南"拥有牢靠的群众基础。坚持强省为基、富民为要，着力把"蛋糕"分好，使广大群众共享改革发展成果。坚持民生优先、民生为重，情系人民、发展为民，顺应人民群众求发展盼富裕的新期待，千方百计保障民生，全力以赴改善民生，进一步关注贫困人口等特殊群体，关注老区、山区群众致富，进一步扩大社会保障面，提高社保水平，多为群众办实事、办好事、解难事，不断提高人民群众的幸福感。

保持全省经济社会发展大局稳定，使"务实河南"具有良好的政治基础。加快实现中原崛起河南振兴，稳定是前提、是基础、是条件。坚持不懈加强和创新社会管理，以维护人民利益为根本，以构建和谐社会为目标,以维护社会公平正义为核心,以解决影响社会和谐稳定突出问题为着力点,通过协调社会关系、规范社会行为、化解社会矛盾和深入细致的群众工作,保持社会良好秩序,有效应对社会风险,为"务实河南"建设营造更加良好的社会环境。

2. 建设"务实河南",要走务实发展之路,做务实发展之事,选务实肯干之人

走务实发展之路。"三化"协调科学发展是中原经济区建设的核心任务。20世纪90年代以来,河南把推进工业化作为发展重点,反映了当时我们处在工业化初级阶段、与沿海地区相比工业十分落后的阶段性特征;针对当前制造业服务化趋势越发明显,高附加值环节逐步向研发、服务两端集中,新型工业化的动力越来越多地来自服务业尤其是现代服务业的带动,从而更多依赖城镇化的积聚作用,以及河南城镇化严重滞后对经济社会发展制约越来越突出的现实,河南提出以新型城镇化引领"三化"协调发展,准确把握住了河南发展的阶段性特征,反映了走务实发展之路的内在要求。

做务实发展之事。要围绕发展、扭住发展、突出发展、服务发展,以务实发展树立起"务实河南"的形象。要研究破解"老四难""新四难",以及各类资源如何持续利用,产业、产城、城乡如何实现互动等。要积极探索有利于加快中原经济区建设的新模式、新体制、新机制。要积极探索产城融合之路、土地集约利用之路、劳动力就地转移之路、开放合作之路、承接产业转移之路。要用与当代经济社会发展相适应、与人民群众的要求相一致的思路、眼光、方法和措施,多干打基础、管长远的事,不搞短期行为、不做表面文章,在持续发展上见实效、在惠及民生上见实效、在和谐稳定上见实效。

选务实肯干之人。坚持"五重五不简单",真正把用人导向搞好,把用人风气搞正,为加快中原崛起河南振兴提供坚强保证。正确看待干部。看干部就是要看工作、看责任。看工作,衡量的是干部的发展思路、才能表现、工作实绩;看责任,衡量的是干部的政治品德、职业道德和个人品德。确立科学的选人用人标准,真正把那些政治上靠得住、工作上有本事、作风上过得硬、人民群众信得过的优秀干部选拔出来,让能干事者有机会、干成事者有舞台,不让老实人吃亏,不让投机钻营者得利。要引导各级党组织和广大党员干部牢牢把握住党的先进性建设这一主线，树立起对人民负责的形象、推动工作的形象、清正廉洁的形象。

3. 建设"务实河南"，要把握要领、注重实践、勇于创新

坚持重在持续、重在提升、重在统筹、重在为民。把发展摆在更加突出的位置，保持经济社会发展的良好势头，一以贯之地持续推进中原经济区建设；把解放思想和改革开放结合起来，通过体制机制创新与科学技术创新，进一步提升经济社会发展的内在活力和内生动力；把河南省情作为推进一切工作的依据，统筹好经济与社会、城市与农村、人口与资源环境、当前与长远等关系，实现经济社会又好又快发展；把为民作为一切工作的根本出发点和落脚点，做决策、定规划、谋发展要真正想着老百姓、真心为了老百姓，着力解决好人民群众的实际利益、具体利益。

坚持突出主题、突出主线、突出民生、突出作风转变。突出科学发展这个主题，尊重经济社会发展的基本规律，准确把握经济社会发展新形势，为中原经济区建设开好局、起好步；突出经济发展方式转变这条主线，在加快转变中破解难题，坚定不移地走好不以牺牲农业和粮食、生态和环境为代价的"三化"协调科学发展之路。突出一切为了民生这个目的，着力解决"柴米油盐酱醋茶、衣食住行教业保"等热点问题，让广大群众更多地享受发展的成果；突出作风转变，在科学和民主决策中凝聚民智和民力，不断提高推动科学发展的能力和水平。

坚持项目带动、品牌带动、创新带动、服务带动。把项目作为重要抓手，摒弃一切大而化之的做法，科学规划，缜密部署，以项目带动工作的落实；把树品牌作为重要手段，提升河南发展的知名度和美誉度，以品牌赢得更广阔的发展空间；把创新作为根本动力，不断推进发展理念、体制机制、科学技术的创新，以创新激发活力和动力；把服务作为保障，提高服务项目建设、服务企业发展、服务群众利益的能力和水平，以服务带动发展环境的优化。

坚持立足于学，立足于转，立足于做，立足于实。认真学习中央精神，学习各方面知识，学习各地的好经验、好做法，不断提高领导科学发展的能力和本领；切实转变思想观念和工作方式，敢于破除一切陈规和体制机制束缚，以领导方式转变加快经济发展方式转变；把思路、规划和目标落实到行动中，办任何事情想好了再去说，说了就要去做；坚持一切从实际出发、实事求是，努力做到思想实、定位实、目标实、措施实、作风实、效果实。

四 建设"务实河南"需要制度保障

1. 要推进政绩评价制度创新

建设"务实河南"需要"务实领导"。为此，必须创新干部政绩评价制度，转变各级政府官员的政绩观。如果政绩评价过多关注生产总值，搞GDP竞赛，干部就很难关注环境、生态、民生、社会等指标，还会延续依靠投资驱动、资源消耗、牺牲环境的传统经济发展方式，"三化"协调发展就是一句空话。创新干部政绩评价制度，就要把一些约束性指标纳入评价体系，提高公众参与度，鼓励各级政府部门务实工作，不急功近利，不盲目攀比，引导各级政府根据区域特色和资源优势，多做打基础、谋长远的工作。

2. 要推进政府管理制度创新

建设中原经济区是一场涉及经济体制、行政管理、社会发展的深刻变革，应当创新政府管理制度，以适应建设中原经济区建设的要求。要把政府该管的事情管好，做到不缺位、不越位。充分发挥市场在资源配置中的基础性作用，同时发挥政府职能作用，加强调控、引导、推动和服务，着力解决分配不公、社会保障、体制制约、外部不经济等靠市场机制难以解决的问题。要优化政府管理流程，支持各部门重组业务流程，创新"一站式"服务模式，提高政府工作效率，打造"务实政府"，形成与经济社会发展阶段相适应的部门分工格局，为"务实河南"建设创造必要环境和条件。

3. 要推进社会管理制度创新

在经济组织管理方面，要建立健全劳动关系协调协商机制，努力构建和谐劳动关系；在社会组织管理方面，要建立分类发展、分类管理机制，促进社会组织健康有序发展；在社会矛盾化解方面，要完善党和政府主导的维护群众权益机制，主动依法维护群众权益，努力把矛盾纠纷化解在萌芽状态；在社会治安方面，要深入开展平安创建活动，建立健全社会治安防控体系；在维护市场经济秩序方面，要建立社会诚信制度，严厉打击制假售假行为，保障人民生命健康安全；在精神卫生方面，要建立预测、预警、疏导、救助机制，及时发现和解决社会成员的心理问题，防范和降低社会风险。

4. 要推进人才使用制度创新

创新人才使用制度，以人才优先发展引领和带动中原经济区建设。要鼓励人才流动，提高人才使用效率。要逐步建立程序科学、责任明确的优秀人才培养、选拔、任用制度，培育一批能够把前沿技术与河南实际紧密结合起来的中高端人才。要完善人才激励机制，支持知识、技术、管理、技能等生产要素按贡献参与分配，让人才有职、有权、有团队、有项目、有资金，宽容失败，允许试错，全力营造人才发展的良好环境。要创新人才评价标准，克服唯学历、唯资历、唯GDP倾向。

五 建设"务实河南"，要处理好若干重要关系

1. 处理好"务实"与"务虚"的关系

"务虚"与"务实"相辅相成、辩证统一于中原经济区建设的伟大实践中。务虚的过程是提高认识、把握规律的过程，就是想办法、出实招的过程。只有以务实为基础，将务实过程中遇到的各种情况和问题、获得的各种经验和体会，通过务虚进行由此及彼、由表及里的思索和去粗取精、去伪存真的提炼，才能得出科学的认识，形成正确的判断和决策。务虚能提高务实的层次和效率，能及时纠正实践中的偏差。中原经济区作为实现中原崛起河南振兴的载体和平台，要求我们立足实际，遵循规律，求实求效，去干，去做，去实践。真正做到把务虚工作做实，把务实工作做好。

2. 处理好"持续"与"提升"的关系

"务实河南"建设要求持续为重。要持续科学发展的意识，持续科学发展的思路，持续科学发展的举措，持续科学发展的进程。要紧紧围绕中原崛起的总体战略，重基础、重后劲、重发展潜力，力戒大起大落。努力做到以清醒求持续，以转变求持续，以创新求持续，以运作求持续。"务实河南"建设要求以提升为要。要自觉地解放思想，切实解决好中原经济区建设中遇到的问题。要通过体制机制创新与科学技术创新，努力实现经济发展内在动力与科学技术第一生产力的有机结合。要改进提高领导方

式、工作方法和工作水平，以体制机制的创新，增强经济发展的动力和活力。

3. 处理好"赶超"与"转型"的关系

河南作为全国后发地区，人口多、底子薄、基础弱、发展不平衡的基本省情没有从根本上改变。这就要求我们加快发展，实现赶超，缩小与发达省份的差距，增强经济发展的内生支撑力。同时，要看到河南省创新能力、产业结构、发展质量的提升与发展速度、经济总量提升之间存在较大落差，发展的协调性、可持续性和核心竞争力不强，这就要求必须加快转型发展。因此，要把"转型"和"赶超"有机结合起来，坚持"好"字优先，"快"在其中，争取又好又快。紧紧抓住发展第一要务，做到在赶超中转变、在赶超中调整、在赶超中提升、在赶超中增效，为更长时期又好又快发展打下坚实基础。

4. 处理好"当前"与"长远"的关系

当前发展是长远发展的基础，长远发展是当前发展的继续。建设中原经济区，实现中原崛起河南振兴是一项长期的战略任务，必须注意把当前利益与长远利益结合起来，既要考虑当前发展的需要，更要考虑未来发展的需要。一方面要立足当前抓发展，抓住经济社会发展的关键环节，防止出现大起大落，实现经济增长的速度、质量和效益的统一，解决经济社会发展中的深层次矛盾，为未来发展奠定坚实的基础；另一方面要着眼长远谋发展，绝不能以破坏环境、浪费资源为代价求得一时繁荣，坚决防止低水平扩张、粗放经营等短期行为。

中原经济区建设的大幕已经拉开，建设"务实河南"乐章已经奏响。我们有理由相信，务实的河南，一定会交出一份无愧于时代的合格答卷！务实的河南人，一定会谱写出绚丽多彩的中原崛起河南振兴新篇章！"务实河南"，一定会以其特有的内涵和魅力，昭示后人，彪炳史册！

（原载《河南日报》2011年10月21日）

"务实河南"的内涵及意义[*]

所谓务实,就是一切从实际出发,注重解决实际问题。务实,体现了马克思主义世界观和方法论的本质要求,是理论和实践、知和行的具体的历史的统一。对当今河南来说,坚持务实发展,就是准确把握省情,遵循客观规律,顺应历史趋势,尊重民众意愿,注重求实求效,一切都要经得起实践、历史和人民的检验。

"务实河南",是解放思想、实事求是、与时俱进思想路线在河南发展中的集中体现,是以人为本、全面协调可持续的科学发展观在河南发展中的具体实践,是对河南省广大干部群众一切从省情出发,立足于实,立足于做,坚持务实发展的精神风貌和生动实践的总概括。"务实河南"将成为一个具有丰富内涵的专有名词,在表述中原崛起的话语体系中发挥突出作用。

建设"务实河南",是破解河南经济社会发展一系列瓶颈制约的必然选择。"钱从哪里来、人往哪里去、粮食怎么保、民生怎么办"4道难题依然十分突出,建设"务实河南",就是要增强全省各级领导干部的忧患意识、责任意识和实干精神,扎扎实实破解摆在我们面前的困难和问题。建设"务实河南",是把中原经济区宏伟蓝图化为现实的迫切要求。中原经济区的成功谋划和运作,极大地提升了河南在全国的地位,扩大了河南在全国的影响。《国务院关于支持河南省加快建设中原经济区的指导意见》已经颁布,把中原经济区建设的各项战略任务落到实处,关键在做,关键

---

[*] 这是在2011年9月26日河南省社会科学院举办的"务实河南理论研讨会"上的发言摘要。2011年9月29日,河南省委书记卢展工在省社会科学院主持社科界专家座谈会征求对省第九次党代会报告的意见。当卢展工得知社会科学院刚刚召开了"务实河南理论研讨会"的消息后,当即指示《河南日报》积极反映。

在干,关键在落实。建设"务实河南",是对全省领导机关和干部作风建设现状的准确把握。当前河南省干部的思想观念、领导方式和工作作风方面还存在不少问题,做表面文章,不触及矛盾,不解决实际问题等情况还比较严重。建设"务实河南",就是要持续不断地倡导务实精神,坚持"两转两提",推动各级领导机关和广大干部转变领导方式、转变工作作风,推动科学发展。

建设"务实河南",是一个长期、艰苦的实践过程,必须突出主题、把握要领、勇于创新。要坚持重在持续、重在提升、重在统筹、重在为民。要把发展摆在更加突出的位置,保持经济社会发展的良好势头,一以贯之地持续推进中原经济区建设。要坚持突出主题、突出主线、突出民生、突出作风转变。要准确把握经济社会发展新形势,在加快转变中破解难题,在科学和民主决策中凝聚民智和民力,不断提高推动科学发展的能力和水平。要始终坚持项目带动、品牌带动、创新带动、服务带动。要坚持立足于学,立足于转,立足于做,立足于实。责随职走,心随责走,把思路、规划和目标落实到行动中,办任何事情想好了再说,说了就做,做就做好。

(原载《河南日报》2011年10月9日)

论持续为重*

随着《国务院关于支持河南省加快建设中原经济区的指导意见》的正式颁布，中原崛起河南振兴翻开了崭新的一页。亿万中原儿女欢欣鼓舞，干劲倍增。全省上下在分享喜悦的同时，更多地在思考怎样乘势而上，发挥更大作用，承担更大责任，做出更大贡献。抚今追昔，持续为重。近几年来，正是由于坚持了持续发展不动摇，才保持了全省经济社会发展好的趋势、好的态势、好的气势；才走出了一条不以牺牲农业和粮食、生态和环境为代价的以新型城镇化为引领的"三化"协调科学发展之路；才确立了建设中原经济区发展战略并使之上升为国之方略。历史昭示着未来，只要始终坚持持续为重，不懈怠，不折腾，河南人民一定能够在中原经济区建设的伟大征程上书写新的辉煌！

一 持续为重是科学发展观的内在要求，是"四个重在"的核心内容，是河南发展历史经验的科学总结，是建设中原经济区、加快中原崛起河南振兴的必然选择

持续为重是科学发展观的内在要求。持续，原意就是保持和延续。把

---

* 2011年9月3日上午，河南省委书记卢展工听取了笔者的工作汇报，指出，"你们的想法很好，看来社科院还是站位大局思考问题的，很敏锐，我赞成。一个是'务实河南'，要从理论上概况、总结、提升，要叫响。一个是'持续'。'四个重在'关键是'持续'，这个题目面更宽一点，要有历史感，把我们如何'持续'展示出来，如何坚持'持续'说明白。既然是社科院搞的东西，就要精致一点，让大家受启发，地方干部能拿来参考，给人以帮助。"根据卢展工书记的指示精神，笔者组织部分专家开展了"两论"（《论"务实河南"》《论持续为重》）的研究和撰写，通过《领导参阅》呈报了省委、省政府领导。参与本文研究和执笔的还有谷建全、闫德民、王玲杰、赵西三等。

持续作为中原崛起河南振兴的最重要的实践要领,具有深刻的含义。首先,持续是一种状态,也是一种趋势。作为前者,持续表示眼下河南经济社会发展保持着延续不断的状态;作为后者,持续代表一种向上、冲高的势头,反映了当前河南省经济社会发展平稳与提升有机结合的良好趋势。其次,持续是一个工作目标,也是一种工作方法。作为工作目标,持续要求实现经济社会的持续快速协调健康发展;作为工作方法,持续要求人们围绕中原经济区建设锲而不舍、奋发有为。最后,持续代表着有效运作,也是一种工作责任。实现经济社会持续快速健康发展,离不开全省上下的持续奋斗和有效运作;作为一种工作责任,持续也需要在实践中认真来要求、落实和推动。贯彻落实科学发展观,发展是第一要义、第一要务,是解决一切问题的关键。从本质和表现形式上看,持续就是发展的延续与提升,是科学发展观的内在要求。坚持持续为重就是始终保持一股劲,不折腾、不大起大落、不急功近利,是实现科学发展、加快中原经济区建设的迫切需要。

持续为重是"四个重在"的核心内容。坚持重在持续、重在提升、重在统筹、重在为民,是省委、省政府对全省工作的总体要求。坚持"四个重在",最重要的就是坚持持续为重。做不到持续,经济社会发展好的势头就不复存在,提升、统筹、为民也就成为空话。当前,影响我省经济社会发展的突出问题和制约因素也都聚集在能否持续上,比如,三大产业之间、三大需求之间不协调,城乡之间、区域之间不平衡,科技创新能力不强,要素约束加剧,等等,可以说难在持续。坚持持续为重,就是要进一步增强全省广大党员干部破解发展难题的责任心、进取心,贵在持续。要提振精神,要有所作为,立足于转,在转变上下功夫、在运作上下功夫、在统筹上下功夫,想好了再说,说了就要做,说到做到、说好做好。

持续为重是河南发展历史经验的科学总结。回顾新中国成立以来河南经济社会的发展历程,总体上保持了持续发展的态势,但也走过一些弯路。特别是改革开放前,河南也曾是"穷折腾""翻烧饼"的重灾区。1958~1963年,在全国范围脱离实际的"大跃进"之风严重影响下,河南经济出现了少有的负增长期;1959~1963年,全省生产总值增长分别为-2.5%、-3.2%、-18.3%、-17.9%、-18.2%。1963~1965年,国民经济第一次全面调整,1965年,河南生产总值增速达到24.5%。由于经济发展陡升陡降，持续性大打折扣，加之其他原因，造成河南经济社会发展长期落后于全国平均水平。事实证明，脱离基本国情省情而去贪大求快，只能是适得其反。改革开放以来，在党的实事求是思想路线指引下，河南经济快速发展，波动幅度从较大向明显趋缓转变。1979~1991年，经济增长最高的1983年达到23.8%，最低的1982年仅4.3%；1992~2002年，经济增长幅度在15.8%和8.1%之间波动；2002年至今，经济增长快、运行质量高、稳定性和协调性明显增强，2003~2010年，在遭受2008年国际金融危机严重冲击的情况下，经济增长波动幅度仍不超过4个百分点。河南经济之所以越来越趋于持续快速健康协调发展，是不断吸取历史经验教训，树立和落实科学发展观，坚持持续发展、协调发展、转型发展的结果；是持续不断探索符合省情的发展战略、思路和举措，形成中原崛起的总体战略并坚持实施的结果。

持续为重是建设中原经济区、加快中原崛起河南振兴的必然选择。建设中原经济区既要保粮强农，保障国家粮食安全，又要持续探索并走好"三化"协调发展的路子，为全国同类地区发展积累经验；既要加快发展，与全国同步实现全面建设小康社会目标，又要带动中部崛起，在促进全国区域协调发展中发挥更大的作用。使命前所未有，难题前所未有，任务前所未有。这就要有持续发展的意识，持续发展的举措，力戒大起大落。当前，河南省同全国一样取得了巨大的发展变化，但"一个欠发达、四个尚未根本改变"的基本省情和阶段性特征仍未发生根本变化，创新能力、产业结构、发展质量的提升与发展速度、经济总量的提升之间存在较大落差，发展的协调性、可持续性和核心竞争力不强。这就要求持续提升全省经济社会发展质量和水平，持续赶超国内先进地区。在资源环境方面，全省人均耕地只相当于全国平均水平的87.7%，人均水资源占有量仅相当于全国平均水平的1/5，铁矿石基本依赖国外进口和从其他省份购进，石油已消耗2/3，天然气已消耗一半以上，铝土矿只能满足开发需求十几年时间。即使储量很大的煤炭资源供求关系也发生了质的变化，河南已经从净流出省变为净输入省。同时，河南省能源资源消耗很大，环境问题日益突出。再靠过去那种以过度消耗资源和牺牲环境为代价来推动经济增长难以为继，只有坚定不移地坚持持续发展，才能找到新的出路。

二 持续为重,就是要在建设中原经济区、加快中原崛起河南振兴的过程中始终保持持续发展的力度和韧劲,做到不动摇、不懈怠、不刮风、不呼隆、不折腾

持续为重,就是坚持以经济建设为中心不动摇。经过改革开放 30 多年的努力,河南的经济发展取得了巨大成就,经济实力大增。另外,在发展过程中又遇到了许多深层次的矛盾和问题,其中既有长期存在以至不断积累起来的,又有在新的发展阶段上产生出来的。比如新老"四难"问题等。但是,绝不能因此就怀疑、动摇乃至主张改变经济建设这个中心。解决难题,从根本上还要靠发展。发展才是硬道理,发展经济始终是全省上下的根本任务和中心工作。社会问题、民生问题、环境问题等,最终还是要靠经济发展来解决。在建设中原经济区、探索走好一条不以牺牲农业和粮食、生态和环境为代价的"三化"协调科学发展路子的全过程中,必须牢牢抓住经济建设这个中心不动摇,咬定发展不放松,只有这样,才能支撑起经济、社会全面协调发展。

持续为重,就是坚持保持经济社会发展好势头不懈怠。要把保持当前河南经济社会发展好的势头作为重中之重,作为各级党委和政府思考问题、谋划发展的头等大事。当前国际经济形势复杂多变,美国经济复苏乏力,欧洲债务危机愈演愈烈,世界经济二次探底的阴影挥之不去,国内经济增速放缓与通货膨胀并存的情况引起人们对滞胀的担忧。就河南自身来说,我们正处于提速、转型的关键时期,河南发展正处于爬坡阶段,不进则退。如果我们稍有懈怠,经济社会发展好的趋势、态势、气势就难以持续。必须保持清醒头脑,强化忧患意识,立足实干,负重加压,持续发力,保持河南经济快速健康发展。

持续为重,就是坚持务实为民的发展思路不刮风。思路决定出路,但思路多变是不成熟的表现,是急功近利的表现,是主观随意性的表现。正如省委主要领导同志指出的那样,思路不持续会使基层无所适从,难以统一思想、形成合力。一个地方、一个部门或单位,战略定位和大的发展思路及政策一旦出台,就应当保持连续性和相对稳定性,只有这样,才能使广大干部群众有所遵循,向着既定目标持续努力。因此,要始终坚持务实

为民，凡是能给人民群众带来实惠的、被实践证明行之有效的、人民群众拥护的发展思路和政策措施，就一定要持续实行。在现实生活中，有个别领导干部不研究客观实际，不倾听群众呼声，轻易否定前任的思路和做法，搞"一个将军一道令"，风向多变，结果往往违背事物发展的规律，给党和人民的事业造成损失。因此，能否做到持续务实为民，是检验一个领导干部党性、人品、官德的试金石。只有坚持持续为重，遵循规律性，减少随意性，避免盲目性，不赶时髦，不刮风，不跟风，才能体现出共产党人的胸怀气度和精神境界，才能体现出领导干部的党性原则、从政品格和人品官德，才能取得党和人民满意的实实在在的政绩。

持续为重，就是坚持"三具两基一抓手"的工作方法不呼隆。建设中原经济区是一项宏大的系统工程。万丈高楼平地起，再宏伟的目标，再宏大的工程，都要从具体的事情做起，都要靠有效的运作来完成。"三具两基一抓手"既各有侧重，又融会贯通，是一个互相联系、相辅相成、有机统一的整体。强调具体，把各项工作做实、做细，才能避免空喊口号、搞大呼隆；重视基础和基层，才能把各项工作部署真正落实；增强项目意识，把经济社会发展和党的建设等各方面工作都转化为具体的项目，通过一个一个项目建设推动工作落实，工作才算做到了位，中原崛起河南振兴才能抵于成功。

持续为重，就是坚持实践证明行之有效的发展思路不折腾。改革开放以来，尤其是近20年来，河南历届省委领导班子始终扭住经济建设这个中心不动摇，在指导思想上，从"团结奋进、振兴河南"，到"奋力实现中原崛起"，再到"两大跨越"，其核心就是加快河南发展，实现河南振兴；在发展目标上，从"一高一低"，到"两个较高"，再到"两高一低"，随着形势的变化不断丰富和提高；在实现途径上，从"围绕农业上工业、办好工业促农业"，到"对经济结构进行战略性调整，加快工业化、城镇化，推进农业现代化"，再到"'三化'协调科学发展"等，不断拓展。由此可见，建设中原经济区、加快中原崛起和河南振兴的总体战略，正是历届省委、省政府发展思路的持续、延伸、拓展和深化。当前，强调持续为重，就是要紧紧抓住中原经济区上升为国家战略的历史机遇，咬定青山不放松，一张蓝图绘到底，把河南省经济、社会发展持续推向前进。

三 持续为重，就是要在建设中原经济区、加快中原崛起河南振兴的过程中，以持续为基础，着眼提升、着眼求效、着眼统筹、着眼为民

在持续中提升。没有持续，就没有提升；没有提升，持续也不能长久。持续为重要求我们不断开拓创新、与时俱进，在提升中谋求更大的发展。要提升发展思路，用更大的勇气、更宽的视野和更高的境界来谋划发展，敢于谋大事、闯新路，创造性地走"三化"协调发展之路，创造性地破解发展中的难题，不断提高谋划水平和决策水平。要提升创新能力，加快科技创新，加大科技投入，积极研发核心技术和关键技术，强化创新驱动；加快体制机制创新，形成有利于加快发展的制度安排。要提升经济社会发展质量，推动城乡和区域协调发展，促进结构优化和效益提高，增强发展的可持续性。要提升服务水平，更新思想观念，强化服务意识，创新服务方式，规范服务行为。

在持续中求效。持续发展要求我们做任何工作都必须始终把能够取得实效、能够让广大人民群众得到实惠作为出发点和落脚点。要强化效率意识，发展的目的不仅是规模的扩张、盘子的扩大，更是追求规模和效益的统一，要在经济发展的同时，实现良好的社会效益和生态效益。要靠产业增效，立足发展基础，突出产业特色，协调推进承接产业转移和产业优化升级，不断提升产业层级，增强竞争优势。要靠集聚增效，以产业集聚区为载体，集聚技术、资金、人才等要素，促进集约化生产、规模化经营、集群化发展。要靠技术增效，以高新技术改造提升传统产业、培育发展战略新兴产业，依靠科技创新强化发展的持续动力和核心竞争力。要靠优化体制增效，以效能建设为突破口，优化管理体制，完善激励约束机制。要靠务实增效，正视实际困难，解决实际问题，说实话、办实事、求实效。

在持续中统筹。持续发展要求我们统筹兼顾，科学谋划，协调好方方面面的关系，解决好各种各样的矛盾。要统筹经济发展，促进三次产业间协调发展；要统筹扩大内需与对外开放，使投资、消费、出口真正成为拉动河南经济增长的"三驾马车"；要统筹"三化"进程，以新型城镇化为引领，探索"三化"协调发展的路子；要统筹城乡区域发展，坚持中心城

市组团式发展、中小城市内涵式发展、新型农村社区集聚式发展，促进中心城市和县域经济协调发展；要统筹各项事业发展，使文化、科技、教育、卫生、体育等各项事业协调推进、相辅相成，形成共同支撑发展的良好局面；要统筹社会方方面面的力量，形成推动持续发展的强大合力；要统筹推进经济社会发展与人口发展、资源节约、环境保护和生态建设，努力实现可持续发展。

在持续中为民。要坚持以人为本，不断强化宗旨观念和公仆意识，牢固树立正确的政绩观。坚持发展为了人民，把保障和改善民生放在突出位置，集中财力办大事，解决好就业、住房、医疗、教育、养老、生态环境、食品安全等事关人民切身利益的问题，实现好、维护好、发展好最广大人民的根本利益，真正为人民办实事。坚持发展依靠人民，要问政于民，充分体察民情、倾听民意，找准中原经济区建设面临的主要矛盾和问题，提高决策的预见性、科学性和有效性；要问需于民，了解群众需求，掌握民生期盼，实实在在地解决群众困难，将人民群众的所盼变成我们的所为；要问计于民，以民为师，汇聚民智，调动和激发人民群众参与发展、推动发展的积极性、主动性、创造性，凝心聚力形成推进中原经济区建设的强大力量。坚持发展成果由人民共享，完善保障和改善民生制度的安排，推进基本公共服务均等化，加大收入分配调节力度，维护社会公平正义。

四　持续为重，就要在建设中原经济区、加快中原崛起河南振兴的过程中始终保持旺盛的生机和活力，以清醒求持续，以转变求持续，以创新求持续，以运作求持续

以清醒求持续。当前，河南经济总体呈现平稳较快发展态势，质量和效益不断改善。但必须清醒地看到，宏观经济形势仍然较为复杂，总体发展环境和条件趋紧，经济持续较快发展的难度进一步增大，迫切需要我们认真研究解决。我们要清醒认识和把握河南省情及所处的发展阶段。当前，河南的基本省情仍然是一个生产力水平低的欠发达省份，突出特征是人均水平低、地方财力弱、居民收入低、工业化和城镇化水平低。发展方式粗放、综合竞争力不强、城乡二元结构突出、公共服务水平低等问题尚

未根本改变。我们还要清醒地认识河南省经济发展中存在的矛盾和问题。当前，河南省正处于结构转换调整的关键期，资源要素趋紧、物价高位运行、结构性矛盾突出，经济运行面临的困难和障碍较多。"钱从哪里来、人往哪里去、粮食怎么保、民生怎么办"这4道难题尚未根本解决，"土地哪里来、减排哪里去、要素怎么保、物价怎么办"的问题越来越突出。这些都要求我们始终保持清醒和忧患，积极主动破解难题，增强驾驭经济运行的主动性和灵活性。只有这样，突破风险才有机遇，破解难题才有出路。

以转变求持续。用发展方式转变推动持续发展。建设中原经济区，给河南经济发展方式转变提出了更加紧迫的要求。长期以来，河南经济能源原材料支持型特征明显，发展方式比较粗放。随着工业化、城镇化加快，资源能源土地环境约束日益加剧，市场需求结构发生重大变化，单靠过去那种以过度消耗资源和牺牲环境为代价来支撑经济增长的做法已无法延续，过多依靠廉价土地、廉价劳动力供给等方面的优势已经越来越弱化，为此，要加快经济发展方式转变，重视新型城镇化引领作用，积极调整需求结构、产业结构、城乡结构、分配结构等，着力解决内需不足、产业层次低、城乡差距大、发展不可持续等突出问题，为中原经济区持续发展创造条件，搭建平台，营造环境。要用领导方式转变加快经济发展方式转变。通过领导机关和领导干部切实改变思想观念、方式方法、工作作风，推动全省经济社会持续发展。

以创新求持续。探索一条不以牺牲粮食和农业、生态和环境为代价的"三化"协调科学发展之路，被确定为中原经济区的核心任务。这是河南发展模式的重大创新。怎样才能以新型城镇化为引领，以新型工业化为支撑，以新型农业现代化为基础，推动"三化"协调发展，是河南省面临的重大历史任务。我们应根据国务院的要求，在创新发展模式上，力度更大、步子更快。要持续推进体制机制创新，建立健全高效运转的领导工作体制和强力落实的执行机制，把各级各部门的主要精力凝聚到抓落实、促发展上来。要建立完善政府目标考核机制，加大对重点项目建设、招商引资进展和重点工作进度的考核力度，激励各级干部在搞服务、抓项目、促发展中建功立业。要加快推进科技创新，研究确定河南省新兴产业的发展方向和重点，加快用高新技术改造提升传统优势产业；要处理好原始创新、集成创新与引进消化吸收再创新的关系,在推进自主创新的基础上,重点放在集成创新和引进消化吸收再创新上,以科技创新支撑持续发展。

以运作求持续。以运作加快中原经济区建设。中原经济区上升为国家战略是全省上下科学运作的结果,是河南贯彻落实科学发展观的生动实践。未来一段时期,要建设好中原经济区,主要还是在于运作。要立足省情,创造性地推进国家支持中原经济区建设政策的衔接和落实工作,深入开展中原经济区建设的全方位宣传推展活动,提高中原经济区的影响力、吸引力、凝聚力和竞争力。要以运作解决发展难题。目前,河南省经济发展中存在的诸多难题,迫切需要科学运作、有力运作予以解决。比如,资金难题、用地难题、用工难题等,都要靠积极运作来破解。要以运作深化各项改革。继续抓好省直管县体制改革、医药卫生体制改革、城乡养老保险、事业单位改革等,继续深化国有企业、科技、文化、农村等领域改革,以运作深化改革,以改革推动持续发展。要以运作构建和谐社会。扎实推进民生工程建设,使改革发展成果真正惠及广大群众。抓好安全生产,强化食品安全管理,加强社会管理创新,抓好社会治安管理和信访工作,确保社会和谐和大局稳定,为持续推进中原经济区建设营造良好社会环境。

(原载《领导参阅》2011年第48期)

转方式，首先转什么[*]

加快转变经济发展方式，知易行难。难在哪里？既有传统思维习惯和发展套路难以改变的因素，更有促增长、保稳定、出政绩等的现实压力。河南省提出，转方式首先要转领导方式，可谓抓住了根本。

一 以领导方式的转变来促进发展方式转变的做法

1. 把转变体现在发挥党委的领导核心作用上

河南坚持"四个重在"（重在持续、重在提升、重在统筹、重在为民）的实践要领，坚持"四个明白"（要学明白、想明白、说明白、做明白）的工作要求，坚持"破解四难"（钱从哪里来、人往哪里去、粮食怎么保、民生怎么办），坚持"四个立足"（立足于学、立足于做、立足于实、立足于效），坚持"四靠作为"（靠中央的正确领导求作为，靠领导班子集体求作为，靠干部群众齐心协力求作为，靠以身作则求作为）。通过这些指导方针，确保各级党委能够总揽全局、协调各方，保证党的路线方针政策的贯彻落实。

2. 把转变体现在增强民生意识上

省委、省政府每年向社会承诺办好"十项重点民生工程"。2011年，

---

[*] 2010年6月3日，《人民日报》发表卢展工署名文章《用领导方式转变加快发展方式转变》，此后，"何平九论"进一步破题，18个省辖市的"十八谈"深入解题，中原大地开始了一场静悄悄的思想教育和学习实践活动。2012年4月13日，中共中央政治局常委、中央书记处书记、国家副主席习近平在兰考县委的《兰考县工作情况汇报》上做出重要批示，"近几年来，你们认真贯彻落实中央精神和省委部署，深入贯彻落实科学发展观，用领导方式转变推动发展方式转变，优化发展思路，狠抓工作落实，全县经济社会发展和党的建设取得了新的进步"，肯定了"用领导方式转变推动发展方式转变"的思路和理念。本文执笔：喻新安、陈明星、赵西三、赵然。

全省民生支出占财政支出的66.3%，比全国平均水平高5.3个百分点。实施更加积极的就业政策，2011年实现了农民工省内就业人数首次超过省外。完善社会保障体系，新农保和城镇居民养老保险实现了制度全覆盖，在全国率先实施县级医院服务能力倍增计划。

3. 把转变体现在用制度管权管事管人上

建立健全决策、执行、评价、监督、激励机制，构建科学完备的制度体系。在干部选拔任用中坚持"五重五不简单"，即重群众公认，但不简单以推荐票取人；重干部"四化""德才"，但不简单以求全和年龄文凭取人；重干部政绩，但不简单以一时一事的数字取人；重公开选拔，但不简单以笔试和面试取人；重干部资历，但不简单以任职年限取人，形成选人用人的公正机制。省委率先建立了集体酝酿干部制度，每次干部调整前都增加组织部集体酝酿和常委会集体酝酿环节，综合考核干部日常表现、年度考察等情况。

4. 把转变体现在改进作风上

着力引导各级干部真正把心思和精力放在解决问题、推动工作上，做到责随职走、心随责走。省委反复强调做任何事情一具体就突破、一具体就深入、一具体就落实，要切实抓好基层、打好基础，把实施项目带动作为抓手。人们明显感到这两年文件少了，会议少了，检查评比少了，但大家的积极性、主动性、创造性更高了。

通过这些办法，引发了全省领导干部在思想观念、方式方法、工作作风、实际运作等方面的深刻变革，并在这样的变革过程中寻求转方式的突破口、着力点，有力地推进了经济发展方式的转变。

二 领导方式的转变促进了发展方式的转变

1. 产业结构更加优化

河南近年指导规划建设的180个产业集聚区，已成为经济转型升级的突破口。制定并推动实施的产业调整振兴规划初见成效，2012年上半年，全省电子信息等六大高成长性产业主营业务收入占规模以上工业比重同比提高2.6个百分点，钢铁、化工等六大高耗能行业增加值增长速度继续放缓，高成长性产业已成为支撑工业经济增长的主要拉动力量，初步改变了河南以能源原材料产业为主动力的工业增长格局。

2. 改革开放进一步深化

深化收入分配制度改革，先行提高企业离退休人员、优抚对象、城市低保等补助标准，不断完善最低工资制度，加快缩小市和县津贴补助差距；深化财政管理体制改革，在全国率先实施"基本公共服务均等化转移支付"；深化医药卫生体制改革，在全国率先实现新农合跨区域直补。着力构建举省开放体制，争取国家批准设立中部地区首个综合保税区，加快出口加工区、保税物流中心、口岸基础设施建设，承接产业转移能力不断提升。

3. 城镇化水平明显提升

按照"核心带动、轴带发展、节点提升、对接周边"的原则，着力促进中心城市组团式发展、中小城市内涵式发展，积极推动产城融合发展，着力加快城市新区和产业集聚区建设，城镇化水平显著提高。2011年，河南城镇化水平达到40.6%，比上年提高1.8个百分点。特别是近年来河南把建设新型农村社区作为统筹城乡协调发展的突破口，推动农村人口就近就地城镇化，初步探索出一条在农村人口比重大的传统农区加速城镇化、实现城乡协调发展的新路子。

4. "三化"协调格局初步形成

全省经济社会发展总体持续、总体提升、总体协调、总体有效。2011年，全省粮食总产量达1108.5亿斤，连续6年超千亿斤，农业机械化综合水平达到71.8%，比全国高17个百分点。2012年上半年，全省规模以上工业增加值同比增长15.4%，高于全国4.9个百分点。汽车、电子信息、装备制造、新型建材等高成长性产业实现工业增加值增长19%，高于规模以上工业增速3.6个百分点。可以说，全省"三化"协调发展格局初步形成。

三　领导方式转变推动发展方式转变为破解"转变难""加快难"提供有益的启示

1. 转变领导方式具有根本性

在我国社会主义市场经济的发展中，政府的引导、调控作用不可或缺。这就决定了领导者的思想观念、认知水平和行为方式，对经济运行发展的走向、方式、质量和效果影响极大。领导方式能否实现从传统、落后、非科学的状态向现代、先进、科学的状态转变至关重要，尤其是在加快转变发展方式的实践中，要实现由传统的、旧的发展方式向现代的、创新的发展方式转变，领导方式必须率先突破。

2. 制度创新是转变领导方式的前提

一些地方"不想转、不会转、转变难"，究其原因，很大程度上是因为现行体制机制的不科学。大力推动领导方式转变，就是从源头抓起，促进干部解放思想、开拓进取，勇于推进实践基础上的理论创新，不断在制度建设和创新方面迈出新步伐，促进经济发展方式的实质性转变。

3. 转变发展方式要创新思维

加快发展方式转变，不仅是一场经济领域的革命，更是一次深刻的思想观念的变革，这对各级领导者组织经济社会活动提出新的要求。我们要从习惯直接干预、越俎代庖的思维定式中跳出来，尊重规律、遵循规律，更加注重为经济发展创造环境、创造条件和完善机制。

4. 转变发展方式要找准切入点

这是一项宏大而复杂的系统工程，必须把中央的决策部署和地方实际有机结合起来。河南曾经开展"一文九论十八谈"学习实践活动，其核心内容就是"解河南的难，破发展的题"，实实在在，所以，尽管没有开会部署、没有督促检查，但社会关注度极高，实际效果很好。这就启示我们，从事领导工作，要改变"我说你听、我讲你干"的传统方式和"空对空、单向灌输、被动接受"的传统套路，尽量多一点柔性渗透、多一点双向交流、多一点互动沟通，让人们在参与中受教育，在沟通中达成共识，在互动中达到一致。

（原载《求是》2013 年第 3 期）

让"主线"真正贯穿贯通起来

——访河南省社会科学院院长喻新安

加快转变经济发展方式是关系国民经济全局的重大战略任务

记者：现在，大家都知道"以科学发展为主题、以加快转变经济发展方式为主线"这句话。请您重点谈谈怎么理解以加快发展方式转变为"主线"，其由来是怎么回事。

喻：加快经济发展方式转变的思想渊源由来已久。1987年党的十三大就提出"使经济建设转到依靠科技进步和提高劳动者素质的轨道上来"；1995年，十四届五中全会要求实行两个具有全局意义的根本性转变，其中之一就是"经济增长方式从粗放型向集约型转变"；2005年，十六届五中全会《建议》明确"必须加快转变经济增长方式"；2007年6月，胡锦涛总书记在中央党校省部级干部进修班的讲话中第一次提出"转变经济发展方式"；党的十七大明确"加快转变经济发展方式，推动产业结构优化升级，这是关系国民经济全局紧迫而重大的战略任务"；2010年2月，胡锦涛总书记在省部级主要领导干部转变经济发展方式专题研讨班上特别强调："转变经济发展方式关键是要在'加快'上下功夫、见实效"；十七届五中全会《建议》指出："以加快转变经济发展方式为主线""必须贯穿经济社会发展全过程和各领域"。

由此不难看出，中央关于转变发展方式的方针是一以贯之的，而且越来越重视，要求越来越高。同时要看到，转变发展方式知易行难。20多年来，中央对转变经济增长（发展）方式虽一再强调，一再部署，实际工作也取得不小成绩，但一直没有取得实质性突破和令人满意的效果。"不想转、不会转、转变难"等现象普遍存在，某些方面甚至陷入了"只说不转""久推难转""转而不快"的困境。2008年以来，为应对国际金融危机影响，一些地方和领域还出现了发展方式转变的反弹、发展方式趋向更加粗放的情况。

用领导方式转变加快发展方式转变是来自实践的重要理论与政策创新

记者：大家都知道，2010年6月3日，《人民日报》发表了卢展工同志的署名文章《用领导方式转变加快发展方式转变》，请您介绍一下这篇文章发表的意义，谈谈"用领导方式转变加快发展方式转变"这一命题的理论价值与实践价值。

喻：众所周知，以"一文九论十八谈"为标志的学习实践活动已成为河南的品牌形象，在促转变、促崛起、促振兴，让"主线"贯穿贯通起来方面发挥了巨大作用。因为"一文九论十八谈"切中要害和时弊，所以反响强烈，影响巨大，效果显著。

"用领导方式转变加快发展方式转变"的确是一个重大的命题。这些年，从中央到地方，转变经济发展方式的文件、会议、领导讲话不计其数，但效果不明显，发展方式转变似乎总停留在文件上、会议上、讲话中。问题到底出在哪里呢？怎样把加快转变发展方式落到实处，让"主线"真正贯穿贯通起来呢？人们都在思考和探索。所以，"用领导方式转变加快发展方式转变"，是适应加快发展方式转变的现实需要产生的，是来自实践的重要理论与政策创新，可以说是应时应运而生，其价值不可低估。

事实上，这个认识和观点，卢展工书记在2010年4月全省主要领导干部深入贯彻落实科学发展观加快经济发展方式转变专题研讨班上的讲话中已有所表达。他当时指出：加快经济发展方式转变，要抓住"转变"和"加快"这两个关键词，"讲转变，要从党委、政府和领导干部转变开始，思考自己怎么转、怎么做"，"要切实转变政府职能、转变领导方式、转变工作方法"，"转变发展机制"。《用领导方式转变加快发展方式转变》的文章，应该是在此基础上提炼、提升而形成的。

我查了一下资料，提出通过"转变领导方式""加快发展方式转变"，在全国是首次,是原创性的理论与实践创新思想成果。它反映了河南省委对破解"转变难""加快难"问题的理性思考,体现了新形势下增强地方党委、政府执政科学性的新要求。用领导方式转变加快发展方式转变,已成为河南各级党委、政府和广大干部的广泛共识和自觉行动,产生了超越河南的社会影响。究其原因,我认为是这一命题切中时弊,引人深思,符合规律,实用管用。其科学性、必要性、可行性表现在4个方面。

第一,从市场经济模式的特征看。一般认为,我国的社会主义市场经济属于中央政府主导、地方政府推动型的市场经济。这就决定了我国地方党委、政府领导者的思想观念、认知水平和行为方式,对经济运行的走向、方式、质量和效果影响极大。因此,各地要加快转变发展方式,领导方式不率先转变是不可能的。

第二,从转变发展方式的任务和要求看。加快经济发展方式转变,不仅要求思想观念转变加快,既要熟悉总量概念、GDP概念,也要熟悉财政总收入、人均收入以及民生、社会事业等许多概念,而且要求经济发展方法、发展途径、发展模式转变加快,要把"加快"真正地体现在我们的工作实践中,体现在"十二五"规划的运作和筹划过程中。为此,各级党委、政府和领导干部必须转变领导方式,把"加快"体现在推进发展方式转变的责任心、紧迫感和主动性上。

第三,从转变发展方式存在的问题看。现在经济发展方式转变中遇到的很多问题和制约,反映的都是领导方式、工作方法的问题。譬如,不少领导干部在经济活动中习惯直接干预,越俎代庖,不大注重创造机制、创造氛围、创造环境、创造条件,往往费时费力效果却适得其反。所以,突破传统的经济发展方式,抓机遇、创优势、解瓶颈、惠民生,对领导干部的思维方式、领导方法和工作方法提出了更高要求,是加快经济发展方式转变取得实效的决定性因素。

第四,从河南加快转变的实际情况看。河南经济发展外向度低、城镇化水平低、发展方式粗放、结构不合理、能源原材料工业比重过大。这些问题长期存在,要从领导方面找找原因。应当承认,与发达省份比,我省干部的开放意识、开拓意识、创新意识还比较差,思想还不够解放。有的行政区划意识浓厚而区域经济意识淡薄,对转方式促发展视野不宽;有的对资源原材料存在潜意识中的路径依赖,缺乏"转"的动力、活力与创意；有的甚至把发展与转变对立起来、割裂开来，在转变方面存在盲目性、随意性。种种情况表明，河南要加快转变发展方式，转变领导方式特别是领导者的观念和意识是当务之急。

用领导方式转变加快发展方式转变是破解发展难题、实现科学发展的关键举措

记者：用领导方式转变加快发展方式转变作为破解发展难题、实现科学发展关键举措提出两年多了，我们在加快领导方式转变方面做了哪些主要工作？转变主要体现在哪些方面？

喻：河南省第九次党代会对转变领导方式做出了深刻论述，提出了明确要求，主要体现在5个方面。

第一，把转变体现在发挥党委的领导核心作用上。具体内容包括：坚持"四个重在"实践要领，坚持"四个明白"工作要求，坚持"破解四难"，坚持"四个立足"，坚持"四靠作为"。通过这些总的要求和指导方针，确保各级党委能够总揽全局、协调各方，从政治上、思想上、组织上保证党的路线方针政策的贯彻落实。

第二，把转变体现在继续解放思想上。20年前，当时的河南省委提出"思想解放是总开关"。此后，历届省委都十分重视解放思想，由此推进了河南的大发展。2009年年底，河南省委主要领导提出继续解放思想，突破河南看中原。谋划和建设中原经济区，就是在新形势下坚持解放思想结出的丰硕成果。特别是"一文九论十八谈"学习实践活动，极大地提高了各级干部的战略思维、创新思维、辩证思维能力，由此产生的影响力、冲击力，已经并且正在有力地推动着中原经济区建设的前进步伐。

第三，把转变体现在增强宗旨意识上。几年来，省委、省政府把加快发展与改善民生结合起来，每年向社会承诺办好"十项重点民生工程"，使人民群众成为改革发展的现实受益者。例如，按照"广覆盖、保基本、多层次、可持续"方针完善社会保障体系，新农保和城镇居民养老保险实现了从无到有的全覆盖。大力发展社会事业，基本普及义务教育，在全国率先实施县级医院服务能力倍增计划。

第四，把转变体现在用制度管权管事管人上。通过建立健全决策、执

行、评价、监督、激励机制，构建科学完备的制度体系，增强党的创造活力。譬如，在干部选拔任用中坚持"五重五不简单"，形成选人用人的公正机制和公正导向。省委率先迈出改革步伐，建立了集体酝酿干部制度，每次干部调整前都增加组织部集体酝酿和常委会集体酝酿环节，综合考虑干部平常表现、年度考察、后备干部考察等情况。推行干部选用工作全程纪实制度，强化对干部选拔任用过程的监督等。

第五，把转变体现在改进工作作风上。着力于"实"，着力于"正"，引导各级干部真正把心思和精力放在研究问题、解决问题、推动工作上，做到责随职走、心随责走，说到做到，说好做好，科学运作、有效运作，落实"三具两基一抓手"工作方法。近几年，省委反复强调坚持求真务实，力戒形式主义。人们明显感到文件少了，会议少了，检查评比少了，但大家的积极性、主动性、创造性更高了。

记者： 从各种报道看，河南省用领导方式转变加快发展方式转变取得了很好的成效，请您从总体上介绍一下。

喻： 用领导方式转变加快发展方式转变，是河南推进发展方式加快转变的一个创举，是破解发展难题、实现科学发展的关键举措。在两年多的具体实践中，河南发展方式转变取得重大进展，可谓亮点纷呈，成效显著。主要表现在以下四个方面。

第一，产业结构更加优化。一直以来，产业结构过重是河南产业发展的主要特征，也是转变河南发展方式的关键所在。这几年，我们按照产业集聚区规划与土地利用总体规划、城市总体规划"三规合一"和企业集中布局、产业集群发展、资源集约利用、功能集合构建、人口有序转移"四集一转"基本要求，指导规划建设了180个产业集聚区，使之成为经济转型升级的突破口。我们制定并推动实施了产业调整振兴规划，促进高成长性产业、战略新型产业、现代服务业发展壮大和传统优势产业改造升级，高成长性产业增加值增速和比重已经超过能源原材料产业，成为支撑工业经济增长的主要拉动力量，初步改变了河南以能源原材料产业为主动力的工业增长格局。

第二，改革开放进一步深化。在改革方面：在收入分配制度改革中，妥善处理改革引起的利益关系调整；在财政管理体制改革中，在全国率先实施"基本公共服务均等化转移支付"，提高了市县公共服务保障能力；

在医药卫生体制改革中，把群众得实惠作为出发点和落脚点，全省城镇医保、新农合参保率分别达到94.8%和97.6%；在企业改革中，把推进企业战略重组与企业解困发展、产业转型升级结合起来。在开放方面：坚持对外开放基本省策，着力构建举省开放体制，外贸对经济发展的带动力显著增强。

第三，城镇化水平明显提升。近年来，河南按照"核心带动、轴带发展、节点提升、对接周边"的原则，着力实施城乡建设3年大提升行动计划，积极推动产城融合发展，积极开展城乡一体化试点，着力加快城市新区和产业集聚区建设，着力推进新型农村社区建设，城镇化水平显著提高。

第四，"三化"协调格局初步形成。河南省第九次党代会明确提出，要持续探索不以牺牲农业和粮食、生态和环境为代价的新型城镇化、新型工业化和新型农业现代化"三化"协调科学发展的路子，从而形成了"两不三新""三化"协调科学发展的完整概括，形成"三化"协调发展的"河南模式"。目前，河南省以新型城镇化引领城镇化内涵式发展、工业集聚和布局优化、农业现代化水平提升、新型农村社区建设取得重大进展，新型工业化的主导作用日益突出，新型农业现代化基础作用日益巩固。可以说，全省"三化"协调发展格局初步形成。

（原载《河南日报》2012年10月17日）

破解科学发展难题的创新举措[*]
——河南用领导方式转变加快发展方式转变的调查与思考

以科学发展为主题、以加快转变经济发展方式为主线，是关系我国发展全局的战略抉择，虽然各地在实践和探索中不断取得扎扎实实的成效，但是也遇到很多难题和瓶颈，"久推难转、转而不快"，充分反映了转变的艰巨性和复杂性。尤其是国际金融危机以来，面临着一系列极具挑战性的矛盾和困难，这个时代的命题、发展的课题、现实的难题，更加期待我们的破解之道。近几年，河南坚持用领导方式转变加快经济发展方式转变，在思想观念、方式方法、工作作风、实际运作等方面引发了一场静悄悄的深刻变革，全省经济社会发展呈现出"五个越来越清晰"的可喜局面——战略定位越来越清晰、发展战略越来越清晰、发展路子越来越清晰、转变方式越来越清晰、务实发展越来越清晰。

一 用领导方式转变加快发展方式转变的重要意义

面临国内外经济结构深刻调整和转型，河南经济社会发展进入矛盾凸显、爬坡过坎的攻坚阶段，也进入了只有转变发展方式才能实现科学发展的关键时期，而领导方式转变是经济发展方式转变的关键，只有加快实现

---

[*] 2012年7月27日，中共河南省委书记卢展工等省领导与社会科学界专家茶叙，卢展工发表了重要讲话，提出在"两不三新""三化"协调科学发展路子的探索中"理论应先行、理论应引领、理论应破难、理论应聚力"。根据省委领导指示精神，在河南省委宣传部的大力支持下，河南省社会科学院组织撰写了一批文章在中央党报、党刊和国家级报刊发表。本文是其中一篇。课题组长：喻新安；成员：赵西三、杨兰桥、刘晓萍。

领导方式转变，才能有力、有效地推进经济发展方式的转变。

　　加快转变经济发展方式进入攻坚阶段。党的十七大提出了加快转变经济发展方式的战略任务，强调要促进经济增长由主要依靠投资、出口拉动向依靠消费、投资、出口协调拉动转变，由主要依靠第二产业带动向依靠第一、第二、第三产业协同带动转变，由主要依靠增加物质资源消耗向主要依靠科技进步、劳动者素质提高、管理创新转变。但是，转变经济发展方式知易行难，既是经济领域里的一场伟大革命，又是政治、社会、文化等领域里的一场深刻变革，全国各地在实践探索中虽然取得了初步成效，但经济发展方式至今尚无实质性转变，发展中不平衡、不协调、不可持续的矛盾与问题很突出。国际金融危机对我国经济的冲击表面上是对经济增长速度的冲击，实质上是对经济发展方式的冲击，经济增长更加依赖投资驱动，消费动力明显不足，出口对我国经济增长的冲击不断加大，服务业发展滞后问题没有得到有效解决，科技进步对经济增长的贡献仍然偏低，环境保护与节能减排的任务更加艰巨，区域城乡发展不平衡问题仍较严重，我国加快经济发展方式转变进入攻坚阶段，能否牢牢把握机遇、沉着应对挑战，关键取决于我们的思想认识，取决于我们的工作力度，取决于我们推进改革发展的步伐。

　　河南加快经济发展方式转变的任务更加艰巨。河南是中国的缩影，人口多、底子薄、基础弱、发展不平衡、人均水平低，加快经济发展方式转变难度更大。从发展阶段看，河南人均生产总值不到全国平均水平的83%，城镇人均可支配收入、农民人均纯收入都仅为全国平均水平的95%左右，城镇化率低于全国10.7个百分点，城乡基础设施和公共服务差距偏大的问题没有得到有效缓解，加快发展、科学发展面临的瓶颈制约较多。从经济结构看，农业比重高于全国近3个百分点，服务业比重低于全国14.3个百分点，工业结构层次偏低，能源原材料产业占到60%以上，龙头企业竞争力偏弱，进出口总额占生产总值比重仅为7.5%，外贸对区域经济增长的拉动力较弱，区域创新能力不强，研发投入占生产总值的比重仅为全国水平的一半左右。从生态环境看，河南地跨淮河、长江、黄河、海河四大流域，是南水北调中线工程的水源地，但是高耗能产业比重大、农业面源污染治理难等矛盾突出，生态环境保护任务很重。由于河南面临的问题和矛盾更加突出，所以也深陷"久推难转""转而不快"的困境，

"不想转、不会转、转变慢、转变难"等现象普遍存在，面临新的发展形势与历史阶段，与其他区域相比，河南加快经济发展方式转变的任务更为艰巨。

加快转变经济发展方式重在转变领导方式。加快转变经济发展方式必须要在实践中大胆探索创新，这就要求领导干部首先要转变，现在加快经济发展方式转变中遇到的很多问题和制约，反映的都是领导方式、工作方法的问题，突破传统的经济发展方式，抓机遇，创优势，解瓶颈，惠民生，对领导方法提出了更高要求，领导干部的思想观念、认知水平、行为素质、思维方式及工作方法是加快经济发展方式转变取得实效的决定性因素。当前，滞后的体制机制，不切实际的发展思路，GDP至上的政绩观，落后的激励考核体系，行政分割的区域发展观念，等等，仍然严重制约着经济发展方式转变。转变领导方式就是立足区域实际，思考自身优势，找准重点难点，按照规律办事，打开工作思路，提高运作能力，创造性地开展工作，把中央和省里的要求与地方实际情况有机结合起来，做到学习到位、谋划到位、运作到位、务实到位。只有坚持用领导方式转变加快经济发展方式转变，解放思想，实事求是，与时俱进，才能转出新空间、转出新观念、转出新举措，真正把推动发展的立足点转到提高质量和效益上来，中原经济区建设、中原崛起河南振兴才有不竭的动力和活力。

二 用领导方式转变加快发展方式转变的实践探索

用领导方式转变加快发展方式转变，是河南加快转变发展方式的理论创新和实践创新，是实现中原崛起河南振兴过程中凝练出的重要共识。在用领导方式转变加快发展方式转变的创新实践中，河南省以思想观念、执政理念、工作方法、工作作风的转变，来推动领导方式的转变，进而推动发展方式的转变。

转变思想观念，在解放思想中加快经济发展方式转变。思想观念转变是加快发展方式转变的前提，也是加快发展方式转变的关键所在。思想观念不转变，领导方式就转变不了，经济发展方式也就无从转变。近年来，河南省以开展学习实践科学发展观活动、"两转两提"（转变政府职能、转变工作作风、提高行政效能、提高公务员素质，2008年6月26日河南省人民政府一次全会上提出）主题活动等为契机，解放思想，更新观念，以思想解放推动思想观念的转变，用思想观念转变加快发展方式转变。其中，最为重要的是，从2010年6月《人民日报》刊发的《用领导方式转变加快发展方式转变》署名文章开始，河南以媒体为主，全省各方面广泛参与，围绕转变领导方式的"九论十八谈""新十八谈""十八谈影像版"和"新九论"，展开了一场静悄悄的解放思想、促转变促提升的学习交流活动。这场思想解放运动，在全省各地引发巨大反响，极大地激发了领导干部重学习、重实践、能思考、能运作的积极性与主动性，增强了领导干部贯彻落实科学发展观、实现科学发展的自觉性和坚定性，为加快发展方式转变、走好"三化"协调科学发展之路，统一了思想、凝聚了人心、鼓舞了士气、迸发了力量。

转变执政理念，在为民惠民中加快经济发展方式转变。加快发展方式转变，领导干部执政理念转变是根本。有什么样的执政理念，就有什么样的发展观，就有什么样的发展方式。在用领导方式转变加快发展方式转变过程中，河南坚持把执政理念转变作为加快发展方式转变的根本之策，突出以人为本，强化执政为民。加大民生投入力度，在经济形势发展不容乐观的2011年，累计用于民生领域的投入2815亿元，占财政支出的66.3%；2012年上半年，河南省全省财政民生支出1531.6亿元，占财政支出的比重达70.3%。着力民生民心民意，适时提出建设新型农村社区的战略构想，全省规划新型农村社区近万个，启动试点近2000个，初步建成400个左右，让广大农民共享城市化文明成果；切实保护人民的根本利益，在建设新型农村社区过程中，创造性地提出"不从农民手中挖土地，不在农民身上打主意"等朴素理念，切实维护农民的根本利益；等等。这些做法和举措充分体现了省委、省政府"执政为民"的发展理念，践行着加快发展方式转变的根本目的和价值追求。同时，为进一步加快发展方式转变提供了重要保障。

转变工作方法，在遵循规律中加快经济发展方式转变。加快发展方式转变，领导工作方法转变是保障。领导工作方法是否科学，能不能高效地指导实践、推动工作，直接关系着发展方式转变的质量和效率。近年来，河南在用领导方式转变推动发展方式转变实践过程中，坚持有所为有所不为，按照"学明白、想明白、说明白、做明白"的工作要求，遵循"不唯上、不唯书、只唯实"的工作理念,在认识规律、尊重规律、把握规律的基础上,勇于探索,善于创新,创造性地提出了"三具两基一抓手"的科学工作方法,并把其形象地表述为"任何事情一具体就突破、一具体就深入、一具体就落实""切实抓好基层、打好基础""把实施项目带动作为抓手""三具两基一抓手"工作方法,强调尊重客观规律,突出科学运用,成为解决具体问题的利器和法宝。

转变工作作风,在求真务实中加快经济发展方式转变。作风连着党风,带着政风,影响民风。加快发展方式转变,领导干部工作作风转变是关键。近年来,河南省在用领导方式转变加快发展方式转变过程中,坚持把工作作风转变作为关键之举,全力加强领导干部作风建设。在政府自身建设方面,开展了以"转变政府职能、转变工作作风、提高行政效能、提高公务员素质"为主题的"两转两提"活动;在选人用人方面,提出了"五重五不简单"的用人标准;在干部考核方面,制定下发了《省辖市拟提拔人选科学发展实绩考核办法》,确立了以多项日常工作实绩为主的考评指标。而且更为重要的是,省委主要领导同志身体力行,率先垂范,无论是开会提前到场、发言提出见解,还是出行不搞接送、调研不定路线;无论是照相站后排,引得客商近悦远来,还是体验求职难,力促"4050人员"再就业,无不体现出求真务实的工作作风、踏实重干的工作形象。当前,求真、务实、重干,已成为河南领导干部的共识和行动,已成为转变发展方式的有力保障。

三 用领导方式转变加快发展方式转变的启示

伴随着2020年实现全面建成小康社会目标的如期临近,严峻的国内外形势对加快转变经济发展方式提出了更高的要求。河南作为中国的缩影,对科学发展道路的实践探索就是对探索中国特色社会主义发展路子的最好诠释。

深入贯彻落实科学发展观要勇于突破创新思路。深入贯彻落实科学发展观是一项长期艰巨的历史任务,面临着一系列极具挑战性的矛盾与困难,必须以更加坚定的信心、更加有力的举措、更加完善的制度来贯彻落实科学发展观,真正把科学发展观转变为推进经济社会又好又快发展的强大力量。对于河南来说，积极探索不以牺牲农业和粮食、生态和环境为代价的"三化"协调发展的路子，是中原经济区建设的核心任务，更是为全国发展创造经验。这就是说，河南没有现成的经验可以借鉴，深入贯彻落实科学发展观就必须在实践中勇于探索，创新思路，对领导方法提出了更高要求，河南"用领导方式转变加快经济发展方式转变"，就是促进思想观念更新、鼓励发展思路创新，就是勇于推进实践基础上的理论创新。只有领导首先摆脱传统思维方式、发展方式的束缚，真正树立科学发展观和正确的政绩观，不断分析问题、破解难题、持续求进，才能真正把科学发展观落到实处。

加快转变经济发展方式要突出特色体现优势。新形势下，坚决执行中央加快转变经济发展方式的重大决策部署，必须把中央决策和地方实际有机结合起来。河南因地制宜、结合地方特色，积极探索"三化"协调科学发展的新路子，就是把中央决策部署与地方发展实际结合起来。"九论十八谈"就是各地对区域发展阶段、比较优势、制约因素和发展思路的一次大碰撞，厘清了地方发展思路，找到了地方特色，增强了加快发展的信心，把河南的发展提升到了一个新层次、新境界、新阶段。在当前这种复杂的发展格局下，坚持科学发展、加快经济发展方式转变一定要因地制宜、集思广益，把人民群众的创造与地方政府的战略互动起来，把地方的比较优势与外部环境的动态变化有机结合起来，突出比较优势，体现地方特色。作为一个非均质的大国经济体，我国各区域差异很大，落实科学发展观、转变经济发展方式不必也不能"齐步走"，要依托优势分层推进。

破解区域科学发展难题要从源头抓起创新体制机制。目前，一些事关经济发展方式转变的重点领域和关键环节改革难以启动，政策调整阻力重重，很大程度上是因为现行体制机制的不合理、不科学。大力推动领导方式转变、破解区域科学发展难题就是从源头抓起，促进广大干部群众解放思想、开拓进取，勇于推进实践基础上的理论创新，不断在制度建设和创新方面迈出新步伐，促进经济发展方式的实质性转变。只要领导干部有了先进的理念、科学的思路、创新的激情，永不僵化、永不停滞，才能引来前赴后继的群众动力。河南近几年不断在制度建设和创新方面迈出新步伐，逐步建立与加快转变经济发展方式相匹配的政绩评价体系，引导树立正确的政绩观，创新干部选拔机制，用"五重五不简单"的标准不拘一格用人才，真正把干部考核机制转化为推动发展方式转变的原动力，激发了广大干部群众的创造热情。

创新工作思路要遵循规律有所为有所不为。用领导方式转变加快经济发展方式转变，就是要发挥市场主体的主动性和创造性，着力激发各类市场主体发展新活力。政府的领导行为和管理行为也是一种有限资源，错误配置必然造成"该干的没干好，不该干的干糟了"，要讲究有所为有所不为，"为"就是"不为"，做了很多事情，没有起作用甚至起了副作用，做了等于没做，"不为"就是"为"，很多事情尊重规律、不去干预不去做，反而会收到很好的效果。用领导方式转变加快经济发展方式转变，就是要加快政府职能转型，提高服务能力，切实体现尊重市场主体、尊重规律、尊重知识、尊重人才、尊重劳动、尊重创造，塑造一个适于新技术、新产业和新企业孕育壮大的外部环境，引导生产要素向新技术、新产业和新领域聚集，提高资源配置效率，引导企业由"被动转"向"主动转"转型，培育推动经济发展方式转变的内生动力。

（原载《经济参考报》2012年9月12日）

深刻把握科学发展观的实践价值[*]

——从中部崛起看科学发展观对实践的重要指导作用

经验表明，一个国家坚持什么样的发展观，对于这个国家的发展将产生重大影响，不同的发展观往往导致不同的发展结果。回顾10年来我国经济社会发展的辉煌历程，可以清晰地看到，科学发展观为我国经济社会发展提供了重要指导方针，为全面建设小康社会、加快推进社会主义现代化提供了有力的理论指导。这在河南的经济社会发展实践中也有着十分充分的体现。

立足于"做"，强调科学运作、有效运作。

立足于"实"，强调解放思想、尊重规律。

立足于"转"，强调以领导方式转变加快经济发展方式转变。

立足于"效"，强调重在持续、为在持续。

改革开放30多年来，河南人民高举中国特色社会主义伟大旗帜，解放思想、勇于改革、攻坚克难、艰苦奋斗，使中原大地发生了沧桑巨变，成功地实现了由传统农业大省向全国重要的经济大省、新兴工业大省和有影响的文化大省的重大转变，迈上了建设中原经济区、加快中原崛起河南振兴的新征程。

尽管河南经济社会发展取得了重大成就，但是人口多、底子薄、基础

---

[*] 2012年7月27日，中共河南省委书记卢展工等省领导与社会科学界专家茶叙。卢展工发表了重要讲话，提出在"两不三新""三化"协调科学发展路子的探索中，"理论应先行、理论应引领、理论应破难、理论应聚力"。根据省委领导指示精神，在河南省委宣传部的大力支持下，河南省社会科学院组织撰写了一批文章在中央党报、党刊和国家级报刊发表。本文执笔：喻新安、阎德民、李娟、郭小燕。

弱、人均水平低、发展不平衡的基本省情并没有从根本上改变,与先进省份和发达地区相比还有不小的差距,经济社会发展中存在着诸多的矛盾和问题。站在新的历史起点上,河南要实现跨越式发展,必须深入贯彻落实科学发展观,大力弘扬中原人文精神,脚踏实地、务实重干。

在推动务实发展过程中,河南省委引导全省各地积极倡导解放思想、与时俱进的思想品格,尊重规律、尊重实践的科学精神,以说到做到、说好做好的工作作风,着力用领导方式转变加快经济发展方式转变,持续探索三化协调科学发展的路子,取得了显著成效。

立足于"做",强调科学运作、有效运作。河南提出,推动发展,改善民生,必须立足于做。在中原经济区上升为国家战略之后,河南强调建设中原经济区,关键在做。关键在做,就是强调反对空谈、力戒形式主义,就是强调狠抓落实、科学有效运作。各地紧紧围绕破解制约河南科学发展的难题,悉心研究做,研究如何才能做得更好,真正做到科学运作、有效运作,既重发展速度又重发展质量,既重发展现状"显绩"又重发展后劲"潜绩",坚决不搞政绩工程、形象工程,努力创造出经得起人民、实践、历史检验的业绩。

立足于"实",强调解放思想、尊重规律。建设中原经济区,必须立足于实,既坚持解放思想、与时俱进,又严格按规律做事、充分尊重规律。建设中原经济区是造福一亿河南人民的伟大事业,推进这一事业,因循守旧、故步自封不行,必须在解放思想中开拓创新、先行先试,同时又要坚持一切从实际出发,不断探索规律,自觉按照市场经济规律特别是区域经济规律来思考问题、研究工作。中原经济区发展战略的提出,就是解放思想、遵循区域经济规律的重要成果;不以牺牲农业和粮食、生态和环境为代价的新型"三化"协调科学发展路子的持续探索,以新型城镇化为引领、把新型农村社区纳入城镇体系等一系列战略思路和举措的提出,都是解放思想、按规律办事的结果。

立足于"转",强调以领导方式转变加快经济发展方式转变。河南抓住了转变领导方式这个关键,明确提出用领导方式转变加快经济发展方式转变,要求全省各地明确发展目的,持续正确思路,改进方式方法,把风气搞正,把工作做实。随着全省干部思想观念、思维方式、工作作风的转变,经济发展方式也悄然转变。

立足于"效",强调重在持续、为在持续。做与实最终落脚在效上。河南省委强调,要真正做到务实、有效,必须坚持重在持续、为在持续。近年来,河南系统梳理历届省委确立的发展思路,持续、延伸、拓展、深化中原崛起战略,提出了建设中原经济区的战略构想;持续增强发展意识,始终抓住发展不放松,坚持科学发展不动摇。在近两年宏观经济复杂严峻的形势下,河南经济发展进入了历史上最好的时期。全省地区生产总值连续多年稳居全国第五位、中部地区首位,近两年的增速分别高于全国平均水平1.9个和2.4个百分点,规模以上工业增加值的增速分别高于全国平均水平3.3个和5.7个百分点。特别令人欣喜的是,河南这个过去曾以封闭保守而著称的内陆省份,如今成了内外客商竞相投资的热土:富士康电子、格力电器等一批科技含量高、带动能力强的龙头企业和项目布局中原;62家央企签订的19项战略合作协议和130个重大合作项目落地河南;2011年实际利用外商直接投资突破100亿美元,增长60%,实际到位省外资金突破4000亿元,增长46%,进出口总值达到326.42亿美元,增长80%以上。2012年上半年全省地区生产总值13530.55亿元,同比增长10.3%,增速高出全国GDP增速2.5个百分点。是年1~5月,规模以上工业增加值增速高于全国平均水平4.9个百分点;出口总值增长106.4%;进出口总值达183.3亿美元,较上年同期增长93.5%。

河南的实践给我们的重要启示是:要发展,来不得任何急功近利、浮躁浮夸,只能脚踏实地埋头苦干,持续不断地狠抓落实,一步一个脚印地推动科学发展。

河南推动务实发展的实践,是结合河南省实际深入贯彻落实科学发展观的积极探索,对于各地解放思想、探索符合本地实际的发展新路、推动经济社会又好又快发展,具有一定的借鉴意义。

坚持务实发展,是河南省多年来特别是近年来积累的一条宝贵经验。河南之所以能够从我国的一个区域发展洼地,迅速崛起成为我国的经济大省、新型工业大省和全国重要的经济增长板块,务实发展是其成功的奥秘。务实发展体现了我们党一贯倡导的解放思想、实事求是、与时俱进的科学精神,更体现了以人为本、全面协调可持续发展的科学发展观的深刻内涵。河南的发展实践给我们的重要启示是:各地要发展,来不得任何急功近利、浮躁浮夸,只能脚踏实地埋头苦干,持续不断地狠抓落实,一步一个脚印地推动科学发展。

贯彻主题主线应把中央的决策和部署同本地的具体实际结合起来。近年来，河南所做的两件事引人注目：一是持续探索一条不以牺牲农业和粮食、生态和环境为代价的"三化"协调科学发展的路子，在科学发展的道路上迈出了坚实步伐；二是从制约经济发展方式转变的根本症结入手，抓住领导方式转变这个关键，用领导方式转变加快经济发展方式转变，效果十分明显。这两件事都彰显着务实发展的精神。以科学发展为主题，以加快转变经济发展方式为主线，是中央做出的关系我国发展全局的战略抉择，全国都要毫不动摇地加以贯彻落实。但是，我国幅员辽阔，经济发展不平衡，情况千差万别，贯彻这一战略抉择不能搞"一刀切"，必须把中央的决策和部署同本地的具体实际结合起来，创造性地探索和实践，走出一条中国特色、地方特点的科学发展路子，找到适合本地经济发展方式转变实际的具体抓手。这是河南的实践给我们的又一重要启示。

要用科学发展的实际成效体现执政为民。执政为民彰显科学发展观的核心价值诉求。执政为民不是抽象的，必须落实到具体实践中去。如何把执政为民理念贯穿于经济社会发展始终，把推动经济社会发展的具体行动变成践行执政为民的生动实践，这是每一个地方党委和政府都必须正确回答的历史课题。河南强调坚持执政为民必须着力务实发展，只有务实发展才是真正的执政为民。近年来，河南无论谋划什么重大事项都首先考虑民生问题，无论谋什么发展都把人民福祉放在首位。这几年大招商活动规模空前，其着眼点不是能增加多少GDP，而是能为群众在家门口就业增加多少岗位。近年来，新型农村社区建设在全省开展得如火如荼，其出发点不是从农民那里拿到多少土地，而是能使多少群众就地转化为城镇居民，能为群众增加多少财产性收入。这样的发展肯定能够赢得民心、凝聚民力，加快科学发展。

（原载《经济日报》2012年9月16日）

中原崛起与中国特色社会主义道路[*]

邓小平南方谈话发表20年来,中国人民在中国特色社会主义道路上迈出了民族复兴和大国崛起的铿锵步伐。河南是中国的一个缩影。20年来,历届河南省委、省政府在党中央、国务院的坚强领导下,团结带领全省人民,励精图治,拼搏进取,谱写了中原大省迅速崛起的壮丽篇章。中原地区在中国最有代表性、典型性。河南这样一个地方发生天翻地覆的变化,对于反映中国的面貌变迁最有说服力。中原崛起、河南振兴的历史实践,是中国特色社会主义在河南的伟大实践,它有力地印证了中国特色社会主义道路的正确性、中国特色社会主义制度的优越性和中国特色社会主义理论体系的科学性。

一 中原大省崛起的历程

2011年是河南发展历史上具有里程碑意义的一年。以国务院出台《关于支持河南省加快建设中原经济区的指导意见》为标志,建设中原经济区正式上升为国家战略。

河南是华夏文明的主要发祥地之一,曾经是世界上经济发达、文化繁荣的地区。北宋以后,领跑中国和世界的中原地区迅速走向衰微,一度成为贫穷落后的象征。新中国成立后,中原人民开始过上安居乐业的生活。

---

[*] 2012年7月27日,中共河南省委书记卢展工等省领导与社会科学界专家茶叙,卢展工发表了重要讲话,提出在"两不三新"三化协调科学发展路子的探索中,"理论应先行、理论应引领、理论应破难、理论应聚力"。根据省领导指示精神,在河南省委宣传部的大力支持下,河南省社会科学院组织撰写了一批文章在中央党报、党刊和国家级报刊发表。本文是其中一篇。课题组组长:喻新安、阎德民;成员:陈东辉、杨旭东、刘晓萍。

20世纪90年代以来，河南开始了奋力实现中原崛起的伟大历程。如今，20年过去了，这个中原大省发生了巨大变化。

1. 确立了中原崛起目标

邓小平在南方谈话中强调："抓住时机，发展自己，关键是发展经济。"根据这一重要精神，河南从本省实际出发，开始制定自己的发展规划及其战略构想。为加快实现河南振兴，党的十六大刚刚闭幕，河南省委、省政府便立即和有关部门讨论如何实现"中原崛起"的问题。2003年3月，时任河南省委主要负责同志在两会期间接受《人民日报》记者采访时，正式提出"中原崛起"概念。同年7月，河南省委七届五次全会通过的《河南省全面建设小康社会的规划纲要》，正式确立了中原崛起的战略目标，即"在优化结构和提高效益的基础上，确保人均国内生产总值到2020年比2000年翻两番以上，达到3000美元，基本实现工业化，努力使河南的发展走在中西部地区前列，实现中原崛起"。2005年8月，胡锦涛总书记视察河南，提出了河南要"在促进中部地区崛起中走在前列"的目标任务，从更高层次定位了中原崛起的目标，使全省人民深受鼓舞和鞭策。2009年年底，新任河南省委主要负责同志开始谋划中原经济区战略。2011年9月，国务院印发《关于支持河南省加快建设中原经济区的指导意见》（以下简称《指导意见》），明确提出到2020年，"把中原经济区建设成为城乡经济繁荣、人民生活富裕、生态环境优良、社会和谐文明，在全国具有重要影响的经济区"，从而使中原崛起的目标更加清晰和具有时代感。

2. 中原崛起的历史进程

中原崛起是中国特色社会主义道路在河南的生动实践；是历届河南省委、省政府带领全省亿万人民，砥砺奋进，实干实效，全面建设小康社会的宏大工程。

20世纪90年代初，河南开始了中原崛起的初步探索，明确了"团结奋进，振兴河南"的方针，确立了"一高一低"（经济增长高于全国水平，人口自然增长率低于全国水平）的目标，做出了"围绕农字上工业，上了工业促农业"的决策，提出了建设中原城市群的思路。90年代后期，河南实施了可持续发展、科教兴豫、开放带动三大战略。进入21世纪后，河南开始系统布局中原崛起战略任务，明确了"加快工业化、城镇化、努力推进农业现代化"的发展路径，提出并开始实施开放带动主战略，推动以郑东新区为核心的大郑州建设。2006年4月，中共中央、国务院印发《关于促进中部地区崛起的若干意见》。河南抓住这一难得的历史机遇，对中原崛起进行了新的部署。2009年以来，河南各级党委和政府以创新的勇气谋发展，坚持一个战略，即全面实施建设中原经济区，加快中原崛起、河南振兴总体战略；一条路子，就是持续探索不以牺牲农业和粮食、生态和环境为代价的新型城镇化、新型工业化、新型农业现代化"三化"协调科学发展的路子；一个要领，就是"重在持续、重在提升、重在统筹、重在为民"的实践要领；一个形象，就是务实发展、务实重干的形象，从而推动了河南经济社会的持续前行，迎来了历史上少有的良好发展局面。

3. 中原崛起的主要成就

经过20年的持续努力，推进中原崛起取得巨大成就，河南由缺粮大省变成国人的大粮仓、大厨房，成为全国重要的经济大省、新兴工业大省和有重要影响的文化大省。2011年，河南省地区生产总值由1992年的1279.75亿元增加到2011年的27232.04亿元，居全国第五位；粮食产量由1992年的621亿斤增加到2011年的1108亿斤，总产量占全国的1/10，其中小麦产量超过1/4。河南经济结构发生明显变化，2011年，第二、三产业合计比重达87%；工业结构日趋合理，全国191个工业种类，河南拥有185个，新兴工业大省的地位进一步巩固。1992年，河南工业增加值为481.11亿元，在全国排序中仅居第九位，2011年达到14401.7亿元，跃居全国第五位。交通运输高度发达，高速公路通车总里程达到5196公里，居全国第一。航空运输从无到有，郑州机场客运吞吐量突破1000万人次大关，成为我国八大区域枢纽机场之一。

4. 中原崛起的良好势头

2011年是河南发展历史上具有里程碑意义的一年。这一年，河南持续、延伸、拓展、深化中原崛起战略，凝聚全省人民的智慧和力量，不断完善建设中原经济区战略构想，推进中原经济区发展列入国家"十二五"规划纲要、全国主体功能区规划，以国务院出台《指导意见》为标志，建设中原经济区正式上升为国家战略。

今天的河南在全国的战略地位越来越重要，其经济社会发展正处于史上最好时期。全省上下深入贯彻落实科学发展观，坚持"四个重在"（重在持续、重在提升、重在统筹、重在为民）实践要领和"四个明白"（学明白、想明白、说明白、做明白）工作要求，大力实施建设中原经济区、加快中原崛起河南振兴总体战略，持续探索不以牺牲农业和粮食、生态和环境为代价的新型城镇化、新型工业化、新型农业现代化"三化"协调科学发展的路子，切实用领导方式转变加快发展方式转变，着力推动务实发展、建设务实河南，全面推进"一个载体、三个体系"（以产业集聚区为主的科学发展载体和现代产业体系、现代城镇体系、自主创新体系）建设。河南经济社会发展总体持续、总体提升、总体协调、总体有效，中原崛起呈现出好的趋势、好的态势和好的气势，为"十二五"乃至今后很长一个时期奠定了发展基础，创造了发展条件，积蓄了发展势能。

二 河南对中原崛起之路的新探索

河南省第九次党代会做出了持续探索不以牺牲农业和粮食、生态和环境为代价的新型城镇化、新型工业化、新型农业现代化"三化"协调科学发展路子的战略抉择。

站在新的历史起点上，河南既面临着建设中原经济区的重大发展机遇，同时面临着许多困难和挑战。如何破解发展难题，加快中原崛起？河南省第九次党代会做出了持续探索不以牺牲农业和粮食、生态和环境为代价的新型城镇化、新型工业化、新型农业现代化"三化"协调科学发展路子的战略抉择。自此，河南人民踏上了探索中原崛起之路新的历史征程。随着探索实践的不断深化，这条中原崛起之路越来越清晰。

1. 破解发展四道难题：探索新型"三化"协调科学发展路子的直接动因

邓小平同志曾经深刻地指出："发展起来以后的问题不比不发展时少。"在充分肯定业已取得的成绩的同时，河南省的决策者们也清醒地认识到，人民日益增长的物质文化需求同落后的社会生产之间的矛盾并没有从根本上改变，人口多、底子薄、基础弱、人均水平低、发展不平衡的基本省情没有从根本上改变，"钱从哪里来、人往哪里去、粮食怎么保、民生怎么办"四道难题需要破解的局面没有从根本上改变。这"三个没有根本改变",客观分析了河南发展中存在的突出矛盾和问题,深刻揭示了河南发展的阶段性特征。这些问题归结起来,就是工业化、城镇化、农业现代化"三化"不协调。这种不协调是阻碍河南发展,制约加快建设中原经济区、全面建成小康社会的大难题,给河南经济社会发展带来了一系列困难。不破解这些难题,河南发展的既定目标就无望实现。为了加快中原崛起、河南振兴,确保让1亿河南人民与全国人民一道迈入更高水平的全面小康社会,河南开始探索破解这一发展难题之路。这便成为河南探索新型"三化"协调科学发展路子的直接动因。

2. "两不牺牲":探索新型"三化"协调科学发展路子的倒逼机制

"两不三新""三化"协调科学发展的路子,是改革开放以来河南干部群众和历届省委、省政府持续探索的成果。走好这条路子,前提是要做到"两不牺牲",即不牺牲农业和粮食、不牺牲生态和环境。河南是中国第一农业大省,是全国重要的粮食生产核心区,承担着确保国家粮食安全的重任。国以粮为本,民以食为天。胡锦涛总书记指出:"能不能保障国家的粮食安全,河南的同志肩上是有责任的。"近10年来,温家宝总理每年都到河南来视察,每次都以考察粮食生产情况为重点。河南地跨长江、淮河、黄河、海河四大流域,又是南水北调中线工程的水源地。河南的生态安全和环境安全,事关国家经济、社会发展全局。

河南的特殊省情和在全国发展大局中所处的历史地位,决定了它不能重蹈一些地方在发展经济中削弱粮食生产、牺牲生态环境的老路。着眼于全国大局,河南向全国人民做出了"两不牺牲"的庄严承诺。一诺值千金,责任重如山。践履这一庄严承诺,倒逼河南探索新型"三化"协调发展路子,既稳定粮食产量又保障和改善民生,既着力解决"三农"问题又有效解决"三化"协调互动问题,在不减少耕地面积、巩固粮食生产优势地位的前提下加快推进工业化、城镇化进程,增强河南的综合实力,使全省人民同全国人民一道迈入全面小康社会。

3. 新型城镇化引领:探索新型"三化"协调科学发展路子的创新实践

工业化、城镇化和农业现代化是人类文明进步的重要标志,是现代化建设的基本内容。同步推进城镇化、工业化和农业现代化,是推进现代化建设必须科学把握和始终遵循的客观规律。我国是一个区域发展很不平衡的大国,实现城镇化、工业化和农业现代化"三化"协调、同步发展,不可能只有一条路子、一个模式，各地必须从自己的实际出发，走出有本地特色的"三化"协调发展路子。河南农村人口多、农业比重大、保粮任务重，"三农"问题突出，是制约"三化"协调发展的最大症结，其中，人多地少是制约"三化"协调发展的最现实问题，城镇化水平低是经济社会发展诸多矛盾最突出的聚焦点。根据这一实际，河南在探索实践中创造性地走出了一条新型城镇化引领"三化"协调科学发展的路子，突出强调新型城镇化的引领作用。这样做，既符合河南省情又符合经济发展规律和科学发展观的要求。新型城镇化在"三化"协调发展中起着战略性、全局性和关键性的作用。城镇化水平低是河南推进"三化"协调发展的短板，也是实现河南"三化"协调发展的潜力和动力所在。随着社会发展，城镇对产业培育、经济发展、民生改善的作用日益突出。坚持新型城镇化引领是实现"三化"协调发展的内在要求，是破解河南四道发展难题的根本途径。

4. 建设新型农村社区：探索新型"三化"协调科学发展路子的关键所在

进入21世纪第二个10年，距离到2020年全面建成更高水平的小康社会只有短短的10年时间。从发展现状看，河南虽然已是全国工业大省，但还远不是工业强省；河南的城镇化率仅为40.6%，远低于全国平均水平。要保证1亿河南人民特别是6000万农民届时同全国人民一道步入更高水平的小康社会，必须加快推进新型城镇化和新型工业化。但是，搞工业项目需要用地，推进城镇化需要占地，没有地招商引资项目不能落地，城镇发展规划无法实施。对于全国第一人口大省河南来说，土地本来就是一种不可再生的稀缺资源，更重要的是河南又做出了"两不牺牲"的庄严承诺。为了国家粮食安全，河南1.18亿亩耕地的"红线"无论如何不能碰！建设用地从哪里来？这个历史性难题，曾使河南决策层为之犯愁、纠结。

在探索实践中，河南省找到了破解这一历史性难题的突破口——建设新型农村社区。在有条件的地方，引导在自然村落独门独院散居的农民有序迁入新型农村社区居住，把他们的宅基地置换出来，实现土地的节约集约利用，就可以有效缓解建设用地刚性需求与保护耕地硬性约束的矛盾，同时还可以促进农村土地流转，加快土地的集聚和集中，推进农业现代化的进程。

5. 示范的典型性和代表性：探索新型"三化"协调科学发展路子的内在价值

河南在奋力实现中原崛起的实践中，持续探索新型"三化"协调科学发展之路，谋的是河南的事，解的却是全国发展的题。河南的探索和实践，是贯彻落实科学发展观的有益实践，是破解"三农"问题的重要尝试。河南的经验和做法无疑对全国具有重要借鉴意义。改革开放以来特别是邓小平南方谈话以来，全国各地都在竞相发展，在实践中探索适合自身发展的路子，创造了不少经验模式，譬如温州模式、苏南模式等。应当说，这些经验模式在一定时期对我国的经济振兴产生了良好的示范和带动作用。在新的历史条件下，河南的实践探索及其发展路子和模式，也具有比较突出的示范典型性和代表性。这是由河南基本省情与中国基本国情的高度相似性，以及河南发展阶段与中国发展阶段的高度契合性所决定的。从某种意义上说，河南是中国的缩影，河南是缩小了的中国，中国是放大了的河南。无论从地理位置、人口规模，还是从社会结构、历史地位上看，无论是就面临的发展任务来说，还是就需要破解的发展难题而言，河南都是中国所有省份中最具代表性和典型性的一个省份。河南所破解的发展难题，可以说就是中国所要破解的发展难题。河南探索走出的发展路子，其意义和价值远远超出了区域性的层面。河南对新型"三化"协调科学发展路子的持续探索及其鲜活经验，对建设和发展中国特色社会主义具有典型的样板示范作用和重要参考借鉴价值，在助推中原崛起、加快河南振兴的同时，还印证、丰富和拓展了中国特色社会主义道路。

三 中原崛起的深刻启示

河南推动中原崛起的实践告诉我们，解放思想始终是推动我们事业发展的强大思想武器。是改革开放为中原崛起注入了强大动力、增添了无尽活力。

河南人民以中原崛起的辉煌业绩，体现了中国特色社会主义道路的本质要求，同时验证了中国特色社会主义道路的正确和伟大，给人以深刻启示。

1. 始终贯彻党的思想路线，以解放思想不断开辟中原崛起新境界

解放思想是党的思想路线的核心内涵，也是河南探索崛起之路的强大思想武器。河南是华夏农耕文明的重要发祥地，在为中华民族做出重大贡献的同时，也积淀了过多封闭、保守的小农意识，拖累发展的思想包袱比较沉重。进入 21 世纪，河南通过推动思想解放，破除了闭关自守的传统思维，迈开了开放带动发展的铿锵步伐。近年来，围绕用领导方式加快转变发展方式，中原大地悄悄掀起了新一轮的思想解放热潮，推动河南在务实发展的道路上稳步前行。

回望这些年中原崛起的历史进程，每次重大的实践突破和历史性跨越的实现，都离不开解放思想，解放思想始终是实现中原崛起的重要法宝。一部中原崛起的历史就是不断解放思想的历史。河南推动中原崛起的实践告诉我们，解放思想始终是推动我们事业发展的强大思想武器。改革开放没有坦途，解放思想永无止境。我们必须牢牢掌握解放思想这个法宝，使我们的事业永葆生机与活力。

2. 一以贯之谋发展，始终围绕中原崛起持续探索科学发展新路子

20 世纪 90 年代初，河南提出加强农业的基础地位，大力推进工业化、城市化进程，实施"以农兴工、以工促农，农工互动、协调发展"战略，提出"工业、农业两篇文章一起做"，"两道难题（工业化缓慢、农民增收困难）一起解"，开始了工农业协调发展的探索。

2001 年河南省第七次党代会强调："在巩固农业基础地位的同时，大力推进工业化和城市化。"2003 年河南省委七届五次全会要求："加快工业化、城镇化，推进农业现代化。"近年来，河南持续探索新型"三化"协调科学发展的路子，强调发挥新型城镇化的引领作用，以先行先试的魄力，表现了高度的使命感和自觉的责任担当。一次次重大抉择，始终贯穿着发展这条"红线"不变，中原崛起的步伐也因此而愈益矫健有力。概括地说，中原加快崛起的奥秘，就是两个字："持续"，任凭风云变幻，始终做到重持续、重提升、重统筹、重为民，不争论、不折腾、不刮风、不呼隆，一任接着一任干、一张蓝图绘到底、一以贯之谋发展。河南加快中原崛起的实践证明，推动科学发展不仅要有思路、有激情，更要有一股锲而不舍、持之以恒、百折不挠、矢志不渝的韧劲。这是坚持发展是硬道理的内在要求，也是推动中国特色社会主义事业发展的关键所在。

3. 坚定不移地推进改革开放，不断为中原崛起提供强大动力

河南积极推进国有企业改革，逐步建立和完善现代企业制度；积极推进所有制改革，大力发展非公有制经济，形成了多种所有制经济竞相发展的新格局；大力发展县域经济，上演了"十八罗汉闹中原"活力迸发的大戏；深化文化体制改革，大力推进文化创新，使文化创造活力充分涌流。与此同时，河南积极推进对外开放，实施开放带动战略，推进"东引西进"，着力打造内陆开放高地，在一些内外经贸活动中大显身手，在各项大型招商引资活动中独领风骚，不断为中原大省拓展崛起空间。

可以说，是改革开放为中原崛起注入了强大动力、增添了无尽活力。正是因为有了改革开放，河南加快中原崛起的道路才越走越宽广。中原加快崛起的实践证明，改革开放是推动党和人民事业发展的强大动力，是坚持和发展中国特色社会主义、实现中华民族伟大复兴的必由之路。我们只有奋力把改革开放推向前进，才能不断为中国特色社会主义事业注入强大动力。

4. 尊重群众首创精神，始终依靠人民推动中原崛起

河南人民自古就以勤劳智慧著称于世。回顾中原崛起20年来的历史进程，许多思路、举措和路径，都是人民群众在实践中创造出来的，都是人民群众智慧的结晶。目前正在中原大地如火如荼地开展的新型农村社区建设，同样是农民群众在追求更加美好新生活的奋斗实践中的发明创造。

中原加快崛起的实践证明，人民群众是真正的英雄，是推动历史发展的实践主体。在新的历史起点上把中国特色社会主义伟大事业继续推向前进，必须充分尊重人民主体地位，尊重人民首创精神，自觉地把政治智慧的增长、执政本领的增强深深扎根于人民群众的创造性实践之中。

5. 不断加强党的建设，为中原崛起提供坚强保障

20年来，河南各级党组织不断加强自身建设，为中原崛起提供了坚强保障。不断强化党的组织建设，通过开展三级联创、选育"双强"村干部等措施，发挥基层组织的战斗堡垒作用和共产党员的先锋模范作用。这些年，河南先后涌现出史来贺、吴金印、任长霞、常香玉、刘志华、张荣锁、李连成、李文祥等一大批优秀党员干部。这些优秀共产党人默默付出、无私奉献，成为力挺中原崛起的脊梁。

近年来,河南围绕用领导方式转变加快发展方式转变的学习交流和创新实践不断深入,党员干部的思想观念、工作方式、工作作风持续转变,学习之风、创新之风、务实之风、为民之风日益浓厚,有力推动了思想解放、科学发展和中原经济区建设。中原加快崛起的实践再次雄辩地证明,办好中国的事情,关键在党。我们要不断开创中国特色社会主义事业发展新局面,必须着力推进党的建设新的伟大工程,确保党始终成为中国特色社会主义的坚强领导核心。

(原载《中国社会科学报》2012年9月24日)

科学发展观在中原的生动实践[*]

——河南务实发展的调查与思考

近年来,河南广大干部群众牢记党中央和胡锦涛总书记的嘱托与期望,深入贯彻落实科学发展观,坚持清醒忧患、遵循规律、重在持续、务实发展,以领导方式转变加快发展方式转变,以务实发展树立务实河南形象、建设务实河南,取得了显著成效。如今,务实发展作为一种精气神,在广袤的中原大地上已经蔚然成风,推动河南经济社会正在发生日益深刻的变化,使河南赢得越来越多的尊重。河南务实发展的实践,可以为其他地区提供一些有益的启示。

一 提出务实发展的历史背景

河南省践行的"务实发展",就是准确把握省情,遵循客观规律,顺应历史趋势,尊重民众意愿,注重求实求效,一切都要经得起实践、历史和人民的检验,其核心就是在发展中坚持一切从实际出发,注重解决实际问题。

河南是中华民族的重要发祥地,厚重的中原文化赋予了河南人民务实低调、崇尚实干的优秀品质,使之养成了吃苦耐劳、朴实肯干、勇于担当、任劳任怨的优良传统。愚公移山精神、红旗渠精神、焦裕禄精神以及新时期的"三平精神",无不闪烁着中原人文精神的璀璨光芒。然而,历史总是在曲折中前进的。20世纪五六十年代,盛极一时的"共产风""浮夸风"曾使河南人民吃尽了苦头。

---

[*] 课题组组长:喻新安;成员:阎德民、李娟、郭小燕。

改革开放30多年来，河南人民在党的领导下，高举中国特色社会主义伟大旗帜，解放思想、勇于改革、攻坚克难、艰苦奋斗，使中原大地发生了沧桑巨变，成功地实现了由传统农业大省向全国重要的经济大省、新兴工业大省和有影响的文化大省的重大转变，迈上了建设中原经济区、加快中原崛起河南振兴的新征程。

站在建设中原经济区、加快中原崛起河南振兴新的重要发展关口上，河南省的决策者们始终保持着一种清醒忧患，清醒地认识到，尽管河南经济社会发展取得了重大成就，但是人口多、底子薄、基础弱、人均水平低、发展不平衡的基本省情并没有从根本上改变，与先进省份和沿海发达地区相比还有不小的差距，经济社会发展中存在着诸多的矛盾和问题，"钱从哪里来、人往哪里去、粮食怎么保、民生怎么办"的老四难尚未根本解决，"土地哪里来、减排哪里去、要素怎么保、物价怎么办"的新四难又凸显出来。站在新的历史起点上，河南要实现跨越式发展，必须大力弘扬中原人文精神，脚踏实地、务实重干。改革开放30多年来的发展变化得益于脚踏实地、务实重干，现在建设中原经济区，在加快中原崛起河南振兴的征途上迈出新步伐，更需要脚踏实地、务实重干。

根据党的十五大提出的发展目标，党的十六大提出了在21世纪头20年集中力量全面建设惠及十几亿人口的更高水平的小康社会的奋斗目标。在此基础上，胡锦涛总书记在党的十七大报告中进一步提出了实现全面建设小康社会奋斗目标的新要求。现在，距离实现这一奋斗目标的时间越来越近了。历史经验证明，实现奋斗目标的时间和任务越是紧迫，越是容易出现盲目攀比、急于求成的急躁情绪，越是容易出现投机取巧走捷径、不能沉下心来做事情的问题。经济欠发达地区尤其容易出现这种情绪和问题。针对这种情况，河南省委、省政府深刻总结历史经验教训，明确提出：时间和任务越是紧迫，越是要脚踏实地、务实重干，真正做出经得起群众、实践和历史检验的业绩。河南省第九次党代会要求全省各级党组织和广大共产党员，要把务实发展作为一种追求、作为一种品格、作为一种责任，以务实发展树立起务实河南的形象。

二　推动务实发展的做法与成效

在推动务实发展过程中，河南省委引导全省各地牢固树立"关键在做"的理念，积极倡导解放思想、与时俱进的思想品格，尊重规律、尊重实践的科学精神，以说到做到、说好做好的工作作风，着力用领导方式转变加快经济发展方式转变，持续探索"三化"协调科学发展的路子，取得了显著成效。人民日报社记者先后两次著文，用"静悄悄"和"稳步前行"来形容河南的务实发展。

立足于做，强调科学运作、有效运作。"空谈误国，实干兴邦"，河南提出，推动发展，改善民生，必须立足于做。在中原经济区上升为国家战略之后，河南强调建设中原经济区，关键在做。关键在做，就是强调反对空谈、力戒形式主义，就是强调狠抓落实、科学有效运作。河南省委、省政府深刻反思了过去的一些工作，断然停止了类似"百厅包百县"帮助基层抗旱之类表面上轰轰烈烈实则收效甚微等做法，要求各级各部门把更多的时间和精力放到做上，扎扎实实地做，勤勤恳恳地做，深入持久地做，多做抓基层打基础的工作，想好了再说、说了就要做、做好做到位。经过教育和引导，"关键在做"逐步成为全省上下的共识，各地紧紧围绕破解制约河南发展的难题，悉心研究做，研究如何才能做得更好，真正做到科学运作、有效运作，既重发展速度又重发展质量，既重发展现状"显绩"又重发展后劲"潜绩"，坚决不搞政绩工程、形象工程，努力创造出经得起人民、实践、历史检验的业绩。

立足于实，强调解放思想、尊重规律。建设中原经济区，必须立足于实，既坚持解放思想、与时俱进，又严格按规律做事、充分尊重规律。河南省第九次党代会强调，建设中原经济区，活力是解放思想。建设中原经济区是造福1亿河南人民的伟大事业，推进这一事业，因循守旧、故步自封不行，必须在解放思想中开拓创新、先行先试，同时又要坚持一切从实际出发，不断探索规律，自觉按照市场经济规律特别是区域经济规律来思考问题、研究工作，使发展的目标、思路、举措更加符合实际、符合规律。目前，解放思想、尊重规律在河南已经不是一句空洞的口号，而是广大干部群众自觉的实际行动。中原经济区发展战略的提出，就是解放思想、遵循区域经济规律的重要成果；不以牺牲农业和粮食、生态和环境为代价的新型"三化"协调科学发展路子的持续探索、以新型城镇化为引领、把新型农村社区纳入城镇体系等一系列战略思路和举措的提出，都是解放思想、按规律办事的结果。

立足于转，强调用领导方式转变加快经济发展方式转变。破解经济社会发展难题，根本途径在于加快经济发展方式转变。经济发展方式究竟如何转？河南抓住了转变领导方式这个关键，明确提出用领导方式转变加快经济发展方式转变，要求全省各地明确发展目的，持续正确思路，改进方式方法，把风气搞正，把工作做实。河南省委的号召与要求在全省上下引起强烈反响。各地领导干部从加快自身转变开始，思考自己怎么转、怎么做，主动揭短找差距，深入剖析查症结，反复调研寻良策。他们摒弃以往"报喜不报忧"的做法，坚持"成绩由群众讲，问题由自己说"。经过努力，不少干部蓦然发现，近年来省里召开的会议少了，下发的文件也少了。随着全省干部思想观念、思维方式、工作作风的转变，经济发展方式也悄然转变。2011年，乔治白这一国际知名服饰公司将5亿元巨资投到豫东农业大县虞城时，许多人惊诧不已。"选择虞城，除了看好这里的发展机遇，更主要的是河南人的务实作风感动了我们。"浙江乔治白公司负责人如是说。同年8月，谈及富士康项目建设的"郑州速度"，总裁郭台铭深受感动，情不自禁地起身向在场的领导同志深鞠一躬表示敬意。

立足于效，强调重在持续、为在持续。做与实最终落脚在效上。河南省委强调，要真正做到务实、有效，必须坚持重在持续、为在持续。在河南的同志看来，持续是科学发展观的重要内涵，体现的是责任心和运作能力，体现的是锲而不舍、有所作为的精神。他们要求各级领导干部要把持续作为党性人品和从政品格，始终保持锲而不舍的韧劲，不动摇、不懈怠、不刮风、不呼隆、不折腾。近年来，河南省系统梳理历届省委、省政府确立的发展思路，持续、延伸、拓展、深化中原崛起战略，提出了建设中原经济区的战略构想；持续增强发展意识，始终抓住发展不放松，坚持科学发展不动摇。在近两年宏观经济复杂严峻的形势下，河南经济发展进入了历史上最好的时期。全省地区生产总值连续多年稳居全国第五位、中部地区首位，近两年的增速分别高于全国平均水平1.9个和2.4个百分点，规模以上工业增加值的增速分别高于全国平均水平3.3个和5.7个百分点。特别令人欣喜的是,河南这个过去曾以封闭保守而著称的内陆省份,如今成了内外客商竞相投资的热土:富士康电子、格力电器等一批科技含量高、带动能力强的龙头企业和项目布局中原;62家央企签订的19项战略合作协议和130个重大合作项目落地河南;2011年实际利用外商直接投资突破100亿美元,增长60%,实际到位省外资金突破4000亿元,增长46%,进出口总值达到326.42亿美元,增长80%以上。2012年一季度,全省生产总值增速高于全国2.5个百分点,位居全国第四位、中部地区第1位。2012年1~5月,规模以上工业增加值增速高于全国平均水平4.9个百分点;出口总值增长106.4%;进出口总值达183.3亿美元,较上年同期增长93.5%。上半年全省地区生产总值13530.55亿元,同比增长10.3%,增速高出全国GDP增速2.5个百分点。

三 河南务实发展的启示

河南推动务实发展的实践,是结合全省实际深入贯彻落实科学发展观的积极探索,对于各地解放思想、探索符合本地实际的发展新路、推动经济社会又好又快发展,具有一定的借鉴意义,能够给人以启迪。

务实发展是科学发展的内在要求和重要保证。坚持务实发展,是河南省多年来特别是近年来积累的一条宝贵经验。河南之所以能够从我国的一个区域发展洼地,迅速崛起为我国的经济大省、新型工业大省和全国重要的经济增长板块,务实发展是其成功的奥秘。务实发展体现了我们党一贯倡导的解放思想、实事求是、与时俱进的科学精神,体现了中原人民低调、持续、实干的优秀品质,更体现了以人为本、全面协调可持续发展的科学发展观的深刻内涵。科学发展内在地要求务实发展,务实发展是科学发展的重要保证。河南的发展实践给我们的重要启示是:中华要崛起,民族要振兴,来不得任何急功近利、浮躁浮夸,搞不得任何大呼隆、乱折腾,只能脚踏实地埋头苦干,持续不断地狠抓落实,一步一个脚印地推动科学发展。

贯彻主题主线必须把中央的决策和部署同本地的具体实际结合起来。近年来,河南所做的两件事引人注目:一是持续探索一条不以牺牲农业和粮食、生态和环境为代价的"三化"协调科学发展的路子，在科学发展的道路上迈出了坚实步伐；二是从制约经济发展方式转变的根本症结入手，抓住领导方式转变这个关键，用领导方式转变加快经济发展方式转变，效果十分明显。这两件事都彰显着务实发展的精神。以科学发展为主题，以加快转变经济发展方式为主线，是中央做出的关系我国发展全局的战略抉择，全国都要毫不动摇地加以贯彻落实。但是，我国幅员辽阔，经济发展不平衡，情况千差万别，贯彻这一战略抉择不能搞"一刀切"，必须把中央的决策和部署同本地的具体实际结合起来，创造性地探索和实践，走出一条具有中国特色、地方特点的科学发展路子，找到适合本地经济发展方式转变实际的具体抓手。这是河南的实践给我们的又一重要启示。

  用科学发展的实际成效体现执政为民。执政为民彰显科学发展观的核心价值诉求。执政为民不是抽象的，必须落实到具体实践中去。如何把执政为民理念贯穿于经济社会发展始终，把推动经济社会发展的具体行动变成践行执政为民的生动实践，这是每一个地方党委和政府都必须正确回答的历史课题。河南强调坚持执政为民必须着力务实发展，只有务实发展才是真正的执政为民。近年来，河南省无论谋划什么重大事项都首先考虑民生问题，无论谋什么发展都把人民福祉放在首位。这几年大招商活动规模空前，其着眼点不是能增加多少GDP，而是能为群众在家门口就业增加多少岗位。近年来，新型农村社区建设在全省开展得如火如荼，其出发点不是从农民那里拿到多少土地，而是能使多少群众就地转化为城镇居民，能为群众增加多少财产性收入。这样的发展肯定能够赢得民心、凝聚民力，加快科学发展。各地应从河南的做法和经验中得到深刻的启示。

  解放思想是发展的永恒主题。解放思想是党的思想路线的核心内涵和本质要求，是发展中国特色社会主义的重要法宝。只有不断解放思想，才能不断获得新认识，提升新境界，破解新难题，获得新发展。近年来，河南之所以能够在务实发展中不断迈出新步伐，根本在于牢牢把握住了解放思想这把"金钥匙"。正是因为有了思想上的解放，才使人们走出了思想误区，坚定了破解发展难题、探索发展新路的信念和决心，才有了用领导方式转变加快经济发展方式转变、新型城镇化引领"三化"协调科学发展等新思路。可以说,河南持续探索"三化"协调科学发展路子的过程,就是不断解放思想的过程。当前,我国发展面临的机遇前所未有,面对的挑战也前所未有。河南的经验和做法启示我们,解放思想越是矛盾、问题突出,越是挑战、压力巨大,越是需要解放思想。这是我们攻坚克难、不断开创新局面的重要保证。

(原载《中州学刊》2012年第5期)

中原巨变：中国特色社会主义的生动诠释[*]

2012年6月17日，中共中央政治局常委李长春在河南考察时指出："河南是中国的一个缩影。中原地区在中国最有代表性、最有典型性。从地理位置看，河南地处中部地区；从人口规模看，河南是一个拥有1亿人口的发展中大省；从社会结构看，河南是一个典型的农业省份，而中国是一个农业国，河南在社会结构上很有代表性；从历史地位看，河南是中华民族的祖根地，是中华民族传统文化的摇篮，在文化上很有代表性。河南这样一个地方发生天翻地覆的变化，对于反映中国的面貌变迁最有说服力。""可以说，河南的变化在全国有着不可替代的典型意义。"研究中原崛起之路，就是要通过分析中原全景式的变化，揭示中原巨变的社会背景、深刻原因和全局意义，进一步坚定走中国特色社会主义道路的自觉性。

一　中原的历史变迁

中原一词，从现存文献最早可见于《诗经》，如《小雅·南有嘉鱼之什·吉日》："瞻彼中原，其祁孔有。"《小雅·节南山之什·小宛》："中

---

[*] 摘自《中原崛起之路》（喻新安主编，人民出版社，2013）。2012年7月，河南省社会科学院拟定了包括"三论"（《新型三化协调论》《新型城镇化引领论》《新型农村社区论》）和《中原崛起之路》在内的研究计划，打算在2012年10月底完成出版，为此向河南省委书记卢展工进行了书面汇报。卢展工书记做出重要批示，要求"学明白、想明白、说明白、做明白，不要急于求成，真正写好这篇大文章"。实际上我们在写作中遇到的困难的确大于预期，特别是《中原崛起之路》要全景式地记述改革开放以来特别是20多年来河南各方面发生的巨大变化，仅仅框架结构就进行了几次重大调整，除"三论"如期完成外，《中原崛起之路》直到2012年年底才完成撰稿工作。本文是笔者撰写的该书第一章。

原有菽，庶民采之。"但这些中原并非完全是地域概念，而是"平原、原野"的意思。作为地域概念的中原，是以河南省为主体，包含河南周边部分地方的广大地区。

(一) 历史上的中原

"中原"是我国历史上一个非常重要的地域概念。作为特定地域概念的中原，历史所指范围并不一致，大体来说，是以古豫州为起点，以河洛地区为重心，其地理范围不断扩大，遍及整个黄河中下游地区。依据中原地区历代政区的变迁和文化影响，大致可以将中原的四至界定为：西临华山，北至太行山—漳河一线，南界沔水—淮河一线，东达泰山—泗水一线。主要包括现在的河南省全部，河北邢台以南，湖北枣阳、襄樊、郧县以北，陕西华山以东，以及山西长治、晋城、运城，山东聊城、菏泽和泰安部分区域和安徽宿州、淮北、阜阳、亳州、蚌埠等地。中原自古以来就是主导整个中华文明发展的核心地域，自远古以来，我们的祖先就生息繁衍在中原大地上，创造了裴李岗文化、仰韶文化、龙山文化等令世人赞叹的史前文化。

"中原"的核心区域在河南。河南是中华文明和中华民族最重要的发源地。4000多年前，河南为中国九州中心之豫州，故简称"豫"，且有"中州""中原""中土"之称。从中国第一个世袭王朝夏朝，至清王朝覆灭的4000余年历史中，河南处于全国政治、经济、文化的中心地域长达3000年，先后有夏（夏邑阳翟—许昌禹州、斟鄩—洛阳偃师）、商（亳、南亳、殷都、朝歌）、西周（成周洛邑）、东周、西汉（初期）、东汉、曹魏、西晋、北魏、隋、唐、武周、后梁、后唐、后晋、后汉、后周、北宋和金等20多个朝代在河南定都，经济社会文化发展曾几度达到鼎盛。中国八大古都中，河南有4个，即商王朝都邑郑州、殷商故都安阳、十三朝帝都中京洛阳和七朝古都东京开封。考古证实，中华文明的起源、文字的发明、城市的形成和国家的建立，都与河南有着密不可分的关系。北宋都城开封"八荒争凑、万国咸通"，人口逾百万，货物集南北，是当时最为繁荣发达的国际大都市，被誉为"中华第一神品"的《清明上河图》生动描绘了东京汴梁（现开封）的盛世繁华，而同一时期的英国伦敦人口还不到5万人。在北京奥运会开幕式上展示的造福全人类的中国古代四大发明，全部源自河南。河南历史上农业比较发达，五谷即"稻、黍、稷、麦、菽"，除稻外，起源地之一都在河南，其中河南小麦种植有7000年的历史。[①] 中原儿女为中华民族的发展进步做出了不可磨灭的贡献。

中原大地处于北方，辽阔广袤，自远古以来就是北方民族与中原民族交错杂居的地带，中华各族人民之间的往来，通过各种渠道，在这里汇聚。从历史的发展顺序看，先秦时期的戎狄，秦汉时期的匈奴、鲜卑，魏晋北朝时期的柔然、敕勒，隋唐时期的突厥、回纥、奚，五代十国、宋辽金时期的契丹、沙陀、女真，元明清时期的蒙、满等族都在北方这块土地上有过形成、发展、壮大和相互融合的历史。

南宋以后，由于大规模战争和自然灾害频发等多种原因，河南逐渐退出了我国历史舞台的中心。特别是近代以来，"水旱蝗汤"四大灾害肆虐中原地区，严重破坏了河南的生产力，造成民不聊生、积贫积弱，到新中国成立前夕已经成为一个贫穷落后的省份。1949年，河南人口为4174万人，占全国总人口的7.7%；工农业总产值为21.02亿元，仅占全国工农业总产值的4.5%；人均工农业总产值为50.3元，比全国平均水平低41%。

（二）河南的区位与资源

河南是中国的缩影。河南地处黄河中下游，土地面积16.7万平方公里，人口9820万人，人口密度592人，是全国人口密度最大的地区之一。

1. 区位优势

河南地处我国第二阶梯向第三阶梯的过渡地带。从政区和交通地位来看，河南处于居中的位置。以河南为中心，北至黑龙江畔，南到珠江流域，西至天山脚下，东抵东海之滨，大都跨越两至三个省区。若以河南省会郑州为中心，北距京、津、塘，南下武汉三镇，西至关中平原，东至沪、宁、杭，其直线距离大都在600~800公里之间。河南承东启西、通南达北的地理位置，决定了其在全国经济社会活动中的重要地位。

河南全省地形呈西高东低之势。省境之西耸立着太行山和豫西山脉。豫西山脉是秦岭的东延部分，秦岭进入豫西向东呈扇状展布。伏牛山是豫

[①] 胡廷积：《厚重儒学文化在河南》，《中州儒学文化》2010年第1期。

西山地的主体，山势雄伟高耸，海拔1000～2000米，被誉为全省的屋瓴。桐柏山脉、大别山脉拱卫于省境之南，海拔一般在1000米以下，为淮河、长江的分水岭。太行山脉与豫西山脉之间的黄河两岸分布有黄土丘陵区。豫中屹立着巍峨峻峭的中岳嵩山。省境东部为辽阔的黄淮平原。

河南位于我国内陆腹地，具有承东启西、连南通北的区位优势，在全国现代综合运输体系和物流体系中具有重要地位，是全国重要的物质和产品集散交换中心，东中西互动的战略平台。

综合交通运输枢纽。河南位于我国内陆腹地，具有承东启西、连南通北的区位优势，是中国多方向跨区域运输的交通要冲和多种交通运输网络交会的枢纽地区，承担着全国跨区域客货运输的重要任务，在全国现代综合运输体系和物流体系中具有重要地位。2011年，高速公路通车里程为5196公里，连续多年居全国第一；铁路通车里程为4203公里。高等级公路密度在中西部处于明显优势。中原地区的交通线路路网密度远高于全国平均水平，运输周转量在全国的比重也远高于其经济总量在全国的比重。

全国货物集散中心。作为综合交通枢纽，郑州在公路、铁路和航空到全国各地平均运输成本方面与武汉、西安、重庆相比具有明显的优势。独特的区位优势和发达的立体交通体系大大降低了河南对外交流的成本，使河南成为全国重要的物质和产品集散交换中心。郑州社会消费品零售总额在中西部省会城市中位于前列，以郑州商品交易所、郑州粮食批发市场、华中棉花交易市场为代表的期货和现货市场功能不断增强，一批大型专业批发市场不断壮大，大市场、大流通格局正在形成。郑州已成为全国重要的货物集散地。

东中西互动战略平台。地处中部地区的中心地位，区位、交通、经济发展水平等决定了河南在东中西互动中的战略平台作用。一方面河南将承接更大规模、更高层次的东部地区产业和资本的梯度转移，延伸和放大东部的辐射效应，支持西部大开发的推进，同时通过引进资金、技术、人才，进一步调整河南的资源配置和经济结构；另一方面河南可以为西部地区原材料、产品以及资源、劳动力等向东部乃至海外输出发挥通道作用。同时，通过积极参与西部大开发，可以为河南经济发展赢得更大的市场空间和发展余地。

2. 矿产资源

目前全省已发现矿产资源中，居全国首位的有钼矿、蓝晶石、铸型用砂岩、天然碱、水泥配料用黏土、珍珠岩、蓝晶铸岩等 8 种，居前 5 位的有 27 种，居前 10 位的有 47 种。优势矿产可归纳为煤、石油、天然气"三大能源矿产"，钼、金、铝、银"四大金属矿产"，天然碱、盐、耐火黏土、蓝石棉、珍珠岩、水泥灰岩、石英砂岩等"七大非金属矿产"。依托丰富的资源，河南发展起以轻纺、食品、冶金、建材、机械、电子、石油、化工为主体，门类齐全，具有一定规模的工业体系。

（三）河南的基本省情

河南省第九次党代会报告指出，应清醒地认识到，河南人口多、底子薄、基础弱、人均水平低、发展不平衡的基本省情没有从根本上改变。认识河南的基本省情，是加快中原崛起河南振兴的基础和前提。

1. "人口多"

河南户籍人口近 1 亿人。人口压力尚未转化为人才优势。劳动力整体素质偏低，劳动年龄人口中初中及以下学历的占 79.1%。2008 年全省人才总量 929 万人，占总人口的 9.3%，低于全国 10.5% 的平均水平。农村实用技术人才和技能型人才缺乏，农村劳动力中 80% 为初中以下文化程度，接受过职业技能培训的不足 1/3。创新人才比较少，每万名从业人员中从事科技活动人员数仅为 20 人，不到全国平均水平的一半。城镇技能型人才和专业技术人才缺乏，2009 年河南中等职业学校在校生人数仅占全国的 8.8%，技工学校在校生人数仅占全国的 6.1%；专业技术人才占全省总人口的 2.5%，低于全国 3.4% 的平均水平。高端人才尤为缺乏，目前在豫工作的"两院"院士仅有 17 人，周边的湖北、山东、陕西分别是 55 人、31 人、37 人。河南第一产业富余劳动力多，目前全省农村有 4700 多万名劳动力，虽然已经有 2000 万实现转移就业，但这些转移就业的农村劳动力还有不少没能扎根城市、实现稳定就业。

2. "底子薄"

河南城镇化发展滞后。2009 年河南城镇化率为 37.7%，比全国平均水平低 8.9 个百分点，与沿海省份相比，分别比广东、浙江、江苏和山东低 27.4 个、21.6 个、18.3 个和 11.6 个百分点；与周边省份相比，分别比湖北、山西、湖南、江西和安徽低9.2个、9.1个、6.1个、5.3个和4.5个百分点。城市规模小，综合承载力不强，既难以吸纳和支撑大量的农村人口向城市转移，也难以形成对农村发展的有效辐射带动。技术创新能力不高。2009年全省全社会研究开发费用占生产总值的比重为0.8%，不足全国平均水平的一半。创新成果比较少，2008年全省专利年申请量和授权量分别为广东的18.4%和14.7%、江苏的14.9%和20.6%；技术市场交易额只有25.4亿元，仅占全国的1%；据科技部测算，2008年河南科技进步指数为37.4%，低于全国平均水平17个百分点。服务业发展落后。2009年，河南服务业增加值为5630亿元，占GDP比重的29.1%，低于全国平均水平13.5个百分点。2008年，河南农业劳动生产率为9253元/人，相当于全国平均水平的84.5%。

3. "基础差"

工业竞争力不强。2008年，河南采掘工业、资源加工和农产品初级加工业占规模以上工业增加值的70%，其中建材、有色、化工、钢铁、电力、煤炭等能源原材料行业占工业总量的比重达55.5%左右，高新技术产业占规模以上工业增加值的比重仅为19.2%，装备制造业占规模以上工业增加值的比重仅为16.2%。开放型经济滞后。从外贸依存度看，2009年河南仅为4.7%，低于全国平均水平40.1个百分点。核心城市带动能力不强。省会郑州2008年经济首位度为16.3%，位居中部省会城市之末。基础设施和基本公共服务落后。农村水、电、路、气等基础设施和教育、卫生、文化等公共服务设施建设严重滞后。虽然实现了行政村"村村通"，但"村村通"公路标准不高、等级较低等问题突出。融资总量小。2009年新增贷款3068亿元，仅相当于浙江和江苏的1/3。2009年，贷款年均增长13.1%，低于全国平均水平3.5个百分点。资本市场发育滞后。2009年末，全省境内外上市公司总数65家，其中A股仅有40家，占全国的比重不足3%。

4. "人均水平低"

2009年，河南省经济总量尽管位居全国前列，但人均GDP为20477元，相当于全国平均水平的81.3%。2009年城镇居民人均可支配收入为14372元，比全国低2803元，相当于全国平均水平的83.7%，居全国第十六位；农民人均纯收入为4807元，比全国低346元，居全国第十七位，相当于全国平均水平的93.3%。2009年河南人均消费额为6768元,比全国平均水平低2000多元,居全国第十八位。万元GDP所产生的职工工资为全国平均水平的80%左右,2008年河南省机关、事业单位干部职工的收入在全国排第二十五位。2009年河南人均财政总收入仅1928元,为全国平均水平的37.6%。2009年全省人均消费支出仅是全国平均水平的75.7%,人均存款是全国平均水平的45.1%。

5. "发展不平衡"

城乡居民收入和生活水平差距较大。2000~2009年,城乡居民收入绝对差距由2780元扩大到9565元;城乡居民消费支出绝对差距由2515元扩大到6178元。从消费类别看,2009年城镇居民人均用于文化教育娱乐的支出为1048元,是农村居民的4.5倍;用于医疗保健的支出为876元,是农村居民的3.6倍。地区发展不平衡。从省辖市看,2008年,省辖市人均GDP高低差扩大到32570元,是2000年的3.9倍;人均财政一般预算收入最高与最低之差为3246元,是2000年的5.5倍。从县域看,发展差距更大,人均GDP最高的县(市)是最低县(市)的9倍,人均财政一般预算收入最高县(市)是最低县(市)的46倍。

二 中原崛起的探索过程

河南省委、省政府探索推动中原崛起,最早可追溯到1990年。根据对相关资料进行梳理,这一历程大致可分为探索起步、系统形成、拓展丰富、全面提升四个阶段。

(一)探索起步阶段

从1990年到2002年,省委、省政府针对河南人口多、经济发展水平低的省情,确立了"团结奋进、振兴河南"的指导思想,制定了"一高一低"的战略发展目标,提出了开放带动、科教兴豫、可持续发展和城市化四大战略。

1. 侯宗宾任省委书记、李长春任省长期间的河南省委、省政府(1990年3月至1992年12月)

这一时期确定了"团结奋进、振兴河南"的指导思想和"一高一低"

的战略发展目标,首次提出要实现"中原崛起"。

(1) 提出了"团结奋进、振兴河南"指导思想。侯宗宾任省委书记后,在1990年11月召开的省五次党代会上,提出了"团结奋进、振兴河南"的指导思想。会议提出,在经济工作上,必须坚持"科教兴豫、教育为本"的战略方针;必须坚持以农业为基础、工业为主导;必须坚持深化改革,扩大开放,努力探索计划经济与市场调节相结合的路子。在战略布局上,要以黄河经济带为龙头,重点发展中州平原,积极开发丘陵山区。

(2) 确定了"一高一低"的战略发展目标。1991年1月,河南省委五届二次全会确定了"一高一低"的战略发展目标,即经济发展速度和效益略高于全国平均水平,人口增长速度低于全国平均水平。

(3) 首次提出要实现"中原崛起"。时任省长李长春同志1992年1月以《加快改革开放,实现中原崛起》[①]为题撰文,提出"中西部地区是我国能源、原材料工业生产基地,又是广大的工业消费品市场,这都是促进沿海工业发展不可缺少的因素。实际上,沿海与内地在经济上是一种相互依存、互惠互利、共存共荣的关系。因此,从全国一盘棋的战略出发,为促进东、中、西部经济的协调发展,必须加快中原的振兴和崛起",并指出,"在党的十四大精神指引下,中原一定能够再度崛起"。

2. 李长春任省委书记、马忠臣任省长期间的河南省委、省政府(1992年12月至1998年2月)

这一时期,围绕"一高一低"战略发展目标,大力发展县域经济,全面实施开放带动、科教兴豫和可持续发展三大战略,提出了加快中原城市群发展、加快全省工业化进程的思路。

(1) 首次提出使河南成为中西部发展较快的地区之一。在1995年12月召开的河南省第六次党代会上,李长春同志提出,"九五"时期河南省经济社会的基本思路是:积极实施科教兴豫战略、开放带动战略、可持续发展战略,着力加强第一产业,强化提高第二产业,积极发展第三产业,加快基础设施建设,加速工业化、城市化进程,保持经济发展速度略高于全国平均水平、人口自然增长率略低于全国平均水平,使河南成为中西部发展较快的地区之一。其中,科教兴豫战略、可持续发展战略首次列为河

---

① 李长春:《团结奋进 振兴河南》,中共中央党校出版社,1997,第386页。

南省的经济社会发展战略。

（2）把发展县域经济作为加快河南发展的重要突破口。1993年3月底，河南省委、省政府决定将巩义、偃师、禹州等综合实力排名前18位的县（市）确定为改革、开放、发展的"特别试点县（市）"，赋予其部分省级经济管理权限，实行特殊政策，让它们实现高起点、超常规、大跨度、跨越式发展。这就是著名的"十八罗汉闹中原"。1993年5月，李长春同志在《奋进》杂志上撰文指出，从河南实际情况出发，加速县域经济发展，是关系振兴河南战略全局的大事，也是我们抓住机遇、加速发展的一个重要突破口。

（3）提出要探索出一条农业省加快工业化进程的新路子。1993年1月，李长春同志在全省农村工作会议上强调，农业大省实现工业化，必须首先立足于丰富的农副产品所提供的工业原料，坚持强农兴工的路子，把两者统一到"围绕农字上工业"上。1995年8月，在同全省理论界部分专家座谈时，他再次指出，就河南的实际来讲，必须围绕"农"字上工业，上了工业促农业。强农兴工，协调发展，走出一条农业省加快工业化进程的新路子。这条路子，既强化了农业基础，又找到了加速工业化进程的突破口。

（4）提出了加快中原城市群发展的思路。在1995年12月召开的河南省第六次党代会上，李长春同志提出，必须进一步优化和拓展生产力布局：抓紧抓好郑州商贸城建设，使其逐步成为有较强吸引力、辐射力的经济中心城市，在全省发挥龙头作用；加快以郑州为中心的中原城市群的发展步伐，着力培植主导产业，逐步成为亚欧大陆桥上的一个经济密集区，在全省经济振兴中发挥辐射带动作用。

（5）全面实施"开放带动战略"。1994年，河南省委五届九次全会首次做出了全面实施开放带动战略的重大决策，李长春同志提出要把对外开放提高到振兴河南的战略高度，摆到经济工作的突出位置。

3. 马忠臣任省委书记、李克强任省长期间的河南省委、省政府（1998年2月至2000年10月）

这一时期提出了"东引西进"战略。

1999年，根据党中央、国务院提出"国家要实施西部大开发战略"要求，河南省委、省政府提出了"东引西进"战略。"东引"就是充分发挥河南区位、市场、劳动力资源丰富等优势，吸引东部产业、技术、资金等，推动河南省产业改组、改造和升级；"西进"就是积极参与西部大开发，加强河南省与西部省区的经济技术合作，大力开拓中西部市场，努力提高河南省农产品、工业消费品等投资类产品在西部市场的份额。

4. 陈奎元任省委书记、李克强任省长期间的河南省委、省政府（2000年10月至2002年12月）

这一时期制定了"两个较高"目标，提出加强粮食基地建设，推进城市化战略。

（1）提出了"两个较高"目标。在2001年省人代会上，通过了省"十五"期间经济社会发展的总体思路，即以发展为主题，以经济结构调整为主线，以改革开放和科技进步为动力，以提高人民生活水平为根本出发点，继续坚持"一高一低"目标，实施科教兴豫、开放带动、可持续发展战略，推动经济发展和社会全面进步。会议指出，要在保持经济快速增长的同时，把质量和效益放在突出位置，实现国民经济较高的增长速度和较高的增长质量。

（2）做出了建设全国粮食基地的决定。2001年8月，河南省委、省政府做出"建设全国重要优质小麦生产和加工基地与建设全国重要畜产品生产和加工基地"的决定。当年，河南粮食总产首次跃居全国第一位。

（3）首次提出城市化战略。陈奎元在2001年10月召开的河南省第七次党代会工作报告中指出，"十五"及今后一个时期，河南省的经济社会发展要继续坚持科教兴豫、开放带动、可持续发展战略，积极实施城市化战略，推进工业化进程，认真落实"十五"计划《纲要》提出的"八项措施"。

（二）系统形成阶段

李克强任省委书记、李成玉任省长期间的河南省委、省政府（2002年12月至2004年12月）

这一时期明确了中原崛起的标志，制定了总体目标，确定了"三化"基本途径，系统阐述了中原崛起的内涵。

（1）正式提出中原崛起概念。2003年3月，河南省委书记李克强在参加全国人代会期间接受《人民日报》记者采访，正式提出"中原崛起"概念,并指出:"目前我国经济正由东向西梯度推进,世界性产业转移也由我国沿海向内地延伸,河南这样一个中部省份要紧紧抓住这个机遇,充分发挥区位优势和比较优势,加快工业化和城镇化,推进农业现代化,努力实现在中原崛起。"

(2)以省委全会和全会决议的形式,系统提出了中原崛起的总体目标、基本途径、发展布局、战略举措。2003年7月,河南省委七届五次全会通过了《河南省全面建设小康社会规划纲要》,确定河南省全面建设小康社会的总体目标是:在优化结构和提高效益的基础上,确保人均国内生产总值到2020年比2000年翻两番以上,达到3000美元,基本实现工业化,努力使河南的发展走在中西部地区前列,实现中原崛起。

基本途径是:加快工业化进程,走新型工业化道路;加快城镇化进程,充分发挥城市的聚集辐射带动作用;用工业理念发展农业,推进农业现代化。

发展布局是:实施中心城市、中心城镇带动战略,发展县域经济,在全省形成中原城市群经济隆起带和豫北、豫西、豫西南、黄淮地区各展所长、优势互补、竞相发展的格局。

战略举措是:坚持扩大内需;不断深化改革;强力实施开放带动;千方百计扩大就业;坚持科教兴豫;坚持可持续发展。

(3)首次明确中原崛起三个标志。2003年11月24日,新华社《瞭望》周刊第47期发表了对李克强同志的专访。在这次专访中,李克强同志明确表述了中原崛起有三个标志:"首先,一个重要标志就是,再经过近20年的努力,经济发展水平要达到全国当时的平均水平;这不仅是河南的发展水平上了一个大台阶,对国家的发展也是一个重大贡献。其次,就是要在全省基本实现工业化;到2020年,非农业劳动力要占到60%以上,城市人口占50%以上,使河南真正由农业社会进入工业社会。最后,河南的发展要走在中西部地区前列;使主要经济指标,特别是质量和效益指标经过努力走在前列。"一个月后,河南省委召开七届六次全会,李克强同志在会上又一次阐述中原崛起的内涵问题,指出:"中原崛起的目标,核心是经济内容,也包括了人文指标和社会稳定的内容。实现中原崛起,加快经济发展是第一要务,同时,必须推进经济政治文化协调发展,必须改革发展稳定全面推进。"

（4）围绕中原崛起的宏伟目标，确定把开放带动作为加快河南经济发展的主战略。2003年8月，省委、省政府召开了全省第四次对外开放工作会议，首次明确提出把开放带动作为加快河南经济社会发展的主战略，并出台了《关于加快发展开放型经济的若干意见》。

（三）拓展丰富阶段

徐光春任省委书记、李成玉任省长（2008年4月调整为郭庚茂）的河南省委、省政府（2004年12月至2009年11月）

这一时期进一步拓展丰富了中原崛起的任务和目标，全面推进中原城市群发展，提出了加快"两大跨越"、推进"两大建设"的发展思路。

（1）提出了"中原崛起总目标"。2005年4月，徐光春在鹤壁、安阳调研时提出了"中原崛起总目标"，包括"农业先进、工商发达、文化繁荣、环境优美、社会和谐、人民富裕"六个方面的内容。这六个方面既相对独立，又紧密联系、相互影响，共同构成中原崛起的总目标。

（2）制定了中原崛起的阶段性目标和"两大跨越、两大建设"的发展思路。2006年10月召开的河南省第八次党代会明确了中原崛起的历史任务、今后5年的奋斗目标和加快"两大跨越"（经济大省向经济强省跨越，文化资源大省向文化强省跨越）、推进"两大建设"（和谐社会建设和党的建设）的发展思路。会议提出，实现中原崛起，就是要按照科学发展观的要求，经过坚持不懈的努力，基本实现工业化，人均生产总值等主要发展指标赶上或超过全国平均水平，建成惠及全省人民更高水平的小康社会，建成农业先进、工业发达、文化繁荣、环境优美、社会和谐、人民富裕的新河南。2007年10月，河南省委八届四次会议提出建成"农业先进、工业发达、政治民主、文化繁荣、社会和谐、环境优美、人民富裕"的新河南。与省第八次党代会提出的目标相比，增加了政治民主内容，由六个方面变成了七个方面。

（3）全面推进中原城市群建设。2006年3月，河南省出台了《中原城市群总体发展规划纲要》，明确了中原城市群发展的总体思路、主要目标、空间布局和主要任务，提出要构建以郑州为中心、洛阳为副中心，其他省辖市为支撑，大中小城市相协调、功能明晰、组合有序的城市体系，加快培育郑汴洛、新郑漯（京广）、新焦济（南太行）、洛平漯四大产业带。在中原城市群核心区建设上，首次提出优先推动郑汴一体化发展的思路，重点推进功能、城区、空间、产业、服务、生态等"六个对接"，加速郑汴一体化进程。

（4）提出了加快黄淮四市发展的区域经济发展思路。2007年2月，河南省政府召开会议，专题研究区域经济协调发展问题。5月，河南省委、省政府召开加快黄淮四市发展工作会议，印发了《关于加快黄淮四市发展若干政策的意见》，提出了加快黄淮四市发展的总体要求和目标。

（5）提出建立文化改革发展试验区。2008年12月，在全国率先建立"文化改革发展试验区"，力争在文化改革发展上闯出一条新路，推进文化强省建设。

（四）全面提升阶段

卢展工任省委书记、郭庚茂任省长的河南省委、省政府（2009年12月至2012年10月）

这一时期为适应国内区域竞争的新形势，提出并成功谋划中原经济区，明晰了河南在全国发展大局中的重要地位和作用。

（1）提出了"四个重在"（重在持续、重在提升、重在统筹、重在为民）的实践要领，"四个明白"（学明白、想明白、说明白、做明白）的工作要求，以及破解"四难"（人往哪里去，钱从哪里来，粮食怎么保，民生怎么办）的工作重点。卢展工同志提出"把这些年河南在发展中形成的、经过实践证明是正确的发展思路整合起来，持续地做下去"。要求深入思考和研究"什么是中原""什么是中原崛起""为什么要中原崛起""怎样实现中原崛起"等基本问题，促使河南上下提升了认识问题的新境界。

（2）大力实施建设中原经济区、加快中原崛起河南振兴总体战略。2010年11月，河南省委召开八届十一次全会，审议并同意《中原经济区建设纲要（试行）》。同月，河南省第十一届人民代表大会常务委员会第十八次会议通过《关于促进中原经济区建设的决定》。2011年9月，国务院下发《关于支持河南省加快建设中原经济区的指导意见》（国发〔2011〕32号）。2011年10月河南省第九次党代会提出："紧紧围绕富民强省目标，全面实施建设中原经济区、加快中原崛起河南振兴总体战略。"

(3)持续探索不以牺牲农业和粮食、生态和环境为代价的新型城镇化、新型工业化、新型农业现代化"三化"协调科学发展的路子。河南省第九次党代会明确,探索这条路子,是从根本上破解发展难题的必然选择,是河南加快转变经济发展方式的具体实践,是中原经济区建设的核心任务。走好这条路子,必须充分发挥新型城镇化的引领作用、新型工业化的主导作用、新型农业现代化的基础作用。

(4)着力推动务实发展、建设务实河南,全面推进"一个载体、三个体系"(以产业集聚区为主的科学发展载体和现代产业体系、现代城镇体系、自主创新体系)建设。强力推动开放招商,取得了"一举应多变""一招求多效"的综合带动效应。以承接产业转移为主要途径,以重大项目建设为抓手,产业集聚区综合效应日益显现,已成为转型升级的突破口、招商引资的主平台。加强载体建设。加快城乡建设和城镇化进程,使综合承载和支撑能力进一步提高。

(5)切实用领导方式转变加快发展方式转变。探索实施土地开发利用管理"三项机制",开展农村土地整治和城乡建设用地增减挂钩,推进存量土地集约挖潜,基本保障了经济社会发展用地。积极创新投融资机制,有效整合利用政府资源、资产、资金、资信,发挥财政资金引导作用,支持投融资平台扩大融资规模。扎实推进重点领域改革。强力推进煤炭企业兼并重组,产业集中度显著提升。

三 中原崛起的主要成就

近年来,河南上下在党中央、国务院的正确领导下,不断解放思想、坚持科学发展,经济社会发展进入了当代历史上最好的时期之一。纵观河南又快又好发展的实践,可以说,河南实现了四个方面的巨大变化。

(一)经济实力跃上新台阶

改革开放之初的1978年,河南GDP总量为162.9亿元,列全国第9位。2011年,河南GDP总量由1992年的1279.75亿元增加到27232.04亿元,经济总量稳居全国第5位和中西部地区首位。全部工业增加值1.39万亿元、全社会固定资产投资1.78万亿元、社会消费品零售总额9453.7亿元。金融机构人民币各项存款余额26646.2亿元、贷款余额17506.2亿元。

1. 经济结构明显优化

2011年,第二、三产业比重达到87%。河南高技术产业增加值增长50%以上,高于规模以上工业增速30个百分点以上。产业集聚区规模以上工业主营业务收入1.8万亿元,占全省比重超过40%。2012年一季度河南高技术产业增加值同比增长110.6%;六大高成长性产业增加值同比增长24%,其中智能手机、大型成套装备、智能电网设备、汽车整车、服装、米面制品、畜肉制品、软饮料等终端产品均保持20%以上的增长。2011年全省城镇化率达到40.6%。非公有制经济占全省比重61%以上。

2. 质量效益持续改善

2011年,全省财政总收入2851亿元,增长24.3%;一般预算收入1722亿元、支出4246亿元,分别增长24.6%、24.3%。规模以上工业企业实现利润突破4000亿元,增长30%以上。万元生产总值能耗下降3.57%,化学需氧量、二氧化硫、氨氮排放量分别下降3.08%、4.85%、1.27%,圆满完成国家下达指标。

3. 开放招商取得重大突破

2011年,全省进出口总额326.4亿美元、利用外商直接投资100.8亿美元、利用省外资金4016.3亿元。来豫投资的世界500强、国内500强企业分别达到100家和128家,富士康等一批国际型、龙头型、基地型企业战略布局河南。

4. 城乡居民生活水平不断提高

2011年,全省城镇职工人均工资34203元;城镇居民人均可支配收入18195元、农民人均纯收入6604元,扣除价格因素实际增长分别为8%和11%左右。城镇基本养老、基本医疗保险覆盖人群分别比2007年增长5.2倍和2.4倍,新农保和城镇居民养老保险实现了从无到有的制度全覆盖。

(二)现代农业建设取得新进展

1. 巩固提高粮食综合生产能力

多年来,河南毫不动摇地抓紧抓好粮食生产,用占全国1/16的耕地生产了全国1/10以上的粮食,养活了占全国1/13的人口,同时每年还输出原粮及制成品 300 亿斤。全省耕地保有量持续稳定在 1.2 亿亩左右，基本农田稳定在 1.0175 亿亩以上积极推进粮食生产核心区建设，加快推进中低产田改造，大力开展大中型灌区改造和小型农田水利建设。优质粮比重达到 75% 以上，小麦、玉米、水稻优良品种覆盖率稳定在 95% 以上。2011 年粮食总产量 1108.5 亿斤，连续 8 年创新高、连续 6 年超千亿斤。2012 年夏粮总产量达 637.2 亿斤，比上年增产 10.9 亿斤，实现"十连增"。

2. 深入推进农业结构调整

高效经济作物种植面积不断扩大，畜牧业规模化养殖水平稳步提高。2011 年，肉、蛋、奶产量分别达 660 万吨、400 万吨和 320 万吨，均增长 3% 以上。支持特色优势农业发展和农业产业化经营，2011 年，省级以上重点龙头企业新评定 335 家达到 622 家，农民专业合作社净增 7868 家达到 3.4 万家。

3. 农业科技和机械化水平进一步提高，疫病防控和农畜产品质量安全监管得到加强

切实改善农村生产生活条件。落实国家强农惠农政策，2011 年，财政惠农补贴 167.8 亿元，增加 18.6 亿元。2011 年，新解决 508 万农村居民和学校师生饮水安全问题，新增农村户用沼气 21.3 万户，有 103.3 万农村贫困人口实现稳定脱贫。

（三）工业昂首迈向工业强省

1978 年工业总产值占全国的比重仅为 3.7%，居全国第 12 位。多年来，河南把工业作为实现中原崛起的主导来谋划，坚定不移地走新型工业化道路，工业迅速发展壮大，成为经济发展的强大筋骨。不仅实现了由传统农业大省向新兴工业大省的历史性跨越，在全国统计的 191 个工业行业门类，河南有 185 个，其中 123 个在全国具有竞争优势。

1. 工业整体实力显著增强

到 2011 年，全省全部工业实现增加值 13949.32 亿元，占全省生产总值的比重为 51.2%，比 2002 年提高 11.9 个百分点，分别相当于第一产业所占比重的 3.97 倍和第三产业所占比重的 1.8 倍。

2. 工业的主导地位得到强化

2011 年全部工业对全省生产总值增长的贡献率为 70.6%，比 2002 年提高21.4个百分点，分别比第一产业和第三产业高66.1个和49.1个百分点。其中，非公有制工业占规模以上工业增加值的比重从2002年的19.9%上升到2011年的71.5%，对规模以上工业增长的贡献率达80.1%，成为推动全省工业经济增长的主要力量。

3. 主导产业规模壮大

2011年，六大高成长性产业在全省工业经济中的比重为55.3%。高技术制造业逐渐发力。随着富士康等一大批高技术企业入驻河南，高技术制造业实现增加值占全省规模以上工业增加值的比重上升至5.3%。高载能行业结构调整成效显现。2011年，全省六大高载能行业实现增加值占全省工业的比重为40.7%，比2002年下降4.6个百分点。

（四）基础设施和生态建设不断加强

1. 基础支撑能力显著增强

加快推进城市新区规划建设，郑州、洛阳、新乡、许昌等城市新区建设成效显现。推进高速公路网、快速铁路网、坚强智能电网、信息网、水网和生态系统为重点的"五网一系统"基础支撑体系建设取得明显成效。京港澳、连霍高速公路河南段改扩建和跨省通道建设进展顺利，县城20分钟上高速通道工程全面展开。2011年，高速公路通车里程5196公里，连续多年居全国第1位；按照"米"字形布局大力推进铁路项目建设，石武客专省内工程基本完工。铁路通车里程4203公里。航空枢纽建设取得新进展，郑州机场客运吞吐量突破千万人次大关，进入国家一类机场行列。加快推进水利基础设施建设，燕山水库通过国家竣工验收，南水北调中线工程河南段建设加快推进。覆盖河南全省、通达世界、技术先进、业务全面的信息通信基础网络已成为支撑河南经济发展、方便百姓生活的重要力量。

2. 生态环境质量明显改善

与河南经济社会发展同步，河南环境保护事业走过了波澜壮阔的历程，迎来历史上的最好时期。"十一五"期间，国务院确定河南省主要污染物化学需氧量和二氧化硫排放总量要在2005年的基础上分别削减10.8%和14%以上。为实现上述目标，河南采取了加强环保重点工程建设、大力推动产业结构调整、积极开展清洁生产审核等措施。2007年年底，全省化学需氧量和二氧化硫排放量分别削减 3.76% 和 3.7%，首次呈现"双下降"，污染减排实现了重大转折。建立健全长效机制，大力淘汰落后产能，积极推进环境综合整治。河南淮河流域水污染防治工作采取了有效措施，淮河流域水质改善明显，达到了 1994 年淮河治污以来的最高水平。2011 年万元生产总值能耗下降 3.5% 左右，化学需氧量、二氧化硫排放量分别削减 1% 和 3%，环境质量继续改善。

（五）河南城镇化进入快车道

新中国成立之初，河南省城镇人口只占总人口的 6.4%。新中国成立后特别是改革开放以来，河南省高度重视城镇化在全省经济社会发展中的引领作用，坚持把加快城镇化进程作为全省经济社会发展的主战略，尤其是 20 世纪 90 年代以后，通过"十八罗汉闹中原"，加快中原城市群发展、加快郑汴融城步伐等战略性举措，使河南城镇化进入了快速发展的轨道。

21 世纪以来，河南在提出实现中原崛起的目标后，城镇化战略不断发展完善，逐渐探索和形成了一条实现中原崛起的新型城镇化之路。河南早在 2001 年的《政府工作报告》中，就提出调整城乡结构，坚持大型中心城市、中小城市和小城镇三头并举的方针，积极稳妥地推进城镇化。之后，河南先后制定了《加快城镇化进程的决定》《关于进一步促进城镇化快速健康发展的若干意见》等文件，提出了大中小城市"三头并举"的方针，构建中原城市群，规划建设郑东新区和洛南新区，统筹城乡一体化，实施中心城市带动战略，完善城镇体系，构建郑汴新区增长极等一系列战略措施。

2008 年以来，省委、省政府提出进一步完善中原城市群规划，着力构建以郑州为中心的"一极两圈三层"现代城镇体系，促进全省城市功能互补、向心发展、共同繁荣。2011 年，全省城镇化率达 40.6%，比 2001 年提高了 16.2 个百分点，年均提高 1.6 个百分点。河南省已初步探索出了一条城乡统筹、城乡一体、产城互动、节约集约、生态宜居、和谐发展，大中小城市、小城镇、新型农村社区协调发展、互促共进的新型城镇化道路。

四　中原崛起与中国特色社会主义

（一）中原大省崛起的历程

1. 确立中原崛起目标

邓小平在南方谈话中强调："抓住时机，发展自己，关键是发展经济。"根据这一重要精神，河南从本省实际出发，开始制定自己的发展规划及其战略构想。为加快实现河南振兴，党的十六大刚刚闭幕，河南省委、省政府便立即和有关部门讨论如何实现"中原崛起"的问题。2003年3月，时任河南省委主要负责同志在"两会"期间正式提出"中原崛起"概念。同年7月，河南省委七届五次全会通过的《河南省全面建设小康社会的规划纲要》，正式确立了中原崛起的战略目标，即"在优化结构和提高效益的基础上，确保人均国内生产总值到2020年比2000年翻两番以上，达到3000美元，基本实现工业化，努力使河南的发展走在中西部地区前列，实现中原崛起"。

2005年8月，胡锦涛总书记视察河南，提出了"河南要在促进中部崛起中走在前列"的目标任务，从更高层次定位了中原崛起的目标，使全省人民深受鼓舞和鞭策。

2009年年底，新任河南省委主要负责同志开始谋划中原经济区战略。2011年9月，国务院印发《关于支持河南省加快建设中原经济区的指导意见》（以下简称《指导意见》），明确提出到2020年，"把中原经济区建设成为城乡经济繁荣、人民生活富裕、生态环境优良、社会和谐文明，在全国具有重要影响的经济区"，从而使中原崛起的目标更加清晰和具有时代感。

2. 中原崛起的历史进程

中原崛起是中国特色社会主义道路在河南的生动实践，是历届河南省委、省政府带领全省亿万人民，砥砺奋进，实干实效，全面建设小康社会的宏大工程。

20世纪90年代初，河南开始了中原崛起的初步探索，明确了"团结奋进，振兴河南"的方针，确立了"一高一低"（经济增长高于全国水平，人口自然增长率低于全国水平)的目标,做出了"围绕农字上工业,上了工业促农业"的决策,提出了建设中原城市群的思路。90年代后期,河南实施了可持续发展、科教兴豫、开放带动三大战略。进入21世纪后,河南开始系统布局中原崛起战略任务,明确了"加快工业化、城镇化、努力推进农业现代化"的发展路径,提出并开始实施开放带动主战略,推动以郑东新区为核心的大郑州建设。2006年4月,中共中央、国务院印发《关于促进中部地区崛起的若干意见》。河南抓住这一难得的历史机遇,对中原崛起进行了新的部署。

2009年以来,河南各级党委和政府以创新的勇气谋发展,坚持一个战略,即全面实施建设中原经济区,加快中原崛起、河南振兴总体战略;一条路子,就是持续探索不以牺牲农业和粮食、生态和环境为代价的新型城镇化、新型工业化、新型农业现代化"三化"协调科学发展的路子;一个要领,就是"重在持续、重在提升、重在统筹、重在为民"的实践要领;一个形象,就是务实发展、务实重干的形象,从而推动了河南经济社会的持续前行,迎来了历史上少有的良好发展局面。

3. 中原崛起的良好势头

2011年是河南发展历史上具有里程碑意义的一年。这一年,河南持续、延伸、拓展、深化中原崛起战略,凝聚全省人民的智慧和力量,不断完善建设中原经济区战略构想,推进中原经济区发展列入国家"十二五"规划纲要、全国主体功能区规划,以国务院出台《指导意见》为标志,建设中原经济区正式上升为国家战略。

今天的河南,在全国的战略地位越来越重要,其经济社会发展正处于史上最好时期。全省上下深入贯彻落实科学发展观,坚持"四个重在"实践要领和"四个明白"(学明白、想明白、说明白、做明白)工作要求,大力实施建设中原经济区、加快中原崛起河南振兴总体战略,持续探索不以牺牲农业和粮食、生态和环境为代价的新型城镇化、新型工业化、新型农业现代化"三化"协调科学发展的路子,切实用领导方式转变加快发展方式转变,着力推动务实发展、建设务实河南,全面推进"一个载体、三个体系"(以产业集聚区为主的科学发展载体和现代产业体系、现代城镇体系、自主创新体系)建设。河南经济社会发展总体持续、总体提升、总体协调、总体有效,中原崛起呈现出好的趋势、好的态势和好的气势,为

"十二五"乃至今后很长一个时期奠定了发展基础,创造了发展条件,积蓄了发展势能。

(二)河南对中原崛起之路的新探索

河南省第九次党代会做出了持续探索不以牺牲农业和粮食、生态和环境为代价的新型城镇化、新型工业化、新型农业现代化"三化"协调科学发展路子的战略抉择。自此,河南人民踏上了探索中原崛起之路新的历史征程。随着探索实践的不断深化,这条中原崛起之路越来越清晰。

1. 破解发展四道难题

探索新型"三化"协调科学发展路子的直接动因。邓小平同志曾经深刻地指出:"发展起来以后的问题不比不发展时少。"在充分肯定业已取得的成绩的同时,河南省的决策者们也清醒地认识到,人民日益增长的物质文化需求同落后的社会生产之间的矛盾并没有从根本上改变,人口多、底子薄、基础弱、人均水平低、发展不平衡的基本省情没有从根本上改变,"钱从哪里来、人往哪里去、粮食怎么保、民生怎么办"四道难题需要破解的局面没有从根本上改变。

这"三个没有根本改变",客观分析了河南发展中存在的突出矛盾和问题,深刻揭示了河南发展的阶段性特征。这些问题归结起来,就是工业化、城镇化、农业现代化"三化"不协调。这种不协调是阻碍河南发展,制约加快建设中原经济区、全面建成小康社会的大难题,给河南经济社会发展带来了一系列困难。不破解这些难题,河南发展的既定目标就无望实现。为了加快中原崛起、河南振兴,确保让1亿河南人民与全国人民一道迈入更高水平的全面小康社会,河南开始探索破解这一发展难题之路。这便成为河南探索新型"三化"协调科学发展路子的直接动因。

2. 坚持"两不牺牲"

探索新型"三化"协调科学发展路子的倒逼机制。"两不三新""三化"协调科学发展的路子,是改革开放以来河南干部群众和历届省委、省政府持续探索的成果。走好这条路子,前提是要做到"两不牺牲",即不牺牲农业和粮食、不牺牲生态和环境。河南是中国第一农业大省,是全国重要的粮食生产核心区,承担着确保国家粮食安全的重任。国以粮为本,民以食为天。胡锦涛总书记指出:"能不能保障国家的粮食安全,河南的同志肩上是有责任的。"近10年来,温家宝总理每年都到河南来视察,每次都以考察粮食生产情况为重点。河南地跨长江、淮河、黄河、海河四大流域,又是南水北调中线工程的水源地。河南的生态和环境安全,事关国家经济社会发展全局。

河南的特殊省情和在全国发展大局中所处的历史地位,决定了它不能重蹈一些地方在发展经济中削弱粮食生产、牺牲生态环境的老路。着眼于全国大局,河南向全国人民做出了"两不牺牲"的庄严承诺。一诺值千金,责任重如山。践履这一庄严承诺,倒逼河南探索新型"三化"协调发展路子,既稳定粮食产量又保障和改善民生,既着力解决"三农"问题又有效解决"三化"协调互动问题,在不减少耕地面积、巩固粮食生产优势地位的前提下加快推进工业化、城镇化进程,增强河南的综合实力,使全省人民同全国人民一道迈入全面小康社会。

3. 新型城镇化引领

探索新型"三化"协调科学发展路子的创新实践。工业化、城镇化和农业现代化是人类文明进步的重要标志,是现代化建设的基本内容。同步推进城镇化、工业化和农业现代化,是推进现代化建设必须科学把握和始终遵循的客观规律。我国是一个区域发展很不平衡的大国,实现城镇化、工业化和农业现代化"三化"协调、同步发展,不可能只有一条路子、一个模式,各地必须从自己的实际出发,走出有本地特色的"三化"协调发展路子。河南农村人口多、农业比重大、保粮任务重,"三农"问题突出,是制约"三化"协调发展的最大症结,其中人多地少是制约"三化"协调发展的最现实问题,城镇化水平低是经济社会发展诸多矛盾最突出的聚焦点。

根据这一实际,河南在探索实践中创造性地走出了一条新型城镇化引领"三化"协调科学发展的路子,突出强调新型城镇化的引领作用。这样做,既符合河南省情,又符合经济发展规律和科学发展观的要求。新型城镇化在"三化"协调发展中起着战略性、全局性和关键性的作用。城镇化水平低是河南推进"三化"协调发展的短板,也是实现河南"三化"协调发展的潜力和动力所在。随着社会发展,城镇对产业培育、经济发展、民生改善的作用日益突出。坚持新型城镇化引领是实现"三化"协调发展的内在要求,是破解河南四道发展难题的根本途径。

4. 建设新型农村社区

从发展现状看,河南虽然已是全国工业大省,但还远不是工业强省;2011年河南的城镇化率为40.6%,远低于全国平均水平。要保证1亿河南人民特别是6000万农民同全国人民一道步入更高水平的小康社会,必须加快推进新型城镇化和新型工业化。但是,搞工业项目需要用地,推进城镇化需要占地,没有地,招商引资项目不能落地,城镇发展规划无法实施。对于全国第一人口大省河南来说,土地本来就是一种不可再生的稀缺资源,更重要的是河南又作出了"两不牺牲"的庄严承诺。为了国家粮食安全,河南1.18亿亩耕地的"红线"无论如何不能碰。建设用地从哪里来?这个历史性难题,曾使河南决策层为之犯愁、纠结。

在探索实践中,河南省找到了破解这一历史性难题的突破口——建设新型农村社区。在有条件的地方,引导在自然村落独门独院散居的农民有序迁入新型农村社区居住,把他们的宅基地置换出来,实现土地的节约集约利用,就可有效缓解建设用地刚性需求与保护耕地硬性约束的矛盾,同时还可以促进农村土地流转,加快土地的集聚和集中,推进农业现代化的进程。

(三)探索的内在价值

河南在奋力实现中原崛起的实践中,持续探索新型"三化"协调科学发展之路,谋的是河南的事,解的却是全国发展的题。河南的探索和实践,是贯彻落实科学发展观的有益实践,是破解"三农"问题的重要尝试。河南的经验和做法无疑对全国具有重要借鉴意义。改革开放以来,特别是邓小平南方谈话以来,全国各地都在竞相发展,在实践中探索适合自身发展的路子,创造了不少经验模式,譬如温州模式、苏南模式等。

应当说,这些经验模式在一定时期对我国经济的振兴产生了良好的示范和带动作用。在新的历史条件下,河南的实践探索及其发展路子和模式,也具有比较突出的示范典型性和代表性。这是由河南基本省情与中国基本国情的高度相似性,以及河南发展阶段与中国发展阶段的高度契合性所决定的。

从某种意义上说,河南是中国的缩影,河南是缩小了的中国,中国是放大了的河南。无论从地理位置、人口规模，还是从社会结构、历史地位上看，无论是就面临的发展任务来说，还是就需要破解的发展难题而言，河南都是中国所有省份中最具代表性和典型性的一个省份。河南所破解的发展难题，可以说就是中国所要破解的发展难题。河南探索走出的发展路子，其意义和价值远远超出了区域性的层面。河南对新型"三化"协调科学发展路子的持续探索及其鲜活经验，对建设和发展中国特色社会主义具有典型的样板示范作用和重要参考借鉴价值，在助推中原崛起、加快河南振兴的同时，还印证、丰富和拓展了中国特色社会主义道路。

五 经验与启示

新中国成立后，特别是改革开放以来，中原大地发生了辉煌巨变。河南务实发展稳步推进，经济社会发展呈现出好的趋势、好的态势、好的气势。这些都得益于中国共产党的正确领导和社会主义制度的巨大优越性，得益于改革开放带来的思想解放的春风和科学发展的理念，得益于河南广大干部群众砥砺奋进、实干实效的生动实践。

（一）党的领导是中原巨变的政治保障

办好中国的事情，关键在党。只有坚持党的领导才能集中力量办大事。党的领导，不是一个抽象的概念。具体来说，就是通过制定正确的方针、路线、政策来凝聚人心，鼓舞士气，引领和推动经济社会发展。"河南河南何其难！"曾经的富庶繁华之地一度打上"古、土、苦"的烙印，成为贫穷、落后、愚昧的象征。如何彻底改变这种面貌，成为关涉亿万中原儿女切身利益的大事情。从"团结奋进、振兴河南"，到"奋力实现中原崛起"，到"两大跨越"，再到"务实河南"；从"一高一低"，到"两个较高"，再到"三化"协调。正是河南历届党委、政府根据地方发展实际提出相应的指导思想和发展目标，并随着形势的变化将它们不断丰富和提升，为中原巨变提供了正确方向。党的领导的政治保障作用还体现在各级党组织的凝聚力和战斗力上。新乡刘庄曾经有"方圆十里乡，最穷属刘庄"之称。新中国成立后，正是有了党组织的坚强领导，有了好带头人史来贺，刘庄才发生了翻天覆地的变化，在1.5平方公里的土地上创造了人间奇迹，走上了共同富裕的道路。目前，刘庄兴建了第三代新型农民别墅，村民全部免费搬进了每户472平方米的新居，并且配有中央空调、生活污水处理、休闲健身广场等设施。

（二）解放思想是中原巨变的思想先导

思想是行动的先导，解放思想是创造性实践的先导。没有解放思想，实事求是，中原大地就不会有波澜壮阔的创造性实践，就不会有今天生机盎然、欣欣向荣的景象。河南是农业大省，农耕文明的思想负担比较沉重。20世纪90年代，对"修高速公路、上机场项目"的质疑，使我们看到了"一左一旧一小"习惯思维束缚；对"长垣模式"的激烈争论，使我们看到了姓"资"姓"社"的困扰；这些问题都是通过解放思想消除了观念上的桎梏，最终走上了发展前进的征途。进入21世纪，中原地区传统农区工业化、现代化的任务越来越紧迫。河南提出以工业化为先导的"三化"协调发展。随着实践的深入和形势的发展变化，河南与时俱进，遵循规律，将新型城镇化引领放在重要位置，持续推动了新的"三化"协调。这些都是解放思想，实事求是的结果。近年来，河南以转变领导方式加快发展方式转变的形式掀起了新一轮推动思想解放的热潮。舞钢张庄新型农村社区就是解放思想的成果。"这在过去简直是做梦都不敢想的事！"张庄社区农民领到房屋所有权证和集体土地使用证时兴奋地说。舞钢大胆解放思想，以先行先试的魄力给农民发"两证"，并允许新型农村社区内居民住宅用地流转、房屋所有权在一定范围内转移，使农民有了合法的资产性收入，将他们手里原来的死资产变成了现在的活资本，调动了他们的积极性和创造性。事实上，正是许许多多这样鲜活的解放思想的实际行动促成了中原地区的辉煌巨变。

（三）依靠群众是中原巨变的重要法宝

群众路线是党的一切工作的生命线。尊重群众的首创精神，充分发挥人民群众在创造历史中的伟大作用，这是中原巨变的内生动力和重要法宝。河南人具有普普通通、踏踏实实、不畏艰险、侠肝义胆、包容宽厚、忍辱负重、自尊自强、能拼会赢的性格特征。张荣锁、高耀洁、任长霞、魏青刚、洪战辉、王百姓、谢延信、李文祥等，中原地区人才辈出，群星灿烂。亿万河南群众都像他们一样具有"平凡之中的伟大追求、平静之中的满腔热血、平常之中的极强烈责任感"的精神特质。开中国发展乡镇企业之先河的是河南群众。20世纪70年代，巩义回郭镇群众自发行动起来发展企业。目前回郭镇已成为著名的铝加工集聚区，铝加工总量占全国市场的21%，有几个主要产品在国内市场享有绝对的价格调控权。建设新型农村社区是人民群众的发明创造。十几年前，濮阳西辛庄村就建起了一排排亮丽的别墅，发展成为基础设施齐全的新型农村社区。今年又挂牌更名为"西辛庄市"（村级市），周围15个村的群众自愿并入，希望过上城里人的生活。人民群众的智慧是无穷的。在党的正确领导下，正是这些拥有无尽创造力的人民群众锐意进取、群策群力，掀起了一场场改天换地、气壮山河的发展热潮，拉开了中原崛起的大幕。

（四）社会主义制度是中原巨变的制度基础

社会主义制度是以公有制为主体的，有利于集中力量办大事。"一五"时期，国家集中力量建设156个重点项目，其中10项放在中原地区，奠定了河南工业发展的基础。20世纪60年代，为了同内涝、风沙、盐碱"三害"作斗争，在兰考形成了"亲民爱民、艰苦奋斗、科学求实、迎难而上、无私奉献"的焦裕禄精神；为了抗击旱魔，解决人民群众的用水问题，在林州形成了"自力更生、艰苦创业、团结协作、无私奉献"的红旗渠精神。这些充分彰显社会主义制度优越性的精神成果，后来发展成为中原人文精神的主体，激励着亿万中原儿女为实现中原崛起河南振兴而努力奋斗。进入改革开放新时期，邓小平提出"贫穷不是社会主义"的著名论断，强调要"让一部分人先富起来，然后让他们带动大家一起致富"。河南又涌现出一批先富带后富，促进村民共同富裕的带头人。"我富起来了，不能忘记生我养我的裴寨村，不能忘记对我恩重如山的裴寨人"，这是辉县裴寨村党支部书记裴春亮掷地有声话语。裴春亮富起来后个人出资3000万元，建设裴寨新村，让村民免费入住，并通过多方引资和村民自愿入股创办了投资4亿元、日生产能力4500吨的环保节能水泥厂，带领群众大步迈向小康。这就是社会主义制度的力量和优越性所在。

（五）改革开放是中原巨变的动力源泉

改革开放的实质就是解放和发展社会生产力，推动我国社会主义制度自我完善和发展，赋予社会主义新的生机活力。改革开放后，河南干部群众解放思想、勇于探索，建立和完善了社会主义市场经济体制，发展了社会主义市场经济；进行了国有企业改革，推动了非公有制经济的快速发展。"长垣模式"就是解放思想、深化改革的典范。长垣县是豫北黄河岸边的一个贫穷小县，北洼南滩，风沙盐碱，地下无矿藏，地上无资源，是典型的"零资源"县。

近年来，长垣通过发展非公企业实现了"冰火两重天"般的变化，彻底告别了贫困与落后，入选中国中部百强县、建设创新型国家百强县、中国创意（中小）城市50强，成为河南乃至全国县域经济发展的一个成功样本。在进行体制改革的同时，河南积极推进对外开放。1992年，河南提出开放带动战略；2003年"升级"为开放带动主战略；2012年又将对外开放上升为"基本省策"。通过对外开放，2011年全年河南实际利用外商直接投资突破100亿美元，实际到位省外资金突破4000亿元，外贸进出口总额突破300亿美元，增长70%以上，其中出口增长80%左右。可以说，正是改革开放为中原辉煌巨变注入了动力、增添了活力。

（六）科学发展是中原巨变的关键所在

简言之，科学发展就是按规律办事。这个问题讲起来很简单，做起来不容易。按规律办事，不仅要有认识规律、把握规律的能力，更要有为民负责的情怀和敢于担当的政治勇气。20世纪90年代初，河南根据农业大省的实际，遵循传统农区工业化的独有规律，确立了"围绕农字上工业，上了工业促农业"的发展思路，制定了"以农兴工、以工促农，农工互动、协调发展"的发展战略，提出"工业、农业两篇文章一起做"和"工业化缓慢、农民增收困难两道难题一起解"的方针，推动了工业、农业互动发展。21世纪初，根据河南现代化进程呈现的阶段性特征，河南省第七次党代会提出要"加快工业化、城市化进程，促进农业现代化"。2003年制定的《河南省全面建设小康社会规划纲要》做出"以工业化为先导，大力推进工业化、城镇化和农业现代化"的决定，突出了工业化在"三化"

协调发展中的带动作用。随着实践的深入，河南对工业化、城镇化、农业现代化的逻辑关系和实践困境认识越来越深刻，提出探索一条不以牺牲农业和粮食、生态和环境为代价的"三化"协调科学发展路子。这条"两不三新""三化"协调路子最大的特征，就是强化新型城镇化的引领作用，并将新型农村社区作为统筹城乡发展的结合点纳入五级城镇体系，在就地城镇化上作了有益探索。这样的探索为全国同类地区的发展创造了经验、提供了示范。

践行科学发展观的重要思想成果[*]
——从"四个重在"到"四个明白"

在 2009 年年底召开的河南省委经济工作会议上,卢展工书记强调,贯彻好中央经济工作会议和省委经济工作会议精神,持续目前经济社会发展的好势头,在实践中需要坚持"四个重在":坚持重在持续、重在提升、重在统筹、重在为民;河南省第九次党代会明确指出:"在工作中要牢牢把握'四个重在'的实践要领。"2012 年 2 月,卢展工在南阳、许昌调研时指出,作为党政领导干部,干工作、做事情,要"学明白、想明白、说明白、做明白"。2012 年 4 月,省委九届三次全会明确提出了"四个明白"的工作要求。

从"四个重在"到"四个明白",从发展战略的实践要领到具体实践的工作要求,两者紧密联系、相辅相成,有机统一于科学发展的全过程,既是中原崛起河南振兴的生动实践和思想成果,也是践行科学发展、加快中原崛起河南振兴必须持续坚持和遵循的实践要领和工作要求。

一 "四个重在"和"四个明白"是科学的有机统一体

"四个重在"既相互独立,又互为条件、相辅相成,持续是科学发展的基本要求,提升是在持续基础上的不断超越,统筹是实现持续发展、全面提升的重要方法,为民是一切发展的根本目的。"四个明白"是一个实践、认识、再实践、再认识循环往复、螺旋上升的过程和严密的逻辑体

---

[*] 执笔人:喻新安、陈明星。

系,"学明白"是前提,"想明白"是关键,"说明白"是基础,"做明白"是根本。"四个重在"和"四个明白"分别从战略层面和工作层面,科学系统地回答了中原崛起河南振兴中带有根本性的问题,是科学发展的有机统一体。

"学明白"才能把发展的道理学通,持续科学发展的意识和进程。发展是第一要务。只有坚持"学明白",才能深刻回答和科学解决"什么是发展、为什么发展、怎样发展""什么是转变、为什么转变、怎样转变","什么是为民、为什么为民、怎样为民"等关系经济社会发展的根本性、全局性、战略性重大问题,用发展的思路、发展的方法和发展的手段解决发展中的问题,既坚持发展的延续性,更注重发展的可持续性;才能坚持把持续作为推动科学发展的基本要求,持续科学发展意识,持续科学发展思路,持续科学发展举措,持续科学发展进程;才能把持续作为党性人品和从政品格,始终保持锲而不舍的韧劲,不动摇、不懈怠、不刮风、不呼隆、不折腾。

"想明白"才能把发展的问题想透,提升科学发展的理念和战略。破解推动科学发展的难题,绕不开、放不下、等不起、慢不得。只有坚持"想明白",才能坚持解放思想、实事求是、与时俱进,不断探索规律,提升发展理念;才能增强忧患意识、责任意识和实干精神,锲而不舍地坚持学习,凝神聚力地研究问题,义无反顾地引导群众,身体力行地务实重干,把思路、规划和目标落实到行动中,破解发展难题,努力创造经得起实践、人民和历史检验的辉煌业绩;才能持续推进体制机制创新和科技创新,拓展开放领域和空间,提升发展层次和质量;才能持续实施项目带动、创新带动、品牌带动、服务带动,着力基层基础,提升领导水平和运作能力。

"说明白"才能把发展的思路说清,统筹科学发展的任务和部署。科学发展观根本方法是统筹兼顾。只有坚持"说明白",才能很好地把政策、规划、思路、目标、前景向群众、向基层说清楚、讲明白,转化为群众的共识,赢得群众发自内心的理解和支持;才能牢牢把握科学发展的方向,着眼中原崛起河南振兴的大局,实现思想上同心、目标上同向、推进上同步,统筹协调各方力量,围绕大局、团结合作,形成建设中原经济区的强大合力;才能统筹改革发展稳定,统筹经济社会发展、城乡发展、区域发展、人与自然和谐发展，统筹各项事业发展，形成共同支撑中原经济区建设的良好局面。

"做明白"才能把发展的事情做实，实现科学发展的宗旨和目标。科学发展观核心是以人为本，改革发展成果要更多更公平惠及全体人民。只有坚持"做明白"，才能坚持发展为了人民，始终站在人民的立场上谋划发展、推动发展；才能坚持发展依靠人民，充分尊重人民主体地位，动员和组织人民群众为中原经济区建设共同奋斗；才能坚持发展成果由人民共享，解决好人民最关心、最直接、最现实的利益问题，实现好、维护好、发展好最广大人民的根本利益；才能持续不断地倡导务实精神，营造务实环境，坚持"两转两提"，推动各级领导机关和广大干部转变领导方式，转变工作作风，破除精神懈怠的危险、能力不足的危险、脱离群众的危险、消极腐败的危险，推动科学发展，加快中原崛起河南振兴。

二 "四个重在"和"四个明白"是中原崛起河南振兴的生动实践和思想成果

当前，随着中原经济区建设的大幕拉开，全省经济社会发展正在呈现好的趋势、好的态势、好的气势。人们注意并感受到，河南近年来发生了一些引人注目的变化：一是实施了一个战略，以中原经济区建设为标志，河南进入了加速发展的新阶段；二是探索了一条路子，就是以新型城镇化为引领，"两不三新"三化协调科学发展迈上了新征程；三是坚持了一个要领，坚持"四个重在"实践要领已成为广大干部群众奋发有为的新追求；四是树立了"一种形象"，就是以务实作为树立务实河南的新形象。这"四个一"是相互联系的，在科学发展观的指引下，有机地统一于用领导方式转变加快发展方式转变的学习实践中。回望中原崛起的历程可以发现，河南当前之所以能出现一系列影响深远的变化，能取得克难攻坚的一系列成就和经验，在全国发展大局中的作用和地位越来越重要，很关键的一点就是始终坚持"四个重在"和"四个明白"。可以说，"四个重在"和"四个明白"贯穿于中原崛起实践的全过程，凝结着历届河南省委、省政府立足河南实际和阶段性发展特征而进行的合乎省情、遵循规律、顺应民意的不懈探索，是中原崛起河南振兴的生动实践和思想成果。

发展思路的持续体现着"四个重在"和"四个明白"。自20世纪90年代初首次提出"中原崛起"概念以来，河南确立了"一高一低"（经济增长高于全国水平、人口自然增长率低于全国水平）的目标，提出"中原城市群"理念，并推动县域经济"十八罗汉闹中原"。在规划全面建设小康社会的过程中，还提出了中原崛起的目标，确立了中原城市群等四个板块的区域布局。省第八次党代会提出了中原崛起总目标——农业先进、工业发达、文化繁荣、环境优美、社会和谐、人民富裕。2010年以来，围绕打造中原崛起河南振兴的载体和平台，河南谋划建设中原经济区，并正式上升为国家战略。因此，20多年来，河南在中原崛起上的发展思路是持续的，是一以贯之的，这一实践历程深刻体现了"四个重在"和"四个明白"的内在要求。正是因为做到了"四个重在"和"四个明白"，才能清醒地认识到思路太多是不成熟的表现，思路多变是急功近利的表现，思路不持续会贻害无穷，也因此才能遵循规律，顺应民意，把这些年河南在发展中形成的、经过实践证明是正确的发展思路在新的形势下加以持续、延伸、拓展和深化，树立务实发展理念，形成推动务实发展、建设务实河南的强大合力。

发展路径的提升体现着"四个重在"和"四个明白"。早在20世纪90年代初，河南就提出"围绕'农'字上工业，上了工业促农业"，开始了工农业协调发展的探索。进入21世纪，河南明确提出"加快工业化、城镇化，推进农业现代化"，之后又强调要走"在不牺牲不削弱农业的前提下大力推进'三化'的路子"。2011年10月，省第九次党代会明确提出，要持续探索不以牺牲农业和粮食、生态和环境为代价的新型城镇化、新型工业化、新型农业现代化"三化"协调科学发展的路子，从而形成了"两不三新"三化协调科学发展的完整概括。从20多年来河南发展路径的演进可以看出，这是一条持续的路径，也是一条不断提升的路径。持续难，提升亦难，难就难在是否"真明白"。只有做到"四个重在"和"四个明白"，才可能持续把加快工业化和城镇化、推进农业现代化作为加快中原崛起河南振兴的基本途径，并在历届省委、省政府探索实践的基础上，根据形势发展和变化及时进行调整、持续和提升。

发展战略的谋划体现着"四个重在"和"四个明白"。随着新时期国家区域发展战略的梯次推进，河南面临着更为严峻的竞争压力。河南确立了"四个重在"的实践要领，以及需要重点破解的"四大难题"，在搞清楚"什么是中原""什么是中原崛起""能不能中原崛起""怎样实现中原崛起"等基本问题的基础上，清醒审视河南在全国的地位、所担负的责任，并广开言路，集思广益，高瞻远瞩，在多种方案中选择了建设中原经济区这一构想，并在较短时间内上升为国家战略。从中原崛起到中原城市群，再到中原经济区上升为国家战略，是多年来省委、省政府在实践中坚持持续、提升、统筹、为民，坚持学明白、想明白、说明白、做明白，审时度势、科学决策、凝聚共识、持续奋斗而取得的重大成就。中原崛起河南振兴总体发展战略的谋划，始终贯穿着"四个重在"和"四个明白"的精髓。"四个重在"和"四个明白"相辅相成，交相辉映，共同推动了中原崛起总体战略的不断提升，成就了中原崛起实践的辉煌篇章。

发展宗旨的践行体现着"四个重在"和"四个明白"。一切属于人民，一切为了人民，一切依靠人民，是我们的立党之本、发展之源、宗旨所在。中原崛起河南振兴，是1亿中原人民的殷切期盼。无论是最初提出的"一高一低"，还是后来强调的"两个较高"（较高的增长速度、较高的增长质量），抑或是"十二五"提出的"两高一低"（发展速度保持高于全国平均水平、力争高于中部地区平均水平，人口自然增长率继续低于全国平均水平），都强调的是要加快自身发展，尽快改变落后面貌，缩小与全国的差距，赶上全国发展水平，实现富民强省。这是基于"四个重在"和"四个明白"对河南省情的深刻认识和精准把握，河南人口多、体量大、基础差，与全国同步建成全面小康社会，不拖全国的后腿，本身就是对全国建设全面小康社会的贡献，也是对一亿中原人民福祉的积极担当，是把人民的利益放在首位、发展为了人民、发展依靠人民、发展成果由人民共享的具体实践。

三 以"四个重在"和"四个明白"加快中原崛起河南振兴

"四个重在"是战略层面的实践要领，"四个明白"是具体实践的工作要求，实质上是要求审时度势、开阔视野、科学谋划、积极运作，要求认识到位、谋划到位、发动到位、落实到位，核心是"务实"，根本是"为民"，关键在"到位"，体现的是责任、是担当。因此，要加快中原崛起河南振兴，必须坚持"四个重在"的实践要领、"四个明白"的工作要求，把"四个重在"和"四个明白"作为一种追求、一种品格、一种责任、一种形象，以新的精神风貌、新的价值标准、新的责任担当和新的作风形象，加快中原崛起河南振兴。

坚持解放思想，把"四个重在"和"四个明白"作为一种追求。解放思想是一个永恒的主题，越是解放思想，越能做到"四个重在"和"四个明白"。因此，要积极突破观念障碍、转变思维方式、不断增强工作的系统性、预见性、创造性，以思想解放求得改革深化、开放突破、发展提升。要自觉地坚持解放思想，把"四个重在"和"四个明白"作为科学发展的追求，要站位全局、立足实际，尊重规律、有效运作，把实现科学发展记在脑中、挂在心上、抓在手上。要自觉地坚持解放思想，把"四个重在"和"四个明白"作为为民惠民的追求，始终把人民利益放在第一位，把群众拥护不拥护、高兴不高兴、赞成不赞成、答应不答应、满意不满意作为想问题、作决策、办事情的出发点和落脚点，切实办好顺民意、解民忧、惠民生的实事好事，不遗余力地为老百姓谋福祉、谋幸福。要自觉地坚持解放思想，把"四个重在"和"四个明白"作为务实发展的追求，以求真务实、脚踏实地的作风推进各项工作，多做打基础、利长远的事，多做顾当前、谋长远的事，既不能不思进取"守摊子"，碌碌无为、得过且过，又要防止不切实际"铺摊子"，搞一些劳民伤财、华而不实的"面子工程""政绩工程""形象工程"。

坚持学以致用，把"四个重在"和"四个明白"作为一种品格。学以致用，就是要着眼于解决改革发展稳定中的实际问题，把学习的体会和成果转化为谋划工作的思路、促进工作的措施、领导工作的本领。因此，学以致用的过程，就是做到"四个重在"和"四个明白"的过程。要坚持学以致用，把"四个重在"和"四个明白"作为务实重干的品格，把转变体现在改进作风上，重实际、说实话、办实事、求实效，把心思和精力放在研究问题、解决问题、推动工作上，在抓具体、求突破、求深入、求落实上下功夫，在抓基层打基础上下功夫，在实施项目带动上下功夫。要坚持学以致用，把"四个重在"和"四个明白"作为敢于负责的品格，大力倡导知行合一，在实践中找办法、找出路，在实践中积累知识、积累才干，不断提高科学决策和统筹协调能力，提高驾驭复杂局面的能力，提高出实招、求实效的运作能力，破解发展难题，突围发展困境，取得发展成效。要坚持学以致用，把"四个重在"和"四个明白"作为重诺守信的品格，思路太多是急功近利的表现，思路多变是不成熟的表现，什么事情都要想明白以后再做，做就要认真做下去、持续做下去、锲而不舍做下去，说到做到、说好做好。

坚持转变方式，把"四个重在"和"四个明白"作为一种责任。用领导方式转变加快发展方式转变，是河南科学发展、转型发展、跨越发展的战略抉择，也是建设中原经济区、加快中原崛起河南振兴的现实需要，更是对全省广大干部提出的新要求、新任务。只有切实做到"四个重在"和"四个明白"，才能有效推动领导方式转变，进而加快发展方式转变。要坚持转变方式，把"四个明白"作为统筹谋划工作的责任，面对外部形势的发展变化、面对不进则退的"倒逼压力"，面对人民群众的热切期盼，要跟上中央、省委决策的步伐，适应加快转变的要求，持续探索"两不三新"三化协调科学发展的路子。要坚持转变方式，把"四个重在"和"四个明白"作为科学决策施策的责任，保持清醒忧患，弄清楚什么是优势、什么是劣势，以知己长而能更好地扬长，以知己短而能更好地避短，做到求知于书本、问计于群众、创新于实践。要坚持转变方式，把"四个重在"和"四个明白"作为增强宗旨意识的责任，责随职走，心随责走，把困难想到前头，把工作做在前头，把群众放在心头，真正肩负起加快转变的领导责任，不断提高领导能力和领导艺术。

坚持务实发展，把"四个重在"和"四个明白"作为一种形象。务实发展是必须持之以恒的自觉行动，是必须坚持的根本遵循，是必须担当的使命要求。务实发展的过程，也是"四个重在"和"四个明白"的具体体现，要以"四个重在"和"四个明白"推动务实发展，树立务实河南形象。要坚持务实发展，把"四个重在"和"四个明白"作为能够负责的形象，忠诚履职、尽心尽责，坚持正确思路，体现持续效应，努力在转变发展方式上取得新进展，在深化改革开放上取得新突破，在改善民生上取得新成效。要坚持务实发展，把"四个重在"和"四个明白"作为推动工作的形象，学以立德、学以增智、学以创业，不断增强自身的素质、能力、本领，不但要自己干，还能够领得起来，导得下去，能够走在前面，带领大家一起走。要坚持务实发展，把"四个重在"和"四个明白"作为取信于民的形象，内化于心、外化于行，主动担当、积极运作，思路清一点、工作实一点、作风正一点，以实际行动赢得群众的理解和支持。

（原载《河南日报》2012 年 9 月 28 日）

把握好"持续求进"的总基调[*]

——贯彻省委经济工作会议精神 专访省社科院院长喻新安

省委经济工作会议指出,"持续求进"是河南 2012 年经济工作的总基调,这是贯彻中央经济工作会议精神"稳中求进"总基调的河南表述,充分体现了中央经济工作会议提出的"稳中求进",对谋划好和开展好河南明年经济工作具有重要的指导意义,同时,对加快转变领导方式具有重要的启发意义。

稳中求进的河南表述

记者: 怎样理解"持续求进"是贯彻中央经济工作会议精神"稳中求进"总基调的河南表述?

喻新安: 中央经济工作会议指出,推动明年经济社会发展,要突出把握好稳中求进的工作总基调。稳,就是要保持宏观经济政策基本稳定,保持经济平稳较快发展,保持物价总水平基本稳定,保持社会大局稳定。进,就是要继续抓住和用好我国发展的重要战略机遇期,在转变经济发展方式上取得新进展,在深化改革开放上取得新突破,在改善民生上取得新成效。

稳中求进,强调的就是持续和提升,"稳"就是持续,持续就是为了

---

[*] 2011 年 12 月召开的中央经济工作会议提出的"稳中求进"的总基调,河南省委、省政府从河南实际出发,在随后召开的河南省委经济工作会议上指出,"持续求进是河南明年经济工作的总基调"。为此,《河南日报》专访省社会科学院院长喻新安,访谈内容于 2011 年 12 月 28 日发表。

"稳"。"持续求进",既反映了中央精神,又体现了河南特点,更鲜明、更突出地表达了河南发展之所需、之所为,是贯彻中央经济工作会议"稳中求进"总基调的河南表述,也是河南明年经济工作的总基调。"持续",就是要保持河南科学发展的意识、思路、举措、进程,保持务实发展的理念、精神、韧劲、状态,保持经济平稳较快发展的好势头,保持社会大局和谐稳定的好局面。

持续求进,突出体现了在"求"字上做文章的河南特点。持续求进,既要"稳",也要"进",结合河南实际,创造性地贯彻好中央要求,稳中求进、进中谋稳,既有效防止经济增速大幅下滑,又力避物价涨幅过高,同时,积极疏解能源资源、生态环境等各方面压力,加快经济发展方式转变,多着眼提升、多着力提升,在转变中提升,在创新中提升,在开放中提升,力求在新型城镇化引领方面实现突破,在开放招商方面继续保持好势头,在破解瓶颈制约上取得新成效,努力保持经济社会发展好的趋势、好的态势和好的气势。

记者: 为什么要特别强调"持续"?

喻新安: 持续是"四个重在"实践要领的核心内容,坚持"四个重在",最重要的就是坚持以持续为重。做不到持续,经济社会发展好的势头就不复存在,提升、统筹、为民也就成为空话。特别强调"持续",就是要让"持续"的意识、思路、举措、进程一以贯之地坚持下去,成为发展的常态、思考的基点、工作的基本要求。

事实上,近年来的省委经济工作会议一直特别强调"持续"。在2009年的省委经济工作会议上,卢展工书记提出"四个重在","重在持续"位居"四个重在"之首;2010年的省委经济工作会议卢书记提出"四个持续"(正在持续、难在持续、重在持续、为在持续);2011年则进一步提出"持续求进"。从近年来省委对"持续"关注的脉络看,对"持续"的强调是一以贯之的,是深思熟虑的,是坚定不移的。

当前,经过全省上下的共同努力,经济社会发展总体持续、总体提升、总体协调、总体有效,呈现出比较好的趋势、比较好的态势、比较好的气势,是历年来发展科学性、协调性、可持续性最好的一年,实现了"十二五"发展良好开局,中原经济区建设迈出重要步伐。在此过程中形成的全省上下谋求发展的意识、以人为本的理念、扩大开放的境界、领导方式的转变、关键在做的运作、统筹协调的合力、攻坚克难的精神、务实河南的形象，必须持续下去。

当然，同时也要清醒地看到，当前全省仍处于工业化、城镇化的过程之中，仍处于发展方式转变的过程之中，仍处于中原崛起蓄势积累的过程之中，人口多、底子薄、基础弱、人均水平低、发展不平衡的基本省情还没有根本改变，"钱从哪里来、人往哪里去、粮食怎么保、民生怎么办"四道难题还没有根本破解，经济增长方式粗放、产业结构不合理、城乡差距大等长期积累的深层次矛盾正在破解但尚未根本解决。当前经济运行中还出现了一些新情况、新问题需要引起高度重视，一些干部领导方式、工作作风、工作方法不适应新形势需要，素质能力、运作水平还有待提高。这些都需要持续在发展中形成的、经过实践证明是正确的发展思路和举措，在持续的发展意识和进程中认真加以解决。

在求字上下功夫

记者： 在工作中怎样实现"持续求进"？

喻新安： 一是事在人为、积极作为。按照卢书记的话说，就是在求字上下功夫。要做到这一点，我个人认为有几点是很必要的。对明年国内外经济形势的复杂性和不确定性，要未雨绸缪，做好应对更大困难和挑战的准备。但同时，必须看到。在总体上，2012年河南省经济发展有利条件大于不利因素，只要我们把握得当，应对有方，真抓实干，完全可以化挑战为机遇，一定可以保持经济社会发展好的趋势、好的态势、好的气势。而且，在中央大政方针既定的背景下，作为地方，主要是适应政策、适应环境，因而有更大的拓展空间、变通空间和灵活的余地。在当前的市场经济已经深入发展、各地的经济实力增强的情况下，更是如此。因此，要持续求进，及早着手、早做准备，积极谋划、争取主动，要发挥主观能动性，一些重要工作看准了就不等不靠，积极地创造性开展工作。

二是好中求快、以稳保快。作为整体上的后发地区，只有保持一定的增长速度，才能使全省1亿人民同全国人民一道进入更高水平的小康社会。但其前提必须是坚持"好中求快、以稳保快"，在发展理念、发展思路、产业选择、城市布局、环境保护、社会管理创新等方方面面，都要坚持科学发展。要抓住加快经济发展方式这条主线,积极推进产业结构调整、产业集聚区建设、新型农村社区建设、重点项目建设、支持中小型和微型企业等工作,不断提高经济增长的质量和效益。

三是凸显优势,补齐短板。河南在市场、区位、资源等方面的优势是不可替代的,但也存在一些明显的短板,如城镇化水平、科技创新能力、人均指标、开放度等还比较低。对此,要进一步凸显并增创优势、补齐乃至消弭短板。要立足自身实际,发挥市场优势,发掘资源优势,放大区位优势,创新技术优势,打造集聚优势,促成产业优势,构建体制优势,培育软硬环境优势,强力推进重点领域和关键环节的改革,持续创新资金、土地、劳动力、资源环境等要素配置机制,勇于破解、善于破解、率先破解、更好破解发展瓶颈,以创造优势增强综合竞争能力,在激烈的竞争中赢得主动。

四是强化重点,注重提升。要用足用好政策,并积极争取更多政策支持,在转变中提升,在创新中提升,在开放中提升。要在新型城镇化引领方面实现突破,加快农民市民化进程,支持市辖区规划建设特色商务区,形成服务业产业集群,培育城区经济新的增长点;要在开放招商方面继续保持好势头,努力构建举省开放体制,形成对外开放的强大合力,提升产业档次、提升产业竞争力;要在破解瓶颈制约上取得新成效,加强体制机制改革创新、方式方法创新,拓展发展空间,激发发展活力。

持续为重善于创新

记者: 从"稳中求进"到"持续求进",对加快转变领导方式有什么启示意义?

喻新安: 一是在发展思路上,要体现持续效应。持续,就是做任何一件事都认认真真地坚持做下去。什么事情都要想明白以后再做,做就要认真做下去、持续做下去、锲而不舍做下去。保持持续的工作思路,是对成熟领导者的基本要求。一个地方、一个部门或单位,战略定位和大的发展思路及政策一旦出台,就应当保持连续性和相对稳定性,只有这样,才能使广大干部群众有所遵循,向着既定目标持续努力。领导干部思路太多是急功近利的表现,思路多变是不成熟的表现。对党员领导干部来说,重在持续是党性人品、做人做事的基本要求。从我们的工作和科学发展的实践来看，重在持续更是一种责任、一种实效。只有坚持持续为重，遵循规律性，减少随意性，避免盲目性，不赶时髦，不刮风，不跟风，才能体现出共产党人的胸怀气度和精神境界，才能体现出领导干部的党性原则、从政品格和人品官德，才能取得党和人民满意的实实在在的政绩。

二是在贯彻落实上，要体现主观能动性和创造性。大政方针由中央来确定，省及省以下各级党委、政府关键在做。从"稳中求进"到"持续求进"，就是河南结合实际，创造性地贯彻中央方针的具体体现。这就要求各级各部门，在贯彻落实有关精神要求的过程中，必须结合自身实际，绝不能简单地当"传声筒"，而要充分发挥能动性和创造性，做出符合要求、符合实际的安排部署。当然，发挥主观能动性和创造性，绝不是要另起炉灶、另搞一套，而是在全面把握精神要求的基础上，结合实际进行创造性的实践。

三是在领导方式上，要遵循规律，善于创新。任何事物的发展都有其内在规律，经济社会是不断发展向前的，规律和特点也是不断变化的，只有善于发现并遵循经济社会的发展规律，才能研究治本之策，才能谋划长久之计。从"稳中求进"到"持续求进"，既是遵循规律的体现，也是善于创新的体现。这就要求我们要善于发现规律、尊重规律、利用规律，审时度势、与时俱进、实事求是，这样才能不走弯路、少受损失，并取得预期的成绩，才能使各项工作体现时代性、把握规律性、富于创造性。

（原载《河南日报》2011年12月28日）

如何推进互惠多赢的区域经济合作*
——专家学者"嵩山论道"

近年来，我国区域经济发展实践中一个引人注目的现象是：以前往往是各地"争资金""争市场"，今天转向了"争名分"，地方政府积极打破行政区划的约束，主动倡导或争取设立相关的经济合作区。由此伴生，除"珠三角""长三角""环渤海""京津冀""黄淮海"等人们熟知的区域概念外，近年来，"海西经济区""关中—天水经济区""成渝经济区""长株潭一体化""郑汴一体化""西咸一体化"等一系列新名词也频频见诸媒体。日前在北京召开的一次高层研讨会上，多位专家学者都建议把河南及河南省周边相连的多个城市一起，纳入"中原经济区"的范畴，从而再一次引发了人们对"经济区"现象的关注。那么，经济区与行政区的基本区别是什么？经济区的合作实践如何避免"雷声大、雨点小"？如何看待区域合作中的竞争？要不要培育区域经济的增长极？日前，本刊特邀3位对区域经济学理论卓有研究的专家学者，在河南省风景秀丽的嵩山脚下，展开了一次历时3个多小时的"嵩山论道"，专家讨论热烈，听众踊跃参与。

是不是所有的经济区都可以列入国家战略？

主持人：首先感谢德高望重、年逾古稀的陈栋生教授专程从北京赶来参加今天的"嵩山论道"，也感谢肖金成教授、喻新安教授以及在座各位

---

* "嵩山论道"由《光明日报》理论部副主任孙明泉主持。特邀嘉宾有：中国社会科学院荣誉学部委员、中国区域经济学会顾问陈栋生，中国区域经济学会副会长、研究员肖金成，河南省社会科学院副院长、研究员喻新安。该活动由孙明泉、喻新安倡议和组织。这是中央党报第一次介绍中原经济区。

463

前来参加由《光明日报》理论部组织的这次"前沿对话"。今天讨论的内容与各地正在酝酿的"十二五"规划相关，中心议题是探索如何突破既有的行政区划、构建互惠多赢的区域经济合作新机制。一个现实的背景是，近年来，国务院相继批准设立了一批经济区或示范区，各地也积极倡导并努力争取设立相关经济区。我们首先要讨论的内容就是：经济区与行政区有什么不同？新一批经济区的设立与以往的经济区有什么不同？是不是所有的经济区都可以列入国家发展战略？

喻新安：我先开个头，然后请陈老师、肖教授再做深入分析。我认为，经济区与行政区的区别，可以从以下四个方面来理解。第一点，行政区古来就有，它是国家治理的产物，而经济区是经济社会发展到一定阶段才出现的。一般而言，经济区有三个要素，即有一个中心城市或城市群为核心，区域内部有发达的、紧密的经济联系，在全国的经济格局中承担着重要职责。第二点，行政区有严格的甚至刚性很强的、非常清楚的行政边界，而经济区的边界相对来讲有很大的弹性，它没有严格的多少平方公里的规定。第三点，行政区是纵向的层级管理，省领导市，市领导县，以服从和纵向层级管理为特征，而经济区是以横向的经济联系为特征，或者说是以协作为特征。第四点，行政区承担多种功能，包括经济的发展、社会的稳定等方面，而经济区则主要承担经济功能。

肖金成：我们今天说的经济区一般是指经济合作区，而经济合作区第一个是要经济互补，第二个要有经济联系，第三个要有促进要素流动的机制。互补就是互为需求，你种葱我种蒜咱们互相交易，咱们都种葱的话那就交易不了，那只是内部合作。

主持人：改革以来国家批复设立的一系列经济区好像类型不一，甚至有经济院系的研究生也说自己看不明白了。

陈栋生：我归纳了一下，大体有几种情况：一种是国家为保发展并与改革试点结合起来的经济区。这一类，国家目前公布的有8个：浦东、深圳、天津滨海新区、成渝经济区、关中—天水经济区、武汉城市圈、长株潭，还有沈阳新区。前三个都是综合的，很多没有试点的改革将来都要在那儿试。成渝经济区是城乡统筹试点，特别是要探索解决农村土地、农民耕地等问题。武汉城市圈和长株潭是两型社会建设试点（资源节约型、环境友好型），沈阳经济区是新型工业化试点等。另一种是根据重要性来定的。比如说关中—天水经济区，它就是整个西北地区的核心区之一，它实际是一个重点突破。成渝经济区，它是整个西南地区的命根子。广西北部湾和福建海西经济区也很重要，除了经济上的因素还有政治上的考虑，是很有眼光的政治家的运作。还有一类，像江西鄱阳湖、黄河三角洲打的是生态牌，甘肃和青海打循环经济牌。这些都是最近两年才出现的类型，传统的区域经济学理论已解释不了了。

肖金成：经济区的特征到底有多少，我们现在也很难理清楚。但是有一条就是经济联系是紧密的。行政区划中的地区是有边界、无中心，比如说某某省，它的边界很清楚，但是它的中心在哪里还不清楚。就拿河北省为例，河北省的边界很清楚，但是它的中心在哪里？石家庄是不是河北的中心？不清楚。而经济区是可以跨越行政区的，像京津冀这个区域，北京和天津是中心，但边界在哪里？谁也不清楚，覆盖河北全省还是河北一部分地区？是不是也辐射到内蒙古了？很难严格划分边界在哪里。

主持人：不少地方在推介材料中，都说自己所在的某某经济区已纳入国家发展战略。那么，是不是经济区的设立都属于国家战略？

喻新安：我不赞成说经济区设立都是国家战略，重要的经济区可以纳入国家战略，但其他的未必是。比如要说鄱阳湖生态经济区是国家战略，就太牵强了，只是说你这个地方很重要，国家对它的重视程度比较高而已。我们不能把"国家战略"泛化了，泛化了就贬值了。应该把那些由地方规划得到中央认可的经济区和作为国家战略的经济区区分开来，纳入国家战略的应该具有全局意义和战略意义。两者是有区别的。

陈栋生：最近公布设立的一些经济区，是地方政府的谋划跟中央政府特别是中央经济主管部门互相交流的结果。比如说鄱阳湖等区域，这些规划都是地方花了很大的精力写了初稿，之后报到北京，北京再把很多专家组织起来去调查，然后形成一个交流过程。中国这么一个大国，能够有更多的地方政府同中央主管部门进行交流，进行谋划，确实很好。但它往往也造成一个各地博弈、攀比的现象。

肖金成：是不是纳入国家战略，我也同意喻院长的观点。实际上，国务院推出的重点地区的层次是不同的，比如说综合改革试验区，这和国家批准的规划不是一个层面的东西，但是有的媒体把它说到一块儿了，实际上很多东西是有区别的。

主持人： 看来有些媒体在报道的时候，确实存在着误读。

喻新安： 有的可能是为扩大影响而有意"误读"。经济区合作如何避免"雷声大、雨点小"？

主持人： 经济区设立造就了一些新名词，如"京津冀""环渤海""黄淮海""长株潭""某某一体化"等。但就我所知，有的经济区合作还只是停留在宣传上，雷声大，雨点小。各位专家怎么看？

陈栋生： 你如果在地方上主持工作，你想不想把它搞大、搞全？大家都想办好事，可以理解。但这就有一个问题，就是用什么手段、什么机制来协调？5年前报道过京津冀规划、长三角规划，叫得最早，办得最晚，为什么？就是存在着一个协调的问题。这是很值得总结的。

肖金成： 国家区域规划的几个试点中，除了东北按期编制出来并经过国务院批准之外，其他几个都没有按期推出、按期编制，就是协调上出了一些问题，意见不一致。

主持人： 在此前多年的发展实践中，也有协调得很好的例子吧？

喻新安： 从区域合作的角度讲，回过头来看，搞得最好的当属"黄河金三角区域协作发展综合试验区"，该区域涉及三省（晋、陕、豫）四市（运城、临汾、渭南、三门峡），它们在发展过程中自发地形成了一种共同的诉求，设施建设、行业协作、市场培育等取得了显著效果：就是共建、共享，这样一种体制机制是自发形成的。这三省四市的合作程度已经涉及项目了，就是工业项目怎样优势互补，体现了地方共同利益，同时还要减少成本，实现优势互补。

陈栋生： 过去离省会最远的地方差不多也是经济比较欠发达的地区。几个欠发达的地方弄在一起，最初是互换有无，然后再生产协作，有成功的例子。

肖金成： 这些都属于低层次的合作。有些经济区的设立就是穷的跟穷的在一起，富的跟富的在一起。比如说珠三角，最初是七个比较发达的城市联手，它为什么不跟粤北、粤西合作呢？长三角是15个城市联手，那苏北就加入不了，因为它是"富人俱乐部"。还有"穷人俱乐部"，像淮海经济区22个城市，它们之间存在着经济同构，没有大的中心城市，都是小城市。现在的问题是，经济合作区要经济互补，要有经济联系，要有要素流动。我认为，大城市和中等城市、小城市形成一个密切的联系分工，富裕地区和贫困地区有效联系和分工，这样才比较合理、比较科学，才能成就一个多赢的局面。

陈栋生： 怎么才能双赢、多赢？这个机制并不容易建立。双赢或者多赢的机制能够建立起来，这个地区的协作就有生命。比如说广东前些年搞的"泛珠江三角洲9+2"，开始时"热"了几年，但近几年怎样了，经济区中福建与温州、赣州合作的进展如何，很有必要向粤闽两省的同志请教。

主持人： 共同打造一个经济区，在有利合作的同时，是否也有利于抑制恶性竞争？

喻新安： 我认为可以。经济区的设立有望成为一个新的探索，就是体现区域特色，优化区域关系，促进良性竞争。因为经济区更强调经济内在联系，强调要素市场配置，降低交易成本。

肖金成： 我认为，最重要的是要消除行政壁垒。

喻新安： 对，经济区设立有利于消除行政壁垒。另外，从国家层面上看，可以形成整个国家范围内不同特色、不同重点、优势互补的一个大框架。这样，在布局上、引导上会出现差异化发展。现在各地出现的经济区，已经摆脱了GDP至上的模式，科学发展观的理念已经渗透到整个发展规划当中去。如果真正按这个规划办，至少能在这方面大大推进一步。

如何看待经济区内部的竞争与合作？

主持人： 现在很多地方有区域经济合作的冲动，怎样保护这些积极性，并落实到实处，怎样看待经济区内部的竞争与合作？

肖金成： 我们的设想是以城市群为核心，若干个城市形成合力，它的辐射面更宽，区域更大。比如说中原经济区的提出就有基础。中原经济区首先有中原城市群的存在，中原城市群有9个城市，单个城市的辐射面比较小，但是9个城市形成一个合力，那么它的辐射和带动范围会更大。因此要以城市群为核心构建发展经济区的合作。这样对我们区域经济的发展能够起到更大的促进作用。

喻新安： 从中原城市群的建设过程来看，我们也希望中原城市群能实现一体化发展，但什么是"一体化"，认识是有分歧的。一个经济区内部以及几个经济区之间竞合关系是永恒的。我认为，要防止有这样的思想倾向，就是希望各地严格分工，避免"重复建设"，比如洛阳搞装备制造业，漯河搞食品工业。这是计划经济的思维方式。区域分工是在竞争中形成的，各地可以利用资源、技术等优势形成支柱产业，也可以"无中生有"，"创造"优势。比如河南的镇平县，不产玉、不产丝，却是闻名的"中国玉雕之乡""中国地毯之乡"，出现了所谓"零资源经济现象"。所以，区域合作不排除区域竞争，区域产业的互补也是在竞争中形成的。

肖金成： 竞争对市场经济是必不可少的，但是能发生恶性竞争。在竞争过程当中各个地区都能发挥自己的优势，都能发展自己的产业集群。中原城市群的规划应该保持竞争，但是不要成为恶性竞争。比如郑州和开封，如果说要竞争的话，郑州肯定是强势，而开封肯定是弱势，如果说两个城市不合作，将来开封的发展空间越来越小，它的要素就被郑州吸引过去了。中原城市群要把郑州和开封作为一个核心圈。而郑州和开封应该有一个明确的分工，比如说开封要发展教育文化产业，发展特色优势产业，那么郑州就要和它有一个相对的分工，这样就能够在郑州发展的同时使开封也得到发展。我倾向于打造产业集群，这样的话城市之间的分工才能够逐步形成。

喻新安： 现在政府可以做的，我认为也就是引导，把利害分析清楚，把未来给你做出一个展望，然后你自己做出一个选择，永远不要奢望人为地给它摆布好。

主持人： 肖教授和喻教授的观点好像不大一致。肖教授认为应该有一个部门来统一规划，而喻教授则认为别指望某个部门把什么都摆布好，各地都有自己的发展方向。陈老师您怎么看？

陈栋生： 我认为中央政府或者省级政府着重是管跨地区的规划。我举一个例子，有关部门最近批复了辽宁的规划和山东的规划，但是就没有环渤海的规划。最后的结果是什么呢，结果是：辽宁发展重化工，山东发展重化工，河北也发展重化工，污水都排到渤海了，问题很大。没有跨地区的规划就可能产生类似的问题。此外，合作当中的利益平衡机制和补偿机制要建立，比如说我们现在要建立一条高铁（高速铁路），几百公里才能设一个站，在一个城市设了，它近处的城市就不能再设了，不然就不叫高铁。类似的问题非常多。任何一个区域的合作要完全平衡是不可能的，所以需要补偿机制，这是中央政府应该掌握的技巧。在地区合作中，我认为，应是坚持一个原则，叫"政府搭台，市场主体唱戏"，行业协会、商会等这些社会组织帮忙，从实事、容易的事干起。举一个例子，比如说现在要保证商品的质量，特别是食品必须要认证，那郑州市质监局认账，开封如果不认账，不断地论证就麻烦了。这就跟体检一样，我在这个医院搞的体检，结果到那个医院他不认账你怎么办？要从这些容易做的做起。如果没有这些，区域合作很可能变成地方官员的空谈。

如何切实推进中原经济区发展？

主持人：我们今天是在河南省的嵩山"论道"，建议大家以中原经济区为例，就区域经济合作的话题再深化一步。

喻新安：中原经济区是以河南为主体，连接周边省份部分地区的一个经济区域，大体包括河南现有18个地级市和周边10个左右的地级市。这个区域有几个特点，第一，它是一个客观存在的经济区域。这个区域具有血脉相通、文脉相近、经济相连、使命相近的特征，从而使得它们之间会有共同的诉求，有可能深度合作。事实上，它们之间的协作早就开始了。20世纪80年代中期，就有了晋冀鲁豫4省13市共同组成的"中原经济协作区"、豫皖苏鲁20市组成的"黄淮经济协作区"、晋陕豫3省4市建立的"黄河金三角经济协作区"。现在无非是在这3个协作区的基础上做一些调整，在更大的范围内进行协作而已。总之，建设中原经济区，不是做梦，也不是作诗，是尊重现实，顺势而为。第二，它是一个相对独立的区域。该区域远离珠三角、长三角、环渤海等经济高地。因为"远离"，所以受到的辐射、带动和影响较小，成了相对独立的经济单元，产业门类比较齐全，自我配套能力、自我修复能力比较强。因为相对独立，所以容易联手。第三，是一个欠发达特征十分明显的区域。主要表现为"三低"，即人均主要经济指标低、产业层次低（一产比重大，三产比重低）、城镇化水平低。消除欠发达的现象，亟须谋划大战略。第四，它又是承载重大使命的区域。近年来，国家密集出台了一系列旨在促进区域转型、完善区域布局的指导性文件和规划。中原是全国经济格局中的战略腹地。现在，沿海、沿江布局已经基本完成。中原地区位于京广、陇海兰新两大经济带主轴的交会区域,也处于沿海经济带沟通西北地区的关键位置。建设中原经济区,能够形成我国区域发展新的重要增长极,有利于强化内陆经济战略支撑。所以河南提出"加快中原崛起,支撑中部崛起,促进东西互动,服务全国大局",这就是重大使命。

陈栋生:我们有必要在大范围里面看河南,利用大范围的理念来促进中原经济发展和中部崛起。我觉得建立中原经济区这个思路是好的,符合市场经济的规律。我想提几点建议。第一,要总结以往的经验。中原经济区涉及近30个地级市了,中原城市群原有9个地级市的合作,都是省内的,协作得怎么样?有什么经验,能不能够放大到中原经济区去运用?第二,中原经济区近30个地级市牵扯到多个省份,很多都是原来中原协作区和淮海协作区的范围,所以怎么样跟晋南、晋东南、苏北、皖西沟通?还要跟这两个经济协作区沟通,因为人家已经搞了很多年了,你们的关系怎么处理?有什么成功的经验,有什么可以借鉴的地方?这些都要研究。

肖金成:中原经济区我关注很久了。我觉得,第一,国家应该出台对中原经济区粮食主产区的支持政策。第二,要通过科学的规划,然后纳入国家总的盘子里去,然后成为国家的重点地区,才可以改善整个地区的经济发展状况。2005年,我参加了中原城市群的规划,在空间布局里面我提出了"三圈"的概念。第一个圈实际上就是核心圈或者叫郑州都市圈,包括郑州和开封。第二个圈是紧密圈,就是除了郑州、开封之外还有7个城市,都属于紧密圈。第三个圈是辐射圈,以中原城市群为核心向外辐射就形成了一个比较大的跨省的经济区。

陈栋生:刚才肖教授讲中原经济区分了三层,这个第三层叫辐射层。我建议这个名字稍微改一下,叫作"交流层"或者什么层。你说郑州是中心,那么河北邯郸愿不愿意接受你郑州的辐射?邯郸可能会说我钢铁工业好像比你好多了。山西晋城能不能接受你的辐射?它的经济总量可能比郑州小,但它的煤层气利用却走在了前列。所以,提"辐射"的话,这就会产生类似的问题,因此我觉得要改一下提法。

肖金成:我认为,"辐射"是一个中性词。我们说的是辐射带动,就是要带动边远城市,辐射是双向的。

喻新安:我也不赞成"辐射"的提法。辐射叫作单向推动、被动接受,这叫辐射,有辐射源,有被辐射对象,你这种提法是对周边的歧视。

用"外围层"可能好一点。

肖金成：我比较反对"层"的概念，因为在空间区域上没有"层"，层是高低层次的关系，而圈是逐步向外扩展的。圈是横向的，是平等的，先有核心才有外围。那么外围是靠什么呢？是靠核心的辐射，没有核心的辐射那个外围根本就不无存在，既然有核心肯定要向外辐射，所以这是一个圈，是平面的，而不是纵深上下的。你说核心层好像你在上面，别人在下面，而我说的圈是平面的。

要不要培育区域经济的"增长极"？

主持人：在我国经济区的发展实践中，要不要培育增长极的问题，人们一直有争论，几位专家是什么主张？

肖金成：我个人认为经济区一定是有核心的。如果没有大城市，都是小城市，那它就不是一个经济区。不可能大家都一样，没有高没有低，没有核心没有外围。比如说一池水，如果没有一个石头扔进去，就没有波澜，没有波澜那就是一潭死水。一个石头扔进去波澜就要向外波动，波动的大小跟你石头的大小是有关系的。

陈栋生：这个我不太同意，特别是对于河南的发展来说，我不太同意这个观点。前几年我到漯河参加一次食品工业会议，我就讲过像河南、安徽这些省，经济总量容易做大，因为它人口多，但是人均水平要提高很困难。要人均水平提高，就不能人为地去发展省会，而是各地普遍都要发展。所以郑州能够根据自己的力量做强做大当然好，但非要在这里集中投资，我认为没有必要，还不如让其他地市各显神通，可能对人均水平提高更有帮助。

喻新安：我觉得首先要培养增长极。以中原经济区来说，就要做大郑州，因为它需要有一个辐射源，包括技术创新，你就在这个区域做大项目。另外，我也同意陈老师说的，也确实需要多点的爆发，因为这个区域太大、人口太多，各地的优势不一样，过去我们搞过"十八罗汉闹中原"，即赋予18个县省级项目审批权，结果各显神通，盘活了经济全局。

陈栋生：我们过去都往往把增长极跟核心点说成是特大城市，像上海、北京这些城市。我最近看到一位"海归"写的文章，他说非常大的跨国公司总部都在离大城市不等距离的小城镇。这给我洗了一次脑，受到了启发。我联想到两件事情，一个是漯河靠发展食品工业发展了起来，义乌靠小商品变成一个国际小商品城，这些都不是什么大城市。

肖金成：关于增长极，我的认识和大家是不一致的。淮海经济区缺什么？就是缺少大城市，缺少规模大、带动能力强的城市。大家发展的要素都在竞争，竞争利益也差不多，那么未来对区域的发展就没有一个很好的带动作用。实际上要素必须相对集中，要素相对集中能够把一个地方发展起来，通过它来带动。如果没有一个核心城市出来，合作就很难进行，竞争就会越来越激烈。上海和其他城市就形成了一个等级的区别。比如说到服务业肯定到上海，制造业肯定到苏州、到宁波，零部件肯定到县城和小城镇。这样形成一个产业的等级体系。一个区域要合理发展，就要形成一个科学的格局，实际上就是要形成一个城市的等级体系。

陈栋生：我们前30年实际是发展城市化，重点是大城市、特大城市甚至超大城市，现在我看应该止步了，规模无限大会有很多副作用。小城市和小城镇是中国城镇体系的末尾，也是社会主义新农村之首，以后农村的公共服务将集中建设在小城镇，对周边的农村社区提供服务。

肖金成：我同意陈老师的观点，但是我也说明一下，上海、北京是老的增长极，我们的观点是培育新的增长极，新的增长极不是说把大城市培育的更大，而是要把小城市培育成中等城市，把中等城市培育成大城市，而且这个数量不是很多，你都培育也没有必要。

（原载《光明日报》2010年9月21日）

贯彻落实省委八届十一次全会精神的几点建议*

一 制定实现"两高一低"目标的行动规划和有效措施

省委八届十一次全会提出了河南"十二五"实现经济社会发展"两高一低"的目标，就是经济发展速度保持高于全国平均水平、力争高于中部地区平均水平，人口自然增长率继续低于全国平均水平。实现"两高一低"目标，意义十分重大，任务异常艰巨。一般号召、一般要求、一般措施，恐难奏效。要进行目标细分，进行地区、行业、年度测算，做横向的、前瞻性分析，制订出具有可操作性的"路线图"，拿出切实可行的工作计划。建议制定"河南省实现'两高一低'行动规划"之类的文件。做到量化指标，心中有数，分解任务，加压驱动。

实现"两高一低"，关键是寻找、培育新的增长点，激发内在活力。要借力发展，一要向开放借力。加大对外开放力度，创新招商机制，提高引资水平，在利用外资和承接产业转移方面实现新突破。二要向民间借力。大力发展民营经济，倡导"诚、和、创、韧、责"发展理念，进一步放宽民间资本投资领域，推动民营企业增强创新能力和市场竞争力。三要向科技借力。强化科技创新，做大做强战略支撑产业和战略新兴产业，奠定"两高"的产业基础。四要向环境借力。优化发展环境，加快服务体系建设，构建与国际惯例相衔接的制度环境，提高招商引资的服务效率和水平。五要向"能人"借力。事靠人干，用人为要，各级领导岗位都要启用

---

* 本文是笔者 2011 年 12 月 20 日在河南省委主要领导与社会科学界专家学者座谈会上的发言提纲。

有能力、敢担当、肯干事、有作为的干部。

二 找准贯彻落实省委决策部署的切入点和结合点

1. 贯彻基本精神，不要生搬硬套

省委八届十一次全会通过的《中共河南省委关于制定全省国民经济和社会发展第十二个五年规划的建议》和《中原经济区建设纲要（试行）》，都是中央精神与河南实际结合的产物。"以科学发展为主题，以加快转变经济发展方式为主线"是中央精神；"以建设中原经济区、加快中原崛起和河南振兴为总体战略""以富民强省为中心任务"，实现"两高一低"目标，则是河南特色。其基本精神，是找准贯彻落实中央决策部署的切入点、结合点。各地市贯彻省委八届十一次全会精神，一定要把握这个精神实质。譬如，具体到某一市、县，"总体战略""中心任务"是什么，怎么表述，"发展目标"怎么确定，要有自己的特点，不要生搬硬套省里的提法。

2. 找准发展定位，不能照抄照搬

中原经济区在全国的定位有四条：全国"三化"协调发展示范区，全国重要的经济增长板块，全国综合交通枢纽和物流中心，华夏历史文明重要传承区。这是经过反复讨论、比较、研究之后确定的，完全符合河南实际。至于各市县怎样在建设中原经济区中找准定位，发挥应有的作用，是一个很现实的问题。各地应站位大局，立足实际，找准自己的定位，但这并不是一件轻而易举的事情。从实际出发，要有见地，更要有勇气和胆识。各地应当开动脑筋，集思广益，勇于创新，敢于突破，以思维创新带动思路创新。譬如，中原经济区的第一个定位，也是最重要的定位，是"全国'三化'协调发展示范区"，那么，是否各个市县都来效仿、套用这一定位呢？未必。须知，中原经济区的四条定位，是就河南总体而言的，河南各市县的发展水平、发展阶段、区位条件、资源禀赋差别很大，绝不可照抄照搬全省的定位，拘泥于省里的条条，照葫芦画瓢。从已经看到的几个省辖市"十二五"规划文本看，已经出现此类情况。

3. 创新工作思路，不能因循守旧

建设中原经济区，前无古人，是全新的事业，许多工作是挑战性的。

这就要求各级干部创新工作思路，创造性地开展工作。当然，前提是思维方式要创新，提倡发散思维、逆向思维、动态思维，提高思维的综合性、开放性、创造性。譬如，中原经济区的战略布局分为核心区、主体区、合作区，怎样推动三类区域以及它们之间的一体化发展，需要深入地研究和探索。实现一体化发展总的思路，应是高端引领，底层突破，全面展开，多点爆发。在此，提出几点具体认识。

第一，要强化洛阳的"副中心"地位。郑州是核心区的"龙头"，但郑州的首位度、影响力，还无法与长三角的上海、珠三角的广州、长江经济带的武汉相比，还没有那样的绝对优势，难以形成"众星捧月"之势。洛阳产业优势明显，应当担当起"副中心"的重任，形成郑州、洛阳"双塔"并立之势，而不宜简单化地提"郑洛一体"。

第二，把东引西拓、强化两翼作为区域合作的重点。中原经济区的东、西两翼经济发展水平总体偏弱，三门峡、商丘在与毗邻区域竞争中不落下风，外联、外延的空间和潜力巨大；从承接东部产业转移，推动区域梯次发展，实现东中西互动的大局看，两市也承担着重要使命，应当在沿边开放合作中走在前面。

第三，以河南行政区域内的合作，带动与周边地区的合作。譬如，河南省西部的洛阳、三门峡、济源三市经济内在联系密切，可以构建"洛三济"经济圈，推进西部地区协同发展，打造中原经济区的西部板块。一些毗邻的县（市）之间，也可以探索跨行政区的经济协作，譬如新密、登封、禹州、汝州之间，尉氏、扶沟、鄢陵之间等，可以建立经济协作区。在协作区内，形成合作机制，寻求互补性，探讨共同发展。这样，可以积小胜为大胜，推进中原经济区在总体上实现一体化发展。

三 把解放思想、更新观念放在更加突出的位置

建设中原经济区最大的困难，不是缺资金、项目等硬件，而是来自传统思想观念、传统思维方式方面的影响。建设中原经济得到了共识，但建设中原经济区是怎么一回事未必都明白。不少人把希望寄托在国家的优惠政策，以及在资金、项目等方面的倾斜，即"要政策""要待遇""要倾斜"。所以，干部队伍中对建设中原经济区的思想准备是很不够的。从这

个意义上说,建设中原经济区解放思想始终是"总开关"。解放思想的进程,将影响、制约、决定中原经济区建设的进程。

对党委和政府来说,要从习惯于从行政干预,行政命令,在行政区划范围内折腾事,到树立经济区理念,尊重经济规律、尊重市场主体,尽量发挥市场的作用,推进区域一体化转变。在区域合作方面,要从争座次,争老大,争龙头,画地为牢,行政分割,甚至以邻为壑,到转变职能,主动融入,真诚合作,互动联动,一体运作。社会的价值导向、社会氛围要相应调整,要从官本位价值导向转变为以"创业、创造、创新"为荣的社会价值导向,形成合作、和谐、奉献为上的社会氛围。

总之,建设中原经济区要坚持思想先行,不断突破传统观念的束缚,解决干部群众的深层次认识问题。

建设中原经济区要立足实干

河南省委书记卢展工指出："当前，我们正以'四个重在'为实践要领，抓住机遇、加快发展，推动中原经济区建设。中原经济区建设要靠干，靠全省干部群众脚踏实地干出来。"推进中原经济区建设必须凝聚起全省的力量，解放思想，大胆探索，立足实干，科学运作。

1. 把实干放在首位

建设中原经济区，离不开中央的支持，这是由中原经济区在全国发展大局中的地位和作用决定的。但是，中央政策支持固然重要，起决定作用的，还是中原地区人民的艰苦奋斗和实干精神。事实上，中原经济区能够上升为国家战略，本身就是河南上上下下立足实干的结果。中原经济区从提出设想，到得到广泛认同，再到中央正式做出决策，每一步都体现了实干的精神，都是实干精神的结晶。在其上升为国家战略后，更要靠各级干部和广大群众立足实干来推进。各地要找准定位，主动融入，不等、不靠，推动中原经济区起好步、开好局。

2. 坚持"四个重在"

坚持"四个重在"是推动中原经济区跨越式发展的实践要领，必须增强坚持"四个重在"的自觉性、主动性，按照"求实求效"的要求，立足实干，重点在以下几个方面下功夫。一是统一思想认识。要切实把思想和行动统一到中央和省委的决策部署上来，自觉主动地从那些不利于科学发展、不适应"四个重在"要求的观念、做法和体制的束缚中解放出来。二是谋划发展战略。河南要持续保持发展势头，必须充分利用国家的区域发展政策调整整合的契机，以更加主动的姿态、更加开放的胸怀，在参与和融入区域竞争乃至国际竞争中寻求自己的发展定位，积极寻求战略转型。三是转变发展方式。要善于把转变发展方式与提升竞争力有机结合，强化产业支撑理念，大刀阔斧调整产业结构、产品结构、城乡结构和地区结构，努力提升抗击风险和市场竞争的实力。四是深化体制改革。着力增强经济发展内生动力，深化财税金融体制改革，深化科技体制改革、文化体制改革，构建和完善有利于循环经济发展的制度支持体系，增强经济发展的内生动力和活力。五是营造良好环境。要围绕发展第一要务，围绕经济建设中心形成合力，通过团结、集聚、协调来形成上上下下、方方面面、内部外部的合力，通过研究问题、思考问题、学习提高求合力。

3. 强化科学运作

"建设中原经济区，有很长很艰难的路要走。今后关键就是做。"按照卢展工同志的要求，河南各地各部门在建设中原经济区的实践中，要认真研究区域经济发展规律，既站位全局又突出个性，既考虑当前又谋划长远，把本地本单位发展的"小战略"与中原经济区建设这个"大战略"有机衔接起来，形成局部突破与全局发展相互促进的良好局面。要看到，在实际工作中，有的地方、有的干部还不适应新形势的要求，不能真正理解有效运作的深刻含义。有的不想运作，满足于功劳簿上"晒"贡献，数字报表上"抖"成绩，习惯于照搬老经验、老做法、老措施，满足于"上级咋说我咋做"，以文件落实文件，用会议贯彻会议。有的不敢运作，害怕触及深层次矛盾，担心干了事情会得罪人，"和稀泥、打太极"；即便有好的项目，也前怕狼后怕虎，没有快刀斩乱麻的勇气，更缺乏大刀阔斧的锐气。有的不会运作，看似忙忙碌碌，却没有抓住主要矛盾和矛盾的主要方面，眉毛胡子一把抓；该为的不为，不该为的乱为，不懂得、也不尊重客观规律，不领会、也不会自觉运用客观规律办事。有的不善运作，一说推动工作就大轰大嗡，方法简单粗放，结果是工作干了不少，力气花了不小，但因为方法不对而事倍功半。强化科学运作，就要在工作中多一点思考，多一点行动，多一点服务，多一点表率，力争在抓具体中持续提升，在抓基层的基础上寻求突破，在项目带动中力求实效，不断推进各项工作，努力保持河南经济社会发展的良好趋势、良好态势和良好气势。

4. 落实"三具两基一抓手"工作方法

"三具两基一抓手"是在实践中总结出来的方法论，体现了求是的工作理念、求真的工作态度、求效的工作方法、求实的工作作风，是我们贯彻落实科学发展观，推动各项工作的有效方法，是坚持"四个重在"、破解"四个难题"、弘扬"三平精神"的有机延续,对河南广大干部干好工作、求实求效具有重要的现实意义。要认清落实"三具两基一抓手"工作方法的着重点。"三具两基一抓手"从根本上来说就是讲工作该怎么干,怎样干才更好。坚持"三具两基一抓手"的工作要求,在工作中要多点思考,多点行动,多点服务,多点表率,力争在抓具体中持续提升,在抓基层的基础上寻求突破,在抓项目中力求创新,不断推进各项工作。要在求效上多下功夫,以求真、求是为前提,以求效为目的,把对全局的要求具体化为对各个局部的要求,把对面上的要求具体化为对每个单位的要求,把对群体的要求具体化为对个体的要求,一个问题一个问题地解决,一件工作一件工作地落实。要努力做到少说多做,说到做到,说好做好,努力创造出经得起历史、经得起实践、经得起群众检验的工作业绩。落实"三具两基一抓手"工作方法,领导干部要带头。要真学、真信、真懂、真用,以身作则,为群众树立真抓实干的好榜样;要经常深入一线搞好调查研究,真正了解群众在想什么,需要领导解决哪些实际问题,不能只听汇报、只看材料,更不能以会议落实会议,以文件落实文件;要抓具体、具体抓,搞项目带动,但不能陷入庞杂繁重的日常事务性工作中。落实"三具两基一抓手"工作方法,要健全问责机制。在实践中,有些干部不敢干,害怕触及深层次矛盾,害怕干事得罪人、招是非,缺乏开拓创新的勇气;有些干部不会干,工作方法简单粗放,不尊重客观规律,习惯于照搬老经验。改变这种现状,要求建立健全完备的监督、检查、考核、问责机制,确保布置的工作事事有着落,件件有回应。

(原载《河南日报》2011年6月15日)

从"四个重在"到"四个持续"*

一 "四个重在"与"四个持续"提出的背景及意义

在2009年12月召开的河南省委经济工作会议上,省委书记卢展工同志提出了"四个重在"(重在持续、重在提升、重在统筹、重在为民)的要求。"四个重在"的提出,是河南深入贯彻落实科学发展观的客观需要,也是推进中原崛起河南振兴的总体要求和实践要领。

2010年12月,河南省委经济工作会议在郑州召开,省委书记卢展工同志就贯彻落实中央经济工作会议精神,围绕河南经济工作"怎么看"和"怎么干",提出在工作中要把握"四个持续"(正在持续、难在持续、重在持续、为在持续)。"四个持续"科学概括了河南发展的总体情况、存在的突出问题、下一步的发展方向和工作要求,是指导今后一个时期工作的纲领性要求。

一年一度的省委经济工作会议,是谋划全局、定位全局、统筹全局的会议。省委主要领导同志在两年的省委经济工作会议,先后提出的"四个重在"和"四个持续",意味深长,发人深省。

体现了总体思路的连贯性。"四个重在"列在第一位的是"重在持续",可见,"持续"在"四个重在"实践要领中居于"打头"的核心的位置。没有持续,工作经常中断,提升、统筹、为民都无从谈起。那么,提出"四个重在"一年来,是否做到了"持续",需要回顾和盘点,"正在持续",就是对"重在持续"的呼应和总结,是对一年来河南经济社会

---

* 2010年12月下旬,在河南省委经济工作会议结束之际,河南电视台《聚焦中原》栏目围绕省委经济工作会议精神做了专题访谈。这是笔者接受访谈时的主要内容。

发展的总体判断和真实评价。

反映了工作指导的时效性。河南正处在工业化、城镇化、农业现代化加快推进阶段，经济社会发展呈现出好的趋势、好的态势、好的气势。那么，如何指导好工作全局，谋划好河南未来，推动各项工作取得新进展？"四个持续"在做出"正在持续"的判断后，强调"难在持续、重在持续、为在持续"，就是提醒各级干部，持续是大局，持续是未来，要在持续中求作为、做贡献。

表明了攻坚破难的坚定性。"钱从哪里来、人往哪里去、民生怎么办、粮食怎么保"，是河南面临的四道难题。破解"四难"，是河南走出传统发展方式困局的关键，是实现中原崛起河南振兴的系统工程。破解"四难"，需要持久努力，切忌急于求成。从提出"四个重在"到强调"四个持续"，就是告诫各级干部，解难之力在持续，解难之途在持续，解难之效在持续。要重"常性"，重"韧性"，不动摇，不懈怠。

二 真正落实"四个重在"与"四个持续"

坚持"四个重在""四个持续"，是推动中原经济区跨越式发展的实践要领。根据河南当前经济社会发展现状和实际工作中存在的问题，必须增强坚持"四个重在""四个持续"的自觉性、主动性，按照"求实求效"的要求，重点在以下几个方面做好工作。

1. 统一思想认识

要切实把思想和行动统一到中央和省委的决策部署上来，自觉主动地从那些不利于科学发展、不适应"四个重在"与"四个持续"要求的观念、做法和体制的束缚中解放出来。要着力营造解放思想的氛围，激发解放思想的活力，凝聚解放思想的合力，推进解放思想的实践。要克服片面发展、盲目发展、只顾眼前发展等倾向，坚持统筹兼顾、协调发展、科学发展。要进一步提升思想认识、视野境界和工作要求，倡导创新思路、创新理念、创新方法，坚持把求实求效作为推进工作、推动发展的根本要求。

2. 谋划发展战略

国际金融危机加速了世界经济格局的重构，推动了产业梯度转移和区域经济发展格局的调整，河南要持续保持良好发展势头，必须充分利用国家区域发展政策调整整合的契机，以更加主动的姿态、更加开放的胸怀，在参与和融入区域竞争乃至国际竞争中寻求自己的发展定位，积极寻求战略转型。

3. 转变发展方式

要善于把转变发展方式与提升竞争力有机结合起来，强化产业支撑理念，大刀阔斧地调整产业结构、产品结构、城乡结构和地区结构，努力提升抗击风险和市场竞争的实力。

4. 深化体制改革

要着力增强经济发展内生动力，深化财税金融体制改革，深化科技体制改革、文化体制改革，构建和完善有利于循环经济发展的制度支持体系，增强经济发展的内生动力和活力。

5. 营造良好环境

要围绕发展第一要务，围绕经济建设中心形成合力，通过团结、集聚、协调来形成上上下下、方方面面、内部外部的合力，通过研究问题、思考问题、学习提高求合力。

让"持续"成为常态[*]

在河南省委、省政府的正确领导下,以"四个重在"为统领,河南经济社会呈现持续发展的态势。

目前,"持续"已成为河南各级干部耳熟能详的政治术语。但什么是"持续",为什么强调"持续",如何让"持续"成为常态,仍是值得一议的问题。

"持续",就是在原有基础上的保持和承接延续。"持续"不同于"连续",是保持和发展状态而不是照搬和重复过去的一切,其内涵包括了在原有基础上的继承、调整和改进。经济社会发展的"持续",是指经济社会运行特征、走向、趋势的保持和延续。

强调"持续",不仅因为现实中大量存在的"断续"现象给党的事业造成了巨大损失,还因为真正做到"持续"并非易事。河南经济社会曾经走过弯路,有过经济发展大起大落、陡升陡降,造成经济社会发展长期落后于全国平均水平;改革开放以来,也经历了波动幅度从较大到明显趋缓的过程。在新形势下,总结经验教训,遵循经济规律,"持续"被实践证明有效的发展思路和发展战略,能促进经济社会的持续稳定发展,是推动中原崛起河南振兴的必然选择。

让"持续"成为常态,是当下要重点考虑的问题。未来十年是河南经济社会发展爬坡、提速、转型并重的重要时期,是缩小与全国发展差距的关键时期。《国务院关于支持河南省加快建设中原经济区的指导意见》的发布,使河南面临跨越发展的重大机遇,同时要看到,"钱从哪里来、人

---

[*] 2011年10月19日,《河南日报》发表记者刘玉梅《"四个重在"统领科学前行》的评述文章,回顾了2009年以来河南省委省政府以"四个重在"为统领的一系列实践创新。应报社之邀,河南省社科院院长喻新安写了这篇"专家观点"。

往哪里去、粮食怎么保、民生怎么办""四难"问题依然存在。推动河南经济社会持续稳定发展，必须坚持"四个重在"的实践要领，"持续"建设中原经济区的发展思路、目标和举措，"持续"着力破解发展难题，促进河南经济社会发展迈上新的台阶。

(原载《河南日报》2011年10月19日)

加快经济发展方式转变关键是"加快"*

2010年年初,中央举办了省部级主要领导干部深入贯彻落实科学发展观,加快经济发展方式转变专题研讨班。2010年4月7~10日,河南省委举办了全省主要领导干部深入贯彻落实科学发展观,加快经济发展方式转变专题研讨班,省委书记卢展工、省长郭庚茂、常务副省长李克分别做了专题讲话。河南人民广播电台《政府在线》栏目及时跟进,围绕卢展工的讲话做了专题访谈节目。

主持人: 4月7日,全省主要领导干部深入贯彻落实科学发展观,加快经济发展方式转变专题研讨班在郑州举行,这次研讨班是河南省委在关键时期就深入贯彻落实科学发展观,加快经济发展方式转变这一关键问题组织全省主要领导干部开展的一次专题讨论,在7日的开班仪式上,省委书记、省人大常委会主任卢展工作了重要讲话,接下来的时间陈晔邀请省社会科学院副院长喻新安来为大家解读卢展工书记的讲话。

喻院长,听了卢书记两个多小时的报告,您感触最深的有哪些?给我们大家讲讲。

喻院长: 我是列席了这次研讨班,听了卢书记的讲话,感受很多,印象很深刻,我想概括一下有这么几点,一个是卢书记的讲话通篇是"讲实话、讲真话、讲新话",这是很突出的。"讲实话"就是不回避问题,因为这次转变发展方式的前提就是找到我们在发展方式上存在的问题,不掩饰矛盾;"讲真话"就是通篇的讲话不打官腔,有一是一,有二是二,和在场的省、市、县三级干部这么大的范围真心地交流,真心地提醒,甚至真

---

* 2010年4月12日,河南省社科院副院长喻新安接受河南人民广播电台《政府在线》栏目专访。

心地告诫。

主持人： 像一个邻家大哥哥一样。

喻院长： 对，娓娓道来，没有一点的隔阂。还有"讲新话"，这是很难得的，就是说讲到问题的时候有很多新的角度，不照抄文件，不循规蹈矩。举个例子，我们过去都讲尊重规律、尊重知识、尊重人才、尊重劳动，卢书记这次先讲了尊重市场主体，这就使我们感到很受启发，因为转变发展方式首先是要尊重市场主体创造财富的人，这就是一个很新的点。

主持人： 过去的时候很少有人这么提起。

喻院长： 很少这样讲。第二个特点是他作为省委书记、河南的最高领导人，他的讲话里面体现出一种政治眼光、辩证思维和百姓情怀。所谓"政治眼光"，就是说，从政治角度看转变发展方式这个问题，就是经济转变发展方式不单纯是个经济问题，它体现了我们党对中华民族和人民利益的高度负责，反映的是我们的执政能力和驾驭社会主义市场经济能力的高低，这就是用很高的政治眼光来看这个事情。另外，这里面他讲了能不能实现这个转变，体现了我们党和政府以及各级干部的责任心、紧迫感、主动性，他反复讲责任，讲政府的主动性和紧迫感，反复强调干部的忠诚度、责任心。

主持人： 对事业的忠诚度。

喻院长： 对人民的忠诚，对事业的责任。所谓"辩证思维"，就是辩证地看问题，不绝对化，比如说他讲到怎样看"为"和"不为"的问题，他就讲到，我们大家平时能感觉到的，但是没有这么清醒地认识到的一个问题，比如说我们现在转变政府职能，我们现在干的一些事情好像是很忙，但事实上它没有起到应有的作用，就是做了等于没做，是瞎忙，甚至是帮倒忙。

主持人： 还不如不做。

喻院长： 这个"为"就是"不为"，反过来讲，可能有的事情你不管了，你"不为"就是"为"。这就提了一个很大的问题。就是对微观主体，我们现在事实上很多的干预是过度的，这就帮了倒忙。另外，他还讲到领导干部怎样才是一个好干部，怎样才是尽职尽责，讲到一个"动"和"静"的关系。他讲到，现在有很多的干部每天跑来跑去，都在动，"走来走去""跑来跑去""颠来颠去"好像这才叫"工作"，卢书记讲"动"当然也是工作,但是作为领导干部也要能静下来思考一些问题,谋划一些问题,这是领导应该做的,这也是要辩证地来看待事情。另外,比如说选人,讲了很长一段要怎么选人,强调"五重五不简单",就是五个方面要重视,但是又不简单地来看这个事情。比如说我们要重群众公认,但不是简单地看票,如果完全看票的话,就会出现套近乎、不负责、拉关系。这就讲得非常实在,很辩证。

另外,讲话又充满了"百姓情怀",所谓"百姓情怀",我想就是从老百姓的角度来看问题。他就一直强调干部要把"柴米油盐酱醋茶""衣食住行教医保"这些与百姓利益密切相关的事情时刻装在心里面。他讲到几个事情讲得非常好。说领导干部都比较关心GDP,但老百姓不一定很关心;领导干部比较关心产值,甚至少数人认为环境、资源可以放一放,但是老百姓就不答应。这是为什么呢?就是人们有不同立场的问题。他还讲到,我们人民政府应该更多地看到问题、看到不足,让群众多看到成绩、看到光明的一面,他就更拥护共产党嘛!但是现在好像是颠倒过来了,不是这样了,我们的干部容易看到成绩,沾沾自喜,但老百姓看到的更多的是问题。这对我们是很大的提醒。如果真是这样的话,那真叫成问题了。这涉及我们的根本宗旨问题。所以,"大众情怀"或"百姓情怀",在卢展工书记的讲话里可以说体现得淋漓尽致。

还有一个特点我想说一下,满篇讲话"见解深刻,论述精彩,思虑周全"。所谓"见解深刻",就是说因为是研讨班,研讨嘛就是要研究问题,所以他提了很多有深刻见解的观点。比如说,他讲到这次金融危机表面上是对发展速度的冲击,实质上是对粗放的增长方式的冲击,如果不转变的话,那么就是资源难以为继,环境难以为继,民生难以为继。另外,还讲到行政区和经济区是什么关系,比如一些偏远的地方,离郑州远一点,离省会远一点,好像过去都理解为那地方太偏了、太远了,他说要从经济区的观点来看就不是这个概念,那些地方可能就是我们区域经济开放的前沿和前锋,是河南与沿海地带衔接的重要地区,就是说不能单纯从行政区域来看问题,从经济区域看又是另外一个结论,这是非常深刻的见解。另外,很多论述"非常精彩",讲话里有很多地方分析非常深入,论述是非常精彩的,比如说讲到要加快转变发展方式,坚持党的领导,加强领导班子建设,专门论述了一大段,"选人怎么选""看人怎么看""管人怎么管"这几个点,讲到"要保护真正干事的人、坚持原则的人、刚正不阿的人、不跑不找的人",还讲到"要敢于为这些干部仗义执言、主持公道",非常的提气,是非常精彩的语言。另外,思虑很周全,就是对怎样转变、怎样加快转变,都有非常周详的思考和部署。

这三个特点,是我听了卢书记讲话以后的一些认识。所以,我觉得我们应该很好地学习。

主持人: 卢书记那天的讲话有两个多小时,当时我也在现场采访,这几天会后也是采访了一些学员们的讨论,大家都是感觉两个多小时的讲话非常精彩,大家不觉得累,像一个邻家大哥在跟你循循善诱,在跟你交心,在跟你谈话,像个长兄一样的那种感觉,真的很精彩。而且很幽默,他讲话的两个多小时充满了那种幽默感。

喻院长: 对,卢书记是夹叙夹议,非常严肃的甚至非常枯燥的一些问题经他这样一阐述,理论与实际的结合,大道理与百姓语言的结合,这样使大家听起来不累,好像是很复杂的问题一下子说清楚了,听懂了。

主持人: 大家一下就听懂了,包括一些很枯燥的那种经济理论的数字、概念。

喻院长: 对,确实是这样。

主持人: 我们两个讲了这么多,这是印象最深的几个特点,下面能不能再讲一下主要的内容?

喻院长: 卢书记这个讲话遵循了中央举办的省部级主要领导干部专题研讨班的精神。首先,卢书记讲到,要认真学习领会胡锦涛总书记、温家宝总理等中央领导在中央研讨班上的讲话精神,他当时讲我们是从理解的角度、学习的角度、体会的角度来谈。围绕3个大的问题,就是"什么是加快经济发展方式转变""为什么要加快经济发展方式转变""怎样加快经济发展方式转变"这3个问题来展开,应该说是层层递进、步步深入、环环相扣的3个问题,看起来非常平实,但是确实是逻辑非常严谨,很系统、很严密、很紧凑。

主持人: 卢书记在谈到什么是加快经济发展方式的转变用了5个字,就是"关键是加快"。

喻院长: 对,因为我们也都看了总书记在中央举办的研讨班上讲了几十处"加快",就是说转变发展方式不是一个新问题,十七大已经讲了三个方面的转变，但实际的效果并不是非常理想，就是转变起来非常难，所以这次突出"加快"，就要在"加快"上做文章，在"加快"上动脑子。另外，卢书记在讲话第一部分"经济方式转变"里面，把经济增长方式和经济发展方式转变做了个区分，这个也非常重要。就是我们过去很长的时间都讲经济增长方式，现在改成经济发展方式了。经济增长方式主要指的是生产过程本身生产要素怎么组合、怎么配置，实际上就是说怎么生产、怎么生产得更多、更好，这是过去我们讲的。经济增长方式也有一个转变的问题，就是粗放的增长转向集约地增长，就是由过去的高投入、高能耗、高排放、低效益，转向低投入、低能耗、低排放、高效益。而现在讲经济发展方式转变，它的涵盖面宽得多了，就是说除了生产过程本身以外，还要考虑两头，就是生产前、生产后，还有生产过程中你要耗费，代价是不是太大了？生产结果是不是被人民共享了？又涉及产业结构、城乡结构、区域结构、收入分配结构以及生态环境，甚至生产安全，你如果是不顾安全地生产，尽管生产出来GDP了，但可能是以人民的血泪甚至生命为代价，那就是很不应该的。所以说，由经济增长方式转变转向经济发展方式转变是一个重大的改变，是按照科学发展观的要求来审视我们的经济工作。还有，突出"加快"，关键是"加快"，这里面卢书记讲到怎么加快呢？思想观念转变要加快，经济发展的方式、方法、途径、模式要转变，特别强调这个转变更多的是要体现党委、政府、各级领导干部的责任心、紧迫感和主动性。这样，就把我们执政为民的理念与转变发展方式的紧迫性有机地统一起来了。

主持人：我印象比较深的是卢书记在讲话的第二部分，就是说为什么要加快经济发展方式转变，他讲了一种"有增长无发展"的现象。

喻院长：对。"有增长无发展"这个词在学术界、理论界讲得比较多了，但是我们在平时的宣传里面，在政府的语言里面以及高级干部讲得比较少。卢书记在这个场合专门讲了这个问题，我觉得非常重要，确实对我们是一个很大的提醒，同时也在理论上使大家搞清楚一个问题。"有增长无发展"这个现象最早是在拉美国家出现的，就是20世纪的七八十年代，拉美经济起飞，工业化、城镇化都迅速推进，但是它的结果并不是令人满意的，就是两极分化严重，一边是现代化富裕的一帮人，一边是很贫穷的农村，这样导致社会的矛盾激化，国家陷入动荡，这就是我们通常讲的

"拉美陷阱",就是说现代化带来的是两极分化。我们国家这些年因为发展得很快,在发展过程中一些地方也出现了"有增长无发展"的某些迹象,虽然说不是那么严重,但也是不容忽视的。卢书记在讲话里面有一大段引用了联合国在1996年对"有增长无发展"现象下的定义,他指出了有增长无发展的几种情况,一是无业的增长,什么是无业的增长呢?就是说经济增长了,但是就业没有扩大。比如说现在一些地方单纯上大项目、重化工项目,属于资本密集型的,一投资几十亿元,但是用工很少,经济规模增长了,但就业没有增长。第二是无情的增长,就是说经济增长了,可能少数人得到好处了,但是绝大多数人收入没有增长。第三是无未来的增长,就是经济增长了,但是生态被破坏了,资源环境没有得到保护,这样甚至是负增长,环境比过去恶化了,那就没有未来了,我们只有一个地球,生态破坏了今后的增长就没有基础了。第四是无根的增长,什么是无根呢?无根就是说没有文化。

主持人: 变成一片沙漠了。

喻院长: 经济增长了,但是文化、教育不增长,单纯就经济说经济,忽视了文化、教育,包括其他社会事业,这样也是不可持续的,所以"无根"就是说没有根了,它要枯萎了,要死了,这样的增长是不可持续的。这几个连起来,就是"无业的增长""无情的增长""无未来的增长""无根的增长",加在一起就是"有增长无发展"。这几种情况我们都要高度地注意、关注,也要予以克服。就我们国家来讲,事实上过去在很长一段时间内有"国民经济五年计划",从"六五"开始改为"国民经济和社会发展五年计划",现在叫"规划"了,就是把国民经济和社会发展联系起来考虑问题,希望实现既有增长,又很好地发展。

主持人: 卢书记在会上提醒大家,我们省在经济发展过程和经济转型过程中一定不要出现"有增长无发展"的现象,因为那天参加会议的人员还包括县长、县委书记这个层面,就是省、市县三级主要领导干部都在,他说出这个问题是希望大家引起注意。

还有一个问题,他在讲话当中也提到,其实也是我们经常说的,就是河南是中国非常典型的一个缩影,在今后和相当长的时间河南要始终着力研究破解"四难":"钱从哪里来、人到哪里去、粮食怎么保、民生怎么办。"我想请您谈谈我们在破解"四难"问题的过程中,与转变经济发展方式是一个什么样的关系？

喻院长：这"四难"，卢书记实际上在不同场合也多次讲到过，事实上破解这几个问题根本途径也是转变发展方式。比如说"钱从哪里来"，发展是要钱的，调整需要钱，民生需要钱，但是我们知道钱是靠发展来的，只有有效益的发展才有钱。河南的问题恰恰在于我们的经济总量很大，排在全国第五位，但是财政总收入，特别是人均财政收入在全国是比较靠后的，居民人均收入排得也是很靠后的，原因就在于我们过去是过度依赖投资、过度依赖资源，耗费很高，效益不佳。所以，必须转变经济发展方式，只有这样做才能使效益好起来，钱才能多起来，利润才能多起来，可见，"钱从哪里来"？要从转变发展方式里面寻找。

比如"人往哪里去"？就是扩大就业。河南是人口大省，也是人力资源大省，现在农村至少有1200多万人需要转移，往哪里转呢？按道理应该是往第二、三产业转，往城市转，但是问题又在于河南的第二产业中重化工比重很大，吸纳就业能力很低，第三产业也是很滞后的，大概落后全国将近10个百分点，那么怎么办？只有调整经济结构，使我们的产业结构轻起来，就是多发展轻工业，因为它属于劳动密集型的产业，容纳能力就强一些。

主持人：提高吸纳就业的能力。

喻院长：对，这样"人往哪里去"才有出路。比如说"粮食怎么保"？河南是全国第一粮食大省，我们为国家粮食安全做出了重大贡献，如果继续做出贡献，光靠有决心也不行，就粮食谈粮食也不行，必须转变农业发展方式，以至于转变整个经济发展方式，才能提高城市和工业反哺农村和农业的能力，同时也要提高农业自身的比较效益，这样粮食才能真正保住。再比如"民生怎么办"？我们省里面社会事业欠账很多，卢书记在讲话里面列举了很多数字，比如说农村初中的生均预算内的教育经费全国倒数第三位，农村小学的生均预算内教育经费倒数第一位，人均文化事业费倒数第二位，这些民生问题表面上是社会层面的问题，实质上找来找去还是经济发展方式的问题，经济增长没有效益啊，它怎么会有财力来保民生呢？所以，这四个难题都要从转变发展方式里面找答案、找出路。

主持人：他第三部分讲到的是关于怎么样加快转变，这方面也提了很多要求。

喻院长：对，他就讲怎样转变、怎样加快转变，要"转变发展观念""转变发展途径""转变发展机制""转变发展目的"，中心意思就是要牢固树立科学发展观，做到在立场上到位、观念上到位、方法上到位，要着力解决对经济发展有重大影响的结构性矛盾，要转变政府职能，转变领导方法，转变工作方法，坚持做到为民、惠民。

主持人：关于他的一些要求能不能给我们介绍一下？

喻院长：这是他讲话里面很重的一个部分，他讲了六个方面的要求，比如说要"提升认识求加快发展"。转变到位不到位，一是认识到不到位的问题，要更多地从对人民负责、对河南负责的高度，来走出一条具有河南特色，符合科学发展观要求的中原崛起之路，以这样的高度来提高认识。二是"坚持发展求加快"，我的理解是，这里的"坚持发展"包括了较快的发展速度，因为河南的人均 GDP 按最新数据只相当于全国平均水平的 81.3%，没有理由不加快发展。

主持人：就是说速度还得保。

喻院长：不仅要保，而且要快，要快于全国平均水平才能赶上去，所以，"加快发展"也包括较快发展。三是"重在持续求加快发展"，他专门讲到现在要认真梳理河南省这些年的发展思路，形成与中央、国务院促进中部崛起规划相衔接的、比较系统的中原崛起的实施纲要，要把握优势，准确定位，把好的思路持续下去。四是"突出创新求加快发展"，怎么突出创新呢？就要靠解放思想，要靠机制体制创新，要靠科技创新，要靠领导方法和工作方法的创新，就是要做到谋划多一点、服务多一点、创造条件一点、依法依规一点、求实求效一点。五是"统筹协调求加快发展"，这里面的统筹协调包括统筹经济社会发展，统筹经济发展和民生改善，统筹中心城市和县域经济发展，统筹经济建设和生态文明建设，等等。卢书记在分析这几个方面统筹的时候，阐述了一些非常重要的观点，比如他说到我们要建设文化强省，要向文化强省跨越，但不能把文化的概念简单化，不能一讲文化就简单地把文化推向市场，文化强省也不是文化产业强省，都把文化作为产业对待，这是不对的，对文化强省要全面理解，文化带来的不仅是经济效益，它还可以带来很多社会效益，而这些社会效益是不能用钱衡量的。六是"有效运作求加快发展"，就是要立足于学、立足于做、立足于效，对于省、市、县来讲就是要多做，多思考问题，把中央的主要要求结合本地实际落实下去。

主持人： 创造性地开展工作。

喻院长： 对。

主持人： 好的，因为时间关系，今天的节目又到了和大家说再见的时候了，谢谢喻院长带给我们的精彩解读！本期节目的文字实录听众朋友可以稍后登录新浪河南和河南广播网进行收听和查询。

更新观念是中原经济区最大挑战

建设中原经济区,最大的困难,最大的挑战是什么?最大的挑战不是资金、项目等硬件,而是来自传统思想观念、传统思维方式、旧的领导方式及工作方式方面的或明或暗的阻挠。

回头看,建设中原经济区能在河南省内获得共识,归功于省委书记卢展工带来的区域经济的先进理念。但是,赞成建设中原经济区的人,未必都明白建设中原经济区是怎么一回事。有的可能认为这样能得到优惠政策,能得到中央在资金、项目等方面的倾斜,即认为这是"要政策""要待遇"。

而事实上,建设中原经济区不是坐等政策,而是借助于河南独特的资源,立足于干,立足于做。怎么干?最重要的是解放思想,改变领导方式,突破传统经济结构对我们的观念束缚,走出"干我们熟悉的""干我们会干的""干我们能干的"产业选择困境,按照区域经济的规律,尽量发挥市场的作用,推进经济一体化发展。显然,解放思想的进程,将影响、制约、决定中原经济区建设的进程。

解放思想具体解放什么?大的方面来说,地方政府要突破经济发展的"路径依赖",不以邻为壑,做好本地与周边的产业链接,用世界的眼光去看待发展,着力于大联合、大引进、大招商。眼光有多远,胸怀有多广阔,经济发展的前景就有多繁荣。

具体来说,政府改变观念,首先政府官员要知道什么事可以为,什么事不可以为,把官员们习惯的行政命令转化为服务,学会尊重经济规律、尊重市场、尊重企业主体。发展经济,需要政府去做的是创造良好的经济环境,营造一个宽松的创业乐园,而不是用行政手段去干预市场,更不是带着地方保护和敛财的思维去保护假冒伪劣,一个假冒伪劣充斥的地方,品牌如何主导市场？从转变观念来看，打击假冒伪劣就是对品牌的最好服务。

改变观念就要改变在辖区内折腾的想法，用对外联合的思路去做活做大区域经济。在很多官员的眼里，辖区才是自己的一亩三分地，他们不习惯与地区之外、河南之外谈合作，打交道，故步自封，画地为牢，热衷于在自己辖区内搞开发、搞市场，却没有把眼光放到外面去，站到世界的高度去规划市场，对接周边。

站在全国全世界的高度去规划区域经济，树立载体意识、中介意识，劣势可能就是优势了。比如，商丘、三门峡等地区，站在河南的立场上看就是远离省会郑州的边缘化城市，但是站在全国的立场来看就是市场的前沿，例如，商丘比郑州更接近于上海，更接近于长三角，而三门峡则接近于西安这个西部大市场。

20世纪80年代看深圳，90年代看浦东，21世纪看内地，第二个十年看中原，而中原就看中原经济区。省委书记卢展工在河南省委八届十一次全会的讲话中强调："建设中原经济区，有很长很艰难的路要走。"就是提醒大家要清醒，要有创业的准备和克服各种困难的准备。从这个意义上说，解放思想是建设中原经济区"永不竣工"的大工程，始终是决定经济发展前途和命运的"核动力"。

（原载《大河报》2010年11月30日）

当代红旗渠精神是"及时雨"*

新华社 2011 年 10 月 16 日播发的长篇通讯《守望精神家园的太行人——红旗渠精神当代传奇》,讴歌了林州人守望精神家园、不断追求梦想的感人事迹,把林州人不屈不挠的状态演绎得淋漓尽致。通讯第一次高度提炼和概括的当代红旗渠精神,是对过去的总结和传承,对当今的昭示和鞭策,更是对未来的警示和引领。读后很受感动、很受教育、很受启发。深入研究当代红旗渠精神,对推动中原经济区建设具有重要的意义。

这篇报道在让我们感动、震撼的同时,更引发我们的深思和追问,比如,什么是最大的财富,精神和物质是什么关系,我们自己的精神归宿在哪里,我们的理想和梦想是什么?当下的中国,有了"天宫一号",有了属于自己的航母,还会有其他更多的尖端技术,但是,如果没有忧患意识和风险意识,如果不重视运用文化引领前进方向、凝聚奋斗力量,如果不大力弘扬伟大的民族精神,那我们是否能完成既定的目标和任务,恐怕是一个十分严肃的问题。

弘扬当代红旗渠精神有全国意义,更具有河南意义。河南正处于建设中原经济区的起步时期和加快中原崛起河南振兴的爬坡时期,当代红旗渠精神将对河南的发展起到长远的精神引领作用。建设中原经济区关键在做,但如果没有精神动力,没有高度的自觉,就不可能真做、真干。中原经济区建设任务繁重、困难很多,必须大力弘扬当代红旗渠精神,"难而

---

* 2011 年 10 月 16 日,新华社播发长篇通讯《守望精神家园的太行人——红旗渠精神当代传奇》,在全国尤其是河南省干部群众中引起了强烈反响。10 月 19 日,河南省社会科学院主办了"当代红旗渠精神理论研讨会"。《河南日报》2011 年 10 月 25 日刊发"弘扬当代红旗渠精神努力建设中原经济区——'当代红旗渠精神理论研讨会'发言摘要"专版。河南省社科院院长喻新安主持了"当代红旗渠精神理论研讨会"。这是《河南日报》刊登喻新安的发言摘要。

不惧",困难再大也要挺得住。随着中原经济区建设的推进,随着经济社会的发展,人们的收入状况会持续改善,"吃饱肚子要为什么而奋斗"就成了很现实的问题,所以,"富而不惑"也给我们极大的提示,就是要像林州人那样永不满足、永不懈怠、永不迷失、永不止步,不断翻越发展中的"无形之山"。

建设中原经济区是一个巨大的、长期的、复杂的系统工程,我们需要国家和外部尽可能多的支持,更需要全省各方面的积极参与,需要从我做起,从今天做起,从可以做的事情做起,"自强不已,奋斗不息"。可见,当代红旗渠精神可谓"及时雨""强心剂""健脑丸",我们要用它来提升全省人民的斗志,让当代红旗渠精神之花结下累累硕果,成为推进中原经济区建设的强大精神力量。

(原载《河南日报》2011年10月25日)

解决思想认识问题要立足求实求效*

——学习"新九论"引发的思考

河南省委书记卢展工在多个场合讲过：现在人们讲得最多的是认识问题，所有个人剖析材料第一条都是学习不够，认识水平不高，但最容易忽略忽视的也是认识问题。

这是很有针对性的，是对我们非常重要的提醒。"忽略""忽视"了什么呢？我认为就是求实求效。当大家不约而同地认为自己的"第一个"不足是认识水平不高的时候，事实上隐含着一层意思：这不算什么大问题，至少是不属于本质问题。问题就出在这里。谁都知道，思想支配行动，认识和意识决定思想水平。从这个意义上说，作为领导干部认识问题是最要命的问题。我认为卢展工书记看得很准，真是点到根子上了。

卢展工书记还讲过：做领导工作，就是既能"领"起来，又能"导"下去。靠什么能"领"和"导"呢？其实最核心的、本质的东西，就是把领导意图转化为群众共识，使群众愿意跟你干，并且知道为什么跟你干。把领导意图转化为群众共识的过程，就是提高人们思想认识的过程，这个"转化"，既是宣传党的路线方针政策的过程，也是摆事实讲道理的过程，是细雨润无声的过程。这个"转化"能不能顺畅、成功、有效，与采取的方式方法关系极大。经常有这种情况，领导说归说，群众做归做，领导的言谈，没有产生实际影响力，没有达到与群众的共鸣，因为群众的认识问题没有解决。

---

* 2012年9月5日，由河南省委宣传部、河南省委政研室、河南日报社联合举办的"再论用领导方式转变加快发展方式转变"座谈会在郑州召开。笔者发言稿题目是"解决思想认识问题要立足求实求效——学习'新九论'引发的一点思考"，9月11日在《河南日报》发表时用的标题是《解决思想认识问题不能空对空》，内容有删减。

我认为，卢展工书记对我们干部队伍存在的这个问题的判断是非常敏锐的，也是非常恰当的。过去，我们不少干部习惯于听命上级，按红头文件办事，懂不懂、对不对都不管，只要上传下达，照抄照搬照办，上行下效就行，这叫"与中央保持一致"，自己也不犯错误。可以说，是被动地、木偶式地执行上级决定。表现为勇气不足、创新不足、闯劲不足、拼劲不足。河南的落后，就在于此。我们是输在思想境界上、认识水平上、精神状态上。

这种情况在河南正在发生变化。卢展工书记7月27日在与社会科学界专家茶叙时说：为什么"九论"和"映象版"会引起共鸣，会有这么多人参与、关注，大家有一种兴奋，就是改变了传统的领导方式：我叫你干，我说你听，你就背我的字就行了，我说你干就行。现在不是了，河南最可喜的一个变化，是大家都在研究我想怎么干，我该怎么干。有一帮人在研究问题，在主动思考问题。实际上就是解决了主动性的问题。这种主观能动性跟沿海地区的改革开放初期差不多，一种激情起来了。

从党的十五大以来，我们开展的集中教育活动成效应当肯定，但教训也极为深刻。无论"三讲""先进性教育"，还是"科学发展观教育"，都存在轰轰烈烈走形式、认认真真走过场的情形。我认为，其中一个教训就是，解决认识层面的问题要立足求实求效，不能空对空。

"两不三新"三化协调科学发展的道路，内涵极为丰富，譬如"倒逼机制""引领理念""三新内涵""着力统筹"等关键词；理论与实践创新点很多，譬如，创新城镇化模式，探索第三条城镇化道路；突破城乡统筹模式，实现真正意义上的城乡统筹；创新后发展地区经济赶超模式；创新传统农区工业化模式；创新"三化"协调发展模式等，都需要深入理解，真正搞清楚。

最近一个多月来，《河南日报》连续推出九篇大型政论文章。"新九论"是对"两不三新"三化协调科学发展道路的深入解读，实际上就是在讲道理，在帮助人们提高认识，统一思想。"新九论"从期盼、承诺、抉择、探索、变革、引领、统筹、持续、协调等方面进行深入解读，涵盖了这条路子的所有重点、难点、创新点，非常准确地诠释了"两不三新"的内涵、重要意义、必要性、紧迫性、可能会遇到的困难、阻力、制约因素以及应有的态度，应当有的精神状态，应当采取的措施和方法。所以，

"新九论"的每一论，都是立论、述论，也是策论。

"新九论"已经引起社会共鸣，产生了广泛的社会影响。为什么有这么多人参与和关注？我们可以从中得到的一些有益的启发。

1. 解决思想认识问题，一定要把正确的理论与生动的实践结合起来

解决思想认识问题，不是让人们只是记住一些大话、空话、漂亮话，一些经典语录，用来装潢门面。而是要真正入耳入心入脑。不是空对空的说教，而是要紧密结合实际。不是只讲放之四海而皆准的大道理，还要关注"解河南的难，破发展的题"。诸如怎样破"四难"，新型城镇化怎样引领，怎样实现"四集一转"，怎样实现城乡统筹，怎么解决不协调、不平衡、不可持续的问题等，都应该联系实际说清楚道明白。

2. 解决思想认识问题，一定要解决好干部群众主动参与的问题

要注意激发人们的兴奋点、关注点。思想教育应该是内生式的，而不是嵌入式的，应该引导群众主动参与，而不是被动参与。河南各地的情况不一，任务不同，郑州市是建设都市区、焦作市是资源性经济转型、南阳市是生态经济示范、济源是城乡一体化、鹤壁是循环经济、信阳市是统筹城乡发展。我们看到，因为各地的领导是在讲身边的事，与老百姓利益休戚相关的事，所以，干部群众感到很亲切，是主动参与讨论，主动接受教育。

3. 解决思想认识问题，一定要采取恰当的方式方法

实践证明，不仅经济发展模式可以创新、社会发展模式可以创新、思想教育模式也可以创新。"新九论"的尝试、做法说明，思想教育不一定是单色调的，不一定那么呆板，不一定那么"严肃"，不一定总是单向灌输，不一定总表现为"你说我听"。完全可以是另外一种样子，就是让干部群众都参与，在参与中受教育，在沟通中达成共识，在互动中达到一致。

"论势"揭示规律 "舆情"反映民意[*]

——写在"中原经济区"系列图书出版之际

由河南省委宣传部、河南省发改委、河南省财政厅、河南日报报业集团联合主编的"中原经济区"系列图书已于近日出版。该系列图书由《中原经济区论势》（以下简称《论势》）《中原经济区舆情》（以下简称《舆情》）两部具有内在联系的著作组成。前者主要选登了高层领导、专家学者、社会贤达对中原经济区的分析和论证；后者则是各家新闻媒体对中原经济区的报道选粹。通过这套系列图书，人们可以清晰地了解谋划中原经济区的来龙去脉和基本梗概。

这套系列图书是中原经济区研究资料的"总集成"，具有丰富的资料价值、很高的理论价值和极强的应用价值。《论势》揭示规律，《舆情》反映民意。今年全国"两会"之后，河南省委、省政府开始谋划建设中原经济区。河南省发改委牵头、由50余人组成的课题组开始了为期3个多月的集中研究，形成了多份资料翔实、有理有据的研究报告。6月初，全省统战系统率先举办中原经济区发展高层论坛，公开呼吁在河南设立"中原经济区"。7月2日，省委召开常委扩大会议专题研究河南发展的战略思路问题，省委书记卢展工发表重要讲话，他在比较了可供选择的几种思路后，深刻阐述了构建中原经济区的初步考虑、基本目的和重要意义。"7·2"会议事实上为河南战略思路的选择确定了基调。之后，各类谈论中原经济区建设的活动频繁举办。构建中原经济区，成为几个月来河南上下街谈巷议的百姓话题和亿万中原儿女的基本共识。8~10月，河南省及国家有关

---

[*] 2010年10月，《中原经济区论势》和《中原经济区舆情》由河南大学出版社出版发行，为此喻新安撰写本文登于2010年11月24日《河南日报》。

学术机构在北京先后举办了 5 次学术研讨会和汇报座谈会。全国人大、全国政协领导人韩启德、陈昌智、罗富和、厉无畏、蒋正华，著名经济学家刘国光、吴敬琏、厉以宁、王梦奎、李京文、郑新立、张卓元、韩康、卢中原等参加了上述活动。多位国家领导人、几代经济学家不约而同力挺中原经济区，异口同声地呼吁把中原经济区上升为国家战略，这在我国区域发展史上堪称佳话。从全国 31 家党报总编云集河南，到 13 家香港媒体踏访中原，媒体对河南和中原的关注也是前所未有。《河南日报》等主要新闻媒体忠实地记录了这些活动，《论势》《舆情》两部书为我们提供了中原崛起、河南振兴的最新"信史"。

  翻看《论势》和《舆情》，大家们关于建设中原经济区的真知灼见跃然纸上。他们秉持世界发展目光，立足全国发展大局，从宏观和微观的角度，对中原经济区进行了全方位、多角度的分析和论证，提出的许多见解和看法都蕴含着深刻的哲理和丰富的思想，对中原经济区的建设实践将产生重要的指导作用。譬如："中原兴则中部兴，中部兴则中国兴"，建设承东启西、连南贯北的中原经济区，不仅对中部，而且对整个国家的全面发展都是一个很好的契机和战略选择；中原经济区将是国家的战略腹地，建设中原经济区既能够在陇海经济带形成新的经济增长板块，又能使东中西主要经济区的功能实现高效的衔接，所以，要把中原经济发展放在国家发展大环境中来谋划，找到发展的位置和角度；要高度重视内需经济、内陆地区对未来中国经济发展的意义，中原经济区是一个内外需的交会点，拥有庞大人口的中原经济区将成为巨大的中心市场，拉动中国内需，推动国家内需拉动战略的实施；河南在不以牺牲农业和粮食生产为代价的前提下加快"三化"进程，按照这样一个发展道路来建设中原经济区，形成一个工农业协调发展的示范区，在全国发展中具有重要意义；中原经济区能集中解决人口和土地的矛盾、总量和人均的矛盾、经济发展过程中速度和污染的矛盾，因此，中原经济区的构想，体现了国家的发展战略。

  翻看《论势》《舆情》，我们还能非常清楚地看到，建设中原经济区的谋划过程，是对河南历届省委、省政府中原崛起思路的梳理、延伸、提升、拓展的过程，是重新认识河南省情、优势、机遇和挑战的过程，是新形势下共谋河南发展振兴大计，达成共识的过程。事实上，在谋划中原经济区的过程中，各个方面已经达成了许多共识，例如，中原经济区要在经济转型中谋发展，要按照客观规律办事，实现又好又快发展；要进一步挖掘"两横两纵"的内涵，以便使规划纲要与国家主体功能区规划相一致；要把环保产业、新能源产业等整合发展，成为中原经济区战略性新兴产业，引领经济区产业体系的发展、调整和升级；要致力于打造政策高地、体制高地，形成新的发展优势，为进一步深化改革开放提供新途径；要加强自主创新与产业升级、增加农民收入与扩大内需、缓解就业压力，进一步发挥中原地区城市的作用；中原经济区构建过程中必须有自己的特点，在产业承接过程中要选择和自身资源禀赋优势相协调的产业，而不是平面式的承接；要重视区域一体化发展，实现规划同盟、市场同体、交通一体、污染治理协作、生态环境共建；要让广大人民群众成为推动发展的主体，让他们实实在在享受到发展的成果，不断激发他们的创业激情；等等。这些，无疑都是建设中原经济区的宝贵精神财富。

建设中原经济区是坚持"四个重在"结出的硕果。《论势》《舆情》告诉人们，建设中原经济区构想得到普遍认同折射出一个真理：反映历史规律的东西，历史就会拥抱它；顺应人民意愿的东西，人民就会赞美它。让我们满怀激情与信心，迎接中原经济区建设无限美好的明天！

（原载《河南日报》2010年11月24日）

给力中原经济区建设的重大举措*

认真学习省纪委、省监察厅、省预防腐败局《关于纪检监察工作服务保障中原经济区建设的若干意见》（以下简称《若干意见》），感到很受教育，很受启发，很受鼓舞。《若干意见》的出台，表明省纪检监察系统在建设中原经济区"找准定位、主动融入"中走在了前面。细读《若干意见》，感到有几个突出的特点。

1. 时机好

在中原经济区上升到国家战略层面，各项工作已经全面展开，但"先行先试"领域和优惠政策正在争取，重要项目安排正在衔接的时候，省纪委、省监察厅、省预防腐败局出台了《若干意见》，这是对中原经济区建设的政治"给力"。《若干意见》明确提出："坚定不移地贯彻落实中原经济区的重大决策部署""持续深入地优化中原经济区发展环境""旗帜鲜明地保护党员干部推动中原经济区建设的积极性主动性创造性""大力营造有利于中原经济区建设的政治生活环境"。这对全省党员干部投身中原经济区建设是极大的鼓舞和鞭策，必将对中原经济区建设产生积极而长远的影响。

2. 立意新

《若干意见》充分体现了"服务、保障、促进"的立意，体现了推动发展与防范腐败相统一、支持创新与严格纪律相统一、治表与治本相统一的工作思路。《若干意见》明确"推动中原经济区建设科学发展、和谐发展、跨越发展""鼓励大胆尝试新的改革措施和办法"，同时提出，"实行廉政风险防控管理"，围绕中原经济区建设中可能发生腐败行为的重点领域和关键环节，"查找廉政风险点""确定风险等级""建立健全廉政风

---

* 本文是 2011 年 4 月在河南省纪检监察工作服务保障中原经济区建设座谈会上的发言提纲。

险防控机制"；既明确严肃整治违法行政、滥用职权、吃拿卡要、效能低下、权钱交易等"五种行为"，又要求"把加强党性党风党纪教育贯穿于中原经济区建设的全过程""加快构建公共资源配置市场运行机制"等。

3. 定位准

《若干意见》开宗明义，制定本意见的目的，是"充分发挥纪检监察工作的服务、保障和促进作用，推动中原经济区建设健康顺利发展"。怎样"服务、保障和促进？关于"明确服务保障中原经济区建设的总体要求"提出了"六个着力"，即着力推动科学发展、着力优化发展环境、着力保护改革创新、着力完善机制制度、着力转变干部作风、着力维护群众利益。"六个着力"体现了在中原经济区建设中纪检监察系统发挥职能作用的准确定位，也表明了纪检监察工作服务中原经济区建设的出发点、归宿点、工作重点和基本准则。

4. 分量重

《若干意见》结构严谨，内容丰富，分量很重。《若干意见》在"严明政治纪律"方面，提出"深入开展政治纪律教育""把思想和行动统一到省委省政府的决策部署上来，把意志和力量凝聚到中原经济区建设的目标任务上来"，要做到"四个始终"，即始终保持清醒头脑、始终持续发展思路、始终坚持砥砺奋进、始终做到求真务实；明确三个"坚决反对"，即坚决反对形式主义、官僚主义和弄虚作假的行为，坚决反对有令不行、有禁不止、各行其是的行为，坚决反对本位主义和地方保护主义。同时，对政策措施落实、重点项目建设进展、推进"两转两提"、政府绩效管理等制定了明确而清晰的规定。

5. 要求严

《若干意见》要求"广大党员干部增强大局意识、机遇意识、发展意识和责任意识"，提出围绕中原经济区建设的重要决定、重大事项和社会反映的热点难点问题开展专项监察，严格落实"十个严禁"。为了严肃政治纪律，要求"坚决防止和纠正上有政策、下有对策以及执行中的'梗阻'现象，严肃查处阳奉阴违、欺上瞒下、失职渎职、徇私舞弊的行为"。"严肃整治损坏经济发展环境的行为"。为了鼓励和保护创新，要求"鼓励和支持先行先试，用好用足用活中央赋予的优惠政策，凡法律和政策没有明令禁止的，都可以探索和实践。"《若干意见》提出正确把握改革创新中失误与失职渎职的界限，做到"五看""四对""四要"。"严格奖优、治庸、罚劣"。

探讨思考篇 | 大省崛起 中原经济区论略

关于河南"十二五"规划总体思路和中长期发展的若干思考

最近召开的省委八届十次全会，部署了今年下半年保增长、保态势的工作重点，要求全省上下齐心协力，共克时艰，在应对危机中实现"弯道超车"，奋力开创跨越发展和加快崛起新局面。以下从保持跨越发展态势的角度，就河南"十二五"规划总体思路和中长期发展问题，谈几点粗浅的认识。

一 充分认识国际金融危机对河南经济发展方式的深远影响

国际金融危机对河南的影响，不仅表现在短期内需求减少，经济下滑，更重要的是将推动河南经济发展方式的转变。从全国来看，出现"三个转向"。

一是经济发展模式。由"外需为主"转向"内需为主"。或者，由出口导向的增长模式转向内需导向的增长模式。我们已经看到，出口主导的增长模式，由于金融市场价格的突变和美国市场的需求萎缩，经济受到重创。所以，外需转内需，已成为下一步中国经济增长方式的基本态势。

二是经济增长方式。由"投资拉动为主"逐步转向"消费拉动为主"。我国过去的经济高增长，主要是由高储蓄、高投资带来的高增长，这种高增长很难持续。因此，要逐步将投资型的政府转变为提供社会保障等公共服务的政府。

三是产业选择依赖。由过分依赖制造业转向更多依赖服务业。进而谋求三次产业对经济增长的协同带动。物流业入选十大产业调整振兴规划表明，我国经济结构的主体已经到了由高能耗、高污染的加工制造业，向低能耗、高效益的服务业转变的新阶段。

这"三个转向"对我国、我省经济发展方式的转变将产生重大影响，有可能促进经济发展战略和经济格局的重大变化，国家促进发展的有关政策也会做出重大调整。

在此背景下，要重点研究几个问题：一是研究如何使河南的GDP变"轻"。要加快现代服务业发展，优化服务业结构。在"旅游立省"战略的基础上，提出"服务业强省"战略。大力发展现代服务业，壮大旅游、文化、信息、房地产等优势服务业，引导各类社会资本进入服务业领域。二是研究如何更好地启动和扩大内需。要从近一亿人口这个最大的省情出发，更好地、更全面地开拓省内市场，特别是农村市场。要实施"农民增收工程"，千方百计增加农民收入。三是研究与新情况相适应的河南支柱产业问题。譬如，要创造条件，使河南省的纺织服装业、文化旅游业、食品加工业等成为全国的产业高地。

二 深入研究"后危机时代"河南实体经济的方向与出路

当前，我们面临如何应对国际金融危机和如何应对全球气候变化两大挑战。一个基本的思路是，主动顺应高碳能源时代向低碳能源时代的转变，走低碳经济发展道路。

低碳经济是低碳发展、低碳产业、低碳技术、低碳生活等一类经济形态的总称，是从高碳能源时代向低碳能源时代演化的一种经济发展模式，是"后危机时代"的实体经济的方向与出路。

河南的工业以重工业为主导，以大量消耗能源为特征，实际上是"高碳"发展模式。在未来一个时期，河南将继续处于工业化中期"重化工业"加速发展、工业化与城镇化并举的阶段，这个阶段也是能源资源快速增长的时期，生产领域、消费领域、流通领域都处于高碳经济的状况。

所以，河南省发展低碳经济，面临"高碳"发展模式惯性的挑战，应当将推行低碳经济模式提到战略层面加以思考。一是在指导思想方面。河南省要确立在发展低碳经济方面走在全国前列，在中部做低碳经济"领头羊"的指导思想。二是在路径选择方面。应当明确，中原崛起不能走高碳能源时代的老路，要以低碳经济大发展为特征。要研究中原崛起与低碳经济实现耦合的问题,及早制定河南发展低碳经济的总体规划和行动路线图。三是在工作指导方面。应当明确,郑汴新区既要成为河南的核心增长极,也应当是河南低碳经济的示范区、先导区;各地的产业积聚区,应当是以低碳工业为主的园区和积聚区;中原城市群核心城市,应当成为低碳示范城市。四是在具体部署方面。要宣传低碳理念、弘扬低碳文化;通过产业结构的调整、能源结构的调整、科学技术的创新、消费过程的优化、政策法规的完善等,全面推行低碳经济。

三 高度关注金融危机引发的产业布局和区域格局重新"洗牌"

当前的国际金融危机,实际上是市场机制自发地对全球产业结构进行强制性调整,不仅对企业和行业,而且对区域经济格局,都是一次重大的重新洗牌。

1. 几个值得关注的情况

(1) 我国区域发展格局在悄然发生变化。2008年第一季度,中国国内生产总值(GDP)同比增长6.1%(17年以来的季度最低值)。全国31个省份中,11个省份以两位数的速度增长,其中有9个省份位于中西部地区(中部4个:湖南为13.1%、安徽为11.6%、湖北和江西均为10.2%;西部5个:贵州为15.9%、内蒙古为15.8%、广西为12.9%、四川为10.8%、陕西为10.2%),东部地区只有天津(16%)和江苏(10.2%)。一季度,西部和中部地区的城镇固定资产投资分别同比增长46.2%、34.3%,高于东部地区19.8%的增长率,也高于28.1%的全国平均水平。按省域看,一季度投资增幅超过50%的8个省份,全部是中西部及东北地区的省份;增幅在20%~50%之间的17个省份,也主要集中在中西部地区。南北差距缩小也是一个新动向。一季度,天津增速达16%,名列各省份首位。

可以看出,经济发展长期滞后于东部的中西部省份,正集体展示出追赶的姿态,相对落后地区实现"弯道超车"不是梦想。

(2) 我国区域经济正发生破局性转变。自金融危机爆发之后,人们发现,市场空间是广阔的。任何一个地方的发展,必须纳入大区域经济的轨道,才能有出路,有前途。在这种背景下,我国区域经济出现了从未有过的破局性转变。表现在三个方面：地方经济向区域经济转化；产业重组、市场重组得到优化组合；区域协调发展取得了阶段性成果。

具体表现为：各地的区域经济联盟、区域合作机制、区域经济空间组合，区域功能分工等，出现了实质性的快速发展。例如，泛珠三角、长三角的概念开始从学术概念向应用性概念转变，其范围开始扩容。《珠江三角洲地区改革发展规划纲要（2008~2020年）》把珠三角区域经济推向了一个新的发展目标；台湾地区和福建地区提出了海西经济区概念，得到了国务院和台湾地区民众的认可，出现了新的区域经济区；广西为了加快构建我国大西南出海国际大通道，提出了北部湾经济区划概念；江苏重新制定了苏南、苏中、苏北和江苏沿海经济开发的大战略；上海浦东、天津滨海新区开始着手改革新的综合试验。

（3）新一轮沿海地区区域规划大规模展开。目前，临海10多个省份都在进行重大战略谋划，争取国家战略性区域政策支持。2008年以来，国务院批准的沿海区域发展规划和开发举措有10余项。这些区域规划，既有对长三角和珠三角的重新部署，也有将沿海地区相对薄弱的辽宁沿海、江苏沿海、天津滨海、福建海峡西岸、河北沿海、广西北部湾等地区的开放发展升级为国家战略并给予政策倾斜支持。这是1988年沿海地区全面开放20年后，中央对沿海地区开放开发的重新部署。

2. 河南发展战略设计

国家大规模展开沿海地区区域规划，是立足全球战略层面的战略部署，有重大的意义。但是，也可能对中西部经济的赶超产生"挤压"。所以，我们要有所预判，拿出自己的区域发展战略设计，并争取得到中央的支持。

（1）要培育河南形成全国的"中心"。现在河南主要是围绕"三个基地、一个枢纽"做文章，但"基地"是躯干而不是"大脑"。"基地"就是为别人服务，就是受制于人。"基地"只能是产业链的前端和价值链的低端。"中心"则掌握核心技术，定标准，定规矩。要改变一下思维定式，从"中心"的角度谋划我们的经济体系。国务院确定上海的定位是"两个中心"（国际金融中心和国际航运中心），河南可否搞出两三个全国性的"中心"（如全国物流中心、现代农业中心、文化产业发展中心等），在某些方面充当做全国的"发动机"。

（2）在产业体系建设上有自己的强项。河南要做全国的中心，必须有领先的、先导性产业，并在此基础上完善经济格局。要从要素推动的传统产业体系，向靠创新驱动的现代产业体系转变，大力发展以新能源、新材料、新医药、现代装备为主的新兴产业。

（3）在区域谋划和布局上有自己的强点。不少省份获得了或正在争取国家"封号"的各类实验区。河南还在围绕着中原城市群做文章。可以围绕郑州和洛阳，编制大郑州城市圈和大洛阳城市圈"双环经济带"规划，作为河南区域布局方面的强点。前者以郑州为中心，包括开封、许昌、新乡；后者以洛阳为中心，包括焦作、济源、三门峡。加上郑汴新区核心增长极和省辖市三个层面的划分，形成"一核双环三层"一体化发展格局。

四　认真谋划"后全面小康时代"河南"保位争先"的战略和政策

2008年中国GDP总量为30.067万亿元人民币，折合4.3274万亿美元；人均GDP首度突破3000美元，达3266.8美元。全面小康核心指标的提前完成，将对我国经济发展态势和政策产生重大影响。

据测算，2009年广东全面建设小康社会综合评价指数可能接近90%，基本达到全面建设小康社会的目标。国家统计局预测，我国东部地区、东北地区、中部地区、西部地区，将分别在2012年、2015年、2017年、2023年实现全面小康。从全国平均水平看，将会在2020年前后实现全面小康，进入"后全面小康时代"。我们要在这样的背景下思考河南的"保位争先"问题。

1. 新形势下河南"保位争先"的内涵

"保位"，主要是经济总量保第五位，其他重要指标位次不下滑。"争先"要重新定义。我认为，可以提出一个新的目标，即河南提前全国5年完成全面建设小康社会的目标，在中部地区"率先"实现全面小康。中部地区达到全面小康大体在2017年，河南要提前中部地区两年实现目标。在此基础上，再来考虑到2020年河南核心指标超过全国平均水平的问题。

2. 河南"走在中部崛起前列"面临的困难

总的情况不容乐观。2009年一季度，中部地区生产总值增长速度分别是：湖北为10.2%、湖南为13.1%、江西为10.2%、安徽为11.6%、山西为-8.1%、河南为6.6%。河南虽高于全国的6.1%，但列全国第23位，中部第5位。2009年1～5月，中部地区规模以上工业增加值增长分别是：湖北为11.9%、湖南为17.6%、江西为14.6%、安徽为15.8%、山西为-22.5%、河南为5.3%。河南低于全国6.3%的平均水平，列全国第20位，中部第5位。

3. 谋划河南"率先"全面小康的进程和着力点

全面小康有6组指标，即生活质量、民主法制、文化教育、经济发展、资源环境、社会和谐。我们要在大力推进"三化"，加快经济发展的同时，更多地关注居民收入、社会事业、文化教育、自主创新、社会保障等方面的问题，在扬"长"补"短"方面做出更大的努力。

4. 研究"后全面小康时代"河南"保位争先"的战略和政策

由于全国"全面小康"进程超过预期，在2015～2020年之间会出现"空当"，中央有可能对我国经济社会的阶段性做出新的判断，提出新的时间"节点"，提出新的奋斗目标，作出新的工作部署。我们要立足未来10～15年，思考和研究支持河南保持跨越态势的战略和政策。

（原载《领导参阅》2009年第44期）

转型发展：河南"十二五"经济社会发展的主旋律

实现中原崛起是河南经济社会发展的总目标，是亿万中原儿女的美好期待和福祉所在。"十一五"以来，经过全省人民的艰苦奋斗，河南经济社会发展保持了好的态势、好的趋势和好的气势，已站在了一个新的历史起点上。展望"十二五"，河南的经济社会发展面临一系列深层次矛盾和问题。适应新的形势，河南省委提出了"重在持续，重在提升，重在统筹，重在为民"的总要求，其要义是破解河南经济社会发展中的矛盾和问题，推动转型发展，实现转型崛起。

一 河南转型发展的必要性与紧迫性

1. 转型发展是河南经济社会保持较快发展势头的需要

改革开放以来特别是近年来，河南经济社会保持了较高的增长速度。2003~2009年，河南省生产总值历年增长速度分别达到10.8%、13.7%、14.2%、14.4%、14.4%、12.1%和10.7%，均高于全国GDP年增长速度。历年人均生产总值占全国平均水平的比重分别是71.8%、76.8%、80.5%、82.8%、84.6%、86.5%和85.8%，总体呈上升趋势。但是，在新的形势下，河南经济增长速度开始下滑。2009年第一季度河南省规模以上工业增加值增速滑落到3.1%，全年增长14.6%。2009年，河南生产总值增长速度为10.7%，列全国第22位，在中部列第5位（安徽12.9%，江西13.1%、湖北13.2%、湖南13.6%）。2010年一季度虽然在上年较低增长基数上回升到27%左右，但在中部六省中仍居第5位。这一格局，表面上看是增速快慢的差异，实质上是结构调整程度的体现，河南发展速度

515

方面的问题出在粗放型经济增长模式上[①]。国际金融危机导致外需减少,河南本是个出口比重很小的省份,但产业链的传导机制使河南的能源、原材料市场严重萎缩,河南经济结构的"软肋"暴露无遗。多年来,河南经济增长主要依靠投资拉动,消费和出口拉动有限。2000~2009年,河南省投资对经济增长的贡献率从33.7%上升到85.9%,消费对经济增长的贡献率从81.9%下降到22.7%,2009年全省经济10.7%的增速中,投资拉动在8个百分点以上。

保持较快的发展势头,是由河南的省情决定的。河南不仅人均生产总值低于全国平均水平,其他主要经济指标也都排名靠后。如2008年,河南人均财政支出列全国倒数第1位;城镇居民人均可支配收入居全国第16位;农民人均纯收入居全国第17位。改变"总量靠前、人均靠后"现状的唯一出路是加快发展。还要看到,保持较快的发展速度,也是形势发展的需要。国家《促进中部地区崛起规划》提出了到2015年中部地区的发展目标,要求人均生产总值达到36000元,城镇化率达到48%,城镇居民人均可支配收入、农村居民人均纯收入分别达到24000元、8200元。[②] 经测算,河南要达到上述目标,考虑到人口增长的因素,2010~2015年生产总值年均增速应在11%以上,城镇化率需年均提高1.72个百分点,城镇居民可支配收入、农民人均纯收入年均增长应分别保持在8.9%和9.3%以上。事实已经证明,河南如果不改变主要依赖物质投入、拼资源环境、靠外延扩张的传统发展方式,保持经济平稳较快发展的目标就难以实现。而发展速度一旦过低,不仅全面小康战略目标难以实现,而且会引发一系列矛盾和社会问题。

2. 转型发展是提高河南经济发展质量和效益的需要

河南已成为全国重要的经济大省。但河南人口多、底子薄、发展不平衡的基本省情没有根本改变,经济大而不强、增长质量和效益不佳的问题十分突出。2009年,河南生产总值19367亿元,居全国第五位,地方财政一般预算收入1126亿元,居全国第9位;人均财政收入1133元,全国倒数第一。公共服务人均支出居全国后列。2009年城镇居民人均可支配收入

---

① 喻新安:《提升河南产业结构的着力点》,《河南日报》2010年1月7日。
② 国家发展和改革委员会:《促进中部地区崛起规划》,2010年1月12日发布;http://www.china.com.cn/policy/txt/2010-01/12/content_19218531_11.htm。

只相当于全国平均水平的83.7%；农民人均纯收入只相当于全国平均水平的93.3%。

河南经济增长质量和效益低的主要原因是产业结构不合理、投资消费失衡、经济发展严重依赖能源原材料等资源性产业（处在产业链的前端、价值链的低端）。① 河南省2009年三次产业结构为14.3∶56.6∶29.1。其中一产比重高于全国平均水平3.7个百分点，分别比湖北、湖南、江西、安徽高0.6个、0.9个、0.2个和0.6个百分点，三产比重低于全国平均水平13.5个百分点，分别比湖北、湖南、江西、安徽低11.4个、11.7个、5.2个和7.2个百分点。从三次产业内部看，农业大而不优、服务业不大不强也不优。在二产内部，突出表现为"一高两低"的特征。"一高两低"，即资源性工业比重高，高新技术产业占比低、装备制造业占比低。2008年，河南工业增加值前5位的行业分别为：建材、食品、煤炭、有色和钢铁，与2003年相比，以能源原材料为主的发展特征基本没有大的改变。产业技术含量低，高技术产业增加值只占工业总产值的3.8%，研究与试验发展经费支出占生产总值的比重只有0.8%，低于全国1.62%的平均水平，企业研发投入占产品销售收入的比重仅为0.83%，低于全国平均水平0.39个百分点。投资结构也存在严重问题。2008年，河南能源原材料行业投资占工业投资的比重高于全国平均水平13.4个百分点，分别比湖北、湖南和安徽高1.0个、4.0个和3.4个百分点；装备制造业投资占工业投资的比重比全国平均水平低2.4个百分点，分别比湖北、安徽和江西低6.9个、3.5个和0.5个百分点。

目前，河南现行的产业结构受各种原因制约尚未实现根本性变化，工业生产持续快速回升面临较大压力，推进产业结构调整的任务还相当艰巨。所以，只有痛下决心，大力调整结构，转变经济发展方式，才能改变经济发展高速度低效益，甚至有速度无效益的窘况。

3. 转型发展是实现河南经济社会可持续发展的需要

河南粗放型的经济增长方式与人口、资源、环境的矛盾也越来越突出。河南是全国第一人口大省，许多自然资源总量位居全国前列，但人均资源占有水平相对不足，人均耕地面积只相当于全国平均水平的87.7%，

---

① 喻新安：《培育和发展河南的战略性新兴产业》，《党的生活》2010年第2期。

比全国平均水平少0.16亩，人均水资源占有量仅为全国平均水平的1/5；铁矿石基本依赖从国外进口和从其他省购进，石油资源已消耗2/3，天然气资源已消耗一半以上，铝土矿只能满足开发需求14年；即使河南储量很大的煤炭资源供求关系也发生了很大变化，已经从净流出省变为净输入省。

由于河南能源资源消耗大，环境问题日益突出。2005年以来河南省单位GDP能耗均高出全国平均水平10%以上，单位GDP二氧化硫排放量是全国平均水平的1.1倍。2008年全省单位生产总值、单位工业增加值能耗分别比全国平均水平高10.6%、40.7%，工业能源消费总量1.53亿吨标准煤，占全省能源消费总量的81.6%，高于全国平均水平10个百分点；河南缺林少绿，生态脆弱，环境承载能力较弱，水质、大气、土壤等污染严重，化学需氧量排放居全国第5位，二氧化硫排放居全国第2位，亩均化肥施用量比全国平均水平高90%。粗放的经济增长带来的结构性污染短期内难以根本扭转，使得资源环境约束日益加剧。

目前，河南经济总量已经达到较大规模，如果再依靠高投入、高消耗、高污染的增长模式，资源、环境将难以承受，经济社会发展的良好势头也将难以长期保持。中原崛起应当走出一条新型工业化、新型城镇化和农业现代化协调、科学发展的道路。这就要求在加快中原崛起的过程中，加快经济发展和发展方式转变，大力发展绿色经济、循环经济、低碳经济等战略性新兴产业，大力培育和发展新兴接续产业，实现由"高碳"模式向"低碳"模式转变，减少对自然资源的依赖。同时，统筹推进经济社会发展与人口控制、资源节约、环境保护，努力以较小的资源环境代价，实现经济社会发展与资源、环境的相适应，人口与资源、环境相和谐。

二 河南转型发展的着眼点与立足点

1. 统一转型发展中的思想认识，侧重解决"想不想转"的问题

经济转型已经成为"后危机时期"的大势。[①] 历史经验表明，每一次大的经济危机都会催生出新一轮发展机遇。1857年的世界经济危机催生了

---

① 马凯：《在应对国际金融危机中加快推进经济结构调整》，《求是》2009年第20期。

以电气革命为标志的第二次科技革命，1929年的世界经济危机催生了以电子、航空航天和核能等技术突破为标志的第三次科技革命。这次由美国次贷危机引发的国际金融危机，必将推动世界范围的结构调整和发展转型，从而带来经济发展的新机遇。对国内欠发达地区来说，抓住机遇，不仅是实现"弯道超车"的关键，也是抢占新一轮发展主动权和制高点的根本。当前，世界各国纷纷对自身发展模式进行反思和调整，全球产业结构正在酝酿新一轮升级和生产要素重新布局。① 世界科技创新孕育新突破，发达国家加快调整科技和产业发展战略，纷纷把绿色、低碳技术及其产业化作为突破口。从国内看，各地也都在围绕加快结构调整、转变经济发展方式，积极谋划新的发展战略。

在这种情况下，河南推动转型发展，必须首先统一各级干部的思想认识，侧重解决"想不想转"的问题。在转型发展的指导思想上，要切实以持续为先、提升为重、统筹为方、民生为本。要"持续"解放思想是"总开关"、坚持"一高一低"、坚持"三化"协调、坚持中心城市带动等这些年河南行之有效的好思路好举措。同时，以"提升"的要求看待不足，增强加快转型的主动性、积极性，变"要我转"为"我要转"。坚决摒弃单纯追求GDP的扭曲政绩观，摒弃为了招商引资不惜牺牲环境的做法，摒弃以牺牲群众利益为代价的所谓"发展"，让GDP变"大"的同时变"轻"变"绿"。坚持"好"字当头促转型，做到好在快前，快在好中，又好又快。既要讲求经济发展的效益好、经济增长的质量高，又要讲求节能降耗的效果好、环境保护的成效大；既要经济发展的宏观效益好，又要让人民群众从中得到的实惠多。

2. 谋划转型发展的方略和大计，侧重解决"能不能转"的问题

河南正处于工业化、城镇化加速阶段。历史经验表明，这一阶段随着工业化自身发展对产业结构高级化的要求和市场需求结构变化对产业结构合理化的要求，产业结构将不断向高级化方向演进。顺应这一发展规律，河南转型发展要谋划一些大的方略，侧重解决"能不能转"的问题。要按照高起点、高标准、高层次、高水平的要求，对全省经济发展转型进行精心谋划。一要发挥优势。更好地发挥河南所具有的"大"（大省）、"根"

---

① 郑新立：《一项关系全局紧迫重大的战略任务》，《经济日报》2007年12月10日。

（民族血脉之根）、"粮"（粮食）、"位"（区位）、"群"（城市群）的综合优势。二要找好定位。国际金融危机加速了世界经济格局的重构，推动了产业梯度转移和区域经济发展格局的调整，河南要持续保持发展势头，必须充分利用国家的区域发展政策契机，以更加主动的姿态、更加开放的胸怀，在参与和融入区域竞争中寻求自己的发展定位。三要完善布局。在构建中心城市发展框架、构建区域发展一体化框架、构建城乡统筹发展一体化框架等方面迈出新步伐，更好地融合发展、联动发展。

要继续把加快工业发展放在突出位置，进一步做大工业经济总量。要突出"高端、高质、高效"，提高核心竞争力。"高端"就是要通过加快发展装备制造、汽车及零部件等先进制造业，培育壮大电子信息、生物医药、新能源、新材料、节能环保等战略性新兴产业，努力提高装备制造业和高新技术产业占工业增加值的比重和高端产品的比重，抢占工业发展的制高点。"高质"就是要积极运用高新技术和先进适用技术改造提升有色、食品、纺织、化工、钢铁等传统产业，加快技术装备更新、工艺优化和产品升级换代。"高效"就是要通过建设大型产业基地、产业集聚区和整合重组优势企业，提高行业集中度，推动区域工业差异化发展，培育一批具有核心竞争力的区域工业品牌。

3. 寻求转型发展的路径和方法，侧重解决"敢不敢转"的问题

在"后危机时期"，扩大内需将成为拉动经济持续发展的主动力，随着全国对外开放大格局的梯度推进，沿海地区产业转移步伐明显加快，河南扩大外需的空间正在逐步打开。顺应这一发展趋势，河南要寻求转型发展的具体路径和方法，进一步解决好"敢不敢转"的问题。在扩大内需方面，要坚持"三个结合"：扩大投资规模与优化投资结构相结合。无论是从增强经济发展的内生动力，还是从增强基础设施和基础产业对经济发展的支撑能力、加强经济社会发展薄弱环节、发展社会事业和改善民生等方面看，都需要持续加大投资力度。同时，要更加注重优化投资结构，坚持以增量投入带动存量调整，发挥重大项目建设对投资增长的拉动作用。把扩大民间投资作为增强投资后劲的主攻方向，鼓励引导民间投资特别是省外民间资本更多地投向基础设施、社会事业、市政公用、社会服务等领域。提高消费能力与培育消费热点相结合。认真落实调整收入分配政策，持续提高城乡居民收入水平。完善医药卫生、养老等社会保障体系，健全教育、住房等公共服务体系，提高居民消费信心。坚持扩大内需与扩大外需相结合。更加注重扩内需，同时必须下决心拉长出口"短板"，下大功夫解决外需拉动严重滞后的局面。要集中力量扶持具有自主品牌、拥有核心技术的机电产品和高新技术产品出口，推动加工贸易转型升级，提高出口产品附加值。

实现转型发展要长短兼顾、远近结合，既要打攻坚战，抓紧解决当前制约发展方式转变的突出问题，又要打持久战，循序渐进、持之以恒，多做打基础、管长远的工作，为实现根本性转型创造条件。[①] 当现实利益与长远利益发生矛盾时，要敢于壮士断腕，为长远发展牺牲一些眼前利益。要做好"减法"，勇于放弃没有效益的增长，下决心淘汰落后生产能力，下力气遏制低水平重复建设，下狠劲消除"小而全"。要迎难而上，善于把经济转型与提升竞争力有机结合，强化产业支撑理念，大刀阔斧调整产业结构、产品结构、城乡结构和地区结构，努力提升抗击风险和市场竞争的实力。

三　河南转型发展的战略举措

1. 谋划长远战略，推进中原经济区建设

构建中原经济区，是实现中原转型崛起的战略谋划。中原经济区是以河南为主体，连接周边，具有自身特点、独特优势、经济相连、使命相近、客观存在的经济区域，其范围大体包括河南全部以及晋东南、冀南、鲁西南、皖西北、苏北等周边地区。从国家战略的高度看，构建中原经济区，有利于充分释放河南的发展能量，在统一的框架下整合更大区域范围内的发展潜力，真正形成我国中部地区的战略支撑和增长板块。

建设中原经济区的指导思想，就是深入贯彻落实科学发展观，全面实施国家促进中部地区崛起战略，探索走出一条不以牺牲农业和粮食为代价的"三化"协调、科学发展路子为主线的，建设"三化"协调、科学发展、社会和谐、全面崛起的中原经济区，培育全国经济发展的重要增长

---

① 何平：《发展的必然　时代的抉择——谈加快我省经济发展方式转变》，《河南日报》2010年4月16日。

极,在支撑中部崛起,密切东中西联系,服务全国大局中发挥更大作用。

建设中原经济区的总体目标为"五新"。一是增创粮食生产新优势。到2020年建成全国粮食生产核心区,建成比较完善的现代农业产业体系,农业综合效益明显提高,为保障国家粮食安全做出新的更大的贡献。二是构筑"三化"协调新格局。新型城镇化和新型工业化加快推进,产业、人口、生产要素集中度明显提高,形成以产带城、以城促产的良性互动局面;工业反哺农业、城市支持农村的长效机制基本形成,实现城乡共同繁荣。三是实现改革开放新突破。率先建立充满活力、富有效率、有利于科学发展的体制机制;与沿海和中西部地区的区域协作全面加强,外贸进出口和利用外资水平走在中西部地区前列。四是推动转型发展新进展。产业、需求、城乡、区域、要素等结构调整取得重大突破,资源利用效率明显提高,生态环境明显改善,可持续发展能力显著增强。五是构建和谐社会取得新成就。社会事业全面进步,人民生活水平明显改善,收入分配更加合理,社会保障体系和社会管理体系更加完善,人民群众更多地共享改革发展成果,实现社会和谐和公平正义。

2. 优化产业结构,构建现代产业体系

要加大支农惠农政策力度,积极发展现代农业。落实最严格的耕地保护制度,巩固、完善、加强支农惠农政策,逐步做到用现代物质条件装备农业,用现代科学技术改造农业,用现代经营形式推进农业,用现代发展理念引领农业,用培育新型农民发展农业,提高农业水利化、机械化和信息化水平,提高土地产出率、资源利用率和农业劳动生产率,提高农业素质、效益和竞争力,提高农产品质量安全和农业整体水平。[①]

完善高新技术产业发展的政策支撑体系,培育一批战略性先导产业。进一步完善高新技术产业发展的政策支撑体系,突出自身在高新技术产业发展中的比较优势,制定高新技术产业发展路线图,对高新技术产业发展中、长期目标做出预测和规划,在具有一定优势的高新技术产业领域,鼓励、引导成长性好、竞争力强的企业与国内外高端要素结合,推动高新技术产业的成果转化和规模扩张,发展一批特色高技术产业基地,培育一批

---

① 河南省中国特色社会主义理论体系研究中心:《在城乡统筹中夯实农业农村发展基础》,《光明日报》2010年3月23日。

战略性先导产业。

推进产业结构的战略性调整,促进传统优势产业的资源整合与优化升级。在传统优势产业上,要进一步发挥比较优势,在存量调整上下功夫,推动优势产业对国际、国内产业资源进行有效整合,促进优势产业借助当前机遇实现低成本扩张,围绕核心竞争力推动优势产业优化升级,超前规划一批技术改造和产品更新换代项目,并提供配套资金支持,引导企业在新的经济形势下寻求新的产业支撑,在化工、冶金有色、食品、机械、纺织服装等优势领域里创造新的产业增长点。

大力发展服务业特别是现代服务业。充分发挥服务业引导资金作用,高度重视,科学规划,突出重点,择优扶持,加强制度创新和政策调整,优化服务业发展环境,推进服务业快速、健康发展。

3. 加快城镇化步伐,构建现代城镇体系

坚持中心城市带动战略。按照统筹城乡发展的要求,加快形成国家区域性中心城市、地区中心城市、中小城市、小城镇、农村社区层次分明、结构合理、功能互补、协调发展的现代城镇体系。以交通互联互通为突破口,尽快形成以郑州为中心的中原城市群"半小时"交通圈和"一小时"交通圈;加快推进郑汴新区建设,努力把郑州建成全国区域性中心城市,把郑汴新区打造成中原城市群核心增长极。把县城建设成为人口规模在20万以上的中等城市。合理规划布局中心镇建设,承担农村区域服务中心功能。

推动城市发展方式转变。用复合型城市理念进行城市建设;促进第一、二、三产业复合,经济功能、生态功能、宜居功能复合,城市与产业耦合发展。推动城市建设由粗放型向紧凑型转变,把节地、节水、节材、节能等落实到城市规划建设管理的全过程,特别要建立起集约用地、高效用地的新机制,鼓励发展城市集合体、高层建筑等,为未来发展预留空间。

创新城市发展机制。以产业聚集创造的就业岗位来决定人口转移的规模,以产业发展的规模和程度来决定城市发展的规模和进度,以城市功能的完善促进产业集聚发展,增强对农村转移人口的吸纳能力。加强投融资平台建设和管理,真正建立起"政府引导、社会参与、市场运作"的社会投融资机制,缓解城镇建设资金约束。

4. 加快技术进步，构建自主创新体系

积极培育创新主体。注重发挥企业的关键作用、科研院所的骨干作用和高等院校的生力军作用，积极引导和支持企业开展自主创新和产学研用结合，着力培育一批拥有自主知识产权核心技术和持续创新能力的创新型企业。加快创新型科技人才队伍建设，特别要抓住当前海外人才回流的机遇，引进一大批急需的高层次科技人才。

努力打造创新平台。围绕构建现代产业体系，加快建设和发展工程研究中心、技术研究中心、企业技术中心，加强重点实验室、工程试验室、高校重点实验室建设，积极发展创业孵化基地，着力打造不同层级、不同层次的创新平台。注意发挥产业集聚区、城市新区以及各类开发区在资产、资源、环境、技术、人才等方面的集聚优势，努力将其建成高新技术产业集群发展基地、产学研结合平台和科技成果转化中心，发挥其示范引领作用。

不断完善创新机制。完善科技成果转化机制，鼓励知识、技术、管理等要素参与分配，引导和激励科技人员从事科技成果转化和产业化。建立健全科技创新投融资机制，充分发挥政府各类投融资平台的作用，优先支持创新型企业上市融资，建立、完善创业风险投资和技术产权交易市场。完善科技成果评价和奖励机制，科技成果和科技资源效能的评价要以产业化、市场化和商品化为主要标准。探索建立产业技术创新联盟，组织相关企业、高校和科研院所围绕关键技术开展技术合作和联合攻关。

5. 推进公共服务能力建设，着力保障和改善民生

积极解决就业和收入分配问题。按照近年来就业增长弹性系数测算，河南经济每增长1个百分点就能新增就业岗位8万个。要通过大力发展服务业、劳动密集型产业，支持中小企业、微型企业和非公有制经济发展，广开就业渠道，创造更多的就业岗位。鼓励劳动者自主创业和自谋职业，以创业带动就业。加快收入分配制度改革，逐步提高居民收入在国民收入分配中的比重、劳动报酬在初次分配中的比重，提高城乡居民收入特别是中低收入者的收入水平，建立企业职工工资正常增长机制和支付保障机制，解决农民和农民工两个群体收入增长较慢的问题等。

加快完善社会保障体系。按照"广覆盖、保基本、多层次、可持续"这一基本方针，加大公共财政投入，加快完善社会保障体系，全面扩大城镇职工基本养老保险、基本医疗保险、失业及工伤等保险和城镇居民基本医疗保险覆盖面，做好新型农村社会养老保险试点各项工作，加大低收入群众帮扶救助力度，切实解决好失地农民生活保障问题。按照国家要求，力争到2020年基本建立覆盖城乡居民的基本医疗卫生制度，实现人人享有基本医疗卫生服务。

切实提高公共服务能力。进一步转变政府职能，切实提高公共服务水平，加快健全覆盖全民的基本公共服务体系，推进基本公共服务均等化。在社会事业特别是涉及基本民生方面，包括就业、社保、教育、文化、医药卫生等，政府都要建立健全保障人民基本需求的制度，提供基本公共服务。要通过改革放宽准入，调动全社会参与的积极性，提高公益性社会服务供给能力和水平。

建立健全安全生产长效机制。工业化、城镇化加快推进的时期也是安全事故的高发期。要牢固树立安全发展理念，按照以人为本、加快发展方式转变的要求，抓紧落实安全河南建设规划，深入实施"安全发展行动计划"，加快建立安全生产长效机制，有效防范和坚决遏制重特大安全事故发生。

（原载《地域研究与开发》2010年第6期）

新时期河南跨越发展的几个问题[*]

一 河南跨越发展的必要性与紧迫性

改革开放以来特别是近年来，河南经济社会保持了较高的增长速度。2003~2009年，河南省生产总值历年增长速度分别达到10.8%、13.7%、14.2%、14.4%、14.4%、12.1%和10.7%，均高于全国GDP年增长速度。人均生产总值占全国平均水平的比重分别是71.8%、76.8%、80.5%、82.8%、84.6%、86.5%和85.8%，总体呈上升趋势。但是，在新的形势下，河南经济增长速度开始下滑。2009年第一季度河南省规模以上工业增加值增速滑落到3.1%，全年增长14.6%。2009年，河南生产总值增长速度为10.7%，列全国第22位，在中部列第5位（安徽12.9%，江西13.1%，湖北13.2%，湖南13.6%）。2010年一季度虽然在上年较低增长基数上回升到27%左右，但在中部六省中仍居第5位。这一格局，表面上看是增速快慢的差异，实质上是结构调整程度的体现，河南发展速度方面的问题出在粗放型经济增长模式上。国际金融危机导致外需减少，河南本是个出口比重很小的省份，但产业链的传导机制使河南的能源、原材料市场严重萎缩，河南经济结构的"软肋"暴露无遗。多年来，河南经济增长主要依靠投资拉动，消费和出口拉动有限。2000~2009年，河南省投资对经济增长的贡献率从33.7%上升到85.9%，消费对经济增长的贡献率从81.9%下降到22.7%，2009年全省经济10.7%的增速中，投资拉动在8个百分点以上。

---

[*] 这是笔者主持的2010年河南省社会科学院院级课题"新时期河南跨越发展研究"的阶段性成果。

保持较快的发展势头,是由河南的省情决定的。河南不仅人均生产总值低于全国平均水平,其他主要经济指标也都排名靠后。如2008年,河南人均财政支出列全国倒数第1位;城镇居民人均可支配收入居全国第16位;农民人均纯收入居全国第17位。改变"总量靠前、人均靠后"现状的唯一出路是加快发展。还要看到,保持较快的发展速度,也是形势发展的需要。国家《促进中部地区崛起规划》提出了到2015年中部地区的发展目标,要求人均生产总值达到36000元,城镇化率达到48%,城镇居民人均可支配收入、农村居民人均纯收入分别达到24000元、8200元。经测算,河南要达到上述目标,考虑到人口增长的因素,2010~2015年生产总值年均增速应在11%以上,城镇化率需年均提高1.72个百分点,城镇居民可支配收入、农民人均纯收入年均增长应分别保持在8.9%和9.3%以上。事实已经证明,河南如果不改变主要依赖物质投入、拼资源环境、靠外延扩张的传统发展方式,保持经济平稳较快发展的目标就难以实现。而发展速度一旦过低,不仅全面小康战略目标难以实现,而且会引发一系列矛盾和社会问题。

二 跨越发展与转型发展的一致性

要跨越,必须转型。只有转型崛起才是真正的崛起。众所周知,河南已成为全国重要的经济大省。但河南人口多、底子薄、发展不平衡的基本省情没有根本改变,经济大而不强、增长质量和效益不佳的问题十分突出。2009年,河南生产总值19367亿元,居全国第五位,地方财政一般预算收入1126亿元,居全国第9位;人均财政收入1133元,全国倒数第一。公共服务人均支出居全国后列。2009年城镇居民人均可支配收入只相当于全国平均水平的83.7%;农民人均纯收入只相当于全国平均水平的93.3%。

河南经济增长质量和效益低的主要原因是产业结构不合理、投资消费失衡、经济发展严重依赖能源原材料等资源性产业(处在产业链的前端、价值链的低端)。河南省2009年三次产业结构为14.3∶56.6∶29.1。其中一产比重高于全国平均水平3.7个百分点,分别比湖北、湖南、江西、安徽高0.6个、0.9个、0.2个和0.6个百分点,三产比重低于全国平均水平

13.5个百分点，分别比湖北、湖南、江西、安徽低11.4个、11.7个、5.2个和7.2个百分点。从三次产业内部看，农业大而不优、服务业不大不强也不优。在二产内部，突出表现为"一高两低"的特征。"一高两低"，即资源性工业比重高，高新技术产业占比低、装备制造业占比低。2008年，河南工业增加值前5位的行业分别为：建材、食品、煤炭、有色和钢铁，与2003年相比，以能源原材料为主的发展特征基本没有大的改变。产业技术含量低，高技术产业增加值只占工业总产值的3.8%，研究与试验发展经费支出占生产总值的比重只有0.8%，低于全国1.62%的平均水平，企业研发投入占产品销售收入的比重仅为0.83%，低于全国平均水平0.39个百分点。投资结构也存在严重问题。2008年，河南能源原材料行业投资占工业投资的比重高于全国平均水平13.4个百分点，分别比湖北、湖南和安徽高1.0个、4.0个和3.4个百分点；装备制造业投资占工业投资的比重比全国平均水平低2.4个百分点，分别比湖北、安徽和江西低6.9个、3.5个和0.5个百分点。

目前，河南现行的产业结构受各种原因制约尚未实现根本性变化，工业生产持续快速回升面临较大压力，推进产业结构调整的任务还相当艰巨。所以，只有痛下决心，大力调整结构，转变经济发展方式，才能改变经济发展高速度低效益，甚至有速度无效益的窘况。

三 河南实现跨越发展应采取的战略举措

1. 优化产业结构，构建现代产业体系

要加大支农惠农政策力度，积极发展现代农业。落实最严格的耕地保护制度，巩固、完善、加强支农惠农政策，逐步做到用现代物质条件装备农业，用现代科学技术改造农业，用现代经营形式推进农业，用现代发展理念引领农业，用培育新型农民发展农业，提高农业水利化、机械化和信息化水平，提高土地产出率、资源利用率和农业劳动生产率，提高农业素质、效益和竞争力，提高农产品质量安全和农业整体水平。

完善高新技术产业发展的政策支撑体系，培育一批战略性先导产业。进一步完善高新技术产业发展的政策支撑体系，突出自身在高新技术产业发展中的比较优势，制定高新技术产业发展路线图，对高新技术产业发展中、长期目标做出预测和规划,在具有一定优势的高新技术产业领域,鼓励、引导成长性好、竞争力强的企业与国内外高端要素结合,推动高新技术产业的成果转化和规模扩张,发展一批特色高技术产业基地,培育一批战略性先导产业。

推进产业结构的战略性调整,促进传统优势产业的资源整合与优化升级。在传统优势产业上,要进一步发挥比较优势,在存量调整上下功夫,推动优势产业对国际、国内产业资源进行有效整合,促进优势产业借助当前机遇实现低成本扩张,围绕核心竞争力推动优势产业优化升级,超前规划一批技术改造和产品更新换代项目,并提供配套资金支持,引导企业在新的经济形势下寻求新的产业支撑,在化工、冶金有色、食品、机械、纺织服装等优势领域里创造新的产业增长点。

大力发展服务业特别是现代服务业。充分发挥服务业引导资金作用,高度重视,科学规划,突出重点,择优扶持,加强制度创新和政策调整,优化服务业发展环境,推进服务业快速、健康发展。

2. 加快城镇化步伐,构建现代城镇体系

坚持中心城市带动战略。按照统筹城乡发展的要求,加快形成国家区域性中心城市、地区中心城市、中小城市、小城镇、农村社区层次分明、结构合理、功能互补、协调发展的现代城镇体系。以交通互联互通为突破口,尽快形成以郑州为中心的中原城市群"半小时交通圈"和"一小时交通圈";加快推进郑汴新区建设,努力把郑州建成全国区域性中心城市,把郑汴新区打造成中原城市群核心增长极。把县城建设成为人口规模在20万以上的中等城市。合理规划布局中心镇建设,承担农村区域服务中心功能。

推动城市发展方式转变。用复合型城市理念进行城市建设;促进第一、二、三产业复合,经济功能、生态功能、宜居功能复合,城市与产业耦合发展。推动城市建设由粗放型向紧凑型转变,把节地、节水、节材、节能等落实到城市规划建设管理的全过程,特别是要建立起集约用地、高效用地的新机制,鼓励发展城市集合体、高层建筑等,为未来发展预留空间。

创新城市发展机制。以产业聚集创造的就业岗位来决定人口转移的规模,以产业发展的规模和程度来决定城市发展的规模和进度,以城市功能的完善促进产业集聚发展，增强对农村转移人口的吸纳能力。加强投融资平台建设和管理，真正建立起"政府引导、社会参与、市场运作"的社会投融资机制，缓解城镇建设资金约束。

3. 加快技术进步，构建自主创新体系

积极培育创新主体。注重发挥企业的关键作用、科研院所的骨干作用和高等院校的生力军作用，积极引导和支持企业开展自主创新和产学研用结合，着力培育一批拥有自主知识产权核心技术和持续创新能力的创新型企业。加快创新型科技人才队伍建设，特别要抓住当前海外人才回流的机遇，引进一大批急需的高层次科技人才。

努力打造创新平台。围绕构建现代产业体系，加快建设和发展工程研究中心、技术研究中心、企业技术中心，加强重点实验室、工程试验室、高校重点实验室建设，积极发展创业孵化基地，着力打造不同层级、不同层次的创新平台。注意发挥产业集聚区、城市新区以及各类开发区在资产、资源、环境、技术、人才等方面的集聚优势，努力将其建成高新技术产业集群发展基地、产学研结合平台和科技成果转化中心，发挥其示范引领作用。

不断完善创新机制。完善科技成果转化机制，鼓励知识、技术、管理等要素参与分配，引导和激励科技人员从事科技成果转化和产业化。建立健全科技创新投融资机制，充分发挥政府各类投融资平台的作用，优先支持创新型企业上市融资，建立、完善创业风险投资和技术产权交易市场。完善科技成果评价和奖励机制，科技成果和科技资源效能的评价要以产业化、市场化和商品化为主要标准。探索建立产业技术创新联盟，组织相关企业、高校和科研院所围绕关键技术开展技术合作和联合攻关。

四 各级党委政府要适应跨越发展的新要求

从人民的立场深刻认识跨越发展。河南有近1亿人口，实现中原跨越崛起，建设富足美好河南，是亿万中原儿女的共同心愿和基本富祉。各级党委和政府要着眼于人民群众的根本利益、长远利益，着眼于人民群众的实际利益、具体利益，真正把人民愿意不愿意、赞成不赞成、满意不满意作为发展实践的检验标准。凡是事关科学发展、转型提升、统筹协调和事关民生的重心事、重大事和重要事，都应尽快列入工作计划，迅速决策部署。同时，在跨越崛起的实践中，要尽可能把数量扩张、速度提高、效益增加、质量提升结合起来；把产业扩张、结构优化、方式转变结合起来；把总量扩大、区域协调、城乡统筹结合起来；把经济快速发展、社会全面进步、政治文明建设、文化实力提升、生态环境改善结合起来；把总体要求、当地实际和未来发展趋势结合起来。

以强烈的责任心助推跨越发展。河南正处在跨越崛起、加快发展的关键时期，各级干部特别是领导干部的作风好不好、责任心强不强，事关全省改革发展稳定的大局。人口多、底子薄、发展不平衡，是河南的基本省情，在河南要办成每一件事情，都要付出比其他省份更多的努力。这就要求各级干部有一个良好的精神状态，有强烈的事业心和责任感。要在其位谋其政、任其职尽其责，做到责随职走、心随责走，忠诚履责、尽心尽责，勇于负责、敢于问责。实现转型崛起，是一场深刻的社会革命，各种社会矛盾和问题将会不断显现出来。各级领导干部要本着对党和人民高度负责的态度，讲党性、重品行、作表率，带头强化责任意识。要把该担的担子担起来，把该负的责任负好。要善于发现问题、提出问题，更要善于提出解决问题的办法，创造性地开展工作。

依靠有效运作落实跨越发展。要注重运作、敢于运作、善于运作，坚持用创新的理念、发展的办法解决跨越崛起中的困难和问题。要精心运作。一切从实际出发，善于把上级精神与本地实际结合起来，提出针对性强的实施举措，并认真落实到每一个层面、每一个细节。要耐心运作。尊重规律、认识规律，按规律运作，充分利用有利条件，实现既定的目标。要细心运作。把握好运作的"度"，用好用足政策，深化项目带动，达成好与快的统一、质与量的统一、短期利益与长期利益的统一、局部利益与全局利益的统一。要潜心运作。善于发现契机，找准解决问题的切入点；善于创新方法，处理好方方面面的关系，充分调动各方面的积极性，形成推动工作、促进发展的强大合力。

关于《中原经济区规划》的意义、特点和落实问题[*]

党的十八大刚刚闭幕，国务院就正式批复了《中原经济区规划》（以下简称《规划》）。《规划》的获批，标志着中原经济区上升为国家战略"三步走"工作部署的全面完成，标志着中原经济区建设进入了整体推进、全面实施的新阶段。

一 《规划》的编制出台对中原经济区建设乃至全国区域协调发展具有重要意义

《规划》的获批，将引领中原经济区相关省份和区域在更高起点上实现新的跨越，在带动中部地区崛起和服务全国大局中发挥更大作用，意义十分重大。具体可从三个角度去把握。

1. 站在国家战略高度去审视

《规划》的编制实施，对于深入贯彻落实中央32号文件精神，进一步完善全国区域发展总体格局，促进东部地区产业转移、西部地区资源输出和南北区域交流合作，拓展内需增长空间，形成与长江中游地区南北呼应、带动中部地区崛起具有重要的战略意义。随着中原经济区规划的实施，该区域将成为引领中西部地区经济发展的强大引擎和支撑全国发展新的增长极。

2. 从中原经济区本身去审视

《规划》的编制实施，有利于发挥中原地区综合优势，挖掘发展潜力，

---

[*] 本文是《河南日报》记者在国务院批复《中原经济区规划》后与中原经济区五省社会科学院院长的笔谈。

增强整体竞争力，克服国际金融危机带来的不利影响，实现经济社会又好又快发展；有利于进一步完善促进中原崛起的政策体系，切实加大支持力度，不断增强对全国发展的支撑能力；有利于加强区域合作，协调推动重大基础设施建设，推动中原地区形成一体化发展新格局，确保实现全面建成小康社会的宏伟目标。

3. 立足河南的角度去审视

《规划》的编制实施，有利于河南在全国发展大局中明晰发展定位、发挥自身优势，有利于河南持续探索不以牺牲农业和粮食、生态和环境为代价的新型"三化"协调科学发展的路子，是贯彻落实科学发展观、加快经济发展方式转变的深入实践，是对中原地区如何破解各种发展难题的极大支持。《规划》的编制实施，既符合国家重大战略意图，又紧扣中原经济区和河南发展实际；既是十八大精神的深刻体现，又是贯彻落实十八大精神的生动实践，必将指引中原经济区在更高起点上实现新的跨越，在带动中部地区崛起和服务全国大局中发挥更大作用。

二 《规划》的基本特点

1. 战略定位清晰

《规划》与《国务院关于支持河南省加快建设中原经济区的指导意见》（以下简称《指导意见》）相衔接，对五大战略定位的具体描述更加明确和清晰，例如提出，"建成全国新型农业现代化先行区""探索建立人口集中、产业集聚、土地集约联动机制""成为与长江中游地区南北呼应、带动中部地区崛起的核心地带"，这都是一些创新的提法。

2. 核心任务明确

"探索不以牺牲农业和粮食、生态和环境为代价的新型城镇化、工业化和农业现代化协调发展的路子"是中原经济区的核心任务，贯穿《规划》全文。明确提出了新型城镇化、新型工业化和新型农业现代化的概念，并且把新型城镇化放到了前面，结合中原地区实际，凸显了新型城镇化引领的作用，使得中原经济区建设的核心任务进一步明确。

3. 布局更加具体

与国务院《指导意见》相比，《规划》把空间布局作为单独一章列出来，使得空间布局更加细化和具体。例如，"打造核心发展区域"明确提出"促进郑州、开封、洛阳、平顶山、新乡、焦作、许昌、漯河、济源9市经济社会融合发展，形成高效率、高品质的组合型城市地区和中原经济区发展的核心区域"。"构建'米'字形发展轴"明确了沿陇海发展轴、沿京广发展轴、沿济（南）郑（州）渝（重庆）发展轴和沿太（原）郑（州）合（肥）发展轴，而且具体到了各个发展轴的节点城市。

4. 政策支持有力

《规划》进一步细化了政策支持，除了在各章提出的政策支持外，还专门列出一章"创新'三化'协调发展体制机制"。例如在"完善政策支持体系"一节里面，从粮食生产核心区、产业升级和投资引导、统筹城乡发展、生态补偿等方面分别提出了具体的政策，政策支持的针对性更加增强。这一章还新增加了"开展'三化'协调发展创新示范"一节内容，支持河南省开展"三化"协调发展先行先试和安徽省建设皖北"三化"协调发展先行区，充分体现了对"三化"协调发展的高度重视。

三 抓好《规划》的落实任重道远

《规划》批复标志着中原经济区建设进入了整体推进、全面实施的新阶段。无论是从规划内容本身，还是从中原经济区发展的内外环境来看，《规划》实施都占尽各种有利条件。但尽管《规划》实施具备这些有利条件，却并不等于《规划》就一定能够顺利和成功实施。根据中原经济区发展实际，《规划》实施中还需要正视以下几方面的问题。

1. 树立科学发展理念的问题

思想决定行动。没有思想的大解放、理念的大更新，就没有经济区的大发展。《规划》强调"科学发展""以人为本""建设资源节约型和环境友好型社会"等，这些字眼都体现了十八大的精神。由于长期以来传统发展理念的惯性影响，地方经济官员的自利性，以及传统绩效评价和政绩考核办法的导引，在地方政府中传统的发展理念根深蒂固，影响力很大。如果在实施《规划》中不解决好这个问题，我们所做的工作将会不断地与国家的发展要求有落差，经济区发展就会偏离《规划》所确定的发展目标和战略定位。

2. 把握国家战略意图的问题

要实施好《规划》，既要发挥主观能动性，因地制宜，突出发展特色，探索"两不三新"科学发展的路子，更要理解好《规划》中所体现的国家战略意图，绝不能似懂非懂，似是而非。比如，《规划》提出"探索不以牺牲农业和粮食、生态和环境为代价的新型城镇化、工业化和农业现代化协调发展的路子"，就是说中原经济区建设不能再重复以往许多经济区以牺牲和削弱农业和粮食、破坏生态和环境为代价的发展老路，在发展模式、发展途径上都有新的更高的要求，必须以科学发展观为统揽，坚持"两不牺牲"承诺，促进新型"三化"协调发展，在实现又好又快发展中起到典范作用。因此，如果我们不准确理解和把握国家战略意图，并自觉服从国家战略意图，今后在《规划》实施中可能会遇到很多不必要的曲折和困难。

3. 理解《规划》内容的问题

《规划》中的每一段文字每一句话，都是经过字斟句酌、反复推敲的，准确表达了国家及各有关部门对经济区的支持领域和支持程度。今后不仅是中原经济区争取国家核准和审批项目的重要依据，也是用足用好国家各项支持政策的重要依据。如果我们不认真研究、弄通弄懂规划内容，理解规划实质，还以为"规划规划，墙上挂挂"，那就大错特错了。

4.《规划》实施的协调一致性问题

为统筹中原经济区规划建设和管理，《规划》提出建立中原经济区五省政府高层协调机制，为中原经济区开放合作提供了重要的组织保障。但从实际来看，协调的难度依然比较大。尤其是如何建立比较精干高效、指挥灵活的组织机构；如何分析《规划》实施中涉及的主要利益主体及满足利益主体的利益诉求；如何完善组织机制、利益分配机制、冲突协调机制；如何把握空间开发时序，合理配置土地、资金等生产要素；建立什么样的参与机制，畅通参与渠道，确保五省的30个省辖市和3个县（区）有效参与经济区开发建设；等等。这些问题不能及时解决，将难以按照《规划》确定的发展方向和目标，有效整合经济区各类发展资源，实现经济区一体化发展。

（原载《河南日报》2012年12月10日）

强化中原经济区的规划导向作用[*]

规划是政府履行宏观调控、经济调节和公共服务职责的重要依据，是区域发展的指向标，对一个地方的经济社会发展起着统领作用。中原经济区列入国家"十二五"规划和主体功能区规划，不仅事关亿万中原人民切身福祉，也关系到全面建设小康社会的大局。在建设中原经济区的过程中，要突出规划引导作用，不断提高发展的协调性和可持续性，提升中原经济区的综合竞争力。

一 中原经济区发展规划的制定

中原经济区规划是政府为推动中原地区社会经济发展和实现宏观调控而做出的谋划和安排，是政策实施的重要工具。在中原经济区规划实施过程中，当中原经济社会发展的环境和条件发生预测之外的变化，或者工作实际与规划间出现较大差异乃至脱节时，应按程序对规划加以调整。

1. 中原经济区规划制定的意义

未来10年是河南全面建设小康社会，实现中原崛起、河南振兴的关键时期。面对中原经济区发展所处的历史阶段、面临的国内外形势，以及在国家现代化全局中承担的使命和责任，制定一个顺应时代要求、符合区情实际、凝聚各方面力量的中原经济区规划，对于促进经济长期平稳较快发展，为全面建成小康社会打下具有决定性意义的基础至关重要。

（1）中原经济区规划将对中原未来经济社会的发展起重要的指导作用。中原经济区规划能够调节市场主体的社会预期，通过规划向全社会提

---

[*] 这是《中原经济区策论》（喻新安主编，经济管理出版社，2011）中的一部分。

供全面的规划信息，展示政府引导经济和社会发展走向的意图，对社会预期进行调节。通过总结发展现状、存在问题为社会预期提供现实基础，通过分析新的规划期面临的发展环境和市场需求，为社会预期提供宏观环境依据。通过提出规划期的奋斗目标为社会预期提供宏观预测性、指导性参照指标。通过提出重大经济社会发展政策，指导市场调节和引导企业预期行为。解决宏观性的资源合理配置问题，发展规划作为重要的经济手段，在解决宏观性的、全社会性的重大问题中发挥着主导作用，主要体现在公共产品的需求预测和供应、重要产业的扶持与发展、重大生产力布局和区域经济协调发展等方面。

（2）中原经济区规划将指引中原地区经济社会转型。专家们普遍认为，我国目前正步入20世纪50年代社会制度转型和20世纪80年代以来经济体制的第三次转型。中原经济区人均GDP将进入3000～6000美元，处于工业化中期阶段。根据发达地区的经验，这是经济社会发展的一个重要分水岭，既是一个地区经济加速发展的机遇期，又是矛盾的凸显期。转变经济发展方式，完善社会主义市场经济体制，加快行政体制改革，加大保障和改善民生，统筹城乡和区域发展，进一步落实科教兴豫和人才强省战略，进一步繁荣文化和体育事业，促进经济社会可持续发展这些任务都需要中原经济区规划来梳理、来部署、来落实。

（3）中原经济区规划是中原地区各级各部门经济社会发展的指导性纲领。中原经济区规划部署的各项任务和各种政策是中原地区各级各部门的奋斗目标和发展方向，既具有政治性和原则性，又具有目标性和方向性，做好中原经济区规划，对于中原地区各级各部门开展工作具有重要的指导性和纲领性作用。同时是充分履行政府职能的内在需要。中原经济区规划作为中长期发展规划，是引领今后一个时期区域经济发展的纲领性文件，也是政府履行经济调节、市场监管、社会管理和公共服务职能的重要依据，更是引导市场主体行为、提高资源配置效率的重要手段。所以，只有编制出科学合理、统揽全局、引领发展的中原经济区规划，才能更好地摸清家底、理清思路、促进发展。

2. 中原经济区规划制定的总体要求

研究制定中原经济区经济社会发展总体规划和相关专项规划，要重点把握好4个方面的要求。

（1）要具备大视野。要从全局的高度、统筹的角度、可持续发展的深度，科学做好中原经济区规划的谋篇布局。要放眼全国，审视周边，跳出中原看中原，以更加积极的姿态在中部崛起中发挥更大的作用，谋求借力发展、错位发展。同时，要积极借鉴长三角、珠三角等地区的先进经验和做法，更好地破解制约中原经济区发展的结构性、素质性矛盾，在更高起点上谋发展。

（2）要体现大手笔。大发展需要大规划，大规划必须要有大手笔。在建设大平台、发展大产业、谋划大项目、培育大企业上，要有更加宽广的思路、更加超前的眼光。在优化空间布局、统筹城乡发展上，要有更加先进的理念、更加有效的举措。在突出科学发展、突出"三化"协调、突出载体建设、突出改革开放、突出改善民生、突出服务大局的过程中，要从体制机制保障、要素资源保障、政策资金扶持等方面，花更大的精力，做更深的研究。

（3）要具有前瞻性。规划编制过程中，要准确研判国内外形势变化、宏观政策调整，深刻把握中原地区经济社会发展现阶段特征，认真研究事关经济社会发展的全局性、战略性问题，使规划更加符合发展趋势、更加贴近中原实际、更能发挥导向作用，使规划编制的过程成为发现问题、解决问题、达成共识的过程。要用超前的眼光来看待这个事情，来编制中原经济区规划。

（4）要富有操作性。操作性是规划的灵魂。规划确定的每一项任务、每一项工作，都要落实到具体的项目中，都要能实实在在地操作，规划不是挂在墙上、放在抽屉里，规划是要真正能拿得出来用的规划。项目能否顺利实施，规划能否操作到位，必须要经得起历史和实践的检验，要富有操作性。

3. 中原经济区规划制定的基本原则

在中原经济区编制过程中要遵循以下原则。

（1）要立足实际与面向未来相结合。中原经济区规划要以中原地区经济社会的发展现状和区域协调发展的实际需要为基础，全面认识中原经济社会发展现阶段特征，深刻把握国内外发展环境，结合在中部崛起中走在前列、全面建设小康社会、中原崛起河南振兴目标，制定既符合实际又高瞻远瞩，具有科学性和前瞻性的发展规划。

（2）要实践总结与调查研究相结合。中原经济区规划编制既要做到深入总结相关规划实施经验，充分吸收成熟理念，承前启后，又要以调查研究为基石，进一步深入基层、深入企业，采取多种方式及时了解企业、基层情况，并多方面、多渠道听取社会各界对规划编制的意见和建议，全面了解社会各方面的发展需求，扎实有效地开展规划编制工作。

（3）要统筹兼顾与重点发展相结合。规划编制要总揽全局、科学筹划、协调发展、兼顾各方，既要全面统筹经济社会发展、城乡发展、区域发展、人与自然和谐发展、对内发展和对外开放，又要按照实际情况确定重点发展的方向和领域，做到全面发展、重点突破。

（4）要宏观规划与微观可操作性相结合。中原经济区规划既要有宏观的、总体的发展规划，又要在规划内容、政策措施方面更具体合理，增强规划的可操作性，同时进一步明确规划实施责任主体，树立规划的权威性，保障规划的顺利实施。

（5）要政府主导与社会参与相结合。中原经济区规划编制工作要在政府主导、专家引领、部门协作的基础上，进一步提高规划编制的透明度和社会参与度，使规划充分集中全区域人民群众的智慧，更贴近群众、贴近基层、贴近实际，体现规划编制的科学性、民主性与合理性。

4. 中原经济区规划制定的主要任务

总体上，中原经济区规划编制工作主要有 6 项任务。

（1）深化重大问题研究。深入开展重大问题研究，厘清发展思路，是科学编制中原经济区发展规划的前提和基础。结合中原经济社会发展实际，充分吸收 21 世纪以来河南省委、省政府一系列重大决策和研究成果，重点加强对未来中原经济区发展环境、思路目标、结构调整、产业布局、城乡区域、科教文化、改革开放、人民生活和资源环境等重大问题开展前瞻性研究，厘清长远发展思路。同时，借助课题研究，充分调动国内外各方面的研究力量和资源，使更多的机构、更多的专家、更多的人士关注中原，研究中原，宣传中原。

（2）研究编制总体规划。研究编制中原经济区总体规划，要突出经济社会发展的重大战略，进行全局性、前瞻性展望和部署。要突出体现时代背景，反映创新驱动、绿色增长、协调发展等时代要求。要突出体现以人为本，把改善民生、提高人民生活水平作为根本的出发点和落脚点，促进社会和谐。要突出体现政府经济调节、市场监管、社会管理和公共服务的职能。真正使中原经济区规划成为战略清晰、目标明确,反映新阶段、新需求,战略性、指导性、约束性和可操作性强的规划。

(3) 研究编制区域规划。区域规划是以跨行政区的特定经济区为对象,以统筹协调跨行政区域发展为目的的规划,是总体规划在特定经济区的空间细化和落实,是编制区域内其他各类规划的依据,也是区域经济调控的重要依据,具有战略性、空间性和约束力。未来一个时期,着重对中原经济区核心区、主体区、合作区等一些主要区域进行规划。

(4) 研究编制重点专项规划。重点专项规划是以国民经济和社会发展的关键领域、先导行业及薄弱环节等重大问题为对象编制的规划,是总体规划在特定领域的延伸和细化。根据中原经济区国民经济和社会发展特点,以及总体规划架构要求,组织编制重点产业、特定领域的专项发展规划,使之成为指导该领域发展、决定重大工程项目建设和安排政府投资的依据。重点围绕构建现代产业体系,加强水利、能源、交通等基础设施建设,开发利用与保护土地、水、矿产等重要资源,建设与保护生态环境,发展科技、教育、人才、就业、卫生、防灾减灾等公共事业编制规划。

(5) 研究编制县(市、区)规划。县(市、区)规划要做到重点突出,产业结构优化升级目标明确,体现制度创新和政策创新。要立足本地实际,编制总体规划和必要的专项规划,并做好与市级规划的衔接工作。在编制规划中,要立足当地实际,谋划提出一批关系本区域经济社会发展、带动作用强、有示范作用、促进就业、关系群众生活生产的重大建设工程和重点建设项目;要加强经济社会发展规划、主体功能区规划、城镇体系规划、城市规划、土地利用规划之间的衔接协调,保证规划目标、生产力布局、投资安排以及政策措施能够有机对接。使规划成为最贴近人民、有约束力、可操作的规划。

(6) 研究编制重大项目规划。加强重大项目建设,是保持经济健康稳定快速增长的重要保证,也是实施中原经济区总体规划的重要支撑。各县(市、区)、各部门要做好重大项目的筛选论证工作,要结合实际研究提出一批关系全局、意义深远、带动作用强的重大工程;县(市、区)规划、企业规划要以结构调整为主线,项目建设为支撑,优化资源配置,合理规划生产力布局,提出关系本地区、本行业、本企业长远发展、符合国家产业政策的重大建设项目和结构调整项目。

二 《中原经济区规划》的目标的分解及实施

《中原经济区规划》（以下简称《规划》）是中原地区经济社会发展的中长期宏伟蓝图，是全区人民共同的行动纲领，是政府履行经济调节、市场监管、社会管理和公共服务职责的重要依据。确保《规划》顺利实施，完成《规划》确定的主要目标和任务，对实现中原崛起河南振兴的战略目标，加快完善社会主义市场经济体制，全面推进和谐中原建设，为全面建设小康社会打下具有决定意义的基础。

1. 中原经济区规划的目标体系

根据中原经济区发展情况和国内外发展环境分析，研究提出本地区发展的主要指标，特别是约束性指标，以更好地发挥规划对经济社会发展的指导作用。指标的设置和测算要做到4个兼顾。

（1）兼顾全面和重点，在全面反映经济、政治、文化、社会以及生态建设的同时，突出对促进科学发展、加强薄弱环节发展具有标志性意义的目标和指标。

（2）兼顾连续性和阶段性，既要对"十一五"规划的主要目标进行科学继承，又要与党的十七大提出的全面建设小康社会新要求、促进中部崛起规划、河南省"十二五"规划有机衔接。

（3）兼顾需要和可能，既要适度超前、鼓舞人心，争取最大限度地满足各方面的合理需求，又要实事求是、切实可行，经过努力可以实现。

（4）兼顾预期性和约束性，既要适当设置一些引导市场的预期性指标，又要突出政府履行社会管理和公共服务职责的要求，尽可能研究设置一些相关的约束性指标。中原经济区规划的发展目标和主要指标，重点围绕经济发展、转型升级和自主创新、社会发展和民生改善、生态建设和环境保护等方面进行设置。

2. 中原经济区规划目标的分解

为切实做好《规划》的实施工作，要按照职责分工，将《规划》提出的主要目标和任务分解落实到各地、各部门。实现《规划》确定的目标和任务，主要依靠发挥市场配置资源的基础性作用。同时，政府要正确履行经济调节、市场监管、社会管理和公共服务的职责，调控、引导社会资源，合理配置公共资源，保障《规划》顺利实施。

（1）要明确政府职责和市场功能。充分体现政府与市场在《规划》实施中的不同功能，对涉及需要政府履行职责的目标和任务进行分解；对依靠市场主体自主行为实现的目标和任务不作分解。

（2）要落实责任主体。依据各部门的职责分工，将《规划》主要目标和任务分解落实到相关部门；同时，将耕地保有量、单位生产总值能源消耗降低、主要污染物排放总量减少3个约束性指标分解落实到各地。

（3）要突出主要目标和重点任务。围绕科学发展主体和转变经济发展方式主线，紧扣《规划》提出的发展目标和战略任务，明确具体措施和工作要求，并从规划、指标、法律、政策、项目、改革等方面进行落实，切实保障《规划》主要目标和任务顺利完成。

3. 中原经济区规划的实施

（1）加强领导，狠抓落实。各省辖市、各部门要以《规划》为指导，全面贯彻和落实科学发展观，精心部署，周密安排，层层落实，确保认识到位，责任到位，措施到位。各有关部门要按照职责分工，明确具体任务和完成时限，并与年度工作统筹兼顾、相互衔接，研究制定切实可行的实施方案。

（2）密切配合，通力协作。各省辖市、各部门要增强全局观念，认真履行职责，真抓实干，形成合力，共同推进《规划》实施。涉及多个部门的工作任务，牵头部门要切实负起责任，其他部门要积极参与，支持和配合牵头部门做好相关工作，确保各项工作任务圆满完成。

（3）跟踪分析，适时评估。各设省辖市、各部门要对《规划》落实情况进行跟踪分析，加强督促检查，注意研究新情况，解决新问题，及时报告落实《规划》的进展情况。在《规划》实施的中期阶段，省发展改革委要会同有关部门，组织规划中期评估，提出评估报告报省政府。

三 中原经济区规划动态监测评估体系

1. 建立中原经济区规划动态监测评估体系的必要性

对中原经济区规划实施动态监测是十分必要的，主要体现在以下几个方面。

（1）是适应外部环境变化的需要。作为中原经济区国民经济和社会发展的中长期规划，会受到政治、经济、技术和环境变化的影响，这就使得我们必须关注各项外部因素对中原经济区各项规划指标的影响，对规划进行即时调整。

（2）是领导决策的需要。决策者纵观全局的概念不仅是对各部门等空间意义上的全面，更是时间意义上的全面。对经济发展的决策者而言，要纵观全局、统筹规划，就要不仅看到过去已经完成的情况，还要预计未来做什么决策可能会产生什么结果，根据最想得到的结果做出比较科学合理的决策。而对中原经济区规划指标做动态的监测恰恰能起到这样的作用。

（3）是及时修改规划的需要。根据外部环境的变化，可能需要对规划进行修改。通过对规划指标的动态监测，可以不断利用完成情况去预测中原经济区规划目标的完成状态，及时得出什么指标需要修改，什么指标不需要修改，需要修改的指标应该如何进行修改，这样可以让我们更科学、更合理、更及时地做出判断。

（4）是对年度内各项经济工作指导的需要。中原经济区规划目标是由各年分解完成的，在年度经济会议上，需要根据对规划指标的动态监测结果，看到该年度各项指标完成情况，预计下一年度的完成情况，然后根据实际完成情况总结经验，相应调整下一年度的执行目标，进一步指导各项经济工作。

2. 中原经济区规划动态监测评估体系

（1）建立省、市两级规划动态监测网，由省、市两级规划机构和两级经济信息中心共同完成监测任务。两级经济信息中心负责规划数据的收集、整理和动态监测网的运行，对经济形势进行分析预测，协助省市两级规划处完成监测评估报告。

（2）监测分为季度和年度监测，季度监测主要对经济指标进行动态监测，年度监测对每年的经济情况进行全面的监测和评估，包括经济指标和人文社会指标的监测和评估。

（3）主要的监测工作是年初使用宏观经济多部门模型和其他数量经济模型对全区域经济形势及环境进行动态分析判断，预测当年的经济趋势，分析规划指标可能的完成情况，并对全区域的经济有一个初步判断。在每个季度或年度之后对实际完成情况实施动态监测，给出每年的规划完成情况评估报告。

3. 中原经济区规划动态监测评估的若干建议

（1）认真搞好经济预测分析工作。办任何事情都要遵循相应的规律，这样才会成功，如果违背规律，盲目去做，只能以失败告终。因此我们在做规划时，必须了解和掌握经济运行的规律，这样可使我们以现有经济的运行情况为基础，预测出未来经济发展的趋势，以及经济运行中可能出现的各种情况。为制定经济政策提供重要的参考，提高了规划的科学性，使确定的预期目标更为实际。经济长期运行规律可以通过各种经济指标数据反映出来的，深入搞好经济指标数据的计量分析工作，从中发掘出经济的潜在运行规律，摸清经济的增长点，依照经济运行规律科学地制定规划，预期目标的确定也将更为合理，对经济的平稳、良性、快速的发展具有指导性意义。

（2）加强对转型升级的研究。加快转型升级，是破解发展难题，实现中原崛起、河南振兴的根本途径。在转型升级方面，为扭转投资与消费结构失衡的状况，应提出居民消费率逐年提高的目标和指标；为扭转城乡结构失衡的状况，特别是着力于追赶中部地区平均水平，应提出城镇化快速推进的目标和指标；为扭转经济结构失衡的状况，应提出现代产业体系建设和高（终）端产业比重、高新技术产业增加值比重、服务业增加值和就业比重、非公有制经济比重等明显提高的目标和指标；为提高自主创新能力，提出研发经费支出占 GDP 比重和专利授权量大幅度提高的目标。

（2）强化对社会发展和民生改善的研究。随着我国整个社会经济结构的快速转型，近几年，党的执政理念有了新的改变，提出了"以人为本"，实现"和谐社会"。"和谐社会"是一个多元的社会，它要求以人为本，整合社会关系，解决社会矛盾，保证社会稳定。要做到这些，应首先监测和掌握社会的真实情况。居民最低生活保障、基本养老保险、医疗保险、失业保险、人口平均预期寿命、人均年收入等诸多方面的指标可以很好地反映这一要求。通过对其分析和研究这些指标，能使我们很好地掌握社会关系的协调程度，社会的保障能力和人民生活的质量，为我们下一步规划的制定提供了重要的依据，为最终实现预期目标提供强有力的保证。

重视对"低碳经济"和"循环经济"的监测。"低碳经济"和"循环经济"已成为我们衡量经济,乃至社会是否良性发展的重要指标,充分体现了"生产发展,生活富裕,生态良好"的综合要求,应给予高度重视,在规划中制定出相应的目标,引导经济向着"低碳经济"和"循环经济"的方向发展,争取实现中原经济区的可持续发展。在监测工作中对"低碳经济"和"循环经济"的相关指标应给予重视,完善相关指标的数据采集渠道和测算分析方法。

持续求进稳增长　凝心聚力促发展[*]

2012年上半年，河南经济下行压力明显增大，主要经济指标虽然均保持了相对较高增速，但是逐月回调趋势明显；工业生产增速放缓，但是转型升级加快推进；投资消费增速下滑，但是有望回调趋稳；外贸出口逆势增长，但是保持高速增长面临挑战。总体上，上半年河南经济运行态势表现为"高开低走、降中有升、升中有转、转中有效"，主要特征表现为"波动幅度小、增长空间大、基础支撑牢、举措效应好"。

一　河南上半年经济运行分析

上半年，河南省突出把握好稳中求进的工作总基调，着力稳增长、控物价、调结构、惠民生、抓改革、促和谐，主要经济指标增速在全国和中部地区的位次前移，波动幅度也好于全国平均水平。初步预计，上半年经济增长在10.8%左右。三季度有望缓中趋稳，四季度稳中趋升，全年增长11%左右。经济运行总体态势表现为"高开低走、降中有升、升中有转、转中有效"，呈现出"波动幅度小、增长区间高、基础支撑牢、举措效应好"的特征。

（一）河南上半年经济运行的总体态势

1. 高开低走

"高开低走"就是指2012年以来，河南省投资、消费、出口、工业生

---

[*] 2012年7月17日，河南省社科院举办河南2012年上半年经济运行分析和下半年经济走势研讨会，会上发布了《2012年河南上半年经济运行分析和全年经济走势展望》，本课题组负责人：喻新安、谷建全。

产等主要经济数据均出现了年初高位增长,然后增速逐月降低的现象。一季度各主要经济指标增速均高于全国平均水平,5月末,固定资产投资、社会消费品零售总额、进出口总值、规模以上工业增加值的增速则比2月末分别降低3.4个、0.3个、47.3个、1.7个百分点,而且低于上年同期。

2. 降中有升

"降中有升"就是指虽然上半年增速出现明显回落,但是河南省各主要经济指标依然处于较高增长水平,在全国及中部地区的位次前移,总体上保持了平稳增长态势。河南生产总值依然实现了两位数增长,一季度同比增速高于全国和大部分省份,居全国第4位,同比前进了11位;居中部地区第1位,同比前进了4位。

3. 升中有转

"升中有转"就是指河南省在实现稳增长的同时,致力于在转方式、调结构、促升级上持续求进,推动更有质量、更可持续的增长。上半年第三产业保持了平稳增长,增速高于全国水平,对经济增长的拉动作用增强。同时,河南省消费增长相对平稳,外贸逆势上扬,1~5月出口同比增速超过100%,"三驾马车"对经济增长的拉动作用日趋协调,有效推动了河南省由投资主导型向投资、消费、出口协同拉动型转变。

4. 转中有效

"转中有效"就是随着河南加快转变经济发展方式一系列举措的深入实施,调结构、促转型的综合效应不断显现。虽然工业增速有所回落,但是全省六大高成长性产业1~5月增速达到19.6%,占全省工业的比重从上年同期的53.1%上升至55.9%,对全省工业增长的贡献率达70%以上,其中电子信息产业、装备制造业更是分别增长555.8%和19.0%。产业结构持续改善,对增强河南经济发展的质量效益起到了重要的推动作用。

(二)河南上半年经济运行的主要特征

1. 波动幅度小

目前河南一些指标增速虽有回落,但波动幅度明显低于全国及多数省份。从上半年河南省各主要经济指标变化态势来看,GDP、投资、消费、工业生产等主要经济数据均出现不同程度下滑,经济增速趋缓,下行压力明显增大,但是总体来看河南经济走势明显好于全国,并且GDP、工业增加值、投资、出口等同比增速均居全国前列,这既是河南省坚持结构调整的成效,也是河南省竞争力提升的重要体现。

2. 增长区间高

目前河南省虽然经济增速放缓,但仍处在较快增长区间。作为人口大省、农业大省,河南人均GDP已经突破4000美元,工业化进入中期阶段,城镇化进程提速,整体进入加快发展阶段,随着河南城镇化短板不断拉长,外贸逆势大幅增长,尤其是中原经济区建设发展的积极效应和有利因素持续累积,发展潜力、发展空间明显增大。这些都将有力支撑河南经济保持又好又快持续增长。

3. 基础支撑牢

虽然目前保持河南经济持续稳定发展面临着诸多难题,但是河南在加快推进"三化"协调发展的进程中,不断强化农业基础,增加粮食生产;不断改善生态环境,优化发展空间;积极推进科技创新,形成了一批具有较强竞争力的、在全国有较大影响的骨干企业和知名品牌,同时河南还具有广阔的消费市场、日趋改善的基础设施、较为完整的工业体系、较为完善的产业配套体系、生产要素成本低以及后发优势等,都将为河南省经济持续稳定发展提供基础支撑。

4. 举措效应好

目前河南省经济发展的内外环境日趋复杂,各种风险因素、不确定因素对河南省的冲击影响日益凸显,持续求进稳增长面临严峻考验。但同时,河南省近年来强力推进结构调整、转型升级、开放招商、平台建设等重大举措的成效也开始显现,在项目建设、对外开放、产业集聚区建设等重点领域持续发力,取得了突出成绩。这一系列重大举措有效增强了河南省在复杂多变环境下经济发展的抗跌性。

二 在全国及中部地区中的方位

1. 河南主要经济指标增速在全国和中部地区的位次在前移

(1) GDP增速同比位次前移。河南一季度GDP增速11.3%,同比提高0.5个百分点,比全国平均水平高3.2个百分点;居全国第4位,位次前移11位；居中部第1位，位次前移4位。

（2）河南一季度规模以上工业增加值增速位居中部第1位，同比提高0.5个百分点外，其余5省均较上年同期有不同程度的下降；1~5月全省规模以上工业增加值增速居全国第7位，中部第2位。

（3）对外贸易增速位居中部第1位。1~5月，河南进出口总值增速达93.5%，比全国高85.5个百分点，比排名第2位的湖南高81.1个百分点。一季度，河南以31.9亿元和82%的总量和增速居中部第1位。从上半年总体态势看，有望继续保持这一势头。

2. 河南与全国和中部6省相比，经济波动幅度较小，回落相对平稳

（1）规模以上工业增加值增速同比回落幅度在中部地区最小。1~5月，河南规模以上工业增加值增速同比回落1.4个百分点，而山西、安徽、江西、湖南等省分别依次为7.7个、3.1个、4.7个、5.2个百分点。

（2）固定资产投资增速同比回落幅度在中部地区最小。1~5月，河南固定资产投资增速同比回落5.9个百分点，而山西、安徽、湖北、湖南等省分别依次为9.3个、13.2个、6.1个、7.6个百分点。

（3）限额以上企业消费品零售总额增速同比回落幅度在中部地区较小。1~5月，河南限额以上企业消费品零售总额增速同比回落7.7个百分点，而山西、安徽、湖南等省分别依次为9.8个、8.2个、10.9个百分点。上半年河南经济波动幅度好于全国和中部平均水平。

三 与2008年国际金融危机时期比较

目前，国际国内经济形势、面临的困难挑战都出现了一些新的变化、新的态势，与2008年国际金融危机时期相比，主要表现为以下四个不同。

1. 经济运行走势不同

2008年，国际金融危机猝然来袭，之后经济运行走势出现"V"形反转、急降急升，GDP增速从2008年第四季度的12.1%骤降至2009年第一季度的6.6%，此后仅用一年时间，到2010年第一季度快速攀升至15.7%，出现大幅度波动。2012年经济运行走势主要表现为降势明显，但降中有升，上半年河南省主要经济指标的增速均逐月回调，出现小幅调整,但是总体增速依然处于较高水平,在中部位居前列,在全国位次前移。

2. 产业支撑能力不同

2008年国际金融危机对河南的影响"来得迟、影响深、走得慢",当时全省钢铁、有色金属、化工、电力行业生产经营困难,普遍出现产能过剩,经济效益大幅下滑。针对危机冲击下暴露的产业支撑乏力、结构失衡等问题,近年来河南省着力发展汽车、电子信息、装备制造等六大高成长性产业,全面提升综合竞争力。2012年上半年河南六大高成长性产业增速均高于工业增加值增速,对工业增长贡献率超过70%。随着河南省着力培育的现代产业体系对经济增长的抗冲击性、抗风险性明显增强,对河南在新一轮冲击下实现稳增长甚至逆势增长提供了重要支撑。

3. 增长动力机制不同

为尽快遏制2008年金融危机带来的经济快速下滑趋势,河南省进一步加大投资力度,在一个较短时期内推动经济恢复到较高增长空间。而这种由政府主导的外生动力驱动型经济增长虽然应急效应、短期效应明显,但同时具有突出的不协调性、不可持续性。对此,在一系列"战危机"举措中,河南紧紧围绕培育经济增长的动力源、核心竞争力等问题,着力调结构、转方式。"一个载体、三个体系"建设增强了产业竞争力;大开放、大招商推动了河南外贸进出口井喷式发展;新型城镇化的引领使河南巨大的内需潜力得以释放,发展动力由投资"独轮"驱动转向了投资、消费、出口三驾马车协同拉动。

4. 总体发展氛围不同

与2008年金融危机时期相比,一是发展信心更足了。随着中原经济区国家战略深入实施,不仅自身发展信心更足了,来河南投资兴业的投资者信心也更足了,世界500强中有73家落户河南,国内500强也已超过了120家落户河南。二是发展势头更好了。目前全省经济发展呈现出稳定的、持续的、向上的好趋势,形成了夯实基础、创新优势、加快转变的好态势,具有精神面貌更好、凝聚力更强的好气势,"三势"为坚定发展信心、把握发展机遇、扎实开展工作注入了更大动力活力。三是发展热情更高了,虽然困难挑战不断增多,但是各地干部群众热情十足、干劲十足,不等不靠,积极作为,全省上下形成了持续求进稳增长的良好氛围。

四 河南下半年经济运行展望及对策建议

综合分析各种因素,预计河南省经济第三季度有望缓中趋稳,第四季度稳中趋升。做好下半年经济工作,要认真落实国家相关宏观调控政策,按照省委、省政府的决策部署,坚持持续求进、进中求转、转中求好、好中求快,"六策并举稳增长"。确保2012年全省经济社会发展目标的实现。

(一) 河南下半年经济发展走势展望

立足河南实际,综合分析各方面影响因素,河南省经济第三季度有望缓中趋稳,第四季度稳中趋升,预计全年生产总值增长11%左右,其中一、二、三次产业分别增长4.3%、14.5%、10%;规模以上工业增加值增长16%左右;固定资产投资增长25%左右;社会消费品零售总额增长17%左右;外贸出口增长80%左右;居民消费价格指数为103.8左右;稳增长、调结构、促转型取得重大进展,经济总体将呈现平稳上升态势。

上述判断主要基于以下考虑。

1. 中原经济区综合效应持续彰显

中原经济区在全国大局中的"后发优势"明显,对国内外资本的吸引力显著增强。河南已吸引世界500强企业中的73家、国内500强企业中的128家,并与44家央企签订了战略合作协议。这些巨量资本的涌入,为河南省应对有效需求不足冲击,克服当前困难提供了有力支撑。

2. 新型城镇化引领作用增强

当前,河南省正以新型农村社区建设为切入点,加快推进新型城镇化建设,城市新区、高端商务区和特色商业区建设如火如荼,城镇交通、能源、环保等基础设施以及公共服务配套设施建设,将会有效拉动下半年固定资产投资和消费的增长。

3. 开放招商实现新突破

2012年年初以来,河南省举办了一系列招商引资和对外交流活动,签约项目415个,招商总额达3006亿元。下半年,这些项目的落地实施将会带动河南投资快速增长,技术设备的引进和产品的出口将会推动河南进出口进一步增长。

4. 省委、省政府一系列打基础、管长远的举措效应逐步显现

近年来，围绕中原经济区建设，省委、省政府坚持以开放招商、产业集聚区、项目建设三项重点工作带动全局，以加快城乡建设扩大内需，以改革创新破解发展难题，多策并举，实施了一系列打基础、管长远的政策举措。这些举措为下半年河南投资和消费增长带来了直接的拉动。

5. 宏观经济政策环境趋于宽松

鉴于物价的持续回落、经济下行压力的持续增大、融资难问题的日益凸显，下一步货币政策将继续向"稳健偏松"方向微调，这将为经济的企稳回升创造宽松环境。

与此同时，我们也要清醒看到，下半年河南省经济发展面临的形势依然十分复杂，生产资料价格持续大幅下滑对省内重点行业带来冲击较大、中小企业的发展困境日益加剧、要素制约日趋突出、发展不确定性增多等突出矛盾和问题依然存在。因此，既要正视当前面临的困难和可能发生的风险，又要坚定决心，因势利导，积极作为，攻坚克难，努力保持全省经济发展和中原经济区建设的良好态势。

（二）下半年持续求进的对策建议

做好下半年经济工作，要认真落实国家相关宏观调控政策，按照省委、省政府的决策部署，坚持持续求进、进中求转、转中求好、好中求快，"六策并举稳增长"。确保今年全省经济社会发展目标的实现。

1. 持续求进是总基调

"持续"就是要保持河南科学发展的意识、思路、举措、进程，保持经济社会发展呈现出来的好趋势、好态势和好气势；"求进"就是多着眼提升、多着力提升，在转变中提升，在创新中提升，在开放中提升。持续求进就是要紧紧围绕建设中原经济区、加快中原崛起河南振兴总体战略，在实践中不断完善、不断提升、不断创新各项发展举措，在突破薄弱环节、深化改革开放、保障和改善民生上取得重大进展。

2. 进中求转是客观要求

"转"是转型升级，"转"是转变经济发展方式，就是经济增长要由粗放型向集约型转变，由外延式扩张向内涵式增长转变。进中求转就是在下半年推进中原经济区建设过程中，要继续围绕转变经济发展方式这一主线，突出转型，坚持在发展中促转型，在转型中谋发展，立足当前，着眼长远，一手抓存量、一手抓增量，以增量调存量，以增量稳增长、调结构、促转型，有计划、有步骤地顺势推进经济结构调整，加快河南经济转型升级，实现转变经济发展方式上的新进展。

3. 转中求好是必然选择

"好"是经济发展质量效益好、转方式调结构效果好、固定资产投资效益好、生态环境建设好、民生改善成效好。转中求好就是要坚持"好"字优先，在推动经济转型、经济发展方式转变的过程中，注重速度、质量、效益相统一，注重全民普惠和共享，把质量、结构、效益、民生放在首要位置，着力破解瓶颈、化解难题、提升水平，切实在转方式、调结构、兴产业、拓空间、治污染、惠民生、促发展上实现新突破，形成新优势，全面开创科学发展新局面。

4. 好中求快是现实需要

"快"就是使经济发展保持较高的速度。"好"是"快"的基础，"快"是"好"的标准。好中求快就是要始终坚持发展为第一要务，好字当头，立足于好、能快则快；就是要强化忧患意识、机遇意识，始终保持争先发展的责任感、紧迫感，注重发展提速，充分利用一切可以利用的条件，抓住一切可以抓住的机遇，调动一切可以调动的积极因素，顺势突破，在"好"中体现"快"，"以好促快、越好越快"，实现率先发展。

5. "六策并举稳增长"

把稳增长放在经济发展的首要位置，千方百计防止经济增速滑出预期目标区间。全力确保投资稳定增长。把全力扭转投资持续下滑作为稳增长的重中之重，强力推动更多项目尤其是重大项目落地、达产和增效。积极打造内陆开放高地。把对外开放作为应对复杂局面和破解各种制约最直接、最有效、最综合的战略举措，"一举应多变""一招求多效"。加快推进新型城镇化进程。城镇化是扩内需最大的潜力所在，也是经济结构调整的重要依托。推进新型城镇化，关键在于提升中小城市（镇）产业承载能力和人口吸纳能力，核心在于农民真正变为稳定的市民。深入推进机制创新。充分利用《国务院关于支持河南省加快建设中原经济区的指导意见》

赋予的先行先试权，推动重点领域机制创新，着力破解市场和土地、资金、人力资本约束问题。持续优化企业发展环境。当前必须把提升服务企业能力、优化企业发展环境作为推动经济平稳较快增长的重要任务，切实减轻企业经营成本。切实保障和改善民生。要将稳增长和惠民生有机结合起来，坚持为人民群众做好事、办实事。

（原载《河南日报》2012年7月18日）

持续求进促发展　扎实开局谱新篇*

2012年以来，面对复杂严峻的国内外经济环境，在省委、省政府的正确领导下，河南全省上下深入贯彻落实科学发展观，坚持"四个重在"实践要领，全面实施建设中原经济区、加快中原崛起河南振兴总体战略，持续探索"两不三新"科学发展路子，经济运行总体持续、总体提升、总体协调、总体有效，保持了好的趋势、好的态势和好的气势。

展望2013年，是全面贯彻落实党的十八大精神和中原经济区规划的开局之年，是实施"十二五"规划承前启后的关键一年，是为全面建成小康社会奠定坚实基础的重要一年。同时也是发展机遇与挑战并存，风险和困难较多的一年。这就需要我们继续把握好持续求进的工作总基调，立足全局，突出重点，扎扎实实开好局。

一　2012年河南经济运行分析

2012年，河南省委、省政府把握持续求进总基调，针对经济运行中出现的新情况新问题，及时出台一系列政策措施，着力稳增长、扩需求、调结构、抓改革、创优势、惠民生，经济运行呈现出高位回调、筑底回升、转增并举、民生改善的基本特点，开放招商效应、转型升级效应、"三集"（产业集聚、人口集中、土地集约）效应、新型城镇化引领效应、中原经济区建设效应日益凸显，有效支撑了河南经济社会的平稳较快发展。

2012年，面对复杂严峻的国内外经济形势，河南认真落实国家宏观调控政策，把稳增长放在更加重要的位置，全力实施稳增长、促转型、保态

---

* 本文对2012~2013年河南省经济形势进行分析与展望。课题组组长：喻新安、谷建全。

势行动计划、先行先试、务实发展,在形势复杂多变和困难挑战明显增多的情况下,河南经济运行总体平稳的基本态势没有改变,突出矛盾正在破解,积极因素持续积累,亮点优势不断增多。全年各主要经济指标增速均高于全国平均水平,人均收入与全国平均水平差距缩小;农业生产形势总体较好,粮食生产再获丰收;重点项目推进明显提速,对投资增长形成强力支撑;结构调整成效持续扩大,发展方式转变成果进一步显现;开放招商取得新突破,综合带动作用更加明显;城乡建设加快推进,城镇承载能力继续增强;民生持续得到改善,社会大局和谐稳定。

预计2012年河南省生产总值增长10.3%左右,保持了经济社会又好又快发展和中原经济区建设良好态势。这一判断主要基于以下考虑。一是国务院《关于大力实施促进中部地区崛起战略的若干意见》的出台和《国务院关于支持河南省加快建设中原经济区的指导意见》的全面落实,为推进中原经济区建设争取更多、更具体的政策扶持,河南在国家发展大局中定位更加明晰、作用更加突出,一大批重大项目进入国家规划,一系列先行先试政策持续推出,有助于河南赢得主动、赢得机遇,乘势而上、加速崛起。二是随着河南"两不三新""三化"协调科学发展的路子探索加速推进,新型城镇化引领作用日益凸显,新型工业化主导作用持续提升,新型农业现代化基础作用不断强化,经济发展的整体素质和综合实力明显增强。三是2012年以来河南强力推进的结构调整、产业升级、开放招商、机制创新、载体建设等举措成效进一步显现,整体竞争力在不断增强,抵御各种风险的能力明显提升,经济社会发展基本面长期趋好,为持续求进实现全面建成小康社会目标奠定了坚实基础。

二 2013年河南经济发展面临五个挑战

1. 经济下行压力加大

从国际看,当前国际金融危机深层次影响还在不断显现,欧债危机持续恶化,美国经济复苏乏力,印度、巴西、土耳其等新兴经济体和发展中国家经济增长大幅下降,世界经济增速放缓,面临的下行压力和潜在风险有所加大,对我国经济的冲击与影响还在持续显现。从国内看,我国经济发展不平衡、不协调、不可持续的问题没有根本解决,结构调整任务相当繁重，企业生产经营困难加大，扩大有效需求还面临不少制约因素。从省内看，随着有效需求不足矛盾进一步上升，沿海地区经济增速回落向河南省的传导效应逐步显现，加之长期积累的结构性矛盾尚在逐步解决之中，河南省经济下行压力依然较大。

2. 稳粮保粮难度增加

目前河南在已经实现粮食"九连增"的情况下，要继续保持高基点稳产增产面临重大挑战。一是农田水利基础设施建设和管理滞后。目前一些水利工程年久失修，存在着大量的病险隐患，许多地方河流堤坝、水塘塘坝及田间渠道滑坡、裂缝、渗漏、垮塌等问题十分突出。二是农业服务体系存在不少缺漏"短板"。由于经费不足、机制老化等原因，河南省农业技术服务体系建设滞后，农业生产技术落后、知识老化、设备陈旧、人员缺位等问题突出，病虫害防治等技术保障不足。三是农民粮食生产的积极性不高。粮食生产周期长、风险大、附加值低，种植粮食的经济效益相对较低，加之缺乏农业风险的转移机制，农民种粮的积极性受到影响。

3. 要素制约日益凸显

一是建设用地需求缺口较大。"十二五"期间，全省每年建设用地需求为60万亩，但是新增建设用地供给只有20万亩，只能满足1/3的用地需求。一批技术含量高、市场前景好、投资强度大的好项目难以落地，成为影响当前工业投入、制约企业发展的主要矛盾。二是资金瓶颈制约依然有待破解。尤其是小微型企业仍然普遍反映融资难、融资贵，金融机构惜贷、抽贷、压贷现象仍较为普遍。三是招工难问题日益突出。当前，河南省用工难已经从结构性的技术工短缺向普通工人不足蔓延，构成河南省经济发展的重要制约。四是支撑发展的资源环境明显不足。河南工业结构偏重，"粗、低、重、耗"产品过多，造成资源利用效率低，污染排放强度大，环境承载力不足。

4. 创新驱动能力不强

一是全社会创新意识薄弱。不少部门抓经济发展仍着眼于铺摊子、扩规模，没有形成依靠自主创新推动发展的自觉意识和行动。不少企业仍单纯追求数量和速度，缺乏依靠自主创新实现可持续发展的意识和动力。二是自主创新能力不强。科技资源和区域自主创新的能力不足，科研平台少、领军人才少、高新产业少，高新技术企业规模小、企业科技投入小，多数企业的核心技术和装备依赖引进，缺乏自主创新能力和核心竞争力。三是推动自主创新的机制不完善。创新主体的活力和动力不足，企业尚未真正成为技术创新主体，产学研紧密结合的机制尚未真正建立。四是支持和鼓励创新的环境有待进一步优化。培养、吸引、留住人才的机制尚未建立，支持创新人才脱颖而出的社会环境尚未形成。

5. 体制改革难度增大

一是经济体制改革继续推进的阻力增大。改革本质上是一个利益关系重新调整的过程，走向深水区的经济体制改革遇到了来自各个方面的阻力和其他体制改革的掣肘，各种矛盾错综复杂，特别是收入分配改革、垄断行业改革等难度较大，制约着经济活力的进一步释放。二是社会管理体制改革困难较多。由于思想解放不到位、各项改革配套不足等原因，河南省社会管理中存在着"交叉错位""断层缺位""争利越位"等现象，已成为城乡统筹发展、促进社会和谐的障碍。三是行政管理制度改革任重道远。河南省行政体制还存在着政府职能转变不到位，结构不尽合理，行政运行机制不尽完善，一些行政人员的综合素质和行政能力不高、依法行政意识不强、行政效能不高等一些亟待改进之处，行政体制改革面临着诸多难题。

三 未来河南经济发展拥有五大红利

1. "人口红利"

当前河南省正处于"人口红利"的黄金时期。根据第六次河南人口普查数据，2010年全省劳动人口比重达到70.64%，人口的年龄结构呈现出"两头小、中间大"的特点，表明河南正处在劳动力资源相对丰富的时期。与此同时，2000年河南省总抚养系数为32.9%，2010年降低到29.36%。这意味着河南省社会供养负担相对较轻，意味着有更多的储蓄可以转化为投资，形成河南经济增长重要拉动力量。根据河南总抚养比变化趋势判断，河南省人口红利期有望持续到2035年前后，为河南省"十二五"乃至今后20年经济建设和城镇化发展提供坚实的人力资源支撑。

2. 改革红利

我国过去30年已经证明，改革是中国最大的红利，未来将再次证明，改革依然是中国最大的红利。作为内陆欠发达地区，具有后发优势，其本质就是改革红利，河南省进一步改革的空间和潜力十分巨大。国务院支持河南加快中原经济区建设指导意见，赋予河南省在城乡资源要素配置、土地节约集约利用、农村人口有序转移、行政管理体制改革等方面先行先试的权利，为河南省改革发展带来了新机遇。在新一轮改革热潮中，充分释放"改革红利"，要处理好全面与重点、增量与存量、效率与公平、改革与法治等重大关系，奋力在重点领域和关键环节实现历史性突破，形成支撑河南省未来经济快速增长的重要支撑力量。

3. 开放招商红利

长期以来，河南省外向型经济发展滞后，与全国第五经济大省的地位极不相称。近年来，河南持续推进双边、多边、区域、次区域开放合作，把招商引资、承接产业转移作为对外开放的重中之重，全力以赴大招商、招大商。5年来，全省共引入世界500强企业73家，国内500强企业128家。这些企业在河南的巨额投资，培育了电子信息、装备制造、汽车等一批支柱产业，推动了河南省经济结构的战略性调整，提高了抵御经济风险的能力，成为促进今后经济持续稳定增长的重要支撑。

4. 新型城镇化红利

当前，新型城镇化是扩大内需的重要着力点。长期以来，城镇化率低始终是河南省发展的短板，也是河南经济社会发展各种矛盾的聚焦点。2011年河南城镇化率仅为40.58%，低于全国平均水平10.7个百分点。同时，也要看到，城镇化水平低意味着城镇化发展的潜力巨大。近年来，河南省以新型农村社区建设为切入点和突破口，强力实施新型城镇化引领战略，持续推进城市新区、城市组团、产业集聚区建设，新型城镇化红利逐渐释放。按照河南"十二五"规划，2015年河南城镇化率达到48%左右，以此测算，每年全省城镇化率要增长1.8个百分点，即每年要新增加近180万城镇人口，5年累计增加近900万城镇人口，将形成推动经济增长的巨量内需，形成河南未来经济持续稳定增长的重要支撑因素。

5. 产业转型升级红利

长期以来，河南经济结构不合理，产业层次不高，竞争力不强，经济发展的质量和效益比较低，大多数产业居于产业链的前端和价值链的低端，很多产品附加值低。基于此，河南省委、省政府以领导方式转变加快经济发展方式转变，持续推进经济结构调整和转型升级，河南经济增长动力已发生根本转变。2012年1~9月，电子信息、装备制造、汽车、食品加工、轻工、新型建材等六大高成长性产业成为拉动经济增长的主体力量。这一转变结束了河南省长期以来主要依靠资源型产业的局面，有效减弱了河南工业、投资等主要指标回落的幅度，为2013年及今后河南经济的持续稳定增长提供了根本动力。

四 2013年河南经济走势展望

2013年，河南省经济发展面临的国内外经济环境仍然复杂严峻，外需低迷状况短期内难以改观，国内产能过剩矛盾短期内难以明显缓解，河南长期积累的结构性体制性矛盾短期内难以根本破解。虽然当前经济运行呈现出波动寻底的迹象，但部分行业和部分企业面临的困难仍在累积加深，经济运行面临的困难和挑战具有长期性、复杂性、艰巨性，经济触底后大幅反弹回升的可能性不大，经济增速放缓可能还会持续较长一段时间。

另外，更要看到，河南经济运行基本面是好的，抓好已出台的政策措施落实，顺应形势变化，完善针对性政策措施，积极应对不确定因素可能带来的冲击，经济能够保持持续稳定发展。特别是从中长期看，河南省正处于新型城镇化、新型工业化、新型农业现代化加速推进阶段，市场需求潜力巨大，区位、市场、要素、政策优势进一步凸显，竞争优势不断增强，综合交通体系、发展载体、开放平台等战略支撑条件日趋完善，发展后劲持续蓄积，为2013年河南经济增长提供了重要支撑。

综合判断，2013年河南经济仍处在结构调整期，投资、消费、出口均面临一定下行风险，物价上涨压力有所上升，全年经济增长与2012年大体持平。考虑所处的发展阶段和潜在的不确定因素，为河南经济在寻求新平衡的过程中保持基本稳定，并为体制改革和结构调整创造条件，预计2013年，河南生产总值增长10.4%，其中一、二、三产业分别增长4.0%、13.5%、11%左右。这一方面与"十二五"规划的预期目标逐步衔接，另一方面也有利于向市场传递积极、理性的调控信号。从主要经济指标看，预计2013年全省规模以上工业增加值增长16.5%；城镇固定资产投资增长25.6%；社会消费品零售总额增长16%；居民消费价格指数为103.6；

出口预计增加50%，进口预计增长55%。

五　2013年河南经济工作基本思路

2013年及今后一个时期，要深入贯彻落实党的十八大精神，围绕主题主线，紧紧抓住发展第一要务，坚持"八个结合"，把握好、利用好重要战略机遇期，因势利导、顺势而为，力求在提高质量、增加效益上有新突破，在调整结构、转变方式上有新成效，在深化改革、扩大开放上有新作为，在备足后劲、打牢基础上有新进展，推动全省经济社会又好又快、更好更快发展，力争与全国同步全面建成小康社会。

1. 发挥信息化带动作用与"三化"协调相结合

信息化与工业化、城镇化、农业现代化相辅相成。持续探索"两不三新"三化协调科学发展之路，要把信息化与工业化、城镇化、农业现代化统一起来，注重发挥信息化带动提升作用，以创建"数字化示范产业集聚区"为载体，推动信息化与工业化深度融合；以实施"信息下乡"为桥梁，推动信息化与农业现代化融合；以开展"智慧城市"工程为抓手，推进信息化与城镇化融合，充分利用信息技术、开发利用信息资源、大力促进信息交流和知识共享，实现中原经济区工业化、信息化、城镇化、农业现代化同步发展。

2. 加大招商引资力度与营造发展软环境相结合

强化加大招商引资力度与营造发展软环境相结合，这既是发展所需，又是形势所迫。要坚持从解放思想入手，以开放的视角和科学的态度、全新的思维和超人的胆略，加强队伍建设、健全激励机制，创造性地开展招商引资工作。要把营造发展软环境当成应对激烈竞争的基础工作来抓，在全省范围内着力营造团结奋进的政治舆论环境、宽松优惠的政策扶持环境、便捷高效的社会服务环境、公正廉明的法治管理环境、文明和谐的人文道德环境，真正实现加大招商引资力度与营造发展软环境的良性互动，使河南成为政策宽、成本低、服务优、环境好的内陆开放新高地。

3. 保持较快增长速度与提高经济整体素质相结合

保持较快的增长速度与提高经济整体素质相结合，是经济发展规律的内在要求。河南要与全国同步建成全面小康社会，就必须在较长时期内保持较快的经济增长速度，但同时，必须坚决克服重规模轻质量、重速度轻效益的倾向，切实把增长的立足点转移到提高经济增长质量和效益上来，通过调整产业结构、推进科技创新、深化体制改革、优化投资结构等具体措施，巩固和延续全省经济社会发展好的趋势、好的态势、好的气势，确保经济增长建立在优化结构、提高质量、增进效益、降低消耗、保护环境的基础之上，尊重经济规律，走出一条"好"字当头，好中求快的发展之路。

4. 增强消费基础作用与发挥投资关键作用相结合

保持经济平稳较快发展，要把着力扩大消费与保持合理投资增速更好地结合起来，推动消费与投资的良性互动，形成拉动全省经济增长的合力。一方面要把扩大消费特别是居民消费放到更加突出的位置，通过完善鼓励居民合理消费的财税、信贷政策，深化收入分配制度改革，健全社会保障体系，大力发展服务业等措施，改善消费环境，培育新的消费热点；另一方面要善于发挥投资的关键作用，在保持投资合理规模的同时，把工作重心放到优化投资结构、提高投资效益、带动居民消费上来，形成增投资与扩消费的良性循环，拓展发展空间。

5. 改革先行先试与确保经济社会大局稳定相结合

建设中原经济区、加快中原崛起河南振兴，更在大局稳定中推进改革先行先试，通过改革先行先试确保稳定大局。要坚定不移地大胆探索，在城乡资源要素配置、土地节约集约利用、农村人口有序转移、行政管理体制改革、社会管理体制改革等方面采取更加灵活的政策措施推动改革，最大限度增强社会活力，释放发展潜能，同时要尊重基层和群众的首创精神，强化责任意识和忧患意识，把改革先行先试的力度与社会的承受程度统一起来，使改革先行先试真正得到全省人民的拥护和支持，努力形成党和政府依靠群众创造、推动和实践改革的生动局面。

6. 培育经济发展新动力与增创经济发展新优势相结合

要坚持统筹长远与近期运作相结合、战略谋划与项目建设相结合，寻求创新驱动、内生增长的经济发展新动力，构筑更具活力、更有效率的综合竞争新优势，乘势快上，推动全省经济再上新台阶。牢牢把握新型城镇化发展蕴藏的巨大机遇，使城镇化成为扩大消费和投资需求的新动力；继续加大创新投入，培育一批战略性新兴产业集群，使科技创新成为推动经济转型的新动力;加快体制机制创新、实施更加积极主动的开放战略,使改革开放成为未来全省经济发展的新动力。与此同时,努力增创发展新优势,大力承接产业转移,重点引进一批关联性高、竞争力强的基地型龙头企业,增创产业发展优势;加快推进城市新区、城市组团、商务中心区、特色商业区建设,提升承载能力,引导产业集聚和人口集中,增创城市竞争优势;积极构建现代交通体系,推进信息网建设,加强水资源、生态环境的投入,增创基础条件优势,推动全省在科学发展的道路上取得更大的进展和成效。

7. 切实增强实体经济实力与弥补金融短板相结合

牢牢把握发展实体经济这一强省之基,做强农业和工业,有重点地发展服务业,从多方面采取措施,确保资金投向实体经济,有效解决实体经济融资难、融资贵问题;同时要加快弥补金融短板,坚持市场配置金融资源的改革导向,降低金融机构准入门槛,进一步开放市场,支持金融组织创新、产品和服务模式创新,开拓金融市场发展的深度和广度,更好地服务于实体经济,使实体经济和金融业良性互动、协调发展。

8. 加快经济发展与提高民生保障能力相结合

在加快经济发展的同时,要适应群众的新期盼和形势的新要求,坚持把提升民生保障能力摆在优先位置,重点实施好重大民生工程。同时,在不断提高民生保障能力的过程中,注重调动全省人民发展经济的自觉性、积极性和主动性,不断做大社会财富"蛋糕",为顺利推进改革创造更大空间,推动全省经济不断向前发展,力争到2020年,同步实现全省区域生产总值和城乡居民收入比2010年翻一番,全面建成小康社会。

(原载《河南日报》2012年12月21日)

化危为机图振兴[*]

2009年,河南省委、省政府按照党中央、国务院部署应对国际金融危机一揽子计划,坚持"三保两抓一推动",经济企稳回升速度不断加快、势头不断加强,保增长、保民生、保稳定、保态势取得显著成效。

凝聚共识、积极应对。在危机来临之初,省委、省政府敏锐做出了金融危机对河南省"来得迟、影响深、走得慢"的判断,用"危中有机""化危为机"的理念统一思想,凝聚各方面的智慧和力量。抓住市场开拓、企业服务、投资拉动、招商引资等关键环节,实施"8511"投资促进计划,开展"企业服务年"、产销衔接、大招商等活动,及时出台实施"十项举措""八项措施""六大攻坚战"及"五项重点任务""七项行动计划""八项提速工程"。由于应对举措见识早、节奏快、措施准、出拳重,最大限度减轻了危机对河南省的不利影响。

长短结合、统筹兼顾。处理好当前保增长与长远保态势之间的关系,为实现跨越式发展培植基础。着力推进"一个载体、三个体系"建设。启动实施转型升级"双百计划",大力实施重大工业结构调整项目。积极构建中原城市群"一极两圈三层"的空间布局。坚持把改革开放作为应对危机、实现崛起的根本举措,动员全省开展大招商活动,加强与央企和国内外优势企业合作,引进了一批战略投资者。这些既是保增长、保民生、保稳定的应急之举,也是促进跨越式发展,培育了新的竞争优势的长远之策。

科学谋划、协调联动。围绕实现中原崛起目标,提出了建设中原城市

---

[*] 2009年12月应邀为《河南日报》《2009"视点"回顾》栏目"工业从寒冬到早春"所写的点评。

群工业化、城镇化、农业现代化"三化"协调科学发展基本思路,逐步探索确立了"一个载体、三个体系"的科学发展路径,研究出台了一系列重大发展规划和战略举措,为实现科学发展、跨越发展提供了"路线图"。各部门从大局出发,协调联动、齐抓共管、注重落实,形成了强大合力。各地按照中央和我省统一部署,积极应对、大胆探索,创造了很多好经验好做法,呈现出竞相发展的良好态势。

(原载《河南日报》2009年12月29日)

我国内陆地区增长极的培育与形成[*]
——实施扩大内需战略背景下的区域布局与政策选择

一 引言

长期以来，在我国经济快速发展中，投资和出口成为拉动经济增长的两大引擎。然而在投资与出口拉动我国经济高速增长的背后，也带来了一些诸如发展方式粗放、创新能力不足、产业发展层次低、资源环境约束加剧等突出矛盾和问题。尤其是2008年国际金融危机以来，随着世界经济的持续低迷，外需市场的持续疲软，我国外向型经济发展受到严重挑战，扩大内需成为我国经济发展的时代命题。党的十八大报告指出，要牢牢把握扩大内需这一战略基点，加快建立扩大消费需求长效机制，释放居民消费潜力，保持投资合理增长，扩大国内市场规模。2013年《政府工作报告》也指出，要坚定不移地把扩大内需作为经济发展的长期战略方针，充分发挥消费的基础作用和投资的关键作用。在这样的背景下，如何寻找扩大内需的增长点，成为各界关注的重点和焦点。此时，内陆地区引起人们更多的关注。

我国内陆地区地域广泛、人口众多，同时发展相对滞后、人均水平相对较低，正处于发展的重要战略机遇期，蕴藏着巨大的市场空间和市场需求。2011年，内陆地区总人口7.2亿，占全国总人口的53.7%，市场空间巨大；城镇化水平仅为44.0%，比全国平均低7.3百分点，比理论稳定期城镇化水平低了16个百分点，发展潜力巨大，投资需求旺盛；城镇居民消

---

[*] 本文为笔者与杨兰桥合作撰写

费支出仅为东部地区的65.3%、全国平均水平的81.3%，农村居民消费支出仅相当于东部地区的50.7%、全国平均水平的87.3%，消费潜力亟待挖掘和释放。可以说，内陆地区市场空间大，回旋余地大，内需潜力大，对促进消费、扩大内需的效果会更加明显。因此，在实施扩大内需战略背景下，通过实施什么样的区域发展战略，采取什么样的区域发展政策，来推动内陆地区的发展，挖掘内陆地区的内需空间，扩大内陆地区的市场需求，成为各界关注的焦点和探讨的热点。此时，以培育与形成经济增长极的视角，来探讨内陆地区的发展问题，具有重大的现实意义和深远的历史意义。

二 加快形成与培育我国内陆地区增长极的必要性与紧迫性

加快培育和形成我国内陆地区经济增长极，具有重大的战略意义，不仅有利于加快内陆地区的快速发展，而且对于全面建成小康社会、统筹推进区域协调发展、促进中国经济未来持续快速发展，具有显著的推动作用。

(一) 加快推进内陆地区发展的现实选择

加快重点地区的发展，率先形成带动区域经济发展的核心增长极，不仅是发达国家的重要经验，也日益成为发展中国家和地区实现跨越式发展的必然选择。我国改革开放30多年来经济高速增长的背后，三大增长极起到至关重要的作用。对于我国内陆地区来说，实现区域经济的快速发展，也要秉持非均衡发展的战略思路，有计划、有重点地培育和形成一批区域增长极，通过这些增长极的快速发展来拉动整个内陆地区经济的发展。这不仅是区域经济发展的一般规律，也是我国内陆地区特殊区情决定的。从世界各国的区域发展实践来看，区域经济变动一般要经历一个低度均衡—差距拉大—趋于缩小—相对均衡的发展过程。均衡发展只是区域经济发展的一种要求和所达到的结果，而非均衡发展则是区域经济由落后状态向某种发达状态过渡的必经阶段和必要形式。

从我国内陆地区的特殊区情来看，第一，我国内陆地区地域广阔，各区域发展条件和发展基础参差不齐，发展水平也不尽相同，如果采取均衡发展战略，采用同步推进模式，不仅不能起到同步发展的成效，而且也会抑制优势地区和重点地区的发展。第二，内陆地区是我国生态屏障区，生态环境十分脆弱，自我平衡能力较差，极易受到破坏，且很难得以恢复，区域开发受到巨大的环境约束。同时一些地区自然条件比较恶劣，灾害频繁发生，区域开发受到限制。第三，内陆地区一些地方发展条件相对较差，基础设施和公共服务设施建设相对滞后，发展基础比较薄弱，等等。因此，基于以上的原因，当前和今后一个时期，加快推进我国内陆地区的发展，要走非均衡发展的路子，推动优势资源、生产要素向区域条件较好的地区集中，加快培育和形成一批区域性经济增长极，这也是基于内陆地区区情的现实选择。

（二）同步全面建成小康社会的现实需要

党的十八大报告提出到2020年实现全面建成小康社会宏伟目标和实现国内生产总值与城乡居民人均收入比2010年翻一番的战略目标。而根据国家统计局统计科学研究所发布的有关监测报告，2010年中国全面建设小康社会的实现程度达80.1%，东部、中部、西部和东北地区实现程度分别为88.0%、77.7%、71.4%和82.3%。相比较而言，东部地区和东北地区实现程度相对较高，而中、西部地区实现程度相对较低，其实现程度分别低于东部地区10.3个百分点和16.6个百分点，东北地区4.6个百分点和10.9个百分点，全国平均水平2.4个百分点和8.7个百分点。可见，实现全面建成小康社会宏伟目标的重点在中西部地区，尤其是中西部地区的农村地区。

从目前发展的实际来看，实现我国全面建成小康社会和"两个翻番"目标的难点，也在中西部地区。中西部地区是我国"三农"问题较为突出的地区，2011年中西部地区农村人口达到3.17亿人，占全国总人口的23.5%；农村居民人均纯收入为5888.5元，仅为全国平均的水平的84.4%。中西部地区也是贫困人口相对集中的地区，据中科院《2012中国可持续发展战略报告》，目前我国贫困人口有1.28亿人，其中90%以上的贫困人口位于中西部地区。同时，中西部地区基础设施和公共服务设施建设欠账较多，尤其是农村地区基础设施和公共设施还十分薄弱，很难满足经济社会快速发展的需要。中西部地区与全国同步实现全面建成小康社会和"两个翻番",任务更艰巨,困难更多。

面对 2020 年全面建成小康社会的新要求,实现 2020 年"两个翻番"的新目标,可以说,其实现的重点和难点都在我国的内陆地区,而这一切都在于要加快推进内陆地区经济社会的快速发展。然而由于我国内陆地区幅员辽阔,各地区发展基础和发展条件差异很大,发展阶段和发展水平也不相同,如果采取"齐步走"的发展模式,采用"撒胡椒面"式支持政策,不仅不能起到快速发展的成效,而且会适得其反,抑制一些条件较好、发展基础和地理位置相对优越地区的经济发展,延迟全面建成小康社会的进程,阻碍"两个翻番"目标的实现。因此,当务之急就是要选择一些经济基础较好、地理位置优越、具有发展潜力的地区,进行重点扶持和着力培育,加快推进这些地区的发展,形成区域经济增长极,进而通过这些增长极的发展来辐射带动整个内陆地区的发展。这不仅是推进内陆地区发展的现实需要,而且也是同步全面建成小康社会和实现"两个翻番"目标的现实选择。

(三)统筹推进区域协调发展的客观要求

统筹区域协调发展,是大国经济体在区域发展过程中的必经阶段和重要任务。改革开放以来,随着我国"东倾"战略的实施,东部地区迅速崛起,中西部地区虽也获得了快速发展,但与东部地区的差距不断拉大。从人均 GDP、城镇居民人均可支配收入和农村居民人均纯收入三项主要经济指标上来看,1978 年,东部地区实现人均 GDP 727.3 元,为中西部地区的 2.5 倍和 2.4 倍;实现城镇居民人均可支配收入 358.9 元,为中西部的 1.1 倍和 1.0 倍;实现农村居民人均纯收入 171.0 元,为中西部地区的 1.4 倍和 1.3 倍。而到了 2000 年,三项指标上,东部地区人均 GDP 为中西部的 2.7 倍和 3.1 倍;城镇居民人均可支配收入为中西部的 1.5 倍和 1.4 倍;农村居民人均纯收入为中西部的 1.7 倍和 2.2 倍。为缩小区域间的发展差距,20 世纪末以来,国家相继实施了西部大开发、中部崛起等区域发展战略,伴随着这些战略的相继实施,中西部地区经济获得了快速发展,主要经济指标普遍高于东部地区,区域间的发展差距有所缩小。与 2000 年相比,2011 年中西部地区实现人均 GDP、城镇居民人均可支配收入和农民人均纯收入三项指标与东部地区的差距,分别缩小到了 1.8 倍和 1.9 倍、1.4

倍和1.5倍、1.5倍和1.8倍。

但从目前发展的实际情况来看，虽然中西部地区与东部地区发展差距有所缩小，但绝对差距依然较大。2011年，中西部地区实现生产总值分别为104473.9亿元和100235.0亿元，仅分别为东部地区的38.5%和36.9%；实现人均GDP分别为29229.0元和27731.0元，仅分别为东部地区54.8%和52.0%、东北地区的70.6%和67.0%；实现城镇居民人均可支配收入18323.0元和18159.0元，仅为东部地区69.4%和68.8%；实现农民人均纯收入6530.0元和5247.0元，仅为东部地区68.1和54.7%、东北地区的83.8%和67.3%。

统筹推进区域的协调发展，加快推动我国内陆地区的快速发展，仍是今后一个时期我国区域发展的重大战略性任务。为此，党的十八大指出，要继续实施区域发展总体战略，充分发挥各地区比较优势，优先推进西部大开发，全面振兴东北地区老工业基地，大力促进中部地区崛起，积极支持东部地区率先发展。因此，加快培育与形成我国内陆地区经济增长极，既是贯彻国家区域发展总体战略的现实需要，也是缩小我国区域发展差距的战略选择，对于加快推进内陆地区的经济发展，逐步熨平与东部地区发展的差距，实现我国区域协调互动发展，具有重要的战略意义。

（四）实现中国经济未来增长的战略需要

改革开放以来，中国经济高速增长，时间长达30年，这不仅在中国历史上是罕见的，即使在世界经济史上也是不多见的，堪称奇迹。总结我国改革开放以来的发展经验，可以发现，中国经济之所以能够实现长达30年之久的高速增长，主要在于我们采取了对内改革和对外开放的发展战略，主要得益于东部地区的快速发展，以及我国三大增长极的形成和崛起。1978年改革开放之初时，东部地区实现生产总值仅为1514.4亿元，占全国的比重为41.5%，而到2008年东部地区生产总值达到177579.6亿元，占全国比重为54.3%，30年间提高了12.8个百分点。而同时期，西部地区生产总值占全国的比重仅上升了4.5个百分点外，中部地区和东北地区则分别下降了1.3个百分点和15.9个百分点（见表1）。

2008年，长三角、珠三角、京津冀等三大增长极实现生产总值109397.5亿元，分别占东部地区的61.6%和我国的36.4%（见表2）。

表1　1978年、2008年我国四大区域生产总值占全国比重情况

单位：亿元，%

名　　称	1978年		2008年	
	生产总值	占全国比重	生产总值	占全国比重
东部地区	1514.4	41.5	177579.6	54.3
中部地区	750.0	20.6	63188.0	19.3
西部地区	486.0	13.3	58256.6	17.8
东北地区	894.8	24.5	28195.6	8.6

表2　2008年我国三大增长极情况

指　　标	长三角	珠三角	京津冀
土地面积（万平方公里）	11.0	5.5	9.0
其中：占东部比重（%）	12.0	6.0	9.8
占全国比重（%）	1.1	0.6	0.9
总人口（万人）	8391.6	4725.0	7856.9
其中：占东部比重（%）	17.5	9.9	16.4
占全国比重（%）	6.3	3.6	5.9
生产总值（亿元）	53955.8	25606.9	29834.8
其中：占东部比重（%）	30.4	14.4	16.8
占全国比重（%）	17.9	8.5	9.9

然而，在我国东部地区快速发展以及三大增长极快速成长的背后，也暴露出一些突出的问题，尤其是在2008年国际金融危机爆发以来，这种问题越发突出：一是随着生产要素成本的上升，尤其是土地、工资和环境治理成本的迅速提高，这种依托低要素成本的发展模式受到严重威胁；二是受金融危机影响，外部市场需求的大幅下降，外向型经济发展模式受到严重挑战；三是随着改革开放30年来的深度开发，三大增长极空间开发约束越来越大，基础设施及城市配套建设空间近乎饱和，投资和增长潜力空间受到限制；四是东部地区已进入稳定发展期，工业化、

城镇化水平较高，发展潜力和增长潜力空间收窄。数据显示，2009～2011年，东部地区生产总值占全国的比重由53.8%下降到52.0%，下降了1.8个百分点，而中、西部地区则分别上升了0.7个百分点和0.9个百分点（见表3）。因此，依托东部地区或三大增长极来带动全国经济快速发展的格局已不复存在，实现中国未来经济持续快速发展的最大潜力在内陆地区，最大动力在于培育和形成我国内陆地区战略性经济增长极。

表3 2009年、2011年我国四大区域生产总值占全国比重情况

单位：亿元，%

名 称	2009年		2011年	
	生产总值	占全国比重	生产总值	占全国比重
东部地区	196674.4	53.8	271354.8	52.0
中部地区	70577.6	19.3	104473.9	20.0
西部地区	66973.5	18.3	100235.0	19.2
东北地区	31078.2	8.5	45377.5	8.7

三 培育与形成我国内陆地区增长极的学界观点及评析

目前，关于培育与形成我国内陆地区增长极的学界观点，主要集中于对于第四、第五增长极的争论和纷争上。

（一）第四、第五增长极之争

当前，对于长江三角洲、珠江三角洲和京津冀地区是我国三大增长极，学界已达成共识，而对于谁是中国第四增长极则众说纷纭，争论不休。梳理学界的观点，当前对于内陆地区第四增长极的争论，主要集中在中部地区、"长武郑"、"华中金三角"、成渝经济区、北部湾经济区、"西三角"、鄱阳湖生态经济区和武汉城市圈等几大区域；而对于第五增长极的争论则集中在"汉三角"、湖北省、长株潭、中原经济区等几个地区。

振兴东北老工业基地战略的提出，拉开了我国第四增长极之争的大

幕。2003年，振兴东北老工业基地战略的实施，开始让人憧憬东北将成为继珠江三角洲、长江三角洲和京津冀地区之后的中国内地经济第四增长极，并将开创一个"新东北时代"。李靖宇等（2004）认为，东北地区将成为继珠江三角洲、长江三角洲、环渤海经济圈之后的中国第四大经济增长极。与此同时，有关专家也提出不同的意见，认为中部地区应成为中国的第四增长极。秦尊文（2005）认为，中部地区具有较强的经济实力和经济联系，丰富的自然资源和雄厚的产业基础，突出的区位优势和优越的交通条件，雄厚的科技实力和不竭的创新能力，完全可以建设成为中国经济增长"第四极"。童中贤（2008）认为，整合中原城市群、武汉都市圈和长株潭城市群，涵盖以武汉、郑州、长株潭为中心的武汉城市圈（1+8）、中原城市群（1+8）、长株潭城市群（3+5+1）以及河南的驻马店、信阳等组成的空间区域，共同构筑形成"长武郑"大都市带，打造中国经济增长第四极。

尤其是近年来，随着诸类经济区的相继设立，地区发展上升为国家战略，第四极之争日益激烈化。童小平（2007）认为，成渝经济区实力高于大武汉城市群、中原城市群、长株湘城市群、关中城市群等，仅次于长三角地区、珠三角地区、京津冀地区，是最有条件成为中国第四增长极的板块。厉无畏（2008）认为，北部湾经济区的区位优势突出，处于东部沿海和西部地区的交汇处，既是西部地区重要的出海通道，也是华南通向西南的战略要道，既能承接东部带动西部，又能推动东中西共同合作发展，其应当成为中国第四个经济增长极。陆大道（2009）也认为，国家的经济重心，支柱是长三角、珠三角、京津地区，就现在的发展看，重庆和成都有条件、有实力成为中国第四增长极。傅修延（2010）认为，建设鄱阳湖生态经济区，加快两大经济带（沿干线铁路经济带和沿长江经济带）的融合发展，最终导致以武汉、长沙、南昌为复合的中部经济板块的形成，并有望成为中国第四个增长极。魏后凯（2010）认为，离两江新区最近的三省市（重庆、四川和陕西），最有条件率先启动区域合作，打造成为媲美珠三角、长三角和环渤海的中国经济第四极。

第五增长极也是专家学者争论、探讨的焦点。陆大道、陆玉麒（2003）较早地提出了"汉三角"或"汉长昌大三角"这一空间板块概念，认为建设由武汉、长沙、南昌组成的"汉三角"，使之成为继长江三角洲、京津唐、珠江三角洲、辽中南四大沿海城市集聚区之后的中国"第五个区域增长极"。陆玉麒、董平（2004）进一步提出，从未来的发展趋势看，由武汉、长沙、南昌组成的"汉三角"将是继珠江三角洲、长江三角洲、环渤海地区三大沿海区域增长极之后的中国"第五个区域增长极"，建设"汉三角"是21世纪中国宏观空间布局战略中的重中之重。《潇湘晨报》（2003）撰文指出，依托区位优势以及其他方面的优势，长株潭将成为发达地区和沿海地区产业向内地转移和扩散的最佳选择承接地、中国未来经济第五增长极。廖涵、肖晓勇等（2005）认为，湖北应成为中国经济的第五增长极。何平（2010）在其构建"中原经济区"一文中指出，要把"中原经济区"构建成为全国经济发展的第五个重要增长极（见表4）。

表4 学界探讨关于第四、第五增长极情况

第四增长极	东北地区、"长武郑"、"华中金三角"、海峡西岸经济区、成渝经济区、北部湾经济区、"西三角"、辽宁沿海经济带、鄱阳湖生态经济区、武汉城市圈
第五增长极	"汉三角"、湖北省、长株潭、中原经济区

（二）学界观点评析

关于第四增长极、第五增长极之争，仁者见仁，智者见智，都能举出诸多优势、有利条件、重大意义来论证其观点。但是，总的来说，无论是作为第四增长极，还是第五增长极，并非就是人为认定，也不是个别专家学者的一家之言，而是有诸多指标来衡量的，其中最重要的就是，其在国家区域发展格局中的战略地位、战略作用以及经济实力来决定的。

1. 关于第四增长极

东北地区和中部地区在我国区域发展格局占据十分重要的地位。东北地区是我国老工业基地，工业基础较好，自然资源较为丰富，但是由于计划经济色彩较为浓厚，虽然改革开放已有30多年，但东北地区在许多方面还不能适应市场经济大环境的要求，还存在着发展滞后、资源枯竭等一系列问题，经济增长质量和效益较低。中部地区是我国粮食生产基地、能源原材料基地、现代装备制造、高技术产业基地和综合交通运输枢纽。但是，在中部地区快速发展过程中，也存在着诸如"三农"问题比较突出、工业化和城镇化水平比较低、国民经济运行的质量不高等矛盾和问题。增长极理论认为，经济增长通常是从一个或数个"增长中心"逐渐向其他部门或区域传导。也就是说，作为增长极，它首先不是一个大的综合部门或区域，而是作为这个大的综合部门或区域中的一个"点"存在的。当然这个"点"有大也有小。东北地区和中部地区作为中国经济第四增长极，这个极是不是包括整个地区呢？答案显然是否定的。因此，把东北地区或中部地区作为第四增长极显然是不合适的。

"西三角"是以重庆、成都、西安为中心，范围涵盖成渝经济区和关中—天水经济区，区域总面积28.6万平方公里，总人口1.3亿人，分别占全国的2.9%和9.6%。2011年实现生产总值3.6万亿元，占全国的7.6%。"西三角"是我国重要的先进制造业基地、高新技术产业基地、国防科技产业基地和科教资源聚集区，自然资源丰富，产业集聚程度高，科技支撑能力强，是西部地区发展水平较高，发展潜力较大的区域，在国家经济发展中占有较为突出的地位。"西三角"经济区的提出，具有重要意义，但是在如何促进区域的协调发展、加强区域分工协作以及机制构建、资源整合、产业协同等方面，还有待于深入探讨。

"华中金三角"和"长武郑"大都市带两大准第四增长极资源条件、区位优势等基本相同，而不同之处就是空间范围不同。"华中金三角"包括武汉都市圈、长株潭城市群以及以南昌、九江为中心的赣北城市群，同时加上湖北的宜昌、荆州和湖南的岳阳、益阳、常德，土地面积16.6万平方公里，总人口7334万人，分别占全国的1.7%和5.5%。"长武郑"大都市带除中原城市群、武汉都市圈以及长株潭城市群外，还包括城市圈之间没囊括进去的驻马店、信阳两市，拥有武汉、郑州、长沙等一个副省级城市、两个省会城市、21个地级市和37个县级市共61个城市，土地面积25.1万平方公里，总人口1.3亿人，分别占全国的2.6%和9.7%。无论是土地面积、人口规模，还是从经济发展状况来看，"华中金三角""长武郑"大都市带不仅在中部地区，而且在国家发展格局中均占据重要地位。站在中部崛起和全国发展大局的角度来看，培育形成国家重要的经济增长极，具有必要性和可行性。

成渝经济区是西部最为发达的地区，经济规模大，人口数量多，经济密度大，经济发展速度较快，潜力较大。成渝经济区包括重庆的31个区（县）和四川的15个地市，总面积达20.6万平方公里，总人口1.0亿人，分别占全国的2.1%和7.4%。2011年，实现生产总值2.8万亿元，占全国的5.9%。成渝地区会不会成为新的增长极？四川省社会科学院学术顾问林凌认为，这儿是西部唯一"够格"的地区。毫无疑问，站在西部说，成渝经济板块是"够格"的重要增长极，但是，要说能在全国排上第四增长极的位置，目前"贴签"未免为时尚早。

北部湾经济区、鄱阳湖生态经济区、武汉城市圈等经济区或城市圈，无论是从国土规模、人口规模，还是从经济总量上，在国家发展格局中地位和作用不是十分突出，其只是在某一个或几个方面在全国具有示范意义，但是要想打造成为中国经济发展的第四增长极难度很大，任务很重，同时也不现实。作者认为，这几大经济区或者城市圈主要目标是打造成为国家次一级的增长极或者促进地区经济发展核心增长极。

2. 关于第五增长极

"汉三角"主要包括湖北省的武汉、鄂州、黄冈、黄石、咸宁、孝感、天门、仙桃、潜江、荆门；湖南省的长沙、株洲、湘潭、岳阳、常德；江西省的南昌、九江、景德镇等，涵盖28个城市，总面积15.4万平方公里，总人口6866万人，占全国的1.6%和5.2%。"汉三角"和"华中金三角"的空间范围大致相同，与"华中金三角"相比，少了宜昌、荆州、益阳三市，而增加了荆门市。和"华中金三角"一样，构建形成全国重要的增长极具有一定的可行性和必要性。

中原经济区涉及河南、河北、山西、山东、安徽等5个省，涵盖30个地市、3个县（区），总面积28.9万平方公里，总人口1.5亿人，分别占全国的3.0%和11.1%。2011年，实现生产总值4.7万亿元，占全国的9.9%。中原经济区无论是土地规模、人口规模，还是经济发展，在国家区域经济发展中，都占据十分重要的地位。中原经济区是国家粮食生产基地，肩负着国家粮食安全；是国家能源原材料基地，为东部地区发展乃至全国的发展做出突出贡献；是国家重要交通枢纽，承东启西，连贯南北；等等。同时也是面临问题最多、最复杂的区域。因此，把中原经济区打造成为国家重要的增长极,具有必要性、重要性和可行性,对于促进中部地区崛起、完善国家区域经济布局等意义重大。

湖北省和长株潭城市群是中部地区重要省份和中部六大城市群之一,也是国家"两型社会"示范区,在中部占据举足轻重的地位。但是作为国家第五增长极,在全国发展大局中的地位和作用,稍显不足。因此,湖北省和长株潭城市群不应陷入国家第五增长极之争,当务之急,就是要联合武汉都市圈、长株潭城市群、环鄱阳湖生态经济区和皖江城市带承接产业转移示范区,共同打造长江中游城市群,培育形成国家重要的经济增长极。

以上所提的诸多地区构建成为中国的第四增长极、第五增长极,具有必要性和可行性。这些增长极均拥有诸如区位优势、资源优势、产业优势等基础条件,在区域经济发展中占有举足轻重的地位,起到至关重要的作用。但是在全国区域发展的大局中,能否起到引领整个区域经济发展,辐射带动更大区域发展,有待商榷。另外来说,关于长江三角洲、珠江三角洲和京津冀地区等三大增长极,具体排名尚未有明确说法,何来第四、第五增长极之说。所以,笔者认为,关于第四、第五增长极之争,意义不大,而应把目标定位在国家重要的增长极或者是区域重要的增长极上。

四 培育与形成我国内陆地区增长极的战略构想

通过我们以上的分析,我国内陆地区不要囿于第四、第五增长极区域之争,而是要主动融入区域发展大格局,加强区域联系,合理区域分工,共同推动整个地区的发展。同时,国家也应摒弃过去"撒胡椒面"式支持模式,而是有重点、有计划培育形成一批"诱导性"增长极,进而通过这些增长极的发展,来辐射带动整个内陆地区的发展。目前,结合内陆地区的发展状况和国家区域发展的战略导向,我们认为,培育与形成我国内陆地区经济增长极,应按照"统筹谋划、重点突出、层级推进"的思路,着力打造四大全国性增长极,着力建设两大区域性增长极,着力构建七大地方性增长极,着力构筑一批极点式增长极,逐步形成"4+2+7+n"增长极层次战略格局,共同支撑内陆地区的经济发展,进而带动未来中国经济的快速发展。

（一）全国性增长极

当前，我国应在内陆地区重点培育四大全国性经济增长极，形成与我国沿海三大增长极相得益彰、遥相呼应的战略格局，共同支撑未来中国经济的持续快速发展。

1. 中原经济区

空间范围包括河南省18个地市，以及山东、安徽、河北、山西等省的12个地市3个县（区），该区域位于全国"两横三纵"城市化战略格局中陆桥通道横轴和京哈、京广通道纵轴的交汇处，是我国重要的粮食生产和现代农业基地，全国工业化、城镇化和农业现代化协调发展示范区，全国重要的经济增长板块，全国区域协调发展的战略支点和重要的现代综合交通枢纽，华夏历史文明传承创新区。加快中原经济区建设，将有利于形成对沿陇海、兰新经济带的有力支撑，加强与长三角的对接，强化对大西北的辐射带动，与沿江经济带共同支撑中部地区"东融西拓"的战略布局。同时，依托《国家促进中部地区崛起规划》中的沿京广、沿京九经济带，在内陆地区逐步形成从环渤海到珠三角整个内陆的完整发展布局，构筑沿海经济带向内陆地区纵深推进的战略格局。

2. 长江中游城市群

包括武汉城市圈、长株潭城市群（3+5）、环鄱阳湖城市群和皖江城市带，总面积28.2万平方公里，总人口1.2亿人，分别占全国的2.9%和8.9%，2011年实现生产总值4.5万亿元，占全国的9.5%。该区域位于全国"两横三纵"城市化战略格局中沿长江通道横轴和京哈、京广通道纵轴的交汇处，是全国资源节约型和环境友好型社会建设的示范区、承接产业转移的示范区和流域综合开发示范区，全国重要的高新技术产业、先进制造业和现代服务业基地，全国重要的综合交通枢纽，区域性科技创新基地。构建长江中游城市群，不仅可以加快长江中游沿线地区的发展，还可以通过其辐射带动作用，推动湖北、湖南、江西和安徽等4省其他地区的发展，还可以依托便利的交通运输条件，向上联系成渝经济区，向下连接长江三角洲，同时还可以通过江西和湖南呼应珠三角,从而可以完善我国区域发展的战略格局,促进东中西的互动协调发展。

3. 关中—天水经济区

包括陕西省的西安、铜川、宝鸡、咸阳、渭南、杨凌、商洛(商州、洛南、丹凤、柞水)和甘肃省天水所辖行政区域,总面积8.0万平方公里,总人口为0.3亿人,占全国的0.8%和2.2%,2011年实现生产总值0.8万亿元,占全国的1.7%。该区域位于全国"两横三纵"城市化战略格局中陆桥通道横轴和包昆通道纵轴的交会处,是西部地区重要的经济中心,全国重要的先进制造业和高新技术产业基地,科技教育、商贸中心和综合交通枢纽,西北地区重要的科技创新基地,全国重要的历史文化基地。加快关中—天水经济区的发展,可以直接辐射带动陕西省陕南的汉中、安康、陕北的延安、榆林,甘肃省的平凉、庆阳和陇南地区,同时借助陇海、兰新、兰青、包兰等铁路干线和横穿西北的"欧亚大陆桥"高等级公路,发挥对乌鲁木齐、西宁、兰州和银川等省会城市的辐射带动作用,促进我国西北地区经济的快速增长。

4. 成渝经济区

包括四川的成都、德阳、绵阳、眉山、资阳、遂宁、乐山、雅安、自贡、泸州、内江、南充、宜宾、达州和广安等15个地级市,以及重庆的万州、涪陵、渝中、大渡口、江北、沙坪坝、九龙坡、南岸等31个区(县),总面积20.6万平方公里,总人口1.0亿人,分别占全国的2.1%和7.4%,2011年实现生产总值2.8万亿元,占全国的5.9%。该区域位于全国"两横三纵"城市化战略格局中沿长江通道横轴和包昆通道纵轴的交汇处,是全国统筹城乡发展的示范区,全国重要的高新技术产业、先进制造业和现代服务业基地,科技教育、商贸物流、金融中心和综合交通枢纽,西南地区科技创新基地。加快成渝经济区的发展,有利于加快推进四川省、重庆市经济社会的快速发展,并可以通过包昆线、兰海高速、渝昆高速、厦蓉高速等便捷的交通通道,加强与贵州、广西、云南等省份的区域联系,发挥对其的辐射带动作用,进而推进我国西南地区的快速发展。

内陆地区四大增长极主要指标情况见表5。

表5 2011年内陆地区四大增长极主要指标情况

名　称	国土面积（万平方公里）	占全国比重（％）	总人口（亿人）	占全国比重（％）	GDP（万亿元）	占全国比重（％）
中原经济区	28.9	3.0	1.5	11.1	4.7	9.9
长江中游城市群	28.2	2.9	1.2	8.9	4.5	9.5
关中—天水经济区	8.0	0.8	0.3	2.2	0.8	1.7
成渝经济区	20.6	2.1	1.0	7.4	2.8	5.9

（二）区域性增长极

在构建全国性经济增长极的同时，根据主体功能区规划以及区域发展的实际状况，着力打造呼包鄂榆城市群、兰州—西宁城镇密集区两大区域性经济增长极，以辐射带动区域经济的快速发展。

1. 呼包鄂榆城市群

区域范围包括内蒙古的呼和浩特、包头、鄂尔多斯，以及陕西省的榆林，总面积17.6万平方公里，总人口1095.7万人，分别占全国的1.8%和0.7%，2011年实现生产总值10693.5亿元，占全国的2.3%。该区域位于全国"两横三纵"城市化战略格局中包昆通道纵轴的北端，是全国重要的能源、煤化工基地、农畜产品加工基地和稀土新材料产业基地，北方地区重要的冶金和装备制造业基地。加快推进呼包鄂榆城市群发展，有利于打造我国能源资源的战略高地，有利于促进内蒙古经济社会的快速发展，推进陕北地区的深度开发和崛起，加快推进我国西北地区经济社会的快速发展。

2. 兰州—西宁城镇密集区

包括甘肃省的兰州、白银以及青海省的西宁、格尔木等城市。该区域位于全国"两横三纵"城市化战略格局中陆桥通道横轴上，是全国重要的循环经济示范区，新能源和水电、盐化工、石化、有色金属和特色农产品加工产业基地，西北交通枢纽和商贸物流中心，区域性的新材料和生物医药产业基地。加快培育和形成兰州—西宁城镇密集区，有利于打造和建设全国重要的能源、化工和原材料基地，推进资源的节约集约利用，加强生态环境保护和污染治理，加快甘肃和青海的经济社会发展，有利于完善我国西北地区空间开发格局，加快推进西北地区的经济社会发展。

（三）地区性增长极

同时，要在全国性、区域性增长极着力打造的过程中，积极创造条件，加快培育和形成太原城市群、北部湾经济区、黔中经济区、滇中经济区、宁夏沿黄经济区、天山北坡经济区、藏中南地区等七大地区性经济增长极。

1. 太原城市群

区域范围包括山西省太原市全境，以及晋中市的榆次、寿阳、太谷、祁县、平遥、介休、灵石、榆社；吕梁市的交城、文水、汾阳、孝义、岚县；忻州市的静乐等24个市县，区域总面积2.6万平方公里，总人口884.9万人，分别占山西省的16.5%和24.6%，2011年实现生产总值3340.0亿元，占山西省的29.7%。该区域位于全国"两横三纵"城市化战略格局中京哈—京广通道纵轴的中部，是全国重要的能源、原材料、煤化工、装备制造业和文化旅游业基地。加快太原城市群的发展，有利于打造我国能源资源的战略高地，有利于推进资源性城市的战略转型，推动和促进山西经济社会的快速发展。

2. 北部湾经济区

包括广西的南宁、北海、钦州、防城港、玉林、崇左六市，区域总面积7.3万平方公里，总人口1982.6万人，分别占广西的30.8%和42.7%，2011年实现生产总值5282.0亿元，占广西的45.1%。该区域位于全国"两横三纵"城市化战略格局中沿海通道纵轴的南端，是我国面向东盟国家对外开放的重要门户，中国—东盟自由贸易区的前沿地带和桥头堡，区域性的物流基地、商贸基地、加工制造基地和信息交流中心。加快推进北部湾经济区的发展，有利于推动广西经济社会的全面进步；有利于深入实施西部大开发战略，增强西南出海大通道功能，促进西南地区对外开放和经济发展，形成带动和支撑西部大开发的战略高地；有利于完善我国沿海沿边经济布局，促进东中西部协调发展；有利于加快建设中国—东盟自由贸易区，深化中国与东盟面向繁荣与和平的战略伙伴关系。

3. 黔中经济区

包括贵州省的贵阳、遵义、安顺、都匀、凯里五市，区域总面积5.4万平方公里，总人口1571.0万人，分别占贵州省的31.0%和45.0%，

2011年实现生产总值2980.1亿元，占贵州的52.3%。该区域位于全国"两横三纵"城市化战略格局中包昆通道纵轴的南部，是全国重要的能源原材料基地、以航天航空为重点的装备制造基地、烟草工业基地、绿色食品基地和旅游目的地，区域性商贸物流中心。加快推进黔中经济区发展，有利于进一步优化国家生产力布局，有利于探索内陆欠发达地区后发赶超、实现跨越的新途径，有利于保障区域能源安全和经济安全，有利于带动贵州民族地区共同发展，实现贵州与全国同步建成小康社会宏伟目标。

4. 滇中经济区

包括云南省的昆明、曲靖、玉溪、楚雄四市，区域总面积7.0万平方公里，总人口1740.7万人，分别占云南省的17.8%和37.6%，2011年实现生产总值5078.6亿元，占全省的57.1%。该区域位于全国"两横三纵"城市化战略格局中包昆通道纵轴的南端，是我国连接东南亚、南亚国家的陆路交通枢纽，面向东南亚、南亚对外开放的重要门户，全国重要的烟草、旅游、文化、能源和商贸物流基地，以化工、冶金、生物为重点的区域性资源精深加工基地。加快培育和形成滇中经济区，对于进一步促进滇中地区经济社会发展，充分发挥其对云南经济社会发展的引领和引擎作用，加快推动"桥头堡"建设和西部大开发具有重要的战略意义。

5. 宁夏沿黄经济区

包括宁夏的银川、吴忠、石嘴山、中卫四市，区域总面积5.0万平方公里，总人口5147.5万人，分别占宁夏的74.9%和80.5%，2011年实现生产总值1230.4亿元，占全区的58.5%。该区域位于全国"两横三纵"城市化战略格局中包昆通道纵轴的北部，是全国重要的能源化工、新材料基地，清真食品及穆斯林用品和特色农产品加工基地，区域性商贸物流中心。加强宁夏沿黄经济区的建设，有利于推进宁夏经济社会的快速发展，有利于加快沿黄经济带的开发和发展，有利于深化西部大开发战略，完善国家宏观经济战略格局。

6. 天山北坡经济区

包括新疆的哈密、鄯善、吐鲁番、乌鲁木齐、石河子、奎屯、伊宁、博乐等市，区域总面积约20.0万平方公里，总人口857.7万人，分别占新疆的12.5%和38.8%，2011年实现生产总值4507.0亿元，占全区的68.2%。该区域位于全国"两横三纵"城市化战略格局中陆桥通道横轴的西端，是我国面向中亚、西亚地区对外开放的陆路交通枢纽和重要门户，全国重要的能源基地，我国进口资源的国际大通道，西北地区重要的国际商贸中心、物流中心和对外合作加工基地，石油天然气化工、煤电、煤化工、机电工业及纺织工业基地。加快天山北坡经济区的发展，对于推动新疆跨越式发展和长治久安，促进我国区域间的协调发展，维护民族团结和国家安全具有重要的战略意义。

7. 藏中南地区

包括西藏自治区中南部以拉萨为中心的部分地区。藏中南地区是全国重要的农林畜产品生产加工、藏药产业、旅游、文化和矿产资源基地，水电后备基地。加快藏中南地区的发展，有利于加强西藏生态环境的保护和治理，促进资源的开发和集约利用，推进西藏经济发展和社会进步，维护国家的安全和民族的团结。

（四）极点式增长极

在全国性、区域性、地区性增长极培育和形成的的基础上，要积极创造条件，加大政策支持力度，强化产业支撑，积极打造和培育一批极点式经济增长极，以辐射带动地区经济的快速发展。这些极点式经济增长极，可以是大中城市，也可以是中小城市、小城镇和产业集聚区，或者是一些发展条件相对较好的建制镇。但总的来说，一般要具有一定的经济基础和发展条件，相对优越的区域生活环境和生活条件，相对便利的地理位置和区域交通条件。

五 培育与形成我国内陆地区增长极的政策建议

培育与形成我国内陆地区增长极是一项复杂的系统工程，需要各个层面、各个部门的共同努力，通力协作。当前，为使内陆地区增长极取得积极成效，政府应从强化制度供给、建立协调机制、加大政策扶持、加强区域合作等方面着手和努力。

（一）强化制度供给

总结我国沿海地区三大增长极的发展经验，我们可以得到一个重要启示：就是在沿海三大增长极演化与形成过程中，国家的一些创新性制度安排以及给予它们的先行先试权起到了至关重要的作用。因此，在培育和形成我国内陆地区增长极过程中，国家应强化制度供给，在土地制度、户籍制度、金融改革、医疗卫生、社会保障、对外开放等方面，给予这些地区一些先行先试权，以激发这些地区的活力，促进这些地区的快速发展。比如，在土地制度改革方面，允许这些地区探索开展城乡之间、地区之间人地挂钩政策试点，实行城镇建设用地增加规模与吸纳农村人口进入城市定居规模挂钩、城市化地区建设用地增加规模与吸纳外来人口进入城市定居规模挂钩"双挂钩"政策，允许其适时建立"农村土地交易所"等土地交易平台；在户籍制度改革方面，允许这些地区在放宽农村居民落户城镇的条件，探索推进农业转移人口市民化等方面进行先行先试；在金融制度改革方面，支持这些地区地方性银行、保险等金融机构发展，支持符合条件的企业上市和发行债券，给予一些重点地区的核心城市在金融中心、投融资平台以及外汇管理、离岸金融、跨境贸易人民币结算、综合经营等金融创新方面一定的先行先试权或制度支持；在医疗卫生和社会保障方面，允许这些地区进行公立医院改革试点和新型农村社会养老保险试点；等等。

（二）建立协调机制

分工协作是区域经济发展的主要趋势。而形成分工合理、协作高效的区域合作新格局，很大程度上取决于拥有良好的区域协调机制。我国内陆地区增长极的培育与形成涉及多个部门、多个区域，有的甚至跨越几个省区，能否协调好各个方面的关系，形成一个有机的整体，事关增长极的培育与形成以及今后的整体运行。因此，培育和形成我国内陆地区经济增长极，首要的是要建立区域协调机制。

1. 要在国家层面上建立区域经济管理与协调机构

建议成立国务院内陆地区重点地区开发办公室，或者整合国务院西部开发办公室和中部崛起办公室成立中西部开发办公室，常设机构挂靠于国家发展和改革委员会，具体负责内陆地区增长极战略规划和区域经济政策的制定与实施，以及区域经济关系的协调。

2. 要在各增长极内部建立区域协调机构或协调机制

对于跨省域的增长极，要在各省级层面建立区域协调机构，对于区域规划编制、基础设施建设等区域重大问题进行沟通协商。同时，要积极建立由增长极内各主要城市参与的多层次、多部门的区域协调机制，在跨地区的发展规划、基础设施建设、生态环境保护、市场要素流动等重点领域，推进区域务实合作。对于省内区域增长极要在省级层面建立工作领导小组，组长由省委主要领导兼任，成员由增长极内各市主要领导组成，下设办公室，具体负责区域的沟通与衔接工作。

（三）加大政策扶持

政策支持是区域经济得以快速发展的关键和保障，尤其是对于欠发达地区来说，这种扶持更为重要。内陆地区是我国经济社会发展相对滞后的地区，培育和打造内陆地区经济增长极，要强化政策的支持力度，完善政策的支持体系，以政策扶持来打造内陆地区发展新高地，形成内陆地区经济发展新格局。

1. 要完善财税支持政策

加大对内陆地区增长极的转移支付力度，加大中央财政性建设资金投入，重点加强增长极内重大基础设施、公共服务设施以及生态环保项目的建设。加大对增长极产业发展的支持力度，对增长极内战略性新兴产业发展、传统产业优化升级项目建设等，给予一定税收优惠支持。

2. 加大金融支持力度

鼓励和支持各类金融机构按照政策规定到增长极地区设立机构，引导各商业银行扩大在增长极地区的自主贷款规模，支持区域内城市商业银行改革发展，支持符合条件的企业发行企业债券。

3. 创新土地支持政策

建立城乡统一的建设用地市场，稳步开展城镇建设用地增加与农村建设用地减少相挂钩试点，支持重点城市、产业集聚区在原批准规划面积已得到充分利用的情况下，依据土地利用总体规划和城市总体规划，适当扩大用地规模。

4. 实施投资促进政策

对于增长极内重点产业发展，以及重大水利、交通基础设施工程建设在规划编制、重大项目布局、项目审批或核准等方面继续给予支持。定期调整《中西部地区外商投资优势产业目录》，支持外商投资中部地区重点行业和企业。

（四）加强区域合作

主动加强各层级增长极与周边地区的经济交流与技术合作，形成优势互补、错位发展的互动发展格局。

1. 加强规划对接

区域内经济联系密切的经济圈、城市群、经济带要编制区域合作规划，发挥各自比较优势，打破行政界限和市场分割，加快建设区域市场体系，合力规范和整顿市场秩序，推动生产要素合理流动和优化配置。

2. 加强基础设施对接

加快区域内基础设施、公共服务和社会管理等方面的对接与整合。加快区域一体化进程，鼓励有条件的地区联合推进跨省交通通道建设。支持地方在电力、煤炭、天然气、油品供应和运输，以及水资源利用等方面开展合作。加强产品质量和生产安全等方面的联合执法，建立区域生态建设和环境保护协作机制，联合制定跨界污染联治和污染事故应急处理预案。

3. 加强产业对接

内陆地区增长极应积极主动扩大与京津冀、长三角、珠三角等沿海地区增长极的产业合作交流，科学有序、量力而行承接沿海产业转移，提高产业集中度和协作配套水平，实现互利共赢、共同发展。

4. 加强区域间高层互访

建立健全地方政府间定期联席会议机制，推动各层次对口交流与协作。发挥区域性合作组织的作用，支持建立跨行政区的行业协会、商会，加快形成政府、企业、社会团体等共同参与、相互协作的多层次区域合作体系。

参考文献

喻新安：《中原经济区研究》，河南人民出版社，2010。

华民：《中国 30 年经济高速增长的逻辑及未来的展望》，《世界经济情况》2008 年第 9 期。

李靖宇、彭殿松：《关于东北地区造就中国第四大经济增长极的对策创意》，《决策咨询通讯》2004年2期。

秦尊文：《中部地区的战略定位：中国经济增长的第四核》，《郑州航空工业管理学院学报（社会科学版）》2005年第6期。

童中贤：《中国经济第四增长极构建及对比分析》，《求索》2008年第7期。

陆玉麒、董平：《中国主要产业轴线的空间定位与发展态势——兼论点—轴系统理论与双核结构模式的空间耦合》，《地理研究》2004年第4期。

任军：《增长极理论的演进及其对我国区域经济协调发展的启示》，《内蒙古民族大学学报（社会科学版）》2005年第4期。

（原载《区域经济评论》2013年第1期）

促进中部崛起五年的回顾与展望[*]

参加这个论坛，本来想发言谈谈河南的经济发展，介绍一下中原经济区的情况，但昨天来了以后拿到了新出版的"中部蓝皮书"，初步翻了一下，有些感触，就想还是讲中部吧，于是临时换了一个发言题目，就是《促进中部崛起五年的回顾与展望》。

大家知道，促进中部地区崛起，是 2004 年 3 月温家宝总理在"两会"政府工作报告中首次提出的。2004 年 12 月，中央经济工作会议提到要促进中部地区崛起。2005 年 3 月，温家宝总理在"两会"的政府工作报告中明确提出"抓紧研究制定促进中部地区崛起的规划和措施"。

同年 8 月，胡锦涛总书记视察河南、湖北、江西三省，都讲到中部崛起问题，并要求河南"在中部崛起中要走在前列"，湖北"要成为促进中部地区崛起的重要战略支点"，江西"在促进中部地区崛起中要有更大的作为"。但，这些还都是原则性的要求，在中央层面还没有明确的方针和具体的举措。

直到 2006 年 4 月，中共中央国务院下发了《关于促进中部地区崛起的若干意见》（中发〔2006〕10 号文件），促进中部地区崛起才正式起航。总之，促进中部地区崛起，作为一个国家方略，提出是 2004 年，至今已经 7 年了，但真正上升为国家战略并开始启动，应当从（中发〔2006〕10 号）文件算起，至今已经 5 年。首届中博会就是于 2006 年 9 月在湖南长沙举办的。

下面，我先对促进中部地区崛起这 5 年进行一点回顾。这 5 年，在党

---

[*] 笔者 2011 年 9 月 27 日在"'中部社会科学院院长论坛'暨《中国中部地区发展报告（2012）》新闻发布会"上的演讲。

中央、国务院的正确领导下，中部各省份认真贯彻科学发展观，积极实施国家区域发展总体战略，应对和克服国际金融危机的影响，促进中部地区崛起战略的有效推进取得重大进展。

1. 中部崛起的目标和任务进一步明确

中发〔2006〕10号文件提出了7个方面的任务，就是：加快建设全国重要粮食生产基地，扎实稳步推进社会主义新农村建设；加强能源原材料基地和现代装备制造及高技术产业基地建设，推进工业结构优化升级；提升交通运输枢纽地位，促进商贸流通旅游业发展；增强中心城市辐射功能，促进城市群和县域发展；扩大对内对外开放，加快体制机制创新；加快社会事业发展，提高公共服务水平；加强资源节约、生态建设和环境保护，实现可持续发展。

但总体看，还比较原则，目标还不甚明确和清晰。2010年初，国务院通过了《促进中部地区崛起规划》，规划期为2009~2015年，重大问题展望到2020年。规定到2015年，中部地区崛起要努力实现以下目标：经济发展水平显著提高，经济总量占全国的比重进一步提高，人均地区生产总值由2008年的17833元达到2015年的36000元；城镇化率由2008年的40.3%提高到2015年的48%。城乡居民收入年均增长率均超过9%。这样，中部崛起就有了明确的、可以考量的目标和指标，这是至关重要的。

2. 促进中部崛起的思路和举措进一步明晰

中发〔2006〕10号文件提出了中部"三个基地、一个枢纽"的要求。《促进中部地区崛起规划》进一步提出，要加快形成沿长江、陇海、京广和京九"两横两纵"经济带；努力发展循环经济，提高资源节约和综合利用水平；优先发展教育，繁荣文化体育事业，增强基本医疗和公共卫生服务能力；以薄弱环节为突破口，加快改革开放和体制机制创新，不断增强发展动力和活力。共有8个方面的任务。思路更加明晰，举措更加具体。

3. 中部在全国区域格局中的地位得到提高

表现在：中部地区生产总值占全国的比重提高，2005年为18.8%，2009年为19.3%，提高了0.5个百分点；全国9个综合改革试验区（新特区），中部有3个，分别是湖南、湖北的"两型社会建设"综合改革试验区，山西资源性经济转型综改区；中部6省的区域战略都已先后上升为国家战略；全国有3个覆盖全省的综合改革试验区和经济区，2个在中部

（山西、河南）；全国第一个粮食生产核心区在中部建立（河南）；全国现在只有6个粮食净调出省，中部有3个，分别是河南、安徽、江西。总之，中部作为中国之"中"的地位得到彰显。

4. 中部经济发展呈现好的态势、好的趋势、好的局势

2006～2009年，中部地区的固定资产投资，增幅分别比全国高出5.52个、7.94个、6.4个、5.9个百分点；2010年全国生产总值增幅为10.3%，中部增幅为13.9%，高出全国平均水平3.6个百分点；出口增幅，2010年全国是31.30%，中部是53.45%，比全国高出22.15个百分点。

5. 中部各省呈现各显特色、竞相发展的格局

目前，中部各省在谋求崛起中都形成了比较成熟的发展思路。如《河南省促进中部地区崛起规划实施方案》（豫政办〔2011〕87号）提出：以建设中原经济区、加快中原崛起和河南振兴为总体战略，努力实现5年彰显优势，10年实现崛起。湖北省提出全面实施"两圈一带"战略，1年打基础，5年见成效，10年新跨越。湖南省提出推进"四化两型建设"。江西提出以鄱阳湖生态经济区建设为龙头，奋力推进绿色发展、创新发展、和谐发展。安徽省以全面转型、加速崛起、兴皖富民为主线，坚持工业化、城镇化双轮驱动，坚持转型发展、开放发展、创新发展、和谐发展。山西省更有大的手笔，这里面也有很多，我就不再一一说了。

6. 制约中部崛起、中部发展的深层次矛盾正在逐步得到破解

中部的农业比重大，农业，尤其是重工业占绝对优势、服务业占比重偏低两个问题正在改变。还有，中部过去大的问题是开放度低，对外贸易占全国的比重是非常之低的，现在也有所改变，2005年占全国的比例是2.9%，2009年达到3.5%。尽管比重还偏小，但它出现了一种逐步改变的态势。

这是我对中部崛起5年来的粗线条的回顾。当然，中部崛起面临的难题还任重道远。比如，思想观念方面的障碍还比较大。总体上，中部地区的干部与沿海相比，还存在着"'左'、旧、小、低"的问题："左"即"左"的思想观念；"旧"即旧的计划经济观念；"小"即小生产意识；"低"即看问题境界、认识水平是偏低的。受经济结构的拖累，2008年世界金融危机的到来，河南（包括山西）经济结构的问题就得到充分地暴露。所以，2008年是这5年来中部增速唯一低于全国的年份，这是由世界金融危机暴露出来的。体制机制的障碍、开放度不高的障碍、计划经济的障碍，我觉得还有很多的问题需要我们深入的研究。

那么中部崛起，现在看，已经进入了蓄势勃发的状态。要看到我们面临的良好的机遇，包括产业转移、扩大内需、后发优势中的机遇；也面临着很多挑战，如资源约束的加剧、环境的压力、结构性矛盾的突出、改善民生任务繁重等。总体上我们担负着既要"提速""爬坡"又要"转型"的多重任务，因此，我们要认真谋划，做好我们的工作，包括坚持科学崛起、转型崛起，包括要推进经济结构的战略性调整，包括要建立自我发展机制、增强区域竞争力，包括注重制度创新、推进市场化改革，包括扩大对外开放、打造内陆开放高地，更应该加强区域合作，真正实现中部六省的一体化发展。"区域一体化"的概念是2009年4月第四届中博会提出来的，在这个基础上应该进一步深化，使中部六省真正成为一个具有内在联系的、内部关联性比较强、政策更加协同的一个经济区域。这样，中部崛起的明天会更美好。我们中部社会科学界的同人，应该发挥我们的优势，进行智力支持，为中部崛起出好点子、金点子。

中原城市群联动发展的几个重大问题[*]

中原城市群经济圈城市体系的发展，除继续坚持大型中心城市、中小城市和小城镇"三头并举"的方针，增强城市综合实力，加快城镇化进程外，特别要以壮大首位城市和积极发展小城市为重点，合理发展中等城市，逐步调节城市群内城市的等级规模结构，使之渐趋协调发展。

一 形成各城市合理分工、功能互补的城市体系

在城市群协调整合过程中，各城市必须根据与区域核心城市的关系重新研究、调整自身的发展定位，尤其是产业定位，找到自己在城市群中的恰当位置。

积极发展大中城市，培育中原城市群经济圈"十"字发展轴线上的重要支撑点。中原城市群经济圈内的洛阳、开封、新乡、焦作、平顶山、许昌、漯河、济源等省辖市，作为城市群内的次级中心城市，依据各自的优势和在城市群中所处的位置，进行合理的职能分工，以优势资源为依托，促进产业的升级换代，提升城市规模和完善城市功能特色，形成各具特色、竞争实力强劲的特大城市、大城市及中等城市，成为中原城市群经济圈的重要支撑。洛阳市要发展成为以装备工业、石化工业、旅游业为支柱，高新技术产业相对集中的中心城市。开封市要以轻纺、机械和化工等产业为支撑，加快旅游文化名城建设。新乡、焦作、平顶山、许昌、漯河等城市要发挥各自优势，加快产业升级，突出特色，发展成为电子、能

---

[*] 本文是河南省政府决策研究招标重点课题"中原城市群联动机制研究"的一部分于2010年完成。

源、输变电、铝工业、畜产品加工等主导产业突出、经济实力强、服务体系健全的大城市。济源市要充分挖掘资源优势潜力，建成以能源、有色金融工业和旅游业为主的新兴现代化城市。

围绕中心城市建设，大力发展小城市，使县级市成为联系城乡的重要节点。要充分利用中原城市群经济圈地区交通干线畅达密集的优势，选择部分区位优、条件好、潜力大的小城市，加以重点扶持，促其尽快成长为中等城市，以完善中原城市群经济圈的规模结构。要合理布点，加快撤县建市步伐，搞好和完善小城镇总体规划，有重点地发展小城镇特别是县城所在的城关镇，切实加强和完善水、电、气、暖、路、交、邮等公用基础设施建设，增强小城镇的吸引力。要坚持实业先行，建设各具特色的明星小城镇，充分发挥其在促进城乡物资交流、农业商品基地建设和乡镇企业发展等方面的积极作用，使县级市成为城市群中城乡互动的重要节点。

二 优化中原城市群联动发展的基础环境

区域性基础设施是增强中原城市群经济圈内各个城市相互联系的重要纽带，在未来的20年内，应着手建设下列区域性基础设施：

1. 能源基础设施

加快能源基地建设。要在加快资源勘察、稳定生产的同时，保持煤炭供应能力的接替。重点搞好郑州、焦作、平顶山矿区的开发工作，完成一批可供建井的大中型项目。积极发展煤炭深度加工，建设煤炭的气化、液化等重大工程项目。搞好电力生产规划与布局，要以火电为主，水电和抽水蓄能电站为补充，依托沁北和姚孟两个超大型火电站，建设全国重要的火电基地。坚持电源电网同步规划建设的原则，优先发展500千伏电网，全面加强220千伏网络建设，结合全国全省电网建设规划，沿连接各中心城市的主要交通线建设500千伏骨干通道，实现500千伏电网环网运行，各城市市域范围内建设220千伏电网作为主要送电网络。

2. 交通基础设施

在我国中部地区及更大范围内，中原城市群经济圈的对外联系将主要依托以郑州交通枢纽为中心的陆空交通网络。陆路方面，以京广、徐宝高速铁路客运专线，京广、陇海铁路干线，京珠、连霍高速公路为主骨架，形成对外联系大通道；航空方面，以郑州新郑国际航空港为中心，辅以洛阳等干支线机场，沟通与国内外的联系，进一步增强郑州在全国的交通枢纽地位和现代化国家区域中心城市的辐射力。

要加快建设中原城市群经济圈智能型综合交通运输系统。以扩大路网规模、提高路网密度为重点，强化区内高速公路、高速铁路和城际轻轨等高速交通基础设施建设，形成连接区内城市的以高速交通为骨架的综合交通运输网络。进一步建设和完善高速公路系统，打通中原城市群内各城市与外界的高速公路通道，形成以郑州为中心，贯穿区域内的郑焦高速、郑新高速、郑汴高速、郑许高速、郑少高速、郑洛高速、许平南高速等7条高速公路网，形成区内一小时到达的高速交通网络。利用国家建设京广、陇海高速铁路客运专线的有利条件，开行郑州至洛阳、新乡、开封和许昌的市际列车，以强化城市群内城市之间的联系。规划建设郑州地铁、郑州轻轨和以郑州为中心的中原城市群经济圈城际快速轨道交通系统。搞好各中心城市的绕城高速公路及内部交通网络设施建设，2020年中心城市全部建成环城高速公路。同时，要加快城乡道路建设，提高公路密度，尽快贯通地方公路网络，实现市—县（市）通高速公路，村村通柏油路、班车，以进一步提高中原城市群区域交通通达能力。加强郑州公路港第二期工程建设，使其成为河南最大，辐射国内外的物流中心。按照国际航空港的要求完成郑州新郑机场的改扩建，开辟更多的国际国内航线，到2020年使旅客吞吐量达到1000万人次，扩建洛阳机场，使之成为国内干线机场。

3. 信息基础设施

建设覆盖整个区域的信息网络平台，建立区域信息网，完善信息传输机制，实现市际信息畅通和资源共享。加强信息产业基础设施建设，构筑适应信息化建设要求的基础信息平台。积极推进区域电子商务建设，运用现代信息技术整合城市群内商务活动中的信息流、资金流和物流，提高市场效率。加快电子政务建设，构建区域内务城市党政机关统一的信息网络平台，建立统一协调的政府决策机制。加大对现有信息资源的整合，在全省率先实现电信网、计算机网和电视网的有机融合以及金融机构资金支付与清算网络的互联互通。

4. 大型生态环保工程

以提升中原城市群生态环境为目标，实施中原城市群环保同治、生态共建工程。以黄河污染治理为重点，统筹规划建设城市群污水、垃圾处理系统。大力发展都市生态农业。重点建设郑、汴、洛环城生态防护林，黄河滩区林纸一体化速生林基地建设要与生态防护林紧密结合。在中原城市群各城市之间建设大型生态森林公园，形成"城在林中，林在城中"的城市格局。在中心城市建立都市生态农业基地，发展观光农业、绿色农业。

三 形成优势互补、特色鲜明的产业格局

未来一段时期，中原城市群经济圈要通过产业结构的优化、效益的提高来保持经济的持续快速增长。以提高市场竞争力和经济效益为目标，加快技术创新和体制创新，全力推进产业结构优化升级，提高主要产业部门的发展质量、水平和能级。重点发展能源原材料、现代制造业、交通通信等基础、支柱工业，以信息化带动工业化，以工业化促进信息化；大力发展特色农业，提高农业的科技化、市场化、产业化、生态化水平；立足区内实际发展以新材料、生物技术、电子信息等为代表的高新技术产业，推进高新技术向传统产业的全面渗透；全力推进以现代服务业和城市轻工业为主体的都市型产业的发展，培育发展金融、信息、咨询、科技、教育、文化、医疗等知识型产业。通过20多年的发展，使中原城市群经济圈形成多业并举、重点突出，各个城市产业特色鲜明、相互协调的发展格局。

1. 走新型工业化道路，加快推进工业化

围绕着把中原城市群经济圈建设成各城市分工明确、产业特色鲜明、整体工业发展水平较高的地域经济组织，应该充分发挥比较优势，以市场为导向，延伸产业链条，提高资源加工深度，重视信息在工业发展中的作用，以信息化带动工业化，以工业化促进信息化，走出一条符合实际的新型工业化道路。

（1）大力发展有色金属工业，打造世界铝工业基地。优先发展氧化铝工业；采用新技术，积极发展电解铝工业；优化产品结构，加快发展铝精深加工业。鼓励铝厂与电厂合作、电解铝厂与氧化铝厂合作、铝加工厂与铝厂合作、地方企业与中央企业合作，形成焦作、洛阳、郑州三大铝工业区。重点建设包括中铝中州分公司的煤电热一体化工程、河南分公司的氧化铝、铝板带箔项目，焦作万方的合金铝、电解铝、型材加工项目，加快

以长城铝业为主的上街铝工业园区建设和以中孚实业、郑州铝业为主的铝的精深加工基地建设。

（2）积极发展煤化工和石油化学工业，建设全国重要的煤化工和石油化学工业基地。煤化工要依托平煤集团煤炭间接液化等一批大项目，积极发展煤炭、制气、制焦、制油工业，积极沿着焦炭—焦油—精细化工和煤气—精细化工方向，拉长产业链条，提高综合加工能力。石油化学工业依托洛阳石化总厂等大型企业，增加炼油能力，扩大系列石化产品产量，加快延伸产品开发，形成油品、化工、化纤相结合的格局。

（3）壮大装备制造业，打造具有国际竞争力的装备制造业基地。要通过对现有产业资源的整合和国内外先进制造技术和产业的引进消化，培育一批龙头企业，形成专业化分工配套体系，带动相关产业发展。郑州市要重点支持宇通公司与德国曼公司、郑州日产汽车与日本日产汽车公司的合作，夯实基础，增强市场竞争力，使郑州成为国内重要的客车、载货汽车和多功能商务汽车生产基地，并带动相关企业的发展，在中原城市群经济圈范围内形成关键汽车零部件产业群。洛阳要充分发挥科研开发、人才聚集、技术储备和产业基础等方面的优势，通过重点项目实施和重点国有企业改组改造，形成以先进制造技术和工艺为支撑的机械装备制造业、有色金属加工业、新型建筑材料与电子材料制造业和石化深加工产业等四大优势产业，使洛阳整体装备制造技术达到20世纪90年代末国际先进水平，部分核心技术达到国际领先水平，形成一批具有国际竞争力的产品，成为在全国具有重要影响的先进制造业基地。要积极支持许继集团等骨干企业与国外大型电力装备企业的合作，壮大输变电设备生产的整体配套能力，保持其在同行业中的技术和竞争优势。

（4）改造提高建材工业，建设全国重要的建材工业基地。改造壮大洛玻、洛耐、焦作陶瓷等大型骨干企业，提高产品档次和规模。加快产品结构调整步伐，淘汰落后工艺技术设备和产品，鼓励企业采取收购兼并等方式组建大型企业集团，大力发展新型墙体材料、装饰材料、高档卫生陶瓷和新型建材，提高全行业的经济效益。

（5）提高农副产品深加工水平，建设全国重要的食品工业基地。要突出各个城市的农产品资源优势和特色，推动农产品加工原料生产基地化，"产加销"经营一体化、加工制品优质化，重点发展粮油、畜禽和果蔬等产品的精深加工。以双汇、三全、思念集团等企业为龙头,加快食品工业的发展,通过加强原料基地建设和现有相关企业的整合,形成具有国际竞争力的食品工业基地。

(6) 增创轻纺工业新优势。造纸工业要积极支持焦作、新乡等地的林浆纸一体化建设,淘汰落后装备与工艺,提高产品质量与档次,提升和壮大造纸工业,使中原城市群经济圈地区成为我国中部地区重要的造纸工业基地之一。家用电器工业要依托骨干优势企业,加快企业重组整合,壮大企业规模,增强产品研发和技术创新能力,打造河南家用电器制造优势。纺织工业要加快郑州老纺织工业基地的改造,大力发展家用、产业用纺织品,开发生产适应市场需求的中高档服装面料,将郑州建成集服装面料生产、印染后整理、服装设计和生产为一体的都市型纺织工业基地;支持洛阳石化总厂扩大化纤生产规模和新乡白鹭公司进一步扩大连续纺粘胶纤维生产能力,将洛阳石化总厂建成中西部最大的化纤生产基地、新乡化纤成为居国际前列的粘胶纤维生产基地。卷烟工业要加快推进许昌、新郑等骨干卷烟企业的资产重组,实现资产的优化配置。

(7) 建设和培育高新技术产业发展基地,形成全省新的经济增长点。以城市群内的高新技术产业开发区和经济技术开发区为基地,积极推动具有比较优势和特色的高新技术产业集聚和关联企业的整合,提高河南省高新技术产业的整体竞争力。重点在电子信息、生物技术以及新材料领域集中扶持一批高技术产业化工程,培育出若干具有较强开发能力和竞争力,在国内乃至国际有一定影响的高新技术产业。电子信息产业要发挥郑州、洛阳、新乡等地相关科研院所集中的优势,加强与国内外一流科研机构和大公司的合作,遵循引进、吸收和自主开发并重的原则,重点发展电子信息材料、电子元器件、网络安全产品等具有比较优势的电子信息产业。生物医药产业要利用城市群及周边区域天然药物资源丰富的优势,大力发展现代中药产业,将资源优势转化为产业优势和经济优势;加快生物基因药品、生化血液制品的产业化步伐,促进生物医药产业的快速发展。新材料产业要发挥郑州等地在超硬材料、高档耐火材料等领域的技术开发优势,做大做强新材料产业。

2. 优化农业结构,推进农业现代化建设

要形成专业化、区域化特征明显的农业体系,把中原城市群经济圈地区建成全国重要的优质小麦生产加工基地,具有国际竞争力的畜产品生产加工基地。结合区内城市的成长壮大,大力发展城郊型农业,使蔬菜、花卉、水果、药材等特色优质农产品的生产经营达到规模化、产业化。提高农业现代化水平,加快高新技术在农业生产中的应用,用信息技术改造传统农业,提高农业生产率。引进资本密集化、技术密集化、知识信息密集化等新型农业经营生产方式,推动工厂化、数字化农业的发展。加快郑州、开封、洛阳等城市环城生态防护林建设,发展有机农业、绿色食品业等生态密集型农业。各城市还应根据本地农业发展特点,建设各具特色的现代农业示范项目、现代农业高新技术产业化示范项目和农业科技园区。参照国际标准,搞好农业生产经营的标准化工作,全面推行农业标准化生产,提高产品竞争力,调整农业生产的组织结构,大力发展公司型农业并对现有农业生产组织进行企业化和市场化改造。

3. 拓展经济发展领域,全面扩张服务业

围绕把中原城市群经济圈建成全国重要的商贸中心、金融中心和科教文化中心的目标,大力发展服务业。

(1) 要充分发挥中原城市群经济圈交通区位优势,加强流通企业资源整合,在城市群的层次上合理布局大型专业销售市场,调整和完善各城市内部的商品市场业态和布局,构筑以大型商业企业为龙头,跨地域、跨所有制发展的连锁经营体系,形成全国和区域性的商品物流中心。郑州市要以建设现代化商贸城为重点,加快发展现代物流业和会展业,把郑州市建成中西部地区重要的现代化物流中心。在洛阳等交通基础设施条件优越、商品集散能力强、辐射范围广的地区建设集市场信息、仓储、配送、多式联送、展示、交易等功能于一体的现代物流基地。

(2) 加快建立全国重要的科教文化中心。加强中原城市群经济圈企业研发中心、重点实验室及科研院所建设,积极培养引进高级人才,壮大科研力量,增强研发能力,培育一批在全国具有较强科研能力的骨干研发机构。普及高中阶段教育,优化高等教育资源配置,加强重点学科建设,培育和发展郑州大学、河南大学等若干全国知名的重点高校。大力推进文化、体育产业市场化步伐,推动新闻出版、广播影视、演艺演播、艺术培训、音像制品等行业的资源重组和整合,培育形成若干具有国际竞争力的大型文化产业集团。

(3) 强力发展旅游产业，构建中原城市群旅游圈。充分发挥中原城市群经济圈的旅游资源优势和区位优势，加大开发投入力度，整合郑州、开封、洛阳、新乡、平顶山等地的旅游资源，以"三点一线"和南太行、伏牛山旅游景区为重点，培育旅游品牌，形成全国乃至国际黄金旅游线。开发相关旅游产品，使旅游业发展成为中原城市群经济圈重要的支柱产业。

(4) 完善金融创新，改善地区金融组织系统，培育区域金融市场体系，加快金融同城步伐，把中原城市群经济圈建成我国中西部地区金融市场发达、金融运行安全、金融创新极具活力、信用环境良好的区域性金融中心。

四 倾力打造郑汴新区

2009年6月，河南省政府批复《郑汴新区建设总体方案》，郑汴新区位于郑州市中州大道以东、开封市金明大道以西、郑州航空港以北、黄河沿岸以南区域，由郑州新区和汴西新区两部分构成，涵盖中牟县，总面积约2077平方公里。河南省政府要求用5~10年时间，将郑汴新区建设成"五区一中心"的"复合城市"，即现代产业集聚区、现代复合型新区、城乡统筹改革发展试验区，对外开放示范区、环境优美宜居区和为全省乃至中西部地区服务的区域服务中心。打造郑汴新区，有如下工作重点。

1. 明确郑汴新区发展目标

郑汴新区规划范围包括郑州新区和开封新区，东起开封市金明大道，西至郑州市中州大道，南起中牟县、尉氏县南县界，北至黄河南岸，总面积约2077平方公里。

根据总体规划，近期到2020年，新区建设用地规模控制在410平方公里，郑汴新区总人口500万，城市化水平86%。其中，城市功能区人口430万，镇区人口35万，农村人口35万；远景到2050年，总建设用地达到600平方公里，总人口规模达到700万左右。新区的功能定位为：科学发展改革试验示范区，城乡统筹发展的示范区，国家区域性物流枢纽，区域金融中心，先进制造业基地，全省经济社会发展的核心增长极和改革发展综合试验区，中原城市群的核心区。新区的发展目标是建设"五区一中心"，即建设成为现代产业集聚区、现代复合型新区、城乡统筹改革发展实验区、对外开放示范区、环境优美宜居区和区域服务中心，在全省工业化和城镇化进程中发挥引领作用。

2. 把握郑汴新区功能定位

城市规划中，简单的功能分区，往往会造成产业孤立、城乡分割、交通拥堵等问题。此次规划提出了"复合城区"的概念，着力避免此类问题的出现。

新区规划以"复合城区"为核心理念，通过区域"规划统筹、交通一体、产业链接、服务共享、生态共建"，提高产业集聚、产城融合、城乡统筹、城际开放能力，走出一条不以牺牲农业和生态为代价的新型工业化、城镇化和农业现代化道路，为全省乃至全国内陆地区科学发展提供示范。"复合城区"理念具体体现为"五大复合"。一是功能复合，即对生产功能、人居功能和服务功能进行统筹安排。二是产业复合，即实现产业链的横向和纵向延伸扩展，形成第一、二、三产业的循环发展。三是生态复合。以生态轴线联合各功能区，使城市、近郊、农村、农田、湿地、河流、森林等不同类型的生态单元既空间独立，又紧密联系，形成复合的生态结构。四是空间复合，打破单一土地利用模式，在城市建成区之中穿插一些生态农业示范区，实现土地混合使用；同时，以基本空间单元构成复合型社区，再由复合型社区构成功能组团，防止分区之间功能割裂，减少交通能耗。五是体制复合。打破行政区划及城乡界限，建立统筹城乡发展的新型管理体制，实现城乡一体化发展。

3. 优化郑汴新区产业布局

根据新区产业发展现状，综合考虑资源承载力、土地适应性、交通运输条件等因素，采取轴线组团发展模式，形成"两轴两带九组团"的发展格局。

"两轴"是东西走向的郑汴一体化产业发展轴，南北走向的郑东—航空港经济发展轴；"两带"是沿黄旅游产业带、东南部生态农业产业带。

"九组团"是郑东新区、经开区、航空港、白沙组团、刘集组团、官渡组团、九龙组团、中牟组团、汴西组团。规划确定郑东新区强化商务、金融、会展、科研、教育等功能，经开区加快发展先进制造业、高新技术产业，航空港重点发展临空产业，白沙、刘集、官渡组团着重发展科教、旅游休闲、食品加工、环保等产业，九龙组团（国际物流园区）发展物流与配套工业，中牟组团发展机械制造、汽车制造、食品制造业，汴西组团发展综合性新城区，以金融商贸、休闲娱乐、行政办公、商住以及现代制造业功能为主。沿黄河发展生态、旅游产业，在新区东南部发展高效农业。

4. 实现郑汴新区城乡一体

在城乡二元体制下，农村和城市在许多方面都存在巨大差异，尤其是在社会服务和公共资源方面，城市人比农村人要优越得多。而在郑汴新区，城乡差异将被抹去，城乡资源共享、社会服务均等是新区城乡一体化的发展目标。

规划提出，要用区域快速客运交通网络将城乡紧密联系起来，统筹规划城乡一体的给排水、供热、电力、电信等市政设施，统筹配置商业、金融、文化娱乐、体育、医疗卫生、社会福利等社会服务设施。在城镇体系空间布局上，按照交通引导，生态优先，凸显优势的原则，在整个郑汴新区范围形成"9+6+12"的复合网络式城乡一体化空间发展框架。"9"即郑东新区、经开区等9个功能组团。"6"即6个重点镇，为雁鸣湖镇、白沙镇、黄店镇、花园口镇、柳林镇、官渡镇。"12"即12个一般镇，通过搬迁、合并等方式迁村并点，引导人口向中心村及小城镇集中，提高农村建设用地利用的集约性，将置换出的建设用地用于满足城镇建设的需要。按照规划，新区将建设"三大农业圈"：城区农业圈、近郊农业圈、远郊农业圈。城市农业圈镶嵌在城区之中，以农业体验公园、社区绿化为主，并发展高科技无土栽培产业；近郊农业圈靠近城市生活区，同时也是组团之间的生态廊道，集设施农业、休闲农业与农业科研于一体，生产新鲜的蔬果、水果、乳制品等，进行农业科研，发展观光农业；远郊农业处于城区外围，规划建设大规模生态农业基地，包括生态循环、农业观光、农产品加工、农业物流，以及农、牧、渔等基础农业形态，构成包括沿黄生态农业区在内的两大农业区。

推动河南经济结构战略性调整的几点建议

前不久召开的河南省委经济工作会议，按照持续河南经济社会发展好势头的要求，把"调结构"作为2010年经济工作的重中之重，并做出了着力壮大战略支撑产业，积极培育战略先导产业，大力发展现代服务业的工作部署。贯彻省委经济工作会议精神，把"调结构"的工作和部署落到实处，应当在以下几个方面作出努力。

一 按照"四个重在"的思路形成新共识

贯彻好中央经济工作会议和省委经济工作会议精神，持续目前河南经济社会发展的好势头，在实践中要坚持"四个重在"，即重在持续、重在提升、重在统筹、重在为民。而坚持"四个重在"，工作重点之一是加快经济结构的战略性调整。近年来，河南经济持续稳定增长，经济总量稳居全国第五位。建设资源节约型、环境友好型社会也取得了较好成效。但由于受发展基础、发展阶段等多种因素制约，河南省经济发展方式总体上仍然粗放，经济发展与人口、资源、环境的矛盾日益突出。河南省是全国第一人口大省，虽然不少自然资源总量位居全国前列，但人均资源占有水平相对不足；资源利用水平低；环境容量相对不足，环境承载能力较弱。要保持河南经济平稳较快发展和跨越发展的势头，从路径上看有"两个走不通"，即发达国家走过的高消耗、高消费的现代化道路走不通，我们自己传统的高消耗、高污染的粗放式发展道路走不通。我们必须更加积极主动地调整经济结构，转变经济发展方式，统筹推进经济发展与人口控制、资源节约、环境保护，努力以较小的资源环境代价，实现更长时间、更高水平、更好质量的发展。这既是长期的战略任务，也是当前的紧迫工作，事关河南经济发展全局，必须高度重视、加快推进。

二 把产品结构调整作为经济结构调整的主线

结构调整的本质就是研发、制造（生产）、经营比较普遍的优质或附加值高的产品。河南产业结构不合理，归根到底是行业的技术水平低、最终产品的科技含量低。所以，结构调整的核心是产品，有好产品就有市场，有市场就有效益。经验证明，产品是竞争力的载体，是企业与市场的连接载体。对于一个区域来说，只有抓住产品这个根本（技术、经营都是为产品服务的，独立于产品之外就失去现实意义和效益），结构调整才能事半功倍，取得实效。所以，河南经济结构调整的终极目的，是打造一批"河南制造"的名优产品。河南目前在全国叫得响的品牌为数不多，并且大都处在产业链的低端，这几年全省大力推进品牌战略，情况略有好转，目前在全国已评出的547种中国名牌产品中，河南的24种产品榜上有名，名牌总数居全国第6位，一些有实力的豫军名优产品参与了国际、国内大市场的竞争，提高了产品的附加值，为河南经济结构优化做出了贡献。但河南工业产品的总体影响力和竞争力还不强，与一些经济发达省份相比差距更大。因此，我们应认真借鉴国际和国内的有益经验，制定和完善品牌战略发展规划，引导企业建立市场驱动型组织，支持企业进行持续的技术和产品开发，进一步创新河南品牌，进一步提升河南品牌的知名度和美誉度，使河南的经济结构调整建立在依托产品和市场的基础之上。

三 以技术改造为重点推动工业内涵式发展

技术改造是优化提升存量资产的重要途径，它不铺新摊子，避免重复建设，投资省、工期短、见效快，能有效提高企业自主创新能力和核心竞争力，有利于实现发展方式从粗放型向集约型转变，是典型的以内涵发展为主的道路。河南传统工业比重大，要继续通过大力加强企业技术改造，鼓励企业应用新技术、新工艺、新设备、新材料，使企业质量品种、节能减排、装备水平、安全生产都有一个新的提升，增强综合竞争力。要进一步发挥市场配置资源的基础性作用,把政策因素和市场因素结合起来,形成推动工业实现内涵式发展的制度保障。着力加强自主创新,抢占新兴产业制高点。产业革命的实践证明,技术创新是培育和发展战略支撑产业和战略先导产业的最重要途径。河南工业要突破制约产业竞争力的关键技术,增强自主创新能力,积极培育和促进新能源、新材料、生物医药、第三代移动通信、"三网融合"等新兴战略性产业的产业化,加快发展低碳、绿色经济,抢占科技和产业竞争的制高点,大幅度提高企业综合素质和核心竞争力。要加快推进"两化"融合,提升传统产业水平。要运用先进适用技术改造提升传统产业,在工业企业产品研发设计、过程控制、经营管理、市场营销、技术改造等环节采用信息技术提升水平。

四 实施战略支撑产业和先导产业发展的激励政策

战略支撑产业和先导产业发展的内在动力,在于知识创新与技术创新,外部动力很大程度上依赖于政府的激励扶持政策。从很多国家和地区的产业发展历程看,制定合理的产业政策,通过产业政策的积极引导,可以促进各种要素资源向战略支撑产业和先导产业的集中和倾斜,这是发展战略支撑产业和先导产业的一种有效手段。政府制定和实施产业激励政策的目标和重点,应当定位在引导、鼓励技术成果转化,引导、鼓励人才流动、创业,引导、鼓励资本向战略支撑产业和先导产业的流动等方面。在科技成果转化方面:要大力发展科技成果转化市场和科技中介组织,尽快将科研成果转化成商品,即实现产业化。在财税扶持政策方面:设立省战略支撑产业和先导产业发展引导资金,创立省战略支撑产业和先导产业风险投资基金,通过参股、融资担保、跟进投资和风险补助等方式,积极扶持、壮大一批省内的风险投资机构,同时引导一批境外著名风险投资基金、私募基金、金融类公司等投资机构来豫拓展风险投资业务。完善风险投资退出机制。积极落实国家高新技术产业税收扶持政策,制定战略支撑产业和先导产业税收减免政策。在人才激励措施方面:增加智力投入,注重培养一批具有创新意识、有事业心、有紧迫感的民族高新技术企业家;制定吸引国内外科技专家、企业家参与科研、生产和创业的优惠政策,形成开放、流动、人尽其才的用人机制。健全创业投资的市场准入机制,建立并完善多层次资本市场体系，逐步形成创业投资退出的多种渠道，改善融资环境和服务环境。

五 加快发展为战略支撑产业、先导产业和现代服务业配套的生产性服务业

生产性服务业是指为保持工业生产过程的连续性、促进工业技术进步、产业升级和提高生产效率提供保障服务的服务行业。它是与制造业直接相关的配套服务业，是从制造业内部生产服务部门而独立发展起来的新兴产业，本身并不向消费者提供直接的、独立的服务效用。它依附于制造业企业而存在，贯穿于企业生产的上游、中游和下游诸环节中，以人力资本和知识资本作为主要投入品，把日益专业化的人力资本和知识资本引进制造业，是第二、三产业加速融合的关键环节。我国"十一五"规划纲要提出的要大力拓展的六种生产性服务业：现代物流业、国际贸易业、信息服务业、金融保险业、现代会展业、中介服务业。生产性服务产业的发展可加快新型制造业产业发展步伐，促进区域市场功能的升级和形态的转变，促进信息共享、技术创新与产业集聚，推进传统产业技术改造，并形成新的经济增长点。河南要大力发展战略支撑产业、先导产业和现代服务业，必须同时重视发展为之配套和衔接的生产性服务业。这方面河南应当做的工作包括：一是政府应加快制造业企业、研究院、科技服务单位等机构的改制步伐，把这一部分生产性服务机构推向市场，构建统一的市场竞争环境，促进有实力的生产性服务企业加快发展，培育一批在行业内的全国知名品牌；二是政府应从投融资、税收、培训等角度对生产性服务企业加大扶持力度，鼓励技术创新和资本合作，为生产性服务行业蓬勃发展创造合宜的环境；三是应完善生产性服务业的服务标准与行业规范，吸引民营资本以及域外资金进入生产性服务产业，促进生产性服务业加快发展，带动工业结构优化升级。

六 培育和形成区域创新和区域发展的新要素

区域经济发展应积极通过软要素的增量带动有形要素存量，创造新的

区域经济增长点。一是以软要素增量积极培育和扶持新的区域经济增长点,这是调整区域经济结构的首要道路和必然选择。二是以调整投资结构和提高投资效益为目标。在政府投资中适当提高技术创新投资比重,提高区域经济整体水平。三是合理使用软要素增量。在选择区域主导产业、推动产业结构高级化以及区域产业布局时,要以高效增长、高关联度、可持续发展为基准;严格控制区域产业结构中的长线产业、行业及项目的新增投资。运用软要素增量调整存量资产,向资产运营的集约化与生产的规模化靠拢。四是以软要素增量引导发展科技与经济联合,实现适当的市场集中,创造协同联动效应。贯彻国家产业技术政策,对符合产业发展方向的区域经济项目在技术改造资金方面给予积极扶持。同时,要注意软要素和有形要素的合理配置,区域软要素的培育要以能和有形要素结合发挥最大经济效益为目标。五是实施全方位创新,为结构调整提供不竭的动力。全方位创新,就是以科技为核心的,涵盖企业管理、营销、资本运营及其外部服务,乃至政务环境、社会文化等各个方面的全面创新。通过全方位创新,可以增强企业的自主创新能力,提高劳动生产率,降低生产成本,进而增强企业竞争优势的持续性;可以前后延伸产业链条,增强产业内部的相互协调性,提升产业的综合竞争力;可以弥补产业体系发展短板,增强产业间相互支撑力度,增强产业竞争的合力;可以推动政府职能转型,形成加快科学发展的强大合力。

(原载《领导参阅》2010年第1期)

在承接产业转移中优化产业结构*

产业结构不合理是中原经济区发展最大的瓶颈。以河南来说，经济发展严重依赖能源原材料等资源性产业。2008年，河南工业增加值前5位的行业分别为：建材、食品、煤炭、有色和钢铁，与2003年相比，以能源原材料为主的发展特征基本没有大的改变。产业技术含量低，高技术产业增加值只占工业总产值的3.8%，研究与试验发展经费支出占生产总值的比重只有0.8%，低于全国1.62%的平均水平。所以，建设中原经济区建设，要通过承接发达地区的产业转移，重点解决产业结构不合理的问题。

一 重点弥补现有产业结构中的"短板"

现代产业体系包括现代农业、战略支撑产业、战略性新兴产业、现代服务业、基础设施及基础产业五个方面，按照"竞争力最强、成长性最好、关联度最高"的原则选择发展重点，促进三次产业在更高水平上协调发展。

目前，河南现代产业体系建设中仍存在以下的问题。

1. 传统产业结构对构建现代产业体系的制约仍然很大

在河南省大力推进现代产业体系建设以来，产业结构有了一定的变化，但仍然没有摆脱以传统产业为主的基本结构，产业分工处于产业链中低端，产业发展方式比较粗放，而且这种结构体系会在一定时期内长期存在，并成为制约全省现代产业体系建设的客观因素。

---

* 本文为国家工业与信息化部和河南省政府2010年11月16日举办的"中原经济区与产业转移论坛"提交的论文。

2. 以系统转变方式推进现代产业体系建设存在较大难度

如何从主要依靠微观机制优势向主要依靠综合创新优势转变，从主要依靠低成本传统行业向高技术、高附加值先进制造业转变，从现有的小规模块状布点逐步向高层次的规模型集中布局转变，难度较大。

3. 产业同构造成过度竞争对建设现代产业体系有不利影响

在以外延扩张为特征的粗放型增长模式主导下，河南省区域现代产业体系的特色不明显，趋同的产业结构，对河南省构建现代产业体系是一个严峻的考验。

4. 相关配套支撑系统的不完善对现代产业体系建设有较大限制

河南现代产业发展的一个突出问题就是基础创新能力不足，缺乏创新氛围和创新平台，优秀创新人才少，基础学科的研究投入少，产学研合作不畅。

因此，要通过承接产业转移，弥补河南省现有产业结构中的"短板"，为现代产业体系的建立和完善创造条件。

二 突破传统产业体系的"路径依赖"

1. 以创新理念突破传统产业体系的"路径依赖"，规划设计可持续发展的现代产业体系蓝图

中原经济区涵盖了河南省及周边省份部分区域，区域内的产业错位发展与有序竞争面临着新的形势，同其他经济区的竞争与合作提高到新的层面，需要在产业体系规划与产业发展理念上进行创新，以突破传统产业体系的束缚。所谓突破传统产业体系的"路径依赖"，就是要突破传统产业体系对我们的观念束缚，突破"干我们熟悉的""干我们会干的""干我们能干的"的产业发展习惯。

2. 借助金融危机背景下传统产业体系的瓦解以及产业转移提速，加快推进产业转型升级

未来一段时期的现代产业体系建设，要借助金融危机的影响，展开产业结构调整，瓦解传统产业体系，加快传统产业体系向现代产业体系转变。一方面坚决淘汰落后产能、关停或改造"三高一低"（高投入、高能耗、高污染、低效益）企业；另一方面引进具有"三高两低一自主"（高科技含量、高附加值、高投资密度、低耗能、低污染、有较强的自主创新能力）特征的新产业项目或企业。加快形成产业链完整、高附加值环节比重明显提高的现代产业体系。

3. 拓展传统优势产业的升级空间，依托重工业优势打造强大的制造业发展平台

中原经济区在能源、原材料以及装备制造业等重工业上具有一定的产业基础，比较缺乏的是附加值，往价值链高端环节攀升空间巨大，更要发挥好重工业的优势，在有色金属、装备制造、钢铁、化工等优势产业领域加大研发投入，突破一批关键技术，培育一批新产业与新产品，延伸产业链条，提高加工度与附加值，大力推动传统优势产业向现代制造业转变。

三 抓住承接产业转移的关键点

1. 理性把握承接转移的层次

以承接高附加值工业、高新技术产业和现代装备制造业为主导承接层次，以承接技术密集型产业和生产性服务业为目标承接层次。具体讲，应该积极承接和发展汽车与零部件生产及技术研发、环保装备与技术、新材料新能源、生物与医药产品和研发、电子信息的研发与新技术、商贸服务、交通物流、金融服务业、企业服务中心、文化创意等产业和产业链。要提高环保门槛，制定承接产业转移的环境制度，对要进来的项目、投资进行严格的环境评价和能耗控制。不能只为短期经济增长而成为资源消耗和环境污染产业转移的承接者和受害者。

2. 打造承接产业转移的载体

工业园区是承接产业转移、加速产业集聚、培育产业集群的主要载体。要进一步完善园区基础设施，大力推进以道路、水、电、气、通信为主的基础设施建设，发挥基础设施的先导效应，增强吸引力和凝聚力。建立和完善投入机制，鼓励和吸引多种投资主体以多种方式参与园区基础设施建设。进一步完善工业园区管理机制，加快构建精简、统一、高效、便捷的园区管理新体制。推行园区经营性项目的市场化运作、企业化管理。进一步创新招商引资机制，推进招商引资制度化、社会化、专业化、信息化，增强招商的针对性和有效性。

3. 切实抓好项目库建设

要把项目库建设作为承接产业转移的一项紧迫任务来抓。要通过项目策划和论证，加强与国家规划的衔接，争取得到一批国家规划内里的好项目、大项目；要通过招商引资，加强与国内外大企业、大公司的战略合作，引进一批好项目、大项目；要通过深化投融资改革，激活投资主体，新上一批好项目、大项目。要盯住产业扶持政策和自己的产业优势，抓好一大批与现有产业关联度高、适合区域实际、具有一定比较优势项目的前期规划、论证和包装工作。

4. 创新招商引资方法

引导建立各种类型的民间商会，为沿海和内地的产业合作与交流穿针引线，积极推动多种形式的产业和企业合作。在继续抓好会议招商、委托招商、网上招商、以商引商、小分队招商、以贸引商等多种招商形式的基础上，加强招商队伍的专业化建设，培养专业化人才，使招商引资进入规范化、高效率运行轨道。强化产业链招商。利用企业优势，吸引上下游企业配套；利用产业优势，吸引组团式投入。依据地区实际和发展需要，打造"产业链招商"主体，强化"产业链招商"载体，构造"产业链招商"服务体系。

5. 努力改善投资环境

以协调重大生产要素为关键，优化发展环境。切实帮助移入企业解决生产经营中遇到的实际问题，对项目引进、用地、审批、开工建设全过程实行特事特办，组织相关审批和服务单位及时协调解决重大项目在土地、规划、环保、建设等各方面的实际问题，确保项目"零障碍进入和零障碍实施"。运用法律、制度手段组织和管理经济，加大整顿和规范市场秩序力度，严肃查处损害市场环境的人和事，营造公平竞争的良好环境，让投资者进得来、留得住、发展得起来。

做好承接产业转移这篇文章正当其时

一 中原经济区建设、起步、发力见成效的有利时期

认真学习党的十七届五中全会精神,会有一个突出的感受,就是建设中原经济区的构想,与国家"十二五"发展大局和战略部署紧密相连,完全吻合,高度一致。"十二五"将是中原经济区起步、发力、见成效的有利时期。

党的十七届五中全会《中共中央关于制定国民经济和社会发展第十二个五年规划的建议》(以下简称《建议》)在经济建设方面提出了几大战略。一是实施扩大内需战略,二是同步推进工业化、城镇化、农业现代化的战略,三是实施区域发展总体战略和主体功能区战略。中原经济区是我国重要的内陆战略腹地和人口密集区、粮食主产区,在国家实施这几个战略中,具有特殊的地位,将发挥重要的作用。

第一,《建议》提出,进一步释放城乡居民消费潜力,逐步使我国国内市场总体规模位居世界前列,要着力破解制约扩大内需的体制机制障碍,着力拓展内需增长新空间。由此可以判断,我国历史进入了新的阶段(实施扩大内需战略的新阶段),进入新的拐点(从出口拉动到内需拉动)。从目前研究看,扩大内需的战略将至少实施10年,将伴随全面建设小康社会全过程。中原经济区人口密集,消费潜力巨大;城镇化水平低,发展潜力巨大,是国家实施扩大内需战略的重点区域。

第二,《建议》指出,在工业化、城镇化深入发展中同步推进农业现代化。加快传统农业向现代农业的转变进程,"同步推进三化",是一个挑战性的发展命题,实现"三化"同步推进的关键,是改变农业现代化严重滞后的状况。而农业现代化,包括了生产过程机械化、生产技术科学化、

增长方式集约化、经营方式市场化、生产组织社会化、劳动者智能化等。实现这"六化",有一系列深层次问题需要破解,河南省是全国第一粮食大省、农业大省,在"三化"协调方面积累了丰富的经验,在保障国家粮食安全方面承担着重要责任,如在全国新增千亿斤粮食生产能力规划里,河南省粮食增产任务 155 亿斤,占全国的 1/7,可以说,中原经济区是国家同步推进"三化"的重点区域。

第三,《建议》要求:引导各地区严格按照主体功能定位推进发展,对人口密集、开发强度偏高、资源环境负荷过重的部分城市化地区要优化开发,对资源环境承载能力较强、集聚人口和经济条件较好的城市化地区要重点开发,在主体功能区的"优化开发、重点开发、限制开发、禁止开发"四类区域里,河南多数地区属于"优化开发、重点开发"区域,所以,实施主体功能区战略,是河南发展的重大历史机遇。另外,《建议》在城市发展的指导思想方面,改变了"十一五"关于"以特大城市和大城市为龙头"的提法,要求"以大城市为依托,以中小城市为重点,促进大中小城市和小城镇协调发展"。中原地区城市体系合理,中小城市发育完善,在国家推进新一轮城镇化过程中,将会赢得更多发展机遇和空间。

由于这几个方面的原因,我们可以得出结论,建设中原经济区,对河南是机遇,对全国的客商是商机。所谓商机,就是要抢滩中原经济区,在这个广阔的舞台上,拓展市场,揽取项目,获得新的发展空间和新的增长点。

二　强化承接产业转移这个重头戏

1. 承接产业转移当为重头戏

目前,河南现代产业体系建设中存在以下问题。首先,传统产业结构对构建现代产业体系的制约仍然很大。其次,以系统转变方式推进现代产业体系建设存在较大难度。再次,产业同构造成过度竞争对建设现代产业体系有不利影响。在以外延扩张为特征的粗放型增长模式主导下,河南省区域现代产业体系的特色不明显,趋同的产业结构,对河南省构建现代产业体系是一个严峻的考验。最后,相关配套支撑系统的不完善对现代产业体系建设有较大限制。除此之外,在投融资平台、信息共享平台、人力资源开发平台和物流平台等产业发展支撑平台建设上相对滞后，成为制约河南现代产业体系建设的短板。

2. 中原经济区建设要强力推进的战略重点

第一，以创新理念突破传统产业体系的"路径依赖"，在产业体系规划与产业发展理念上进行创新，以突破传统产业体系的束缚。第二，借助当前金融危机背景下传统产业体系的瓦解以及产业转移提速，加快推进产业转型升级，加快形成产业链完整、高附加值环节比重明显提高的现代产业体系。第三，拓展传统优势产业的升级空间，依托重工业优势打造强大的制造业发展平台。中原经济区在能源原材料以及装备制造业等重工业上具有一定的产业基础，比较缺乏的是附加值，往价值链高端环节攀升空间巨大，更要发挥好重工业的优势，在优势产业领域加大研发投入，突破一批关键技术，培育一批新产业与新产品，延伸产业链条，提高加工度与附加值，大力推动传统优势产业向现代制造业转变。

三 承接产业转移的关键点

1. 理性把握承接转移的层次

要以承接高附加值工业、高新技术产业和现代装备制造业为主导承接层次，以承接技术密集型产业和生产性服务业为目标承接层次，提高环保门槛，制定承接产业转移的环境制度，对要进来的项目、投资进行严格的环境评价和能耗控制。

2. 打造承接产业转移的载体

工业园区是承接产业转移、加速产业集聚、培育产业集群的主要载体，要进一步完善园区基础设施，大力推进基础设施建设，发挥基础设施的先导效应，增强吸引力和凝聚力。

3. 切实抓好项目库建设

要把项目库建设作为承接产业转移的一项紧迫任务来抓。通过项目策划和论证，加强与国家规划的衔接，争取得到一批国家规划内的好项目、大项目；要通过招商引资，加强与国内外大企业、大公司的战略合作，引进一批好项目、大项目；要通过深化投融资改革，激活投资主体，新上一批好项目、大项目。要盯住产业扶持政策和自己的产业优势，抓好一大批与现有产业关联度高、适合区域实际、具有一定比较优势项目的前期规划、论证和包装工作。

4. 创新招商引资方法

重点抓好三个方面。一是鼓励建立民间商会，为沿海和内地的产业合作与交流穿针引线，积极推动多种形式的产业和企业合作；二是建立招商长效机制，加强招商队伍的专业化建设，使招商引资进入规范化、高效率运行轨道；三是强化产业链招商，强化"产业链招商"载体，构造"产业链招商"服务体系。

5. 努力改善投资环境

确保项目"零障碍进入和零障碍实施"，让投资者进得来、留得住、发展得起来。

（原载《河南日报》2010年11月17日）

中原经济区多元化融资的难点与路径*

资金是一个区域经济社会发展的血液，是经济增长的发动机。加快中原经济区建设，需要大量的建设资金作保障，能不能解决好"钱从哪里来"的问题，是推动中原经济区跨越发展的关键环节。面对中原经济区建设庞大的资金需求，必须大胆创新融资方式，构建全方位、多元化、多层次的投融资体系，不断拓宽融资渠道，加大融资力度，为中原经济区的跨越式发展创造条件。

一 多元化融资是中原经济区跨越式发展的引擎

中原经济区与国家其他经济区相比，底子薄、起步晚，发展压力大。中原经济区要发挥后发优势，实现跨越式发展，需要多种因素形成合力，其中最关键、最核心的因素，是实现融资推动，为跨越式发展输送血液。国际货币基金组织对1968~1994年资本净输入的发展中国家和地区经济增长的成因分析显示，在1970~1973年、1974~1982年、1983~1988年所有资本净输入的发展中国家的潜在GDP增长中，资本增长的贡献率分别是41.3%、52.9%和43.2%，超过劳动力投资要素和全要素生产率增长对经济增长的贡献。

改革开放以来，我国东部地区的迅速崛起也得益于吸引外资带来的经济总量扩张，通过总量扩张又吸引更多的资本，从而实现资本的快速积累，为经济发展创造良好的资金条件。可以说，融资规模决定了能否跨越，融资结构决定了跨越的质量。

---

* 本文为笔者与王芳合作撰写。

从河南经济发展实践看,投资是拉动经济增长的重要力量。要加快推动中原经济区建设,关键在于有效聚集资金、加大投资力度,促进全省经济的大发展、大跨越。然而,也应清楚地看到,随着国家新一轮紧缩的货币政策出台,信贷准入标准进一步提高,政府、企业获得银行信贷支持的难度进一步加大。为实现河南全省既定发展目标,必须强化金融对经济社会发展的促进作用,要努力构建多元化的融资平台,通过多种渠道融资,解决中原经济区发展过程中面临的资金瓶颈问题。

(一)多元化融资是推进中原经济区跨越式发展,解决资金缺口的需要

"十二五"是我国经济社会发展的关键时期,同样是中原经济区建设的关键时期。河南上下必须抓住这一千载难逢的发展机遇,突出优势,着力把中原经济区打造成全国粮食生产基地、全国"三化"协调发展示范区、全国重要的经济增长板块、全国综合交通枢纽和物流中心、华夏历史文明重要传承创新区。庞大的建设任务和巨大的资金需求,要求河南的融资工作要不断开创新局面,迈上新台阶。从目前河南的实际情况看,地方政府面临着艰巨的基础设施建设及繁重的公共服务任务,但却缺乏足够的筹集资金的手段。由于地方主体税种优势出现了一定程度的下降,替代财源又不具规模,同时还要实施各种减税措施,财政收入增长速度已经呈现出一定的下滑走势,而各项财政支出具有较强的刚性,可用财力尤其是基层政府的财力十分有限,而地方财政的融资手段偏少,落实相关的项目建设配套资金存在较大难度。中原经济区建设要求进行大规模的固定资产投资,完成相应的资金配套任务,地方政府财力短缺的问题是比较突出的。因此,切实提高政府融资能力,构建多元化、多层次的投融资体系以解决巨额建设资金缺口,已成为当务之急。

(二)多元化融资是应对当前紧缩性货币政策,保证资金供应的需要

2010年年底以来,随着国家宏观货币政策由适度宽松转向稳健,央行

连续上调人民币存款准备金率及存贷款基准利率，银监会等部门也连续实施差别存款准备金动态调整措施，强化资本充足率、存贷比等主要监管指标的要求，对包括银信合作在内的表外资产严格控制，从而对银行贷款增长形成强约束，信贷紧缩趋势明显。金融是现代经济的核心，经济建设、社会发展都离不开资金的支持，而当下持续从紧的货币政策，势必提高地方资金筹措的难度和成本，加大企业融资难问题。总之，在目前总体信贷资金供需矛盾日益凸显的背景下，如何采取有效措施提升融资能力和规模，缓解企业融资压力，削减紧缩性货币政策的不利影响，保障充足的资金供给，是中原经济区建设能否赢得主动、把优势变成胜势，实现中原经济区经济"稳中求进"、又好又快发展的关键所在。为此，加快投融资体制改革，进一步推进投资主体的多元化和融资方式的多样化，已成为中原经济区建设的必然选择。

（三）多元化融资是减轻政府债务风险，提高持续融资能力的需要

为应对百年不遇的国际金融危机，2008年年底，我国适时出台了"4万亿元"的一揽子经济刺激计划。为实现与中央经济刺激计划的对接和配套，河南省在2009~2010年共投资1.2万亿元，加快了省内项目建设。这一做法对实现河南全省"保增长、扩内需"的战略目标发挥了重要作用，但也带来融资规模扩张太快、潜在的财政和金融风险增加以及管理不尽规范等问题。依靠政府融资平台实现大规模融资，只能是非常时期的权宜之计，从长远看是不可持续的。在GDP增速较快时，地方政府财政收入和土地价值都较高，而这会为融资平台提供稳定的现金流，同时，高通胀会稀释债务。但如果进入货币政策紧缩周期，融资平台贷款的偿还风险可能加大。

目前，河南很多地方的政府融资平台没有建立还款约束机制和还款保障机制，已经接近或超过偿债能力的极限。在这种情况下，完善相关制度和管理，加快构建多元化、多层次的投融资体系，减轻政府债务风险，促进地方政府融资平台规范健康发展，提高持续融资能力，已成为当前的一项重要任务。

（四）多元化融资是促进产业结构调整，转变经济发展方式的需要

作为中原经济区主体的河南，既是能源生产大省又是能源消耗大省。改革开放 30 多年来，河南经济取得高速发展，但这一发展建立在高能耗、高污染、高排放的基础上，社会发展为此付出了巨大代价。这种投资率过高、投资结构不合理的发展方式，使得河南重工业尤其是高能耗的重工业比重过大，发展方式粗放，产业结构失调，生态环境恶化，经济的可持续发展遇到严峻挑战。而多元化投融资体系的构建，一方面能较好贯彻落实政府对经济结构调整的重大战略部署，通过增加能源、交通运输、通信、原材料和农业等基础产业与基础设施的投资，有效缓解和消除"瓶颈"产业对中原经济区经济增长的制约；另一方面则可以通过引进先进技术、管理经验、优秀人才等，弥补中原经济区经济结构优化升级的稀缺要素，支持战略性、先导性产业的发展，不断提升自主创新能力和节能环保水平，更好地提升中原经济区整体经济水平和国际竞争力，推进经济结构的战略性调整。可见，加快构建多元化投融资体系，是优化投资结构、合理配置资源，促进产业优化升级，实现中原经济区经济可持续发展的重要途径。

二 中原经济区多元化融资的难点与障碍

近年来，河南省委、省政府把金融作为重要的现代产业来打造，积极推进金融业改革发展，有效提升核心竞争力，全力支持全省经济发展和转型取得了突出成绩。金融布局日趋合理，组织体系日臻健全。截至 2008 年年底，全省共有银行业分支机构 11841 个；境内外上市公司 62 家，累计募集资金 509 亿元；期货经营机构 55 家，累计交易金额 155600 亿元；省级保险公司 40 家，专业中介机构 332 家，兼业代理机构 6092 家，全省保费收入 518.92 亿元，位居全国第 6 位、中西部第 1 位。金融业的安全稳健运行，为全省经济平稳发展提供了支撑，也为民生改善和社会和谐提供了保障。然而，目前中原经济区建立多元化的投融资体系，还存在不少问题和困难，建立中原经济区多元化的投融资体系任重而道远。

(一) 资本市场发展缓慢，融资结构不合理

河南是资金较为缺乏的地区，实现跨越式发展，有大量的资金需求却没有充足的资金来源。金融市场发展缓慢，企业融资主要来源于间接融资。大众化投资少，融资结构不合理。一是间接融资以国有商业银行贷款为主。目前河南省金融机构主要以四大国有商业银行为主，股份制、地方性、集体性等金融机构所占比重不大，金融机构数量少、网点少，且业务种类单一，金融工具品种少，这直接影响了河南金融资产的质量与流动性。二是资本市场发展缓慢。

与全国相比较，河南上市公司数量明显偏少，上市公司的整体规模也偏小，资产货币化、证券化程度低，尚未形成有竞争力的投资银行，使得河南省企业通过直接融资所获得的资金较少。资本市场的缓慢发展，阻碍了多元化融资体系中直接融资比例的提高，不利于多元化融资体系中合理融资结构的形成。

(二) 农村金融体系不完善，"三农"资金需求难满足

河南是农业大省、粮食大省，现代农业的发展、传统农业的改造以及新农村建设，都对资金有着非常急迫且巨大的需求。然而1998年以来，国有金融机构为了调整经营战略和信贷管理体制，大规模压缩基层经营机构，贷款逐步转向大城市和大项目，投入农村地区的资金越来越少。国有商业银行的撤并使农信社成为农村金融的主力军，导致农村金融体系过于单一，不能满足农村经济发展的资金需求。同时，在农村金融内部也存在着二元现象：正规金融机构在中部地区农村金融市场的渗透率和覆盖面远不能满足农户的需求，大部分中低收入农户无法从信用社获得金融支持。使得河南农村金融抑制现象日益严重，农村金融总量需求巨大而有效需求不足、潜在需求巨大而现实需求不足、远期需求巨大而短期需求不足的矛盾日渐突出，如何有效解决农村资金需求的巨大缺口，是构建多元化融资体系亟待解决的问题。

(三) 政府融资平台的局限性制约了融资规模的扩大

政府融资平台项目是以政府信用或财政担保为基础的，由于政府融资

平台的项目负债率总体上较高，债务信息透明度较低，使得作为政府主要债权人的银行很难及时掌握各级政府总体负债规模，无法准确评估地方政府的偿债能力，往往对地方财政能否支持庞大的投资持谨慎态度。另外，由于一些融资平台机构产权边界不清晰、责任主体不明确，使用的抵押和担保资产在一定程度上还有交叉，易出现多头融资现象，不利于商业银行对市政项目信贷总量信息的掌握，由此影响了项目贷款的审批进度。

（四）信用担保体系有待规范，中小企业融资矛盾依然突出

中小企业是国民经济的重要组成部分，但由于资产规模较小、经营管理能力较弱、资信等级不高等原因，很难得到国有商业银行的信贷支持。据有关资料显示，目前，河南中小企业的融资需求缺口约为1500亿元。在巨大市场需求的压力下，河南各级政府相关部门相继出台了鼓励民间融资等有利于担保公司发展的各项政策，促进担保机构快速发展。截至2010年年底，仅郑州各类担保机构就有500多家，注册资金总额达到338亿元，河南省担保行业进入了快速发展期，在缓解中小企业融资难题的同时，也出现了一些诸如注册资本金不实、担保业务不规范等问题。一方面是担保机构与银行尚未建立稳定、平等的合作关系，缺乏合理、有效的风险共担机制及信息互通机制；另一方面是担保机构的服务质量及中小企业的诚信水平、信息透明度等均有待提高，如一些担保机构成立之初就热衷于个贷、投资等高盈利担保项目，对中小企业融资担保开展不多；有的担保公司在实际操作中抛弃主业，公然违规吸储、高利放贷已不鲜见。这些都加剧了担保行业潜在的金融风险，也增加了多元化融资体系的运行风险。

（五）金融生态环境欠佳，银行业务扩展受到影响

所谓金融生态，又可称为金融生态体系，是各种金融组织为了生存和发展，与其生存环境之间及内部金融组织相互之间在长期的密切联系和相互作用过程中，通过分工、合作所形成的具有一定结构特征、执行一定功能作用的动态平衡系统。任何一种金融生态都是在一定条件下形成的。我们把作用和影响金融生态的这些环境条件称为金融生态环境。金融业快速发展需要有良好的生态环境。从河南的实际情况看，生态环境欠佳主要表现在信用环境欠佳上，其结果使银行不良资产偏高，从而影响了全省信贷

的快速扩张。由于资金具有逐利性、避险性特征，资金将会从高风险地区流向低风险地区。河南的金融生态使得本区域内资金集聚力降低，资金从省内流向外部，尤其是流向东部地区。由于河南国有企业比重较高，近几年国企改制中存在逃避银行债务现象，使金融机构对企业贷款采取了惜贷行为，由此产生的金融抑制效应加速了全省信贷的紧缩趋势。此外，信用环境差还使省内一些地方银企关系紧张，银行信贷门槛提高，交易成本增加，从而对贷款持续平稳投放产生较大影响，对金融业在全省的发展也产生了抑制，也影响了多元化融资体系的顺利构建。

三 中原经济区多元化融资的路径与方式

建立多元化、多层次、市场化的投融资模式，是推进地方政府融资机制改革的必然趋势。我们在着力提升政府融资平台融资能力的同时，还要积极利用银行、基金、信托、资本市场等多种融资渠道，充分挖掘民间金融潜力，吸引更多的社会资金参与经济建设和社会发展。

（一）整合政府资源，做强做大政府投融资平台

在新的历史时期，政府投融资平台要主动适应经济和社会环境的变化，不断更新、完善自己以适应新时期肩负的历史使命。后金融危机时代，全球经济发展进入了更为科学和更加严格的管理时代，一切自由主义的发展模式，粗放式的经营模式，作坊式的管理模式，都要接受检验，形成科学的可持续成长之路。为此，必须推进政府投融资平台的重要转型。

1. 推进政府投融资平台的融资能力建设

目前，河南已有 10 家省级投融资平台，但大部分仍处在初期运作阶段，由于注册资本金不到位且自身净资产规模较小，所发挥的融资能力和经营实力有限，特别是准备新开工的重点项目需要后续资金保障，而利用各种金融工具扩大融资功能尚未全面启动，融资方式仅局限于向银行融入资金，融资效果不够理想。因此，各融资平台一要结合自身特点，在充分盘活在手资源的基础上，继续挖掘平台内部可经营资源。二要做好国有资产基础管理工作，通过对平台内企业和资产进行清产核资动态监控，摸清企业和主要资产的真实状况，按照收益能力和盘活难度进行分类，有的放

矢地开展管理工作，同时加强国有资产管理的制度建设，保证国有资产安全有效运营。三要深入推进改革，构建公平高效、催人奋进的管理体制和用人机制。

2. 创新融资模式，壮大融资规模

稳定、低成本的资金来源是政府投融资平台发挥作用的前提条件。由于目前融资渠道过于单一，今后一要加强对土地出让金的管理，注重以土地为主体的资本运营，包括土地储备经营和土地融资。通过土地综合开发和市场化运作，努力获取土地级差收入，最大限度地挖掘土地价值。二要充分利用资本市场，通过"BOT"（建设—经营—移交）、"BT"（建设－移交）和股权合作等项目融资模式，积极引进外来资本参与城市的建设和发展。三要利用投资基金筹资。投资基金是一种典型的市场行为的资本运营方式。河南可根据投资项目的不同性质和用途，设立不同种类的城建基金，如交通投资基金、环保投资专项基金等，筹集相应的项目建设资金。

（二）推进金融创新，加大资本市场直接融资力度

尽管目前河南上市公司数量和规模均比较小，但辩证地看，这也意味着在资本市场上还有较大的发展潜力。在中原经济区建设中，积极推进金融创新，着力构建多层次资本市场，扩大直接融资渠道和规模，也是保障中原经济区建设所需资金的有效途径。

1. 积极争取银行信贷资金支持

银行信贷是地方政府融资的主要渠道。针对大量资金受利益导向机制的影响流向发达地区这一难题，一方面要鼓励各股份制商业银行到河南设立分支机构，同时出台有关政策（如存贷款比例考核、存差考核等），限制商业银行将中部地区的资金转移出去；另一方面应有区别地执行资产负债比例管理。放松全国性商业银行在河南分支机构的资产负债比例管理要求，扩大资产比例和中长期贷款比例，其资产负债的总体平衡，由总行负责进行。

2. 着力扩大企业直接融资规模

加快资本市场建设，通过资本市场以市政债、企业债和股权融资方式筹集建设资金，不仅拓宽了政府融资渠道，而且由于融资门槛高、监督主体和方式多元化，事实上加强了对政府和投融资平台的运作和财务监督，

有效地控制了地方政府债务的恶性增长。为此，一要积极利用现有上市公司资源，结合河南产业发展规划，鼓励国有或者控股上市公司通过增资扩股进行融资，募集发展资金，优化债务结构，进一步壮大企业规模。二要做好规划，加大培训服务和指导力度，支持、组织一些优秀企业，为其创造有利条件上市融资。三要制定相应财税优惠政策，支持和推动符合条件的企业改制或者借壳上市。最后要积极支持上市公司发行各类债券，优化投融资结构。要鼓励和支持上市公司发行与重点项目、基础设施、民生工程、生态环境建设等相关的各类债券，如发行可转债、分离交易可转债等，寻求新的筹资渠道。

3. 规范和引导非正规金融的发展

非正规金融融资已成为河南主要的融资方式之一，建议国家立法机关出台专门的民间融资制度及相关条例，为非正规金融发展提供必备的法律制度环境。从政策上合理区分非正规金融与非法金融，坚决取缔非法高利贷等金融犯罪活动，对于合法民间融资予以肯定。对非正规金融实现由过去单方面打压向有针对性疏堵并举的方式过渡，赋予非正规金融合法的法律地位。同时，注重非正规金融的规范化引导，引导自由借贷双方完善借款手续，建立必要的资金借贷登记制度并加以相应的法律规制，减少逾期借款，调解和判决由此引起的各类民事纠纷、刑事案件，维护当事人合法权益和金融秩序的稳定，促使非正规金融走上公开化、规范化的发展轨道。

（三）优化财税政策，进一步扩大社会投资规模

河南经济社会的发展，光靠财政自身实力是不够的，既要借助金融机构的力量，更要充分利用社会资金。

1. 充分发挥各级开发区作为招商引资主阵地的作用

切实落实好各项优惠政策，突出招大引强，着眼世界500强、跨国公司和国内知名大企业的引进，扩大合作领域和规模。

2. 放开民间投资城镇基础设施、公用事业建设的限制

除国家法律法规明确规定外，企业、个人及外商均可投资城市基础设施、旧城改造和新城区建设，如在环保融资上，发挥政府投放作用，引导企业、社会投入，甚至尝试引进外资，加大环保对外资和民间资本的吸引力度。

3. 建立公共用品合理投资补偿机制

鼓励和促进社会资金投入公共公用事业项目建设。

4. 运用税收优惠措施

鼓励和引导社会各种投资主体将更多的社会资源投入到基础设施建设之中。如在企业所得税的有关法规中，可以考虑对企业使用国产设备，投资于农村基础设施的，允许将设备的全部投资款在企业每年的新增所得税额中进行抵扣。

（四）加快金融创新步伐，提升金融服务水平

1. 加快推进制度创新

积极探索建立财政资金、开发性金融资金与商业性金融资金甚至民间资金协调配合的信贷模式，搭建高效的融资平台。积极推进产业投资基金、货币市场基金和证券投资基金的发展，加快闲散资金向产业资本的转化。

2. 根据市场的变化和客户的需求，加快金融产品和科技的创新步伐

要围绕客户需求大力开发和设计有自身特色的金融产品，克服产品设计中存在的费用不合理、产品相似、灵活性差、技术含量低等缺点，坚持以市场为导向，不断推出以树立品牌、抢占市场为目的的特色产品。

3. 不断谋求服务创新

要积极鼓励各金融机构发挥各自的特长和优势，根据项目和企业资金需求特点，设计多样化的融资组合，为客户提供个性化金融服务；同时要适应金融开放战略，积极开辟新的服务领域，支持外贸企业走出去，如推广应用仓单质押开立进口信用证、海关保函等新业务，不断巩固银企合作关系。

（五）重视信用担保体系建设，破解民营经济融资难题

建立健全信用担保体系，理顺政府、银行、担保机构、企业四方的关系是破解中小企业融资难题，构建多元化融资体系的重要举措。

1. 建设联动的担保体系

引导民间资金投入，鼓励大公司、大集团投资担保机构，采取多元

化、多形式、多层次组建融资担保机构，扩大担保机构规模，增强担保机构实力。

2. 建立有效的补偿机制

根据财政增长的速度，设立一定比例的专项基金，对担保公司的担保贷款实行贴息政策，对所担保贷款发生的坏账进行一定比例的贴补。积极落实国家有关税收优惠政策，对担保机构实行税收减免，直接增强担保机构的实力。

3. 建立多部门合作机制

积极争取金融部门的支持与合作，建立担保机构与协议银行间真正的合作关系，建立健全风险分散和规避机制，同时简化信贷环节，避免重复审查，切实为中小企业办实事。

4. 建立全省企业征信体系，加快中小企业信用评级体系的建设

该体系可由企业联合征信机构、中小企业信用评价机制、信用奖罚机制等组成。通过企业联合征信机构搜集企业的财务报表、合同履约、纳税、还债等情况，再由信用评价机制对企业信用情况进行评价，对信用好的企业进行奖励，差的予以处罚，以降低信用担保机构的经营风险。

（六）切实改善金融生态环境，打造区域"资金洼地"

在开放的市场经济金融中，资金是在全社会自由流动的，外界不能做出硬性的规定，画地为牢。因此，区域金融生态环境决定着资金流向，决定着资金生产要素资源的配置。构建多元化、市场化的投融资体系，就必须重视改善河南的金融生态环境，从而吸引更多的资金流入河南省。

1. 加强经济发展的相关法制建设

以法制建设的严肃性、强制性和规范性明确全省经济发展的目标、步骤、方法以及各方面的权利义务、优惠政策和投资者的权益等，形成与市场经济相适应的投资激励机制，鼓励私人资本投资，并强化投资主体的责任，减少失误，提高效率。

2. 加快社会信用体系建设

以信用担保体系建设为核心，积极培育社会信用文化。

3. 建立和完善守信激励、失信惩戒机制

对信用好的市场主体，政府有关部门在集中采购、工程招投标、项目审批中给予优先考虑，金融机构在授信额度、期限、利率上给予优惠；对不讲信用的市场主体，除金融机构联合予以信用制裁外，情节严重者应依法追究其法律责任。

（原载《金融理论与实践》2012年第1期）

靠融资破解中原经济区"钱从哪里来"难题*

"钱从哪里来",是中原经济区建设中面临的突出难题。如何破解这一难题,是摆在中原经济区各级政府面前的现实难题。发达地区的成功经验告诉我们,破解中原经济区"钱从哪里来"的难题,关键在于融资,要运用各级资本市场融资杠杆,加强投融资体制改革,积极探索建立多元化、市场化的投融资体系,集合巨额资金投入,加快中原经济区建设和发展。

一 "钱从哪里来"的忧虑与困境

1. 融资压力巨大

从目前我国财政运行的现实矛盾看,地方政府面临着艰巨的基础设施建设及繁重的公共服务任务,但缺乏足够的筹集资金的权力,事权和财权不相匹配,地方政府自身财力缺乏的问题比较突出,地方政府财力难以满足日益膨胀的公共建设资金及公共财政的支出需求,河南作为欠发达地区这种矛盾表现得尤为突出。随着中原经济区建设的逐步推进,必然带来城市基础设施建设和维护投入需求的大幅增加,可能会呈现跳跃式增长。仅仅依靠当地政府的财政投入、银行的资本借贷,以及民营经济的运作,都是远远不够的,政府还承载着巨大的融资压力。

2. 融资渠道狭窄

目前河南的融资形式多以银行的长短期商业贷款等负债方式进行,

---

* 2010年12月,河南省委宣传部组织开展围绕中原经济区建设的专题调研。这是笔者主持提交的研究报告。

利用资本市场直接融资比例过低，对金融创新的手段运用较少，杠杆效应不明显。从金融机构结构来看，河南的金融机构主要以四大国有商业银行为主，股份制、地方性、集体性金融机构所占比重不大，金融机构数量少，网点少；资本市场发展比较缓慢，资产货币化、证券化程度低，产权市场发展滞后；企业债券融资发展缓慢，民间资本不够活跃。据统计，2009年，河南新增贷款达3068.9亿元，利用资本市场融资为642.44亿元，其中股票融资40.44亿元，债券融资212亿元，信托融资390亿元。这样的负债结构和融资渠道，一方面造成融资成本通常较高，另一方面也使得融资规模受宏观调控政策的影响极大，难以借助资本市场做大做强。

3. 融资平台职能单一

目前，河南已有建投、文投、交投、铁投、水投、担保集团、国有资产控股运营公司等10家省级投融资平台，全省投融资体系粗具规模。但由于这些投融资平台往往依赖于某个或某类政府投资项目而建立，仅仅承担了投资项目的融资及建设职能，只负责对工程项目的投资建设，不能对建设的工程项目进行经营与管理，没有形成真正意义上的符合风险与收益一体化要求的投融资主体资格，市场化投融资"借、用、管、还"的责任主体不清晰，项目建设实行分散式管理，难以形成投融资运营合力。因此在实际运作过程中，投融资平台资金使用效率较低。并且，由于人员、机构、资本尚未完全到位，投融资功能尚未充分发挥。

4. 融资风险管理有待加强

地方政府投融资平台在推动地区城市化和工业化发展的同时，也积累了巨额债务。这些债务从微观层面上看是企业的直接或担保债务，但从宏观职能角度看，一旦投融资平台运营失败，所有这些债务必定由政府买单，给地方财政造成极大的风险，一旦爆发，将可能直接转变为银行危机，造成经济危机、社会危机。目前，河南财政投融资体系的风险约束机制尚未建立，管理思维和手段还比较滞后，缺乏合理的风险约束机制。随着中原经济区建设的逐步推进，投融资体系建设与政府施政目标的矛盾将日渐凸显，必须采取有效措施提高财政投融资的管理水平，从根本上改变河南投融资体系现状，建立新型规范运营的政府投融资平台，扩大财政投融资的规模及社会影响力。

二 融资对破解"钱从哪里来"难题的作用

深化投融资体制改革,创新融资方式,建立新型的地方政府投融资平台,可以有效拓宽融资渠道,改变过去主要以银行贷款为主的单一融资模式,破解制约中原经济区快速发展的融资瓶颈。

1. 有效拓宽融资渠道,支持重大建设项目顺利实施

重大项目具有基础性、战略性、全局性等特点,其顺利实施关乎国计民生、环境资源、公共利益,甚至国家安全。但这些重大项目往往投资数额巨大,投资期限较长,单纯依靠中央和地方财政收入作为建设资金,一方面无法满足项目的资金需求,另一方面也不能保证项目资金的连续性和项目的按期建成。因此,融资平台作为政府和银行的桥梁,通过融资拉动和引导社会资金的进入,可以充分发挥政府投资主体的政策性和导向性作用,强化融资功能,提升间接融资能力,扩大直接融资规模,确保政府战略目标的实现。

2. 有效缓解中小企业融资瓶颈,帮扶中小企业发展壮大

中小企业融资难是个世界性难题。我国政府于20世纪末开始尝试建立信用担保体系、创业投资体系、中小企业板等间接和直接融资体系,对缓解中小企业融资难、推动中小企业发展起到了一定支持作用,但中小企业融资难问题仍远未解决。融资平台的出现无疑增加了中小企业融资途径,其优势在于通过政府组织优势,对中小企业进行前期调研和项目把关,大大减少银行贷款风险,通过推荐和择优选择,以及融资平台对中小企业增加信用,解决中小企业信用结构难落实的问题,大大降低中小企业的融资成本,有利于增加具有发展潜力的中小企业获得贷款的概率,进一步推进中小企业的发展。

3. 有效促进产业结构调整,推进产业结构优化升级

投融资平台能较好贯彻落实政府对经济结构调整的重大战略部署,通过增加能源、交通运输、通信、原材料和农业等基础产业与基础设施的投资,有效缓解和消除瓶颈产业对中原经济区经济增长的制约;投融资平台通过支持战略性、先导性产业的发展,可以更好地从整体上提升国有经济的导向和控制作用,构建高端、高效、高辐射力的现代产业体系;投融资

629

平台通过引进先进技术、管理经验、优秀人才等弥补经济结构优化升级的稀缺要素，有利于中原经济区经济结构的调整；投融资平台通过不断提升自主创新能力和节能环保水平，可以更好地促进中原经济区提升整体经济水平和国际竞争力，推进经济结构战略性调整。

4. 有利于加快城镇化进程，缩小城乡差距

城镇化是工业化、农业产业化的有力支撑，积极推进城镇化进程，既可以改善人民的生活质量，又可以拓展经济发展空间，为经济发展提供广阔的市场和持久的消费动力，形成新的经济增长点。目前，河南城镇化进展缓慢，城市基础设施相对落后，城市发展的集聚效应相对较弱。通过融资平台筹集的建设资金，可以有效地缩小地方政府在城市基础设施建设中的资金缺口，促进辖区内公共设施、公共事业的顺利建设，缓解城镇基础设施的供求矛盾，改善地方市政设施和投资环境。特别是县（市）级城市基础设施的不断完善，可以创造良好的生产环境和生活环境，有利于吸引农村劳动力转移，增加农民收入，进一步加快城乡一体化进程。

5. 推动社会事业发展，解决重大民生问题

在教育、医疗卫生、科技文化、体育等公益性事业领域，受投资回报低、周期长等因素影响，私人和社会资金一般不愿介入。融资平台依靠地方政府未来财政增收作为长期还款资金来源，能够较好地满足银行贷款的基本要求，通过融资平台承接银行贷款，能够加强民生领域的改革力度和建设力度，帮助地方政府及时完成社会事业的建设任务，有效解决民生热点和难点问题。

三 以改革创新态度促进河南金融业大发展

经济的发展离不开金融的支持。长久以来，制约河南经济发展的资金"瓶颈"根源就在于金融创新不足，信息不对称的情况极为严重，很大程度上降低了资金融通的效率；而金融体制和资本市场的转轨落后于实体经济的步伐和节奏，使得金融市场上供给和需求的结构不对称，造成了供给和需求失衡的结构性缺陷。所以，大胆创新融资方式，实施全方位、多层次、多元化金融战略，构建与中原经济区经济发展相适应的现代金融体系，对保证经济的持续快速发展具有重要的作用。

1. 完善银行组织体系，积极稳妥地推进金融对外开放

要切实落实促进银行业发展的各项优惠政策，增强各类银行机构进驻河南的吸引力，鼓励和支持股份制银行在河南县域设置分支机构，鼓励并支持已在郑州设立分行的股份制商业银行适时在全省增设同城或异地支行。要完善河南银行业服务体系，定期专题主办金融发展论坛，邀请国内外及驻华外资金融机构负责人来河南考察，提升国内外金融机构对中原经济区金融发展前景的认知，争取更多外资金融机构进驻。要做优做强地方法人金融机构，建立和完善农村信用社可持续发展的长效机制，加快推进全省村镇银行和小额贷款公司的组建进程，加大对农村经济发展的支持力度。

2. 积极发展资本市场，构建多层次资本市场体系

要推动大中型企业到主板市场上市融资，对有潜力、有市场的企业，通过资产重组、并购等方式，帮助其创造条件上市。积极开发适合小企业特点的服务种类和金融产品，帮助小企业建立良好的企业文化和信用文化，鼓励和扶持小企业特别是高新技术企业通过创业板市场上市融资。要逐步扩大企业债券发行额度与规模，满足企业发展的需要。要积极鼓励多种类型法人金融机构进入全国银行间同业拆借市场，参与推进货币市场基准利率建设，加强省内外资金调剂，吸纳更多资金支持河南经济发展。

3. 加快金融创新步伐，提升金融服务水平

要加快推进制度创新。积极探索建立财政资金、开发性金融资金与商业性金融资金甚至民间资金协调或配合信贷模式，搭建高效的融资平台。积极推进产业投资基金、货币市场基金和证券投资基金的发展，加快闲散资金向产业资本的转化。要根据市场的变化和客户的需求，加快金融产品和科技的创新步伐。围绕客户需求，大力开发和设计有自身特色的金融产品，克服产品设计中存在的费用不合理、产品相似、灵活性差、技术含量低等缺点。要不断谋求服务创新。根据项目和企业资金需求特点，设计多样化的融资组合，为客户提供个性化金融服务。同时要适应金融开放战略，积极开辟新的服务领域，支持外贸企业走出去，如推广应用仓单质押开立进口信用证、海关保函等新业务，不断巩固银企合作关系。

4. 加强金融人才培养，构建金融发展人才支撑体系

要着力营造爱惜人才、尊重人才的氛围，创造宜于人才施展才华的新环境，促进人才合理流动和优化配置，吸引更多优秀金融人才到河南工作。要采取有效措施加大对中高级人才的引进，特别是引进精算、电脑、外语、法律及国际经贸方面的中高级人才，优化人才队伍结构，同时改革仅在本行业内部选择高级管理人员的模式，在全社会各领域择优招聘。要加快现有人才的培养，加大金融从业培训投入，提高金融从业人员的整体素质。增加后续教育的频率，采取指派优秀员工赴外地优秀企业实习交流、各地金融从业人员换岗实践等措施，以促进现有人才专业素质的提高。

增强消费对经济增长的拉动作用

中央经济工作会议强调，要以扩大内需特别是增加居民消费需求为重点，努力使经济结构调整取得明显进展。要扩大居民消费需求，增强消费对经济增长的拉动作用。这是促进我国经济增长由主要依靠投资、出口拉动向依靠消费、投资、出口协调拉动转变，强化经济增长的内生动力的重大决策。

一

市场经济是需求导向型经济，而市场需求中最重要的是消费需求，因为它是最终需求。马克思指出，如果没有消费，生产就没有目的。英国经济学家马歇尔认为，一切需要的最终调节者是消费者的需要。因此，在市场经济条件下研究经济发展，必须首先考虑消费需求问题。

在当前国际金融危机导致世界经济衰退、我国出口疲弱的情况下，尤其应重视发挥消费需求的作用。众所周知，消费、投资和净出口，是拉动经济增长的三大需求，它们之间的比例是否合理，直接影响着宏观经济效益和经济的可持续发展。我国经济发展中的一大痼疾，是投资过热、消费不振。2000年我国最终消费率为61.1%，到了2003年锐减为55.4%，2004年进一步下降为53.6%。与此相对应的是投资率居高不下。投资率过高与投资消费的失衡，不仅导致了过分依赖投资促进经济增长以及难以有效促进就业等一系列问题，也为经济增长带来了资源环境压力等一系列矛盾。为此，2005年10月，党的十六届五中全会关于"十一五"规划的《建议》就指出："要进一步扩大国内需求，调整投资和消费的关系，增强消费对经济增长的拉动作用"。

但近几年来,投资率不断攀升,经济增长过度依赖投资和出口拉动并未得到缓解。统计数字显示,2000~2008年,我国投资增长17.9%,净出口增长34.7%,分别比消费增速快7.2个和24个百分点。在国际金融危机导致出口受阻的形势下,2009年前三季度,消费对GDP的贡献只有4个百分点,投资贡献了7.3个百分点,消费对经济增长贡献率远低于投资。2009年前三季度我国最终消费占GDP的比重仅为51.1%,已降到历史最低水平。

由此可见,破解消费需求不振、转变经济增长方式已刻不容缓,扩大内需特别是增加居民消费需求已成为实现我国经济又好又快发展的当务之急,调投资、促消费、保增长应当成为2010年我国经济工作的突出任务。

二

河南是经济大省,也是消费大省,增强消费对经济增长的拉动作用,对河南保持经济平稳较快发展和跨越态势,具有特殊的意义。改革开放以来,河南经济年均增长11.2%,高于全国平均水平1.5个百分点,经济总量由全国第9位到稳居第5位。工业快速发展,2007年河南工业增加值跃居全国第5位,其中规模以上工业增加值居全国第6位,实现利润居全国第4位,全部工业对全省经济增长的贡献率达到65.2%,成功实现了由传统农业大省向经济大省和新兴工业大省的历史性跨越。

同时要看到,河南经济增长主要是依赖投资拉动。近年来,河南投资拉动型的经济增长趋势更加明显。2001年投资贡献率为31.9%,2004年上升到56.9%,2007年高达77.1%,2007年由于资本形成总额的增长拉动GDP增长达到了11.3%。可见河南经济增长对投资增长的依赖性越来越强。另外,投资和消费的比例关系也严重失调。2007年与2000年相比,河南投资率上升了14.1个百分点,而最终消费率却下降了8.9个百分点,其中居民消费率下降了9.27个百分点。2007年,河南投资率高于全国平均水平12.3个百分点,最终消费率低于全国平均水平3.3个百分点。

在应对国际金融危机的背景下,河南"强投资""弱消费"的问题更为突出。2009年1~9月,居民消费对GDP贡献率为32.40%,资本贡献率为53.17%,净出口贡献率为0.05%。从2009年一季度、前半年、前三季度累计情况看,资本贡献率依次为33.02%、52.34%、53.17%,呈上升趋势;居民消费对GDP贡献率依次为39.00%、34.56%、32.40%,呈下降趋势。从投资、消费、出口对经济增长的拉动系数看,2009年1~9月,河南投资、消费、出口对经济增长的拉动系数分别为4.94、3.01、0.0047。一季度、前半年、前三季度,投资拉动系数依次为1.9813%、4.2919%、4.9448%,拉动作用大为提升;消费拉动系数依次为2.574、2.8339、3.0132,拉动作用虽有所提高但远不及投资拉动,居民消费作为最终消费的主体作用远没有得到充分发挥。

应当注意的是,"强投资"并不能一直带来高增长。从河南投资率与GDP增长率的关系看,2005~2007年,投资率上升了8.3个百分点,GDP增长率仅上升了0.4个百分点,说明投资率与GDP增长率并不总呈现明显的正相关关系。与此相关的另一项研究表明,2002年以来,河南投资弹性系数持续降低,而最终消费的弹性系数持续增长,2007年河南最终消费弹性系数已达1.22,投资弹性系数降为0.45。这一变化的内在含义是,单位投资增长的拉动能力开始下降,单位消费增长的拉动能力开始增强。由此我们得到的启示是,河南要保持经济平稳较快发展和跨越态势,应当把增加消费需求作为重中之重。

三

要从深入贯彻落实科学发展观,转变经济发展方式的高度,认识中央经济工作会议关于"扩大居民消费需求,增强消费对经济增长的拉动作用"要求的必要性和迫切性,坚持理念创新和制度创新,在增强消费对经济增长的拉动作用方面取得实质性进展。

1. 确立消费导向

不仅要深刻认识消费需求的拉动作用,而且要充分发挥消费需求的导向作用。在消费需求方面,应把握好四个"点":消费需求的出发点——提高消费水平和质量,促进人的身心健康和全面发展;消费需求的凝结点——消费热点的形成和发展;消费需求的升华点——形成新的经济增长点；消费需求的落脚点——人与经济、社会、自然协调发展。把握好这四个"点"，不仅可以使消费本身科学合理运转，而且能够引导投资科学合理运转，提高投资的经济效益和社会效益，促进消费需求与经济增长形成良性循环。

2. 增强消费能力

扩大消费需求，基础是提高居民收入，增强居民消费能力。要抓紧研究调整和优化国民收入分配格局的思路。继续加大强农惠农政策力度，促进农民持续增收。提高企业退休人员养老金和社会优抚对象待遇水平，提高中低收入者收入水平。要努力实现党的十七届三中全会《决定》提出的目标：到2020年，农民人均纯收入比2008年翻一番，消费水平大幅提升。实现这一目标，要求加快构建现代化农业产业体系，发展农业产业化经营，搞好农产品精深加工、转化增值。特别要根据河南资源优势发展特色产业，使资源优势转化为产业优势、产品优势。

3. 拓展消费空间

要继续完善鼓励消费的财税、金融政策，继续实施鼓励家电、汽车、农机、节能产品的优惠政策。完善住房消费和调控政策，增加中低价位和限价商品房的供应，抑制投机性购房。要调整产业结构，使之与消费结构升级相适应。加快发展第三产业特别是发展文化、教育、科技、生活服务等产业，积极促进文化、旅游等服务消费。发展高层次、高质量的休闲产业，不仅有利于提高我国城乡居民的消费质量，而且能吸引大量的国外游客，有利于促进我国经济文化发展。要随着消费领域不断扩大，新的消费热点不断出现，及时调整产业、产品和服务结构。比如，随着"家电下乡"的推进，要求生产出适应农村需要的产品，并保证质量和售后服务。

4. 优化消费环境

加快形成资源节约、环境友好的消费方式，节能、节地、节材、节水，发展循环经济。治理和保护生态环境，建设生态城市、生态社区、生态村镇。大力发展生态农业，从源头上治理污染，确保农产品质量安全，认真搞好从农田到餐桌的全程质量安全监管。进一步整顿市场秩序，加大"打假"和"扫黄打非"的力度。特别是要加强食品安全监管，保证人民群众吃得放心。应从各个方面净化消费市场，培育优良的社会机体。消费环境改善了，消费者敢于消费、乐于消费，就会为扩大消费需求创造重要的条件。

5. 健全社会保障

要扩大消费需求，必须提高消费倾向。我国不少人消费倾向低的原因，除了收入差距大，还在于社会保障体系不健全，人们有后顾之忧，不敢放心消费。因此，应加快建立覆盖城乡居民的社会保障体系，"努力使全体人民学有所教、劳有所得、病有所医、老有所养、住有所居，推动建设和谐社会。"城乡居民免除了后顾之忧才敢放心消费，消费倾向就会提高，消费需求就会扩大，进而实现消费需求与经济发展之间的良性循环。

（原载《河南日报》2009年12月16日）

发展低碳经济是河南实现绿色发展的根本途径

实现绿色发展，是河南今后相当长一个时期经济发展要遵循的原则。实现绿色发展，根本途径是发展低碳经济。河南省省长郭庚茂在2010年年初的《政府工作报告》中强调，要大力发展低碳经济，加快资源节约型、环境友好型社会建设，同时要求严格执行"两高"产业淘汰标准，继续淘汰落后产能。各级政府应当认真领会，坚决贯彻。

低碳经济是一种以低能耗、低污染、低排放为特点的发展模式，是以低碳产业、低碳技术、低碳能源、低碳生活、低碳管理、低碳城市等为表征的经济形态，是人类社会继农业文明、工业文明之后的又一次重大进步。发展低碳经济，不仅是一场大规模的环境革命，更是一场深刻的经济变革。

在过去的十几年里，河南经济一直保持了较高发展速度，但是，这种高速度主要是依靠资源、能源的过度消耗和大量廉价劳动力的使用来推动的，经济发展呈现出典型的资源型、高碳型结构特点。这种资源型、高碳型的经济结构无法支撑经济可持续发展。一方面这种产业结构使河南省付出了较大的环境代价。多年来，河南温室气体和污染物排放一直维持在较高水平，万元GDP能耗也高于全国平均水平。2008年，河南全省工业废气排放量20264.09亿立方米，主要污染物二氧化硫排放量145.20万吨，烟尘排放量61.36万吨，工业粉尘排放量28.67万吨，工业固体废物产生量9556.67万吨。全省工业废水排放量13.31亿吨，主要污染物化学需氧量（COD）排放量65.09万吨。2008年河南万元GDP能耗为1.219吨标准煤，高于全国平均水平10.6个百分点。另一方面经济增长对矿产资源的过度依赖，势必导致资源供应的紧张和困难。目前在全省大中型矿山中，保有可采储量不足5年的资源严重危机矿山占41.6%，保有可采储量不足10年的中度危机矿山占28.6%，保有可采储量不足15年的轻度危机矿山占13%。这种情况，迫使我们必须实施低碳经济发展战略，彻底改变过去高投入、高排放的经济增长模式，为建立资源节约型和环境友好型社会奠定坚实基础。

大力发展河南低碳经济，要制定和实施一系列有效的政策和对策。

加大重点行业节能减排工作力度。要落实国家产业政策，严把钢铁、水泥、平板玻璃、煤化工等产业准入门槛；推动重点行业企业节能降耗，实施节能攻坚计划，在煤炭、有色等八大重点高耗能行业实施重点节能项目；加强工业减排治污，促进工业清洁生产，开展污水治理专项监督检查，推动削减钢铁、有色、化工、水泥等行业大气污染物排放量；发展循环经济，促进综合利用。

构建节约循环型的产业结构。要大力发展第三产业，提高其在国民经济中的比重；加快用高新技术和先进适用技术改造传统产业，实现传统产业升级；调整能源消费结构，提高优质能源的比重。根据资源条件和环境容量确定不同区域的发展方向、功能定位，促进区域产业合理布局。加强重点行业能源、水、原材料消耗的管理，严格执行设计规范；加强节能、节水技术改造，加强废渣、废水、废气综合利用管理，提高资源综合利用率。

大力培育和发展低碳产业。根据河南省产业基础，加大政策扶持力度，大力培育和发展电动汽车、光伏太阳能、节能环保、现代物流等低碳产业，加快构建低碳经济体系。研究制定发展规划，统筹规划产业发展，明确发展目标、工作重点和保障措施。同时抓好骨干企业和产业集群培育，加快推进产业化和示范推广，力争形成竞争优势，使河南省在新一轮区域竞争中赢得先机。

探索低碳经济市场交易机制。积极发挥市场机制的资源配置作用，减少二氧化碳等温室气体排放量，利用市场机制引领低碳经济发展。建立河南省碳交易市场，在环境政策，碳交易的管理、调控和监督制度建设，专业人才的培养方面，做好构建全省碳交易市场的准备工作。根据内生生长机制，构建全省碳交易平台，实现实体交易和网络交易兼容。拓展融资渠道，拓宽碳交易对象，加强和完善风险防范机制。

完善宏观经济政策与调控体系。引入环境统计和核算方法，建立激励与监控机制；搭建政府与企业间的节能减排、环境保护的信息交流平台；各级政府部门要尽量采购节能环保型产品，并建立绿色采购网络；大力支持发展混合动力或新能源汽车，积极发展节能建筑；开展绿色核算与审计工作，建立监控机制与绿色考评体系；选择典型城市和重点行业开展低碳经济试点，建设低碳城市、倡导低碳生活、构建低碳社会。

建设节能减排的科技创新机制。积极构建河南省绿色科技创新体系，重点突破有技术基础、符合国家战略发展要求的"低碳技术"，争夺"低碳技术"的战略制高点。健全绿色科技创新的激励与保障机制，逐步完善"创新人才激励机制""创新资金筹措机制""创新风险投资体系"。运用专利法律和政策，为企业开展绿色科技创新提供动力。推动科技成果的保护和扩散，促进知识的流动和外溢。

（原载《党的生活》2010年第10期）

中原经济区与民营经济发展*

当前关于中原经济区的研究、宣传在河南上下掀起了高潮,大有中原经济区老老少少齐上阵的势头,我认为这首先是好的,作为研究民营经济的同仁们也应该发出我们的声音,谈谈我们的看法,这是我的态度。

下面我利用这个机会谈三个问题。

第一个问题,什么是中原经济区。这方面的报道已经不少了,我简单地概括一下。首先,什么是经济区?经济区就是一个经济区域,但是经济区又不简单地是一个经济区域,它必须具备三个要素:一是以中心城市为依托,二是它应该有紧密的、发达的经济联系,三是它在全国的区域格局中担负着专门的职能。把这三点串起来,经济区就是以中心城市为核心,具有紧密的、发达的经济联系,在全国的区域格局中担负着专门职能的经济综合体。什么是中原经济区呢?中原经济区就是以郑州为核心、以中原城市群为依托,以河南为主体,涵盖周边省份部分地区的经济区域,大体它的范围涉及河南以及周边的几个省份、部分地市,加起来大概有30个地级市,河南的18个加上周边的20个左右;人口大概1.7亿左右。这个地区当然有很多特点,其中最突出的是国家粮食主产区,粮食产量占全国的1/6,小麦占1/2左右,还有其他特点。

中原经济区是个什么样的区域呢?我的理解有这样几点,第一,它是一个客观存在的区域,不是我们做了个梦就想到了这个区域,或者是作诗就浮想联翩起来,它是客观存在的一个区域,山水相连,使命相近,并且由来已久,"黄河金三角"涉及三个省四个市的协作,还有黄淮区域的合

---

* 本文是笔者于2010年11月4日,在河南省民营经济研究会召开的"中原经济区发展座谈会"上的发言。

作。第二，它是一个相对独立的区域，为什么相对独立呢？这个区域和全国的三个经济高地珠三角、长三角、环渤海湾都遥遥相望，离得很远，这样受它们的辐射、影响带动比较小，打个比方就是我们这里是七不沾八不靠，我们离北京、上海都是七八百公里，离广州2000公里，这样的距离使我们受它们的影响比较小。江西早就提出要成为上海的"后花园"，安徽提出承接长三角产业转移带，这两个省份都是依靠或者仰仗发达地区了，要发挥离长三角比较近的好处。湖南提出"向南"，融入珠三角。山西多年来深受首都经济圈的影响。这些省份的经济结构你查一下，它是比较残缺的，这个残缺也不是坏事，因为它离发达地区太近了容易配套。而河南的经济结构是非常齐全的，工业39个大类，河南有38个，自我配套能力、自我修复能力很强，因为你不全就没法活。第三，它是欠发达特征最明显的区域。表现在"三低"，人均经济指标低、产业层次低、城镇化水平低。当然卢展工书记主政河南以后提出破解"四难"，《人民日报》6月3日有一个对河南转变经济发展方式的文章，就是河南破"四难"：人往哪里去？钱从哪里来？民生怎么办？粮食怎么保？第四，它是一个亟待实现历史复兴的区域，因为中原是中国之中，是中华文化的重要发源地，中原是中国的缩影，中原兴、中华兴，没有中原的复兴，中华复兴何谈？这是我讲的第一个问题，什么是中原经济区。

第二个问题，为什么要构建中原经济区？或者说我们构建中原经济区说到底是要干什么，构建中原经济区有没有标准？什么叫建成了，什么叫没建成？我想了一下，有以下几条：一是要持续和提升不以牺牲粮食、农业和生态为代价的工业化和城镇化道路，这是讲的"三不牺牲"，这是河南目前被国务院看重，中央对我们给予厚望，也是我们底气比较足的事情，就是工业上去了城镇化也在推进，但是粮食没下来。1978年的时候我们的粮食总产量居全国第4位，之后多年来为全国第一。生态问题可能会多一点，这个道路我们怎么继续走得更好、更稳。二是要提升中原经济区在实现中原崛起中的引领作用，为实现中部崛起发挥独特作用。中原城市群是在中西部发育最好、成长性最好的城市群，大量数据可以说明，所以我们现在提起河南的特点概括为五个字："大"，大省优势；"根"，中华民族血脉之根；"位"，区位；"粮"是粮食；"群"，就是中原城市群。这是前面我们用几个月的时间研究概括提炼的，得到了省委、省政府的赞赏。

中原城市群在中原经济区中是个引领,同时为中部崛起做出重要贡献。三是在完善全国经济布局中发挥中原战略腹地作用,形成全国新的经济增长极和倍增极方面做出我们的贡献。就是说,中原经济区不是自拉自唱、自说自话,而是要站位中国看中原,中原要为中国做贡献,所以我们现在讲中原要支撑中部崛起,推动东西互动,服务全国大局,腹地要发挥腹地效应,成为全国新的增长极。现在沿海的三大增长极还是高调前进,我们在网上看到,有人说长三角要求2020年达到人均GDP13万元,这是什么概念?就是2万多美元。中部2015年是人均3600元,这个要求也是非常高的。四是要在解决"三农"问题方面取得突破性进展,探索消除城乡二元结构的途径和经验。中原这个地方"三农"是最突出的,人口最密集,并且农业占的比重比较大。这最有利于探索"三农"问题怎么解决,城乡二元结构怎么被破解,我们也有这个义务和责任把这个事情做好,从而为中西部提供经验。五是要在推进区域合作,特别是跨省域的区域合作方面取得突破,形成互利双赢的体制机制。我们知道,现在全国的各类经济区很多,过去也有很多协作区,有一些是没有实质性的东西,一年开个会,吃一次饭,什么市长论坛之类的,有些好处,但是行政分割还是占主导。中原经济区怎样在经济联系、经济协作形成几个统一,怎么资源整合、减少成本,实现共享共建等方面取得进展,特别是跨省域方面。这里有个问题我们需要说清楚,有的同志说河南把自己的事干好就行了,管人家干什么?有人说看来河南现在做大了,还想管别人的事。这都是误解。全国性的、跨省域的经济区好几个,海西经济区是以福建为主,涉及周边几个省,它是共同发展、互相协作,不是谁领导谁,不是这个概念。这是我谈的第二个问题,说到底建中原经济区要干什么,要在哪些方面做工作。

第三个问题,建设中原经济区对于民营经济、民营企业意味着什么?我想了一下也是五条:一是建中原经济区将极大地提升这个区域的影响力和竞争力,就使这个区域有了更多的关注度,建经济区到底有什么好处?好处是很大的,这个地方的影响力、关注度、竞争力可以得到提高,支持力度也会加大。这就意味着为民营经济在这个区域的发展可以搭建了更大的平台,拓展更广阔的发展空间,这对民营经济意味着这块土地的重要性、影响力,对我们来说是生死攸关的。二是建中原经济区意味着进一步消除行政分割，推进市场化进程，意味着进一步加强经济的内在联系，充分发挥市场在资源配置中的基础性作用。这个恰恰契合了民营经济的特点，民营经济就是从市场经济冲杀出来的，我们太喜欢这种市场经济了，太喜欢市场化进程推进了，我们对行政分割有时候是很无奈，建设中原经济区将为民营企业的发展、民营经济的发展创造更为优良的环境，"吃拿卡要"的会更少，政府的服务会更多。三是这个区域的投资回报率将会继续提高，将会成为民营资本最佳的投资区域。最近一个时期我们都知道河南的招商引资取得重大进展，浙商等纷至沓来，特别是富士康的入驻引起了海内外媒体的关注，包括采访我的省内外媒体有十几个，我说这个事可能说不太清，但是有一条是可以说得清的，富士康到河南不是扶贫来了，它是来赚钱的，资本是最清醒的，资本是逐利的，我们民营企业离市场很近，非常敏锐。这5年来，特别是中部崛起战略实施以来，当然也由于金融危机的影响，现在全国的资本投资回报率发生了重大变化，东部在下降。国家统计局研究，东部2003年以来全国分地区总资产贡献率，北京从8.79%下降到6.22%，浙江从12.44%下降到10.3%，与此形成对比的是，中部和东北地区在上升，河南的上升幅度最高，原来是9.99%，现在是20.32%；黑龙江由16.81%上升到19.18%，河南省的上升是最大的，这是为什么？因为河南的区位条件、工业发展结构以及生产要素等成本为产业转移提供了良好的条件。河南省省长郭庚茂最近一个时期在接见外宾、接见港商的时候讲了一句话，他说当前中部和沿海在体制政策上的差异正逐步缩小，而在区位、成本、市场等方面的优势正在进一步凸显，这就是招商引资取得重大进展的一个根本原因。我打个比方，"栽下梧桐树，凤凰自然来"。四是将为中原经济区提升产业层次提供支撑。我们将来要大力发展服务业、先进制造业，民营企业也要涉足这些领域，因为这个区域有这个规划，你才有这个可能。五是意味着民营企业面临着新的挑战、新的竞争、新的困难。因为这个地方好，竞争会更加激烈，对民营企业的经营战略，对市场的组合等提出了一系列新的课题，所以民营经济要整装待发，要做好准备，迎接更大的挑战，我们的民营经济迎来了又一个新的发展契机。

民营企业发展壮大的实践要领

河南省委书记卢展工同志近日在长垣县考察时寄语民营企业家,要牢记"诚、和、创、韧、责"5个字,促进民营企业更好更快发展,为河南经济社会发展做出更大贡献。

"诚、和、创、韧、责"5个字,深刻总结了民营企业发展的历史经验,高度概括了民营企业制胜的核心理念,符合长垣及河南民营企业的发展实际,具有丰富的内涵和普遍的指导意义。

这5个字,紧密联系,互为补充,形成一个完整的链条,道出了民营企业提升自我的基本路径和希望所在,是民营企业发展壮大的座右铭和实践要领。

"诚"是前提。"诚"包括诚信、诚实、诚恳。诚是市场经济的基本信条,只有言行一致、明礼守信、注重声誉的企业,才能在市场交易的博弈中获益。美国通用电气公司CED杰克·韦尔奇把"诚信"列为其成功的12条法则之首,认为这是为企业确定基调。所以,办企业必须以诚为本,讲信誉、讲形象、讲品牌,从产品质量、售后服务、契约履行等方面着手,逐步取信于客户、取信于消费者。

"和"是基础。和能生财是最一般的道理。"和"包括企业内部劳动关系、人际关系乃至部门之间的和谐、协同;也包括与其他企业的合作和与外部社会的相处,如关注环境,注重降低能耗、减少污染,乐善好施,扶贫济困,还包括企业合理的治理结构和制度安排。

总之,求长久发展的民营企业家,一定要树立和谐共赢的理念,并注意内外兼修,把企业的发展和职工的福利结合起来,让员工和企业同步发展,福利与利税同步增长。

"创"是关键。"创"包括创新、创业、创造。民营经济从根本上说是

"百姓经济",是千千万万普通群众通过自主创业而从事的经济事业,面对激烈的市场竞争,民营经济人士只有不断创新,才能成为"掌握变局的赢家"。民营经济又是"草根经济",是在计划经济的夹缝中拼杀出来的,时至今日,尽管我国基本经济制度已昭示"两个毫不动摇","非公36条"早已颁发,但民营企业的外部环境仍不乐观,"玻璃门"现象随处可见。所以,民营企业家仍然要坚持"创"字当头,敢于突破条条框框的束缚,不断拓展民营企业发展的新天地。

"韧"是保障。"韧"就是锲而不舍、锐意进取、攻坚克难;就是不断持续好的思路,好的经验,好的举措;就是泰山压顶不弯腰,有承受挫折和失败的心理素质。几十年来,许多民营企业家在市场竞争中摔打,风风雨雨,历尽坎坷,正是靠"走遍千山万水,说尽千言万语,吃尽千辛万苦,想尽千方百计"的精神,靠自强不息、百折不挠、不达目的决不罢休的毅力,说到底,靠永不服输的"韧"字,才由生活在社会边缘的"讨生活者",成为改写历史的生力军。

"责"是动力。"责"就是社会责任。民营经济的发展,离不开社会大环境和各方面的帮助支持,所以,民营企业家要有致富思源、回报社会的贡献意识,有超越利润的社会目标。实践证明,一个优秀的企业家不仅是个人价值的实现者,同时也是社会价值的实现者和社会责任的承担者。而承担社会责任,是通向企业可持续发展的重要途径,作为一种激励机制,是提高企业开拓能力的动力源泉。众多研究显示:企业越注重社会责任,其产品和服务就越有可能获得更大的市场份额。企业履行社会责任,就使企业、政府、社会之间形成良性互动,从而为企业的可持续发展赢得良好的外部环境。

改革开放以来,河南省民营经济飞快发展,越来越成为国民经济发展的增长点和推进改革的重要力量。像长垣县,正是靠了"诚、和、创、韧、责",才有了"长垣厨师""长垣防腐""长垣建筑"等优秀劳务品牌,才有了民营经济在全县生产总值、财政收入和农民人均现金收入中分别达到75%、68%和85%的贡献率。但也要看到,与沿海地区相比,河南省民营经济发展的差距仍然很大。这种差距,不仅表现在企业规模、产品档次、技术装备等"硬件"上,也表现在对"诚、和、创、韧、责"这些"软件"的理解、融会和坚持上。"十二五"在即,中原经济区建设的大幕已经拉开。广大民营企业家要念好"诚、和、创、韧、责"5字经,以新的精神,新的境界,新的气魄,投身中原崛起、河南振兴的伟大实践中,做出无愧于时代的新贡献。

(原载《河南日报》2010年11月4日)

尊重劳动保护劳动才能实现科学发展

胡锦涛同志《在 2010 年全国劳动模范和先进工作者表彰大会上的讲话》中强调,"必须依靠全社会尊重劳动、保护劳动","从政治、经济、社会、法律、行政等各方面采取有力措施,保障广大劳动群众权益,促进社会公平正义"。我们党继十六大提出"尊重劳动"后,又一次把"保护劳动"镌刻在党和共和国的旗帜上,意义重大而深远。"尊重劳动、保护劳动",体现了广大劳动者的共同意愿和根本利益,是推动科学发展、实现科学发展的基本保障。

一 贯彻落实科学发展观必须尊重劳动、保护劳动

科学发展观是我们党从新世纪、新阶段党和国家事业发展的全局出发提出的重要战略思想。科学发展观的核心是以人为本,坚持以人为本,必然要求尊重劳动、保护劳动,实现体面劳动。胡锦涛总书记在出席"2008'经济全球化与工会"国际论坛的致辞中就指出:"让各国广大劳动者实现体面劳动,是以人为本的要求,是时代精神的体现,也是尊重和保障人权的重要内容。"按照以人为本的科学发展观的要求,尊重劳动,保护劳动,让广大劳动者实现体面劳动,最根本的是要保障劳动者的权益,特别是要致力于改善广大劳动者的劳动条件、劳动收入、劳动保障、生活质量,让广大劳动者更多分享经济社会发展成果。同时意味着,劳动者不仅仅要有一份养家糊口的"活计",而且要有稳定的就业机会、安全的工作条件、充分的社会保障以及工作中更为广泛的权利,意味着要尊重劳动者的尊严和权利,落实劳动者主人翁地位,使每个劳动者通过体面的、有尊严的劳动来主宰自己的命运。这与党的十七

大提出的全面建设小康社会的目标任务是完全一致的，同时又为落实科学发展观、构建和谐社会赋予了更丰富的内涵。毋庸讳言的是，现在仍有许多普通劳动者，成为"弱势"的象征。他们之所以弱势，最直接的原因就是他们的劳动还没有得到应有的尊重和保护，不能体面劳动，劳动也换不来体面的有尊严的生活。他们的"不体面"，反过来又对社会形成暗示效应，使得一些人特别是青年一代，对"诚实劳动"与"美好生活"之间是否存在等式产生怀疑。因此，胡总书记在《2010年全国劳动模范和先进工作者表彰大会上的讲话》中要求尊重劳动、保护劳动，让广大劳动群众实现体面劳动，无疑释放一个明确的信号，就是中国在全面建设小康社会进程中，要进一步体现以人为本、保障人权的时代精神，更加充分地维护劳动者合法权益，为劳动者谋求更大福祉。

二　坚持社会主义市场经济的性质必须尊重劳动、保护劳动

第一，从社会主义市场经济的本质特征看，市场经济的重要意义之一在于解放个人，推动人走上独立发展的道路。资本主义私有制导致社会发展的物本倾向和人的自我异化。社会主义市场经济的优越性体现在，能够通过市场联系理顺人的社会关系，形成一种适于可持续发展要求的围绕人并为了人而使社会经济、政治、文化、生态自然协调互动的社会发展范式，创造适合人全面发展的社会条件。而这一切必然的逻辑结论就是尊重劳动、保护劳动，实现体面劳动。否则，就在根本上动摇社会主义的基础，就会使具有社会主义特色的市场经济名存实亡。从社会主义市场经济的运行机制看，市场经济是通过市场调节，发挥市场在资源配置中起基础性作用的经济。社会主义市场经济与一般市场经济的区别，在于市场机制与社会主义制度相结合。在社会主义市场经济的各种资源配置中，只有首先将劳动力资源配置到位，通过劳动力资源的配置带动生产资料资源的配置，整个资源的配置效率才能够真正提高。劳动力资源在资源配置中的地位，决定了要发展社会主义市场经济、提高资源配置效率，首先必须尊重劳动、保护劳动，发挥广大劳动者在发展生产力和社会主义市场经济中的积极作用。

第二，从社会主义市场经济的运行规律看，劳动作为创造财富和价值的要素，是市场经济的基础。建立社会主义市场经济，是一项全新的开创性的事业，是全国亿万人民共同的事业，它要求肯定各个社会阶层劳动者的社会贡献和社会地位，动员和组织全体劳动者充分发挥主动性、积极性和创造性，让一切创造社会财富的源泉充分涌流。为此，必须尊重劳动、保护劳动，建立平等和谐的劳动关系，建立效率与公平相协调的发展机制，既要利用市场经济的竞争机制提高效率，又要维护社会主义的公平，让改革和发展的成果惠及全体人民。

三 经济社会发展的现实情况呼唤尊重劳动、保护劳动

世界银行数据显示，从 2000 年开始，我国基尼系数已越过 0.4 的警戒线，并逐年上升，目前已超过 0.48。这与资本收益和劳动报酬比例长期失衡有关。近年来，我国职工工资总额的增长幅度一直落后于 GDP 的增长，劳动报酬在初次分配中的比重偏低。据统计，我国劳动报酬占 GDP 的比重 1996 年为 53.4%，2007 年为 39.7%，10 年累计下降了 13.7 个百分点。在经济发展较快的情况下，普通职工工资水平提高幅度不大。以广东为例，最低月工资标准与当年职工月均工资比，从 2003 年的 47.8% 下降到 2008 年的 22.75%。在一些地方和行业，劳动者工资增长不仅赶不上企业利润增长，还出现了"只涨利润不涨工资"现象。劳动者的劳动权利得不到应有尊重和保护，如在不少地方就业歧视现象十分突出，表现为性别歧视、年龄歧视、学历歧视、相貌歧视、户口歧视、履历歧视、工作经验歧视、健康歧视等。一些地方片面理解低劳动成本优势，把限制工人正当增资要求称为"保护投资环境"，并演变成了无限度的低劳动成本"寻底竞争"。农民工劳动保护严重缺失。2009 年我国农民工已达 1.49 亿人，他们处于城市和农村的边缘状态，职业和生活缺乏制度化的保障。一些企业利用在劳动力市场上的优势地位，靠压低农民工工资降低产品成本。数据显示，珠三角地区农民工月工资 10 年来只提高不到 200 元。农民工权益受侵害的现象比较普遍，表现在劳动合同签订率低，履约率低；压低、拖欠工资，延长工时，滥施扣罚；劳动安全与卫生条件普遍较差等。至于"黑砖窑"等事件暴露出的严重非法用工问题和黑恶势力强制劳动、雇佣童工、故意

伤害等严重违法犯罪行为,以及频发的矿难和其他重大安全事故暴露出的一些企业主为追逐高额利润不顾安全生产和工人死活,更是达到了令人发指的地步。以上情况表明,尊重劳动,保护劳动,是促进我国社会和谐,实现公平正义的现实需要和迫切任务。

四 尊重劳动、保护劳动亟须出台相应的法律、政策与制度安排

要使"尊重劳动、保护劳动"由理念变为现实,由政治号召变为全社会的共识和自觉行动,需要强有力的法律、政策保障和制度安排。为此,要在尝试建立和完善尊重劳动、保护劳动的运行机制方面做出努力。

第一,建立职工工资正常增长机制。进一步深化收入分配制度改革。在微观方面,规范企业分配行为,推动落实最低工资指导制度;推动企业建立健全工资集体协商制度,形成企业工资共决机制和正常增长机制,确保每个职工分享企业发展的成果。在宏观方面,按照GDP增长比例确定劳动者报酬调整的幅度和频率,确保职工工资增长与国民经济增长同步。

第二,建立有效的就业保障机制。建立就业登记制度,加大对不签订劳动合同的用人单位的处罚力度,加大对劳动者劳动权利的保护力度。加重对用人单位工资侵权行为的法律责任。建立工资保证金制度。加强企业破产制度对职工工资、福利权益的保障。提高和完善劳动者的社会保险水平与保障手段。解决好农民工在就业地落户和劳动保护等问题。

第三,建立劳动关系协调机制。推进劳动合同的签订和履约,平等协商集体合同的建立和运转;重视劳动争议调解委员会的建立和作用发挥,拓展工资集体协商制度的建制协商率,使之真正成为职工工资正常调整机制的基本形式;加强政府监管和服务,完善工资指导线、劳动力市场工资指导价位和行业人工成本信息指导制度。

第四,建立安全生产监督检查机制。坚持和完善"三同时"制度、事故隐患通知书和隐患整改报告书的群众监督制度,坚持参与事故调查和处理制度,严格监督国家有关法律法规在企业的落实,确保职工的生命健康权益不受侵害。

第五,建立困难职工帮扶救助机制。着眼于党和政府加快完善社会保

障的大目标，健全网络，拓展内容，调整标准，提升层面。建立职工法律援助机制。适应劳动争议案件增多、职工个体维权成本过高的情况，以工会为主体，联合律师协会等社会力量，积极为职工参与仲裁、代理诉讼，切实为职工合法权益撑腰做主。

（原载《领导参阅》2010年第29期）

商家何以青睐中原*

最近,河南大招商取得突破性进展,招商引资结出累累硕果。人们在欣喜之余,不免思考这样的问题:招商引资年年搞,为什么今天成效突出?坊间有"河南遇到了天赐良机"一说,笔者认为此言差矣!与其说"天赐良机",不如说是我们"挖山不止","感动了上帝"。"栽下梧桐树,自有凤凰来",新时期新河南的发展成就和所展示的风貌,是商家青睐中原的根本原因。

中原巨变显现招商洼地效应。近年来,河南发展势头强劲,地区生产总值继2000年突破5000亿元后,9年翻了近两番,2009年达到19367亿元,稳居全国第5位、中西部地区首位,实现了由经济落后省份向全国重要经济大省的转变;由传统农业省份向新兴工业大省的转变;由文化资源大省向全国有影响的文化大省的转变。河南粮食年产量连续几年稳定在千亿斤以上;工业总量由全国第7位上升到第5位;城镇化率年均提高1.7个百分点。180个产业集聚区成为招商引资的重要平台和载体,郑东新区、洛南新区、汴西新区、新乡新区、许昌新区等一批城市新区为新产业落地提供了广阔空间。总之,中原巨变夯实了河南发展基础,自然成为商家的投资洼地。

综合优势成招徕商家最大资本。河南位于我国内陆腹地,具有承东启西、连南通北的区位优势,是全国重要的物质和产品集散交换中心,东中西互动的战略平台,在全国现代综合运输体系和物流体系中具有重要地位。河南是中部地区的重要板块,在经济总量、资源禀赋、人口数量等方面占有举足轻重的地位,特别是中原城市群在经济密度、可达性、辐射带

---

* 本文是笔者于2010年6月28日为《大河报》写的评论。

动等方面均领先于内陆地区其他城市群，是中部地区乃至全国的战略支点。河南人力资源丰富，近1亿的人口规模蕴藏着巨大的消费需求。以河南为主体的中原地区，位于沿京广、陇海、京九"两纵一横"经济带的交会地带，是中国可持续发展的战略腹地，有望成为新时期我国新的重要增长极。综合的区域优势，必然使商家接踵而至，逐鹿中原。

区域优异表现有利于企业更快成长。研究表明，随着持续的资本形成，我国东部地区资本要素出现了边际生产力递减的现象，总资产贡献率呈下降趋势。国家统计局公布的2003年以来全国分地区工业企业总资产贡献率数据显示，北京从8.79%下降到6.22%，上海从12.01%下降到8.8%，浙江从12.44%下降到10.3%。与此形成对照的是，中部和东北地区上升幅度较大，其中河南从9.99%上升到22.32%，湖北从7.4%上升到12.64%，黑龙江从19.81%上升到29.18%。河南总资产贡献率增长最快，说明河南的区位条件、工业发展基础及生产要素成本等能为产业转移提供良好条件。企业家是离市场最近的人，对资本的投资环境和回报有着敏锐的感觉，从一定意义上说，在产业转移中选择河南，也意味着选择企业成长和实现良性发展的环境。

良好发展趋势提升中原发展势能。近两年，河南省委、省政府积极转变发展方式，努力抓住机遇、加快发展，全省经济呈现良好发展趋势。"三化"协调发展趋势。河南继续探索不以牺牲农业和粮食为代价的工业化、城镇化道路，在全面推进粮食生产核心区建设的同时，以产业集聚区为载体构建现代产业体系、现代城镇体系和自主创新体系，呈现三化全面提速势头。产业集聚化趋势。河南抓住沿海产业向中西部地区转移的战略机遇，确定和建设了180个产业集聚区，高新技术开发区、经济技术开发区、出口加工区和特色物流园区等专业园区建设也取得新进展，全省二、三产业集聚发展的格局已初步形成。产业结构高级化趋势。河南利用市场约束增强形成的倒逼机制，加快科技进步和自主创新，电子信息、新能源汽车、生物医药、新材料等战略性新兴产业全面启动，产业结构高级化进展顺利。由此形成的中原发展势能，是吸引商家投资兴业的无形资源。

崛起的中原，魅力无穷，商机无限；开放的中原，是投资的热土，创业的乐园。"得中原者得天下"的古训，必将在商家大举进军中继续得到演绎和验证。人们可以拭目以待！

借鉴"两湖"经验
推进河南省经济社会持续较快发展的建议[*]

按照省政府的统一部署，我们于11月3~10日对湖南、湖北进行了调研。我们通过召开座谈会，实地参观产业园区，深入重点企业，认真听取情况介绍，与当地有关部门领导和企业负责人交流，详细收集信息，感觉收获很大，体会颇多。在学习借鉴两省经验的基础上，我们有以下几点建议。

一 在求实求效中推动中原经济区建设

国务院《关于支持河南省加快建设中原经济区的指导意见》（以下简称《指导意见》），提出了建设中原经济区的指导思想、基本原则、发展目标和战略举措，是我们建设中原经济区的纲领性文件，为我们指明了前进方向。建设中原经济区，关键是实干实效。借鉴"两型社会"建设经验，建设中原经济区，一要突出顶层设计。按照《指导意见》和省九次党代会精神，精心设计中原经济区实施框架体系，具体应包括总体方案、专项规划、配套政策、重点工作、三年行动计划、重大项目清单等。分领域、分层次、分阶段细化成具体落实意见和配套实施方案，梳理出年度若干个行动计划或工程，提出阶段性目标任务，将重点切实落实到各个单位及责任人，确保国务院指导意见不折不扣地得到落实。二是突出推进机制构建。具体包括规划引导机制、政策促进机制、工作推动机制。三是突出"三

---

[*] 2011年11月，河南省政府组织六个调研组分赴各地调研取经。笔者带队于11月3~10日到湖南、湖北两省进行考察调研，并主持完成了调研报告。这是调研报告的部分内容。参与调研的有完世伟、刘殿敏、丁秀平、宁炜文、梁文海、蔡惠杰、虎晓红。

化"协调。积极探索不以牺牲农业和粮食、生态和环境为代价的"三化"协调发展的路子，是中原经济区建设的核心任务，解决好"三化"协调发展问题在全国具有典型性和代表性。四是突出合作平台搭建。构建部、省合作平台，加强部、省合作共建工作，切实争取国家支持政策和项目。构建国际合作平台，通过在技术合作、政府贷款、企业投资、文化交流等方面开展国际合作，引进国外先进理念、技术，助推中原经济区建设。五是突出核心区引领。增强郑州龙头作用和重心作用，推进"郑汴"一体化发展，建设"郑洛三"工业走廊，努力打造中原经济区核心增长板块，提高区域发展的整体带动能力。六是突出氛围营造。通过整体策划，采取新闻发布会、宣讲报告、高层论坛、社会宣传、新闻报道等多种形式，组织各大媒体、各省辖市和省直各单位开展全景式、多样化、大规模、有深度的宣传活动，营造中原经济区建设良好氛围。

二 在研判宏观形势中抢抓机遇

机遇极为宝贵，机遇稍纵即逝，是所有机遇的共性。这个共性要求我们在机遇面前，既不能迟缓，也不能徘徊，更不能等待。我们要深入研究分析新一轮机遇的规律特点、变化趋势、适应环境，研究分析我省资源禀赋、区位特征、发展优势、产业基础，研究分析资金、技术、人才等要素流动集聚的关注点、关键点和兴奋点，找准定位，有效对接，搭建平台，为机遇落地落户落实创造一切可能。

审视国内外环境，我们初步预判，2012年国家宏观政策将在保持政策连续性、稳定性的同时，更加注重政策的针对性、灵活性和前瞻性，适时适度进行预调微调，以适应形势的变化。在财政政策方面，总体将保持"积极"，保持适当的财政赤字和国债规模。同时将大力推进结构性减税，减轻企业税负，支持中小企业发展和服务业发展。在货币政策方面，预计适度从紧的基调不会改变，但总体将略松于2011年，在贷款投向上将体现"区别对待，有保有压"，保障重点将放在支持小型微型企业、在建续建项目、保障性安居工程以及文化产业项目等方面。在产业政策方面，一方面将加快培育发展战略性新兴产业，大力发展文化、传媒等现代服务业；另一方面将抑制"两高"和产能过剩行业扩张，同时继续从严调控房地产行业。在投资政策方面，预计对交通基础设施项目仍将适度从紧，对核电等新能源项目可能适当放宽，对农田水利、战略性新兴产业、文化产业等加大投入，从区域上看，中西部地区仍将是投入重点。针对2012年国家宏观调控政策出现的新变化，按照《指导意见》和省九次党代会精神，要抓紧运作项目，强化与国家和有关部委对接，能纳入国家大盘子的争取纳入，能尽早实施的尽早实施，特别是城际铁路、核电站等重大项目要抢抓机遇，认准了就快上快干，不能错失机遇。

三 在加快发展中促进转型

在加快发展中促进经济转型，是把握河南省发展的阶段性特征，加快中原崛起河南振兴的必然选择。河南省当前最大、最紧迫、最现实的任务，仍然是加快发展。发展是科学发展观的第一要义。任何时候任何情况下都必须把发展作为首要责任、首要任务、首要工作。坚持把发展作为解决前进中一切问题的关键，聚精会神搞建设，一心一意谋发展，努力在发展中转变、在发展中调整、在发展中提升、在发展中增效，千方百计保持经济又好又快发展。

1. 加快结构调整"谋"长远

加快推进经济结构战略性调整是实现经济目标的强大动力。以产业集聚区为载体，以开放招商、承接产业转移为主要途径，以重大转型升级项目建设为抓手，着力培育优势产业，壮大优势企业，扩大优质产品，抓增量、补短板、增后劲，促进产业结构转型升级。加快发展生产性服务业，推进服务业与制造业互动融合。积极发展生活性服务业，发挥服务业在扩大消费中的重要作用。加快发展旅游业，建设一批精品景区、精品线路，打造世界知名、全国一流的旅游目的地。加快文化产业基地、示范园区建设和特色文化发展，实施文化精品工程和重大文化项目，推出一批文化精品，打造一批文化品牌，推动文化产业成为国民经济支柱性产业。切实抓好产业集聚区建设。引导各地制定针对性强的产业、人才、政策配套措施，着力培育和引进龙头型、基地型企业，促进同类型企业、关联企业和配套企业集聚，形成一批特色鲜明的产业集群。

2. 确保投资增长"强"引擎

保持投资较快增长，强化投资在经济增长中的主导性拉动作用。一要切实加快新增投资项目落实转化，突出国有投资的带动作用和乘数效应。二要积极引导启动民间资本参与投资。通过政策引导和发挥市场机制的作用，鼓励支持民间资本广泛参与基础设施、民生工程和生态环境建设，引导非国有经济投资生产性领域，投资高新技术项目。三要以粮食生产核心区、先进制造业、先导产业、城乡建设、现代服务业、社会事业等领域为重点，加快启动实施一批规模大、带动性强、示范效应好的基础设施和转型升级重大项目。四要优化资金来源渠道，保障投资顺利到位。

3. 扩大消费需求"增"后劲

积极引导和扩大消费需求，是保持经济持续增长的强大动力，要千方百计把扩大居民消费需求放在更加突出位置，为促增长奠定基础。要尽快完善社保，加大财政补贴，增加就业机会，努力增加城乡居民特别是中低收入者的收入，完善和用好消费政策，更好地满足城乡居民多层次、多样化的消费需求。在合理规划城市商业网点，改造提升大型综合商场，积极发展连锁超市、大卖场等新型流通业态的基础上，活跃城乡流通，培育和开拓农村消费市场。鼓励中高收入阶层扩大消费，合理引导住房、汽车、通信等消费，全面拓展信息、教育、文化、旅游、健身休闲等消费领域。

4. 强化科技创新"助"动力

坚持把产业发展与科技创新有机融合，努力培育经济增长点，使创新型经济成为全省经济发展的强劲动力。培育壮大创新主体，引导和支持创新要素向企业集聚，增强高等院校、科研机构创新动力，推动"产学研用"紧密结合，实施重大科技专项，努力在产业转型升级的核心关键技术和共性技术研发上取得突破，推出更多的"河南创造"。支持高等院校培养创新型人才、开展原始创新和集成创新。加快建设企业研发中心、重点实验室等创新平台，推进创新资源开放共享。营造鼓励创新的环境，完善支持创新的政策体系，加大科技投入，加强知识产权保护，使全社会的创新能量能够充分释放、创新源泉能够充分涌流。

四 在扩大开放中承接产业转移

开放是带动全局的战略性举措，不仅能引进资金、技术、管理和人才，而且能够开阔视野、更新观念，促进结构调整、改革创新和政府职能转变。要更加积极主动地扩大开放，加快形成全方位、多层次、宽领域的对外开放格局，建设内陆开放高地。着力承接产业转移，把承接产业转移与调结构、培育集群、构建现代产业体系结合起来，围绕高成长性产业、传统优势产业、先导产业发展，突出龙头带动、市场带动、配套带动、技术带动，有针对性地承接国际国内产业转移。继续抓好沿海和发达国家产业转移承接工作，突出抓好长三角地区、珠三角地区、环渤海地区、海峡西岸及台湾地区等招商引资工作，力争在与中央企业的战略合作上有新的突破。加强与中部各省和高铁沿线区域的合作，扩大利用省外资源和资金。深化与中国港澳台和亚太地区的经贸交往。鼓励省内优势企业"走出去"，在海外建立资源开发、产品制造和市场销售基地。继续抓好已签约的重大招商项目跟踪推进，提高项目开工率和投产率。加强国家级开发区、出口加工区、航空港区等开放平台建设，抓好产业配套、市场支撑和城市综合服务能力建设。加快郑州新郑综合保税区建设，推进"一站式"通关和电子口岸建设，创新监管模式。切实提高服务水平，培育对外开放的环境优势。

五 在改革创新中破解瓶颈制约

从经济运行基本规律来看，要素瓶颈制约是经济发展到一定阶段必然出现的新问题，是发展中、成长中的烦恼，是考验经济可持续发展能力的具体体现。可以预断，今后河南省实施中原经济区战略部署，要素瓶颈制约仍是躲不开、绕不过去的问题，并可能呈现出越来越严重的趋势。

破解要素瓶颈制约之难，准确把脉主要矛盾是第一要务。从河南省发展实践看，引发要素瓶颈制约的原因多种多样，其中，发展的刚性需求与供给的有限性是具有决定性作用的矛盾。只有解决这对主要矛盾，要素瓶颈制约才能彻底有效破解，我们认为，根本办法有三条：一是增加供给补缺口，二是盘活存量腾空间，三是有保有压搞平衡。其中前两条侧重于破解要素供给瓶颈，后一条侧重于破解要素需求过旺。

实践证明，解决发展中的问题，必须坚持改革创新，只有深化改革创新，才能开创更加美好的发展格局。同样，河南省破解要素瓶颈制约之难，必须基于发展实际和主要矛盾的判断，坚持深化改革不动摇，通过创新体制机制来破解。

在破解土地制约方面，要通过低丘缓坡造地、新型农村社区建设、争取区外调剂、列入省或国家重点项目等多种渠道，增加土地供给总量。与此同时，严格执行容积率指标"双控"制度，完善城乡建设用地增减挂钩机制，加大闲置土地处理力度，着力提高土地集约利用率。

在破解资金制约方面，要加强与各大银行的战略协作，加强金融产品创新，开展重大基础设施和城市综合体特许经营权转让试点，全力支持企业上市融资，积极争取国家投资，进一步拓宽民间资本的市场融资渠道，创新引资机制，积极利用外资，切实拓宽发展资金来源。

在破解人口产业集聚方面，制定出台政策，从土地供给、税收、引进人才、生产用电同城同价等方面引导鼓励企业到集聚区发展。坚持不以农民放弃承包地、宅基地为前提，出台教育、社会保障、就业等方面优惠政策，有序推进符合条件农民就近入住县城、镇区转为城镇居民。以产业集聚区、农民创业园为载体大力发展第二、三产业，促进农民就近创业就业。

在破解劳动力制约方面，创新体制机制，大规模开展职业技能培训，努力把人口压力转化为人力资源优势。实施职业教育攻坚计划和全民技能振兴工程，培养高素质产业技能人才和实用人才为服务产业转移、结构升级提供人力资源支撑。

六 在先行先试中增创优势

中原经济区就其探索的命题和它所承担的任务而言，在某种意义上就是试验区，就是要为全国同类地区探索促进"三化"协调发展的路子。因此，凡是涉及"三化"协调发展问题，中原经济区都要先行先试。比如在土地节约集约利用方面可从以下方面先行先试。一是推进土地节约集约利用试点。开展省域内土地置换试点。建立省域内基本农田有偿保护机制。开展集约用地激励机制改革试点，完善集约用地评价考核办法。调整和实施工业用地最低价标准。二是城市土地管理方式创新试点。开展城镇建设用地规模增加与农村建设用地减少挂钩试点。开展城市土地储备制度改革试点。推行城市土地投资强度分级分类管理。开展工业用地预申请制度改革试点。三是农村集体土地管理方式创新试点。开展农村集体建设用地使用权流转制度改革试点，建立流转交易平台。开展农村土地承包经营权流转改革试点。"迁村腾地"试点扩面。开展农村宅基地管理改革试点。四是被征地农民补偿制度改革试点。开展被征地农民社会保障制度改革。建立征地补偿安置争议协调裁决制度。开展征地安置模式试点、征地补偿安置费用分配制度改革试点。

  先行先试对河南省来讲是难得的机遇。先试一下，先走一步，敢于第一个吃螃蟹，就可能把握先机，抢占发展制高点，赢得发展主动权。如果我们能把政策用足、用好、用活，就能破解发展难题，取得竞争优势，在区域竞争中处于更加有利的地位，为中原经济区建设增添动力和活力。

案例剖析篇

大省崛起
中原经济区论略

中原经济区和黄河金三角试验区的相互关系及发展路径*

刚才听了运城市张建合主任的情况介绍，深受启发和感染。会前我特意到黄河岸边走了一趟，再次感受到黄河文明的博大与深邃。下边，我按照本次研讨会的主题，谈三个方面的问题。

一 为什么要建设中原经济区和黄河金三角协调发展试验区

不管是中原经济区，还是黄河金三角协调发展试验区，目的都是通过区域协作，共同发展，打破行政分割，推动要素流动，实现区域经济社会合作共赢、合作多赢。

1. 区域协作发展的历史

回想一下，我国区域协作发展由来已久。且不说20世纪50～60年代中央政府为组织地区经济协作与对口支援活动而划分的华中、华北六大经济协作区，单就20世纪80年代改革开放以来，我国区域协作就出现过三次浪潮。第一次是80年代中期。随着我国经济工作重心的转移，国务院专门下发了《关于进一步推动横向经济联合若干问题的规定》文件，全国各地由此涌现出跨区域、跨省协作区，黄河金三角协作区就是那个时候搞起来的。同期，河南还有中原经济协作区，由豫北地区发展起来的，涵盖晋冀鲁豫13个地级市；东边的黄淮协作区，也横跨4个省20多个地市。第二次浪潮是在党的十六大召开以后。也就是我党提出全

---

* 笔者于2010年9月11日在三门峡市召开的"中原经济区、晋陕豫黄河金三角区域协调发展综合试验区研讨会"上的讲话。

面建设小康社会的宏伟目标的重要时期,全国出现了新一轮区域协作的浪潮,最典型就是泛珠江三角洲地区。"泛珠三角"概念(即著名的"9+2"经济区概念)是2003年7月在国内正式提出来的,包含了中国华南、东南和西南的九个省份及两个特别行政区。这是覆盖了中国1/5的国土面积和占1/3人口的地区。第三次浪潮就是党的十七大以后。主要是2008~2009年间,国务院和国家发改委通过批复、认定、认可等形式建立起来的近20个经济区、试验区等。也正是现在我们要努力做的中原经济区这个事情。

那么,如何看待区域经济的几次协作呢?我认为要用历史的眼光看。前两次的合作,事实上是一种行政区的松散联合体,形式大于内容的占多数。包括泛珠江三角洲地区,这几年也不提了,说明根子本身就不牢固。为什么?因为当时市场经济没有发展到那个阶段,政府转型还远远没有到位。现在进入第三次浪潮,情况就不一样了,国家提出搞综合经济试验区、综合经济协作区等,必然涉及经济区和行政区的关系。这里我们首先要搞清两者之间的区别。一是边界的区别。行政区由来已久,有省就有省界,有国家就有国界。行政区的边界很清楚,有划分的"牌子"竖在那里;而经济区的边界比较模糊,有很大弹性,要素辐射的弹性较大。二是要素的区别。经济区建立通常具备三要素:即核心城市、发达的经济紧密联系、在全国经济发展中扮演重要的经济功能;行政区是指国家为了便于行政管理,把领土划分成大小不同、层次不等的区域,并在此基础上建立相应的政权机关。三是功能的区别。行政区的功能是多元的,政治、经济、文化、军事都涉及了;但经济区功能单一。四是管理特点的区别。行政区是纵向的科层管理,一级管一级,以服从和命令为特征,而经济区是横向的协作和合作,不存在谁领导谁的问题。

我们在研究中提出,中原经济区战略规划是要跨省发展的,在以前召开的研讨会上,也出现过一些异议,觉得河南把自己的事情干好就行了,管得了邻省的事儿吗!其实根本不存在河南想当老大的问题,只是结合发展的需要和地域的渊源,把经济联系紧密的城市连接起来,有利于统筹协调发展,这也是市场化达到一定阶段的必然产物。现在中心城市的作用显著提升,大家对经济发展的渴望日益增强,那么发挥核心增长极辐射带动作用就成为必然。

2. 区域协作的意义

那么,建设经济区、试验区的好处究竟有哪些?我们要从理清思路、准确定位的角度思考,其实搞不搞经济区、试验区我们都要发展,搞了以后我们就会不走弯路或者少走弯路。这些好处可以概括为"三个有利于"。

第一,有利于区域自身的科学发展。从目前国家批复的经济区来看,科学发展观的渗透指导非常明显。比如关中—天水经济区,其战略定位就是发挥西安核心城市作用,打造"全国内陆型经济开发开放的一个高地和四个基地"。北部湾经济区,就是立足北部湾(广西),服务三南(西南、华南和中南),沟通中东西,面向东南亚,发挥促进中国与东盟全面合作的重要桥梁和战略枢纽作用。长三角地区,目标是要建设成为亚太地区重要的国际门户和全球重要的先进制造业基地,具有较强国际竞争力的世界级城市群。珠三角经济区,战略定位是探索科学发展模式试验区、深化改革先行区、扩大开放的重要国际门户、世界先进制造业和现代服务业基地及全国重要的经济中心。尤其是深圳,去年获得国家"四个先行先试"授权。即:一是对国家深化改革、扩大开放的重大举措先行先试;二是对符合国际惯例和通行规则,符合我国未来发展方向,需要试点探索的制度设计先行先试;三是对深圳市经济社会发展有重要影响,对全国具有重大示范带动作用的体制创新先行先试;四是对国家加强内地与香港地区经济合作的重要事项先行先试。

第二,有利于凸显本地在全国的位置。事实证明,一个地方定位越明确,影响力和竞争力就越大越强。如果全国发展格局中有"我"的很清楚的位置,那么这个位置就和别人不一样了,由此,地方的影响力和竞争力就表现出来了。比如上海,定位为"国际金融中心和国际航运中心",这就非常清晰且很有高度,对上海发展的好处就不言而喻了。重庆现在也很厉害,定位要"打造西部重要增长极","四个方面"走在西部前列。顺便说一下,《河南日报》日前发表评论员何平的《论构建中原经济区》,文章写得不错,其中我对文中提出的"中原经济区成为全国第五增长极"产生质疑,既然是第五,那第四是谁?不知道。国家的三大增长极,都是公认的,尽管没有一个严格的排序。至于第四增长极,2003年国务院提出东北振兴的规划,第二天国家就给了东北86亿元的贷款。这个时候,中部有学者提出,东北是第四极,看来中部要做第五极。但现在看来,东北的第四极是站不住的,由于体制僵化等原因,他们承担不了这个作用。福建海西也提过,要成为第四极,但实际发展还差得很远。现在重庆、陕西说要成为第四极,当然黄河金三角也可以提。所有这些都是学者的说法,第四极到底是谁,目前没有一个定位。所以说什么要成为第五极,就更远了,说明我们的记者不了解情况,想当然地发议论就是了。

第三,有利于争取到更多的国家政策支持。如果有个"名分"或"头衔",就可以拿出去"说事",就是去找哪一家银行也不可能不理,国家的各项支持政策就会逐步落实。比如广东,国家提了两个要求,一是粤港澳一体化,二是先行先试。比如我们的黄河金三角试验区,如果能够拿到先行先试的权利,不说别的,我们办个本科大学或者设个北大的分校,辐射能力、带动能力该会有多强!在这里争位置、争名分、争名号,是高端的竞争。我们建立中原经济区,不是别人都有了,我们也要有一个,来凑热闹,不是这样的,而是这个发展战略定位,对本地、对全国都会有很大的影响,都会有极其长远的意义。

二 正确把握中原经济区和黄河金三角协作区的关系

中原经济区按照现在的设想,就是以河南为主体,连接周边5个省11个市,现在看来范围还可以再讨论。在9月5日北京的研讨会上,吴敬琏、王梦奎等著名经济学家对建立中原经济区表示了肯定,会上也有不同看法。不少专家认为应该把徐州除外,把襄樊除外,但应该把渭南放进来。国务院发展研究中心发展战略和区域经济研究部部长、渭南人张军扩发言,他认为渭南尽管属于大关中,但不影响纳入中原经济区,黄河金三角已经在合作,要用区域经济而不是行政区划的观点去看待这个问题。当然,张军扩肯定是为渭南好,没有别的意思。

中原经济区与黄河金三角协作区,地域很契合,联系很紧密。

第一,两者是互为契合的关系。如果画两个圈,有一部分是重合着的,一个大圈一个小圈,大圈套小圈,小圈的一大部分在大圈里面,很有意思,黄河金三角的一大部分是中原经济区的西部构成板块。

第二,中原经济区和黄河金三角是互为依存的关系。中原经济区的建设,有利于黄河金三角试验区的发展,金三角试验区的发展,也能够极大促进中原经济区的发展。坦率地讲，不存在"有这个没那个"的事儿。

第三，两者又是功能互补的关系。这里涉及中原经济区要干什么，定位还在反复讨论修改。目前认为有几条：中原经济区要成为中西部重要的经济增长极、全国粮食安全的保障区、新型城镇化的推进区和保护弘扬中华文化的试验区。要成为中西部重要的经济增长极，三门峡地区应该成为一个强磁场，在占全国0.6%的国土上，有超过占全国10%的苹果产量、15%的黄金产量以及铝土、煤炭等66种矿藏，这在全国难找到第二家。

第四，两者是共存共荣的关系。如果两个经济区（协作区）都获得批准，可能会出现一个奇迹，可能会创造一个中国区域经济协调发展的新范式。

我国下一步该怎么走？21世纪第二个10年怎么走？有个大的屏障，就是综合改革和配套改革。这也是国家为什么一再强调综合配套改革，为什么频繁鼓励开展经济试验区探索的原因。从国家层面上讲，中部区域发展为整个中国经济的发展，是要起到骨干作用的。尽管近30年来出现了多种发展模式、各地创新的举措，但从国家层面对区域调整和指导来看，每个时期都有一个变化。比如改革开放以后均衡和非均衡，现在协调发展是大难题，各地尽管都有积极性，但往往1+1小于2，出现资源极大浪费、土地锐减或大量闲置。因此要通过综合改革，破解这个难题。而黄河金三角试验区，是伴随着中华民族的母亲河形成的，在全国独一无二。这种跨省区域与中原经济区十指相扣，大环套小环，如果能快速形成聚集互补效应，就一定会在中西部结合部的重要经济通道陇海经济带的重要节点上，形成一个强大的经济隆起带，就会出现奇迹。

三 对三门峡和金三角试验区探索的建议

以前来三门峡相对较少，但两件事情印象深刻。第一件事情，源于2004年的一个新闻报道，李克强来三门峡视察时，说到三门峡虽然不是中原城市群的城市，但要争取成为中原崛起的第一方阵。这不仅是领导的希望，也是自身发展的要求。第二件事情，2003年3月，《河南日报》写了一篇报道三门峡特色经济的新闻稿，请我写了一篇点题评论文章《特色就是竞争力》，当时三门峡的经济发展速度、人均收入水平等很多指标都令我振奋不已。

三门峡是特色城市，发展的是特色经济，就必须用特色制胜。三门峡在全省的经济发展是好的。上半年比同期经济增长21%，全省排名第一，这两年势头都非常好。三门峡在中原经济区的发展上，到底能起什么作用？三门峡是"大圈"套"小圈"的重合部分，责任重大，发展好了可以产生双向影响，既可影响黄河金三角"小圈"，又可影响中原经济区"大圈"；三门峡既是陇海兰新经济带郑州、西安两个重要城市之间的节点，又是中西部的重要接合部，应该成为重要的纽带和桥梁，潜力大大高于黄淮四市，一定能够干得更好。

黄河金三角试验区从地理位置来讲，以黄河为纽带，在这一范围内，形成三省四家，全国独一无二，又是华北、西北、中原三大经济板块的接合部，天公造化，为我们提供了一个大有作为的平台。这个试验区合作风风雨雨几十年，经历坎坷，但总的来说，这一块的协作还是最好的。特别是产业合作这些最难的事情，都有实质性的进展，旅游合作已见实效，包括社会治安、社会管理方面也都有一定的进展，这是很不容易的，说明这个区域已走在紧密型合作的前列。这个协作区又位于中原经济区和关中—天水经济区两个大圈子的中间，如果形成三足鼎立，功能是互补的。对于如何探索打破行政区划限制，如何进行体制创新，如何促进生产要素的合理流动，如何破解发展"四大难题"，如果全国要选一个试点，黄河金三角无疑是不二的选择。面临严峻的形势和任务，如果这个区域能在某几个方面成功协作，就会给全国提供出示范经验。

黄河金三角协作区现在成立了常设的一个办公室，这个太重要了。现在面临的问题是，下一步要研究什么、试验什么。前提是这个试验应该对全国有利，对我们也有利。应该把在某些方面的先行先试写进去，特别在打破区域分割上先行先试。比如成立果品协会，几个省各自都批不了，其实在操作中是否认为哪个省批准了都不算数，只有民政部认可才算数；或者跨省找民政部直批，不就可以了。体制设计和创新均可先行先试。在不要钱只给政策方面，可以多想想办法、先行先试，因为这个容易批准，广东这方面就做得很好。

最后再强调一下，还是要拓宽思路，敢为人先，尤其要在体制机制创新上敢行敢试。

第一，发展中的土地缺乏问题怎么解决。国家在重庆、成都已建立国家城乡统筹发展综合试验区，允许土地的产权市场交易，这个只有他们可以做。各地开发区常常遇到没土地可用，因为基本耕地18亿亩红线不能碰，不能减少面积、不能挪作他用、不能降低质量。那么我们能不能通过其他办法解决这个难题，比如灵宝工业园需要项目建设用地500亩，可以让边远乡村退宅还田等方式新造耕地500亩，然后市政府按照市场原则，通过土地挂牌拍卖方式，用市郊区可做工业用地的500亩土地置换。这样耕地没有减少，农民也得到补偿。

第二，怎么发挥市场主体作用？不能搞成政府在唱独角戏，要通过新闻媒体、民间组织、企业、中介等，在群众中大张旗鼓宣传发动，让老百姓广泛参与，让发展带来的实惠渗透人心，形成政府挂帅、社会各界群众共同参与的生动局面。

第三，体制机制探索要先行。要比深圳、广州胆略、步子更大一些，真正探索出一条适合内陆区域发展的崭新路子。

关于推动中原经济区西北四市战略合作的建议[*]

豫晋两省的济源、运城、晋城、长治四市，位于中原经济区西北板块，地缘相接，山水相连，地理位置重要，资源优势突出，产业互补性强，市场潜力巨大，文化底蕴深厚，在中原经济区建设大局中具有重要地位。在中原经济区建设的大背景下，以区域经济理念打破行政区划概念，审视跨省合作发展，形成相互协调、互利共赢的区域经济共同体，不仅有助于推动四市优势互补、互利共赢，而且有助于推动豫晋两省加快崛起进程，更有助于为中原经济区内省际合作积累经验、提供示范。

一 强化四市战略合作大势所趋基础良好

当前，全球区域合作浪潮汹涌。国内各地区经济资源配置也不断突破区域限制，以在更大的范围内寻求最优的配置方式和配置效率。随着济源、晋城、长治、运城等四市经济发展一体化进程加快，四市战略合作便责无旁贷地走到了历史发展的前台。

1. 区域合作已成为当今时代潮流

当今世界，以信息技术为代表的新技术革命迅猛发展，迸发出巨大的生产力，推动各国和地区之间的合作不断加强，地缘相邻、人文相近、利益相关的区域合作浪潮涌动，成为区域内各成员参与全球化、提升竞争

---

[*] 本文是河南省社会科学院课题组完成的《中原经济区西北四市战略合作研究》专题报告的一部分，负责人为喻新安、谷建全。

力、实现共同发展的现实选择。在国内，区域合作热潮也方兴未艾，20世纪90年代以来，以中心城市和交通要道为依托，逐步形成了多个跨省区市的经济区域。目前，跨区域的城市基础设施建设正在如火如荼地展开，其突出的特点就是用基础设施将原先彼此相近的几个地区相连，从而形成一个大的经济区。在这种背景下，以北京为代表的京津冀地区，以上海为核心的长三角地区和以广州、深圳为中心的珠三角地区等，由于区位的优势、政治经济文化科技等软环境方面的优势，加上其原有经济实力雄厚，在全球化加速的趋势下，区域合作效应将不断放大。

2. 中原经济区要求加强区域合作

中原经济区涵盖5省30个地级市和3个县（区），涉及28.9万平方公里的国土面积和1.7亿人口，建设中原经济区离不开5省的密切交流、通力合作，尤其是河南与晋东南、鲁西南、冀南、皖西北之间的合作，这是中原经济区建设顺利推进的关键。《国务院关于支持河南省加快建设中原经济区的指导意见》提出了"对接周边"的要求，指出要加强对外联系通道建设，促进与毗邻地区融合发展，密切与周边经济区的合作，实现优势互补、联动发展。这一文件突出了区域合作对中原经济区建设的重要作用，是指导中原经济区内省际合作的纲领性文件。中原经济区的合作区主要包括河南周边的晋东南、冀南、鲁西南、皖西北等地区，是中原经济区发展的重要力量。济源、长治、晋城、运城是中原经济区西北部重要的经济板块，加强四市战略合作是中原经济区建设的内在要求。

3. 豫晋四市战略合作正蓄势勃发

由于地缘相近、地域相连，济源、晋城、长治、运城四市人员往来频繁，经济联系密切，区域协作由来已久。在长期的合作实践中，不断推进宽领域、多层次、多形式的区域合作与交流，形成了良好的区域合作关系。尤其是近年来，在中部崛起和中原经济区建设的大背景下，四市合作日益紧密，合作领域不断拓宽，合作共识已经达成。特别是2011年10月四市签订战略合作框架协议，将在规划衔接、交通领域、工业领域、旅游领域、金融领域、人才科技领域、生态领域、物流领域等方面展开多层次、多方式的区域合作。业已达成的良好合作共识，为四市的深度区域合作奠定了基础保障。

二 四市战略合作可为省际合作提供示范

在建设中原经济区的新形势下，顺应区域合作发展的时代潮流，四市在新的历史起点上，共同谋划构建区域合作与发展新格局，不仅有助于推动四市优势互补、互利共赢，而且有助于推动豫晋两省加快崛起进程，更有助于为中原经济区内省际合作积累经验、提供示范，从而助推中原经济区建设稳步推进、区域协调发展。

1. 战略合作有利于积累区域合作新经验

中原经济区地域广阔，是以河南省为主体，延及山东西南部、安徽西北部、河北南部和山西东南部，囊括5省30市3县（区）的综合性经济区。如何开展经济区内各市的分工协作，尤其是如何突破省级行政边界线，推动省际边界地区各市的区域合作，成为中原经济区建设的必须破解的现实难题。加强济源、晋城、长治、运城四市的区域合作，在这一地区进行区域合作的率先示范，不仅有利于消除行政区划鸿沟，实现这一地区的融合、协同发展，也有利于创新区域合作模式和合作方式，构筑形成新型区域合作关系，积累新形势下区域合作的新经验，为中原经济区内其他地区的省际合作提供典型示范。

2. 战略合作有利于创新区域合作新机制

开展中原经济区内省际的区域合作，亟须完善和创新现有的区域合作机制，探索创新区域合作的新机制。加强济源、晋城、长治、运城四市的区域合作，有利于探索建立区域沟通组织协调机制、区域互惠互利发展机制、区域利益分配机制、区域开发与建设机制、区域的管理机制等相关新机制；有利于探索建立跨区域高层次制度性的组织协调机构，完善区域合作的制度框架，建立市长联席会议制度，并在此基础上，建立起从决策层、协调层到执行层的区域合作新机制，推进区域进入实质性合作阶段。因此，推进四市的区域合作，探索建立区域合作新机制，有益于为中原经济区内省际合作提供示范经验。

3. 战略合作有利于探索区域合作新模式

推进中原经济区内省际区域的合作，既要创新区域合作的机制，同时要探索创新区域合作的模式。加强济源、晋城、长治、运城四市的区域合作，可以在原有区域合作模式的基础上，积极进行实践创新，探索建立区域合作新模式。比如，四市可以设立区域合作"特别试验区"，实行共同规划、共同开发、共同经营、共同管理、共同受益；可以采取"异地产业园"合作模式，互惠互利，协作共赢；可以采取承接产业转移企业的"优势地"安置原则，把其放在条件优越、关联性较高的地区，实行利益分成、利益共享等。这些区域合作模式的探索、创新与实践，将为中原经济区内省际合作提供有益示范。

三 四市战略合作的主要功能及定位构想

基于四市资源禀赋、发展现状和主要功能，中原经济区西北四市战略合作的定位可考虑如下。

1. 中原经济区重要的经济增长极

充分发挥四市承东启西、沟通南北的区位交通优势，依托良好的资源环境、丰富的人力资源和广阔的周边市场，着力提高产业配套能力，优化发展环境，加速生产要素集聚，积极承接产业转移，构建现代产业体系，形成连南贯北、东引西进的区域经济发展新格局，成为中原经济区新的重要的经济增长极。

2. 区域产业转型升级引领区

依托丰富的矿产资源和现有产业基础，加强资源综合利用，发展循环经济，打造在全国具有影响的煤炭、电力和有色金属新型材料基地。推进新型工业、现代服务业和现代农业等方面的产业对接配套，形成一批优势互补、分工协作、特色鲜明，具有较强支撑引领作用的产业集群。加强技术引进和战略合作，大力发展战略性新兴产业，加快推进产业结构转型升级，建设现代装备制造基地，建成区域产业转型升级引领区，为资源型城市产业转型和产业升级提供示范。

3. 中西部重要的生态宜居示范区

依托境内优美的生态环境、独特的气候环境、丰富的自然景观和人文景观，加大生态建设力度，积极建设太行生态区和沿黄生态涵养带，推进城市环城防护林和生态水系建设，构筑区域生态网络。加强文化、教育、医疗、社会保障、社会治安及环境保护等领域交流合作，优化区域营商环境和人居环境，共同打造宜居、宜业、宜游的中西部重要的生态宜居示范区。

4. 中原经济区省际合作试验区

进一步发挥区域资源优势，加强和深化全面战略合作，共享中原经济区政策机遇，遵循市场经济规律，突破行政区划界限，大胆创新，先行先试，率先探索统筹区域协调发展的新途径、新举措，加强产业、市场、商贸、物流、旅游、文化等领域的深度合作，实现优势互补、相互促进、联动发展，构筑经济优势互补、主体功能清晰、国土空间高效利用、人与自然和谐相处的区域发展新格局，打造中原经济区省际合作试验区，为促进中原经济区区域统筹协调发展探索新路径。

5. 豫晋文化旅游资源开发协作先导区

充分发挥文化资源优势，按照"保护为主，抢救第一，合理利用，加强管理"的文物管理工作方针，坚持突出自然生态和历史文化两条主线，对区域内的文化旅游资源进行合理开发，在合作开发历史文化资源方面先行先试，协同推进无障碍旅游区建设，打造豫晋文化旅游资源开发协作先导区，为打造华夏历史文明传承创新区、推动历史文化资源开发利用闯出新路子。

四 积极务实推进四市互利共赢合作发展

四市战略合作要发挥整体优势，突出地方特色，消除行政壁垒，必须围绕强化市场导向，加强规划对接，深入实施区域协调联动发展战略，共同探索符合实际的省际边界地区合作发展新模式，促进区域经济社会协调发展。

1. 强化市场导向，实现协同推进

把促进区域战略合作与引导资源要素优化配置结合起来，遵循市场规律，充分发挥市场配置资源的基础性作用。加强规划引导，支持先行先试，强化政策扶持，建立完善联动发展机制，共同营造开放、公平、竞争、有序的市场环境，促进要素便捷流通和资源优化配置。积极发挥商会、行业协会等民间组织的作用，利用博览会、经贸洽谈会等平台，形成"党政推动、企业主体、民间参与、各界协力"的运行机制。

2. 强化优势互补，实现资源共享

充分发挥各地在资源、能源、人力资源、市场、消费潜力等方面的比较优势与合作的积极性、创造性，加强区域内各经济要素的优势互补，找准最佳合作点和突破口，有重点、有针对性地开展多领域的交流与合作，打造区域发展新优势。着力破除行政壁垒，加大基础设施、公共服务等资源的共享力度，避免重复建设，实现区域资源配置效益最大化。

3. 强化分工合作，实现互利共赢

从增强四市整体竞争优势出发，充分考虑各地利益，整合资源，注重区域内科学布局，积极创新合作方式，加大重点领域和关键环节的合作力度，探索建立利益共享和补偿机制，解决各地发展面临的共性问题，促进各方在发展中互利共赢，加快形成以市场机制为主导、以比较优势为基础、以分工协作为方式的区域合作新模式。

4. 强化平等协商，实现主动对接

着眼扩大区域共同利益，坚持以开放的理念、开放的机制、开放的市场推进区域合作，在双方和多方积极谋划、平等协商、共同推进的基础上，加快形成政府推动、企业主导、行业协调的全方位区域合作新格局。重点围绕煤炭、有色金属、化工、电力、装备制造、农产品深加工等区域优势产业，以及电子信息、新能源、新材料、生物医药等战略性新兴产业领域，加快区域合作规划制定和实施，争取将四市发展规划、重大项目纳入两省规划乃至国家规划。

5. 强化项目带动，实现重点突破

根据四市产业优势和转型升级趋势，以项目为抓手，加强体制机制创新，突出示范带动作用，构建互信合作机制，合力打造区域优势产业链。以交通、能源、工业、旅游等领域为突破口，大力拓展和推进产业、经贸、信息、能源、资源、人力和基础设施等领域的具体合作项目，不断拓宽合作新领域，积极推动产业结构优化升级，加强生态环境保护与修复，加快形成以项目带动合作、以合作深化领域、以务实实现双赢的区域合作新机制。

（原载《领导参阅》2012年第28期）

晋城市融入中原经济区的
必要性与可行性分析*

中原经济区是以全国主体功能区规划明确的重点开发区域为基础,中原城市群为支撑,涵盖河南全省,延及晋东南、鲁西南、冀南、皖西北等地区的经济区域,地理位置重要,粮食优势突出,市场潜力巨大,文化底蕴深厚,在全国改革发展大局中具有重要的战略地位。中原经济区持续探索不以牺牲农业和粮食、生态和环境为代价的新型城镇化、新型工业化和新型农业现代化协调发展的路子,致力于建设国家重要的粮食生产和现代农业基地、全国"三化"协调发展示范区、全国重要的经济增长板块、全国区域协调发展的战略支点和重要的现代综合交通枢纽、华夏历史文明传承创新区,对于带动中部崛起、促进区域协调发展具有重要的意义。

晋城市位于山西省东南部,东枕太行,南临中原,西望黄河,北通幽燕,区位适中,交通便捷,是山西通往中原的重要门户。近年来,晋城经济社会发展加速,经济实力迈上新台阶,结构调整取得新成效,开放发展实现新突破,城乡建设呈现新面貌,人民生活有了新提高,正处于经济社会跨越式发展阶段,工业化、城镇化加速推进阶段,经济结构转型升级阶段,社会事业快速发展阶段。

晋城作为中原经济区的重要成员,长期以来与中原地区山水相连,人气相通,经济互补性强,具有产业合作的广阔前景和资源优化配置的巨大空间。加快融入中原经济区,接轨中原城市群,为晋城提供了难得的政策机遇和发展空间,对于晋城加快经济转型、扩大对外开放、提升区域竞争

---

* 本文是2012年河南省社会科学院课题组完成的《晋城市融入中原经济区研究》专题报告的一部分,负责人为喻新安、谷建全。

力具有重要的战略意义。今后几年，晋城要紧紧抓住促进中部地区崛起、建设资源型经济转型综合改革试验区和中原经济区战略叠加的重大机遇，积极融入中原、竞逐中原，不断拓展晋城发展空间，提升晋城区域竞争力，推动晋城加快崛起，为中原经济区接壤地区深化区域合作积累经验、提供示范。

一 晋城市融入中原经济区的必要性

1. 为晋城资源型经济转型提供新机遇

晋城是典型的资源型地区，煤炭产业比重畸大，推动资源型经济转型刻不容缓。全面融入中原经济区为晋城资源型经济转型提供了新机遇。一是加快解决晋城资源型城市转型中的体制机制性矛盾。中原经济区具有先行先试的政策优势，可以在资源型经济转型体制改革和机制创新方面先行先试、重点突破。深度融入中原经济区，晋城可以有效消除资源型经济转型的体制机制性障碍，加快推进全市由资源型城市向新型工业化转型的步伐。二是加快晋城煤炭产能提升和产业链延伸拉长进程。《中原经济区规划》提出，加快主要矿区深部及外围资源勘察，实施矿区煤炭产能接续提升和资源转化工程，推动资源型城市可持续发展。加快晋城融入中原经济区步伐，可以借助中原经济区资源型经济转型的政策优势，持续提升晋城煤炭生产能力，拉长煤炭产业链条，推动煤炭资源向电力、煤化工、城市供热等下游产业转化，从而实现资源型城市产业可持续发展。三是加快推动晋城非煤接续产业发展。近年来，以河南为主体的中原经济区结构调整和转型发展进程很快，电子信息、装备制造、汽车、食品加工、轻工业、新型建材等六大高成长性产业已成为拉动经济增长的主体力量。加快晋城融入中原经济区步伐，推动晋城产业融入中原经济区产业链，可以有效拉动晋城高新技术、装备制造、商贸物流等新兴产业发展，推动资源型城市经济转型。

2. 为晋城实现跨越式发展注入新动力

晋城距离太原300多公里，距离郑州只有120公里，从区域经济发展的角度看，晋城更多属于郑州的经济辐射圈。全面融入中原经济区可以为晋城产业发展提供巨大商机，对于推进晋城"十二五"期间经济总量比

"十一五"翻一番目标的实现具有积极意义。一是加速产业资本向晋城的集聚。《中原经济区规划》提出,把郑州建设成区域性金融中心。融入中原经济区,晋城企业可以更便利地到郑州金融市场融资,为晋城吸引域外产业资本,促进晋城新兴产业的发展提供资金支持。同时,郑州繁荣的金融市场,也为晋城大量的煤炭闲置资金提供了实现保值增值的重要渠道。二是扩大晋城的市场空间。中原经济区面积28.9万平方公里,涵盖5省30个地级市和3个县(区),2011年常住人口1.79亿,市场潜力巨大。融入中原经济区,可以拓展晋城的市场空间,推动晋城与郑州、洛阳、新乡、焦作等中原经济区主要城市间的商贸业发展。三是增加晋城文化旅游业的客源。近年来,晋城市把文化旅游业作为经济新的增长点,积极培育旅游集散、购物、会展、演艺、接待五大要素中心。融入中原经济区,可以有效吸引中原经济区广大区域的旅游客源,推动晋城文化旅游业跨越发展,进而带动交通、餐饮、住宿、娱乐、商贸等服务业的发展,成为晋城实现跨越式发展的重要推动力。

3. 为晋城开放型经济发展增创新优势

经济全球化是当今世界经济发展的特点,适应经济全球化,就必须实行更加积极主动的开放战略,建立完善开放型经济体系,培育开放型经济新优势。晋城地处我国内陆,不沿边、不靠海,发展开放型经济条件先天不足,必须通过"走出去"和"请进来"两种手段,充分利用国际国内两个市场、两种资源,实现"借力发展"。融入中原经济区,晋城可以在更大的空间、更高的层面上,优化配置晋城的资源,扩大开放半径,引进更多资金、技术、人才,使晋城成为兴商兴业之地。一是作为中原经济区的中心城市,郑州加快建设综合保税区,不断完善航空口岸、邮政口岸建设,并加强与沿海港口及边境口岸的联动合作,公、铁、空、海等多式联运无缝衔接,努力构建对外开放重要平台。融入中原经济区,晋城可以借助郑州口岸实现更便捷的通关,扩大晋城外贸进出口,加快开拓国际市场。二是中原经济区打造内陆开放新高地,致力于提高对内对外开放水平,持续推进招商引资,培育开放经济新优势。融入中原经济区,晋城可以借助中原经济区这一平台招商引资,提高对内对外开放水平。通过定期举办的中原经济区国际投资贸易洽谈会,晋城可以积极承接国外及沿海发达地区的产业转移,打造加工贸易产业转移重点承接地,推动晋城外向型经济的发展。

4. 为晋城提升区域竞争力拓展新空间

经济全球化背景下,区域经济一体化成为提升区域竞争力的必然手段和务实选择。全面融入中原经济区,推进区域经济一体化,有利于晋城利用中原经济区的整体优势,促进区域竞争力的提升。一是强化晋城的区位优势。《国务院关于支持河南省加快建设中原经济区的指导意见》提出,把中原经济区建设成为全国重要的现代综合交通枢纽。晋城地处山西省东南部,与河南接壤,自古为山西、河南、河北的重要门户,融入中原经济区,构建一体化的综合交通体网,拉近了晋城与郑州交通枢纽的距离,有利于加速生产要素集聚,强化东部地区产业转移、西部地区资源输出和南北区域交流合作,提升晋城区域竞争力。二是有效推动科技创新。郑州、洛阳、焦作、新乡等市高校、科研院所众多,科技资源相对丰富,是中原经济区科技创新的高地。融入中原经济区,可以更好地利用郑州、洛阳、焦作等地的科技资源优势,增强晋城企业的科技创新实力,提高产品技术含量和生产效率,推动产业升级和转型发展。三是加快科技人才培育。人才是决定一个地区长远竞争力的关键。郑州、洛阳、焦作、新乡等地高校集中,是中原经济区的人才培养高地。融入中原经济区,加快与郑州、洛阳等地高校的合作,联合培养和引进创新型人才,能够为晋城经济发展和产业升级培养更高技术的人才资源,为晋城走向高增值发展奠定更坚实的基础。

二 晋城市融入中原经济区的可行性

1. 地缘区位优势突出

晋城在山西乃至中西部地区具有独特地理区位优势。晋城地处太行山脉南端,山西东南之门户,晋豫两省之交界,是衔接山西和中原大地,直下江南,挺进西北的重要地区,南与焦、济、洛经济区连为一体。公路、铁路四通八达,高速公路直达郑州,仅120公里,一个小时可达郑州国际机场。晋城市是全国综合实力百强城市之一,是经济强市、园林城市、一流文明城市、优秀旅游城市,在国家区域发展战略中占有独特优势。"十一五"后半期,国家越来越重视区域发展,先后制定颁布了10多个区域发展战略规划，整体上的区域发展战略有中部崛起、加快西部发展和振兴东北老工业基地等，局部范围的有中原经济区、武汉城市圈、长株潭城市群等区域发展规划。特别是在国家中原经济区发展战略中，晋城具有更为突出的优势。中原经济区以河南为主体，涵盖晋东南、冀南、鲁西南和皖西北等地区。晋城地处晋东南，是最接近中原经济区、与中原经济区经济社会接触最紧密的城市。假如晋城能充分融入中原经济区，利用郑州、洛阳等枢纽优势，对改变晋城经济社会发展条件和环境，加快晋城结构调整和经济转型无疑是大有益处的。

2. 资源互补性强

在自然资源方面，晋城与中原地区矿产、水利等资源具有互补性。晋城蕴藏丰富的煤、煤层气、锰铁矿等矿产资源，有"煤铁之乡"之美称，其中，煤炭总储量808亿吨，其中已探明储量271亿吨，在中原经济区中具有明显的优势。同时，晋城还是华北地区相对的富水区，水资源总量为21.49亿立方米，人均水资源占有量为872立方米，高于全省和周围各省区平均水平。晋城与中原地区一衣带水，发源于山西沁源县的沁河，经沁源、阳城等县进入河南境内，在河南沁阳接纳丹河后转向正东，在武陟附近汇入黄河。晋城和中原地区的资源互补将是长期的、可持续的，资源贸易以及在林业、渔业、矿业等方面的共同开发就成为双方合作颇具潜力的重要领域。在文化旅游资源方面，晋城和河南都拥有丰富的资源，但都互有需求。晋城属晋商文化圈，境内旅游资源丰富，既有王莽岭、蟒河、历山等自然风光，也有皇城相府、玉皇庙、羊头山、青莲寺等历史遗迹。长期以来，河南是晋城旅游重要的客源地，也是晋城旅游走向全国的重要平台。晋城与焦作、济源、洛阳等地开展旅游合作，整体出击，抱团营销，前景广阔。在人力资源方面，以河南为主体的中原经济区人口众多，劳动力资源非常丰富。相对来说，晋城人口较少，未来经济发展面临着劳动力短缺的风险。伴随着经济增长和市场开放加快，产业结构加速调整，晋城和中原地区在煤炭开采和加工、劳务合作、承包工程、金融、贸易等领域的合作与发展有着广阔的前景。

3. 产业关联度高

晋城与中原地区产业具有高度的相关性。在能源产业方面，晋城的煤炭、电力产业与中原地区的制造业形成耦合。晋城是我国重要的能源重化工基地，以煤炭、电力为主的资源能源产业优势突出，长期以来，中原地区特别是豫西北地区是晋城煤炭的重要市场，晋城煤炭不仅支持了中原地区制造业的发展，还通过中原地区发达的交通路网，销往全国各地。在农业方面，晋城的化肥产业与河南的粮食生产形成耦合。河南是全国重要的农业大省和粮食生产大省，粮食总产连续7年超千亿斤，占全国粮食产量的1/10，小麦产量占全国1/4强。河南丰富的农副产品为晋城提供了丰富的日常生活消费品，而晋城煤化工产业的发展为河南农业和粮食生产提供了丰富的化肥供应。在制造业方面，河南汽车、装备制造具有明显优势，这无疑给晋城铸造业带来新的发展机遇。通过投资办厂、技术指导、技术创新等合作方式，把晋城建成河南众多制造厂家的合作生产基地，潜力非常大。在商贸物流业方面，郑州、洛阳是全国重要交通枢纽、重要商品集散地和贸易辐射中心，对晋城的消费品市场有非常直接的影响。全面融入中原经济区，借助于郑州、洛阳等中原经济区综合交通枢纽以及便利的交通条件，晋城建设晋东南、豫西北地区现代物流中心的前景十分广阔。

4. 长期形成的战略合作基础

晋城与中原地区的经济联系和合作源远流长，无论官方还是民间，都联系得"很热乎"。晋城与周边以中原城市群为主的城市相比，除郑州、洛阳水平较高外，经济发展水平相近，起点相同。城市空间布局同属一圈，晋城在中原城市群的地位和作用不可替代，融入水到渠成。1985年以来，晋城、长治与焦作、济源、安阳、新乡等市通过中原经济协作区这一平台，在经贸、旅游、水利、环保等领域开展了一系列广泛而深入的合作。2004年10月，晋城参加晋冀鲁豫四省13市在新乡市召开的旅游联席会议，共同签署了《联合打造太行山生态观光之旅合作宣言》，将太行山400多公里的游览线路连成一体，实现客源共享、信息共享、资源共享，促进了区域旅游业的共同发展。基于此合作宣言，晋城与济源、新乡、焦作等地旅游业初步实现了区域合作，取得了良好的效果。中原经济区上升为国家战略，为晋城融入中原经济区提供了新的机遇。2011年，晋城与济源、焦作签订了战略合作框架协议，迈出了融入中原经济区战略性的一步。2012年，晋城与济源、长治、运城在郑州举办重大项目对接暨战略合作研讨会，在基础设施、产业发展、文化旅游等领域开展深入合作，标志着晋城在更宽领域、更深层次融入中原经济区进入了实质操作阶段。

要深层挖掘"平舆模式"的普适意义*

一 初次来平舆的三点感受

感受一：好奇。

第一次来平舆，感受颇多。前天河南日报理论部崔同主任打电话说平舆有个会，希望参加一下，我当时就答应了，因为驻马店市工信局局长李新奇同志曾在平舆工作八年半，这期间他多次邀请我到平舆看一下，但一直未成行，是个遗憾，我想弥补一下。另外，我看了崔同推荐的几个材料，就是驻马店市委书记、市长在县域经济座谈会上的讲话，还有省委政研室和驻马店市委联合调研组的调查报告等。其中有很多反映平舆变化的数据，给了我视觉冲击：2009 年，平舆生产总值 84.2 亿元，是 2004 年的 2.3 倍，连续 4 年增幅位居全市 9 个县的第一位；限额以上工业增加值、城镇固定资产投资分别是 19.7 亿元、40.7 亿元，年均增长分别为 27%、44%；产业结构中农业比重下降了 14 个百分点，二、三产业合计比重由 59% 提升到 73%；地方财政一般预算收入为 2.22 亿元，是 2004 年的 4.4 倍，由全市第八位上升到第三位，增长速度连续 4 年居全市第一位；城镇居民人均可支配收入 11416 元，农民人均纯收入 4136 元，5 年的年均增长分别为 16.4%、14.5%，均居全市前列。看了这些数据，我总的感觉是很好奇，变化这么大！数字背后是什么呢？我想了解它。我长期研究区域经济发展，记得大概是 2006 年、2007 年的数据，驻马店的城镇化水平是全省倒数第一，比周口还低，所以对于这个区域怎么发展，我内心有很多的

---

* 本文是笔者 2010 年 8 月 13 日在平舆县参加驻马店市"传统农区加快县域经济发展研讨会"上的发言。

纠结，怎样实现传统农区的大发展，我想深入了解一下。

感受二：震惊。

我和李新奇同志是师生关系，也是朋友关系。昨天来了以后，晚上我们聊了很多，他给我介绍了不少情况。他有时娓娓道来，有时又激情洋溢。我很理解他的心情，他在这里付出过心血，我能感受到这中间他的辛劳是超常的，同时也感受到他对县委书记刘汝生同志的尊重和领导班子之间的战斗友情。我也在县里工作过，我能理解这种"自豪""不舍"和"牵挂"。但他讲的很多事情，我却感到很新鲜，他们破解了很多发展难题，也解了我心中的"结"。我以前感到无可奈何的事情，平舆县委、县政府的领导同志已经找到了解决的办法，我感觉很震惊。

感受三：兴奋。

今天上午看了县城发展的方方面面，一路看，一路想，感到很兴奋。为什么兴奋？眼见为实啊！这里展示的县城各业协调发展、社会秩序井然、群众安居乐业的美好画卷，正是我们梦寐以求的啊！

由好奇、震惊到兴奋，就是这么一个认识深化的过程。我感觉到平舆正在创造一个奇迹，目前人们对平舆的关注还不够。这几个材料我看了，深度、广度都还有深化、提升的空间。我要说一件小事，就是今天的考察安排。我每年都有10多次类似的参观考察，今天上午的安排非常周详、细致，一分钟都没有耽误。车上解说员的沿途介绍简洁、准确、到位，给我留下深刻印象。我想在别的地市恐怕都做不到。不要小看了这些事情，它反映了政府的效率、效能，反映了我们的工作秩序。现在各地都在践行科学发展观，看了平舆，感到很舒适，这里的发展过程、发展实践，可以说是贫困地区、传统农区践行科学发展观的教科书，方方面面非常齐全，非常有说服力。

二　反映平舆成就的五个概念

怎么看待、认识、总结平舆的发展成就，我想到了五个概念，即"平舆现象""平舆模式""平舆精神""平舆经验""平舆效应"。我还来不及一一下定义，只能朦胧地谈一点感受和初步的认识，希望大家一起来梳理和研究。

近年来，从实现中原崛起河南振兴的大局来看，就全省来说，有几个难题亟待破解，省委、省政府花费了大量心血，就是河南的区域怎样均衡发展，传统农区"三化"如何协调，贫困县如何实现跨越式发展。我觉得，研究总结平舆的发展，对全省都具有指导意义。

第一，平舆现象：就是在原来底子很差的情况下，用不长的时间，实现了发展的跨越，发生了巨大变化，从低到高、从差到好、从经济较弱到相对较强的转变。实现了经济振兴、城乡繁荣、社会和谐、政治清明、风清气正、老百姓安居乐业。

第二，平舆模式：就是农区工业化的模式，是统筹经济社会发展的模式，概括起来就是：项目带动、三产联动、城建推动、教育促动、城乡互动、开放驱动。

第三，平舆精神：平舆远离铁路线，交通方面没有什么优势，这对招商是不利的；平舆矿山资源贫乏，工业基础较差，这对推进工业化是极大的制约。就是在这样的条件下，平舆县的同志不抱怨、不气馁、不服输，敢于面对现实，勇于承担责任、不事张扬，埋头苦干、大胆探索、绝地反击。他们靠不懈的努力，打造了投资洼地、创业高地。新奇同志告诉我，不少办法是被逼出来的，是在实践中琢磨出来的。这就是"制度高于技术"的道理。所以，"平舆精神"价值连城，是最可贵的资源，是实现平舆更好更快发展的宝藏。建议平舆县进一步梳理思路，研究、提升平舆精神。

第四，平舆经验：就是干群精神状态好、理念超前、思路独特、举措先进、创造优势、持续发力、统筹协调、便民为民。平舆的干部政治忠诚度高，对全县90多万人的责任感强，干工作求真务实，不搞面子工程，实实在在为群众办实事。平舆建产业集聚区和标准厂房，在全省县级是最早的。在发展城镇教育上，实行民办公助，面向全国招聘教师，用财政的钱撬动民间资金办学，起到了"四两拨千斤"的作用。在建设产业集聚区上，进行土地置换，巧用财政资金搞基建，激活民间资金建厂房；在推进城镇化上，敢于出台农民进城补贴等优惠政策，吸引农民进城；在构建和谐社会上，实行各级机关开门办公保稳定，符合民主社会要求，都显示了县委、县政府的大智慧。

第五，平舆效应：从平舆，我们看到了农区工业化的希望，看到了新型城镇化的雏形。平舆的成功实践，使我们看清了传统农区实现工业化的路子，也使我们反思欠发达地区实现跨越式发展的战略问题。我特别要强调的是，平舆的实践诠释了新型城镇化的内涵。现在都在讲新型城镇化，什么是新型城镇化呢？人们可以有不同的定义，我认为，从平舆的经验看，传统农区的新型城镇化有几个特点。一是工业与三产互动的城镇化。没有工业就没有城镇化，平舆若没有工业园区，城镇化率将大打折扣。二是大批农民"低门槛"进城的城镇化。平舆有15万以上的防水防潮大军，80%以上外出务工人员进城落户。三是千方百计扩大县城规模的城镇化。平舆通过解决房地产供给问题，稳定了房价，吸引大批农民进城，通过大办教育，迅速膨胀了县城规模。四是经济社会协调发展的城镇化。我们看到，在平舆，工业、商贸、服务业、教育、医疗等多方面是协调发展的。五是节约土地与保护环境并重的城镇化。平舆的工业园区建设了标准化的污水处理厂，并采取一系列保护环境的措施。六是惠民至上、便民至上的城镇化。平舆县城有8个公园，供百姓休闲娱乐。这在县一级不多见。我认为，这几条，对传统农区推进城镇化具有普遍意义。

三　实现平舆发展新飞跃的建议

最后提一点建议。平舆用5年时间，实现了堪称跨越式发展的奇迹。实属不易，实属难得！在今后的发展中，希望平舆干群思想进一步解放，持续发力，大展身手。要制定新的更高的宏伟发展目标。

要看到，平舆县目前正处在工业化、城镇化加速阶段，什么奇迹都可以创造出来。思想要解放，目标要高远。如目前平舆财政一般预算收入2.2亿元，要争取3～5年达到5亿元；GDP总量目前是84亿元，要争取3～5年突破200亿元。平舆县城完全可以成为全省最好的中型城市、宜居城市，要争取河南十佳县城有平舆。要继续坚持超常的做法，做大县城规模，实现县域经济实力的新飞跃。

要进一步推广"平舆经验"*

这一次我们在刘汝生书记的安排下，时间虽短，看的企业比较多，看的行业也比较多，我和来的几个同志都很受教育。我这是第三次来平舆，三访平舆，还是感慨很多。去年 8 月在这里参加县域经济座谈会，那次时间很短，但给我们很大的启发。我当时甚至很兴奋，跟汝生书记也做了短时间的交流。驻马店市工信局局长李新奇是我的学生，他在平舆工作 8 年，我们聊了一夜平舆，包括平舆的一些"窍门""绝招"。所以我在第二天发言的时候讲了"五个平舆"，就是平舆现象、平舆速度、平舆经验、平舆精神、平舆效应，分别做了解释。但是今天上午看了以后，又深化了我对一些问题的认识。

一 感想有三条

第一，我感到平舆已经走出了一条不以牺牲农业和粮食、生态和环境为代价的"三化"协调的路子。这个路子已经走出来了，这就很不得了。中央对"三农"非常重视，中原经济区之所以得到了高度认可，核心就是河南要保粮食、"三化"要协调，不像东部一些省份那样，工业化、城镇化上去了，农业衰弱了，粮食掉下来了，不是这样，这是它的价值所在。省里面现在在大力讲这个事情、推这个事情，而这个在平舆已经成为现实，就是已经走出了这个路子。对于这个问题我们宣传得还不够，研究得还不深，需要进一步推广平舆经验。

第二，平舆已经初步形成了一整套立足县情、富民强县、务实肯干，

---

* 本文是笔者于 2011 年 8 月 20 日在驻马店平舆县调研座谈时的讲话。

促进全县经济快速稳定发展的有效机制和方法。就是这一套做法和机制已经初步形成了。前面是路子走出来了，另外这路子为什么能走成呢？就是因为有一整套办法和做法、机制在支撑着，包括县城怎么扩容、土地怎么供给、怎么建学校等这一整套做法，我觉得这里面有极高的含金量，虽然其他县也在做，但这一系列的集大成是在平舆，所以也深化了我对这方面的认识。

第三，一个繁荣的、祥和的、人气十足的、富有生机活力的中等城市的雏形已经展现在我们面前，并且已经可以预期地给了我们一个美好的展望。传统农区县城也有20多层的高楼，还有众多的设计非常好的公园，这是城市标志。另外特别是文化艺术中心，这个肯定是全省县级最好的。有些地方不是没有财力，而是钱没有花到地方，另外办法也不够多。现在平舆县城常住人口加上学生有二十五六万人，这就相当于一个中等城市了。现在的二十五六万人如果在现有基础上进一步完善、配套，就是一个繁荣的中等城市了，且不说将来达到40万人以上，并且达到40万人不会用太长时间，今后的发展会越来越快，这个足以使我们骄傲。

二 深化了对几个问题的认识

1. 深化了对产业集聚区的认识

产业集聚区省里面看得很重，这是郭庚茂省长来到河南以后着力抓的标志性工作，他提了"一极两圈三层"和产业集聚区。对于产业集聚区现在有一些不同看法，但是总体上，搞产业集聚区不仅黄淮四市很必要，其他地方同样如此，因为地毕竟是有限的。另外搞产业集聚区符合工业发展的基本规律，就是集中、集聚、集约才可以有效益，这个已经被很多发达地区证明了。另外，省里去年对工业结构调整提出了"百千万工程"，就是要有主营收入100亿元的产业集聚区、1000亿元的产业集群，要有1万亿元的产业。那么提出产业集聚区主营收入达到100亿元，这是一个坎儿，从平舆我们看到了这个势头和潜力。产业集聚区主营收入达到100亿元，从平舆的两个支柱产业特别是皮革这个产业看，我觉得需要注意三条。第一，要有100亿元必须有主导产业，皮革要达到年产300万张，300万张的话本身就突破200亿元了，所以说必须有主导产业。第二，必须有龙头企业，这里面得有龙头带动。第三，必须有好的品牌。有了这三点，这个产业集聚区一定可以发展好。

2. 深化了对加快工业化进程内涵的认识

什么是工业化？工业化如果光看二产比重，看不出一个地方的真正水平。因为，工业化有很多指标，二产比重只是一个指标。今天我在车上还跟几个同志聊了几句，特别是看到那么多男孩女孩在企业里面打工，我马上联想到一个问题，就是工业化有个"人的工业化"问题，平舆有几十万农民，工业化跟他们有什么关系？工业化只是让他们这些人到城市打工赚点钱吗？不是的。工业化首先是人的工业化。我们刚才说输送出去2.6万人，过去他们是种地的，现在进入了工厂，即使工厂的水平不是那么现代化，但是他也得8点上班，因为操作规程是流水线，这些工业文明的熏陶对一个人的成长是非常关键的，参加工业生产使他懂得质量意识，你质量差了不给你钱还得罚你呢。另外是协作意识、品牌意识、标准化意识、契约意识、诚信意识、纪律意识，这些意识不进工厂肯定是不行的，所以，在工厂里如果干过一两年并且是合格工人的话对他一生都会影响非常大，这是非常重要的。就是农民经过工业文明的熏陶，成了有工业意识的新型农民和市民，他们有工业意识了。反过来讲，他即使不干工业了回去又干农业，那也可以用工业的理念发展农业，就是标准化、规范化、批量化，不再是过去的"望天收"，撒点种子就完了，这对农民素质提高也有很大的意义，所以认识这个问题应该有高度。

3. 对产城互动或者产城融合有了新的认识

什么叫产城融合？有三层意思。第一，在空间上或者在空间布局上产业和城市是联系在一起的，不是计划经济时期那种工厂，完全是政府一厢情愿，叫"嵌入式"的工业化，这样的工业根本不可能长期发展。现在的产业和城市的互动首先是空间排在一起，像西边就是产业集聚区，而且越来越靠近，空间上可以靠在一起。第二，在作用上是可以相互作用的，产业和城市可以相互作用，这个相互作用表现在相辅相成上，没有这个产业，城市发展不起来，反过来，没有这个城市提供的服务，产业也弄不成。还有互相渗透，为什么互相渗透呢？他在这里干几年可以在这里买个房子，买个房子就"渗透"了，然后还可以把父母接过来，这样城镇化提高了，他也有住的地方。再一个是互相支撑，所以从作用上是相互的。第三，在整体效应上，就是城镇化和产业集聚区共同促进社会进步，共同推动城镇化的进程。产业集聚区现在是 5 万人，你要搞到 10 万人，没有就业、没有岗位怎么能够生存？必须有产业。反过来有产业没有城市的依托也难以生存，所以它们可以共同促进城市化进程和社会进步，包括人们素质的提高、城市意识的提高、城市文明的提高，很多都是潜移默化的东西。

4. 对于以工补农、以城带乡的内涵有了新的认识

胡锦涛总书记讲中国的"两个趋向"，就是中国已经到了这个新阶段。我过去认为整个中国城市化发展包括东部的发展，应该带动农业，并且也很明显，工业支撑农业，怎么支撑呢？如农业机械、化肥、种子等，但是今天我看了平舆的发展以后有了新的理解，什么理解呢？就是说以工补农、以城带乡也有一个"本地化"问题。比如平舆的以城带乡不是让郑州甚至让北京来带我们，而是本地的，就是我们靠平舆的工业上去了，产业集聚区上去了，它来带动农业，怎么带动农业呢？2.6 万人按年收入 1 万块钱，那就将近 3 亿元，实际上不止，有的工人一个月 2000 元、3000 元钱，他富裕了可以借给在老家的人，这不就是以工补农吗？另外是以城带乡，如果我们没有这 20 万人的城市规模你可以想象会是什么样子，那可能是穷困潦倒。所以我们更加认识到，只有上工业才能保农业，只有城镇化才有农业现代化，是不是这个概念？城镇化越好，农业现代化越近，工业发展越快，农业越有保障，这是城乡、农业与工业的关系。从这个意义上讲，我们对以城带乡的信心更足了，因为平舆已经做出了样子。

5. 对中小城市在城镇化过程中的作用有了新的认识

关于发展大城市和小城市在整个国家层面的争论一直没停过，最早提过"小城镇，大作为"，但是从"十一五"开始又讲需要大城市带动，反正讲什么都有很多道理，大城市总体上占地少，大城市能够聚合科研创新团队，能够带动总部经济、楼宇经济和地方的核心竞争力。小城镇呢？可以解决就业。现在发展过来我觉得两者还得兼顾，尤其是对于河南这样一个大省必须兼顾，各自有不同的定位，郑汴一体化可以承载 1500 万人口，但是仍然不可能让河南的所有老百姓都去，它的作用就是带动河南省的核心竞争力，带动整个科技创新，因为有很多重点高校在那放着，但是它不可能带动到千家万户，超过 60% 的农民是带动不了的。中小城市怎么办呢？它带动就业，带动农民致富，就是解决贫困以后奔小康。奔小康能去

北京奔吗？还得就地奔，就地奔小康就是得出去打工，另外是就地转移。所以对于中小城市的作用，它的就业、富民、产业发展、提高城镇化水平是必经的阶段。现在100万人左右的县在河南居多，80万人左右的县更多，我们把县城发展到30万~40万人的中等城市就可以了，当然有些人会到大城市去，没有这一层，中原的城镇化问题永远解决不了，这是我的几点认识。

三 最后讲几个启发和建议

第一个启发，就是过去讲发展是硬道理，现在叫科学发展是硬道理，刚才我听了各位的发言和我原来的了解，我想再追加几句话。科学发展是硬道理，推动科学发展是真觉悟，在传统农区能够推动科学发展是大本事。科学发展是硬道理已经讲过了，不发展没有道理。这里面都有很多文章，但是你能不能真正推动科学发展？这才是真觉悟，真觉悟并不是都做到了，但平舆做到了，我觉得平舆的各级干部真是有觉悟。在传统农区推动科学发展是大本事，这里面有很多的真经，值得我们去解读，我就不多说了，这是一个启发和感想。

第二个启发，就是平舆经验，我们最核心的经验就是一班人特别是县委、县政府的主要领导班子对党的事业的忠诚、对人民的忠诚。如果说一个干部为谋划工作、推动发展寝食难安，这就是好干部，这就是忠诚。我想平舆最重要的经验核心就在这，你要没有觉悟和对事业的执着，不可能干成这个事，所以这是思想觉悟。再一个经验，是不仅抓住机遇而且创造了机遇，就像刚才汝生书记讲的，你开始从西平过来调研是这个状况，跟周围县的情况都差不多，怎么会想到搞产业集聚区呢？怎么会想到搞标准厂房呢？实际上这就是创造机遇，你如果不建标准厂房也不可能有那么多企业云集，这就是把没有变成了有，把不可能变成了可能，这叫创造机遇。所以我觉得平舆的经验对我有新的启发，特别是今天仔细看了以后。

第三，平舆发展现在遇到了一些瓶颈，特别是土地制约、供地减少等，我建议现在要早做思想准备，要研究、利用好即将到来的"政策红利"。一个是大概会在八九月份国务院要出台中原经济区的指导意见，现在提的有82项政策，涉及我们这一块的不少。再一个是党代会，党代会报告里面其中对县城发展有描述，就是发挥大中城市的带动作用，同时发挥好县城的纽带作用。我想对一些政策国家可能会有调整，包括用地问题会调整，我们要盯住这些新的变化，把这些政策用好。当然刚才有同志提到的我也赞成，要研究一下撤县设市。对撤县建市我们要做个评估，失去了国家级贫困补助，得到的是新的平台，同时有新的政策，我认为总体上还是上台阶的。另外你还得具备了这个条件，因为它肯定是有硬指标的，我觉得咱们没有大问题。这个事情行不行都要研究，因为这涉及大的走向、大的问题，咱们现在这种规模有时候可能是借平台做成大事了，至少在用地上会好很多，还有城市建设、这税那税等，都可以好好研究一下。这样的话在黄淮四市或者在驻马店如果开这个口子，那我们是最有优势的，所以需要很好地研究。

我就谈这些感想，我想我还会有第四次、第五次来这里，如果再来的话就多带几个人，另外到时候我们分分专题，真正搞一些有分量的东西。

争先进位要坚定信心抢抓机遇*

今天的座谈会有这么大的范围和规模，并且是在进行了前期调研和考察的基础上召开的，这是个重大动作，体现了偃师决策层的一种清醒、一种忧患、一种责任、一种担当。会议开始的时候，刘尚进书记讲了10个方面的背景，我都一一记下了。这10个方面应该说是站位全局、谋划长远、涉及了方方面面，这10个方面的问题也全方位地反映了我们现在所面临的环境、形势、压力和我们的取向。我很感动。

听了大家的发言，我能感受到来自基层的同志的这种不甘落后、奋发向上的激情和拼劲。作为偃师人，常年在郑州，我很关注偃师的发展，偃师发展好了，我们很高兴，偃师发展有了问题，我们心里不好受，真是这样的感觉。下面谈几个问题。

第一方面，我有这么几点感受。

（1）要承认偃师落后了。敢于承认落后就值得称道。能够反思落后的原因更难得。我很感激，特别是我们的书记、市长尽管都不是偃师人，却都在为偃师的发展这样拼搏、这么焦虑，并且能够在我们这个范围内坦率地讲我们的落后。虽然我最近一直比较忙，但今天上午我还是跟统计局要了一些统计数据。看到了偃师的一些指标的下滑，比如，按照省统计局县域经济的排名，2005年我们在全省排第5位；2008年排第17位；2009年又抬高了一点，排第16位；2010年排第19位，这是最新的数据。从2008年到2010年，在全省排名孟津县上位12位，新安县上位5位，嵩县上位9位，宜阳县上位36位，洛宁县上位8个位次。下位的有4个县，其中偃师下位2位，这是我们在全省的发展情况，无可争议，我们落后了。不要忘

---

* 本文是笔者2012年6月22日在偃师市领导干部工作总结座谈会上的讲话。

了，20世纪90年代河南"十八罗汉闹中原"，偃师是位居第三位的。既然落后了，我们就要放下所谓老大的面子，老大的身段。

（2）偃师不应该落后。在洛阳市，论综合优势和发展的基础，到现在偃师也不应该掉队。落后不应该，落后说不过去。所以我们理解尚进书记为什么这么着急。在洛阳的这个盘子里，偃师是个重要的板块，偃师板块不同于其他板块。偃师只有为洛阳增辉的义务，没有添乱的理由。我觉得我们不应该落后。

（3）偃师落后的原因是什么？我很长时间没有看偃师的产业发展情况了，严格意义上讲，还不能下结论。我只能谈点感觉。第一，产业方面。三句话，一是支柱产业没有支撑力；二是优势行业缺少竞争力；三是骨干企业缺乏影响力。十多年前，我在偃师参加过一个座谈会，当时省里一位领导干部在座谈会上就说，看到偃师是"山花烂漫，缺少牡丹；百舸争流，没有旗舰"。目前大体上这个状况没有得到根本改变，这是产业方面。第二，城镇建设方面。当然我们的城镇建设成绩很大，包括偃师市区的扩展都抓住机会了，但是总体上亮点很少，创意很少，魄力太小。第三，精神层面。我感觉我们偃师人是否存在某种优越感？是否在骨子里就瞧不起别人？这就是负担，是包袱。这种优越感就使我们没有那种置之死地而后生的危机感，使我们的干部缺乏强烈的进取心，甘居中游，缺乏血性，缺乏拼劲。是否存在着某种消极文化？是否有某种消极的文化在束缚着我们？说句不好听的话，是否有一种"没落贵族心态"在影响着我们？我觉得这是深层次的落后，就是文化的落后。这不是指偃师高中办得好不好，而是指大家的心态问题。有人说偃师人比较能，比较精。这个我也有体会。我们得益于"精"，却也失之于"精"。第四，领导层面。包括四大班子领导在内的局级以上领导干部，是不是也要查找原因？今天尚进书记讲到很和谐，这个我相信，但是凝聚力够不够啊？只有和谐是不行的，还要有凝聚力，都要有尚进书记和义林市长这样晚上睡不着觉、焦心的状态。大家做到了吗？县级领导都做到了吗？

第二方面，我想谈一谈正确认识县域经济社会发展的外部环境。这里面我想谈以下几种情况。

（1）中原经济区建设呈现良好局面。中原经济区是卢展工书记到河南工作之后提出的，大的方面，中原经济区建设上升为国家战略，极大地提升了这个区域的发展地位,从而也极大地增强了所有投资者想到这个区域投资的信心。产业方面,我们通过产业集聚区建设提升了产业的层次,搭建了平台,提高了招商引资的能力。另外,就是大招商,就说郑州富士康,两年内这个地方将会成为拥有100万人的居住区,超过100万人口就是大城市啊,比深圳速度还快。城市发展方面,我们河南省特别提出了组团发展的思路,我们又提出了新的城市发展体系,就是把新型农村社区纳入城镇体系。总而言之,就是我们现在的路子对、方法好,所以就出现了中原经济区在大气候一片冷一片紧的情况下,呈现了这样的喜人局面。另外,卢书记还有个正在宣传、正在强调的工作要求,就是要求做到"四个明白"。就是要"学明白、想明白"然后才能"说明白、做明白"。现在提的"四个重在"是实践要领,"四个明白"是工作要求。所以我想无论我们职务高低,要从这个层面来研究问题。这是我给大家讲的一个问题,中原经济区呈现良好局面。

(2) 河南的各县市正在干什么。第一,站位大局,主动融入中原经济区建设。这是各地干部特别是各县、各市都在琢磨的事情。焦作已经省政府批准成为中原经济区的结构转型示范区,因为它过去是煤城,需要结构转型。济源要成为城乡一体化示范区,这个也开过论证会了,省政府可能很快就下文件。各地都在想办法,在积极探索,勇于担当。新型城镇化引领,引领什么?新型农村社区建设钱从哪里来?农民的土地怎么保护?存在大量的问题。舞钢市提出面临着13个问题需要破解,基础问题,还有文化、体制方面的问题。第二,突出特色、发挥优势,各地都在这样干。新密这个地方,以前脏乱差,小煤窑、小石灰厂很多,但是现在一看,环境这么好,县城以外往各乡镇去的路上都有路灯,另外有7000多名环卫工人,平均一个生产队就有2名环卫工人。环卫工人的工资不用财政拿一分钱,都是社会融资,就是调动企业家们拿钱给7000多名环卫工人,这个事情我没想到。另外没想到工作力度这么大,拆迁那么大的事情。谁牵头?人大、政协都分包着任务呢。人大包一条路,政协包一条路,管拆迁,拿不下来还要说你的事,就是这么个干法。

(3) 在宏观经济趋紧的背景下,地方怎么发展。宏观经济总体上是趋紧的,国际形势大家都知道,欧债危机还在持续。那么地方怎么发展?我有这么几个观点。第一,宏观经济趋紧并不意味着地方收紧。所以作为一个县，这么小的范围就更不要过多地考虑宏观经济了，就是能发展多快就要多快，能多高就多高，舞台大着呢！这是第一个观点。第二，东部发展的新挑战就可能成为中西部发展的新机遇。产业转移也就是两三年之内，过了这个时间点就转移得差不多了，转到哪里，就看谁去做工作了。第三，中国发展的新阶段将成就内陆地区新的增长极。内陆地区的四大增长极和沿海地区的三大增长极相呼应，使中国区域协调发展。那么作为中原经济区，成为内陆增长极对我们来说就是重大机遇。

（4）面对宏观调控，地方的选择。一是要有敢打必胜的信心；二是要抓住机遇。

第三方面，我想提一些建议。

（1）关于总体目标制定。按照偃师重振辉煌、重回全省县域第一方阵这样的要求来制定我们的目标。简言之，用 3 年时间实现重回第一方阵的目标。

（2）关于总体布局。谈这么几点。第一，突出优势产业，做大做强。一定要有自己的品牌，在诸多产业里面要有一两个或两三个叫得响的龙头企业。标志是什么，就是市场占有率。形成具有霸气的，并且争取能够上市的产业企业。第二，强化洛阳、偃师一体化。"一中心、三板块"，这是我们的优势，是其他县不能比的，对着一体化的现状进行评估，要有路线图、要有时间表，要有大项目在这上面摆布。第三，促进新型城镇化建设。新型城镇化建设的核心是县城，也就是市区要上档次，要有标志性建筑。另外，新型城镇化的重点就是新型农村社区，可以借鉴学习新密。我认为应该在几个经济相对发达的地方搞几个建筑、搞几个点、成片搞几个。第四，要抓重点工程，开展招商引资工作。重点工程要提升整个产业层次，对提升产业层次有影响的重点工程排一排，我的感觉这样的产业有 20 个、30 个，影响整个产业发展，影响整个城镇化进程的工程排出来。招商引资包括产业集聚区，应该加大力度，因为其他地方能弄来，我们弄不来吗？再有，农业产业化方面还有大的文章。

（3）关于领导问题。我提点建议，仅供参考。第一，关于领导格局。我认为要形成这样的领导格局，经济社会发展重点和重点工作四大班子一起上，工作一起干，责任大家担，分工包干，统一力量。第二，关于用人问题。要敢用人、善用人。市委还是要用人，用成一个干事的人，就能用成一片干事的人；用一个庸人，投机、巴结、小溜摸，就用错了。所以，我们要有发现意识、创新意识、突破意识。卢书记讲"三具两基一抓手"，就是这个问题，工作一具体就深入，一具体就突破，一具体就落实，要创新工作思路；还有，关于社会氛围问题。要有好的社会氛围。要弘扬优秀文化、消除消极文化，通过各种形式树正气、树标杆、树典型。所以，我建议全市上下要营造团结、向上、拼搏的意识。偃师不能输、偃师不能落后，要重回第一方阵。方方面面都要做贡献，能干就干，不能干就让路。

宜阳县后发赶超的调查与思考[*]

——宜阳现象和宜阳经验解析

宜阳是豫西的一个浅山区传统农业县，也是一个国家级贫困县。改革开放以来，经过全县干部群众的不懈努力，取得了令人瞩目的巨大成就。全省县域综合实力排名上升最快，产业集聚区全省最大，县域高层建筑全省最多，创造了令人惊奇、令人称奇的业绩。在这些惊人变化和业绩背后，有着怎样不为人知的奋斗故事，蕴涵着哪些后发赶超的经验启示，很值得深深思考和广泛借鉴。

一 宜阳现象及内涵

宜阳县作为一个国家级贫困县，以敢为人先的胆识、勇争一流的精神、团结拼搏的干劲，通过运筹帷幄的科学谋划、求实求效的积极运作、有的放矢的持续发力，创造了令人震惊、令人震撼、令人振奋的奇迹，即在全省县域经济综合排名中提升跨度最大，全省县城高层建筑最多，全省产业集聚区面积最大，在仅仅经过不到一个五年规划的时间，成功实现了贫困县的后发赶超，形成了令人深思、使人遐想、给人启示的"宜阳现象"。

宜阳现象可以概括为：一个国家级贫困县，通过科学谋划、积极运作、持续发力，凭借敢为人先的胆识、勇争一流的精神、团结拼搏的干劲，实现了凤凰涅槃般的巨大变化，达到"三个最"（2008年以来全省县

---

[*] 课题组组长：喻新安、王建国；课题组成员：唐晓旺、王新涛、赵然、刘晓萍、袁金星、武文超。

域综合实力位次提升最多、全省县城高层建筑最多、全省产业集聚区面积最大）的惊人业绩。

（一）科学谋划、积极运作、持续发力

1. 运筹帷幄科学谋划

宜阳县从自身实际出发，全面把握国内外发展大势，科学谋划大项目，有效促进大发展。在城市建设方面，通过谋划宜东新区开发，打造县域经济发展新引擎。在工业发展方面，通过谋划产业集聚区扩容升级，推动大项目建设。在"三农"方面，通过加快农业结构调整，谋划新型农村社区建设，不断提高农村发展的活力。

2. 求实求效积极运作

宜阳县把上级的政策与自身的实际相结合，不断深化认识和尊重利用客观规律，突出运作、科学运作、有效运作，在求实求效中切实搞好运作。通过洛宜一体化的运作，在产业布局、基础设施、生态建设等方面与洛阳市区对接，实现与洛阳联动发展。通过对富士康、雨润、青啤等重点项目的运作，促进了资金、技术和人才等生产要素向宜阳的集聚，为经济发展注入强大动力和活力。

3. 有的放矢持续发力

近年来，宜阳县通过聚焦目标着力点，有的放矢地持续发力，谋划并实施了一批打基础、优结构、上层次、推升级、提质量、促跨越的重点项目。通过对优化投资环境政策的持续发力，一大批高端项目不断向宜阳集聚。通过对产业园区建设的持续发力，富士康产业园、深圳电子产业园、轴承产业园相继建成。通过对城市建设的持续发力，旧城区改造、北城区和宜东新区开发等成为拉动经济增长的新引擎。

（二）敢为人先、勇争一流、团结拼搏

1. 敢为人先的胆识

在经济社会发展中，宜阳县敢于解放思想，转变观念，大胆探索，勇于实践；敢于改革攻坚，不回避矛盾，不惧怕风险，顶住压力，迎难而上；敢于突破樊篱，突破瓶颈，开拓进取，闯关过坎，跳出圈外想问题，跳出宜阳看宜阳；敢于抢抓机遇，围绕目标提出"全新课题"，大胆采用新理念、新手段、新方法，使工作在创新中推进、落实、提升，使发展在创新中争先、创优、进位。

2. 勇争一流的精神

宜阳县发扬"不怕困难怕落后，奋勇拼搏争一流"的创业精神，加快后发赶超、务实创新步伐，推动县域经济进位升级。当地干部和企业家身上表现出永不满足、追求卓越的良好精神状态。站在新的起点上，宜阳县坚定追求卓越的信心和勇气，瞄准全国，紧盯全省，争创一流作风、一流环境、一流业绩，在全省新一轮发展中走在前面。

3. 团结拼搏的干劲

宜阳县坚持将"团结"作为共同奋斗的基础，无论是班子建设还是群众工作，"团结"都被作为第一要义。全县上下心往一处想、劲往一处使，互动互助、相融相补、共进共荣、合拍合心，集聚正能量，合力促发展。

（三）"三个最"的惊人业绩

1. 全省县域综合实力位次提升最多

2011年，全县生产总值154.2亿元，在全省县域经济排名中名列第47位，和2008年相比，4年提升55个位次，成为全省县域综合实力排名名次提升跨度最大的县，并荣获"河南省经济发展快县""中原最具投资价值县"等荣誉称号。

2. 全省县城高层建筑最多

截至2012年年底，全县竣工和在建高层建筑177栋，市政大厦、世纪广场、盛世豪园商住一体综合大厦等一栋栋高层楼拔地而起。这些高层建筑的建设，改善了县城居民居住环境，节约了城市建设用地，提高了县城综合承载能力，提升了城市的形象，城乡面貌焕然一新。

3. 全省产业集聚区面积最大

2006年以来，宜阳县加快推动"四集一转"，举全县之力建设产业集聚区。短短6年间，集聚区面积达到23.92平方公里，居全省第一位，入驻工业项目142个，其中规模以上企业58家，投资亿元以上企业39家，初步形成了"一区六园"的集群发展格局。先后被评为"河南省对外开放先进产业集聚区""河南省节约集约模范产业集聚区""2011年度河南省先进产业集聚区"等称号。

二 宜阳模式及其内涵

2008年以来，宜阳县实施工业兴县战略，发扬"解放思想、实事求是、自加压力、勇争一流"的宜阳精神，强力推进新型工业化、特色城镇化、农业现代化、产城一体化和洛宜一体化"五化进程"，走出了一条贫困山区县工业化持续加快发展的路子。在此过程中形成了以"一个目标，四大提升，六个坚持"为特征的"宜阳模式"，即以"富民强县"为目标，以"四大提升工程"为着力点，以"六个坚持发展"为路径的后发赶超之路。

（一）一个目标

以"后发赶超、富民强县"为目标

宜阳县在经济社会发展中始终坚持以人为本，强化富民强县的终极目标，"为民发展、发展为民"的理念深入人心，广大干部群众干事创业、争先进位的积极性得到了充分的释放，县域经济呈现出赶超发展的良好势头。过去的5年，是宜阳县发展最快的5年，是人民群众得到实惠最多的5年，是发展活力最强的5年。县域经济发展速度明显加快，发展质量明显提升，发展亮点明显增多，城乡面貌发生明显变化，逐步走上幸福祥和的康庄大道。

（二）四大提升

1. 实施发展速度提升工程

宜阳县正确认识差距，强化加快发展理念，提出了"两个高于"的奋斗目标：生产总值和财政收入增速均高于全市平均水平，努力做大经济总量。为此，下大力气招商引资，发展民营经济，推进产业集聚区建设，加快工业总量扩张。这些措施在推动宜阳县域经济快速进位提升的同时，也改善了人民的生活，取得了良好的效果。

2. 实施发展层次提升工程

针对发展基础差、层次低的问题，宜阳县引进了一批规模大、质量好的项目，特别是成功引进了江苏雨润、富士康等国内外500强企业，发展层次明显提升。针对城市形象较差的问题，宜阳县推进老城区和城中村改造，建成了28个新型住宅小区、100多栋高层建筑和沿洛河6公里长的水系景观。针对社会事业发展滞后的问题，宜阳县在全省率先推进医疗综合支付制度改革，投资2.5亿元迁建县医院，投资3亿元建设华富商学院，投资2亿元建设保障房，等等。社会保障水平上升到一个新层次。

3. 实施发展动力提升工程

为尽快改变贫穷落后的面貌，宜阳县提出了工业兴县战略，加快推动新型工业化。经过5年的发展，工业对经济增长的贡献由48.7%提高到61.3%，对经济发展的推动力持续增强。不断加快实施老城区改造、北城区开发，强力推动宜东新区和新型农村社区建设，新型城镇化的引领作用不断增强。持续开展"大招商、招大商"活动，2007年以来共引进项目424个，到位资金104亿元，经济发展的外部动力持续增加。

4. 实施发展环境提升工程

近年来，宜阳县加快道路、电力、通信等基础设施建设，5年来，全县公路通车里程新增885公里，率先完成洛宜快速通道建设，拉近了与洛阳的距离。以"作风转变年"为契机，持续推进"下基层、转作风、提效能"活动，建设服务型政府，落实亲商、安商、富商政策，形成了中原经济区最具优势的投资洼地。大力实施"生态大县"战略，强化企业节能减排，推进香鹿山植树造林，建设灵山、花果山等风景区，开发洛河阳光水岸，"美丽宜阳"建设取得重大进展。

（三）六个坚持

1. 坚持"三化"协调健康发展

作为一个农业大县，宜阳县在加快推动农业转型，促进土地流转和规模经营，发展现代高效农业的同时，把加快工业发展作为全县工作的重中之重来抓，着力打造全省最大的产业集聚区，大力引进国内外500强企业，不断提升工业层次和水平；同时，按照县城融合发展、中心镇内涵发展、新型农村社区集聚发展的思路，构建三位一体、联动发展的新型城镇体系，加快推进新型城镇化进程，促进"三化"协调科学发展。

2. 坚持做大县城引领发展

宜阳县坚持产城一体、产城融合的理念，加快城市建设步伐，积极推进沿洛河经济带和东城产业集聚区、西城文化旅游区、南城商业物流区、北城商住休闲区建设，城区面积由 8 平方公里扩大到 27 平方公里。同时，完善城市道路网和供气、供热、供水等基础设施建设，加强和改善城市数字化管理，城市综合承载力和辐射力逐步提高，形成全县经济社会发展的核心引擎。

3. 坚持统筹兼顾和谐发展

宜阳县确立了工农协调、城乡一体的发展理念，支持和保护农业，建立起了以工促农、以城带乡的长效机制，促进工农、城乡协调发展。同时统筹经济社会发展，加快医疗、教育、就业、社会保障事业发展，推进民生改善进程。大力实施"生态大县"战略，推进洛河治理、香鹿山绿化和灵山景区建设，持续优化生态环境，推进人与自然和谐相处。

4. 坚持对接洛阳开放发展

宜阳县加快基础设施建设，优化发展环境，提高产业配套能力，为承接洛阳的人流、物流、资金流、产业流提供了必要的条件。在此基础上，借助洛阳国内外较高的知名度，宜阳县加快开放型经济发展步伐，坚持对内对外开放并重，"引进来"与"走出去"并举，大力推进招商引资，积极承接发达地区产业转移，吸引大企业、大集团特别是央企、国内外 500 强和行业龙头企业到宜阳创业发展。

5. 坚持生态宜居绿色发展

宜阳县加大节能减排力度，大力发展循环经济，开展土地、矿产资源的节约和综合利用；实施植树造林工程，5 年累计造林 22 万亩，荣获"河南省林业生态县"称号；加快洛河治理，推进阳光水岸开发，建成了 6 公里长的水系景观，一个生态优美、宜居宜业的新宜阳已呈现在人们面前。

6. 坚持"一线倒逼"加快发展

全县各级行政机关认真推行"一线工作法"，推动领导干部深入工作一线、工作现场，在一线决策、一线服务、一线解决问题，努力提升服务质量和水平，全力服务经济建设，真心服务人民群众，促进社会和谐。通过"一线倒逼"，广大党员干部转变了工作作风，改进了服务方式，提升了服务质量和水平，为宜阳赶超进位提供了制度保障。

三 宜阳县后发赶超的经验与启示

宜阳5年跨越式发展的实践极为丰富,为全省县域经济快速发展提供了一个成功的范例,总结过去5年宜阳经济社会赶超发展的成功经验,不仅为宜阳自身经济社会进一步发展提供了有益的启示,也为河南其他类似县区壮大发展实力、增长区域竞争力提供了弥足珍贵的借鉴。

(一) 坚持始终抓住发展不放松

发展是硬道理,发展是第一要务,发展是解决一切问题的根本,抓住发展不放松,凝心聚力谋跨越,这是宜阳近年来跨越发展的最大经验。立足于对形势的把握,宜阳提出了"两个高于"的目标:生产总值和财政收入增速均高于全市平均水平,成为宜阳人民干事创业、推动经济成长的精神支柱。

(二) 坚持持续一届接着一届干

宜阳县域经济4年上升55个位次,得益于历届县委、县政府打下的良好的基础,得益于一张蓝图绘到底、一届接着一届干、一以贯之谋发展的精神品格。从县委第九次党代会的"工业突围",到第十次党代会的"工业兴县",再到第十一次党代会的"五大战略",体现了持续为重的发展理念。坚持好思路,拓展好路子,一届接着一届干,持续不断、始终如一地做下去,推动了宜阳的持续发展。

(三) 坚持统筹兼顾着眼全面发展

推动经济社会科学发展,必须遵循事物发展的规律,树立全局观念,培养战略思维,坚持统筹兼顾,这是宜阳县在长期实践中得出的重要经验。宜阳坚持"五轮驱动",推进"五化进程",全面推进工农业发展,持续推进城乡统筹,全面推动经济、政治、社会、文化、生态建设,取得了良好的效果。

(四) 坚持立足优势提升发展质量

县域经济发展必须准确判断发展形势,客观分析优势和劣势,做到立足优势、用好优势、发挥优势,这也是宜阳跨越式发展的成功经验。宜阳立足区位好、环境优、资源丰富、历史悠久的优势,主动融入洛阳发展圈,积极承接产业转移,培育和凝聚开放经济新优势,不断推动结构升级,促进发展质量提升,持续保持了跨越式发展的良好态势。

(五)坚持规划先行引领科学发展

实现科学发展,必须坚持规划先行。规划是前提,是基础,是关键,规划得好才能建设得好,管理得好。宜阳在县城建设中提出"一带四区"的总体规划,委托知名设计机构对宜东新区进行概念性规划和城市设计,整体推进新型农村社区规划建设,高起点规划城市建设和产业布局,推动了县域经济社会整体布局的优化提升。

(六)坚持自我加压争创一流业绩

自加压力是一种工作作风,勇争一流是一种信心和勇气,体现了持续求进的精神风貌。近年来,宜阳县坚持高标准,自我加压,以昂扬的斗志迈步新征程,以拼抢的姿态勇立潮头,以一线紧逼的举措推动工作,建成了一批重点项目,突破了诸多难点工作,最终实现了发展的高效率、高效益,推动宜阳经济社会发展更上一层楼。

(原载《呈阅件》2013 年第 1 期)

关于以黄河生态旅游风景区为主轴打造黄河文化生态旅游带的建议

几年前，笔者曾主持完成研究报告《黄河风景名胜区跨越式发展战略及体制创新研究》（约8万字），并在河南省社会科学院《领导参阅》摘要发表了题为《实现跨越式发展战略 打造万里黄河第一景——关于黄河风景名胜区发展战略与体制创新的调查与建议》，受到各方面的关注和好评。在那份报告里，课题组提出景区跨越式发展的"三圈层"空间结构模式，建议由内而外，有重点、有步骤地推进黄河风景名胜区的建设。最近，根据中原经济区建设的进展情况和河南"十二五"规划的有关要求，我们对打造黄河文化生态旅游带进行了调研和思考，认为应当适应新的情况，以郑州黄河生态旅游风景区为主轴，打造黄河文化生态旅游带。现结合当时的构想，提出如下认识和建议。

一 打造黄河文化生态旅游带应以黄河生态旅游风景区为主轴

河南省委八届十一次全会提出，河南"十二五"发展要以建设中原经济区、加快中原崛起和河南振兴为总体战略。打造黄河文化生态旅游带，是建设中原经济区的题中应有之意和重要支撑点。

《中共河南省委关于制定全省国民经济和社会发展第十二个五年规划的建议》指出，"把推动服务业大发展作为产业结构优化升级的战略重点""大城市要突出发展服务业，主城区要形成以服务经济为主的产业结构"。"建设沿黄河生态涵养带。"

《中原经济区建设纲要（试行）》要求："挖掘整合旅游资源""建设具有国际影响力的黄河文化生态旅游带""建设黄河中下游、淮河中上游生态安全保障区""全面实施沿黄滩地生态修复工程""构建沿黄生态涵养带"。

《河南省国民经济和社会发展第十二个五年规划纲要》提出:"推动文化和旅游融合发展,实施大板块、大品牌、大集团战略,整合旅游资源,着力构建新型旅游产业链。""围绕建设世界知名、全国一流的旅游集散地和目的地,以黄河文化生态带和大伏牛山为主轴……加快建设一批具有国际影响力的旅游景区和精品线路""建成一批城市休闲旅游功能区。按照服务业发展布局和方向,高起点、高标准、高质量地谋划和建设一批服务业重点工程和重大项目""构建横跨东西的黄河滩区生态涵养带""重点建设沿黄风情文化产业带""积极发展黄河文化生态游"。

在中原经济区纳入国家"十二五"规划和全国主体功能区,正式上升为国家战略层面后,根据国务院领导批示精神,国家发改委正会同河南省政府研究起草国务院关于支持河南建设中原经济区的指导意见,同时编制国家层面的中原经济区发展规划。作为"指导意见"和"发展规划"的前期准备,河南省政府正组织专家进行相关政策的专题研究。研究的一个方面,是梳理重大生产力和项目布局。目前,政策研究小组已经将"建设沿黄河文化生态旅游带,促进文化旅游一体化发展"纳入视野,并"建议对黄河中游一带进行统一规划、全线开发、联动发展,创新体制机制、吸引民间投资,加强基础设施投入和环境建设,打造具有吸引力的旅游休闲目标地。"

沿黄河文化生态旅游带是跨市域的,建设过程也将是分步骤的。应当看到,无论是沿黄人文景观、文化旅游资源,还是业已形成的工作基础,打造黄河文化生态旅游带,都应当以郑州市为主体。就郑州来说,正在谋划建设郑州都市区,实施"三产优先"战略,毫无疑问,打造黄河文化生态旅游带,在郑州都市区建设和推动三产发展方面,都具有极为重要的意义,有可能成为继郑东新区建设后郑州发展的一大亮点。因此,郑州市应当抓住国务院出台支持河南建设中原经济区的指导意见和发展规划的难得机遇,在沿黄河文化生态旅游带的规划、管理体制和机制等方面做好准备,争取国家更多的政策支持。

进一步说,黄河生态旅游风景区处于沿黄河文化生态旅游带的核心位置,多年来,郑州市在黄河生态旅游风景区的运转模式、管理体制和产业发展方面做了大量工作，取得了明显成效。特别是 2009 年 7 月将原有的黄河风景名胜区管委会更名为黄河生态旅游风景区管委会，明确作为市政府的派出机构之后，景区管理体制向前推进了一步。所以，以黄河生态旅游风景区为主轴和基础，打造黄河文化生态旅游带，是有条件的，也是最现实、最经济、最明智的选择。

二　郑州市黄河文化生态旅游带"三圈层"空间开发构想

打造黄河文化生态旅游带，必须综合考虑近期发展目标和远期发展规划，深入挖掘沿黄丰富的旅游文化资源，使之成为中原经济区建设中的一个亮点。为此，我们提出郑州市黄河文化生态旅游带"三圈层"空间结构开发构想，即黄河文化生态旅游带包括核心层、主体层、外围层，按照强化核心层、联动主体层和外围层的思路，有重点、有步骤地推进黄河文化生态旅游带建设。

1. 黄河文化生态旅游带核心层设计

黄河文化生态旅游带核心层的范围是，东起枯河入黄河口（黄河大堤以内），西抵汉霸二王城，南以枯河为界，北至黄河中心行政区界，总面积约 30 平方公里。

该地域包括黄河生态旅游风景区总体规划十大景区中的汉霸二王城、桃花峪、五龙峰、黄帝城（西山遗址）、黄河大观、黄河湿地（即黄河史前生貌）等六个相连的景区。核心层是黄河文化生态旅游带近期开发的重点和整个旅游带发展的中心与依托。区域内旅游资源具有独特性，是"悬河"的起点，黄土高原的终点，黄淮扇形冲积平原的顶点，黄河中下游分界线，是观赏黄河的最佳处。

黄河文化生态旅游带核心层采取准一体化管理模式。所谓准一体化的管理模式，主要是考虑核心层中的嘉应观景区隶属于焦作市武陟县，在行政区划上进行统一管理不太现实，但在景区的推介及其他日常管理方面，却可以经过协商，同其余 6 个相连景区一样实行统一的一体化管理。

实行核心层一体化管理模式，首先要将黄河生态旅游风景区管委会目前管辖范围之外的各景点划归管委会进行统一管理，由管委会对区域内所有景区统一进行行政、人事、财务等方面的管理。对景区内所有旅游资源予以整合，进行统一经营运作、策划包装、开发推介，各景区（点）原从属的文物、宗教等行业主管部门则依据相关法律、法规对旅游资源依法予以管理、保护和监督。要协调处理好景区与荥阳市、惠济区、金水区以及郑州市市政局的关系，并协调处理好管委会与景区内其他各行政单位之间的关系。

2. 黄河文化生态旅游带主体层设计

黄河文化生态旅游带主体层的范围，东到花园口东大坝，西抵汉霸二王城，南起纪公庙和大河村，北至黄河中心行政区界，总面积108平方公里（其中，郑州市惠济区80平方公里，金水区1平方公里，荥阳市27平方公里）。除核心层所涵盖的六大景区外，主体层景区包括岗李水乡、花园口、秦汉古城、大河村遗址等四大景区，基本上涵盖了郑州北郊尤其沿黄地带的风景名胜资源和旅游资源。主体层的设计，可以加快河南文化旅游产业发展的步伐，为建设郑州都市区和中原经济区跨越式发展做出贡献。

黄河文化生态旅游带主体层采取紧密型双重管理模式。在紧密型的双重管理模式中，旅游带各景点归属关系不变，管委会对其负有主要的组织与管理协调职能，对旅游带各景点进行统一指导。各景点仍按目前的归属关系接受相关政府、部门的管理，在行政、人事、财务等方面由所隶属的部门具体负责，但在景区的规划、发展方面，由管委会在总体上进行统一指导。

3. 黄河文化生态旅游带外围层设计

黄河文化生态旅游带外围层，东至中牟县的东湖，西至巩义市。除主体层所涵盖的景点外，外围层自花园口以东依次有富景生态园、东湖、翠鸣湖、官渡古战场和雁鸣湖等主要景点；自鸿沟以西依次有康百万庄园、虎牢关、杜甫故里、香玉故里、浮戏山雪花洞、石窟寺和伊洛河等主要景点。景区外围层的设计符合郑州市发展"大旅游、大产业、大发展"的规划，对于整合景区旅游资源，挖掘丰富的科学内涵，有序、规范地建设、统一管理，形成品牌，具有重要的意义。

外围层采取松散型双重管理模式。所谓松散型的双重管理模式，主要是考虑到外围层各景区的地域分布和发展现状，外围层内各景区仍主要由当地原有管理部门负责具体的管理工作，管委会可以通过派出机构，在总体上进行统一的指导性管理,做到管理方面的"五统一",即统一网络规划、统一推介营销、统一服务规范、统一旅游品牌、统一人员培训。

三 打造郑州黄河文化生态旅游带的工作建议

打造郑州黄河文化生态旅游带,是一项艰巨的复杂的系统工程。实施黄河文化生态旅游带"三圈层"开发模式,将面临行政区划、现有体制等多方面的阻隔。为保证这一构想得以实施,提出几点工作建议。

1. 健全机构

成立"郑州市黄河文化生态旅游带管理委员会",与郑州市黄河生态旅游风景区管理委员会实行"一套机构,两个牌子"运作模式。即现有郑州市黄河生态旅游风景区管理委员会同时挂"郑州市黄河文化生态旅游带管理委员会"牌子,作为郑州市政府派出机构,赋予双重职能,统一组织、协调黄河生态旅游风景区和黄河文化生态旅游带建设。考虑到打造黄河文化生态旅游带是跨行政区域的重大举措,实施过程中将会遇到许多需要协调的问题,因此建议适当高配管理委员会的规格和干部级别。

2. 理顺体制

理顺核心层管理体制。调整区域内相关村落隶属关系,将荥阳市广武镇的霸王城、汉王城、桃花峪、张垌和王顶,惠济区古荥镇的黄河桥、孙庄、张定邦等8个行政村以及古荥镇岭军峪行政村的小刘沟自然村划归黄河文化生态旅游带管理委员会(景区管理委员会)统一管辖;设立必要的立执法机构和日常管理机构,明确相应管理职责;协调与相关机构部门的关系,破解旅游带建设和景区发展中的瓶颈制约。规范主体层和外围层的管理体制。主要是形成各景区相关投资主体与主管部门的联席会制度,联席会成员单位不仅包括中牟县、惠济区、金水区、武陟县、荥阳市、巩义市各地区旅游局等相关部门,还包括各地公安、工商、文化、文物、宗教、林业、土地、环保、建设、物价、交通、通信、电力等相关单位,以及宾馆、饭店、旅行社等单位,成员单位每年定期召开会议进行沟通,协商解决存在的问题。

3. 创新机制

实行管理与经营相分离的发展模式和运作机制。作为具有相应政府职能的旅游带（景区）管委会，只负责制订旅游带（景区）的发展规划、建设方案审批和资源保护监督实施的管理职能。而旅游带（景区）的游客服务、景点维护和市场营销则交由现代企业制度建立起来的公司来负责。还要建立完善各景区之间的协作机制，推行景区相关问题的统一仲裁机制，建立各景区之间的利益捆绑机制，完善各景区的统一发展规划机制。同时，为了更好地推进旅游带（景区）管理体制的改革创新，还要进行与实现旅游带（景区）跨越式发展相适应的区划调整；修编黄河生态旅游风景区发展规划，强化规划的严肃性和约束力；进一步挖掘黄河文化内涵，加强宣传推介力度；实施景区管理创新，不断提升管理水平。

（原载《领导参阅》2011年第2期）

建业省域化战略调查报告[*]

——一个非公企业在中原崛起进程中的实践与启示

引 言

中原,这片煌煌厚土,在经历了北宋以降的千年沉寂后,终于迎来了它的厚积薄发。

"中原崛起",这一响彻中原上空 20 年的最强音,成为唤醒中原大地的主旋律。它成就了一大批优秀的企业,使其成为当今最活跃的经济细胞,伴随着中原经济区建设的帷幕拉开,新一轮成长正蓄势勃发。

为寻求并激发建设中原经济区的新动力,我们试图以解剖案例的方式,观察生于斯、长于斯的中观和微观主体的成长轨迹,探寻其对中原崛起的共性价值和启发意义。此时,建业让我们驻足,让我们感叹。

在信奉利益至上、效率至上的市场经济时代,建业为何选择根植中原,并能博得中国地产界"全国化发展学万科,区域发展学建业"的美誉?

在中西部地区一个欠发达省份,为何作为一个非公企业——建业能培养和聚集起一大批优秀人才资源?

在当时尚不成熟甚至可以说是荒芜的城市新区,为何建业的进驻,总

---

[*] 2011 年 8 月的一天晚上,建业住宅集团董事长胡葆森先生召集几个朋友叙谈,王守国、齐岸青、刘道兴、张占仓等在座。叙话的主题是如何纪念建业成立 20 周年这件事。胡葆森是个低调务实的企业家,从不搞那些虚头巴脑沽名钓誉的事情。我建议深层次研究建业的发展历程,以 20 年庆典为契机,达到再学习、再武装、再出发的目的。之后不久,建业集团正式提出由我领衔组成课题组开展研究。一旦走近建业,我发现,真正认识建业、读懂建业、表达建业十分困难。我和课题组的年轻人多次讨论,甚至已经写好的稿子被推倒重来。经过几个月的努力,《建业省域化战略调查报告》终于告罄,并在《人民日报》、《河南日报》等主流媒体发表,产生了积极的影响。

能受到市场的追捧，并将其打造成城市的新形象、新名片？

在宏观调控空前收紧、楼市一片萧瑟的2011年，为何建业一枝独秀、逆势而上，纳税额增长65%，平均每月纳税1亿多元？

……

这是战略的胜利，也是坚守战略的胜利。

一 踏着"春天的故事"的旋律，和着中原崛起的节拍，在不懈探索中建业选择并坚守着省域化战略，一路阔步中原筑城不辍

（一）从逆势中起航，历成长中困惑，于反思中抉择，在资源积累和要素整合中蓄势省域化战略

1992年，是中国的市场经济元年，邓小平"南方谈话"开启了一个新的时代，随后党的十四大第一次明确提出了建立社会主义市场经济体制的目标，拉开了波澜壮阔的中国市场经济体制改革序幕；也是在这一年，河南开始谋划"中原崛起"战略，为民营企业打开了发展之门，极大地激发了广大企业家的创业热情；就是在这一年，在香港工作和生活了10年的胡葆森，怀着报效家乡的朴素情结和对组织的庄严承诺，面对众多的投资机会，毅然选择了回到中原大地，创立了河南省第一家中外合资房地产综合开发企业——河南建业房地产开发有限公司。

逆境中起航。20世纪90年代的河南，经济发展滞后，市场发育程度不高。有人将这种投资环境形容为盐碱地，而盐碱地上的企业往往难以长大。就是在这样极度艰难的背景下，建业开始了第一个项目"金水花园"的筹划，开局便遭遇了全国性的地产市场大萎缩。连续5年的房地产市场低潮期，给刚刚起步的中国地产行业带来沉重的打击，建业未能幸免。趋紧的宏观调控、恶劣的市场环境、激烈的市场竞争，考验着初创时期的建业人和蹒跚起步的建业地产。但"坚韧图成"的建业，毅然喊出了"永不妄称第一，决不甘屈第二"的豪迈口号，在资源整合与模式创新中持续求进，奠定了发展基础，并扛起了中原足球崛起的大旗，踏上了筑梦中原的征程。当时，郑州480多家地产商开发的都是中低档商品房，面对这一激

烈的市场竞争环境，建业最终确定走差异化道路，进军中高档商品房市场。

成长中困惑。精确的市场研判和准确的市场定位，为企业发展指明了方向，企业发展蒸蒸日上，经营利润日趋丰厚。一个取得初步成功的企业如何做大做强？如何抵制住各种看似前途远大的诱惑？这是任何一个企业都会遇到的问题，成长中的建业一度迷茫，建业之路怎么走、路在何方？是固守郑州，提高市场占有量；还是走出河南，到投资环境更好、回报率更高的一线城市发展；抑或是在保住郑州的基础上，向省内周边中等市场扩张？三条截然不同的发展路径，让建业陷入了深深的困惑之中。公司内部展开了持续、深入的大讨论，甚至派出了几个考察组就此到一线城市进行调研，各种路径看起来都有充分的理由，也都有成功的可能。建业向何处去？建业人必须做出一个明确的选择。

反思中抉择。"面壁十年图破壁"，经过长时间的考察、分析、论证，基于对国家发展大势的精准把握、河南省情的深刻洞察、中原地产市场的深入了解、企业比较优势的清醒认识，以及对报效家乡情怀的坚定，建业最终确定了在河南这一区域内继续发展，"立足河南、扎根中原"，从省会向各市拓展，从各市向"未来的乡镇"迈进，由此奠定了备受业界赞誉的"省域化战略"的雏形。这一时期，建业加大了对河南的深入研究，建立了各城市信息资料库，"省域化战略"逐步清晰。但是，质疑声也广泛存在，抛弃成熟、规范、利润率高的一线市场，进入市场发育滞后、不确定性大、投资回报率低的地区性市场，也意味着建业人要放弃熟知的生活环境，做真正的拓荒者。如何统一思想、鼓足干劲，是摆在建业领导者和高层管理团队面前的一项具有挑战性的课题。

积累中提升。"凡事预则立，不预则废"，在确定了省域化战略后，建业并没有贸然推动，而是首先从资金、品牌、人才、商业模式、客户等方面积累资源、整合要素，为全面展开省域化战略作准备：聚焦专业化，大刀阔斧地剥离与主业无太多关联的产业；在国内足球联赛低潮期，坚守足球，并积累起较高的"建业"品牌价值；完成集团新老管理者的交替，一大批业务骨干和年轻管理人才走上了领导岗位；成功推出建业城市花园项目，并连续三年雄踞郑州楼市销售额排行第一名，开发模式日渐成熟；启动 OA 信息化管理平台，初步建立了客户资源管理系统和企业经营管理理论体系,并编制了《建业集团项目经营管理手册》;成立中原第一家客户俱乐部"建业会",正式提出企业的客户观——"谁拥有了客户,谁就拥有了未来"。

经过努力,各种资源迅速累积,商业模式日益成熟,品牌个性趋于鲜明,为建业启动省域化战略提供了强大支撑。

(二)在困境中坚守,在追问中突围,在浴火中涅槃,建业省域化战略大局初定

全面推进却遭遇瓶颈。2002年,在战略布局第一站——濮阳,董事长胡葆森向社会郑重承诺,建业每到一个城市都要做到"为这个城市打造一张新的名片;为当地老百姓创造一种新型生活方式;与当地开发商一起提高这个城市的建设水平;为当地政府上缴更多税收;融入城市,当好这个城市的宣传员"。此后,"五个承诺"成为省域化战略各个团队的行为准则和追求目标,得到了坚定的贯彻和执行。实现在濮阳的良好开局后,建业又相继进入新乡、商丘、南阳、三门峡、驻马店、洛阳、许昌、安阳、济源等地,通过复制在郑州市场探索出的成熟商业模式,建业得以实现"高速度+低成本"扩张。然而,相对于比较完善的郑州市场,房地产市场发展环境更为复杂,建业省域化战略的推进也遭遇了瓶颈,特别是商丘、三门峡、驻马店、许昌等地出师不利,项目进展缓慢。一些管理团队面临着前所未有的压力,无路的迷茫、无助的哭泣、无奈的逃离,悲观情绪弥漫开来,对省域化战略的质疑声再起。

"两个高度"破冰突围。面对战略布局过程中遇到的困难,2004年7月11日,胡葆森在视察了三门峡等6个团队之后,提出必须站在"两个高度"(城市的高度和企业战略的高度)来解答"两个问题"(为什么来到这个城市?给这个城市带来了什么?)。"两个高度"使迷茫中的建业将士豁然开朗,从而统一了思想,增强了团队的责任感和使命感,极大地鼓舞了新一代年轻指挥员征服市场的信心,也激发了各个团队的学习热潮。由此,建业踏上了新征程。2008年,顺利完成了在18个地级城市的省域布局。

省域化战略日趋成熟。随着省域化战略的深入推进,企业逐渐表现

为"盈利、增长、持续、稳定",引起了国内外资本市场的关注。2008年6月6日,建业地产在香港联交所主板逆势成功上市,被业界称为破冰之旅,是当年在港交所唯一一家实现成功上市的内地地产企业,也是中国中西部地区首家赴港上市成功的地产企业,吸引了一批世界一流投资人的参与,为建业建立了一个良好的资本平台。而通过一系列的实践,建业"根植中原、造福百姓"的企业核心价值观更为凸显;"两个高度、四个统一、五个承诺、六个认同"的企业准则陆续确立;"守信用、负责任、走正道、务正业"企业文化特征日臻清晰;"让河南人民都住上好房子"的企业理想与使命更加深入人心;企业定位也从战略启动之初的"专业化领袖型区域品牌地产开发商"上升为"做中原城市化进程和社会全面进步的推动者"。

(三)在坚守中深化,在拓展中延伸,在整合中提升,建业省域化战略开启新征程

继续拓展,加快谋划县镇市场。完成省域化战略地级城市的全面布局之后,建业开始谋划进入县级城市,以极大的热情参与到中国城市发展的未来方向——县镇区域的建设。为此,建业进行了一系列组织再造,以保障战略的推进。2009年,公司成立中心城市公司,形成"总部—中心城市公司—城市公司"新的管理架构,以保障战略攻坚阶段业务的有效拓展。2010年,重新调整为战略总部和城市公司扁平化管理模式。为促进员工成长,为省域化战略提供人才保障,2009年创立建业学堂,长期开设新员工培训班、新经理培训班、总经理培训班以及专项培训班等,为建业打造"学习型组织"奠定了坚实的基础和实质性保障。目前,建业已进驻全省10多个县级城市。在"起承转合"的2012年,建业将开始快速规模化进入更多县级城市。

价值提升,着力构建大服务体系。2009年8月,建业推出至尊卡,以此整合优质的商家资源,为业主提供覆盖生活的全方位服务。在用地拿地成本和难度不断增加的情况下,近年来建业一直在产品形态和商业模式上谋求转型,延伸地产价值链。目前,建业已投资逾30亿元,与世界知名酒店携手打造了6家国际品牌高星级酒店。2011年8月,公司正式启动大服务体系,依托建业全省已建成社区,通过呼叫平台9617777

和建业至尊卡两条线，串联起物业、教育、足球、至尊服务公司、商业、酒店六大服务资源，为全省业主提供"时间、内容、地域"皆无盲点的具有建业特色的服务平台。未来，建业大服务体系将通过这个独有的服务平台，形成9617777聚合的服务网络和以至尊卡为载体的商务网络。

二 十年探路，十年躬耕，建业省域化战略的谋划与实施，不仅开创了国内地产界的"建业模式"，而且成就了包含对企业、行业乃至社会等多方面的"建业效应"

（一）"建业模式"以建业选择并坚守的省域化战略为核心，具有丰富的内涵和意蕴

20年来，建业选择并坚守的省域化发展战略，聚焦一个省份，以全省地域为拓展目标，逐步、分级向下延伸至绝大多数乃至全部市县，努力形成覆盖1个省会城市、17个地级城市、108个县级城市和500个中心镇的布局，走出一条可持续的、适应市场需求的、与国家大政方针相契合的发展路子，并在此过程中形成了"建业模式"，归纳起来可以概括为"一个理念，三个耦合"：以"根植中原，造福百姓"的核心价值观为根本理念，坚持省域化与国际化耦合、企业使命与区域发展耦合、利润追求与社会担当耦合。

以核心价值观为依托，坚守战略深耕不辍。战略既定，重在实施。然而，面对新的市场环境，在企业扎根中原、逐步分级向下延伸拓展的过程中，各种难题和挑战接踵而至。此时，作为拓荒者，最需要的就是坚守。而坚守的前提，是要有共同的价值观。建业省域化战略恪守"根植中原，造福百姓"的核心价值观，并持之以恒地将其运用在企业的实践中，从企业的目标和战略不断向下延伸，植入重要规划和决策中，植入管理制度中，植入团队建设中，使建业上下自觉践行并坚守省域化战略。

省域化与国际化耦合。省域化并不是要故步自封、夜郎自大，国际化也不是一定要走出国门向外拓展、引进海外管理。省域化战略也能满足企

业持续发展的需要，不是必须走出河南才能做大做强，河南足以承载和成就一流企业，不出河南照样可以成为杰出的企业。尽管建业的市场是区域化的，但资源是全球化的。因此，建业坚持以国际化视野决定战略、以国际化的手段整合资源、以国际化的标准管理企业，使产品和服务始终保持领先及创新态势。

企业使命与区域发展耦合。建业的发展与中原崛起战略的实施紧密相连，是中原城市群建设的推动者。建业坚持站在城市和战略的高度解答"为什么来到这个城市"，"能为这个城市带来什么"的追问，使企业核心价值观深入每个员工内心，以"实现伟大理想，铭刻光辉岁月"的召唤、"让河南人民都住上好房子"的使命和情怀，激励员工自觉地融入河南城市化进程之中，恪守"五个承诺"，坚持把企业使命与区域发展融为一体，贯彻并扩大企业战略影响力，敏锐地抓住城市新区建设的发展机遇，率先进入城市新区，做真正的城市拓荒者。由此，追求企业与城市、企业与区域共赢，成为建业上下的共识。

利润追求与社会担当耦合。追求经济利润最大化是企业的天然属性，但这并不排斥企业应有的社会担当。相反，社会责任是基础，是衡量企业公信力和综合实力的重要指标。如果缺失了社会责任，企业的利润追求也只能是短暂的。省域化战略将企业的社会责任置于企业所处的生态系统之中考量，力求实现政府、专家、同行、客户、员工、投资人等"六个认同"，实现企业发展与社会进步的良性互动。在此基础上，因之而生的"建业模式"，也是将企业责任社会化并内生于企业的商业模式。

（二）在坚韧图成、开疆拓土的征程中，建业省域化战略引来"两助推、三引领、两提升"的"建业效应"

助推企业稳健发展。在这个突出表现为在野蛮式增长的房地产行业，建业坚守省域化战略，一直信奉匀速增长和理性发展，不盲从、不浮躁、不超速，宁愿错过一些商业机会，始终掌控着自己的节奏，赢得了企业的稳健发展。20年来，累计开发量达到900万平方米，全省客户规模逾5万户，近4年的纳税增长率达43.4%，远超自身20年来的平均增速，呈现出稳健增长的态势。2011年3月，中国房地产百强企业研究报告出炉，建业以稳健的经营风格和财务表现，荣登 2010 年"稳健性 TOP10 企业"榜单。尤其是在 2011 年全国楼市一片萧瑟之中，建业依托省域化战略，在全省 18 个城市共同发力，30 多个项目异彩纷呈，年开发量及在建量均逾 300 万平方米，年销售面积 136 万平方米，地市业绩占 80%，土地储备持续扩充，销售额增长 24%，纳税额增长 65%，平均每月纳税 1 亿多元。

助推企业公民建设。在推进省域化战略过程中，建业践行着"大树"回报哲学，一直不愿仅从"慈善"的角度解读这一企业公民履行的职责，认为只索取不注重回报的行为是反社会、反生态的，从而为助推企业公民建设树立了思想和行为的标杆。20 年来，建业累计提供 50 多万就业岗位；累计纳税额达到 35.69 亿元，连续多年蝉联河南省房地产行业纳税冠军，2007 年缴税突破 3 亿元大关，2008 年 4.6 亿元，2009 年 4.4 亿元，2010 年 7.7 亿元，2011 年 12.7 亿元；累计为郑州市政建设投入近 3 亿元；累计投入教育事业 5 亿元，各级学校在校学生达 6600 余名，教职工 1500 余人，省内拥有国际幼儿园 29 所；发起创立非公募文化公益基金——本源基金，旨在关注国民的内心精神和品格涵养，重构个人价值衡量及社会道德价值体系；捐款 5000 万元，用于支持河南省少年儿童图书馆及儿童美术馆建设，累计向社会捐助逾亿元。

引领行业规范发展。建业省域化战略要求建业专注于"在河南做地产"，20 年来，坚守一个市场、一个行业，"河南建业"业已成为"河南地产"的形象代言者。在省域化战略推进中，通过在郑州市场的探索，建业将设计、开发、营销、服务等方面的诸多创新，实行标准化、规范化推广，推出的森林半岛、联盟新城、壹号城邦等系列产品，成为当地房地产企业学习、借鉴、模仿的样本。同时，建业以其对职业经理人队伍的培养和输出，极大地提升了当地房地产业的开发水平，因此被誉为河南房地产业的"黄埔军校"。作为区域的行业引领者，建业开创的"省域化"发展模式享誉国内，"全国化发展学万科，区域发展学建业"，其深耕河南的省域化战略堪称典范。

引领商界重塑信仰。建业坚守省域化战略，在保障建设质量、承担社会责任、引导行业风气等方面，树立了阳光地产形象，得到众多国际资本市场投资者的认可。建业的实践昭示商界：诚信经营、本分行商，"守信用、负责任、走正道、务正业",尽管有成本、有代价,但照样能生存、能发展,而且还能向着杰出企业、伟大企业迈进。这不仅是伟大企业的基因,也是商界应该而且可以重塑的信心和信仰。

引领生活方式改变。"为当地老百姓创造一种新型生活方式"是建业"五个承诺"之一。在省域化战略探索和实践中,为客户提供领先的生活方式及与其匹配的优质服务,一直以来都被建业摆在最重要的位置上。从成立全省第一家客户俱乐部"建业会",到在河南地产领域第一个导入 CRM 体系;从丰富了数千万中原球迷的建业足球,到遍布全省的"小哈佛"幼儿园;从首次提出"新住宅运动"的概念,到率先发起旨在打造节能减排、绿色人居的"绿色宣言",及至志在建立全省无盲点服务的大服务体系,建业都在积极关注建立良好的客户关系管理,引领并创造全新的生活方式和居住文化,实践"居住改变河南"的追求。

提升城市发展品位。在全省 18 个地级城市的布局中,面对城市中"新城"的建设热潮,建业始终站在城市的高度和企业战略的高度,率先进入城市新区建设,引领着城市建设的风向标。由于城市新区在建设之初并不是核心地段,因此建业是真正的城市拓荒者。面对周围一片荒芜,面对基础设施的滞后,建业义无反顾,不追求短期利益,打造了新的城市名片,成为业界参观学习和百姓居住追求的对象。同时,建业着眼"取之于社会、回报于社会",长远的经营战略得到了各级政府的高度认同,并由此成为县级政府争相邀请参与城市建设的对象。

提升河南区域形象。建业省域化战略不仅引入了一批国内外优秀设计团队、优秀建筑企业以及优秀服务供应商投身到河南的发展中,从 2006 年至今,建业从海外资本市场共融资逾十亿美元注入河南市场。而且,随着省域化战略的深入、国际先进意识和理念的引入,以及对足球的长期坚守,建业的品牌价值凸显。2011 年,建业与吉利汽车、用友、汇源、凤凰卫视等 5 家企业同列品牌中国华谱奖之"迅速崛起的卓越先锋"榜单,并名列中国房地产开发企业品牌价值中西部 10 强第 1 名。同时,胡葆森以其在经营管理中的思想贡献,成为中原地产界的精神领袖,并有着中国地产界"北有冯仑、南有王石、中有胡葆森"的美誉。因此,建业在全国叫响"河南建业"的同时,也提升了豫商的影响和形象,提升了河南的影响和形象。

三 省域化战略之所以能成就"建业效应",主要得益于其对区域和企业发展规律和趋势的深刻洞察和精准把握、对企业价值和社会责任的勇于担当和执着坚守

(一)"顺势者昌,逆势者亡。"看清大势、顺应大势,方能因势而生、借势而起。建业省域化战略的探索与实践,就是顺应了市场经济的大势、区域发展的大势、行业发展的大势。

顺应了市场经济的大势。任何一个市场经济都是从无序走向有序的。随着以市场为取向的改革开放的深入,市场经济将越来越规范化和法制化,在法律及市场规律之外,不应有潜规则之类的其他规则,企业守规守法必将成为一种常态。企业要获得长期繁荣必须有法治的意识,按规则办事。靠违规行事可能会有昙花一现的辉煌,但不可能有基业的常青,这就要求企业必须有战略导向。较早洞察这一大势的建业,选择并坚守了省域化战略,以其"追求卓越"的产品和服务,积淀起深厚的品牌价值。

顺应了区域发展的大势。城镇化是一个国家和区域走向现代化的必由之路。1992年,河南城镇化率只有16.2%,到2010年仍然只有38.8%,低于全国平均水平11.2个百分点。要达到乃至超过全国平均水平,对河南房地产业而言,将是一个巨大的潜在市场,有着广泛的发展空间。同时,建业省域化战略不仅响应了国家的战略部署,也高度契合了国家城乡建设并举和社会主义新农村建设的战略方针,还与中原经济区五级城镇体系建设高度一致。因此,建业省域化战略紧密、主动、创造性地响应和践行了建设中原经济区的国家战略部署,高度契合了国家和区域发展战略。

顺应了行业发展的大势。我国房地产行业在走过最初的"野蛮式增长"之后,必然要进入规范与理性的发展轨道,当一线城市的地产业竞争加剧时,一线城市的二流和三流地产商就会向二线城市市场转移。依此类推,地产企业将呈现"梯次转移"现象。基于此,建业省域化战

略提前悄然布局。即便面对各种市场诱惑，特别是在不少已有所成的开发商在全国范围内攻城略地之时，建业内部有过波澜，但最终选择了坚守。

（二）"规律为道，道为天。"做企业的过程，就是探求和遵循规律的过程。建业省域化战略就是在洞察和把握企业发展规律的基础上提出并实施的，遵循了企业的生存之道、发展之道和经营之道

遵循了企业的生存之道。任何生命都是有周期的。一个企业的生命周期的完成过程，是从社会索取资源以发展自己，再以一定方式回报社会，让社会拥有更多的财富，进而再从社会取得更多的资源进行新一轮发展的过程。"以商行善"，既是企业公民应该承担的社会责任，更是企业家与商人的分水岭。勇于担当，使企业与社会形成功能协调、优势互补的良性互动，使其自身通过"适应、利用、改善"的过程，实现生存、成长、回报、获取的周期性发展。

遵循了企业的发展之道。敬畏规则、反思自省、严于自律，用卓越的社会追求办企业，用至高的道德标准搞经济，是企业走向优秀乃至卓越的不二路径。建业省域化战略始终高度关注三个"心"，即"心态、心劲、心思"。"心态"是坚守决策的方向，"心劲"是保持奋斗精神，"心思"是用心做企业。好的企业家就是心态的掌控、心劲的持续、心思的运用。从强调平常心的"深秋心态"，到强调自省的"反思情结"，建业专注于做受尊重的企业，致力于进入可持续成长状态，深度整合企业内外部资源。

遵循了企业的经营之道。房地产业是一个尤其需要自律的行业，只有按规矩办事，减少折腾乃至避免折腾，才能步入良性发展轨道。在建业，从设计、工程、招标采购到销售，都有一套严格的工作流程和制度细则，强化预算和成本管理，强化团队决策和管理权限的逐级下放，建业的一般重大事项都可以由执委会决定，执委会成员拥有"一票否决"权限。国际化现代企业管控体系的逐步完善和成熟，为建业在这个不确定性增加时期的健康发展提供了有力支撑，也为建业未来大踏步向县镇市场进军提供了制度保障。

（三）"无稳则乱，乱则生变。"成功的企业，意味着进入一种稳健的可持续成长状态。建业省域化战略，正是通过战略的正确指引，并将其内化为员工的自我实现，打造了良好的外部环境、清晰的发展战略、完备的支撑体系，从而推动企业稳态发展。

打造良好的外部环境。好的发展环境不是外生的，而是企业营造、培育出来的，企业要通过自身努力获得政府、社会、客户等社会各界的高度认可，成为区域发展的中坚力量。建业以产品和服务领先及创新兑现"五个承诺"，以实现"六个认同"，赢取"六个尊重"，努力实现"四个统一"，为企业发展赢得了和谐的外部环境。

打造清晰的发展战略。企业要寻求进入可持续成长状态，必须充分理解区域和行业发展趋势，准确把握自身的资源和能力，选定一个清晰的发展道路，实施步骤明确，战略布局合理，并坚定不移地走下去。建业基于其"根植中原，造福百姓"的核心价值观，选择并坚守省域化战略，且一经确定绝不轻易动摇，即便在地级城市推进过程中遭遇瓶颈的困难时期，依然坚守战略，并最终迎来"两个高度"的柳暗花明。

打造完备的支撑体系。完善的治理结构，优秀的管理团队，成熟的人才队伍，能够支撑企业良好运转，提高企业抗风险能力。建业以"在老市场推新产品，在新市场推老产品"整合盘活资源的模式，降低了市场风险，支撑了建业从尝试地市级开发，到大胆进入县级城市，从涉及旅游地产，再到尝试业态多元化的转型。尤其在地市拓展的过程中，建业以其长期积累的质量和服务口碑、长期坚守的足球效应等过硬的品牌效应抓住了客户，也确定了自己的竞争优势。

（四）"德为上，方法次之。"古今中外，任何伟大的企业，莫不是勇于担当、流着道德和文化血液的企业。建业省域化战略本身就融入了坚毅、厚重、大气、执着的中原文化品格，其在推进实施过程中更是渗透着对社会、对客户、对员工负责的推崇和尊重。

崇尚对社会负责。企业作为组织的一种存在形式，毫无争议地要承担起相应的社会责任。能力越大，责任越大。行业领跑者绝不仅仅意味着业绩和能力的领先，更意味着广泛的社会责任和引领行业健康发展的使命。基于企业社会责任的深刻认知，建业自觉依法纳税，纳税额从2007年的突破3亿元到2011年的12.7亿元，4年翻两番；累计投入足球事业近10亿元，"不求一夜豪门，只求足球为民"，成为自1994年足球职业化改革以来唯一由民营企业全资投资、从未更名的足球俱乐部。对社会责任的自觉担当，为建业顺利推进省域化战略树立起了良好的企业形象。

崇尚对客户负责。客户是最稀缺的资源，产品和服务是企业的生命线。建业省域化战略的推进，首要的就是要赢得客户的认同。从如期兑现已被多数业主忘诸脑后的承诺——对购买金水花园一期且全款购房的业主"十年还本"，到"琢玉行动""老社区美容计划""建业在倾听"等活动，再到业已启动的大服务体系建设，建业始终致力于站在客户的角度思考，为客户创造价值，提供满足客户期望的产品与服务，实践着其"没有任何理由向客户提供有瑕疵的产品，没有任何理由向客户提供二流的服务"的产品服务观。

崇尚对员工负责。战略的关键在执行。建业省域化战略的推进实施，离不开具有高效执行力的优秀团队。而一个优秀的团队，不仅要秉持艰苦奋斗的精神，更要在对企业核心价值观、使命、战略、规划、方案的理解升华之后，于执行过程中充分展示出坚定的方向感、使命感和责任感。建业通过共同价值观的塑造，使员工对省域化战略由"被动执行"转变为"主动执行"。同时，通过完善内部人才梯队建设和员工学习机制，构建员工成长的通道，从大学毕业生中培养了一大批年轻化、职业化、专业化的职业经理人队伍，成为建业省域化战略布局中最鲜活的力量、最强有力的支撑。

（五）"有为方有位，无为便无位。"市场的认可是对企业最好的褒奖。建业选择并坚守的省域化战略，为建业施展抱负、谋划布局、实现价值提供了更广阔的平台和空间

谋求大抱负。企业领袖思想的高度，决定了一个企业最终的发展高度。在建业省域化战略形成和推进的过程中，作为企业领袖，胡葆森不仅率领建业纵横捭阖、叱咤风云，对省域化战略实施的布局、节奏运筹帷幄、决胜千里，而且在战略推进的关键节点掌舵扬帆、鼓舞士气，更为建业注入了灵魂和血液。根植中原、勇于担当、追求卓越、坚韧图成，使省

域化战略不仅是其个人的选择和愿景,更是建立在对企业核心价值观、使命感等深刻体悟基础上的自觉自愿的企业行为;也使得"让河南人民都住上好房子"的情怀,成为建业上下共同坚守的理想和使命,伴随着他们"以殉道者的姿态向着阳光跋涉"。

谋求大布局。河南人口过亿,城镇化水平尚待提升,生活品质的提高是人们一以贯之的夙愿,这既是一个潜力巨大的市场,也是大展身手的舞台。2002年省域化战略启动之时,建业就提出向全省18个大中城市、108个县级城市、500多个中心城镇进军,并将其形容为开始了中国城市化进程极为壮丽的"建业人的长征"。到2008年,建业即已完成全省18个省辖市的布局;2011年开始构建大服务体系,深度挖掘客户的内在价值,在为客户创造价值中打造起"建业国度"。

谋求大价值。在省域化战略推进伊始,建业就已突破单纯追求利润的层面,力求融入城市,提升城市建设水平和百姓生活质量。对企业价值的更大诉求,使得建业坚持遵循规律、敬畏规律、坚守责任、践行价值,身处内陆地区而集国际化、现代化、区域化于一体,具有战略导向和社会担当,在不尽受尊重的行业,致力成为受人尊重的有着良好发展预期的持续成长的企业。

四 建业省域化战略探索和实施的20年,折射出一个非公企业的发展轨迹,其案例价值远远超越了地产行业,任何一个企业都可以从中破解成长密码,发现可资借鉴的"商业逻辑"。在中国经济社会深度转型的大背景下,建业提供了一个具有多元价值的学习样本

(一)一个立志长久持续发展的企业,必须有自己的灵魂,这个灵魂就是企业的核心价值观。纵观世界上可以称为伟大企业的成长历史,在其逾百年的成长过程中,企业共同的价值观莫不起着灵魂的作用

作为企业的灵魂,企业共同的价值观回答了企业存在的理由,显示出企业发展的终极方向,宣扬了企业一以贯之的价值主张,可以支撑企业在

成长过程中永不迷失方向，永远不会缺乏前行的动力。尤其在遭遇社会动荡和周期性经济波动时，企业共同的价值观可以发挥巨大的精神支撑作用。无数企业倒闭的案例研究表明，其大多数即使在倒闭后还不能回答成立企业时的追求、愿景和目的。那些短命的企业普遍表现出经营管理方面的短期行为。

建业在2002年企业成立10周年时正式启动了省域化发展战略，并随之在全体员工思想上确立"根植中原，造福百姓"的价值主张，同时提出"让河南人民都住上好房子"的共同追求。胡葆森在《论中国房地产开发商的角色定位》一文中阐明的企业角色定位是"城市化进程的推动者、社会价值的建设者和民族复兴的责任者"，以及多次宣扬的"明日河南之于中国，必同于今日中国之于世界"的观点，集中体现了建业人共同的价值观及其在企业20年发展过程中所起的灵魂作用。这一点，是值得所有创业者和企业决策者共同重视的企业生存与发展的前提性、基础性命题。

（二）一个企业只有完成由机会导向型向战略导向型转变，找到与企业战略相匹配的商业模式，才标志着其从幼稚走向成熟。一个区域的健康发展，无疑需要一批建业这样战略型企业的强力支撑

纵观改革开放以来中国的企业发展史，盛极一时转而销声匿迹的企业不可胜数。剖析这些"流星"企业的兴衰史，可以得出一个结论：这些企业没有实现由机会导向型企业向战略导向型企业的跨越。实践表明，一个企业只有完成由机会导向型向战略导向型的转变，才标志着它从幼稚走向成熟，建业无疑是较早跨过转折点的企业之一。

所谓机会导向型企业，就是只看眼前，不顾长远，只看利润，不看其他，没有清晰的业务范围和商业模式，不放过任何商业机会。这样的企业经不起风浪，也经不起时间的检验，往往是大潮退去后的"裸泳者"。与之相反，一个战略导向型企业，有核心价值观引领，有发展规划带动，有支持体系推进，知道未来会发生什么，并提前为之做好准备，不为诱惑所动，不为困难所挫，围绕主要业务持续提升核心竞争力。

有了正确的发展战略，企业还要找到与发展战略相匹配的商业模式。商业模式简单说就是公司通过什么途径或方式盈利，从而实现自己的发展战略。商业模式本身没有好坏高低之分，关键是企业要因地制宜，找到最适合自己的商业模式。以省域化战略为核心的"建业模式"，无疑为企业探索适合的商业模式提供了一个典型案例。

当前，中原经济区建设无疑需要一大批这样的战略导向型企业。但是，河南很多企业和企业家并没有意识到向战略导向转型的必要性和紧迫性；有些企业虽然已经意识到了，但对发展战略制定以及商业模式选择的难度缺乏深刻认识。在中原经济区建设中，河南企业必须适时调整发展战略，设计出适合当地市场需求的简单清晰的商业模式，从而把握新的发展机遇，拓展新的发展空间，助推中原经济区建设。

（三）一个企业只有不断提升核心竞争力，并且能够使企业核心竞争力适应外部环境的动态变化，培育发展动态能力，及时找到自身优势与发展机遇的结合点，才能从优秀走向卓越，实现基业长青

所谓核心竞争力就是不易或无法被竞争对手模仿的竞争力。什么难以模仿呢？这就是企业中的默会知识。与显性知识不同，企业中的默会知识往往是伴随着某个过程的知识，如果竞争者没有参与这个过程，就很难体验到这种知识的存在，而参与者又很难表达出来，所以难以模仿。建业模式之所以"一直被模仿，从未被超越"，就是在省域化战略实践中沉淀下来的默会知识，它体现在省域化战略实施中员工的心理感知，体现在历经磨难后的高度认同，非亲历者不能理解。

企业核心竞争力还要能够适应发展环境的剧烈变化。著名企业管理学家吉姆·柯林斯在《从优秀到卓越》中强调，优秀是卓越的敌人，一些支撑了优秀企业的要素可能会成为走向卓越的最大障碍。其根源在于，面对突飞猛进的技术进步带来的环境变化，难以及时做出有效应对。一部企业兴衰史表明，一个企业只有注重动态能力建设，才能从优秀走向卓越。

建业省域化战略的成功推进，得益于建业在人才队伍建设、治理机制完善、管理水平提升等方面的动态能力建设，可以迅速整合内部资源，创造新价值，在激烈变化的环境中及时准确地找到新机遇，获得新发展。伴随着中原经济区建设上升到国家层面，任何一个企业都面临着前所未有的

发展机遇。企业必须要从新的视角、新的高度重新审视河南，及时调整自己，不要盲目复制，不要简单模仿，在深刻理解区域特征和自身能力的基础上，找到自身与区域发展的共振点，找到自身优势与区域优势的最佳结合点，不断创造出新的价值。

（四）企业要从战略高度承担社会责任，以感恩意识积极回报社会，形成企业与社会之间的良性循环，创造共享价值，做社会全面进步的推动者，政府要为这样的企业积极营造良好的发展环境

企业要敢于担当社会责任，形成与社会之间的良性循环；企业家要有感恩意识，深刻认识付出与收获之间一体两面的关系。建业从战略高度重新思考企业与社会的关系，胡葆森形象地把企业与社会的关系比喻为树木与土地的关系，树木只有通过落叶把营养返还给土地，才能从土地里汲取到更多的营养，完成新的生命周期。所以，胡葆森认为企业交税并非仅仅出于遵纪守法，而是为了回报社会，形成企业与社会的良性循环。从这个视角对企业社会学进行深刻思辨，建业探索的是如何在企业成功与社会进步之间重新架起一座桥梁。

胡葆森对企业的社会学思辨与战略管理大师迈克尔·波特不谋而合。迈克尔·波特在2011年的新作《创造共享价值》中强调，企业的经济价值与社会价值之间是互相推动、良性循环的，企业的性质必须被重新定义为创造共享价值，而不是利润本身。共享价值视角则提供了一个企业利用其技能、资源和管理能力来引导社会进步的机会，在此过程中，企业应该而且能够赢得社会对它们的尊重。每一个企业家都应审视自身价值，站在净化商业环境、推动行业提升、履行社会责任等超出营利目标之外的高度，重新看待企业发展。

但是，从政府视角看，企业与社会的共生关系也没有得到广泛认可。在价值共享原则下，政府也要转变理念，重新审视企业在经济社会发展中的核心作用。重商、尊商是一个区域市场、环境甚至文化成熟的试金石。在中原经济区建设中，各级政府在培育企业、提升企业素质方面应有所作为，要为企业提供一个良好的发展环境，打造内陆地区对外开放高地，引导企业为区域经济社会发展做出更大的贡献。

（五）优秀企业家在任何时点上都是一种战略性稀缺资源，企业家群体在一定程度上反映了一个地区的经济发展水平，中原经济区建设需要涌现出一批胡葆森式的优秀企业家

无论从全球视角，还是国内视角看，一个国家或地区的发展都需要一批优秀企业家。他们不仅创造了神话般的企业传奇，甚至还提出了一套具有普遍意义的经营哲学，引领了一个时代的发展，是一个国家或地区经济发展的核心推动力。企业家，尤其是优秀企业家，在任何时点上都是一种至关重要的战略性稀缺资源。他们能承受常人难以承受的压力，行业环境越是复杂的时候越能出思想，企业发展越是困难的时候越能指方向，核心团队越是迷茫的时候越能定战略。

胡葆森就是这样一位在市场经济中大浪淘沙涌现出来的优秀企业家，从他身上可以看到一个优秀企业家的成长轨迹。怀揣着回报家乡的梦想，在当时市场意识尚匮乏的河南创业，屡屡在关键时刻出思想、指方向、定战略，把一个小房地产企业打造成一个现代化上市公司，成长为河南地产的业界领袖和中原企业的新标杆。胡葆森还尝试通过建业的发展和自己的探索，塑造豫商新形象，让全国企业家听到豫商的声音、看到豫商的表现、理解豫商的情怀、认同豫商的志向。他的努力，赢得了业界的尊重，也提升了河南企业家在全国企业家群体中的地位。

如何看待企业家，如何善待企业家，如何支持企业家，在一定程度上反映出一个地区经济发展的水平。河南推进中原崛起的20年，在全国发展格局中的地位提升，与一大批优秀企业和企业家群体的成长是分不开的。而在此过程中涌现出的一大批优秀企业家，也是中原崛起的成就之一。中原经济区建设更需要从地区经济发展基础性、战略性、决定性的视角和高度来重新认识企业家的地位，加快培育企业家群体。要看到，企业家体现的是一种先进生产力，培养和造就企业家就是推动区域先进生产力的发展。

（六）非公企业是社会主义市场经济建设的中坚力量，很多优秀非公企业已经是国内市场的行业引领者和国际竞争的重要参与者，中原经济区建设需要进一步强化非公企业的重要作用

非公企业在中国一直是在激烈争论和利益博弈中前行的，在体制边缘

上艰难生存，在市场夹缝中勇敢创新，面临着国有企业的垄断和跨国企业的竞争，逐步强化了自身的地位和作用。经过市场经济20年的洗礼，中国一大批非公企业成长为行业标杆，甚至在国际市场上崭露头角，成为跨国企业的主要竞争者，起到了很多国有企业没有起到的作用。

建业20年的发展历程，折射出一个非公企业在中原崛起中的成长与担当。一位知名学者考察建业后感慨地说："建业已经做、正在做、打算做的事情，很多国有企业做不了，也不打算做。"建业的担当精神、自律意识、开拓勇气、创新毅力，远远超出了人们的想象。无论从全国还是河南来看，一大批像建业这样优秀企业的快速成长，充分表明了非公企业已经成为推动经济社会发展的核心动力。一个区域的企业发展水平，在一定程度上代表了该区域的经济发展水平。

国际金融危机以来，非公企业的发展空间受到了前所未有的关注，经济刺激措施产生的"挤出效应"一定程度上引发了"国进民退"现象。国有企业快速进军竞争性行业，跨国企业持续推进战略性布局，但是，非公企业的市场准入仍然受到或明或暗的限制。这种态势必须扭转，否则中国就难以找到经济增长的内生动力。全面建设小康社会还有不到10年的时间，培育发展一批非公企业并使之成为经济社会全面进步的推动者，事关区域发展大局。中原经济区建设任重道远，需要河南的非公企业承担起更大的责任。各级政府也要为非公企业发展创造更加宽松的外部条件，着力破除"看不见的墙"，在各行业各领域支持一批非公企业发展壮大，使之成为中原经济区建设的中坚力量。

后　记

对建业省域化战略的调查研究，让我们受益良多。3个多月的时间里，课题组参观考察了建业遍布全省的几十个项目，与企业各个层面的员工进行了深入交流，特别是与胡葆森展开了多次深度对话。我们深深地感到，建业省域化战略推进的过程，是一位战略思想家的企业社会学实践，是一部拓荒者的心灵成长史印记，是一个非公企业发展壮大的历史记忆，深化了我们对企业、对河南、对社会、对人生的认知和理解。

20年坚韧图成，建业迈上了一个新的发展平台，站在了新的历史起点上。怀揣着"让河南人民都住上好房子"的梦想,建业人重整行装,向着全省 18 个大中城市、108 个县级城市和 500 多个中心镇,悄然踏上新的征程。虽然战略清晰、步履稳健,但道路崎岖、挑战巨大。龙门易跃茧破难,面临更加复杂的环境变化,面对更加残酷的市场竞争,建业需要一种"回到原点、一切归零"的勇气,再学习、再武装、再出发。

2012 年,中原经济区建设大幕开启:五年彰显优势,十年实现崛起。

2012 年,建业省域化战略走向纵深:五年价值绽放,十年挺立中原。

不同的战略层面,相同的战略目标:中原崛起,河南振兴。

这将是一幅缓缓展开的磅礴画卷……

(原载《河南日报》2012 年 3 月 29 日)

"百年建业"不是梦[*]

——建业调研印记

建业20岁了。大约在2011年8月的一次聚会中,我对建业董事长胡葆森先生建议,有必要深层次研究建业的发展历程,以20年庆典为契机,达到再学习、再武装、再出发的目的。于是,由我牵头的河南省社会科学院调研组开始了对建业持续3个多月的近距离观察。调研方式主要是开座谈会,考察项目,翻阅资料,访谈员工等,与老胡有过几次深入交谈。

此前我接触过建业,与老胡也是多年的朋友。在我的印象中,建业是负责任的企业,老胡是有抱负的企业家,因而对建业素有敬意。但当我走近建业的时候,我着实吃惊不小,我感觉自己过去对建业的认知是多么表面和肤浅!

在对建业的调研过程中,我的精神始终处于亢奋的状态中。建业的担当精神、自律意识、开拓勇气、创新毅力,远远超出了我的想象。我完全没有料到,河南居然有如此水准、这般档次的企业!我的朋友老胡,不仅是企业家,还是思想家、战略家。我的思绪不断被拉回到河南发展的那些热点、波折和争议的往事追忆之中。我能体会到建业有今天,走过了多么艰辛的历程,经受过多么严峻的考验,老胡为此承受过多大的压力,度过了多少不眠之夜!

查阅日志,我对参与调研的同事们集中谈自己的认知和收获有4次。

一

2011年11月16日,我与同事们第一次谈感受。我说:开了几次座谈

---

[*] 应建业集团《建业》编辑部邀请为《百人讲述建业》一书而作。

会，留下深刻印象，总的感觉是，我过去对建业不能说不了解，也不能说真了解。如何描述和形容建业？我颇费思量，我认为建业既"简单"也"不简单"，说它"简单"，是因为建业只"在河南做地产"；说它"不简单"，是因为建业不仅是造房子的企业，还是一所大学校，一个大家庭。建业的价值，不只是盖了多少房子，缴纳多少税收，更重要的是，使与建业交往的人重拾信仰和信心，建业给了我们责任感和自豪感。希望大家仔细思考建业与中原的关系，与中原崛起的关系，与中原文化的关系，与中原经济区的关系。

二

2011年11月26日，我比较系统地谈了考察建业的五点认识和感受。

第一，作为尚不规范的地产业的一个企业，建业已经干、正在干、计划干的很多事情，许多行业的企业干不了，也不打算干。例如，为客户负责到底，"没有任何理由向客户提供有瑕疵的产品，没有任何理由向客户提供二流的服务"的企业客户观。对员工培养关爱，对社会增光而不添乱。

第二，作为私营企业，建业的理念、追求、自律、治理，许多国有企业做不到，许多政府机构也做不到。例如，不搞歪门邪道，"守信用，负责任，走正道，务正业"，"摆不到桌面上的事就是不该干的事"，"可以对老胡说'不'"。

第三，建业的贡献，不仅是造好房子，为社会创造物质财富，更可贵的是展示河南人的精神境界，彰显中原人文精神的博大精深。

第四，建业的成功，不仅在于选择了正确的发展战略，即省域化战略，更令人惊喜的是，建业人以超越一般生意人的情怀、境界和价值观，在一砖一瓦、一板一眼地地打造"百年老店"。

第五，建业依中原而兴，中原以建业为荣。建业在中原，中原有建业，都不是偶然的，中原崛起的宏大场面必然催生肩负神圣使命的大企业，包容厚重深邃的中原文化对河南企业家的滋养和影响是潜移默化的，胡葆森身上就闪烁着"三平"精神的时代光辉，建业的创业佳话正是河南精神的生动写照。

三

2011年12月2日，我对调研组同仁再次谈到我的"建业印象"。

一是感叹。建业秉承"根植中原，造福百姓"的核心价值观，秉持"追求卓越、坚韧图成"的企业精神，全面启动省域化发展战略，"做中原城市化进程和社会全面进步的推动者"。建业真不简单！真不容易！真不得了！

二是震撼。建业经过十年探路，十年躬耕，不仅开创了国内地产界的"建业模式"，而且成就了包含对企业、行业乃至社会等多方面的"建业效应"。作为一个私营企业，建业的社会贡献和对社会进步的推动作用，无法用数字来估量。

三是敬佩。建业坚守自己的信条，不为任何诱惑所动，把一个被广为诟病的行业做成一个被广泛尊敬的企业，甚至站在了行业发展的制高点上，究其原因，很大程度上是由于建业人站在了思想的制高点上，站在了道德的制高点上。我们应该为建业喝彩，为建业鼓掌！我提醒我的同事们：作为研究者的责任，就是通过我们的口和笔，告诉人们一个不甚了解的建业。

四

2012年1月4日，我在讨论中提出：建业探索了企业发展的新模式，树立了业界效仿的新标杆，诠释了"两个毫不动摇"的真谛所在，拓展了对现代企业管理奥秘的新认识。建业的事迹，是河南人的礼赞，河南精神的礼赞，中原崛起的礼赞。所以，我们要通过研究建业，为建业立传，同时也是为河南人立传，为河南精神立传。要通过研究建业之路、建业之魂、建业之责、建业之律、建业之效、建业之谜、建业之梦，从一个侧面展示中原崛起的壮丽图景和宏弘场面，深度诠释新形势下成功企业发展的内在规律。

回想几个月的调研，真是感慨万千！煌煌中原有来者，"百年建业"不是梦。如果要寻找中原企业界"仰望星空"的人，老胡就是；如果要寻找身上流淌着道德的血液的企业家,老胡就是。很幸运有机会真正认识一个非凡的企业、一个非凡的企业家。我想说,建业是一本大书,从建业这本大书,可以解读成功企业的发展秘籍,领略中原崛起的瑰丽风景,感悟做人做事的诸多要诀。

我与老胡同庚。我想,我与老胡有着同样的中原情结,对中原崛起河南振兴,有着同样的关注与期盼。我想对老胡说:我们行当不同,志向一致,让我们携起手来,互相鼓励,互相搀扶,向着中原经济区建设无限美好的明天奋力跋涉!

(原载《领导参阅》2012年第3期)

建业既"简单"又"不简单"*

参加"春天的故事:建业20周年纪念书籍首发式暨企业文化论坛",我真是心潮澎湃!纪念书籍中的《建业省域化战略调查报告》是我主持完成的,胡葆森先生在刚才的致辞中谈了这个报告产生的情况,我们很荣幸有机会近距离观察和研究建业,课题组的每个人都感到受益匪浅。

作为学者,这是我调查一个企业投入时间、精力、感情最多的一次。其间,我和团队深入沟通及内部讨论过多次,大家都很感慨。我们走进建业,了解建业人经历的风风雨雨,感知他们的责任和担当。大家一直为建业的20年所感动,在调研报告中倾注了我们的感情。《百人讲述建业》里有我写的《"百年建业"不是梦》,那是有感而发,我的确为建业感到

---

* 2012年4月10日,在"春天的故事:建业20周年纪念书籍首发式暨企业文化论坛"上的发言。胡葆森先生在致辞中说:今天是三本书的发布仪式,这三本书重点是《建业省域化战略调查报告》,写这本书经过很长时间的思考,去年年初《建业》编辑部就劝我出本书,现在很多创业者到了20年的时候或者在某一个过程中把自己的感悟加以总结提炼出了书,有的书写得非常好。可我觉得写书确实不是件容易的事,就像我在《百人讲述建业》写的序一样,我的心还没有静下来,一些感悟目前还在探索和总结过程中,还没有太多能写出来的东西,所以一直没有写书的欲望和激情。我对他们说,我建议请权威的学术机构把20年的探索总结一下。当时曾经想到过中国社科院,也想到过建设部研究中心,想到过省建厅,最后为什么选择了河南省社科院呢?主要是出于两点,一个是省社科院这么多年在河南社会科学研究方面的权威形象越来越清晰、越来越突出,第二,社科院以喻院长为首的专家学者最了解河南省情,也最能感受到中原崛起过程中一代又一代河南人以及领导者探索的轨迹和对未来的思考,可以说省社科院是最权威的机构。喻院长对这件事情非常重视,认为这不是一个企业的事情而是中原经济区建设的一件大事,特别是省第九次党代会突出了以新型城镇化为引领,认为建业从起步到现在,成长和发展伴随了河南城镇化的全过程,所以喻院长亲自带队,耗时3个多月,走访了30多个项目、10几个城市。调查报告形成过程中,我跟喻院长及课题组有过几次交流,我为他们的敬业精神和严肃认真的学术态度所感动。报告出来以后到现在,听到的反馈和社会上的意见都是正面的。这个报告于2012年3月29日在《人民日报》《河南日报》发表。

骄傲！

如果问我对建业最深刻的印象，用一句话来表述，就是建业既"简单"又"不简单"。"简单"，是说建业只在河南做地产，这是再简单不过的了；"不简单"，是说建业不仅是造房子的企业，还是一座大学校、一个大家庭，建业伟岸而挺拔，是中原崛起的排头兵。

建业作为还不很规范的行业（房地产业）的一个企业，它正在做的很多事情，许多企业做不到，也不打算做。建业的坚守、建业的自律，比如说守信用、负责任、走正道、务正业，很多国有企业做不到，很多国家机关也做不到。所以，我在文章当中写到，建业是一本大书，从建业这本大书，会对我们怎样做事、怎样做人有很多启发。

讨论企业文化和企业家文化很有意义，我认为企业文化"约等于"企业家文化。企业家作为"一把手"是把企业性格放大，成功的企业家肯定会不断影响员工，让员工受到他的启发来丰富自己的经营理念和企业管理的内涵。另外现在还有一个问题，就是现在的企业文化比较乱，有的牵强附会，如"团结""向上"等，这些永远都对，但没有特点，是"贴"上去的。企业文化不可以包装，企业有没有文化，要看是包装的还是融入员工血脉的。

企业文化当然和行业有关，但企业文化说到底取决于企业自己。现在哪个行业都存在不少没有文化的企业，房地产行业有其特殊性，我们通过研究建业也了解了河南房地产业的概貌和历史，很多房地产企业是没有文化可言的，有的仅仅是为了拿到一块地发一笔横财而注册了一个公司，没有长远计划，只为短期搂钱，这怎么会培育企业文化？建业是有文化的，而且具有高层次的文化，甚至可以说，建业就是造房子的文化企业。我们在《建业省域化战略调查报告》里面有这样的描述，说建业的贡献不仅在于它造了很多房子，贡献了多少税收，它更大的价值和贡献是使我们对河南更有信心，它让我们重塑信仰。建业对河南经济社会发展的推动作用，无法用数据来记录和衡量，这就是文化的力量。所以我认为，讨论房地产企业的文化应该有正确的立足点和方法。房地产企业有什么样的文化，和行业有关，和企业有关，和企业家有关。

怎样看待西辛庄建设全国第一个"村级市"[*]

在全省上下认真贯彻河南省第九次党代会精神、全力推进中原经济区建设的热潮中，来自全省社科研究主要部门和高校的专家，还有来自省会郑州市有关部门的负责同志齐聚濮阳，就西辛庄推进新型城镇化建设，建设新型农村社区的谋划以及建设全国第一个"村级市"的事情进行理论研讨。这是很有意义的。

大家知道，2011年10月召开的河南省第九次党代会提出了持续探索"两不三新"三化协调科学发展路子，这件事情在全国产生了很大的影响。半年来，围绕新型城镇化的引领问题、新型农村社区的战略基点作用问题，各地市开展了大量卓有成效的探索。《人民日报》先后在头版头条发表了《河南务实发展静悄悄》《河南务实发展稳步前行》两篇重头长篇报道。这样，河南的发展和探索引起了全国上下更多的关注。西辛庄作为全国的一个样板村庄，李连成同志作为全国著名的农民企业家、农民致富的带头人，在新型农村社区建设方面，在推进新型城镇化建设过程中非常敏锐，也非常大胆地进行了探索和实践。大家知道，连成同志担任支部书记21年，风风火火、非常辛苦，提出了一系列被广为传诵的名言。他提出建设全国第一个"村级市"构想，我认为是革命性、挑战性命题，也自然成为一个爆炸性新闻。

最近有关媒体、有关网络围绕这个问题形成了热议的焦点话题，这本身就说明这个问题是很重要的。我个人认为，这是发生在"小村庄"里面的"大事件"，是"小人物"提出的"大命题"。正因为这样，引起不同

---

[*] 2012年4月18日由河南省社会科学院在濮阳主办的"西辛庄加快推进新型城镇化建设研讨会"上的致辞和总结讲话。

的看法、不同的议论甚至批评再正常不过。作为在社科界打拼了几十年的研究人员，我深知这件事情本身的意义和价值。坦率地讲，一些批评者并不了解情况，有的人则是靠出言不逊、靠语出惊人混江湖的，不要感到有什么吃惊。

今天的研讨会，就是要请实际工作者，在一线探索的同志和长期关注河南经济社会发展的理论工作者坐下来，共同深入讨论西辛庄探索新型城镇化和新型农村社区建设的有关问题，以此深化对新型城镇化的认识。那么，西辛庄提出这样一种设想和计划的意义在哪里，请大家畅所欲言，同时也希望大家给予支招儿、给予评论，当然也包括给予批评。省社会科学院作为省委、省政府的思想库、智囊团，一直致力于研究中原经济区科学发展之路。最近我们根据省委主要领导同志的要求，也在深化有关重大问题的研究。西辛庄的探索理所当然进入了我们的视野，给我们提供了非常好的学习、研究的样本。

就各位领导、各位专家发言中涉及的问题，我再说几个意思。

第一，大家对西辛庄推进新型城镇化建设的话题发表了很好的意见，从理论上、学术上、政策上、操作上包括借鉴外地经验等方面进行了深入分析，应该说大家对西辛庄这么一个典型，对连成同志这么一个党的基层干部的优秀代表都是饱含深情的，对西辛庄提出的建设新型农村社区，建设新的"村级市"的构想，是给予充分肯定的，有些给予了很高评价，这一点是有共识的。同时大家围绕怎么样建这个"市"，会遇到什么问题提出很多建设性意见，涉及方方面面。比如说，有的讲可以没有公务员，可以没有城市构架，但是要有管理，这是需要引发我们进行思考的。还比如说，这样一个"市"的产业支撑问题，等等，对今后把西辛庄建设得更好、更美有参考价值。

第二，通过今天的考察以及我们分析这个典型，我想西辛庄的创意印证了或者再次印证了中国30多年改革开放的基本路径，它呈现出一些特点。前一段我在一些场合讲过，我国30多年的改革可以从很多方面总结，我归结为三句话，或者说三个特点，就是"底层突破、区域创新、小人物扮演大角色"。我刚开始说这是"小村庄"发生的"大事件"，"小人物"提出的"大命题"，包含了这个意思。为什么是"底层突破"而不是高层或中层突破呢？底层突破容易一些，底层的同志顾虑少一些、勇气大一些，另外它接触实际，更有紧迫感，就这么简单。那么区域创新是方方面面的，所以在这里，在西辛庄这个地方，我们更深切地感觉到中国改革的动力所在、潜力所在和希望所在，这是我们由衷感到高兴和敬佩的。

第三，通过讨论，我们进一步认识到省第九次党代会提出探索"两不三新"三化协调科学发展之路的重要性、必要性和紧迫性。通过西辛庄这个典型，我们进一步认识到近一个时期卢展工书记在多个场合对新型城镇化引领问题，对农村社区建设问题的一系列论断的深意。卢书记说这是关系到中国特色社会主义道路怎么走的问题，关系到科学发展观在河南的实践问题，这是一个深刻的变革，甚至说这是农村的第二次革命，这些话都是重千斤的。我们可以设想，西辛庄市目前引起了热议，一旦进入操作阶段会遇到很多困难，它对现行体制机制会产生重大冲击，所以党代会报告提出新型农村社区当时讲了"三个点"，即统筹城乡的结合点、城乡一体的切入点、农村发展的增长点，前几天我们社会科学院在研究时加了一句话，是"改革社会管理体制的创新点"，我想这也是这个会议研讨的价值所在，引发大家的很多思考。

宋砦"人"的巨变及其推力[*]

昔日名不见经传的宋砦村,已然成了闻名遐迩的"全国文明村""全国十佳小康村""百万富豪村"。人们用"巨变"形容宋砦之变化,丝毫不为过。

宋砦变化之"巨",表面看是村容村貌、产业形态、就业途径等,实则是"人",换言之,"人"的巨变是宋砦巨变的本质所在。宋砦"人"的巨变表现在以下三方面。一是社会地位,宋砦人实现了从"个个穷光蛋"到"人人有其产"的转变。20世纪80年代初,宋砦人均年收入不足800元,后经过办工业、搞三产、调结构,收入不断增加,直到建成"第二家园",每户平均拥有1000多平方米的商住房产权,人均资产数百万元。过去穷得叮当响的"穷光蛋",成了拥有财产、家财万贯的业主,有了丰厚稳定的收入来源。宋砦人成了社会资本的平等所有者,实现了马克思"重新建立个人所有制"的预言。二是社会角色,宋砦人实现了由传统农民到新型市民的转变。传统农民是土里刨食,小富即安。在市场经济的大潮中,宋砦人不断开拓创新,兴业创富,逐步摆脱小农意识,增强城市观念。今日的宋砦,不仅在经济上与市区实现了超水平的对接,外表上由土里土气的服饰到追求时尚、名牌服饰,而且在精神上与市区实现了同等程度地融入,实现了农民到市民"内化"的脱胎换骨的转变。三是行为特征,宋砦人实现了由听命于领导的"单位人"到自主发展的"自由人"的蜕变。计划经济体制下的农民属于"单位人",营生劳作靠集体,收入来

---

[*] 2011年6月26日,为庆祝和纪念中国共产党成立90周年,河南省社会科学院、河南省社会科学界联合会、河南省党史学会共同举办了"宋砦巨变与党的领导"理论研讨会,邀请省内外的知名专家学者聚会郑州市金水区宋砦村,评说和解读宋砦巨变之秘。《宋砦"人"的巨变及其推力》是笔者人的发言提纲。

源"大概工",一切听从指令指派,很少有个人的选择自由。今日之宋砦,村民自主办企业,自主管村务。传统的行政管制正让位于日臻完善的村民自治。村民们在用自己的大脑思考问题,用自己的双手经营着美好的家园。

宋砦"人"之所以发生如此巨变,是由于存在多重推力。宋砦人依靠这些推力,改变了宋砦,也改变了自己。一是大势引力。宋砦生动地诠释了中国特色社会主义道路在一个城郊村庄的实践。宋砦的发展,靠的是改革开放的大势,解放思想、实事求是、与时俱进的大势,社会主义现代化"三步走"的大势,建立社会主义市场经济体制的大势。可以说,是"发展就是硬道理"的思想,"以人为本"的理念,改革开放的环境,成就了宋砦的伟业与辉煌。二是改革给力。宋砦借助改革开放之大势,创造性地推出了一系列改革举措:"以土地换资金","以产权引项目","以经营权招人才""以亲情聚人心",打破"大锅饭"的"三三四",让利经营者的"倒四六",独具特色的民营化,改革使宋砦成为创业的乐土,改革使宋砦不断创造神奇。三是和谐聚力。和谐是宋砦获得平稳发展、持续发展、全面发展的法宝。和谐意味着仁义。宋砦创业之初就将"以仁交友、以义取利、以礼待人、以智谋事、以信扬名"作为信条。和谐意味着博爱。宋砦打破"用自己人,办自己事"的家族式用人模式,推出了"以经营权招人才""以亲情聚人心"的用人策略。和谐意味着感恩。宋砦大力弘扬知恩图报、积德行善、尊老爱幼、以和为贵等传统美德,叫响"给予是快乐、回报是荣耀"的口号。宋砦"人"在和谐中不断发力,完善自己,提升自我。

(原载《河南日报》2011年6月29日)

智库建设篇

大省崛起
中原经济区论略

建设新型智库　助推中原崛起

前不久，河南省委书记卢展工、省长郭庚茂对河南省社会科学院工作做出批示，肯定河南省社会科学院"为推动中原经济区建设做了大量工作"，并对进一步深化中原经济区研究提出明确要求。河南省社会科学院2010年完成并推出应用对策研究成果100余项，其中关于中原经济区建设的研究报告就有20余项，《将建设中原经济区上升为国家战略的思考与建议》等15项科研成果得到省委、省政府领导的肯定性批示，《中原经济区研究》《中原经济区策论》等20多部学术著作顺利出版并产生较大影响。河南省社会科学院围绕中原经济区建设取得的这些成果，为加快中原崛起、河南振兴，提供了有力的理论支持和智力服务，发挥了中原崛起新智库的作用，以自己的实力赢得了决策部门的认可和社会各界的尊重。

一　找准定位　服务决策

"地方社会科学研究机构应主要围绕本地区经济社会发展的实际开展应用对策研究，有条件的可开展有地方特色和区域优势的基础理论研究。"《中央关于进一步繁荣发展哲学社会科学的意见》中明确了地方社会科学院的基本职能，如何在实践中发挥好这一职能，真正成为地方党委、政府的智囊和参谋，是地方社会科学院的历史使命和价值追求。作为省级社会科学院，只有研究好、回答好现实提出的重大问题、提高对策研究、咨询研究水平，才能成为地方各级党委、政府信得过、用得上、离不开的"思想库、智囊团"。为此，河南社会科学院总体定位为以应用对策研究为主，学术定位为哲学社会科学的创新基地，核心定位是省委、省政府满意的高水平新型智库。

在新形势下，地方社会科学院必须进一步明确立足地方、研究地方、服务地方的办院宗旨，而不能仅仅依据自己的兴趣、依据现有的学科，去搞无关地方改革发展需要的研究。河南省社会科学院近年来加大学术转型力度，积极倡导服务决策、关注民生、融入社会的科研理念和价值取向，从改革传统的科研体制入手，打破传统的学科和部门界限，以建立跨学科跨部门的研究体系、形成强大的研究合力为目标，调整内设机构和学科布局，逐步建立起以应用对策研究为主体、以特色理论研究为支撑、以重点和优势学科为依托的科研体系，推动科研工作整体向服务现实转化。

二　立足地方　突出特色

把基础研究和应用对策研究紧密结合起来，以应用对策研究促进基础研究，以基础研究带动应用对策研究，是《中央关于进一步繁荣发展哲学社会科学的意见》对地方社会科学院发展的又一明确要求。地方社会科学院要坚持把加强应用研究、服务决策作为科研工作的重中之重，同时又不能忽视和弱化对基础理论的研究，尤其要加强对有地方特色的基础理论研究，要不断推出代表本院学术实力、体现地方特色的基础理论研究成果，一方面挖掘地方历史文化资源，为弘扬地方历史文化传统、提升地方文化"软实力"做出积极贡献；另一方面进一步彰显地方社会科学院的学科优势，不断提升学术研究能力，为进一步加强应用对策研究奠定坚实基础、提供有力支撑。

在基础研究方面，河南省社会科学院重点加强对河洛文化、姓氏文化、老庄文化的研究，举办了河南历史文化研究论坛，出版了一批在国内外产生重大影响的学术著作，形成了独具特色的学术品牌，带动了学术实力的提升。地方社会科学院作为专门的哲学社会科学研究机构，只有做到基础理论研究和应用对策研究统筹兼顾，以基础研究支撑应用对策研究，才能在服务地方经济社会发展中大有作为。在今后的科研实践中，河南省社会科学院将进一步坚持基础理论研究特色化、地方化，深入挖掘本地历史文化资源，形成具有中原文化特色的基础理论研究品牌，充分发挥地方特色基础理论研究对地方经济社会发展的带动力、影响力和支撑力，使河南省社会科学院真正成为河南历史文化研究的高地。

为使传统学科、新兴学科和交叉学科协调发展，使基础理论研究与应用对策研究相辅相成，地方社会科学院要致力于用精品力作提升学术影响力和社会影响力。例如，河南省社会科学院把中原文化研究等列为院重点学科，组建了中原崛起研究中心、中原文化研究中心、河洛文化研究中心等机构，对河南地方史等特色学科予以重点扶持，出版了《河南通史》《河图洛书探密》《中国戏曲通鉴》等标志性成果，其中《老学典籍考：2500年来世界老学文献总目》还被收入《国家社科基金成果文库》，有10多名学者当选全国性学术团体领导，被聘为国家科技攻关项目"夏商周断代工程"特邀专家，提高了河南省社会科学院在全国学术界的影响力和"话语权"，初步构建了体现河南特色、中原气派的学科创新体系。

三 开门办院 服务社会

高度重视并不断加强开门办院和横向合作，在服务视野和范围上不断向更多行业领域延伸，向经济建设第一线延伸，向基层农村和社区延伸，是地方社会科学院服务社会的努力方向。河南省社会科学院注重加强基层调研基地建设，在省直单位、省辖市和大型企业集团联合建立了省情调研基地，初步改变了过去因没有"腿"给调研工作带来的难题；注重建立横向合作研究机制，以蓝皮书和省情发展报告为载体，与一些行业和地方合作联手开展调研活动，共同推出高质量的研究成果；注重开展科学理论进基层活动，宣传理论创新成果、党和国家政策及重要会议精神，不断推进马克思主义中国化、时代化、大众化。

为适应地方经济社会文化发展的需要，更好地走进社会、了解社会、融入社会、服务社会，不断满足社会的理论需求，不断扩大自己的社会影响力，地方社会科学院要始终坚持立足地方、开门办院的方针，开展院市合作、院企合作，不断拓宽横向合作新领域。例如，河南省社会科学院在部分市、县和基层建立研究基地，选择一批企业、乡村、社区开展长期跟踪研究，连续4年累计1000多人次，分赴全省18个省辖市开展大型专题省情调研活动；与省工业与信息化厅、安阳市、河南煤业化工集团建立了服务合作机制；承担了中国社会科学院河南省情调研基地的相关工作，使科研触角向基层一线延伸。此外，河南省社会科学院还扩大学术交流，整合科研资源,不断提升自己的学术影响和实力。一方面通过举办高级别的学术会议和论坛,广泛深入地开展与省内外、国内外学术界的交流与合作,进一步扩大河南省社会科学院在学术界的影响力;另一方面通过整合河南社科系统学术信息资源,建立全省哲学社会科学数据库,为全省各级党委、政府决策咨询提供理论支撑和智力服务。

(原载《中国社会科学报》2011年8月25日)

为中原经济区建设提供更有力的理论支持[*]

《河南日报》近日刊发了署名豫轩的"新十八谈"之导向篇《提振精神书华章》。文章强调指出,要着眼建设中原经济区的伟大实践,进行新的理论探索、做出新的理论概括,充分发挥社会科学界理论队伍"思想库""智囊团"作用。

一年多来,河南省社会科学界在中原经济区战略的形成和实施过程中发挥了应有作用。面对新形势,社会科学界要站位全局,保持清醒,勇于探索,不辱使命,为中原经济区建设提供更有力的理论支持。

中原经济区从初步构想到"国之方略",仅一年时间,速度之快、影响之大令人称奇。社会科学理论界发挥了独特作用,体现了自身价值

一

2009年12月23日,省领导与社会科学界专家学者座谈会上,履新的省委书记卢展工主持会议并强调,要多思考、多研究,特别要把研究的出发点放在今后怎么做上,使研究成果更加符合客观规律、更加符合工作实际,从而更好地为领导决策服务、为经济社会发展实践服务。

2009年12月24~25日,河南省委召开经济工作会议,卢展工在讲话中提出,要在中原崛起总体战略的基础上,研究形成一个比较完整、比较系统的和中央促进中部地区崛起规划相呼应、相衔接的总体纲要、总体规划,把这些年河南省在发展中形成的、经过实践证明是正确的发展思路整

---

[*] 本文为河南省社会科学院课题组撰写的一篇文章,笔者主持并修改定稿,参与写作的有谷建全、毛兵、闫德民、陈明星、任晓莉、完世伟等。

合起来，持续做下去。

2010年新春伊始，卢展工书记先后到省社会科学院、省委党校、省委政研室等研究机构调研，问计于社会科学理论界。卢展工在座谈中指出，要重点研究中原崛起总体思路的系统化、区域经济发展新格局下的河南定位、河南的比较优势、中原崛起战略布局等问题。

在2010年3月初的一次省委常委会上，卢展工进一步提出，要深入思考和研究"什么是中原""什么是中原崛起""为什么要中原崛起""怎样实现中原崛起""河南能否走在中部崛起前列"等基本问题。

二

省委主要领导用全局的眼光、系统的思维和区域经济的理念，提出问题，开启思路，引导和启发了各地各部门审视过去、谋划未来。全省社会科学理论界积极回应，深入研究。

2010年3月下旬，根据省委统一部署，一个来自研究机构、高校和职能部门共50余人的课题组，开始了为期3个多月、主题为"中原崛起战略选择"的封闭式集中研究。省社会科学院、郑州大学、河南大学等单位更多的专家"场外"领题作文，提供支援。研究文本累计逾百万字。经过无数次的观点碰撞、切磋交流，中原经济区、中原新型城镇化示范区、中原城市群"三化"协调示范区等方案相继出炉。这是全省社会科学理论界五路大军的一次会师、一次集结、一次服务大局的总体攻坚。

其间，省领导与课题组专家多次直接交换意见，进行指导。经过反复研究、比较和讨论，形成了《加快中原发展建设纲要（初稿）》。这些资料翔实、有理有据的研究报告，为中原崛起战略思路的选择奠定了坚实基础。

三

2010年7月2日，省委召开专题研究河南发展战略思路问题的常委扩大会议，有关专家列席会议。会议认真研讨了课题组前期形成的三套方案。卢展工书记发表重要讲话，肯定课题组的研究成果，对"中原经济区"方案赞赏有加，进而明确指出，要把决策权交给群众、交给专家。

7月16日，省委召开经济形势分析会，卢展工进一步强调，要牢牢把握国家加大促进中部地区崛起力度这一宝贵机遇，坚持把完成"十一五"规划与制定"十二五"规划结合起来，从全国发展大局出发，找准河南的定位，发挥河南的优势，做出河南的贡献。

从7月上中旬开始，各类讨论中原经济区建设的活动频繁举办，社会科学界专家在各种座谈会、研讨会上旁征博引，解疑释惑。通过一系列的宣传，建设中原经济区的战略构想得到了全省上下广泛赞同，成为河南各地街谈巷议的话题。

8～10月，以设立中原经济区为主题的五次高层次的研讨会、汇报座谈会在京召开，河南决策层问计于全国理论权威，听取意见，改进方案。

2010年11月，由专家学者参与研究起草的《中原经济区建设纲要（试行）》（以下简称《纲要》），经省委第八届十一次全会审议并原则通过。

四

《纲要》描绘了加快中原崛起、河南振兴的宏伟蓝图。省委宣传部迅速组织专家编写《〈中原经济区建设纲要（试行）〉解读》，牵头主编《中原经济区论势》《中原经济区舆情》系列图书，省社会科学院撰写出版《中原经济区研究》《中原经济区策论》，打响了宣传、研究中原经济区的总体战。

在此过程中，社会科学专家发表文章、接受采访，解疑释惑，系统回答了"中原经济区是一个什么样的概念""建设中原经济区有什么意义""建设中原经济区怎样开好局起好步"等百姓关心的问题，进一步廓清了认识、凝聚了共识。

中原经济区战略构想的提出与实践，是决策层的创新之举，是全省人民智慧的结晶，也凝聚着社会科学理论界专家学者的辛勤汗水。回顾这个过程，我们感受多多，启示多多。

五

省委、省政府领导高度重视发挥理论的引领和武装作用，体现出科学发展观指导下的新的执政理念。

中原经济区战略的形成与推进，始终是在省委、省政府直接领导下开展的。其中最突出的特点就是决策层高度重视理论引导，充分发挥科学理论在武装头脑、解放思想、指导实践、推动工作方面的引领作用，体现出科学发展观指导下的新的执政理念。从省委书记、省长带头研究区域发展前沿问题，到组成强大的课题组，对相关问题进行系统分析和研究，再到组织多次研讨会、座谈会、论坛，对中原经济区战略构想进行深入论证，理论准备始终走在前面。这一做法不仅使全省上下思想进一步解放，经济区理念得以确立，而且为河南发展战略的选择奠定了坚实的理论基础。

这就启示我们，在新的发展阶段，中原经济区建设要取得实效，各级干部还要更加重视理论的学习、指导和引领，坚持把理论引领和武装作为"永不竣工"的工程，持续进行下去。

六

决策层坚持问计于专家学者，为领导方式转变增加了新内涵。建设中原经济区，不是个别领导人的主观臆断，而是依靠专家，凝聚合力，科学决策、民主决策的结果。

以领导方式转变促进经济发展方式转变，是一个全新的重大的命题。转变领导方式，说到底就是由落后的不科学的领导方式，转向先进的科学的领导方式。而要"先进""科学"，基本要求是认识规律、遵循规律；要认识规律，最靠谱、最便捷的办法，就是请教行家里手。我们看到，在中原经济区谋划中，省领导深入科研机构、政研部门调研，组织理论精英研究攻关，邀请专家参与高层会议并发表意见，多次向省内外专家学者借力借智。专家学者也不负众望，积极建言献策，发挥了重要作用。

这启示我们，转变领导方式，在做到谋划多一点、服务多一点、创造条件多一点、依法依规多一点、求实求效多一点的同时，还要切实重视理论指导和理性思维，切实尊重专家学者，从他们那里汲取智慧。要把重视理论研究和理论指导作为转变领导方式的重要内容，并使之常态化、制度化。

七

党委、政府对社会科学理论的重视和需要，是提升理论工作水平的根本动力。理论是文化软实力"皇冠上的明珠"。中原经济区研究过程表明，党和政府对理论的现实需要与理论界专业水平的提高是一个互动过程。理论研究水平决定社会认识的水平，进而影响政府决策水平。

根据省委、省政府的安排，从2010年3月开始，社会科学理论界围绕中原崛起战略选择问题进行了深入研究，确定了中原经济区的空间范围，对这个区域"客观存在、相对独立、欠发达特征明显、承载重大使命"等特点有了清醒的认识。正是省决策层向理论界提出研究课题和要求，才把全省理论界凝聚了起来，才有了谋划中原经济区的系统思路和厚重成果。

由此可见，理论队伍的阵容、理论研究的水平和影响力，是一个地方综合实力的重要标志。在世情、国情、省情发生深刻变化的背景下进行现代化建设和改革试验，领导者要不断提高驾驭全局的能力和应对复杂情况的能力，就应更加重视理论建设和理论指导的作用；理论研究也要更加关注现实，关注社会热点、难点问题，在服务现实、服务大局、服务决策中实现自身的价值。

八

理论研究只有根植于实际，根植于现实，才能发挥作用，实现价值。面对全国区域竞争的新格局，河南到底应该走一条什么样的路子，应该有什么样的战略定位并使之上升到国家战略层面，这是关系河南发展前景的重大问题。在省委、省政府的支持、指导下，河南专家学者立足河南基本省情、战略地位和现实矛盾，进行了大量卓有成效的研究。专家的研究表明，建设中原经济区，就是把河南这些年已被实践证明有效的发展思路在新的形势下加以持续、延伸、拓展和深化，进而形成一个总集成，搭建一个总平台,把中原崛起、河南振兴的宏伟事业全面推向前进。事实证明,中原经济区战略是从河南实际出发,经过深入研究,反复比较,选择最优方案和思路的结果。

这就启示我们,社会科学理论研究助推经济社会发展,必须立足实际,实事求是,使研究成果经得起历史和实践的检验。在建设中原经济区过程中,社会科学理论界一定要按照"四个重在"的实践要领,按照"国之方略、理当先行"的总体思路,进一步增强研究的针对性、时效性,推出更多有理论意义和实践价值的研究成果。

应该清醒地认识到,河南省社会科学界对中原经济区的研究还是初步的,认识水平还不高,驾驭能力还不强,许多重大问题尚待深入研究论证,社会科学理论研究任重而道远。

九

在我国实施区域经济总体战略和区域竞争呈现新特点的背景下,建设中原经济区,需要有新思路、新举措,同时给理论研究提出了新要求。

在一亿人口的大省率先进行"三化"协调发展的探索,推进全域性经济区建设,是一项十分浩瀚、复杂、艰巨的系统工程,没有先例可以借鉴,需要认识、了解、研究的问题非常之多。不仅要研究国家实施区域发展总体战略的新态势、新要求,还要研究新形势下区域竞争的新情况、新问题,更要研究经济区建设的一般规律和特殊规律。尤其是要抓住国家即将出台支持中原经济区建设的指导性文件的契机,把中原经济区建设中带有全局性的深层次问题和重点、难点搞清楚,并以改革的精神、创新的思路提出切实可行的对策和建议。

十

建设中原经济区是在中国内陆腹地进行的一场波澜壮阔的改革试验,是为全国同类地区科学发展创造新鲜经验。它所涉及问题的复杂性前所未有,需要破解问题的难度前所未有。

研究中原经济区建设的主线。探索不以牺牲农业和粮食、生态和环境为代价的"三化"协调科学发展路子,是中原经济区建设的核心和主线,是很有张力的基本要求。要深入研究"三化"协调的测度与评价、重点和难点,研究各类资源如何持续利用,产业、产城、城乡如何实现互动等。

研究科学布局和破解难题。包括如何形成合理的空间开发结构;如何发挥文化优势,传承与创新华夏历史文明;如何加强生态建设和环境保护,提升可持续发展能力;如何先行先试,破解人口、土地、资金等突出矛盾和难题;如何加快改善民生,与全国同步实现全面小康;等等。

研究如何发挥各方面积极性。包括各地如何主动融入,找准定位;如何改善管理,优化服务,强化责任,提高效能;如何解放思想,创新社会管理,积极探索有利于加快中原经济区建设的新体制、新机制、新模式等。

研究如何立足于做、立足于干。包括:如何做到突出运作、科学运作、有效运作;如何转变思想观念,转变领导方式,转变工作作风;如何加快科技创新,优化经济结构;如何完善与周边省份区域合作机制,发挥纽带作用;等等。

研究建设中的新情况新问题。建设中原经济区是一个动态过程,要坚持不懈地进行跟进研究,动态分析,及时发现新问题,总结新经验,提出新建议、新主张,及时为决策提供科学有力的理论指导。

面对中原经济区建设的伟大实践,社会科学理论界要以更加开阔的视野、更加系统的思考、更加深入的研究,在服务中原崛起中发挥更大作用。

十 一

增强责任感和使命感。总结在中原经济区概念形成和决策出台过程中社会科学界发挥作用的经验,以更加积极的态度继续为中原经济区建设提供理论支持,是全省社会科学理论界必须担当的历史责任。

担当起这一历史责任,全省社会科学理论工作者要牢固树立为全省经济社会发展大局服务的理念,在平凡的工作岗位上,不负众望、勇于担当、甘于奉献;要以开阔的视野、宏观的思维、求实的作风、创新的精神,针对河南实际,认真厘清特色和优势,深入剖析"短板"和不足,不断求证对策和建议；要坚持理论联系实际的作风，改进科研方式和方法，走出"书斋"，在实践中发现问题、采集依据、寻求答案，推出更加切实、管用的研究成果。

十二

创新科研组织方式。中原经济区建设研究的艰巨性、复杂性和长期性，要求全省社会科学界携起手来，创新研究组织方式，提高整体科研水平。

创新研究组织方式，需要从传统科研体制和组织方式中解放出来，打破机构性质、区域空间、学科壁垒等藩篱，整合各方资源，建立充满活力、富有创造性的科研组织机制。要发挥"五路大军"的整体作用，特别是整合重点科研单位和高校学术资源，组建中原经济区研究基地，设置相关重点学科，扩大学术交流，开展项目合作，实现资源共享；强化开放式研究意识，建立研究机构与企业、政府部门和社会各界的合作网络，使外部资源成为科研工作的有力支撑；建立稳固的协作攻关机制，针对中原经济区建设中亟待破解的矛盾和难题，跨学科组织科研力量，集中后勤保障资源，组建集体攻关团队，打好服务中原经济区建设的总体战。

十三

重视理论成果的转化。不断创新宣传方式，及时发布中原经济区研究最新成果，发挥好社会科学理论研究在推进中原经济区建设中的引领作用。

完善社会科学研究机构与党委政府的沟通渠道，健全研究成果报送制度，开辟上报成果的"直通车"，使新情况、新经验、新观点、新建议及时进入省委、省政府的视野。建立和完善成果发布机制，针对社会科学理论研究和应用"两张皮"现象，要借助各类媒体、创设各种平台，以决策参考、学术报告、组织论坛、科普活动等形式，及时发布中原经济区科研成果信息。深入开展"科学理论进基层活动"，组建由专家学者组成的专门团队，进入厂矿企业、基层社区等，针对中原经济区中的新情况、新问题解疑释惑，引领全省上下在中原经济区建设中统一思想、提高认识、自觉行动。

十 四

加强领导、规划和指导。中原经济区从理论准备、概念形成，到上升为国家战略，每一个环节都是省委、省政府正确领导的结果。要总结和继承这些经验，推动社科理论研究在推进中原经济区建设中再立新功。

要树立问题意识，切实加强领导，把中原经济区建设的研究摆在更加突出的位置。有关方面要围绕省委、省政府中心工作，制定系统研究规划，列出年度研究重点和重大专题，制定必要的扶持措施，实施中原经济区研究专项行动，适时推出标志性成果。社会科学理论界要从本单位实际出发，从人员配备、经费支持、后勤保障、激励机制等方面予以倾斜，推进中原经济区研究向纵深展开。社会科学理论工作者要不负众望，勇于担当，力争研究得更深一点、更细一点、更实一点，为中原经济区实践的推进和政策的落地，建言献策，贡献才华。

（原载《河南日报》2011年8月9日）

打造河南社会科学研究的高端平台[*]

——写在河南省社会科学研究基地开工奠基之际

梅香送冬寒，大地迎春意。2011年12月20日，乘着党的十七届六中全会和河南省第九次党代会的东风，在辞旧岁、迎新春之际，河南省重点建设项目——河南社会科学研究基地隆重开工奠基了。

这是难忘的一天，也是值得纪念的一天。不久的将来，全面展现河南社会科学研究事业风貌、代表河南社会科学研究事业崭新形象的社会科学研究基地将在郑州新区巍然屹立。每一个社会科学人都为社会科学事业发展的新平台而翘首期待，每一个社会科学人都为社会科学发展的新愿景而信心满怀。

一

河南社会科学研究基地开工奠基是党和国家高度重视社会科学事业发展的真实写照，是河南省委、省政府贯彻科学发展观实施科教兴豫战略的重大举措。

近年来，随着河南经济社会的快速发展，社会科学研究的社会需求不断扩大，河南省社科院现有的科研环境和功能设施已越来越无法适应形势发展的需要。为了提高河南省社会科学研究的总体功能，完善省社会科学院科研、业务、交流、咨询等硬件设施，为河南哲学社会科学研究水平的提高、服务领域的扩大以及专业人才的培养储备搭建更好的平台，2009年

---

[*] 本文为河南省社会科学院课题组撰写的一篇文章，笔者主持并修改定稿，参与写作的有谷建全、任晓莉、毛兵、袁凯声、闫德民、陈明星、完世伟等。

11月6日,河南省委常委会在听取了省社会科学院工作汇报后,决定"采取有力措施,加大对省社会科学院的支持力度",同意建设河南省社会科学研究基地项目,实现河南省社会科学院整体搬迁。

2010年4月6日,河南省社会科学研究基地项目建设获得河南省发改委立项批复(豫发改投资〔2010〕497号)。2010年9月6日,郑州新区管理委员会会议纪要(郑新管委会纪〔2010〕8号),原则同意河南省社会科学研究基地项目选址于中牟产业园区白沙组团郑开大道以南、郑信路以西的规划控制区域内。随后,社会科学研究基地建设项目被列入河南省重点建设项目。

河南省社会科学研究基地规划总建筑面积67715平方米,主要建设科研中心、图书情报中心、学术交流咨询中心、期刊中心及附属设施等,是一座集社会科学研究、学术交流、文化传播、理论普及、人才培养、信息服务等诸多功能为一体的现代化的社会科学研究中心。河南省社会科学研究基地的建设与落成,将更有利于推动河南省社会科学事业的发展和繁荣,更有利于推进河南省扩大对外文化交流与传播,更有利于扩大社会科学事业的影响和社会科学知识的普及,更有利于强化社会科学事业对河南经济社会发展的智力支撑作用,更有利于推动中原经济区建设,实现中原崛起、河南振兴。

为了加快省社会科学研究基地建设,促进基地项目的顺利进行,河南省有关领导多次召开部门协调会、做出批示,就项目运作、项目用地、项目批复以及项目资金筹措等问题进行研究协调,为项目的推进提供有力的支持。两年来,在省委、省政府的亲切关怀下、在各省直部门和地方政府的大力支持下,河南社会科学研究基地建设项目先后通过了选址、立项、用地审批、设计招标等多个环节,最终于2011年11月7日获得省政府建设用地批复(豫政土〔2011〕1048号),成功进入开工建设阶段。

河南社会科学研究基地的开工建设,是河南省委省政府亲切关怀、大力支持的结果,是全省繁荣发展哲学社会科学的一项开创性工作,必将产生积极而长远的社会影响。

二

历届河南省委、省政府高度重视哲学社会科学事业,大力推进哲学社会科学的繁荣发展,对河南省社会科学院的成长与发展,从政策支持到基础建设,从人才队伍到科研实践,都给予了高度重视和大力支持。省委、省政府主要领导多次到河南省社会科学院视察指导工作,对河南省哲学社会科学研究提出殷切希望,鼓励社会科学研究工作者围绕河南经济社会发展的全局性问题和重大理论问题深入开展研究,多出大作、多出名家、多做贡献。

20世纪90年代,时任中共河南省委书记李长春高度重视社会科学研究,多次对河南省社会科学院的研究成果做出重要批示;2004年8月,时任中共河南省委书记李克强亲临河南省社会科学院视察工作,与社会科学院研究人员进行座谈,要求河南社会科学院明确中原崛起、中原文化两大科研主攻方向,并对社会科学院的改革发展提出了殷切希望,勉励全院干部职工要进一步解放思想,更好地为中原崛起服务。

2004年1月,中共河南省委紧密结合河南实际,制定了《中共河南省委关于进一步繁荣发展哲学社会科学的实施意见》,提出了繁荣发展哲学社会科学的形势任务、指导方针和工作目标,对河南省社会科学院的发展作了明确定位:"充分发挥省社会科学院的作用。省社会科学院要以应用对策研究为重点,加大改革力度,激发内部活力。多出名家、多出精品、多做贡献。要深入研究回答我省经济社会发展的重大问题,在服务省委、省政府重大决定中发挥重要作用。"

2008年8月,中共河南省委第八届八次全会闭幕之后,社会科学院围绕中原崛起中的难点、热点、亮点问题,完成了50多项专题研究。时任河南省委书记徐光春专门就此做出批示:"社科院充分发挥自己的优势,积极配合省委中心工作做好理论宣传研究,各方面反映很好,有力地推动了河南经济社会发展,同时有利于自身理论素养的提升。"2009年10月,徐光春书记亲临河南省社会科学院建院30周年庆典并发表重要讲话,高度评价河南省社会科学院的工作,鼓励省社会科学院成为理论研究的强大阵地、中原崛起的有力智库、学术繁荣的锦绣花园和人才辈出的培养基地。

现任河南省委书记卢展工先后两次到省社会科学院调研和视察工作，对省社会科学院的工作给予充分肯定。2010年2月21日，虎年新春上班的第二天，卢展工书记就来到省社会科学院，就新形势下中原崛起的有关问题与社会科学院专家学者进行座谈。在专家学者发言结束后，卢书记说，今天是我第一次来到省社会科学院，听完大家的谈话很有收获、很受启发。大家的谈话，一是始终围绕着发展，围绕中原崛起、河南振兴这个主题来展开。二是贯穿了科学发展观的思想，表明社会科学院的专家学者对科学发展的理解是深刻的、自觉的。三是紧扣中原崛起需要关注的重点、难点问题。四是体现了一种清醒，对河南省情现状和对存在的差距始终保持清醒意识。五是提出了很多好的建议、意见。卢书记对社会科学院的研究工作提出了希望和要求，希望社科院深入研究怎样使中原崛起的思路系统化、怎样发挥河南的优势、中原城市群、经济发展方式的转变、河南的文化优势、如何使河南省的弱势变成优势等六个方面的问题，使更多的成果转化为领导的决策思想，更好地发挥思想库、智囊团的地位和作用。

现任省长郭庚茂高度重视社会科学院的工作，明确指示有关部门，研究重大经济社会问题，要吸收社会科学院的专家参加，把有关河南经济社会发展的重大课题交给社会科学院，让社会科学院深入实际进行调查研究，为决策提供参考。2008年下半年，面对复杂多变的经济形势，社会科学院按照郭庚茂省长指示，完成了《2008年上半年河南经济形势分析及下半年经济走势预测》《河南经济形势分析年度报告（2009）》等5份研究报告，得到了郭庚茂省长的肯定性批示和表扬。

2011年9月，中共河南省委在河南省社会科学院召开全省社会科学界专家学者座谈会，就省第九次党代会报告征求专家学者意见。参加座谈的21位专家中，社会科学院的专家有10位。2011年10月，河南省第九次党代会报告提出了"繁荣发展哲学社会科学，推进学科体系、学术观点、科研方法创新，坚持以重大现实问题为主攻方向，加强对全局性、战略性、前瞻性问题研究"的明确要求，为河南省哲学社会科学的未来发展指明了方向。

三

作为河南省哲学社会科学最高学术机构和综合研究中心,近年来,省社会科学院深入贯彻落实中央和省委关于繁荣发展哲学社会科学的精神和要求,坚持和巩固马克思主义在意识形态领域的指导地位,以当好省委、省政府"思想库"为己任,不断深化改革,推进科研转型,在服务全省工作大局中找位置,在助推中原崛起中显身手,开展了一系列具有全局性、战略性、前瞻性的研究,提出了许多重要价值的对策和建议,为建设中原经济区、加快中原崛起河南振兴提供了有力的理论支持,赢得了业界的认同、领导的认可和社会的尊重。

加大科研转型力度,明晰自身职能定位。近年来,省社会科学院认真贯彻落实中央关于"地方社会科学研究机构应主要围绕本地区经济社会发展的实际开展应用对策研究,有条件的可开展有地方特色和区域优势的基础理论研究"的基本定位,加大科研转型力度,以服务现实为着眼点,以应用对策研究为主攻方向,追踪研究河南社会发展中的热点难点问题,着力从战略、宏观、全局角度为省委、省政府决策服务。同时,注重横向联合,延伸服务触角,深化院市合作、院厅合作、院企合作,为地方政府和有关部门提供决策依据。为适应科研转型的需要,加大学科调整步伐,逐步建立起以应用对策研究为主体、以特色理论研究为支撑、以重点和优势学科为依托的科研体系;每年组织开展大型省情调研活动,积极建设中国社会科学院国情调研河南省基地,增强对国情省情的把握;创办直接反映专家学者研究成果和对策建议的内刊《领导参阅》和《科研专报》,实现对策研究与领导决策的"对接",更好地为省委、省政府决策服务;深入开展对中央和省委重要会议精神的研究和宣传,把中央和省委的重大政策宣传到位、解释到位、引导到位,努力推进社会科学理论研究贴近实际、贴近生活、贴近群众。

强化应用对策研究,提高咨政服务水平。为切实加快科研转型,近年来,省社会科学院围绕中原崛起大文章,高度重视建立快速反应机制,开展一系列应用对策研究,为中原崛起建言献策。尤其是在中原经济区研究中,抽调多名专家学者参与省委、省政府组织的中原经济区重大课题研究和文件起草，参与编制华夏历史文明传承创新区发展规划等，并组织中原崛起总体战略系统化研究等重大研究，及时撰写出版《中原经济区研究》《中原经济区策论》等著作，适时举办科学发展与区域转型学术研讨会、"务实河南"理论研讨会、中原经济区"三化"协调发展研讨会、新型城镇化引领"三化"协调发展高层论坛等一系列座谈会、研讨会和论坛，解疑释惑、交流探讨，为推进中原经济区建设提供了有力的理论支持，成为省内公认的中原崛起和中原经济区研究中心。

全面推进学术创新，不断推出精品力作。围绕出大力、出大作、出大家，以申报国家、省和院三级课题、出版学术精品、发表高质量论文为重点，凝结创新成果，搭建学术平台。积极开展有河南特色和区域优势的基础理论研究，深化以炎黄文化、河洛文化、姓氏文化为代表的"根"文化研究，加强老子文化、墨子文化、易学文化研究。2011年，省社会科学院立项国家社会科学基金项目10项，在全国地方社会科学院中居第2位，立项率为15.9%，高于13.6%的全国平均水平。以系列蓝皮书为载体，打造继《中州学刊》等之后的又一学术品牌，目前已推出经济、社会、文化、城市4个系列。以"学术文库"等形式，鼓励科研人员凝练学术方向，推出精品力作，目前已陆续出版多部专著。以"青年学术成果奖"等形式，发现和培养崭露头角的学术新秀，培养各学科各专业的领军人物和有较高素质的后备人才。省社会科学院为积极营造有利于新思想、新观点、新理论和新人才脱颖而出的学术氛围，不断修改完善考核考评、精品奖励、职称评聘等规章制度，以激发社会科学工作者积极性和创造性的迸发。

当前，经济全球化趋势不断加快，我国已进入经济社会转型发展的新阶段，国际、国内形势发生深刻变化，贯彻落实科学发展观使命神圣，建设中原经济区、加快中原崛起河南振兴任务繁重，这些都对哲学社会科学事业提出了新的更高要求。省社会科学院将以建设省社会科学研究基地为契机，进一步增强使命感和责任感，牢固树立发展意识和创新意识，坚持"重在持续、重在提升、重在统筹、重在为民"的实践要领，坚持"科研强院、人才兴院、开门办院、和谐建院"的办院方针，坚持"思想领先、应用为主、学术本位、专家治理、项目带动、统筹发展"的基本原则，面向现实、面向应用、面向社会，以围绕中心、服务大局为己任，以应用对策研究为重点，争取"一年一变化、三年大变化、五年上台阶"，不断提高省委、省政府满意度、社会知名度和学界认可度，努力建设成为河南省应用对策研究中心、河南哲学社会科学理论创新基地、服务河南省委、省政府宏观决策的高水平智库，以饱满的精神、创新的勇气，推动河南哲学社会科学研究事业繁荣与发展，为建设中原经济区、加快中原崛起河南振兴提供更加有力的理论支持，迈出更为坚实的步伐！

（原载《河南日报》2011年12月20日）

实践"四个先行" 助推中原崛起

2012年12月8日,河南省委书记卢展工在省领导与社会科学界专家学者座谈会上指出,全省社会科学界学习贯彻党的十八大精神,应做到"学习要先行、思想要先行、谋划要先行、实践要先行"。这反映了省委、省政府对社会科学理论界和社会科学研究的高度重视和殷切期望,也为社会科学理论界和社会科学研究更好地发挥功能作用指明了努力方向。全省社会科学界要进一步增强理论自觉和理论自信,准确把握、切实做到"四个先行",在学习贯彻党的十八大精神中为建设中原经济区、加快中原崛起河南振兴做出应有的贡献。

准确把握"四个先行"的内涵和意义

"四个先行"是一个有机统一的整体,学习先行是为了思想先行,思想先行是为了谋划先行,谋划先行是为了实践先行。"学习先行"是前提,只有在原原本本、认认真真、全面系统学习党的十八大精神的基础上,才能发挥出社会科学理论工作者应有的作用,做深入学习党的十八大精神的先行者。"思想先行"是基础,社会科学理论界只有做到"思想先行",才能带动全社会思想先行,只有把学习贯彻党的十八大精神与河南实际相结合,把中国特色社会主义理论体系特别是科学发展观贯穿到河南的发展实践中,才能充分发挥理论先行、理论引领、理论破难、理论聚力的作用。"谋划先行"是关键,科学谋划是有效推进工作的关键,全省社会科学理论界只有更好地参与谋划,为全面推进中原经济区建设、全面建成小康社会出谋划策、献计出力,才能做出新的更大的贡献。"实践先行"是根本,理论研究只有根植于实际,根植于现实，才能发挥作用，实现价值，因此，要坚持把理论研究与关键在做有机结合起来，更加关注现实，关注社会热点、难点问题，使研究成果经得起历史和实践的检验，在服务现实、服务大局、服务决策中实现自身的价值。

"四个先行"反映了省委、省政府对社会科学理论界和社会科学研究的高度重视。"四个先行"深刻回答了河南省哲学社会科学研究担负什么功能、朝什么方向努力的问题，深刻回答了河南省社会科学工作者要以什么样的精神状态、完成什么样的使命的问题，充分反映了省委、省政府对社会科学理论界和社会科学研究的高度重视。

"四个先行"体现了省委、省政府对社会科学理论界围绕中心服务大局的殷切期望。在我国实施区域经济总体战略和区域竞争呈现新特点的背景下，建设中原经济区，需要有新思路、新举措，同时也给理论研究提出了新要求。在一亿多人口的大省率先进行"三化"协调发展的探索，推进全域性经济区建设，是一项复杂、艰巨的系统工程，没有先例可以借鉴，需要认识、了解、研究的问题非常之多。不仅要研究国家实施区域发展总体战略的新态势、新要求，还要研究新形势下区域竞争的新情况、新问题，更要研究经济区建设的一般规律和特殊规律。"四个先行"体现了省委、省政府期待社会科学理论界以学习党的十八大精神为契机，紧紧抓住国务院批复《中原经济区规划（2012～2020年）》的机遇，把中原经济区建设中带有全局性的深层次问题和重点、难点搞清楚，并以改革的精神、创新的思路提出切实可行的对策和建议。

"四个先行"指明了社会科学理论界和社会科学研究更好发挥功能作用的努力方向。当前，建设中原经济区是在中国内陆腹地进行的一场波澜壮阔的改革试验，是为全国同类地区科学发展提供新鲜经验。它所涉及问题的复杂性前所未有，需要破解问题的难度前所未有。"四个先行"要求社会科学理论界把社会科学研究与我们正在做的事情结合起来，与我们已经做的事情结合起来，与我们将要做的事情结合起来，加强学习、提升思想、注重谋划、务求实效，为社会科学理论界和社会科学研究更好地发挥功能作用指明了努力方向。

清醒认识社科研究与现实需求的差距

在省委、省政府的高度重视下，近年来全省哲学社会科学在经济社会发展全局工作中的地位越来越高，社会科学理论在推动经济社会又好又快发展中的作用越来越大，全省社会科学事业繁荣发展的态势越来越好，广大社会科学工作者的积极性创造性得到越来越充分的发挥。尤其是近年来在中原经济区谋划和推进的过程中，全省社会科学界围绕中心、服务大局，积极建言献策、深入研究。但同时必须清醒地看到，与中原经济区建设的现实需求相比，社会科学理论界的作用发挥得还不够，还有许多重大问题尚待深入研究论证，社会科学理论研究任重而道远。

与经济大省、文化大省的地位还不匹配。改革开放以来，河南逐步实现由传统农业大省向经济大省、新兴工业大省和有影响力的文化大省的历史性转变，踏上了建设经济强省、文化强省的新征程。但河南的社会科学理论研究无论是整体水平，还是影响力、贡献等方面，都与经济大省、文化大省的地位不相匹配。

与围绕中心、服务大局的要求还不适应。在思想观念上，认识水平和服务意识还亟待提升，需要防范和克服精神懈怠、得过且过的危险。在研究方式上，还需要加快推进经院式研究转型，加强与实践的对接。在服务能力上，与经济社会发展的要求相比，社会科学研究创新能力还不强，结构、质量与效益需进一步优化和提高，服务社会的能力和水平需进一步提高，还需要加强谋划，强化全局性、战略性、前瞻性研究。

与转型发展、开放发展的机制还不协调。与科研转型的需要相比，现行的管理体制、学术评价机制、成果应用转化机制等社会科学研究体制机制还不健全，学术领军人物少，有影响力的作品少，经费投入依然不足，布局还需进一步优化，使用效率还需进一步提高。与实践发展的需求相比，还需要打破区域空间的限制、学科之间的壁垒等，及时发现新问题，总结新经验，提出新建议新主张，及时回应社会关切，为决策提供科学有力的理论指导。

切实做到"四个先行",服务中原经济区建设

统一思想,达成共识。要破除封闭保守的思想观念,以开阔的视野、宏观的思维、求实的作风、创新的精神,坚持理论联系实际,积极改进科研方式和方法,走出"书斋",走向实际生活,从实践中提炼研究题材,汲取思想养分,提出真知灼见,创作学术精品,推进对策研究由经院式研究向策略式、战略式研究转变。要树立开放意识,发挥"六路大军"的整体作用,整合重点科研单位和高校学术资源,建立研究机构与企业、政府部门和社会各界的合作网络,扩大学术交流,开展项目合作,实现资源共享,使外部资源成为科研工作的有力支撑。

总结经验,增强信心。中原经济区发展战略从提出到上升为国家战略并形成规划,充分体现了包括社会科学界参与的谋划先行的重要作用。当前,认真总结在中原经济区谋划和决策过程中的经验,以更加积极的态度继续为中原经济区建设提供理论支持,是全省社会科学理论界必须担当的历史责任。全省社会科学理论工作者要牢固树立为全省经济社会发展大局服务的理念,在平凡的工作岗位上,以"四个先行"为引领,不断加强学习,更新知识结构,勇于担当、甘于奉献、不负众望。

自我加压,不断超越。要坚持理论联系实际,认真厘清特色和优势,深入剖析"短板"和不足,不断求证对策和建议。要针对中原经济区建设中的新情况、新问题,及时展开研究,及时解疑释惑、回应社会关切的问题,引领全省上下在中原经济区建设中统一思想、提高认识、自觉行动。要在实践中发现问题、采集依据、寻求答案,多思考、多研究,特别要把研究的出发点放在今后怎么做上,力争研究得更深一点、更细一点、更实一点,更加符合客观规律、更加符合工作实际,推出更加切实、管用的研究成果,使研究成果更好地为领导决策服务、为经济社会发展实践服务。

完善机制,有序推进。要着力增强谋划意识,积极创新研究组织方式,强化理论与实践、社会科学界与其他各界的对接,提高科研整体水平。要着力提高谋划能力,整合各方资源,建立充满活力、富有创造性的科研组织机制,建立稳固的协作攻关机制,针对中原经济区建设中亟待破解的矛盾和难题,跨学科组织科研力量,组建集体攻关团队,为服务中原

经济区建设做出贡献。要着力加快科研转型和成果转化，不断创新方式方法，建立和完善成果发布转化机制。要完善学术评价体系，健全科研管理体制，不断完善人才评价和选拔机制，加强领军人才、学科带头人、青年理论骨干的培养。社会科学理论界要从本单位实际出发，从人员配备、经费支持、后勤保障、激励机制等方面予以倾斜，推进中原经济区研究向纵深展开。

（原载《河南日报》2012年12月19日）

立足中原研究中原是我们的责任[*]

——在第二届（2011）河南经济年度人物颁奖典礼上的获奖感言

作为一个理论工作者，站在这里，接受这份荣誉，我深切地感受到社会对理论研究的重视、关心、支持和期盼。我想，这个奖项应当属于全省为河南经济振兴而奔波、耕耘、探索的我的同事们以及经济研究领域的大家们。卢展工书记经常用"责任如山"来提醒各级干部。我是研究区域经济的，十多年来跟踪中原崛起中部崛起研究，作为地方学者，立足当地进行对策研究是我们的责任。

大家知道，建设中原经济区是中原地区"千年等一回"的重大事件。当初不少人对这个事能否拿下，能否被社会和高层认可感到担忧。担忧来自两个方面，首先是难度大。在这以前国家已批准了10多个省份的经济区、综改区发展战略，这些区域战略无论范围大小，从提出来到国家批准，都花费了几年的时间。而中原经济区，范围更大，覆盖河南全省，延及周边地区，在全国也极为罕见，研究的难度和获准的难度都更大。更难的是时间紧。我们要搭上国家"十二五"这班车，满打满算时间不到一年。我们要和时间赛跑啊！

---

[*] 本文是笔者在第二届（2011）河南经济年度人物颁奖典礼上的获奖感言。《河南日报》报道：2012年3月19日晚，第二届（2011）河南经济年度人物颁奖典礼在河南电视台举行。龙永图、王全书、史济春、赵素萍等领导同志出席并颁奖。河南省社会科学院院长喻新安当选为第二届（2011）"河南经济年度人物"，并和省发改委主任张维宁等一起代表"中原经济区课题组"领取了"河南经济年度特别贡献奖"。组委会的颁奖辞指出："喻新安院长以高度的学术良知和道德担当，凭借广博而专业的知识，为政府的重大决策提供理论支撑和智力支持，为中原经济区战略研究和传播发挥了重要作用。他是中原崛起战略研究领域当之无愧的领军人物。"

在省委、省政府的坚强领导下，参与谋划的同志们凭着强烈的社会责任感，夜以继日地工作，经过无数次的调研、论证、切磋、交流、游说，从自己想明白、写明白、说明白，到别人看明白、听明白；不仅看明白、听明白，还要举手赞成，真是难上加难！但我们终于实现了既定的目标。现在，中原经济区建设的大幕已经拉开！这是机遇，更是责任。我想，亿万中原儿女，应当也可以自觉地、勇敢地肩负起这份历史责任。

在中原崛起河南振兴的伟大实践中显身手做贡献[*]

建设中原经济区，无疑是当下河南最重大的事情，最核心的任务。我们的所有工作，都要围绕中原经济区建设的需要展开，我们的工作成效，也要在融入中原经济区建设的大局中来评判。在辞旧迎新之际，我们有理由为曾经的付出和拼搏而自豪，有责任为更加艰巨繁重的任务凝聚共识，做好准备。

一 实事求是评价过去一年的工作

2011年，是省社会学科院历史上具有特殊意义的一年，工作成绩比较突出的一年，发展亮点比较多的一年，工作创意比较多的一年，全院士气比较高昂的一年。

（一）具有特殊意义的一年

说2011年是省社会科学院历史上具有特殊意义的一年，主要依据体现在以下四个方面。

第一，承办了省委就第九次党代会报告征求全省专家学者意见的座谈会。卢展工书记代表省委为筹备第九次党代会连续开了5次座谈会，征求社会各界对党代会报告的意见，其中社会科学界专家学者座谈会是在省社会科学院召开的，这件事有特殊意义。卢展工书记在主持座谈会的插话中几次讲到：这个报告如果通过了，今天的会议将记下一笔，叫作"社科院

---

[*] 本文是笔者2012年2月24日在河南省社会科学院2012年度工作会议上讲话的一部分。

会议"。这话是很有分量的，我们相信，省第九次党代会报告所描述的中原经济区建设蓝图将在河南历史上发挥长远的作用，产生深远的影响，"社科院会议"的贡献也不会被人忘记。这是一件具有特殊意义的事情。

第二，制定了社会科学院发展的"十二五"规划。过去我们不大重视制定发展规划，总是跟着感觉走，即使搞规划，也是少数人参与，或为了应付上级临时拼凑，很难产生实际影响。这次院"十二五"规划，我们下了很大功夫，反复征求意见，先后几易其稿，领导班子多次讨论。"十二五"规划鲜明地提出了新形势下我院的功能定位，即河南省应用对策研究中心，河南省哲学社会科学创新基地，省委省政府满意的高水平智库；提出了新的办院理念，即"坚持思想领先、坚持应用为主、坚持学术本位、坚持专家治研、坚持项目带动、坚持统筹发展"；明确了今后发展的总体目标和要实施的重点工程。"十二五"规划的制定，必将对社会科学院发展产生深远的影响，它的意义非同一般。

第三，社会科学研究基地建设取得突破性进展。这件事全院职工高度关注，意义也非同一般。它的意义首先在于，我们曾经错失几次扩大发展空间的机遇，教训十分深刻；其次，我们终于抓住了这次机遇，经过大量的工作，去年办完了前期的有关手续，成功地举行了奠基仪式，并利用奠基仪式的契机很好地展示了社会科学院的形象，宣传了社会科学院的工作；最后，社会科学研究基地工程建设，对全院办公条件的改善、智库硬件的投入乃至职工生活条件的改善，都将产生长远的影响。

第四，高标准完成了全员聘任制工作。这件事具有特殊意义。我在全员聘用合同签约仪式上讲过，"签约"意味着社会科学院对管理的制度化、规范化、科学化迈出了决定性的一步；意味着社会科学院工作的目标体系、责任体系的建立，就是由过去"让我干"变成"我要干"；意味着我院各项工作的开展获得内在的强大动力支持。事业单位人满为患，铁饭碗、平均主义成风，发展动力不足。像我们这样的单位，收入并不高，为什么会有许多人千方百计往里挤呢？因为财政全供，进来就等于进了"保险箱"，因此有的人工作起来缺乏动力。一些人吊儿郎当，不把事当事儿；有的"身在曹营心在汉"，在外面搞"二三职业"；科研上敷衍应付，得过且过者，也大有人在。这种情况长期存在，似乎谁也无奈！现在，情况发生了变化，根据事业单位改革要求，由"身份管理"改为"岗位管理"

"合同管理",这是一个重大转变。这对每个同志都提出一个问题,就是怎样看待自己的工作,怎样保住自己的饭碗;这对院领导层也提出了新的要求,我们怎样管好这个单位?怎样使社会科学院不至于被边缘化?所以说,全院实行聘任制这件事情可是不小,它对社会科学院发展注入了巨大动力,具有重要的、特殊的意义。

(二) 工作成绩比较突出的一年

第一,科研成绩突出。表现在:一是着力推进理论创新。有10项课题获国家社科基金立项资助,创历史新高。获准立项省级课题35项。全年出版学术著作16部。精品成果大幅提高,发表的A、B类论文90多篇,大大超过预定目标。获得省社会科学优秀成果一等奖1项、二等奖8项。二是应用对策研究成果突出。继续在中原经济区研究方面扮演重要角色。推出《中原经济区策论》等重要成果,加强了对加快经济发展方式转变、"三化"协调科学发展、中原经济区"先行先试"等重大现实问题研究,得到卢展工书记、郭庚茂省长等领导批示肯定。完成了省委、省政府交办的一系列课题和有关部委委托课题,包括华夏文明传承创新的研究、2011年上半年经济形势分析,关于人口与计划生育工作的调研等。三是充分发挥理论引领作用。组织学习胡锦涛总书记"七一"讲话,形成了3万多字的学习报告报送省领导参考。围绕省第九次党代会召开"'务实河南'理论研讨会""以新型城镇化引领'三化'协调发展高层论坛""当代红旗渠精神理论研讨会"。四是积极开展合作交流。配合中国社会科学院开展了国情调研重大课题《河南农业现代化问题研究》调研工作。参与了中部社会科学院院长论坛暨中部蓝皮书新闻发布会等交流活动。全年编发《领导参阅》《科研专报》59期,创办了《学术动态》。

第二,人才队伍建设成绩突出。顺利完成了职称评审工作,4位同志晋升正高,8位同志晋升副高。顺利完成了专业技术岗位分设工作,有17位同志晋升三级研究员,还有不少同志晋升五级、六级副研究员等;有16位同志参与各级党校培训和参加社会科学骨干培训,提高了素质。特别要说的是,在院学术委员会换届工作中,一批年轻科研人员经各处、所推荐、院领导班子研究,担任了院学术委员会委员的职务,进入了院学术决策的最高机构,这也是人才队伍建设的一个新进展。还有,我们在人才推荐工作中取得了成绩，先后推荐产生了全国宣传文化系统"四个一批"人才、省优秀专家和省"三五"人才。

第三，开门办院成果突出。 承担华夏历史文明传承创新区的规划编制，是一个带有挑战性、创新性的课题。去年（2011）全年横向课题到账经费300多万元。围绕"中原经济区关键在做"这个主题开展了调研，先后到14个省辖市调研，有150多人次参与，形成了20多份调研报告。加大了学术交流力度。全年先后组织出国、出境和境内考察共11批，174人次参与，促进了观念转变，提升了士气。值得一提的是，有的研究所在贴近实际方面走出了新路子，形成了影响，做出了表率。比如，工经所受工信厅的委托，承担了河南工业和信息化产业"十二五"规划的编制工作，并且提出了河南省依托传统优势产业发展战略性新型产业的观点和调研报告，受到了省领导的重视，以此启动了相关的专题会议，形成了指导性的专题文件。比如，历史与考古所发挥学科优势，依托积累的姓氏文化、地域文化方面的研究成果，多方联系，积极为地方服务，打出了自己的牌子。

（三）发展亮点比较多的一年

去年（2011）我院工作亮点确实很多，值得回味。罗列如下。

第一，省委卢书记要求把社会科学专家座谈会放在社会科学院开，这是去年最大的亮点。刚才讲了这件事具有特殊意义，同时也是最大亮点，这是社会科学院全体员工的光荣。在这次座谈会上，除了社会科学院的10位专家外，还有11位来自全省理论界的人士参加，他们大多数是省内不同单位和学科的著名学者，他们在这个会议上能获得什么样的信息呢？我想，他们获得的信息应该包括省委书记对社会科学院厚爱有加、信任有加。这个信息会传递出去的。卢书记当场指示《河南日报》对社会科学院组织召开的"务实河南"的研究给予版面，后来《河南日报》就发了两个专版。

第二，社会科学研究基地奠基仪式的成功举办。这件事需要说几句。社会科学研究基地建设开启了社会科学院发展的新篇章。我们一些同志为了奠基仪式当天的那个场面，没日没夜连轴转，三四十位同志全身心投入工作，没有什么报酬，没有丝毫怨言，奉献精神十分感人。《河南日报》

发的专版文章，凝聚了不少同志的心血，从写到刊出仅用了4天时间。对于这些为了单位发展默默付出的同志，我们内心充满感激！这也说明在关键时候，我们的这支队伍是拉得出来的，是顶得上去的。

第三，对中原经济区研究。去年社会科学院中原经济区研究的成果比较多、比较集中。去年初，省委、省政府成立了中原经济区政策研究13人小组，我院是核心单位之一。专著《中原经济区策论》从策划到出版，一直得到省委、省政府主要领导的关心和支持。卢展工书记为该书研究提纲专门做出批示，提出明确要求，郭庚茂省长欣然同意用他在《政府工作报告》中关于中原经济区建设的论述为该书代序。由于我们关于中原经济区建设的研究成果比较多，使人们记住了社会科学院。所以，中原经济区和河南省社会科学院就这样奇妙地结合在一起了。

第四，对"务实河南"的研究。"务实河南"的研究是社会科学院去年应用对策研究上的一大亮点。去年8月9号，《人民日报》在头版刊发了主题为"河南务实发展静悄悄"的长篇报道，引起了各方面的强烈反响。但是从理论层面的研究比较薄弱。所以，围绕"务实河南"，社会科学院举办了专门的理论研讨会，邀请全省理论界知名人士就"务实河南"的内涵、推进"务实河南"的意义、重点、难点等展开讨论，省内主要媒体都做了报道，产生了较大社会影响。与此同时，我院课题组的文章《论"务实河南"》在《河南日报》整版刊出，得到省委主要领导表扬。社会科学院专家关于务实发展的有关建议被省委采纳，成为省第九次党代会的重要指导思想。

第五，承办了"中国（河南）－韩国友好合作论坛"。根据省政府安排，作为河南省人民政府和韩国驻华大使馆共同主办的2011年中国（河南）－韩国合作交流洽谈会、韩国－中国（河南省）友好周活动的一项重要内容，11月26日，由社会科学院与韩国驻中国大使馆共同承办"中国（河南）－韩国友好合作论坛"。此次论坛旨在深入探讨如何进一步推动河南与韩国在更深层次、更广领域的经济交流与合作，促进河南与韩国实现全方位开放合作。承办如此高规格、高级别的论坛，在社会科学院历史上还是第一次。这件事体现了社会科学院服务决策、开门办院、"走出去"等多方面的价值。

第六，社会科学院蓝皮书系列第一次实现了全部年内出书并举办发布会。蓝皮书系列，是社会科学院应用对策研究的重要平台，它能起到学术积累、锻炼队伍、服务社会、咨政建言等多重作用，但过去重视不够，组织不力，没有统一的要求，基本上是各自为战，拖拖拉拉，造成出版时间拖后，发布推介缺失等问题。去年，4本蓝皮书全部年内出版，分两次开了发布会，媒体的宣传密度和影响也是前所未有的。

第七，社会科学院办公区域的扩容。尤其是图书馆三楼、四楼的改造，几个研究所的迁入，形成了社会科学院比较集中的一个新的办公区域，还有主楼会议室设施更新、卫生间改造等，显示了社会科学院规范化管理的一面。

第八，应用型研究岗位的设立。社会科学院去年出台了关于设立应用型研究岗位的决定，这标志着以应用为主的科研导向获得了体制机制的支撑和保障，克服了过去强调应用研究重要，而在评价上、职称晋升上沿用老标准的不足。

第九，中原文化研究中心成立。这是社会科学院整合科研力量，坚持聚力聚智，强化优势学科，强化主攻方向采取的重大步骤；也是总结这些年科研转型经验教训，推动学科优化重组的改革举措。中原文化研究中心作为我院内设的正处级机构运转，相信它的作用将逐步显现出来。

（四）工作创意比较多的一年

说工作创意比较多的一年，表现在以下方面。

第一，国家社会科学基金申报获得突出成绩，我们专门召开了表彰大会，对先进单位发奖牌予以表扬，这在社会科学院历史上没有过，是有创意的。

第二，为了推进蓝皮书的创研，专门召开了蓝皮书创研工作会议，进行专门的部署和安排，过去也没有过。

第三，在第一时间召开了《国务院关于支持河南省加快建设中原经济区的指导意见》的学习座谈会，学习宣传《国务院关于支持河南省加快建设中原经济区的指导意见》，在全省我们是第一家，电视台作了报道，影响较大。

第四，对重点学科进行考核并做出了重要调整。学科建设不能凑合，发现问题就要及时解决。

第五，推动全员参与国情调研。我们组织科研人员和干部职工，多批次到东、南、西、北进行国情调研，也是大的工作创意，产生了多重效果。

第六，召开了全院聘用合同签约仪式。举行聘用合同签约仪式，职工代表与院长当场签合同，就是要体现合同管理的严肃庄重，这种仪式感会进一步转换为职工的职业认同感。

第七，学术委员会换届发扬了学术民主。过去，学术委员会换届都是院领导班子直接研究，谁进谁出，领导直接定。去年，学术委员会换届，新进入的委员要求各所在全院范围内推荐，然后班子根据推荐情况决定人选。这体现了学术为本、专家治院的办院理念和要求。

第八，出台了一系列新的文件推进规范管理。比如，关于科辅系列职称申报推荐办法、专业技术岗位的选择规定以及关于财务管理的有关规定等，还有《中州学刊》明确了新的编采机制，等等。

第九，我们在推出工作时强调要项目带动。项目带动不单是说一个课题才是一个项目，而是推动其他工作也要有项目意识，有工作抓手。

（五）全院士气比较高昂的一年

去年的一些重大决策，我们都充分征求大家的意见，不勉强、不仓促出台。比如全员合同聘任，从初稿到最后定稿，中间经过几次大的修改，甚至是颠覆性的修改，因为合同管理本身不是要难为谁，而是要给人动力、给人希望，因此最后形成的条款赢得了大家的赞同、理解和支持。比如说，图书馆三楼、四楼改造，涉及几个单位搬迁，客观上给这些单位增加了麻烦，但自始至终没有听到一句怨言，大家都是很支持、很理解的。去年，院里加大学术交流力度和考察的力度，大家都踊跃参加。我们组织的国情调研，规模较大，大家出去后显示出很强的组织性、纪律性，增强了归属感和职业认同感。去年年终慰问，不仅慰问了老领导，还增加了慰问老专家，体现了社会科学院的特点。我们还举办了"王增凡研究员追思会""王广西研究员著作研讨会"，显示了对学者的尊敬和对学术的敬畏，暖了人心，增进了沟通。

1. 回顾一年的工作，我们有五条体会

第一，一定要站位全局，发挥优势。按照省委、省政府的要求，社会科学院是全省哲学社会科学的最高研究机构,简称"思想库、智囊团"。我们必须站在全局的高度思考问题、安排工作。去年一年我们就是这样做的,因此获得了成功。在中原经济区谋划、第九次党代会筹备等全局性工作方面上,我们与省委、省政府基本做到了共振共频,努力实现与省领导与现实的"无缝对接",虽然还没有完全做到这一点,但我们会继续努力。

第二,一定要创新领先、开拓进取。社会科学院不是党委工作部门,不是政府组成单位,也不是参公单位,工作职责比较原则,工作任务不很具体。这就需要我们自己找抓手、找感觉,寻求突破口,需要我们自己去培养增长点、生长点。所以,我在一些场合强调要强化三种意识:发展意识、谋划意识、突破意识。在总结一年工作的时候,我们更深刻地感到,创新、开拓,是社会科学院生存和发展的两大法宝。去年我们之所以取得不错的成绩,就是在创新和开拓方面下了功夫。

第三,一定要尊循规律、科学谋划。遵循规律的前提是认识规律。办好社会科学院的规律有哪些呢?我们仍然在探索之中,但有几条似乎应该达成共识:一是河南省社会科学院要立足中原、研究中原、服务中原。这是一个规律,不信你试试看,那就没人理你,而你这样做了就发展了,这就是规律。二是全院以科研为中心,科研以应用对策为中心。三是应用对策研究怎么搞,就是"三先三后":先调研后发言,先跟进后超前,先干事后"说事"。四是团队作用大于个体之和。4个人相加它的结果不是4,可能是5、6甚至是8,为什么呢?互相点拨了,优势互补了,也共同进步了。河南省社会科学基金的申报之所以在全国省级社会科学院居于前列,就是因为发挥了团队作用。

第四,一定要突出重点、统筹兼顾。我们的重点是科研,科研的重中之重是应用对策,但社会科学院还有行政管理、后勤和科辅单位,这也是我们设立优秀管理奖的初衷和用意所在。另外,服务中心服务谁呢?就是服务省委、省政府,特别是要服务好省委、省政府的主要领导,他们的思想和观点我们要研究,因为他们是主导这个省的走向的。

第五,一定要凝聚人心,群策群力。干任何事情都要想到群众,多为群众着想。去年一年的工作之所以比较顺利,是我们在凝聚人心、群策群力、发挥集体智慧方面用了脑子,大家的事交给大家办,太勉强的话就放一放。

2. 去年的工作存在的不足

第一,我们对新形势下社科院发展和建设规律的认识还不深,如何推进科研转型、转向哪里、怎么转,还不是十分清晰,还有待统一思想,并且这方面的任务还比较艰巨。有的同志虽然一方面对院里面新的局面很高兴,因为他也是受益者;但另一方面对院里的部署、安排不理解,甚至有抵触、发牢骚,就是因为我们的认识还不统一。

第二,我们虽然明确了建设新智库的方向,但总体上还处在比较朦胧的状态,顶层设计还不够,高端谋划还比较差,应用对策研究还处在低层次、临时性、即时性的阶段。就是说,我们远远没有进入可持续的状态,什么是可持续状态?我的理解,社会科学院的可持续状态有三个标准:具备了良好的外部环境,具备明晰的发展战略和工作思路,具备系统的有效的工作支撑体系。这几个方面,前两个方面我们基本具备或者初步具备,外部环境现在不错,工作思路也是基本清楚的,但是工作支撑体系正在探索甚至还处于起步阶段,总体上存在着不平衡、不适应、不得力的问题。

第三,虽然许多同志甘于奉献、任劳任怨,不计个人得失,但也有的同志不能以大局为重,过分考虑个人的兴趣和偏好,忙一点就发牢骚。有的中层干部不懂得工作纪律,大庭广众面前信口开河,对院里的工作部署随意进行抨击、指责,客观上起到了干扰大局、动摇军心的消极作用。社会科学院不是自由论坛,不是自由市场,不能谁想来几嗓子就来几嗓子。作为中层干部,讲话要考虑后果。也有的青年人考虑问题比较狭窄,对人对事比较偏激,遇到不顺心的事、不顺眼的人就采取一些不恰当的方式对待。出现这类情况,反映了我院思想工作的薄弱。院里对处级干部有更高的要求,凡是处级干部,无论你资历多老,无论你是哪一级专家,无论你的腕儿有多大,都要懂规矩,都要对组织对同志对自己负责。

在回顾总结2011年工作的时候,我们心中充满感慨,我们心中激荡着自豪、喜悦和感恩的情感!我们要向省委、省政府表示感谢!正是省委、省政府领导的高度重视、大力支持,才为我们创造了发挥作用的空间和施展才华的舞台。我们要向有关市、有关部门、单位、社会各界表示感谢!正是他们的信任、信赖、关心、支持,才使我们能一步步走向社会,一步步融入现实,才使中原大地能留下我们跋涉的足迹和奔走的身影。我们要向全院职工和离退休老同志表示感谢!正是你们的热情,你们的关注,你们的参与，你们的理解，你们的支持，才使社会科学院的各项工作得以顺利开展，才使我们的各项事业发展能获得不竭的内在动力。在此，我代表院领导班子向在座的全体职工，并通过你们向未到会的职工、离退休职工和全体职工家属，表示新春的问候和诚挚的谢意！

二 清醒认识当前的形势和面临的任务

做好2012年的工作，我们要清醒认识形势，还要清醒认识自我，明确基本目标。

（一）清醒认识形势

要清醒地认识到，党委和政府对社会科学研究事业是空前重视的，社会科学院发展面临前所未有的大好机遇。一是中央十七届六中全会做出了《关于深化文化体制改革推动社会主义文化大发展大繁荣若干重大问题的决定》，要求为人民提供更好更多的精神食粮，列在第一位的就是繁荣发展哲学社会科学，其次才是新闻舆论、文艺作品、网络文化等，这说明社会科学研究在党和政府文化大发展大繁荣工作布局中的特殊作用。要看到，十七届六中全会为我们发挥作用提供了新的更宽广的空间。二是中原经济区建设进入实施阶段，有一系列重大问题亟待研究、亟待破解。最近卢展工书记在南阳调研时对新型城镇化提出了新的看法，我们要回应，这方面我们责任重大。三是在应用对策研究方面，在服务全局和中心方面，社会科学院与高校、党校相比，其特色和优势更为明显，只要运作得当，只要加倍努力，一定可以大有作为。

（二）清醒认识自我

要认识"我是谁""在哪里""到哪里去"。有两个要点。

1. 清醒认识社会科学院的"唯一性"和"边缘性"带来的双重影响

"唯一性"是指社会科学院全省"只此一家，别无分店"，这本身就有两面性，是"双刃剑"。有利的是，因为"唯一"，有利于我们向上争取政策。比如，省委常委会听取社会科学院工作汇报，支持社会科学院在郑东新区建立社会科学研究基地。河南还没有哪所高校的工作能够直接上省委常委会。这就是"唯一性"给我们带来的好处。但是也有不利,因为"唯一",所以没有比较,容易产生惰性,容易没有压力,容易平庸、容易懈怠。事实上,过去很多年这个情况是存在的。再一个是"边缘性",是指我们不在权力中心,没有行政职能和行政资源,工作比较虚、比较空。这也有两面性。有利的是,因为没有行政职权,我们更容易客观地看问题,可以评价财政,评价税收,评价工业;可以连接四方,与所有部门联系,服务社会无边界、无止境。只要我们有本事、有时间、有能力,我们可以上通天下接地,全社会都是我们的舞台。也许就是因为"边缘",因为"虚",才存在这样的优势。这个优势,我们要是利用好的话,也可以使不起眼的单位变成让人侧目的单位。但也有不利的一面。就是因为"空"和"虚",因为没有硬性任务,因为没有行政资源,就会感到手里没有牌,会感到无计可施、无能为力,就可能丧失斗志、丧失信心,就会唉声叹气,就会队伍涣散、各奔东西。所以,要认识自我,认识到"唯一性""边缘性"带来的双重影响,把正面的东西放大,把不起眼的单位变成让人看重看好的单位。

2. 清醒认识社会科学院所处的发展阶段

2004年根据中央三号文件精神,社会科学院提出了科研转型的目标和要求,至今已经8个年头了,有必要进行回顾和总结。科研转型往哪里转,这是一个重大问题。我在2005年底曾提出过看法,跟大家分享一下:科研布局,由过去的全面开花、齐头并进,向以应用对策研究和有地方特色和优势的基础理论研究转变;为领导机关服务,由反应迟、慢半拍,向快速反应、快捷呈送,由一般性的政策解释,向超前性、前瞻性研究转变;研究方式,由个人单打独斗到团队作战、联合攻关,由单一学科研究向多学科联合攻关转变;科研项目,由被动等待向积极争取转变;成果评价,由注重数量到兼顾数量与质量并以质量为主转变;科研管理,由粗放管理、单纯"记台账",到精细化管理转变。以上是我当时的认识。这些年经过全院的努力,我们在科研转型方面实现了几个方面的变化:一是科研的思路更加清晰,就是要建设省委、省政府满意的新智库,这个争议不大了;二是科研组织更加有力,每年都组织对一些重大现实问题的研究,这方面也形成了套路;三是科研导向更加明确,包括支撑条件、应用研究成果认定等。但是,我们对科研转型的成绩不能有过高的评价,总体上看,我们现在仍然处于科研转型的过程之中，仍然处于对地方社会科学研究机构发展规律的认识过程之中，仍然处于新智库建设的能力提升过程之中。

（三）明确基本目标

今年的工作目标可以概括一下，简称为"11236"。第一个"1"是"一个中心"，就是所有工作以服务中原经济区建设为中心，这个是雷打不动的，不可动摇的；第二个"1"是"一个基本院策"，就是把人才兴院作为我们的基本院策；"2"是要实现"两个倍增"，就是进入省委、省政府的成果要实现倍增，要实现高层次成果的倍增；"3"是"三个强化"，即强化中层干部队伍建设，强化应用对策平台建设，强化保持良好态势的规章制度建设；"6"是"六个突破"，一是围绕中心、服务决策要实现突破，二是基层调研方式创新要实现突破，三是人才队伍建设要实现突破，四是机构优化和管理要实现突破，五是社会科学研究基地建设要实现突破，六是利益分配机制调整要实现突破。

（四）明确基本思路

一是，明确干什么。就是要在建设河南应用对策研究中心方面有更大作为，在建设河南省社会科学研究创新基地方面有更大作为，在建设省委、省政府满意的高水平智库方面有更大作为。二是明确为什么这样干。有这么几句话，第一句是"认清院情、遵循规律"。什么是院情，在社会科学五路大军中，我们既没有党校、党委政府政研部门的政治中心优势和行政资源，也没有高校的规模优势，如果不奋发有为，就没有出路。社会科学院的生存危机始终存在，只有有了危机感，才能够千方百计求发展。遵循规律刚才已经讲了，不再多说了。第二句是"突出重点，彰显优势"。社会科学院只有200多人。这样的规模，不可能什么都干，必须有所选择，有所侧重，有所舍弃。把能做的事做到极致，我们就成功了。第三句是"理顺关系，形成合力"。要处理好各种关系，包括院里的决策机制，领导班子会议、党委会、院长办公会，要各司其职；院内三支队伍要统筹兼顾，形成大合唱。三是明确到底怎么干。要少说多做，说到做到，说好做好；不做无为的事，不做无用的事，不做无效的事；多干打基础的事，多干管长远的事，多干暖人心的事；要坚持项目带动，坚持名家驱动，坚持机制促动；要坚持三个导向，用人导向、学术导向、利益导向。

（五）明确基本布局

2012年要成为科研攻关年、人才建设年、基地推进年、管理提升年。一是科研攻关年。科研攻关攻什么，核心是"务实研究"。譬如说服务大局，过去只管"供给"不管"需求"，《领导参阅》一年印送五六十期，领导看到了没有？效果怎么样？是否存在"贴不上、进不去、用不上"的问题？很值得有关部门思考和总结；譬如调研活动，基本上还是走马观花，用的是二手资料，属于"领导式调研"，没有体现科研单位的特点；比如存在成果不少精品少的问题；在课题方面，存在重立项轻结项问题；在学科建设上，还缺乏有效的章法，作用还不够；等等。二是人才建设年。重点解决人才断层问题，中层干部老化问题，科研领军人物少、能独当一面的人才少、紧缺专业、骨干人员衔接不上、年轻干部下派上挂不落实等问题。要改变人才队伍建设没有明确的目标和要求、无章可循的状况。三是基地推进年。社会科学研究基地建设全院关注，抓紧了，一两年可能就见效；抓不紧，三五年也就晃过去了。要组建领导机构和办事机构，拿出具体的工程进度计划和推进举措。四是管理提升年。现在管理方面问题很多，中层干部普遍缺乏任职所必备的管理知识，职能部门普遍工作效能偏低，管理水平和其级别、层次不相称，长期的惰性思维导致我们的干部看不到问题和差距。这些也必须认真加以解决。

三 把重点工作当作重点来抓

（一）开展"两增两提"主题教育活动

这是院领导班子经过研究提出的具有社会科学院特点的教育活动。"两增"，就是增强使命感、增强凝聚力；"两提"，就是提高职业素养、提高工作效能，简称"两增两提"。

为什么要开展这项活动？这是确立社会科学院"三个定位"的需要，坚持"思想领先"办院理念的需要，也是解决现实存在突出问题的需要。我们使命光荣，责任如山。这个使命，不是班子几个人的，也不是哪一拨人的，而是所有职工的。全体员工都要有使命感，都要对社会科学院负责任。再说凝聚力问题。现在我院在整体上是有凝聚力的，向心力远大于离心力，但是离心力毕竟是存在的。去年我们打了几个硬仗，不少同志什么都不说，有的都拼上老命了，可也有的同志斤斤计较。有的同志总觉得组织上对不起自己，同事对不起自己，从来没有自我反省和自我批评，这样怎么能有凝聚力呢？有的年轻同志只顾自己，不顾集体。有的单位长期组织涣散，开会就是议论别人、发牢骚，这样怎么能行呢？这就要求我们从源头抓起。要提高职业素养，科研人员要懂河南、懂中原，要知道科研转型转什么；管理人员要有管理知识，办事能力要提高，等等。无论科研管理还是行政管理，都有提高效能的问题。要研究省领导的工作需求，管农业的、管开放的、管工业的领导，他们有哪些困惑？推动工作有什么难处？我们要了解，然后再组织科研。职能部门的服务质量、服务水平，要让全院职工来评议，所以全院管理岗位的职工都要找到自己效能方面存在的问题，"两增两提"活动期间要解决好这些问题，要树导向、树典型、树标杆。

（二）加大科研转型力度

这包括几个方面。一是院所两级领导要带头转变思维方式，从政治高度、战略高度提高对推进科研转型重要性、必要性的认识，自觉从书斋式研究方式中摆脱出来，就是要带头转型。二是建立应用的对策研究联席会议制度。要改变对策研究"想起来一阵子"的状况。比如，半个月开一次会，讨论最近有什么问题，知道省领导的需求是什么，然后再研究怎么写、怎么报送，提供"有效供给"。打算创办《呈阅件》，实现"无缝对接"。三是发挥重点学科的牵引作用。要开展特色学科的建设和评选，要加强对新型城镇化、领导方式转变、华夏历史文明传承创新等重大课题的研究。四是要提高蓝皮书创研水平。全面改进编写和发布蓝皮书的工作，扩大蓝皮书的范围，增加《河南工业发展报告》。五是改进省情调研工作。除了集中调研外，尝试进行蹲点式调研。要开展中原经济区案例分析研究，形成系列案例报告，打出一个品牌甚至可以编辑出版案例丛书。六是要推动为社会服务。全年争取横向课题到账经费突破500万元。

(三) 推动理论创新、学术创新和理论宣传工作

要开展课题结项年活动。对在研的省级以上课题，要逐一登记，逐一分析，创造条件，提供支持，按能结则结、能快结则快结的原则，推进结项工作。要开展有影响的重要学术活动。举办新型城镇化问题、弘扬中原大文化问题的高层论坛；召开杜甫与杜诗、老子与华夏文明传承等国际学术研讨会。要组织好院内系列学术报告。全年院内系列学术讲座不少于40次。要组织好社科基金申报。争取更多项目立项。争取重大项目立项实现突破。要重视理论宣传和普及工作。做好党的十八大召开前的相关理论研究工作和十八大后的理论宣传工作。

(四) 加强人才队伍建设

要制定河南省社会科学院人才队伍建设中长期规划。目前领导班子已确定集中力量做好这个规划，解决社会科学院人才队伍没有目标、没有抓手的状况。要根据工作需要，对一些内设机构进行必要的调整；要充实调整一些年富力强的同志进入处所领导岗位；要开展第二批首席研究员的申报和评选工作；要继续加大人才引进力度，适当时候面向全国招聘领军人物，包括部分所长、副所长；要设立年度学术新人奖，设立院级特殊岗位津贴；要针对科研队伍很多同志缺乏基层经验的状况，今年安排6~8名同志下派上挂。

(五) 理顺关系，优化结构

理顺院级的决策机制。完善院一级的各类会议制度，像领导班子会、党委会、院长办公会，通过明确职责来提高工作效能；要对有关内设机构进行新的组合，以解决职能交叉、职责不清的问题；要理顺分配关系，现在行政管理队伍总体收入偏低，要想办法予以解决。要组建期刊中心，实现三个期刊的优势互补、协同发展，《中州学刊》要为明年改为月刊做好准备。

(六) 完善体制机制，提高管理水平

处所要建立所（处）务会议制度，实现所（处）决策与管理的科学

化、规范化和民主化。要强化研究所的功能作用。研究所要承担三项新任务：一是进入省委、省政府决策的成果不少于两项，6个人以下的研究所要求不少于一项；二是横向课题到账科研经费不少于20万元，6个人以下的研究所不少于10万元；三是完成蹲点式的调研报告至少一项。职能部门要在"两增两提"活动过程中，找出在管理方面存在的突出问题和薄弱环节，提出改进管理工作的重点和措施。要适应全员聘任制的新情况，抓紧修改和制定各类考核和管理文件，要充分利用好利益分配杠杆，调动职工的积极性。奖励性绩效工资要根据考核情况分配，总的思路是体现公平、效能原则，体现不同岗位职工的实际贡献。

（七）加大社会科学研究基地推进力度

成立院主要领导牵头的工作班子，统筹基地建设的各项工作；成立专门的基地办，专人专车专款保障运行；制定2012年基地建设工程进度表，倒排工期，加大执行力度；要策划请省委、省政府主要领导到基地视察，要请发改委、财政厅等部门的领导到基地视察，帮助我们协调解决有关问题；提高职工对基地建设的参与度，重大设计和规划要及时征求大家的意见。

（八）进一步推动开门办院

要继续搞好学术交流工作，谋划组织好今年的境内外学术考察活动。在"两增两提"活动期间，可以组织有关同志到革命圣地学习考察。要发挥学术交流中心的作用，完善专家休假制度。要开展社会科学工作者看河南、看郑州调研活动，为大家了解省情提供更多的机会。

2011年已经成为历史，2012年的工作已经全面展开。经验告诉我们，干事靠人，而人的行动是受情感和思想支配的，所以，当下第一位的是要统一思想。统一思想的核心是"三个倍加珍惜"：倍加珍惜社会科学院来之不易的良好工作局面，倍加珍惜社会科学院经过艰苦探索形成的发展理念和发展经验，倍加珍惜社会科学院领导班子、全院职工同心同德、共谋发展的和谐氛围。作为处以上干部，还要特别解决好胸怀问题、境界问题、眼界问题和状态问题。

2012年是社会科学院发展历史上非常重要的一年。院"十二五"规划将全面启动，大的发展格局将基本形成，我们的一些思考将逐步付诸实施。2012年也是各项工作任务十分繁重的一年。我们面临多方面的严峻考验，要有危机感，但是我们没有理由畏惧，没有理由放松，没有理由懈怠。一定要更加昂扬向上，更加奋发有为，更加勤勉工作。

社会科学院的明天一定会更美好！社会科学院的2012年一定会亮点纷呈，一定会绚丽多彩！让我们团结起来，携起手来，摒弃偏见，忘却烦恼，在省委、省政府的正确领导下，向着既定的目标迈进，以更加优异的成绩迎接党的十八大胜利召开！

在融入大局中服务大局[*]

非常感谢各位专家和朋友莅临"《中原经济区策论》首发式暨'三化'协调发展研讨会"。借这个机会,我把写书的有关情况给大家做一简要说明,另外把书的主要观点介绍一下。

关于中原经济区上升为国家战略问题,国务院调研组上周结束了在河南的专题调研,国家发改委副主任杜鹰带队、130多位领导和专家分9个组到河南进行了为期一周的调研,相关的新闻我们在《河南日报》、大河网都已经看到了。

大家知道,中原经济区这个事的谋划应该有一年多的时间了。在这个过程中,社会科学研究工作者特别是从事区域经济研究的专家都做了一些工作。社会科学院作为这个方阵中的一员,积极参与到了这个事情当中。我们出了两本书。一本是《中原经济区研究》,这本书出版比较早了,在中原经济区开始研究阶段就出版了,起到了呼吁和建言献策的作用。这本书的出版,当时也得到了很多同志的关心和支持,包括国务院发展研究中心原主任王梦奎同志亲自为书作序,给予了很高的评价。该书出版后也引起了好的反响,《人民日报》《光明日报》都发了消息和书评。去年谋划中原经济区的时候,人们对这个事情能不能拿下是有疑虑的,但我们从事区域经济研究的专家们非常有底气,因为我们是立足全国格局来看这件事的,从中央一系列的举措来看,中原经济区是落不下的,所以我们非常有信心。

今年元月,在国家主体功能区规划这样一个国家层面的规划里,有了

---

[*] 笔者2011年6月23日在"《中原经济区策论》首发式暨'三化'协调发展研讨会"上的致辞。

中原经济区的表述，这就意味着从一定程度上，中原经济区上升为国家战略了。到了2月，就是春节前夕，我们社会科学院开始考虑中原经济区被国家认可以后有什么事情要做？我们认为从某种意义上讲，要做的事情更多。过去是"立题"，"立题"以后就要做文章，所以我们就开始琢磨这个事情，这就是第二本书《中原经济区策论》写作的背景和初衷。

大概2月中旬，我们在院区域经济重点学科内部多次讨论，形成了研究和写作提纲，当时定的题目是"中原经济区战略取向研究"，设计了13章，涉及若干重大问题。为了征求各方面意见，当时就把"提纲"呈送有关方面，也呈送给卢展工书记。卢展工书记很快做出了批示，表扬了我们，也肯定了做这件事情的意义。他在批示中指出，"省社科院去年以来为推动中原经济区建设做了大量工作，在中央认可后怎样深入研究很有意义"。他提了两个建议，"一是在推动实践上入手，二是要在不以牺牲农业和粮食为代价的'三化'协调发展的探索中下功夫"。根据卢书记重要批示精神，我们对研究和写作提纲又进行了完善、修改和充实。另外，大家知道，这期间1月21～23日温家宝总理视察了河南，1月22日晚在鹤壁的座谈会上，温总理表示全力支持中原经济区建设。温总理指出："河南是中国的缩影，也象征着祖国的发展，我对中原经济区建设、对河南发展寄予厚望。河南这块古老的大地，一定能够通过中原经济区的带动焕发青春。""中原经济区的建设，河南全省上下都十分关注。中原经济区的建设规划还在制定和完善中，国务院已经原则同意把中原经济区的建设摆在重要位置。为什么这样重视中原经济区呢？因为中原经济区地处中国的中心地位，处于全国东西南北的枢纽地带，在国家经济社会发展中占有重要的战略地位，是中部崛起的一个重要地区。中原经济区涵盖整个河南省，这里的人口占全国的1/13，这个地方实现小康，进而实现现代化，无论对河南、对中部地区、对全国都有示范效应，而且会发挥积极作用。"省里把这次会议称作"鹤壁会议"。

在这个过程中，我们对中原经济区的认识也逐步地深化，并形成了现在的框架，就是共有18章。写作由社会科学院区域经济重点学科的同志为主完成，这个团队有20多人，三个研究方向，一个是国民经济运行，一个是农区工业化，一个是工业结构优化升级。经过几个月的努力，形成了初稿，又经过几次修改润色，可以出版了。在联系出版的时候，我们又酝酿，是不是请郭庚茂省长作个序啊？于是，我给郭省长写了一个报告（请示函），省长也欣然同意了。大家知道，请省委、省政府主要领导作序这类事情不大好办的，省委书记、省长一般不为一个单位的某本著作作序的，何况我们与省长并不十分熟悉。我当时还真动了脑子，就是知道卢展工书记为省委常委、统战部部长刘怀廉主编的"中原蓝皮书"作了序，是用卢书记在省委第八届十一次全会上的讲话摘要"代序"，我想这是一个好办法，就效法了一下，找到郭庚茂省长在省第十一届人大四次会议上作的《政府工作报告》中关于中原经济区的论述，从中找到一句话作为标题，就是"加快推进中原经济区建设不断开创中原崛起、河南振兴新局面"，作为"代序"。报告（请示函）送上去后，我催了一次，省政府办公厅同志告诉我，材料还在省长桌上放着呢，看到报告上有划痕，说明郭省长已过目。还说郭省长到河南后没干过这类事，有一个省级老领导组织写的一本书请郭省长作序，都被婉拒了。但很快，我们的报告郭省长还是圈阅同意了。他们都说社会科学院的面子真大。这样的话，这本书等于是省委、省政府的主要领导都给予了极大关注、支持和指导，我们真的非常感动，非常感激！

这本书最近才出来。书的内容在"后记"里有个说明，大体分为四块，第一块主要是讲目标和战略，在书的1~7章，8~11章讲战略途径，另外这本书按照卢书记讲的要立足于实干，所以就试图提出一些对策性的意见，能够比较全方位地反映我们的认识，包括怎样发挥优势和各种规划的导向作用。还需要说的是，在书的写作过程中我们和开发行建立了合作关系，根据开发行的建议也增加了融资这一章，就是"跨越发展与融资推动"，这是后来加的，包括政府政策性的融资作用，这样就更加充实了。书的大体情况就是这个样子。中间我们尽管也付出了努力，但由于水平和认识局限性还有很多不足，请在座的教授们不吝赐教，给予多多批评。

顺便说一下这本书的核心观点，就是要探索"三化"协调科学发展的路子。书里有几个问题我这里给大家介绍一下。第一个问题是中原经济区研究在立论的时候更多的是讲比较优势、后发优势。因为中原经济区是后发的，搞得比较晚，所以我们可以借鉴这个、借鉴那个。在该书的第一章还讲了一个问题，就是怎么样防止"后发劣势"。"后发劣势"在国际上是有特定含义的，我们是借用了这个词，就是要提醒政府和有关方面注意保持清醒。中原经济区在全国经济区建设中是末班车，基此就会出现一些特殊问题，除了发挥自身的优势外，后发的劣势也要注意。比如说先行先试的选择性减少了，先行先试是有排他性的，该做的别人都已经拿走了。第一个问题就是要拿到含金量高的政策难度加大了。刚开始设立经济区、综改区的时候，中央各部委也没什么经验，谁先提出干就支持，很多地方稀里糊涂地沾了不少光。现在不一样了。我在北京参加关于中原经济区财税支持的研讨会，听财政部、国家税务总局等部门的司局长发言，我深刻地感受到他们关注的问题跟咱们不一样，提出的要求也都越来越苛刻了，含金量的政策看来很难拿到了。第三个问题就是"灰色地带"的问题，经济区刚开始搞的时候都是打擦边球，现在政策在不断规范，一些已经规定得非常清楚，特别是对土地等紧缺资源的控制非常严格。

这本书对"三化"协调发展的问题有专门分析。比如说，"三化"协调的难点、难题在哪里？比如说，"三化"协调要有要城乡互动、产业互动、产城互动3个协同。还要有几个协同？比如说，怎么样让粮食增产与农民增收协同？都有一些比较系统的分析。另外，这本书里对打造核心区也提了一些自己的看法，省里面对区域布局讲的是"三区"，即核心区、协作区、主体区；我们在同意这个观点的前提下提出了"双核""双环"，诸如此类都有一些分析。另外，从第12章开始，跨越发展、融资推动、转型发展、开放带动这几章，我们也费了不少心思，是带有一定创新性的谋划。

大体上我就做这些介绍。今天都是同行，我再提供一些信息，就是目前中原经济区的建设和上升到国家层面的进展情况。那天国家发改委调研的通气会我也参加了，大体上各部委调研以后，在7月会提出书面意见，8月底国家发改委把草拟的文件上报国务院。现在我们已经拿到国务院关于支持河南省建设中原经济区的意见的最新文本，我昨天晚上又看了一遍，定位讲了五条，第一个就是成为全国粮食和农副产品生产基地；第二个是全国"三化"协调示范区；第三是全国重要的增长板块，在沟通的时候杜鹰主任对这个表述提出了疑问，提出是否要修改；第四个是提出了全国的综合交通和物流中心；第五个，原来提法是华夏历史文明重要传承区，现在改为"华夏历史文明传承与创新区"。定位基本上没有大的变化，但在表述方面有一些新的含义。另外，国家发改委和相关部委的调研都给予河南高度的评价，对于中原经济区的谋划也都给予充分的认可，都认为讲"三化"协调，河南是最有资格探索这个问题的，这是河南的强项。国家发改委副主任杜鹰可以说是激情洋溢地谈这个事情，他还谈到教育的问题，说河南高等教育不行，每年河南考出去的学生有多少？回来的有多少？他说回来的很少，这样就造成了人才流失。卢展工书记也讲了话，说尽管我们做了很大的努力，但是国家发改委的同志还是站得高、看得远，确实角度不一样。此次国家发改委牵头的调研应该说非常成功，省里面也为此付出了极大的努力。总而言之，这个事情可以预期，可以期待。中原经济区谋划按照现在的节点，在10月1日国庆节前应该会有正式的国务院文件，会有实实在在的措施出台，这对河南的发展必然产生长远的重大影响。

建设新智库要积极探索勇闯新路[*]

中原经济区建设已经拉开了大幕，并且不断有新的重大举措提出。2013年3月7号国务院正式批复了《郑州航空港经济综合实验区发展规划》，在全国引起了不小的轰动，对河南又是一次重大的历史机遇。从中原经济区到郑州航空港经济综合实验区，国家战略在一个区域频出意味着什么，值得我们仔细思量。套用一句老话，河南站在了新的历史起点上。

我们是智囊机构，我们的工作着力点与区域发展息息相关。回顾社会科学院这几年的工作及其成效，可以说也站在了新的历史起点上。在谋划和安排今年工作时，我想到三个理念方面的问题，就是不仅要研究社会，也要研究好自己；不仅要积极建言献策，也要搞好自身建设；不仅要看到积极变化，更要看到任重道远。我分别解释一下。

一　不仅要研究社会，也要研究好自己

近年来，社会科学院按照中央关于"地方社会科学研究机构应主要围绕本地区经济社会发展的实际开展应用对策研究，有条件的可开展有地方特色和区域优势的基础理论研究"的基本精神，以及河南省委关于"省社会科学院要以应用对策研究为重点"，"要深入研究回答我省经济社会发展的重大问题，在服务省委、省政府重大决策中发挥重要作用"的总体要求，在围绕大局，服务中心，克服研究工作"空对空""一般化"现象，增强研究工作的全局性、战略性和前瞻性方面做出了不懈的努力，取得了显著的成绩，得到了领导肯定和社会认可。

---

[*] 2013年3月在河南省社会科学院处所长会议上安排2013年度工作时的讲话。

在研究社会、服务社会的同时，我们深刻地感到自身的不适应，就是原有的观念、意识、能力、体制、机制等与我们要承担的任务不适应。我们认识到，地方社会科学院的"唯一性"和"边缘性"带来了双重影响，为此，要把研究好自己作为不容忽视的任务。

要正确认识自我，保持清醒忧患。要重点搞清楚"我们是谁、我们在哪里、我们到哪里去"等问题，明白自己的优势、劣势和基本定位，坚持有所为有所不为的方针，明确"干什么、为什么干、怎么干"的问题。

要推动全院认清院情，遵循规律。明确全院以科研为中心，科研以应用对策研究为中心，应用对策研究以服务省委省政府为中心的指导思想。明确在立足中原、研究中原、服务中原中找抓手、找感觉、寻求突破口，在全局性问题上与省委、省政府共振共频。

要理清发展思路，抓好总体谋划。要明确发展目标，就是不断提升省委、省政府满意度、社会知名度和学界认可度，争取综合实力和影响力在全国地方社会科学院处于领先位置。要倡导在工作中善于发现问题，发现经验，发现典型，发现人才；善于顶层设计，关注牵动全局、带动全局的大事和要事。

要达成共识，持续破解"四难"。要认识到我们仍处于科研转型的过程之中，仍处于对地方社会科学研究机构发展规律的认识过程之中，仍处于新智库建设的能力提升过程之中。要破解社会科学院存在的"四难"，即转型滞后，服务大局能力不强之难；观念守旧，凝聚力差之难；人才匮乏，可持续发展前景堪忧之难；机制僵化，发展活力不足之难。

二 不仅要积极建言献策，也要搞好自身建设

社会科学的重要功能是咨政建言，为全省经济社会持续健康发展提供理论和智力支持是我们的本分。在这个方面，我们这两年的确做了一些事情，效果是好的。一是围绕中原崛起河南振兴的主题开展学术活动，举办了"'务实河南'理论研讨会""以新型城镇化引领'三化'协调发展高层论坛""当代红旗渠精神理论研讨会"等活动，为省第九次党代会的召开营造氛围。二是开展了关于务实河南、重在持续的系统研究，组织撰写《论"务实河南"》《论持续为重》两篇文章，得到省委主要领导肯定。三

是组织开展中原经济区科学发展之路研究，形成《探索区域科学发展的时代命题》《实现"三化"协调发展的战略抉择》《统筹城乡协调发展的重大创举》三篇文章，在《河南日报》连续刊发；完成了《新型三化协调论》《新型城镇化引领论》《新型农村社区论》《中原崛起之路》等专著。四是创办《呈阅件》，实现与省领导的"无缝对接"，如组织开展了新型城镇化、领导方式转变、产业集聚、人口集聚和土地集约利用等研究，得到省领导的肯定和表扬。

要重点解决"谁来干事""怎么干事"的问题。这就要求搞好自身建设。我们出台了《〈河南省社会科学院社会科学研究系列专业技术职务申报办法〉补充规定》，设立应用型研究岗位，从体制和机制方面确立"以应用为主"的科研导向；以绩效工资方案的制订和实行为标志，推进事业单位改革，举行全员聘用合同签约仪式，完成了专业技术岗位分设，高标准组织实施全员聘用工作，初步建立起重在实际贡献、实际付出为特点的激励约束机制；组织制定了《专业技术人才队伍建设中长期规划》，加大学术交流与外出考察力度，组织中层干部和年轻骨干出国出境出省考察，选派部分科研骨干到乡（镇）任职和省直单位挂职锻炼，达到开阔眼界、增长才干的目的；注重项目带动，突出工作重点。确定了蓝皮书创研出版的责任制，先后召开了蓝皮书创研工作会议、选题研讨会，改变了标准不一、出版拖期、轻视推介等情况；推动《区域经济评论》《中原文化研究》创刊工作，倡导《中州学刊》实行专家匿名审稿制度，并完成了改为月刊的工作。所有这些工作举措，都属于"强身健体"的范畴，都将对实现办院目标产生重要的影响。

三 不仅要看到积极变化，更要看到任重道远

经过不懈的努力，我们发现，社会科学院的科研转型和内部管理正在悄然发生几个积极的变化。一是为大局服务的应用对策研究，出现了由过去个别的、零星的、零打碎敲式的研究，变为系统的、整体的、全方位的研究。比如，从去年3月开始，我们开展了中原经济区科学发展之路的研究，形成三篇长文、四部著作，是一个庞大的系统工程，显示出整体推进的态势。我们承担了省委、省政府交办的一系列任务，都圆满完成，受到

领导的肯定和表扬。这个变化，表明社会科学院办院方针是正确的，科研转型是成功的。二是进入省级领导视野、能够与省级领导对话的专家，出现了由"个别"到"群体"的变化，出现了"精英群体"。就是由过去的个别专家、个别人士，到现在的一批专家、一群专家，大体是两位数。除了院级领导外，不少研究所都有专家经常被省领导调用。这个变化，说明社会科学院的话语权在提高，影响力在扩大。三是在一线承担科研任务的成员，出现了由以老同志为主到以中青年同志为主的变化。一批"60后"、"70后"、甚至个别"80后"的科研骨干开始在各个领域挑起了大梁。一批年轻有为的科研骨干在实战中显露出才华，可以赋予重任了。这个变化，是社科院的希望所在。这也从一个侧面证明，我们的人才培养模式是正确的，有效的，社会科学院独有的人才断层现象正在被消融。四是收入分配机制由过去的按身份、按资历、按职级，改为突出实际能力、实际付出、实际贡献。我们从去年开始，在业务人员中尝试打破职称界限，用足用活用好奖励性绩效工资政策。这个变化，是改革带来的。而推进这项改革，我们是冒了风险的，但走出这一步，至关重要。对大家的观念改变会产生很大影响，对陈旧的观念、思维，是很大的冲击。这个变化，意义深远，影响深远。

基于这几个变化，我们对社会科学院的现状和局面有了几个重要判断。一是社会科学院有了与自身的称谓基本相符的总体实力。省委、省政府对省社会科学院的定位是"全省哲学社会科学研究最高学术机构和综合研究中心"。这个定位是很高的。我们过去也这么说，但底气不太足。"最高""综合"，谁信啊？谁服啊？说实话，外界也不这么看我们。有了去年的表现、成绩和影响，我们敢讲这个话了。我们可以自豪地说，在对河南省情把握、对河南重大现实问题研究方面，在围绕中心服务大局方面，省社会科学院就是"最高"的，也是"综合"的。比如，参加中原经济区课题研究的人员，社会科学院最多，去年卢书记主持两次"茶叙"，我院参加的专家都占一半，特别是对"两步三新"路子的理论阐释，只有社会科学院在全国性报刊发了一批文章，我们的"最高"和"综合"得到了充分证明。二是在社会科学研究方面，社会科学院发挥了独特作用，已成为一支不可或缺的力量。目前河南社会科学的几路大军中，社会科学院特色突出，优势明显。我们的特色就是理论与实际的结合。我们就是要把这个结合发挥到极致。我们吃的就是这个饭。现在看来，我们干的不少事情，其他单位未必干得了。仅仅理论宣传的话语体系就不是那么简单就能掌握的。说实话，去年在《河南日报》发的三篇长文，不是谁都能写出来的。"中国特色社会主义河南实践丛书"共8本，我们承担5本，特别是《中原崛起之路》，时间跨度长、涉及方面广、涵盖内容多，全景式地记述了改革开放以来特别是20世纪90年代以来中原大省河南所发生的巨大变化，是中原崛起的集大成之作。没有长期的积累，根本拿不下。比较而言，我们的优势还在于，对河南省情的研究、现实问题的研究，其他单位多数是自发状态，领导层参与不多，我们则是多位院级领导直接领衔、直接组织。三是初步找到了新智库建设的路子和具体操作办法、运作办法。比如，从社科院的实际出发，坚持强化三种意识：发展意识、谋划意识、突破意识；坚持"三先三后"的科研规则，就是"先调研、后发言，先跟进、后超前，先干事、后'说事'"；重大课题的研究坚持院、所两级承担、以院为主，混合搭配、联合攻关的研究模式，因为社会科学院研究所人员太少，大的课题难以独立承担，只有打破研究所的界限，统一调配力量。去年的几本书、几篇长文章，哪个研究所也搞不了。四是新智库建设任重道远。我们要保持清醒与忧患。现在思想还不完全统一，认识还不完全一致，体制机制还不完全适应。

展望未来一个时期，我们主要有四大任务。一是在理论研究方面继续当尖兵，挑大梁。比如，实现"中原梦"的基本方略，把国家战略转化为河南发展新优势，打造河南经济的"升级版"，新型城镇化战略重点与推进机制，等等，我们都要精心谋划，认真组织研究。二是进一步拓展发展空间、发展平台。要与实际部门合作，更好地为社会服务，社会科学院与几个部门签订了合作协定，不能有其名无其实；要承担好全省社会科学研究系列职称评定的职能，扩大影响；精心组织有影响的重要学术活动；办好三个学术刊物。三是搞好内部机构调整和人员配备。过去几十年里，我们是改革的旁观者、鼓动着，但并没有真正尝到改革的滋味，改革似乎离我们很远，现在，改革就在眼前。真改真麻烦，不改更麻烦。四是扎扎实实推进社会科学基地项目建设。社会科学基地项目已写入今年的省政府工作报告，这一方面为项目的推进提供了有利条件，另一方面也增加了我们的责任。要全力推进，争取早日竣工。

建设高水平新智库要致力于解决深层次问题*

社会科学院的"两增两提"主题教育活动已经开展了两个月。从讨论和发言中，我们看到了一种热情，看到了一种心气儿，这是社会科学院持续发展的希望所在。应该说前两个阶段特别是第二阶段的一个月来，各个单位的各种讨论、各种交流联系了实际，触动了心弦，接了"地气"。总体上，大家普遍认为，这次主题教育活动是"内生式"而不是"嵌入式"的，其特点已经表露出来，就是全员参与、全员受益，自我锤炼，自我提升。可以感受得到，由于是"内生式"的，所以大家的积极性、主动性、参与度就不一样。下面我谈几点认识、感想和意见。

一 充分肯定"两增两提"活动取得的成效

对"两增两提"活动目前的收获怎么看，有这么几点认识。

1. 思想认识普遍提升

在活动第一阶段即学习阶段，专门印了一个读本，搜集了中央、省委从 2004 年以来关于社会科学繁荣发展的指导性文件以及社会科学研究的规划，另外还有《国务院关于支持河南省加快建设中原经济区的指导意见》、省第九次党代会报告、《中原经济区建设纲要》以及政府工作报告等，这个本子是经过精选的，我想各位同志都看了。通过学习，再加上考试，大家对社会科学知识、社会科学院功能定位和河南省情的了解都有所提高。在丰富知识的同时，大家在思想认识层面也有了新的提高，比如说使命，

---

* 2012 年 5 月 4 日，在河南省社会科学院"两增两提"（增强使命感、增强凝聚力，提高职业素养、提高工作效能）主题教育活动第二阶段总结暨转段动员会上的讲话。

比如说责任，比如说职业和事业的关系是什么？我们在这个岗位不仅是有个领工资的地方，而是把它作为事业，应该有更高的积极性、更高的自律意识和更高的追求。刚才有的所长讲，听了李连成的报告，认为李连成精神就是"带头干事、甘愿吃亏"，我想这个概括是准确的，这就是思想认识的提高。这两个月组织的报告有17场，有的同志还进行了分类，有专家型的、有领导干部的、有典型人物的等，报告的风格和内容不一样，但是丰富多彩，是学术盛宴，有大量的信息。

2. 职业认同感大大增强

所谓职业认同，就是要解决"我们是谁、我们从哪里来、我们到哪里去"的问题。就是说，我们是干什么的，我们这个单位的存在价值是什么？怎样提高自身价值？在社科界五路大军里面怎样彰显优势、发挥作用？通过这两个月的学习，大家对这个问题的认识普遍有所提高。特别是通过树立王增范研究员这个典型，职业认同感有了质的提升。对于学习增范精神，院里作了一个"决定"，号召学习增范以文报国的远大志向、热爱中原的赤子情怀、追求真理的学者风范、爱岗敬业的奉献精神、乐观向上的人生态度。刚才不少同志谈到王增范，因为谈使命、谈责任、谈职业精神，你不能不提这个人。有的同志讲得很生动、很动情，提出"如果我是王增范能不能做王增范？"这是一个很好的设问。他住院2000多天，大家想一想，我们住院一个月可能就会感到天昏地暗，会感到生活索然无味，他住院2000多天会是怎样的一种生活？我们作为领导、作为同事偶尔去看一下，聊一聊就走了，但是他常年就在那里啊！可能的解释只能是，他把学术视为一种使命，视学术为生命，他在研究中找到了快乐，忘记了病痛，这就叫超凡脱俗。这种境界，这种追求，这种担当，实在令我们敬仰。在增范事迹报告会那一天，文学所的几位同志，特别是两位老专家，年龄比增范大，但是他们发自肺腑地对增范同志感到敬佩，说明增范的确不凡。那么学增范学什么？核心的就是他的职业精神、职业认同。不仅是年轻人要学，我们这些50多岁"奔60"的同样要学。我们跟增范比能做到吗？这个问题对我们同样适用，我们不能光教育年轻人，自己也得努力。职业认同，不仅是对科研人员的要求，对行政管理队伍同样适用。你作为社会科学人怎样在自己的管理岗位上做出自己的贡献，这也是职业认同的问题。这些，都非常值得我们进行互相学习和借鉴。

3. 职业素养有所提高

大的方面，作为社会科学人有共同的职业素养，比如说对社会科学基本知识的掌握，对社会科学院发展基本规律的认识，对智库建设基本规律的认识，所有人都要有这些方面的认识。当然再细分的话，科研人员的职业素养还包括专业功底、知识积累、研究视野、研究能力等，管理岗位像人事、科研、办公室等还包括办事、办会能力，待人接物的基本知识等，这些都是职业素养。尽管只有这两个月，但全院是有所变化和提高的。现在有些所专业人员不够，科研工作需要转型，个人就要适时调整知识结构，这个调整就那么难吗？真正代表本专业的名著就那么几本，你读了没有？如果下功夫钻研半年一年就入门了，所以现在的问题不是人不够而是不聚焦，我们还缺乏强有力的推进机制。这一段时间，在行政管理方面的成效相对明显一些，这方面一抓就见效，而科研方面则要复杂得多，需要假以时日。

4. 查摆问题取得共识

学先进就要找差距，在精神层面、价值追求上的差距是最高层次的，有同志在发言中说到社会科学院的核心价值观是什么？这是一个值得研究的问题，核心价值观是一个单位的灵魂。另外，在目标追求上的差距是过得去还是过得硬，是一般化还是高标准，在知识结构上的差距，在科研能力上的差距等，各个所、各个部门都查了，这些问题将来可以再汇集一下，就是全院目前存在的差距，也是我们要致力于解决的问题。

5. 联系实际收到成效

根据省委的要求，我们正集中优势兵力就中原经济区科学发展的路子开展研究；有的所已经开始蹲点式调研。另外，横向课题研究包括一些委托研究也在积极开展。当然在管理方面的改进也比较明显。大家可能注意到最近有一些变化，主楼六楼外墙树立了18米长的霓虹灯，更换了新的门牌，"门脸"上有了滚动显示屏，可以发布信息，并对社会科学院的功能定位进行滚动宣传。大家还注意到，主楼一楼的大堂增加了社会科学院元素，就是新放置了瓶子、屏风。过去这些东西摆在五楼通道里，非常拥挤，而大堂才是摆设这些东西的地方。在办公的四楼、五楼增加了阅示栏。办公电话增加了彩铃，这些也可以对社会科学院进行宣传。诸如此类，我们在整治院容院貌方面做了不少工作。

当然，这些成效中最核心的是人气的提升、信心的提升，这也是我们由衷感到高兴和宽慰的。从各个处所的讨论看，大家普遍感到很高兴，就是好的气势出来了，有的同志过去晕晕乎乎的，现在精神为之一振，这是最大的收获。

二 充分认识社会科学院发展面临的新形势

这个新形势概括起来是三句话，就是智库建设出现大机遇，管理提升面临大难题，总体效能亟待大提升。

1. 智库建设出现大机遇

社会科学院的核心定位是省委、省政府满意的高水平智库。智库建设要真正取得成效需要有三个方面的条件：一是良好的外部环境，二是明晰的发展思路和战略，三是有力的内部支持系统。第一个是良好的外部环境，我讲的大机遇首先是这个机遇来了，就是省委、省政府对社会科学院高度重视、高度期待，而且是空前的。省委书记直接给社会科学院交任务，并且三番五次叮嘱，不是一般的具体课题，而是涉及整个中原经济区发展、涉及全省整体工作推进的理论支撑问题，可以说，我们遇到了一个非常懂理论、非常重视理论也非常善于用理论指导工作的省委书记，这是我们的幸运。再一个我们也遇到了对社会科学院非常关心、非常关爱、非常倚重，也非常乐于跟我们沟通的主管领导，这些条件，过去是不具备或者是不完全具备的。

所以，这一段社会科学院组织30多人废寝忘食地攻关写作几篇大文章，将来会公开发表，也要在中央党报党刊上发一批文章。这项工作已进入省委主要领导视野。这个事情对社会科学院意味着什么？大家可以进行评估，反正几个院长很兴奋，也很有压力，我们觉得能为全省大局做点事情，累死都值。何况我们还有很多事情需要省里支持，不干行吗？现在的稿子已经改到第八、第九稿了，过去发表一篇文章别人看不看无所谓，没有那么大的压力，这一次不一样了，省委寄予期望，希望理论支持，也许将来要通过这些文章统一人们思想认识的，你这里面有问题怎么办？如果有理论热点没有说清楚怎么办？它要跟省里的文件起到同样作用的，所以在这个过程中我们深感本领不够，深感自己站位不高。尽管有30多位同志参加，到后来真正执笔的也就六七位，我们的深意是，希望通过这样一个重大项目，经过反复的讨论，使所有参与的同志得到提高，得到学术训练，知道什么是"顶天立地"，什么是接"地气"。比如曹维新主任说，第一篇文章一定要有高度，不要讲具体事情，一定要把世情、国情、省情说清楚。世情、国情、省情是什么？能说清楚吗？能用简洁的语言表达吗？改了多遍还不行，我们压力很大。当然这个机遇也不仅仅是写几篇文章，还有别的方面。比如说省社会科学规划课题，赵部长讲了要向省社会科学院倾斜，重大项目也可能我们居多，过去你有这个位置吗？所以我们要认识到这个大机遇，而且要抓住这个大机遇，显示出我们的作用。

2. 管理提升面临大难题

今年是"管理提升年"。为什么说管理提升面临大难题呢？因为管理不提升，大家会感到无所谓，"8点上班9点来，12点下班11点走，彼此彼此，这有什么？！""任务来了能干就干，不能干不干，怎么了？！""在单位没地位就没地位，能怎么样？！"但是，一旦较真，提出管理要求，就遇到了一系列困难和障碍。比如说思想观念上，因为是全民事业单位，似乎谁也怎么不了谁，有"铁饭碗"思想。另外，多年形成的思维习惯、思维定式是慢节奏、慢半拍、低标准。现在在管理方面要实行合同管理，要签约，要考核，还要实行绩效工资，奖励性绩效工资与实际工作绩效要挂钩。这样一来，有些同志可能不适应，会说你想干什么？还要保护职工利益吗？他只说"保护职工利益"，却不说自己干得少、贡献少。管理的瓶颈还包括科研管理水平的提高，科研管理怎样更符合规律，更能解放科研生产力，更有利于出精品，更有利于以"应用为主"的办院理念，还有一系列问题需要突破。

另外，我们现在还遇到一些矛盾点，就是规章制度定了不照办怎么办。过去社会科学院委培博士签了协议，很少有照办的，签了也就那么回事，签的时候他也没打算履行承诺。现在又遇到这种情况了，我们面临的选择有两个，一个是按照过去的做法办，这样的后果是单位没有规矩、没有章法、没有是非，也没有活力；另一个是按规矩办，但这样会面临一个问题，单位可能要挨骂，不了解的人会指责我们，会说我们"封闭""不开明"。我们现在是在规章制度和人情世故之间努力寻求平衡点，真的很为难。处理这件事情，我对一些职工缺乏基本觉悟感到遗憾！现在一些年

805

轻人没有敬畏之心，没有惭愧之心，不懂得重信践诺。最近北京大学钱理群教授有一句话语出惊人，他说"我们的一些大学正在培养一些'精致的个人主义者'"，引起一片热议。这些年我们出资委培博士，有几个人心存感激，回报单位的？我们倡导成名成家，支持成才，反对极端个人主义者，不赞成把单位的委托、单位的信任当成个人自我设计的跳板。我们还遇到岗位分设，全员合同签约方面的问题，管理提升遇到大难题也包括这一类的情况。

3. 总体效能亟待大提升

总体效能包括科研强院、人才兴院、管理等，这些方面的效能现在需要大提升。

三　充分认识有待完成的主要工作任务

关于"两增两提"下一阶段的主要工作和任务，需要明确几个方面。

1. 总的指导思想

总的指导思想就是：着眼强化责任，着眼转型提高，着眼放大优势，着眼解决问题。着眼强化责任，"两增"就是增强使命感、增强凝聚力，所以要强化责任。没有责任心，什么都谈不上。要着眼转型提高，转型是科研转型，提高是提高素养。着眼放大优势，社会科学院的优势很多，学科优势、品牌优势、专家优势以及研究方法的优势，这些优势都要放大。着眼解决自身存在的问题，"两增两提"不是走形式，也不是玩花架子，而是要解决我们自身存在的问题，如我们的能力不适应等。

2. 要在提高职业素养和工作效能上下功夫

一是要增强各级干部、全体职工特别是处级以上干部的大局观，要有大局意识。同样一个事情，有大局意识是一种处置办法，没有大局意识就是另一种处置办法。二是要形成很完善、很规范的工作细则。不能一事一议、朝令夕改，要有很严格的工作流程、工作细则，要靠制度管人管事。社会科学院就这么多人、这么多事，但要办好也不容易。职能部门要有管理意识，善于发现问题与不足。我们过去比较封闭，不懂得什么是先进管理，工作效能很低也不知道。还有些人窝囊惯了也不觉得窝囊，习惯成自然了，让他从过去的套路里跳出来还真不容易。所以有时候要倡导反向思维，特别是担负领导职责的同志要多想一想，多问几个为什么。三是要提高执行力。首先是要极大地提高院一级的执行力，院里定的制度、规定，院里不执行，或者执行不坚决，遇到难缠的人就妥协，这是多年来社会科学院存在的深层次问题，责任在领导。如果院领导没有责任心，就什么都不好说了。院级执行力不强的问题必须改变，正在改变。提高执行力，还要从细微之处入手，要从最常识最基本的方面去挖潜。这些方面，有大量的事情要做。

3. 要结合年度工作计划抓好落实

今年的工作任务分解了，工作要点有60条。我们提了科研攻关年、人才建设年、基地推进年、管理提升年，但如果不抓落实，一切都是空的。科研攻关有多少具体事，攻什么关？谁来攻关？人才建设难道仅仅是招几个博士吗？重要的、核心的是在职人员的智力开发上，知识结构调整，本领的提高是最基本的。在管理提升方面重点说一下。现在管理遇到了大难题，过去由于在管理上没有制度，或有制度不执行，单位利益受损，哭、闹、告成为有些人的习惯动作。所以管理提升有这么几点。一是在管理规范性方面提升，就是不能一事一议；二是在管理科学性方面提升，要体现人文精神，找到加强管理与各个部门工作的结合点、切入点和融入点，研究所的研究方向最好能落实到每一个同志，经过讨论、沟通，使大家能够理解，乐于接受，就是心要落地，盯着这个研究方向做。三是在管理的权威性方面提升。管理的权威在于，规章制度是经过讨论的，经过一定会议程序的，经过领导机构批准的。权威性就是不可侵犯性。违反管理规定的，该教育的要教育，该批评的要批评，该追究的要追究。四是在管理先进性方面提升。现在的管理在先进性方面还有差距，比如说怎样遵循规律，怎样体现事业单位改革的精神。事业单位改革改什么？核心的是改革单位没有责任主体。管理是大家的事情，不是说谁管谁，而是共同制定规则，大家都来遵守。同志之间、同事之间没有根本的利害冲突，要倡导互相理解、互相包容、互相支持，反对互相拆台、互相诋毁、互相攻击。所有人都要尊重别人、尊重同事、尊重单位，不要有害人之心。

我们能坐在这个会场开会是一种缘分。希望大家都多一点包容、多一点谅解，少一点苛求和猜疑，希望都阳光一点、明快一点，多一点宽容、宽厚之心。这样社会科学院的发展前景就会是美好的，大家已经看到了好势头，这种势头一定要保持下去。

新形势下加强智库建设要责任当头狠抓落实[*]

当前,河南全省上下都在以积极的姿态迎接省第九次党代会的召开。刚才传达了省委卢展工书记在社会科学院召开的"省委领导与专家座谈会"上的讲话要点。这次座谈会,公开报道是省委就河南经济社会发展和党的建设若干重大问题征求意见,实际是省委就即将召开的省第九次党代会报告征求专家的意见,会议内容十分重要。2011年前三个季度已经结束,为了更好地完成全年工作任务,我谈两个方面的问题。

一 恰如其分地评价前一个时期的工作

1. 进一步厘清办院的工作思路

明确了社会科学院发展的战略目标、努力方向和工作重点。这个事情多数同志都参与了,"十二五"规划制定花费了不少工夫。我们在这个过程中应该说很有收获,经过几次讨论明确了社会科学院的功能定位。这个定位意义很大。另外,明确了"十二五"发展坚持的原则,这个也是经过反复讨论的,"坚持思想领先,坚持应用为主,坚持学术本位,坚持专家治研,坚持项目带动,坚持统筹发展"。明确了发展目标,"一年一变化,三年大变化,五年上台阶"。制定了人才目标、学科目标、精品目标、管理目标,明确了要推进的八大重点工程。所以,"十二五"规划要经常拿

---

[*] 2011年10月8日,河南省社会科学院召开了中层干部和高级职称科研人员会议,会议的主题是总结2011年前三季度的工作,部署和安排下一阶段的工作。因为2011年9月29日,河南省委在社会科学院召开了社科界专家座谈会,征求对省第九次党代会报告的意见,卢展工书记发表了重要讲话,所以,10月8日的这次会议首先传达了卢展工书记的讲话精神。

出来看看，而不是规划一定，往抽屉里一放就完了。院"十二五"规划既然定了，就要落实。

2. 以加强应用对策研究为重点，科研工作取得了新进展

一是胡锦涛总书记"七一"讲话发表后，社会科学院迅速行动，对讲话进行解读，《领导参阅》发了专刊，反响很好；围绕省第九次党代会和中原经济区建设开展了系列研究，配合"十八谈"发了《为中原经济区建设提供强有力的理论支持》，很有影响；召开了"《中原经济区策论》首发式暨'三化'协调研讨会"和"'务实河南'理论研讨会"，9月29号卢展工书记来院座谈时给予肯定，当场指示《河南日报》报道，根据卢展工书记指示《河南日报》明天将刊发两个版的专家发言。二是具体承办了省委在社会科学院召开的征求党代会报告意见的座谈会，这件事情意义不小。这样重要的征求意见座谈会在社会科学院开，本身就是对社会科学院的重视。参加会议的专家有21位，社会科学院的专家有10位。据报告起草组领导同志说，连续开了4个座谈会，社会科学院的座谈会含金量最高。三是组织和参与了重大省情研究，进一步扩大了社会科学院的社会影响。包括召开"上半年河南经济形势分析和全年经济走势的研讨会"，几个所的同志参与了"华夏文明传承创新区规划纲要"研究，还参与了有关立法工作的研讨和修改。特别是工经所参与了省政府的工业专项规划研究，这就是我们应该追求的目标，这就是研究所服务现实的定位，就是要在某个领域有发言权、话语权。四是调整和加强了重点学科建设。特别是将中原文化研究中心单列出来，这是我们强化中原文化研究的重大举措，我们相信通过这样的整合就可以干大事了，也必定会干成大事。

3. 坚持项目带动，进一步加强学术交流，学术氛围更加浓厚

这里面有一些事情。一是狠抓了院蓝皮书的发表工作，按照专业性的要求，召开了多次会议议论主题、确定方向，这样为以后蓝皮书的编研奠定了基础。二是开展了暑期考察活动。这个工作难度不小，有关部门做了大量的前期工作。三是为一线青年科研人员配备了笔记本电脑。四是启动了科研人员文件阅览室。五是对外学术交流的联系更加紧密，也更加多元化。

4. 修订和完善了相关规章制度和文件

包括科研系列职称的申报条件有所调整，财务管理、开支的相关规定有所调整，专业技术人员岗位规范化的规定出台了，重点学科建设的补充规定出台了。另外，下发了为加强学术交流的规定，前后有将近10个文件下发，有管长远的文件也出台了。

5. 基地建设取得了一定进展

社会科学研究基地是省重点项目，但是在推进过程中还是有一些困难，有关手续正在省级运转。另外，图书馆的二、三层改造工程已经完工，3个所按照院里规定已全部搬入。

6. 前一段的工作总体上有一些变化

一是工作思路更加清晰，工作目标更加明确。二是工作视野更加开阔，工作重点更加突出。过去不好办的事情现在也办成了。三是工作布局更加全面，工作指导更加有力。不能是定了的事说说就放到那里，第三季度没有出现这样的情况。四是士气进一步高涨，自信心进一步增加。

当然，三季度也存在一些问题和薄弱环节。一个是在思想观念上，思维惯性和惰性比较严重。过去是关门办院，外部是什么样子根本不知道，其他省社会科学院是什么样子也不知道，这样就形成一种思维惯性，就是去年怎么样今年还怎么样，创意不多，创造性不强，低标准、慢节奏、老习惯。这个潜移默化地影响着每个人，包括领导层，在这里待的时间长了也成这个样了。什么都无所谓，工作马马虎虎，也很难发现不足，没有发现问题的意识。郭庚茂省长最近在省政府全会上讲到干部中存在"一大一小一低"，"一低"就是思想境界低，你不能说他不好，但问题摆在那里就是看不到，这是很要命的。二是工作主动性、创造性不够，或者说主动性、创造性严重缺失。我们不少工作还是靠外力推动、领导督促。三是工作职责不清，很多工作处在悬空状态。精神状态和执行力层面的问题不解决，其他都谈不上。

二 做好今后的工作要责任当头狠抓落实

围绕贯彻党的十七届六中全会、《国务院关于支持河南省加快建设中原经济区的指导意见》（以下简称《指导意见》）和省第九次党代会精神，增强服务大局的能力，提高智库建设的水平。要高水平完成"务实河南"和"持续为重"两篇文章，这是九月初卢书记交办的，是显示社科院研究水平和总体能力，检验我们对省情把握程度的机会。我们对"务实河南"提得比较高，省委可能采纳这个意见，今后要善于在大的方面谋划和思考问题。另外，要举办一个论坛，就是"以新型城镇化引领'三化'发展高层论坛"，抓紧筹备，在第九次党代会前发出声音。再一个，认真学习国务院《指导意见》，按照卢书记的批示重在落实，要形成系列文章。再一个是认真学习九次党代会精神，开展系列研究。对于党代会精神的研究、宣传应该是提前介入、提前谋划。

围绕出精品、出力作，强化顶层设计，推出有重要影响的标志性成果。要拿出近期的安排和长期规划，看这几个学科到底干什么事。要启动今年的学术文库，可以搞八本十本的。要实施"学术新人重点支持计划"，这个在院"十二五"规划里面有表述。要落实好"蓝皮书"系列的创研工作，蓝皮书"主报告"院里要组织讨论，要审查，因为那是标志性的。对今年出版的有较高水平和影响的著作要推介。

围绕服务大局、服务社会提升社会科学院的社会影响力和竞争力。针对党代会即将提出的"新型城镇化引领'三化'"开展专题调研。针对中原经济区的空间布局，针对发挥区域优势开展调研。针对这几年省里经济社会发展方面的重大举措，比如说产业集聚区、省直管县、城市组团发展等开展专题调研。各研究所要选择与本专业发展比较靠近的，有实际价值的热点进行突破。只有深入调研才能发现问题、发现经验，才能提出我们的建议。走在决策前面，不是坐在办公室能做到的，只有到现场才会有灵感，才有可能提出几个观点让领导"眼前一亮"。

要围绕科研强院，进一步加强国内外学术交流力度，开展经常性的学术研讨活动。这包括加大出国出境学术考察力度，加大省内、境内学术交流力度，组织骨干到国内发达地区考察学习，选择省内这些年变化大的地市，还有新城区、产业集聚区和大型企业集聚的地方，开展"社科人看河南"活动。启动特色学科建设和第二批研究员申报评议活动。开展好经常性的学术讲座、学术交流活动。青年学术论坛可以由青年骨干组成管理机构，由青年科研人员自己管这些事，好好地把学术氛围烘托一下，并且形成常态。

要围绕深化人事制度改革，进一步建立健全全院聘任制。认真贯彻中央《关于进一步深化事业单位人事制度改革的意见》精神，全面推行聘用制度和岗位管理制度，创新管理体制，转换用人机制，实现由"固定用人"向"合同用人"转变，由"身份管理"向"岗位管理"转变。要总结社会科学院岗位聘任考核的情况，根据考核情况进行奖惩，建立约束激励机制。要推进全员定岗工作。从"身份管理"向"岗位管理"转变。一些同志不要想着我是社会科学院的"老人"，不把合同管理当回事。合同面前不分老人、新人，要看绩效。要根据聘用制的要求启动新一轮的聘用工作。要签合同，制定近期目标，明确岗位责任。进一步修订完善科研考核办法。按照有关规定，规范临时用工人员的合同管理。

说一下总体要求，要珍惜来之不易的好形势。大家都认为，这几个月院里工作势头不错，各项工作有起色，呈现出了更多的生机和活力，不少同志感觉有奔头了。这个局面来之不易，没有省委的重视和关心，不可能出现这种局面，省委把征求党代会报告意见的专家学者座谈会放到社会科学院开，这是对社会科学院的重视和高看，卢书记在讲话中多次讲到"社会科学院会议"，我们参加会议的专家都谈了有价值的意见，在关键时候发挥了应有作用。总而言之，我们要珍惜这个局面。社会科学院的每一个职工，都应该有责任感和职业认同感，因为这个单位是大家的，一定要珍惜。

要极大地提高工作责任心。卢展工书记多次讲"说到做到，说好做好"，他说干部要树立推动工作的形象，看一个干部是不是好干部，要看他对党的事业是否忠诚。说到底就是有没有责任心。本事不大可以提高，责任心不强就麻烦了。说到责任心，院、处两级干部是关键，心思要放在工作上，占着位置不干工作不行。大事、难事、细节，要经常盘旋在脑子里。我就经常思考三个问题：一是办好社会科学院有哪些规律是必须遵循的；二是在社会科学界几路大军中社会科学院怎样凸现优势、发挥作用；三是我们的内部管理怎样跟上，怎样为优秀人才筑路搭桥。这是我思考的问题。领导不能为了自己的业务发展而不顾及工作，那不行。各处所最近开展一个活动，就是"摆问题、找差距、提建议"，要用"十二五"规划的标准来衡量，只有大家把问题梳理出来、解决了，工作才会有进步。

保持清醒忧患　着力破除"四难"*

人才是建设新智库的基石,"人才兴院"是社会科学院的基本院策。这些年我们不断理清发展思路,特别是通过制定"十二五"发展规划,对社会科学院的发展定位取得了一致的看法,总体目标是建设省委、省政府满意的高水平智库。而支撑新智库的,当然只能是一大批具有政治觉悟、掌握丰富知识、能够理论联系实际、善于提出新观点新建议的专家学者。召开"智库建设与人才兴院务虚会",就是要在人才队伍与智库建设的基本问题上,集思广益,充分酝酿,统一思想,达成共识,为进一步加强人才队伍和智库建设奠定基础。

一　深刻领会省委对社科界的新要求

我们的会议已经传达了7月27日卢展工书记等省领导与社会科学界专家学者茶叙时的谈话精神。这次茶叙主题很鲜明,就是如何更好地深化"两不三新"三化协调科学发展路子的研究和宣传。卢展工书记在茶叙结束时发表了重要讲话,提出在"两不三新"三化协调科学发展路子的探索和实践中,"理论应先行、理论应引领、理论应破难、理论应聚力"。这对理论界提出了很高的要求,我们要深刻理解和领会。

这次茶叙有9位省领导参加,其中6位省委常委,领导们都讲了话。这种规格和规模是罕见的。就领导们的讲话内容来看,对社会科学理论界的要求之高、期盼之高、交办任务之重,也是罕见的。

---

* 2012年7月28~30日,河南省社会科学院召开"智库建设与人才兴院务虚会",集中讨论加强人才队伍建设,实施人才强院战略问题。这是笔者7月29日在"智库建设与人才兴院务虚会"上的讲话。

这次茶叙，与社会科学院最近一个时期的工作有一定关系。今年4月底，受卢书记的委托，曹维新主任和赵素萍部长两位省领导就中原经济区科学发展之路系列研究3篇文章的写作，同社会科学院专家座谈了一次。之后，赵部长多次向卢书记汇报，请书记直接同社会科学院专家座谈指导，卢书记很爽快地答应了，但由于公务繁忙一直未抽出时间。6月25日，我们把已经修改10多遍的3篇文章呈报上去，省委领导、省委宣传部领导都很高兴，提出了表扬。宣传部领导又反映了专家们希望与书记沟通的想法，卢书记同意安排。另外，大家知道，《河南日报》何平的"新九论"正在陆续刊出，之前的地市"十八谈"发表后，河南电视台搞了映像版"十八谈"，效果很好。据我所知，省领导最近在考虑如何将"新九论"涉及的内容通过映像方式表现出来。到底怎么搞？需要讨论，征求意见。这次茶叙，我们参与了组织，包括外单位有哪些专家参加也听取了我们的意见。来自各单位的20位专家参加了茶叙，其中社会科学院有10位。卢展工书记在最后讲话中对社会科学界提要求时，是按"社科院、社科联、党校、高校"的顺序说的，社会科学界几路大军，首先提到的是社会科学院，说明我们的作用是得到认可的。

卢展工书记的讲话高屋建瓴，体现出高深的理论素养和对社科理论研究的精通与重视。赵素萍部长在发言时说，听了卢展工书记的讲话，有一种坐不住的冲动，感到有很多事情要做。我院参加茶叙的同志们也倍感振奋，第二天上午，参加茶叙的几个院长就开了个碰头会，研究如何贯彻落实卢展工书记的讲话精神。就我个人的感受来说，首先是省委对社会科学研究的重视令人感动。省委常委、秘书长刘春良同志在发言中讲到，希望大家深刻理解省委的良苦用心。这么多的领导在繁忙的政务中抽出时间与我们座谈、茶叙，是为了什么呢？我们真的要深刻理解啊！同时，我也有点自责。作为社会科学界的老兵，为社会科学界服务大局不够、围绕地方发展研究不够感到自责。卢展工书记讲我们的实践是站在前沿的，但理论界没有跟上。我们的理论没有充分发挥"先行、引领、破难、聚力"的作用。作为社会科学院的领导，也应该自责。尽管相对来说，我们在这方面确实做了一些工作，但实际成果远没有达到省委、省政府的要求。这一点，我们一定要保持清醒。昨天下午，省委宣传部领导召开会议讨论如何贯彻茶叙精神，我提出要反思两点：一是为什么河南的不少学者对研究河南兴趣不大。上海、浙江、江苏出了许多研究当地问题的知名专家,而我们牵头的高校甚至找不到合适的人来参会,这是为什么?一些高校认为研究地方问题不是学问,高校许多专家缺乏对河南的了解,这是指导思想问题。二是有关部门要反思,理论界没有平台,社会科学研究没有平台,邓凯书记在发言中也提到理论平台问题,我们的3篇文章送出去很久了,到现在都发不出来,如果及时发出来了,情况是不是会好一些?!

总之,在我们召开务虚会之际,有了这次将会对社会科学院乃至全省社会科学理论界产生深远影响的高规格茶叙,将会进一步明确召开这次务虚会的指导思想,进而提升务虚会的质量。希望同志们认真领会卢展工书记和省委对理论界的期盼与要求,进一步振奋精神,做好我们的工作。

二 理清思路是做好各项工作的前提

务虚会的特点是讨论、谈认识、理思路,不是布置工作。今年的上半年是很不平凡的半年,这里侧重从厘清思路方面就几项工作加以点评。

开展了中原经济区科学发展之路系列研究。这是上半年带有联动效应、综合效应的工作。我们用了3个多月时间,几十位科研骨干参与了研究,系统修改10多次,形成了3篇文章,更重要的是锻炼了队伍,带动了后续的研究,使我们对省情有了进一步了解,对省情的认识得到极大地升华,同时也培养了人才。尽管自始至终执笔写作的不到10人,但参与讨论的超过30人。这个办法营造了良好的学术氛围,大家互相启发,互相切磋,集思广益,保证了文章质量和后续研究的顺利展开。茶叙时我们把这3篇文章带去了,我说还有6篇文章已经成稿,准备在北京发表。目前后续6篇文章已基本完成,看着这些成果,感到投入的精力、花费的时间、熬的夜是很值得的。

科研组织工作有新起色。组织了"中原经济区建设理论与实践创新研讨会"等有影响的学术研讨会和论坛。河南经济形势分析扎实有效。过去经济形势分析也搞过,但存在滞后、空洞、运作不得力等缺陷。今年上半年的经济形势分析,谋划比较早,是近几年做得最好、影响最大的一次。

应用对策研究的实现形式进一步多样化,创办的《呈阅件》效果很好,多位领导有重要批示;横向课题较往年有大的进展。启动了较大规模的省情调研。

学术交流动力度不断加大。对外学术交流少,是省社会科学院长期存在的突出问题。智库建设离开经常性的高质量学术交流是难以想象的。基于此,今年的工作重点之一就是加大学术交流力度。到俄罗斯、乌克兰考察的同志已经回来。还有两个团组正在筹备,一个是到北欧考察廉政问题,一个是到美国进行文化创意产业的培训和考察。一定要认真组织,取得实效。

大力推进期刊工作创新。我院的3个刊物,今年都有大动作。《中州学刊》正在做改为月刊的准备。《企业活力》《跨世纪》更改刊名,初步论证新刊物刊名分别为《区域经济评论》《中原文化研究》,目前工作进展顺利。我们的目标,是要用几年的时间打造三个高品位的学术期刊,不断拓展学术平台。

开展了二级研究员的推荐工作。我院的二级研究员评选推荐,坚持走群众路线,尽可能做到客观公正。院学术委员会推荐创新思路,采取了量化细化积分的办法,避免了简单化,是一种创新举措,值得进一步总结。

管理规范化、制度化水平有所提升。注重制度建设是提高办院水平的基本经验,也是推进科研转型的重要抓手。上半年我们制定了一系列规范性文件,对科研考核办法进行了修改,对精品期刊进行了调整,还起草了人才规划等文件。这些都将产生长久的影响。

分配机制改革与创新迈出关键步伐。经过讨论,基本形成了符合社会科学院实际的奖励性绩效工资分配方案。特别是科研人员以科研考核为依据,奖励性绩效工资分为10个档次,体现了实际能力、实际付出和贡献,这是社会科学院人才兴院战略的重大举措,意味着社会科学院在内部改革上迈出了关键步伐。

综上所述,上半年我们的工作是富有成效的,有几个强点如"两不三新"科学发展道路的研究、管理的规范化制度化、奖励性绩效工资发放方案将会发挥长远作用。

三 提升智库水平要着力破解"四难"

必须正视工作中暴露出来的问题,不然就会自我陶醉。我们在能力建设和融入大局等方面,与兄弟省社会科学院比还有不小的差距,要看到我们的不足。卢展工书记提出河南要破"四难",仔细思量,社会科学院进一步发展也要破解许多难题,概括一下,也要破解"四难"。

1. 破转型滞后,服务大局能力不强之难

我们现在的科研能力水平一般,怎样变强变好,难上加难。卢书记在茶叙中说:"社科界应该为领导的决策提供理论准备、理论基础、理论指导","要从实践中来,到实践中去,说领导没有说的话,说系统的话"。这是很高的要求和希望。我们现在连解释都解释不清楚,谈何理论指导?坦率地说,科研人员中有一部分同志根本不够格。以应用对策为中心是基本院策,怎样快速提升我们的研究能力,使应用对策研究水平达到省委的要求,还要付出极为艰苦的努力。这种努力也包括推进制度创新,这次奖励性绩效工资改革就属于这个范畴,就是要让干得多、干得好的同志多得到回报。

2. 破观念守旧,凝聚力差之难

我们过去不习惯与外界打交道,观念守旧,比较封闭,就是从书本到书本,对外部世界的变化不关心,对河南发生的事情不了解。科研人员不坐班,单位又不经常开会,没有统一的科研组织,干什么,怎么干,全凭个人能耐。一些同志开始自寻门路,有人戏称省社会科学院成了"博士前流动站"。也有人认为省社会科学院的特点就是"散",凝聚力不强。如果说过去条件差,导致一些同志信心不足,人才外流,现在各种条件都有了改善,是不是自然就有凝聚力了?也不一定。提高整体的思想水平是关键,开展"两增两提"活动就是为了解决这类问题。要改变陈旧观念,治散治懒,使全院真正拧成一股绳,还要付出极大的努力。

3. 破人才匮乏,可持续发展前景堪忧之难

省社会科学院存在两个人才断层。一是"文化大革命"造成的人才断层,这个全国都一样,但这个问题在30多年的历史消融中已逐步得到缓解,现在缺的是帅才和大家;另一个是省社会科学院独有的人才断层,就是前些年的人才流失造成40～50岁年龄段的科研人员奇缺，这个问题三五年后会更突出地暴露出来。中原经济区科学发展之路3篇文章写得非常艰难，能担纲大任的将才太少。缺将才帅才，一线领军人物可能出现断档现象，可持续的良性发展面临人才支撑乏力的困境，这就是省社会科学院的现状。当然，其他方面也缺人才，各处所明明存在大量冗员，但还都说缺人。根本出路是鼓励大家加强学习，增进才干，提升现有人员的职业素养。

4. 破机制僵化，发展活力不足之难

以专业职称评审为例，省社会科学院是改革试点单位，有独立评聘研究员的权力。我们本可以从省社会科学院实际出发，创新评审政策和机制，但多年来仍沿用省里的统一标准。去年，省社会科学院出台了应用型研究岗位职称评审条件，设立了应用型研究岗位。目的就是改变机制僵化的现状。我们的用人机制也是僵化的。处级干部中鲜有45岁以下的干部，发展活力明显不足。此外，分配机制、评价机制，都很不适应。

卢展工书记指出，理论工作也要转变领导方式。就省社会科学院来说，转变领导方式和工作方式，一定要破"四难"，对我们的思想观念和运行机制进行根本的、脱胎换骨式的改造，解决好干部勇于担当，用心做事的问题。当前要做到"三个更加"，即更加自觉地反思自我、找准定位；更加主动地服务全局、融入全局；更加坚定地推进改革、推进转型。

四 倡导系统思维和深层次的理性思考

我们现在最缺的仍然是系统思维和深层次的理性思考。转变领导方式，"转"的核心是解放思想、实事求是、与时俱进。所以，一定要倡导系统思维和理性思考，上上下下都要有清醒的自我认识，知道我们该干什么。

1. 正确认识自我，保持清醒忧患

"我们是谁，我们在哪里，我们到哪里去"，要反复讲，反复强调，瞄准一流目标去努力。我说过，地方社会科学院生存状态就是"纵向无头头，横向无比较；工作弹性大，成果难量化"。只有靠自觉、自律、自强来谋发展，否则很容易产生惰性。我还讲过"生存危机"问题，社会科学界有五路大军，在国家层面是旗鼓相当的，到了省一级，社会科学院就是最弱的一个板块，除去军队院校不说，规模效应、核心位置、政治优势没法与其他几路人马比。但我们也不能自暴自弃，我们也有自己的生存优势。比较党校和高校，我们研究问题要实一些，比较政策研究室，我们要虚一些。虚实结合就是我们的优势。我们现在做的事，就是把理论与实际结合起来。这3篇文章体现了我们的优势和价值。再说上半年经济形势分析，在理性思考方面也显示了我们的优势。最近对胡总书记"7·23"讲话社会科学院反应最快，"解读特刊"报上去后，赵素萍部长做出重要批示，称赞我们有强烈的责任感。总之，是要保持头脑清醒，以正确的方法做正确的事情。

2. 正确认识形势，自觉遵守规律

这里的形势，包括整个社会发展的形势和社会科学院发挥作用面临的形势。一定要有高的站位，有敏锐的意识，才能保证工作的主动性、创造性。规律不可违，社科院发展有哪些必须遵循的规律，还要不断探索，目前有几条是可以肯定的。一是解放思想，我们是生产精神产品的，不解放思想，就不可能跟上时代的步伐，就拿不出真正有用的成果。二是增强活力，财政全供的事业单位最大的问题是活力不足，人浮于事，机制僵化，只有创新工作思路，打破旧的平衡，才能激发内在活力。三是用好人才，人才要在工作中发现，所以，要搭建平台，让所有人都有展示的机会，一旦发现人才，就要大胆使用，这需要魄力和勇气。四是营造环境，环境只能营造，无法引进，营造好的环境，是一个系统工程，需要不懈的努力。

3. 要确立正确的价值导向，适时调整办院方针

社会科学院要有自己的价值理念：忠诚、担当、创新、奉献。忠诚，就是忠于国家，忠于人民，忠于职守；担当，就是在中原崛起河南振兴的进程中担当起智库的责任；创新，就是倡导理论和学术创新以及工作思路创新；奉献，就是不能斤斤计较，尽其所能把事情办好。前几年我们提出了"科研强院、开门办院、人才兴院、和谐建院"的办院方针。现在看这个方针应适当调整。科研是我们的职业和本行，是一切工作的中心，是主旋律，办院方针是为之服务的。提出"开门办院"是为了改变封闭保守的办院模式，无论是认识层面还是具体操作层面，这个问题都正在改变。"和谐建院"的内涵比较模糊，就社会科学院来说，针对性不太强，难以成为有效的工作抓手。着眼社会科学院近年科研转型的实践和当前存在的突出问题,建议把办院方针调整为"政治建院、人才兴院、管理强院"。强调"政治建院",因为我们是省委、省政府直接领导的社会科学研究机构,政治意识、政治标准、政治责任是最重要的,服务中心就是政治问题,应用为主也是政治问题。强调"人才兴院",由于我们的人才断层非常突出,所以,必须把人才队伍建设视为我院的生命线。强调"管理强院",有更强的针对性。现在的很多问题实际上就是管理问题。惰性强、低标准这些现象之所以长期存在,症结还是管理上不去。加强管理先要立规矩,然后是提高执行力。这些年为什么社会科学院凡是有个人利益同单位利益发生冲突时,败的都是单位?为什么一些事情拖了10多年没人过问?现在的情况是,要么没有规矩,要么不按规矩办,要么挑战规矩。

4. 补强短板,把队伍建设和管理强院提上日程

人才队伍建设非常紧迫,要有计划地培养骨干、专才、将才和帅才。要尽快启动科研人员下派上挂工作。要安排科研骨干到中国社会科学院、中央党校访学。实行项目带动,对将才要给项目,推动综合性研究。干部队伍的关键是年轻化,要下决心给年轻同志更多的机会,用两年时间使中青年干部成为中层干部的主体。管理强院问题的核心是优化管理体制,不能再用办机关的办法办事业单位。规章制度要进一步精细化、规范化,用制度管人管事管权,杜绝一人一策的现象发生。推进聘任制,所长实行竞聘制度和任期制,专业人员晋升引入竞争机制,不再一聘定终身。通过综合措施,进一步释放和解放科研生产力。

科研转型急不得、慢不得、等不得*

社会科学院的科研转型和智库建设已进入一个关键的时期。举办这样一个研讨会,就是要表明和宣示我们的科研指向。社会科学院的科研转型和智库建设,要围绕中原经济区建设展开,否则难有作为,其中一个重要的内容,是对中原经济区建设的理论创新、实践创新进行深入的探讨。目前大家已经看到的这3篇文章,是今天谈论的基点。这3篇文章,反映了我们对中原经济区建设理论创新、实践创新的初步探索和认识。我讲几个观点,作为参与、组织这一系列研究的个人想法,也是对这次集中科研活动的小结。

一 社会科学院应用对策研究的大集结、大演练、大检阅

1. 大集结

这次系列研究从3月底开始,到现在整整3个月,从始到终共有30多位同志参与了讨论、研究和起草工作,涉及多个学科、10多个部门,从事国民经济研究的、宏观经济研究的、区域经济研究的、工业经济研究的、农村发展研究的、城市发展研究的、社会发展研究的、政治建设研究的、文化建设研究的等多个学科的同志都参与了这一系列研究。可以说,社会科学院从事应用对策研究的主要骨干都参与了进来。在这3个月里,大大小小的讨论有几十次。就我的感觉,这种研究阵容前所未有,这种推进力

---

* 2012年6月29日在河南省社会科学院召开的"中原经济区建设理论与实践创新研讨会"上的讲话。召开这次会议,主要是对3个月来集中开展中原经济区科学发展之路系列研究的总结。此前,集中完成的《探索区域科学发展的时代命题》《实现"三化"协调发展的战略决策》《统筹城乡协调发展的重大创举》3篇文章已经报送省领导。

度前所未有。

2. 大演练

我们的研究分为3个课题组，我抓总，3个院长分别负责一个题目，每个组大体十三四个人，其间人员还有调整和交叉。写作提纲经过多次的集体讨论，大概有近20人参与了不同阶段的起草工作，经过了由粗到细、由浅入深的提升过程，大的修改有十五六次，印出来的修改稿超过10稿。稿子出来后，大家一起审看、讨论，提出意见，起到了互相提醒、互相把关的作用；参加研究的有不少资深学者，也有不少年轻同志，大家围绕同样的问题，畅所欲言，互相切磋，对提高研究的总体水平，很有帮助。应该说，这种研究模式是社科院独有的模式，是多学科、立体式、交叉型的学术演练和合练。这种不同学科不同专业的深度合作前所未有，这种高标准的反复修改前所未有。

3. 大检阅

3个月时间不算短，许多同志为此付出了艰辛的劳动，也得到了锻炼和提高。这样的选题、这样的题材、这样带有前瞻性的研究，这样有丰富内涵的挖掘，并且我们要向省委主要领导交卷，所以不同于一般性的理论研究，某种意义上是"命题作文"，是对省委关注的重大问题的探讨。这对我们的认识水平、思想水平、政策水平，对我们的研究视野、融合能力、提炼能力都是重大考验，所以是一次总体的检阅。我们曾经在开始的第一个月里遇到很大的困惑，甚至感到无路可走了，感到无计可施了，感到越写越写不成。在曹维新主任跟我们茶叙的时候我就说太困难了，越写越不会写，越写越不像样。所以我说，我们驾驭如此浩大的重大题材前所未有，研究中遇到的困难和挑战前所未有。

这是我讲的第一个意思，这次系列研究，是社会科学院应用对策研究也是科研转型的一个大集结、大演练、大检阅。

二　显示社会科学院功能定位的一次攻坚战

社会科学院的功能定位是三句话：河南省应用对策研究中心、河南省哲学社会科学创新基地、省委、省政府满意的高水平智库。"中心""基地""智库"，都不是空的，也不是自封的，要通过实战来演练、检验，要通过实战得到印证，要用成果说话，看我们是否具有这样的功能。

1. 攻坚的过程

第一，这次系列研究，是我们不断跟进省委、省政府决策思路的过程。为了了解"两不三新"的内涵，了解新型城镇化引领、了解新型农村社区建设的情况，我们一直不断组织大家学习省委、省政府下发的主要文件，省委、省政府主要领导的重要讲话等，不断地跟进，领会精神，把握精髓。

第二，这次系列研究，是所有参研人员不断提升认识水平的过程。我们在研究中有个提法，就是"回归党代会报告"，用很长时间重新学习省第九次党代会报告，不断进行理论武装，这是研究能够完成的重要基础。

第三，这也是我们不断拔高研究标准的过程。刚出两稿、三稿的时候也在这里开会，那时候我觉得有一篇"可以打 80 分了"，可是现在看，当时的标准太低了。我们不断地自我否定，多次修改提纲，甚至推倒重来，为什么？因为不断拔高了标准。这也是不断显现社会科学院优势的过程，社会科学院有哪些优势呢？比如说实践与理论的结合是我们的优势，在社会科学界几路大军里面，和高校、党校比，我们更"实"一点，跟政府的研究室比，我们更"虚"一点，所以，理论与实际结合是我们的优势。另外，多学科无缝隙、无障碍的结合也是我们的优势。

2. 攻坚的成效

我们的攻坚是有成效的，主要体现在以下几点。

第一，在总体上提高了参研人员对重大现实问题的把握能力、认知能力、感悟能力，增强了科研信心。回头看，研究这些大问题尽管难，但是真下了定决心也是可以拿下的。

第二，广大参研人员特别是青年骨干得到了锻炼，受到了学术训练和省情教育，也包括严谨的学风熏陶，这是任何一所大学和一般的国民教育所不能给予我们的，只有在这样的课题研究中才可以感受到。

第三，提高了团队作战、集体攻关的组织水平和运作技巧。三篇文章，内容呈梯次状，第一篇总领，第二、三篇各有侧重，三篇文章之间的构架以及三篇文章的谋篇布局，内部的结构怎样处理？观点、资料怎么摆布？怎样防止重复甚至出现矛盾？需要从大的方面统筹，需要总体的谋划。还有，人员怎么配置，也不是容易的事情。希望大家从中体会怎么做领军人物。

第四，最终形成了有较高立意和较高水平的系列成果。这三篇文章里面，需要改动的地方还不少，还有很大提升空间，但总体上应该是合格以上，而且这一次研究为今后的系统研究奠定了基础。

第五，成果成效还体现在通过这次研究，扩大了社会科学院的影响，赢得了较好的声誉，得到了领导的支持和信任。这三篇文章我们在写，外部也在议论，都知道社会科学院在干一件大事。中间卢展工书记委托曹主任跟我们一起茶叙，我前天到《河南日报》与朱夏炎社长攀谈，他对我们写这三篇文章的过程也很清楚。现在是书记给我们交办任务，省长也给我们交办任务，省里马上要启动产业集聚、人口集聚的大型研究，五个组里社会科学院负责两个组，将来省长还要听汇报。这类事情我们多参与，义不容辞。

3. 攻坚的反思

我想首先是经验的反思，第一条经验，"项目带动是抓手"。智库建设也好，科研转型也好，都要有项目，不要空着说；第二条经验，"集体攻关是途径"，单打独斗不行，一定要发挥集体优势；第三条经验，"推出新人是重点"，我们要不断地发现新人、推出新人，使青年骨干更多地站出来，更多地承担重任；最后一条经验，"围绕中心是重点"。这是我们的感悟和经验。

当然，也要反思存在的不足，我想了一下有"三个不多""两个不够"。"三个不多"，就是"高手不多"，我们现在还很困惑，能够担纲承担大的任务、能够独当一面的人，或者是研究提纲后能按要求写出来的人太少，总之，我们太缺领军人物，缺大才子；二是"利器"不多，就是高招不多；三是创意不多，总是老一套，写不出味道来，"空"、"散"、感到"飘"，不是一气呵成的，读起来不怎么提气，没有震撼力。"两个不够"，一个是知识储备不够，当然这需要一个过程，我们今天只是提出问题，而不是责怪谁；再一个是研究能力不够，包括我们把握精髓的能力、缜密思维的能力、谋篇布局的能力、一气呵成的能力、化繁为简的能力、通俗表达的能力等都不够。当然，看到不够和不足，就有希望，我们还要努力。

三　关于持续深化研究的问题

第一，要树立持续为重的理念。中原经济区"两不三新"三化协调科学发展的研究是要持续的。实践方面对这个路子的探索正在持续，大量的问题还摆在那里需要我们去研究。我们的科研转型、智库建设也要持续，要不断努力。在这方面有几句话，就是急不得、慢不得、等不得。"急不得"，是说应用研究方面的能力不是一时半刻就能提高的，智库建设也不是一年半载就能完成的，领军人物的培养更不是容易的事情，要逐步来，太急了不行；"慢不得"，我们还是要有紧迫感，还是要一个一个地安排任务，因为形势逼人，任务压头，不进则退，慢进则退；"等不得"，我们等什么啊？等就是死。我谈过省级社会科学院的生存危机，省级社会科学院跟中国社会科学院不一样，如果没有紧迫感、没有危机感，认识不到自己的生存危机，那有可能被取代，至少日子难过，不断被边缘化。

第二，要有负重爬坡的勇气。爬坡本身就很难，还要负重，那就更难。我们要从过去不好的意识、习惯、风气、作风中转出来，要克服这些制约我们发展的东西，要进行制度、体制、机制方面的改造甚至再造。我们只能这样干，别无选择。总之，要鼓起负重爬坡的勇气。

第三，要以这次系列研究为起点，总体谋划和布局中原经济区建设的深层次问题研究。可以列出十个八个的重大选题，分门别类地研究。国务院《指导意见》赋予河南先行先试的领域很多，怎么做，都还没有破题，我们有责任进行研究。

第四，要在三篇研究成果的基础上，寻找角度，加以整合，要以此为基础做出调整，争取在中央党报党刊发表一批文章，扩大中原经济区在全国的影响，同时发出河南学者的声音。最近，北京有些专家对河南的探索提出质疑和担忧，我们觉得可以理解，但总的看，他们还是不了解情况，我们有义务、有责任把更多情况介绍出去。

第五，要在三篇文章基础上进一步充实，形成专著，现在这3个月积淀的东西已经足够了，要进行充实，增加有关内容和案例，要抓紧搞这个事情。

第六，要从长计议，培养我院智库建设的战略预备队。坦率地讲，我们现在大的选题，还是靠几个老专家，年轻人还顶不上来。这三篇文章，每一篇我都花费很多时间进行修改。这是我真正担心的。我们希望三四十岁的同志尽快成长起来，发挥核心或主体作用，社会科学院的希望在这些同志身上。当然我们要提供平台，给他们机会，培养他们。总的说，年轻同志要增加三种阅历，就是下派、上挂、访学经历。最近院里要下派几位同志到基层代职，以后要安排有关同志到中国社会科学院、中央党校访学，还要通过团队作战来培养年轻人。这样有系统地持续地坚持下去，我们的应用对策研究就能获得有力的人才支持。

后　记

把参与中原经济区谋划与研究的心得结集出版的想法，源自2013年春节的除夕。那一天，即2013年2月9日上午，时任河南省委书记卢展工等7位河南省领导（省委常委5位）与中原经济区课题组主要成员座谈。此时，卢展工已被政协第十一届全国委员会常务委员会第二十次会议提名为十二届全国政协委员，这就意味着，在即将召开的全国"两会"上，卢展工将进入全国政协领导机构。那天在赶往省委第二招待所赴会的路上，我和同事谈论卢展工书记在这个时候还记着普通的研究人员，还要为中原经济区谋划和研究画一个句号，我们都为卢书记善做善成的作风和对专家学者的尊重感慨不已。

那天的座谈会从上午十点半开始，持续到午后一点半结束。与会专家共9位，卢展工一如过去的习惯，请所有与会者包括省领导们一一发言，他不断插话，与大家沟通交流，座谈会气氛热烈而欢快，最后，卢展工发表了即席讲话。卢展工在与专家座谈时回忆往事，谈到谋划中原经济区，是为了把河南已有的战略举措"整合起来""更好地表现出来"；谈到河南已有的基础和条件，说中原经济区"这件事情不干很可惜"；谈到自己仅仅是"出点子""点题"，自己的"这个想法、这些主意"能够变成现实，归功于专家和具体运作的队伍。在与专家学者共进午餐中，卢书记带领其他领导，围着圆桌，给每一位专家敬酒。

卢展工书记在即将告别河南时召开的这次座谈会，范围很小，规格很高，意蕴很深，情义很重。

谋划建设中原经济区，是近年河南省委、省政府做出的最重大的决策，反映了以卢展工同志为班长的河南省委领导集体强烈的使命感和责任感，得到了全省干部群众的广泛赞誉。河南在提出中原经济区之前，曾经提出过中原城市群、郑汴一体化战略,但进展都不太明显,没有进入国家战略层面。卢展工履新伊始,敏锐地洞察到关乎河南发展的大局大势,运筹帷幄、协调各方,按照经济规律特别是区域经济规律,强势推动中原经济区的研究与谋划。继中原经济区2011年9月获得国务院批准后,作为中原经济区建设战略突破口的《郑州航空港经济综合实验区发展规划》于2013年3月获批。自此,在卢展工主政河南的三年多时间里,河南连拿两个国家战略规划,完成了国家战略规划的谋划工作,使河南的发展站在了新的起点上。

回首往事,从卢展工"点题"中原,到"立题"中原经济区,再到"解题"中原经济区,体现的是战略高度、国家使命和区域责任。如果说,提出新型"三化"协调发展的理念,找到了天下粮仓和工业化、城镇化之间的均衡点,以及国家使命、区域担当、中原情怀之间的契合点,折射的是地方领导执政为民的大智慧、大谋略,那么,形成"三个一"即"一个战略"(全面实施建设中原经济区、加快中原崛起河南振兴总体战略)、"一条路子"(持续探索不以牺牲农业和粮食、生态和环境为代价的新型城镇化新型工业化新型农业现代化"三化"协调科学发展的路子)、"一个转变"(切实用领导方式转变加快发展方式转变)总体工作思路,则是共产党执政规律在河南的有益探索和成功实践。

参加2月9日的座谈会使我想到,有必要以亲临者、参与者的身份,对中原经济区的谋划与研究系统地总结一番,为相关研究画一个句号,为这段经历留下一份记忆。

中原经济区从2010年初开始谋划,到2012年国务院《中原经济区规划(2012~2020年)》发布,从酝酿起步到正式实施,大体经历了三年时间。河南省社科院作为省委、省政府的思想库,深度参与了中原经济区研究,大的方面分为三个阶段:一是在2010年3~12月的策划和决策阶段,几十位科研人员参加了卢展工书记交办的"什么是中原"等7个问题的研究,呈报10多份研究报告;在省委、省政府组织的中原经济区研究课题组中,省社科院在高校和研究机构中参与人员最多,为几个备选方案的形成做出了积极贡献;二是在2011年第二、第三季度河南省第九次党代会筹备阶段,省社科院就党代会报告所涉及的一些重大问题进行研讨,包括对"务实河南"的研究,对"新型城镇化引领三化"的研究等,为省第九次党代会的召开进行理论准备;三是在中原经济区建设的实施阶段,为宣传"两不三新"三化协调科学发展的路子,组织撰写出版了《中原崛起之路》《新型三化协调论》《新型城镇化引领论》《新型农村社区论》四部著作,在《人民日报》《光明日报》《经济日报》《求是》等报刊发表了一系列重要文章,在全国产生了积极的影响。

在中原经济区的研究和谋划中,有许多感人的场景,有不少难忘的瞬间。我在第二届(2011)河南经济年度人物颁奖典礼上曾发表获奖感言:"建设中原经济区,是中原地区'千年等一回'的重大事件。当初不少人对这个事儿能否拿下,能否被社会和高层认可感到担忧。担忧首先是来自难度太大,在这以前国家已批准了10多个省份的经济区、综改区发展规划,这些区域规划无论涉及范围大小,从提出概念到国家层面批准,都花费了几年的时间,而中原经济区范围更大,覆盖河南全省,延及周边地区,在全国也极为罕见,研究的难度和获准的难度都更大。更难的是时间紧。我们要搭上国家'十二五'这班车,满打满算时间不到一年。我们要和时间赛跑啊!"回头看,在课题组集中研究的几个月里,专家们经常为中原经济区能否如期上升为国家战略感到焦虑,为找不到满意的表达范式和合适的词汇感到沮丧,当然,也为思想碰撞中的豁然开朗而兴奋异常,惬意无比。

这本集子是献给所有参与中原经济区谋划的领导和同志们的。河南人宽厚包容,知恩图报,对所有为河南发展做出贡献的领导,我们都心存感激,永志不忘!卢展工等领导在中原经济区谋划中显示的执政理念、创新精神、务实风格,将成为河南广大干部群众永久的记忆。卢展工于2013年3月20日,在河南全省领导干部会议上的讲话中说:"我就要离开河南了,常言道,有多少融入就有多少深情。衷心期望河南的明天一定会更好。中华民族的伟大复兴河南要担当,中部崛起的伟业河南要担当,河南1亿人口的全面小康河南更要担当。""我相信河南省委、省人大、省政府、省政协领导班子以及河南的同志们能有这种历史担当,我也相信河南的同志们一定会实现这种历史担当!"在场的所有领导干部都深受感染,用热烈、持久的掌声表达赞许与崇敬之情,回报卢展工履职三年多的辛勤付出和杰出贡献。

这本文集共分为"战略谋划篇""理论创新篇""务实重干篇""探讨

思考篇""案例剖析篇""智库建设篇"六个部分，收入文稿119篇，基本反映了我参与中原经济区研究的心理路程和主要观点。收入文集的论文、研究报告、会议发言等，有一部分是我与他人合作完成的，特别是一些重大问题的研究成果，更是集体智慧的结晶。当然，所有合作完成的成果，我都起到了核心作用并且亲自动笔，在此，我向合作研究的同志们表示谢忱！

这本文集的打印稿曾呈送卢展工同志审阅指导。承蒙他的抬爱，同意用他于2010年7月2日在河南省委常委务虚会上的讲话《构建中原经济区 更好地谋划河南发展》为本书代序，顺便说明，"7·2"会议在中原经济区谋划中具有里程碑意义，卢展工在此次会议上的讲话，无疑是中原经济区谋划的开山之作。在此，谨向卢展工同志表示崇高的敬意和深深的谢意！河南省社科院陈明星研究员为文集的出版付出了辛劳，社会科学文献出版社任文武同志为付梓出主意、想办法，特向他们表示感谢！

作　者
2013年11月

图书在版编目（CIP）数据

大省崛起：中原经济区论略 / 喻新安著 .—北京：社会科学文献出版社，2014.5
 ISBN 978-7-5097-4960-9

Ⅰ.①大… Ⅱ.①喻… Ⅲ.①区域经济发展-研究-河南省 Ⅳ.①F127.61

中国版本图书馆 CIP 数据核字（2013）第 193639 号

大省崛起
——中原经济区论略

著　　者 / 喻新安

出 版 人 / 谢寿光
出 版 者 / 社会科学文献出版社
地　　址 / 北京市西城区北三环中路甲 29 号院 3 号楼华龙大厦
邮政编码 / 100029

责任部门 / 皮书出版分社（010）59367127　　责任编辑 / 高　启　王　颉　王凤兰
电子信箱 / pishubu@ssap.cn　　　　　　　　　责任校对 / 庞桂美
项目统筹 / 任文武　　　　　　　　　　　　　责任印制 / 岳　阳
经　　销 / 社会科学文献出版社市场营销中心　（010）59367081　59367089
读者服务 / 读者服务中心　（010）59367028

印　　装 / 北京鹏润伟业印刷有限公司
开　　本 / 787mm×1092mm　1/16　　　　　印　张 / 52.75
版　　次 / 2014 年 5 月第 1 版　　　　　　　 字　数 / 857 千字
印　　次 / 2014 年 5 月第 1 次印刷
书　　号 / ISBN 978-7-5097-4960-9
定　　价 / 128.00 元

本书如有破损、缺页、装订错误，请与本社读者服务中心联系更换
▲ 版权所有　翻印必究